민사소송법

박태신 · 김상균

Civil Procedure Law

박영사

머리말

공저자는 마음을 합하여 부끄러움을 무릅쓰고 민사소송법의 교과서를 세상에 출판하게 되었습니다. 이 시점에 과거를 돌아보면, 이 모든 것이 민사소송법에 입문하도록 격려해 주신 故 김홍규 교수님의 은혜에서 비롯되었다고 생각합니다. 영면하고 계신 선생님께서는 저희에게 항상 따뜻한 인간적·학문적 지도와 배려로 오늘이 있을 수 있도록 해주신 커다란 버팀목이었다고 생각합니다.

현재 법학전문대학원의 운영을 통한 법조인 배출이 정착되어 있는 상황임에도 과거와 마찬가지로 여전히 실체법을 교수(敎授)하는 입장에서는 절차법을 충분하게 고려하지 않고, 절차법을 교수하는 입장에서도 실체법을 충분하게 고려하지 않는 것이 현실이라고 생각합니다. 위와 같은 방식의 법학적 접근방식은 결국 실무적으로는 문제해결 능력을 결여하게 되는 결과를 초래할 뿐이어서 실무적 이해를 돕기 위해 새롭게 연구를 해야 할 필요가 있다고 생각하였습니다.

그래서 공저자의 일인은 법조인 및 교수로, 일인은 연구자 및 교수로 활동하면서 느껴왔던 위와 같은 교육 및 실무의 문제점을 극복하는 데 조그마한 기여를 하고자, 민사소송법을 이해할 때 실체법과 절차법을 함께 고민하는 방향에 초점을 맞추어 이 책을 저술하고자 노력하였습니다. 특히, 그 방법론으로 민사소송절차는 심판대상(실체법의 적용, 요건사실론)과 절차의 틀 및 운영(절차법의 적용, 요건사실론)이 서로 상이하여 적용되는 이념과 절차를 달리하고 있다는 점을 분명히 인식하면서 이 책의 저술을 시작하였고, 또한 민사소송을 좀 더 쉽고 분명하게 이해할 수 있도록 서술함으로써 민사소송법이 친근한 법학이 될 수 있도록 노력하였습니다. 그러나 위와 같은 인식 내지 노력에도 불구하고 이 책의 여러 곳에 공저자의 불찰 내지 부족함으로 인해 오류가 있을 것으로 생각합니다. 독자 여러분께서 항상 저희를 일깨워 주신다는 마음으로 많은 질문 등을 통하여 천학비재의 부족함을 지적하여 주시기를 바랍니다(https://cafe.naver.com/bluegraypk6pq).

공저자가 이 책을 저술할 수 있도록 길을 안내하고 지도해 주신 故 김홍규 교수님, 학연을 함께 해 온 연세대학교 민사소송법 교실 여러분, 많은 조언을 아끼지 않으신 공저자가 근무하고 있는 대학의 교수님들, 학생들 그리고 이 글을 쓰는 동안 가정에 충실하지 못함에도 불구하고 저술에 집중할 수 있도록 충실하게 도와준 공저자의 가족 등은 공저자의 성장과 연구에 커다란 힘이 되어 주었습니다. 진심으로 감사드립니다.

2024. 2.
연구실 너머 떠오르는 해를 바라보면서
공저자 씀

차 례

제1편 총 론

제1장 민사분쟁의 처리

제 2 장 민사소송

제 2 편 소송의 주체

제 1 장 법원

제 2 장   당사자

제3편 소송의 개시, 심리의 대상

제1장 소송의 개시와 효과

제 2 장 심리의 대상

제 3 장 처분권주의

제 4 편 소송의 심리(제1심)

제 1 장 법원과 당사자의 역할

제 2 장　구술변론

제3장 증거

제 5 편　소송의 종료

제 1 장　당사자에 의한 종료

제 2 장   종국판결에 의한 종료

제 6 편　복잡소송형태

제 1 장　복수의 청구

제 2 장 다수의 당사자

제 7 편 불복신청절차

제 1 장 상소

제 2 장   재심

제 8 편   간이소송절차

제 1 장   독촉절차

제 2 장 소액사건심판절차

참고문헌

강현중, 신민사소송법강의, 박영사, 2015.

김홍규·강태원, 민사소송법(제5판), 삼영사, 2020.

김홍엽, 민사소송법(제10판), 박영사, 2021.

박재완, 민사소송법강의(제3판), 박영사, 2017.

손한기, 민사소송법(제4판), 홍문사, 2022.

이시윤, 신민사소송법(제16판), 박영사, 2023.

전병서, 강의민사소송법, 박영사, 2018.

전원열, 민사소송법강의(제3판), 박영사, 2022.

정동윤·유병현·김경욱, 민사소송법(제8판), 법문사, 2020.

정영환, 신민사소송법(개정신판), 법문사, 2019.

한충수, 민사소송법(제3판), 박영사, 2021.

호문혁, 민사소송법(제9판), 법문사, 2011.

* 2024. 2. 9.까지 선고된 판례를 검색하여 주요 판례를 수록함

제1편 총 론

제1장 민사분쟁의 처리

제1절 민사분쟁의 처리

Ⅰ. 민사분쟁의 해결방법

1. 민사분쟁의 해결에 있어서 기본원칙

민사소송은 사인 간의 사권에 관한 분쟁(심판대상)을 공권적으로 해결하는 제도이지만 그 심판대상은 본래적으로 사적 자치의 원칙이 타당한 영역이다.[1] 그러나 분쟁해결방법(제도)은 사적 자치의 원칙이 지배되는 것이 아니라 오히려 직권주의(직권조사사항·직권탐지주의)가 지배되는 경우가 많다.

이에 대하여 분쟁해결방법도 민사소송과 같이 공권적 해결방법에 의존하는 것이 아니라 가능한 한, 당사자의 의사를 존중하는 것이 분쟁해결에 바람직하다고 생각하여 민사소송제도의 활용 이외에도 당사자의 합의에 따른 자주적 분쟁해결방법, 즉 화해·조정 또는 중재 등을 통하여 사적 자치의 원칙이 분쟁해결의 대상, 즉 심판대상이 아닌 분쟁해결제도의 틀을 운영하는데 일정한 부분 기여를 하고 있는 경우도 있다.

---

1) 민사소송절차에서는 그 심판대상과 그 절차의 틀 및 운영에 적용되는 이념을 달리 생각하여야 한다[Milton D. Green, Basic Civil Procedure(2 ed.), U.S. Mineola New York The Foundation Press, Inc., 1979. p.3]. 왜냐하면, 전자는 개인 간에 사적 자치가 지배하는 영역에서 발생한 분쟁을 대상으로 하기 때문에 처분권주의·변론주의의 이념이 적용되는 것이 대부분인 반면, 후자는 국가가 사적 구제에 갈음하여 국가구제의 제도를 만들어 소송지휘권 등에서 보는 바와 같이 그 운영을 사적 자치가 아닌 직권주의(직권탐지주의, 직권조사사항)의 이념을 통하여 운영하고 있는 것이 대부분이기 때문이다. 따라서 민사소송을 연구하면서 양자가 상이한 틀 속에서 운영되거나 역할을 하고 있으므로 지금 연구하고 있는 부분이 어느 이념을 전제로 하고 있는 부분인지를 인식하면서 연구를 하여야 민사소송의 이해를 좀더 쉽고 분명하게 할 수 있다.

2. 분쟁해결방법

가. 공권적 해결방법

공권적 해결방법 중 대표적인 것이 민사소송절차에 의한 해결방식을 말한다. 민사소송이란 사권의 존재·확정을 통한 사권을 보호하고 사법질서를 유지할 목적의 재판절차를 말한다.

(1) 민사소송의 개념

민사소송은 사인 간의 사실에 대한 진부(眞否)관계가 아닌 구체적인 사법상의 법률관계를 대상으로 하고, 넓은 의미에서 사법상의 권리관계의 보전(가압류·가처분)하고 확정(판결절차)하며 실현하는 절차를 말하며(좁은 의무에서의 민사소송절차의 내용은 판결절차에 국한한다), 절차적으로는 법원이 판결을 목적으로 대립당사자를 참여시켜 전개하는 모든 소송행위의 통합적인 경과라고 말할 수 있다.

(2) 민사소송의 성격

민사소송의 성격에 관하여 첫째로 소제기로 소송주체 간의 구체적인 법률관계가 발생한다고 하는 법률관계설과 확정판결의 기판력을 목적으로 동태적으로 발전해 가는 당사자간의 법률상태라고 하는 법률상태설의 대립이 있다.

법률상태설은 법률관계를 지나치게 좁게 해석하고 소송법상 일정한 법적 의무(1조, 316조, 규칙 22조 1항·2항 등) 및 이론상 의무(진실의무 등)를 인정하고 있음에도 이를 간과하고 있다고 말할 수 있어 기본적으로 법률관계설이 타당하다고 보아야 한다. 다만 절차의 내부면에서 추구하는 실체면에서는 법률상태로 파악할 수도 있으므로 민사소송을 파악할 때 절충적으로 이해하는 것이 바람직할 것이다.

(3) 민사소송의 특징

민사소송은 첫째로 일반적인 분쟁해결제도로 국가배상심의제도의 경우처럼 국가배상법에 의한 피해자의 권리구제에 한정하지 않고 둘째로 강제적인 분쟁해결제도로 상대방의 동의가 전제가 되는 자주적인 분쟁해결수단인 조정과 구별이 되며 셋째로 공권적 분쟁해결제도로 가정법률상담처럼 국가재판권에 기하지 않는 분쟁해결방식하고도 다르다.

나. 자주적 해결방법(소송에 갈음한 분쟁해결제도, ADR)

(1) 의의

소송사건의 폭주에 따른 소송의 지연과 소송비용의 과다 및 엄격한 재판절차로 인한 재판의 경직성 등으로 인하여 재판제도에 의하지 아니한 새로운 분쟁해결제도(틀)에 관한 관심이 커지고 있다. 그것에 관해서도 기본적으로 사적 자치의 원칙이 지배하는 것으로 조정·중재 또는 화해 등이 있다. 즉, 민사소송은 강제적인 분쟁해결방식인 반면, 조정·조정 또는 화해는 소송에 갈음한 분쟁해결방법이 최근에는 왕성한 논의가 이루어지고 있다.

그 이외에도 행정기관 민원실에 하는 호소, 준사법적 행정기관에 의한 심판을 통한 분쟁해결을 하는 경우도 있으나 이는 법률에 근거가 있어야 하고 행정기관에 의한 심판이 종심이어서는 아니 된다.

(2) 특징

최근 분쟁을 해결하기 위해서는 과다한 비용, 노력, 시간을 소모하는 민사소송보다 소송에 갈음하는 대체적 분쟁해결제도(Alternative dispute resolution, 이하 "ADR")를 통한 분쟁 처리의 유연화를 추구하고 있다. 이것은 엄격한 형식·절차를 지양하면서 비공식적 분쟁해결을 위하여 노력하고(Informalization) 법보다는 조리·상식에 따른 분쟁해결을 위하여 노력하며(Delegalization) 문제해결을 위하여 법관보다는 사인의 관여를 하고 있는 것(Deprofessionalizm)이 특징이다.

(3) 현황

각국은 경쟁적으로 법원 이외에서 또는 법원에서 ADR을 활용하고 있는데 ① 미국은 ADR의 광범위한 활용을 통하여 민사사법의 민영화를 추구하고 있고, ② 독일은 1991년 제정된 「간소화법」을 통하여 변호사화해제도, 독자적인 증거절차 등을 채택하고 있으며, ③ 일본은 「재판외 분쟁해결절차의 이용 촉진에 관한 법률」에서 「소송절차에 의하지 않고 민사상 분쟁해결을 하고자 하는 당사자를 위하여 공정한 제3자가 관여하여 그 해결을 도모하는 절차」라고 정의하고 「중재」, 「조정」, 「알선」 및 「화해」 등을 활용되고 있을 뿐만 아니라 ④ 한국은 모든 사건을 판결로 해결하고자 하는 경향이 지배적이지만 최근 민사조정법의 제정 등을 통하여 활성화에 노력하고 있다.

(4) 종류

(개) 조정

국가조정기관(조정위원회)의 조정을 통해, 제3자인 법관 또는 조정위원회가 분쟁관계인 간에 개입하여 당사자가 주장을 서로 양보하여 분쟁해결의 합의로 이끄는 절차를 말한다. 법원에 의한 조정으로는 민사조정(민사조정법 1조·2조)과 가사조정(가사조정법 49조 이하) 등이 있고 소비자분쟁조정위원회(소비자보호법 45조), 의료심사조정위원회(의료법 54조의2), 환경보전위원회(환경정책기본법 36조), 보험분쟁위원회(보험업법 197조의6), 건설업분쟁조정위원회(건설업법 32조), 환경분쟁조정위원회(환경오염피해분쟁조정법 2조), 저작권심의조정위원회(저작권법 86조), 국가배상심의위원회(국가배상법 16조), 언론중재위원회(정기간행물의 등록에 관한 법률 18조 6항) 등과 같은 행정위원회의 조정이 있다.

위와 같은 각 기관의 조정이 조서에 기재됨에 따라 확정판결과 동일한 효력을 가진다(민사조정법 29조, 가사소송법 59조).

하지만 조정제도가 가진 장점, 즉 no cost, no form, no lawyer에 의한 간이·신속·저렴·원활한 분쟁해결절차임에도 불구하고 권력분립구조의 왜곡, 전치절차로 둘 경우 권리구제의 지연을 초래할 우려가 있고 조정조서에 관하여 위와 같이 재판상 화해로 의제하여 확정판결과 같은 효력을 발생케 함으로써 재판받을 권리 또는 재판청구권의 침해로 위헌의 소지가 있다.[2]

(내) 중재

당사자가 법관이 아닌 제3자인 중재인에게 분쟁해결을 위임하고 그의 판단(중재판정)에 따를 것을 합의(중재계약)하여 이에 따라 진행하는 분쟁해결절차를 말한다. 한국상사중재원과 같은 기관이 대표적이고 중재판정도 확정판결과 같은 효력이 있다(중재법 35조). 즉, 중재는 호양과는 무관하게 사적인 재판에 해당하고 단심제로 운영되며 신속·저렴·비공개·실정에 부합한 분쟁해결을 할 수 있다. 특히, 국제상사분쟁의 해결에 적합하다.

중재제도의 운영실태를 살펴보면, 상사중재가 활성화되어 있어 우리나라의

---

2) 헌법재판소 1995.5.25. 91헌마7. 이 결정은 국가배상심의위원회의 배상결정과 관련하여 신청인이 동의한 때에는 민사소송법의 규정에 의한 재판상의 화해가 성립된 것으로 본다(국가배상법 16조)는 조항은 삼권분립의 원칙 등의 헌법에 위반된다고 판시하였다.

경우 사단법인 대한상사중재원[3]이 주관하여 중재를 시행하고 있고 중재판정시에는 확정판결과 동일한 효력이 발생한다.

(다) 화해

화해란 분쟁당사자 상호간의 양보(호양, 互讓)에 의해 분쟁을 해결하는 방법으로 여기에는 법원의 관여없이 당사자간의 호양에 의하여 이루어지는 민법상 화해, 법원의 관여로 성립되는 재판상 화해가 있다. 민법상 화해란 재판제도를 이용하지 않고 당사자 간의 호양을 통한 자주적 분쟁해결방법이다(민법 731조 이하). 그리고 후자에는 다시 분쟁당사자의 일방이 지방법원(또는 시군법원)의 단독판사에게 화해신청을 하여 단독판사가 주재 하에 소송계속 전에 신청인과 상대방이 법원에 출석하여 법관의 면전에서 하는 화해를 말한다(민사소송법 385조 이하, 이하 민사소송법은 법과 조문만 또는 조문만 표시하는 것으로 한다). 이를 "즉결화해"라고도 한다. 소송상 화해란 소송계속 중에 당사자가 그 주장을 서로 양보하여 소송을 종료시키는 합의를 말한다. 재판상 화해인 제소전 화해와 소송상 화해의 경우에는 그 내용이 조서에 기재됨에 따라 확정판결과 동일한 효력이 있다(220조).

[표 1-1] 2022·2021·2020년도 민사본안처리결과(전국의 제1심 법원을 기준으로)[4]

		2022년	2021년	2020년
합계[건수(백분율)]		797,899(100%)	857,066(100%)	912,971(100%)
소장각하명령		13,051(1.7%)	14,430(1.7%)	15,385(1.7%)
판결	계	478,137(62.2%)	529,777(61.8%)	557,710(61.1%)
	원고 승	371,908(48.4%)	422,034(49.3%)	446,559(48.6%)
	원고 일부 승	56,365(7.4%)	55,786(6.5%)	54,018(5.9%)
	원고 패	46,350(6.0%)	46,565(5.4%)	44,760(4.9%)
	각하	3,362(0.4%)	5,250(0.6%)	12,216(1.4%)
	기타	152(0.0%)	142(0.0%)	157(0.0%)

---

3) 대한상사중재원, http://www.kcab.or.kr/servlet/kcab_kor/data/4511 (2023.10.21. 방문)
4) 법원행정처, 2022년도 사법연감(통계),
   https://www.scourt.go.kr/portal/justicesta/JusticestaListAction.work?gubun=10 (2023.10.20. 방문),
   https://www.scourt.go.kr/portal/justicesta/JusticestaListAction.work?gubun=10 (2023.10.20. 방문),
   https://www.scourt.go.kr/portal/justicesta/JusticestaListAction.work?gubun=10 (2023.10.20. 방문).

	2022년	2021년	2020년
소취하(간주)	125,970(16.4%)	133,959(15.6%)	150,888(16.5%)
이행권고	58,532(7.6%)	84,928(9.9%)	98,993(10.9%)
조정	30,390(4.0%)	32,196(3.8%)	32,256(3.5%)
화해	28,106(3.7%)	27,925(3.3%)	27,695(3.0%)
인낙	186(0.0%)	211(0.0%)	271(0.0%)
기타	33,527(4.4%)	33,620(3.9%)	29,773(3.3%)

제2절 소송과 비송

Ⅰ. 비송사건의 의의

비송사건이란 사인의 생활관계에 관하여 법원이 이당사자대립주의를 전제로 하는 소송절차에 의하는 것이 아니라 간이한 절차로 분쟁해결 등을 하는 사건을 말한다. 예컨대, 상속포기신청의 수리, 성명의 변경, 양자의 허가, 후견인의 선임 또는 친권자의 지정 등이 있다. 형식적으로 소송사건은 민사소송법 또는 가사소송법 등에 의해 처리되는 반면, 비송사건은 비송사건절차법의 적용 또는 준용에 의해 처리된다.

Ⅱ. 특징 — 민사소송절차와 비송사건절차의 비교

민사소송절차는 심리구조에서 2당사자 대립의 원칙을, 절차에서 처분권주의·변론주의·공개주의 및 구술주의를, 재판의 형식에서 자기구속력이 있는 판결을, 불복신청에서 항소·상고를 각각 취하고 있다. 반면, 비송절차는 이당사자 대립의 원칙을 채용하지 않고 절차에서 처분권주의를 배제하며 직권탐지주의[5]·비공개주의 및 서면주의를 채용할 뿐만 아니라 재판의 형식에서 자기구속력이 없는 결정을, 불복신청에서 항고·재항고를 취하고 있다.

---

5) 대판 2013.7.12. 2011므1116·1123.

Ⅲ. 소송과 비송의 구별기준

1. 총설

소송과 비송의 구별은 우선 국가작용의 성질에서 구하여야 한다고 하는 견해에 따르면, 소송사건이란 구체적 사건에 법을 적용하여 분쟁을 해결하는 민사사법이고 비송사건이란 국가가 사인 간의 생활관계에 개입하여 후견적으로 명령처분을 하는 민사행정이라고 한다. 이렇게 민사행정사건을 법원이 취급하게 된 것은 연혁적으로 행정에 속해야 할 사항을 법원이 담당하였던 정책적 이유에 기인한 것으로 현재에도 비송사건을 법원이 담당하고 있다고 한다.

그러나 본래적으로 행정과 사법의 구별이 반드시 명확하지 않은 이상, 구체적 사건이 소송인지, 비송인지 여부를 결정할 때 위와 같은 국가작용의 성질에 의해 일방적으로 결정할 것이 아니라 당사자의 대립 유무, 권리의무관계(=법률관계)의 존부·확정을 목적으로 하는지 또는 법원에 기대할 수 있는 역할이 중립적인지·후견적인지 등을 종합하여 개별적·구체적으로 결정하여야 한다고 한다.

소송과 비송의 구별기준에 관하여 종래의 통설은 상술한 바와 같이 국가작용의 성질에서 구하고 있었지만(국가작용설) 오늘날에는 후술하는 바와 같이 여러 가지 견해가 주장되고 있다.

2. 학설·판례

가. 학설

(1) 국가작용설

이 견해는 상술한 바와 같이 국가작용의 성질을 기준으로 하여 민사행정을 비송이라고 한다(판례·종래의 통설). 그러나 이 견해에 대하여는 행정과 사법의 구별이 명확하지 않고 오늘날 소송의 비송화현상 속에서 양자의 구별이 어렵다고 하는 점 때문에 비판을 받고 있다.

(2) 실정법설

이 견해는 비송사건절차법의 규정이 적용 내지 준용되는 사건을 비송사건이라고 한다.[6] 그러나 이 견해에 대하여는 입법에 따른 형식적 구별에 지나지 않고

---

6) 정동윤·유병현·김경욱, 민사소송법(제8판), 법문사, 2020, 15면; 손한기, 민사소송법(제4판), 홍

이론적 구별의 기준이 될 수 없다고 하는 비판을 받고 있다.

(3) 사건성질설

이 견해는 사건의 유형적인 성질마다 개별적으로 비교·형량을 하여 판단을 하여야 한다고 한다. 즉, 법관의 재량으로 형성적 처분이 요청되는 사건, 신속한 해결이 요청되는 사건, 사정변경에 대응하여야 할 사건 또는 공익적 색채가 강한 사건 등은 비송사건절차의 특질에 적합하므로 이러한 사건의 처리는 비송사건절차법에 따라 해결하여야 한다고 한다.

나. 판례

비송사건이란 비송사건절차법에 규정된 민사비송사건·상사비송사건 뿐만 아니라 그 이외에 법원의 권한에 속하는 경매사건·부동산등기사건·호적사건 가족관계등록 등 소송사건이 아닌 일체의 사건을 지칭한다고 한다.[7] 그리고 회사정리절차개시신청에 대한 결정을 할 때 법원은 개시결정이 다수 이해관계인의 이익을 조정하고 기업을 정리·재건하기 위한 것이기 때문에 정리의 가망, 신청의 성실성 등 회사정리법[8] 38조 각호 소정의 사유를 판단하지 않으면 아니 되고 그 판단을 위해서 법원의 합목적적 재량을 필요로 하고 경제사정을 감안하여 유효적절한 조치를 강구하지 않으면 아니 되므로 절차의 간이·신속성이 요구되기 때문에 정리절차의 개시결정절차는 비송사건으로 봄이 상당하다[9]고 판시하고 있다.

3. 검토

대체로 법원이 민사에 관한 사항을 처리할 때 판단의 구체적 기준을 법률로 명시하여 놓은 경우와 법원의 합목적적 재량에 일임하여 놓은 경우가 있는데 전자와 같이 판단의 구체적 기준을 명시한 법률을 단순히 적용하는데 그치는 사항이면 성질상 소송사건인 반면, 후자와 같이 법원이 가장 합목적적이라고 생각하

문사, 2022, 12면.

7) 대판 1971.2.23. 71도41.

8) 도산에 직면한 주식회사의 정리에 관한 사항을 규정하기 위하여 제정한 법률(1962. 12. 12. 법률 제1214호)로 기존에 도산법 체계였던 회사정리법, 개인채무회생법이 폐지되고 2006년 4월부터 『채무자회생 및 파산에 관한 법률』으로 통합되었다.

9) 대결 1984.10.5. 84마카42; 대판 2019.4.11. 2018두42955. 후자는 " … 농지법 62조 1항에 따른 이행강제금 부과처분에 대해 이의를 제기한 경우 관할법원은 비송사건절차법에 따른 과태료 재판에 준하여 재판해야 한다."고 판시하였다.

는 바에 따라 처리하도록 맡긴 재량사항은 성질상 비송사건에 해당한다고 보아야 할 것이다(절충설).[10]

Ⅳ. 소송과 비송의 혼동

예컨대, 농지법은 농지처분명령에 대한 이행강제금 부과처분에 불복하는 자가 그 처분을 고지받은 날부터 30일 이내에 부과권자에게 이의를 제기할 수 있고 이의를 받은 부과권자는 지체없이 관할법원에 그 사실을 통보하여야 하며 그 통보를 받은 관할법원은 비송사건절차법에 따른 과태료 재판에 준하여 재판을 하도록 정하고 있기 때문에(동법 62조 1·6·7항) 동법 62조 1항에 따른 이행강제금 부과처분에 불복하는 경우에는 비송사건절차법에 따른 재판절차가 적용되어야 하고 행정소송법상 항고소송 즉 소송사건의 대상은 될 수 없다. 관할청이 관할법원에 행정소송을 할 수 있다고 잘못 안내하였다고 하더라도 그러한 잘못된 안내로 행정법원의 항고소송 재판관할이 생긴다고 볼 수도 없을 것이다.[11]

또한, 당사자가 소송사건과 비송사건을 혼동하여 법인의 이사가 없거나 결원이 있을 경우에는 임시이사선임절차를 비송사건절차법에 의하여야 하고 위 임시이사 선임에 대한 불복이 있을 때에는 비송사건절차법 20조에 의하여 항고할 수 있음에도 임시이사 선임결정 자체가 부당하다고 하여 보통의 민사소송에 의하여 임시이사선임결정의 취소를 구하는 본소청구를 한 경우에는 부당하다고 말할 수 있으므로 양자의 혼동이 있는 경우에는 직분관할 위반으로 각하하여야 한다고 하여[12] 소송과 비송의 각 불복방법은 상이하므로 원칙적으로 양자를 엄격하게 구별하여야 한다고 하였다. 그런데 최근 대법원은 원칙적으로 비송사건을 민사소송의 방법으로 청구하는 것은 허용되지 않는 것[13]을 전제로 하면서도, 다만 소송사건과 비송사건의 구별이 항상 명확한 것은 아니고 비송사건절차법이나

---

10) 김홍규·강태원, 민사소송법(제5판), 삼영사, 2020, 58면; 김홍엽, 민사소송법(제10판), 박영사, 2021, 10면; 한충수, 민사소송법(제3판), 박영사, 2021, 14면; 전원열, 민사소송법강의(제3판), 박영사, 2022, 44면.
11) 대판 2019.4.11. 2018두42955.
12) 대판 1963.12.12. 63다449.
13) 대판 2013.11.28. 2013다50367.

다른 법령에 비송사건임이 명확히 규정되어 있지 않은 경우 당사자로서는 비송사건임을 알기 어렵다는 점을 이유로, 이러한 경우에 수소법원은 당사자에게 석명을 구하여 당사자의 소제기에 사건을 소송절차로만 처리해 달라는 것이 아니라 비송사건으로 처리해 주기를 바라는 의사도 포함되어 있음이 확인된다면, 당사자의 소제기를 비송사건 신청으로 보아 재배당 등을 거쳐 비송사건으로 심리·판단하여야 하고 그 비송사건에 대한 토지관할을 가지고 있지 않을 때에는 관할법원에 이송하는 것이 타당하다고 판시하였다.[14]

한편, 다수설은 비송사건을 소송사건으로 잘못 제기한 경우에 법 34조 1항에 따라 관할위반 등이 있는 경우 재량이송을 할 수 있는 점 등에 비추어 소를 각하를 할 것이 아니라 이송을 하는 것이 바람직하다고 한다.[15]

Ⅴ. 소송의 비송화현상

1. 의의

소송의 비송화란 종래에는 소송사건으로 처리해 왔던 사건을 비송사건으로 취급하는 현상을 말한다. 오늘날에는 사회관계가 복잡해지고 국가의 사인에 대한 후견적 역할의 증대 등 때문에 소송의 비송화현상이 증대하고 있다. 예컨대, 공유물분할청구소송(민법 268조), 공동상속인 간의 상속재산분할(동법 1021조 이하) 등이 그러하다.

2. 문제점

원래 소송사건의 성질을 갖추고 있는 사건(진정쟁송사건)이 비송사건으로 전환하게 되면 비송사건의 특성 때문에 당사자의 지위가 현저하게 약화될 우려가 있고 재판의 공개적 대심·판결을 요청하여 재판을 받을 권리를 보장하는 헌법 27조에 위반하는 것이 아닌지 여부가 문제로 된다.

이에 관하여 실체적 권리의무의 존부를 확정하는 절차는 순수한 소송사건으

---

14) 대판 2023.9.14. 2020다238622.
15) 김홍규·강태원, 앞의 책, 178면; 이시윤, 신민사소송법(제16판), 박영사, 2023, 15면; 정동윤·유병현·김경욱, 앞의 책, 172면; 정영환, 신민사소송법(개정신판), 법문사, 2019, 30면 등; 한충수, 앞의 책, 85면. 반대(소각하설): 김홍엽, 앞의 책, 108면.

로 공개적 대심·판결을 보장하여야 하는 반면, 후견적 입장에서 권리의무관계를 형성하는 것은 비송사건이므로 이를 비송사건절차에 따라 처리하는 것은 위헌이 아니라고 하는 입장도, 비송사건에서 전제로 판단한 권리의무관계의 존부는 또다시 통상소송에서 다툴 수 있다고 하는 입장도 있을 수 있지만 전자의 기준에 의해 구별하는 것이 실제적으로는 불가능하고 전자의 기준을 고집하기 위해서는 동일한 법률관계를 소송과 비송에서 중복하여 다툴 수 있다고 하는 후자와 같은 괴로운 결론에 빠질 우려가 있다. 위와 같은 점 때문에 소송의 비송화에는 일정한 한계가 있다고 말할 수 있다. 다만, 그 내용이 비송사건의 특질에 적당한 내용의 사건이고 동시에 재판받을 권리를 실질적으로 보장하기 위하여 당사자의 지위를 약화시키는 것을 정당화할 수 있을 만큼 객관적 이유가 있다고 한다면 그것을 비송으로 처리할 필요가 있다고 할 것이다.

제3절　민사소송과 다른 소송과의 비교

Ⅰ. 형사소송과의 비교

1. 목적

민사소송은 그 사법상 권리관계의 확정을 통하여 피해자와 가해자간의 이해를 조정하는 것을 목적으로 하여 그 목적이 달성한 경우 민사소송을 제기할 수 없는 반면, 형사소송은 국가의 형벌권의 존부를 확정하여 공동생활의 질서파괴자에 대한 응징을 목적으로 하기 때문에 비록 피해변상이 있었다고 할지라도 형벌권은 소멸하지 않고 다만 형량의 참작사유에 불과할 뿐이다.

2. 차이

민사소송은 심리절차상 변론주의가 원칙으로 승소사안인 경우에도 주장·입증책임을 부담하는 자가 그 책임을 해태할 경우에는 패소를 면할 수 없는 반면, 형사소송은 심리절차상 직권주의가 원칙으로 무죄사안인 경우 주장·입증책임을 해태한 경우에도 패소의 개연성이 희박하다고 말할 수 있다.

3. 관계

심판절차가 서로 다르기 때문에 동일한 서증일지라도 형사·민사법원간에 다른 가치판단을 할 수 있다. 그리고 민사재판에서 형사재판의 확정사실에 원칙적으로 구속되지 않지만 확정된 형사판결은 특별한 사정이 없는 한, 유력한 증거자료에 해당하여 일방적으로 배척할 경우 경험칙에 위반된다고 말할 수 있다.

따라서 형사사건에 관하여 법원이 한 사실인정이나 법률판단이 민사사건을 심판하는 법원을 기속하지는 않지만,[16] 즉 민사재판을 하는 법원이 반드시 형사판결이나 가사심판에서 확정한 사실에 기속받는 것은 아니고 민사법원은 증거에 의해 형사판결이나 가사심판에서 확정한 사실과 다른 사실을 인정할 수 있다.[17]

그러나 원래 민사재판에 있어서는 형사재판의 사실인정에 구속받는 것이 아니라고 하더라도 동일한 사실관계에 관하여 이미 확정된 형사판결이 유죄로 인정한 사실은 유력한 증거자료가 되므로 민사재판에서 제출된 다른 증거에 비추어 형사재판의 사실판단을 채용하기 어렵다고 인정되는 특별한 사정이 없는 한, 이와 반대되는 사실을 인정할 수 없다고 할 것이다.[18] 다만, 검찰의 무혐의결정에는 확정된 형사판결과 동일한 증거가치가 부여되지 아니한다.[19]

4. 문제점

절차분화로 형사사건과 민사사건을 별개로 처리할 경우 법원 또는 당사자에게 비경제적이고 판결의 모순·저촉을 초래할 우려가 있어 사법 불신을 초래할 우려가 있어 극복책 마련이 필요하다고 말할 수 있다. 따라서 이를 위해 형사소송과정에서 민사상 배상을 신청할 수 있는 등의 극복책으로 마련되어 있으나(소송촉진 등에 관한 특례법 25조 이하) 그 이용은 아직 활성화가 되어 있지 못하다고 말할 수 있다.

또한, 순수한 민사문제를 고소 등을 통하여 형사로 입건시켜 사권을 실현하는 경향을 보여주고 있다(민사사건의 형사화 경향). 이는 채무자에 대하여 심리적인

---

16) 대판 1966.12.20. 66다1834.
17) 대판 1979.9.25. 79다913.
18) 대판 1995.1.12. 94다39215; 대판 1983.9.13. 81다1166; 대판 1988.4.27. 87다카623.
19) 대판 1995.12.26. 95다21884; 대판 2001.5.8. 2000다43284·43307·43291.

압박을 가하고 증거를 확보하기 위한 수단으로 활용되고 있으나 이 때문에 고소 등의 남발이 생겨 국가의 수사인력을 형사사건에만 집중하지 못하도록 하여 그 인력을 낭비할 뿐만 아니라 국가민사사법의 부실화를 초래할 우려가 있다.

5. 형사소송상 민사적 구제절차

가. 소송촉진 등에 관한 특례법상 형사절차(1, 2심)에서의 배상명령제도(동법 25조 이하)는 ① 위 법이 정하는 피고인의 일정한 범죄행위로, ② 피해자가 입은 물적 피해나 치료비 손해 및 정신적 손해(위자료)에 대하여, ③ 그 피해금액이 특정되고 피고인의 배상책임의 범위가 명백한 경우에 한하여(명백하지 아니한 때에는 법원은 결정으로 배상명령신청을 각하하여야 한다. 동법 25조 3항 3호, 32조 1항), ④ 법원이 직권으로 또는 피해자나 그 상속인의 신청(배상신청)을 통해 피고인에게 유죄판결을 선고할 때에 그 배상을 명함으로써 간편하고 신속하게 피해자의 피해회복을 도모하도록 하고 있다.[20]

나. 동법에서는 화해제도를 운영하고 있다. 피고인과 피해자가 민사상 다툼에 관하여 합의를 한 경우 형사사건이 진행 중인 1·2심법원에 피고인과 피해자가 공동으로 공판조서에 합의사실을 기재해 줄 것을 신청할 수 있고 그 기재의 공판조서는 재판상 화해와 같은 효력을 가진다(동법 36조 1·5항).

Ⅱ. 행정소송과의 비교

1. 목적[21]

민사소송은 대등한 주체 사이의 사법상 생활관계에 관한 분쟁인 민사사건을 대상으로 하는 점에서 국민의 권리 또는 이익을 침해를 구제하고 공법상 권리관계 또는 법적용에 관한 다툼을 적정하게 해결함을 목적으로 하는 사건(행정사건)을 대상으로 하는 행정소송과 그 목적·취지 및 기능을 달리한다.[22] 행정사건과

---

20) 김홍엽, 앞의 책, 3면.
21) 최경자, "민사소송과 행정소송, 항고소송과 당사자소송의 구분 —서울고판 2014.1.10. 2013나 2009398 판결을 중심으로—", 법조신문(506호), 2014.8.11.(https://news.koreanbar.or.kr/news/article View.html?idxno=11322) (2023.10.19. 방문).
22) 대판(전합) 2008.3.20. 2007두6342.

민사사건의 구분기준으로는 국가·공공단체 상호간이나 이들과 사인간의 관계는 공법관계이고 사인간의 관계는 사법관계라는 견해(주체설, 통설·판례)[23]를 중심으로 성질설(불평등한 법률관계이면 공법관계이고, 평등관계이면 사법관계라는 견해), 이익설(공익 보호를 목적으로 하는 법률관계가 공법관계이고 사익 보호를 목적으로 하는 법률관계가 사법관계라는 견해)이 주장되고 있다.

2. 대상

국가나 공공단체가 당사자의 일방 또는 쌍방인 법률관계는 원칙상 행정소송의 대상인 공법관계인 반면(행정소송법 2조), 행정청이 공공복지와 밀접한 관련이 없는 순수한 사경제적 지위에서 행하는 법률관계는 공권력의 행사라고 보기 곤란하므로 민사사건의 대상인 사법관계에 해당한다.[24]

3. 관할법원

민사소송의 경우 민사소송법에 따라 제1심은 지방법원에서 시작하는 반면, 행정소송의 경우 행정소송법에 따라 제1심은 행정법원에서 시작한다.

4. 양자의 관계

행정소송은 특별민사소송절차에 해당하므로 행정소송법에 규정된 특례를 제외하고는 민사소송법을 준용한다(동법 8조). 행정소송법상의 특례에는 임의적 전치주의(동법 18조), 피고적격의 한정(동법 13조), 지방법원과 동급의 행정법원을 제1심으로 하는 3심제, 관련청구의 병합(동법 10조), 직권탐지주의(동법 26조), 집행정지제도(동법 23조), 사정판결(동법 28조), 확정판결의 기속력 등이 있다.

5. 양자의 구별에 관한 판례

민사소송사항과 행정소송사항은 추상적으로는 위와 같은 구별을 할 수 있지만 구체적인 사례에서는 구별에 많은 어려움이 있어 판례에 주목할 필요가 있다고 할 것이다. 예컨대, 농지개혁법 실시에 관한 사항 일반,[25] 공설시장점포에

---

23) 이시윤, 앞의 책, 9면, 대판 1991.11.22. 91누2144; 서울고판 2014.1.10. 2013나2009398.
24) 대판 1961.10.5. 4292행상6; 대판 1989.10.24. 87누788.

관한 분쟁,[26] 토지경계선 확인청구,[27] 국가유공자 등에 관한 법률 42조의 가료대상자확인청구,[28] 관청이 관리하는 건물임대차계약,[29] 국공유재산의 처분에 관한 사항,[30] 공공용지의 취득 및 손실보상에 관한 특례법상 손실보상청구[31]는 민사소송사항에 해당하는 반면, 공공용지의 취득 및 손실보상에 관한 특례법상 이주대책대상자 제외처분 취소청구,[32] 공유수면매립법상의 손실보상청구,[33] 공유수면매립사업으로 인한 관행어업권자의 손실보상청구[34] 등은 행정소송사항에 해당한다.

6. 관할의 혼동

행정사건을 민사법원에 또는 민사사건을 행정법원에 제소한 경우에는 원칙적으로 관할법원에 이송하여야 하고 해당 법원에 관할권이 있으면 자판을 할 수 있다. 즉, 원고의 고의 또는 중대한 과실 없이 행정소송이 심급을 달리하는 법원에 잘못 제기된 경우에 민사소송법 31조 1항을 적용하여 이를 관할법원에 이송하여야 한다(행정소송법 7조).

위와 같은 이송은 관할 위반의 소를 관할법원에 이송하는 것이 당사자의 권리구제나 소송경제의 측면에서 바람직하기 때문이다. 따라서 원고가 고의 또는 중대한 과실 없이 행정소송으로 제기하여야 할 사건을 민사소송으로 잘못 제기한 경우 행정소송의 소송요건을 결하고 있음이 명백하여 행정소송으로 제기되었더라도 어차피 부적법하게 되는 경우가 아닌 이상, 이를 부적법한 소라고 하여 각하할 것이 아니라 관할법원에 이송하여야 한다.[35]

---

25) 대판 1960.8.8. 4291행상111.
26) 대판 1962.2.22. 4294행상173.
27) 대판 1965.4.27. 64누111.
28) 대판 1966.10.31. 66누132.
29) 대판 1977.11.22. 76누21.
30) 대판 1991.11.8. 90누9391.
31) 대판 1991.12.10. 91다14420.
32) 대판 1994.5.24. 92다35783.
33) 대판 1998.2.27. 97다46450.
34) 대판 2001.6.29. 99다56468.
35) 대판 1997.5.30. 95다28960.

7. 선결문제

가. 민사소송절차에서 청구를 판단할 때 행정처분이 선결문제로 되는 경우 그 행정처분의 유·무효를 민사법원이 심사할 수 있다. 또한, 행정소송법 11조에 따라 민사소송사건에서 행정청의 소송참가(동법 17조), 기록의 제출명령(동법 25조), 직권심리(동법 26조) 등을 준용할 수 있다. 즉, 민사소송에서 어느 행정처분의 당연무효 여부가 선결문제로 되는 때에는 이를 판단하여 당연무효임을 전제로 판결할 수 있고 반드시 행정소송 등의 절차에 의하여 그 취소나 무효확인을 받아야 하는 것은 아니다.[36] 다만, 선결문제가 위법문제인 경우, 즉 취소의 대상인 경우에는 민사법원에서 그것을 심사할 수 없다.

예컨대, 조세부과처분이 당연무효임을 전제로 하여 이미 납부한 세금의 반환을 청구하는 것은 민사상의 부당이득반환청구로서 민사소송절차에 따라 진행하는 경우 선결문제로 민사법원이 조세부과처분의 당연무효 여부를 확인할 수 있다.[37]

나. 위법한 행정행위 자체에 대하여 민사소송으로 손해배상청구소송을 제기한 경우 민사법원이 행정행위의 위법성 여부를 선결문제로 판단할 수 있는지 여부가 문제로 된다. 행정처분의 흠이 단지 취소할 수 있는 정도에 불과한 때에는 예컨대, 과세관청이 이를 스스로 취소하거나 항고소송(취소소송)절차에 의하여 취소되지 않는 한, 그로 인한 조세의 납부가 부당이득이 된다고 할 수 없으므로[38] 민사법원은 그 처분이 취소되지 않는 한, 그 처분의 효력을 부정할 수 없다.

다만, 행정대집행이 완료된 경우 또는 영업정지처분상 영업정지기간이 만료된 경우와 같이 행정처분이 집행의 완료 또는 기간의 만료 등으로 그 목적을 달성한 경우에는 행정처분에 대하여 별도로 취소를 구할 소의 이익이 없으므로 행정처분이 취소되었는지 여부와는 관계없이 행정처분의 위법을 이유로 한 손해배상청구를 할 수 있다.[39]

---

36) 대판 1995.4.28. 94다55019; 대판 2010.4.8. 2009다90092.
37) 대판 1972.4.28. 72다337.
38) 대판 1991.10.22. 91다26690; 대판 1994.11.11. 94다28000; 대판 1999.8.20. 99다20179.
39) 대판 1972.4.28. 72다337; 대판 1974.3.12. 73누228.

Ⅲ. 가사소송과의 비교

1. 가사소송법의 제정

1991.1.1. 가사심판법과 인사소송법을 통합하여 가사소송법을 제정하여 시행하고 있다. 가사소송의 주요 골격은 특별민사소송사건에 해당하여 민사소송법이 준용되는 가사소송사건과 비송사건절차법이 준용되는 되는 가사비송사건으로 분류할 수 있는데 가사사건은 가류(주로 신분관계의 무효를 구하는 사건), 나류(주로 신분관계의 취소를 구하는 사건) 및 다류사건(신분관계의 무효·취소로 인한 손해배상 등을 구하는 사건)으로 분류한다.

2. 가사소송법의 특징

가사소송사건은 민사소송법을 준용하지만 그 사건의 특징 때문에 절차상 다음과 같은 특징이 있다. 즉, 가사소송사건은 ① 가정법원의 전속관할이고(가사소송법 2조 1항), ② 조정전치주의를 취하고 있고(동법 50조), ③ 본인출석주의를 채택하고(동법 7조), ④ 기본적으로 사생활 등과 관련하여 보도가 자유로울 경우 많은 문제가 발생할 우려가 있어 보도금지를 하도록 하고(동법 10조), ⑤ 민소법과 달리 직권탐지주의를 기본으로 하여 운영되고 있고(동법 17조), ⑥ 사정에 따라 항소기각판결을 할 수 있고(동법 19조 3항), ⑦ 확정판결에 대해서는 대세효를 인정하고,[40] ⑧ 필수적 공동소송인의 추가 또는 피고의 경정을 허용하고 있고(동법 15조), ⑨ 가사소송과 가사비송사건의 병합을 허용하고 있고(동법 16조), ⑩ 법원은 혈액형 검사 등의 수검명령을 할 수 있고(동법 29조), ⑪ 판결상 의무이행명령을 할 수 있을 뿐만 아니라 그것을 불이행할 경우 과태료 또는 감치의 제재를 가할 수 있고(동법 64조), ⑫ 불출석에 대한 제재를 할 수도 있다(동법 66조).

3. 일반사건과의 한계

원칙적으로 가사소송법은 열거주의를 채택하고 있어(동법이 열거적으로 규정한

---

40) 김홍엽, 앞의 책, 10면에서는, 가사소송사건의 청구배척(소각하, 청구기각)의 확정판결은 대세효가 미치지 않지만, 다른 제소권자가 이러한 확정판결 후에도 피고를 상대로 여러 번 제소하는 것을 막기 위해 다른 제소권자가 전소 사실심 변론종결시까지 소송참가를 할 수 없었던 정당한 사유가 없는 경우에는 다시 제소할 수 없다고 본다(특수효력설).

것이 융통성에 문제가 있을 수 있어 이를 완화하는 방편으로 가사소송규칙 2조에 가사사건을 추가할 수 있도록 하고 있다)[41] 거기에 해당하지 않을 경우에는 일반민사사건으로 처리한다. 즉, 신분관계 존부의 확정에 관하여 민법이나 가사소송법 등에서 구체적으로 소송유형을 규정하고 있는 예가 많으나, 그와 같이 실정법상 소송유형이 규정되어 있는 경우에 한하여 신분관계존부확인에 관한 소송을 제기할 수 있는 것으로 볼 것은 아니고 소송유형이 따로 규정되어 있지 아니하더라도 법률관계인 신분관계의 존부를 즉시 확정할 이익이 있는 경우라면 일반소송법의 법리에 따라 그 신분관계존부확인의 소송을 제기할 수 있다.[42]

제4절 민사소송절차

민사소송절차는 통상소송절차·특별소송절차로 크게 나눌 수 있다. 그리고 전자에는 민사보전절차·판결절차 및 강제집행절차가 있고 후자에는 독촉절차·인사소송절차·행정소송절차·도산절차(파산·화의 등) 또는 증거보전절차가 있다.

[표 1-2] 민사소송절차의 종류

민사소송절차	통상소송절차	민사보전절차
		판결절차
		강제집행절차
	특별소송절차	지급명령절차
		가사소송절차
		행정소송절차
		도산절차(파산·화의 등)
		증거보전절차

---

41) 가사사건의 종류와 관련하여 가사소송법이 제한적으로 열거하는 경우 융통성이 없게 되어 변화에 대응할 수 없는 문제점이 있을 수 있기 때문에 동법 2조는 그 1항에서 제한적 열거의 입장을 취하면서 그 2항에 다른 법률에서 가사사건으로 규정한 것 외에 대법원규칙으로 가사사건을 추가할 수 있도록 규정하였다고 한다. 김홍엽, 앞의 책, 8면, 각주 2) 참조.

42) 대판 1993.7.16. 92므372.

제2장 민사소송

제1절 민사소송법 의의 등

Ⅰ. 개념

민사소송법이란 형식적인 의미로 「민사소송법」(법률 제17568호, 공포 2020.12.8, 일부개정 공포일 [시행 2017.2.4.])이라는 명칭의 법전을 말하고 실질적 의미로는 민사소송제도의 조직 및 작용을 규율하는 법률 일체를 말한다. 따라서 실질적 의미의 민사소송법에 관한 법원(法源, Quelle. Source of law)[1]으로서는 민사소송법 이외에 「민사소송규칙」(이하에서는 "규칙"과 조문만 표시하기로 한다), 「민사집행법」(이하 "집행법"이라고 한다), 「민사집행규칙」(이하 "집행규칙"이라고 한다) 등의 제정법·관습법·조리 등이 있다(민법 1조 참조). 위와 같이 민사소송법은 실체법인 민법 등의 운용 등에서 발생하는 분쟁의 해결절차를 규정한 절차법으로 직권주의가 작동되지만 실체법적 분쟁인 심판대상에 대하여는 처분권주의·변론주의 등이 작동되어 사적 자치의 원칙이 소송법적으로 반영되고 있다.

법에 따른 절차(판결절차)는 민법 등 실체법의 기준에 따라 사인의 권리를 확정하는 절차이다. 이러한 점은 권리의 잠정적 확보를 목적으로 하는 민사보전절차(여기에는 가압류·가처분절차가 있다. 우리나라는 「민사보전법」이라고 하는 별개의 법률이 제정되어 있는 것이 아니라 「민사집행법」의 일부 편으로 규정하고 있다. 민사집행법 제4편 보전처분 276조 이하 참조)와도, 국가기관에 의한 권리의 강제적 실현을 도모하는 민사집행절차와도 다르다. 민사보전 및 민사집행을 함께 규율하기 위하여 「민사집행법」을 제정하여 운영하고 있다.[2]

---

1) 법원(法源)이란 법의 연원, 즉 법의 존재형식 등을 의미한다.
2) 우리나라에서는 협의의 민사소송을 규율하는 법으로 「민사소송법」을, 민사보전 및 민사집행을

II. 민사소송절차의 개요

1. 소송절차의 흐름

민사소송절차(판결절차)는 분쟁해결절차로서 그것을 이용하는 국민 등 이용자가 그 절차의 내용을 파악할 수 있어야 하기 때문에 아래와 같이 일정한 절차로 운용되고 있다.

첫 번째 단계로 소장의 제출이다. 이 단계에서는 원고가 소장으로 법원에 자기의 청구를 제시하고 그 심판을 요구하는 것부터 시작한다.

두 번째 단계로 소장의 심사다. 이 단계에서는 법원이 소장을 제출받으면 소장의 적식심사, 즉 소장에 필요적 기재사항(당사자, 법정대리인, 청구취지 및 청구원인)이 기재되어 있는지와 송달료 및 인지대를 납부하였는지를 심사한다. 이 심사를 통과하면 송달절차로, 통과하지 못하면 법원이 보정명령을 하게 되고 그 보정명령에도 통과하지 못하면 법원은 소장을 각하하게 된다.

세 번째 단계로 송달이다. 이 단계에서는 법원이 위와 같이 소장 등을 심사한 후 적법한 것으로 수리를 하게 되면, 즉 적식심사를 통과하면(이 심사과정에서는 필요적 기재사항이 있는지, 인지대와 송달료를 납부하였는지 여부를 심사한다) 피고에게 소장부본 등을 송달한다.

네 번째 단계로 답변서의 제출이다. 이 단계에서는 피고가 원고의 주장에 대하여 답변을 한다. 답변에는 부인·부지·침묵 및 자백이 있다. 또한, 피고가 원고에게 다투는 방법으로 항변이 있다. 항변은 원고의 주장사실을 인정하면서 그 인정사실에 대항하기 위하여 새로운 사실을 주장하는 것이다. 예컨대, 피고가 원고의 매매대금청구사실을 인정하면서 소멸시효기간이 완성되었음을 주장하여 원고의 위 청구를 물리치는 경우이다.

다섯 번째 단계로 쟁점정리절차이다. 이 단계에서는 피고가 소장을 송달받은 후 그 답변으로 부지 등을 하면 법원은 일정한 기간 당사자 간에 서면 공방 등을 통하여 쟁점정리를 하게 한 후 변론준비기일을 통해 쟁점을 확정하는 등의

규율하는 법으로 「민사집행법」을 제정하여 운영하고 있는 반면, 일본에서는 민사보전을 위하여 「민사보전법」을, 협의의 민사소송을 규율하는 법으로 「민사소송법」을, 민사집행을 위하여 「민사집행법」을 제정하여 운영하고 있다.

기능을 수행하는 절차이다. 그런데 이 절차는 법 개정으로 필수적 절차에서 임의적 절차로 변경되었다(382조). 다만, 실무적으로 법원이 서면공방절차를 운영할 때 헌법이 보장하는 법정에서 재판받을 권리를 보장함과 함께 변론준비절차를 민사소송절차에 비하여 엄격성이 떨어지지만 사실상 충실하게 운영하고자 변론준비기일을 사실상 변론기일과 함께 탄력적으로 운영하고 있다. 즉, 법원은 변론준비기일을 지정하여도 이를 법정에서 진행하여 필요에 따라 그 기일을 변론기일로 변경하여 운영하고 있다. 한편, 피고가 자백을 하면 이 절차를 시행하지 않고 "무변론판결절차"로 넘어간다.

여섯 번째 단계로 변론기일의 지정 및 실시이다. 이 단계에서는 재판장이 쟁점정리절차를 통하여 쟁점이 정리되었다고 판단하면 구술변론기일을 지정하여 당사자를 소환한 후 구술변론을 실시한다. 법정에서 청구에 관한 자기의 주장을 진술하는 절차로 원고가 우선 청구의 취지와 원인을 진술하고 이에 대하여 피고가 답변으로 인정 또는 부인 등을 하는 진술을 하게 된다. 또는 당사자는 항변·재항변·재재항변과 각각의 주장에 대한 입증을 계속적으로 진행한다. 그리고 당사자의 주장에 따라 쟁점이 명확하게 되고 당사자의 주장과정에서 제출된 증거를 법원이 채용하면 증거조사 등을 실시한다.

일곱 번째 단계로 구술변론의 종결이다. 법원이 판결하는데 성숙되었다고 생각하면, 즉 충분한 심리를 다하여 판결하는데 과부족이 없다고 판단하면 구술변론을 종결한다.

여덟 번째 단계로 판결의 선고이다. 법원은 '판결문'('판결서' 또는 '판결원본'이라고도 한다)[3]을 작성하여 판결을 선고한다. 판결이 선고된 이후 당사자의 불복이 있으면 판결서를 송달받은 날로부터 2주 이내에 상소를 하여야 한다. 상소가 없으면 판결은 확정되고 소송은 종결된다.

---

3) 판결문, 판결서 또는 판결원본의 각 용어를 사용한 사례를 판례 등에서 살펴보면 다음과 같다. 즉, 대판 2019.8.9. 2019다222140에서는 '판결문'이라는 용어를, 대판 2022.5.13. 2017도3884에서는 '판결서'라는 용어를, 대판 2010.7.29. 2009다69692에서는 '판결원본'이라는 용어를 각 사용하고 있다. 이러한 점에 비추어 법원도 판결선고의 결과물인 판결문을 판결서, 판결원본으로 혼용하여 사용하고 있음을 알 수 있다.

2. 소송절차의 흐름에 있어서 민사소송의 지배원칙

민사소송절차는 각 절차의 흐름마다 다양한 지배원칙이 적용된다. 민사소송에서 당사자의 사법적 권리의무관계인 심판대상은 그것을 지배하는 원칙인 사적자치의 원칙(민사소송에서 이것이 처분권주의·변론주의 등으로 표출된다)이 소송절차에서도 마찬가지로 적용이 되는 반면, 심판대상을 해결하기 위한 제도 및 운영은 국가가 자력구제를 금지하고 국가구제를 위하여 마련한 것이므로 원칙적으로 직권주의가 적용된다고 말할 수 있다. 그것을 전제로 소송절차에 따라 민사소송의 흐름 및 지배원칙을 보면 아래와 같다.

[표 1-3] 소송절차의 흐름에 있어서 민사소송의 지배원칙

소송절차의 흐름	소송절차의 기본원칙
소를 제기하기 전에 • 사건해결을 위한 협상 • 증거수집 등 소의 제기 • 관할법원(2조 이하) • 소장의 제출(248조) • 재판장의 소장심사(254조) • 피고에게 송달(255조)	– 처분권주의(203조·220조)
심리 • 전문위원의 관여(164조의2) • 쟁점정리절차(272조 이하) • 구술변론 ○사실의 주장: 소송자료(협의) ○증거조사(289조 이하): 증거자료(주장과 합하여 함께 재판자료 또는 넓은 의미의 소송자료라고 한다) • 구술변론의 종결(198조)	– 변론주의 – 쌍방심리주의(134조) – 공개주의(헌법 27조, 109조)
판결 • 판결서의 작성(206조, 208조) • 판결의 선고(206조) • 송달(174조 이하)	– 처분권주의 – 판결사항(208조) – 자유심증주의(202조) – 증명책임 – 직접주의(204조) – 판결의 불가철회성
통상적인 불복신청 • 항소(390조 이하) • 상고(422조 이하)	– 상소불가분의 원칙 – 항소심에서 속심주의 – 소송계속의 이전/판결 확정의 방지 – 상고 제한(423조·424조)

소송절차의 흐름	소송절차의 기본원칙

판결의 확정
 • 확정시기[4]
   ○ 기판력의 발생(216조 이하)
   ○ 집행력의 발생(민집법 24조)
   다만, 가집행선언(213조)에 주의
   ○ 형성력의 발생
 • 확정판결에 대한 불복신청 – 재심(451조)
	– 기판력의 상대성

제2절 민사소송의 목적

I. 총설

민사소송제도는 무엇을 위하여 존재하는 것일까? "권리 있는 곳에 구제가 있다"고 하는 법언(法諺)에서 알 수 있는 바와 같이 권리의무관계(법률관계)가 존재한다면 거기에 분쟁이 수반한다는 것을 충분히 예측할 수 있을 것이다. 즉, 당사자의 의도적인 채무불이행, 무자력 또는 상대방과의 견해 차이 등으로 사권의 채무불이행이 발생할 수 있으므로 자기 권리의 실현방안을 강구할 필요가 있다. 그래서 민사분쟁을 해결하는 수단으로서 자력구제(自力救濟)가 일반적으로 허용되었던 시절도 있었으나 권리자의 실력에 의한 권리실현 또는 자기 가족 또는 부족의 원호에 의한 자력구제를 실시할 수밖에 없다. 그러나 이러한 자력구제는 강자임을 전제로 하고 실력에 의한 해결로 사회 평화의 교란·파괴를 전제로 하고 "힘에는 힘으로"라는 대결구도로 폭력이 난무할 우려가 있으며 집단분쟁시 사회불안의 요인으로 될 수 있다. 따라서 근대 이후에는 긴급한 경우를 제외하고서 자

---

4) 판결의 확정시기에 관하여 우리나라 민사소송법 498조는 "판결은 상소를 제기할 수 있는 기간 또는 그 기간 이내에 적법한 상소 제기가 있을 때에는 확정되지 아니한다"고 규정하여 반대해석 등을 통해 확정시기를 파악할 수 있는 반면, 일본 민사소송법 116조는 1항에서 "판결은 항소 또는 상고[법 327조 1항(법 380조 2항에서 준용하는 경우를 포함한다)의 상고를 제외한다]의 제기, 법 308조 1항의 신청 또는 법 357조(법 367조 2항에서 준용하는 경우를 포함한다) 또는 법 378조 1항의 규정에 의한 이의신청에서 정한 기간의 만료 전에는 확정되지 않는 것으로 한다"고 하고 동조 2항에서 "판결의 확정은 전항의 기간 내에 한 항소의 제기, 동항의 상고 제기 또는 동항의 신청에 의해 차단된다"고 규정하고 있다.

력구제를 원칙적으로 금지하고 국가의 공권력에 의한 분쟁해결이 기본적으로 정착되어(國家救濟) 국가기관(법원)이 분쟁 내지 이해충돌을 강제적으로 해결·조정하기 위하여 대립하는 이해관계인을 관여시켜서 행하는 법적 절차를 마련하게 되었다. 그렇다고 한다면 위와 같은 전제로 어떠한 국가 민사소송제도를 설치·운영함으로써 실현하고자 하는 내용 내지 목적이 무엇인지 여부에 대하여 다양한 논의가 되고 있다.

Ⅱ. 학설 및 판례 등

1. 학설

가. 권리보장설

사인의 자력구제를 금지한 대상(代償, 다른 물건으로 대신 갚아줌)으로서 사인의 권리보호 임무를 국가구제라는 차원에서 국가가 그것을 인수하였다는 견해이다. 즉, 사권의 확정에 의한 개인의 권리보호와 의무 준수를 보장하는 데 그 목적이 있다고 한다.[5]

그러나 국가제도를 단순히 사익 보호라고 하는 개인적인 목적으로만 파악할 수는 없는 점, 위와 같이 민사소송제도의 연혁에 충실하지만 자유주의국가관에 입각한 개인권리의 과잉의식의 산물이라고 하는 비판이 있다.

나. 사법유지설

민사소송의 목적이란 국가가 제정한 민법·상법 등의 사법질서를 유지하는 데 있다고 하는 견해이다. 즉, 개인의 권리보장은 사법질서유지의 효과 또는 그 수단에 불과하다고 한다.

그러나 민사소송절차는 당사자가 수행하고 판결의 효력도 당사자 간에만 미치는데 이를 단순히 사법질서 유지로만 국한하여 파악할 수는 없다는 점, 권리보호를 구하는 당사자를 소송의 객체로 전락케 할 위험이 있는 점 그리고 이 견해에는 전체주의적 국가관이 잠재하여 있다고 하는 비판이 있다.

다. 분쟁해결설

민사소송이란 사인 간의 생활관계에서 발생한 분쟁을 강제적으로 해결하기

---

5) 한충수, 앞의 책, 4면.

위하여 존재하는 것이기 때문에 사인 간의 분쟁해결이 그 목적이라고 하는 견해
이다. 그러나 분쟁해결만 하면 그만이기 때문에 제도의 내용을 어떻게 규제하여
야 하는지, 재판이 왜 정당화가 되는지 여부의 근거가 불명확하고 분쟁이 없는
소송(피고의 청구인낙), 소송 없는 분쟁해결(화해계약·중재 등)에서 볼 수 있듯이 분
쟁이 소송보다 광범위한 점을 간과하였다는 비판이 있다.

라. 다원설(통설)

민사소송의 목적이란 분쟁해결, 사법질서의 유지 및 권리보호 모두가 목적
이라고 하는 견해이다.[6]

그러나 이념을 병렬적으로 나열하는 것만으로는 제도의 목적을 통일적으로
파악할 수 없다고 하는 비판이 있다.

마. 절차보장설

어떤 행위를 하는 것(작위)과 또는 어떤 행위를 하지 않는 것(부작위)을 사람
들에게 직접으로 의무화하는 행위규범에 따라 공격방어를 다할 기회를 주는 것
이 민사소송의 목적이고 판결은 그 결과에 불과하다고 하는 견해이다.

그러나 재판이 분쟁을 해결하고자 하는 목적을 가지고 있는 점을 무시하고
절차만을 강조한다고 하는 점, 소송제도의 수단에 불과한 절차를 목적화 하였다
는 점에서 비판이 있다.

바. 무용론

소송목적에 관한 주장 자체가 너무 추상적이고 우열의 기준이 불분명하여
논쟁의 실익이 없다는 견해이다.

그러나 목적론을 통해 민사소송의 개별문제를 검토할 때 형량하여야 할 여
러 가지 가치를 최초로 명확화한 점에 논의의 가치가 여전하게 존재한다는 점에
서 비판을 받고 있다.

2. 판례

헌법재판소는 민사소송의 목적과 관련하여 "근대법치국가는 원칙적으로 사

---

[6] 다원설을 취하면서 분쟁해결설을 근간으로 하는 견해(김홍규·강태원, 앞의 책, 36면), 순위상 사
권보호가 우선적이라는 견해(이시윤, 앞의 책, 4면; 호문혁, 민사소송법(제9판), 법문사, 2011, 9
면, 김홍엽, 앞의 책, 2면)로 나뉜다.

인의 자력구제를 금지하면서 한편 사인의 권리보호와 사법질서를 유지하기 위하여 민사소송제도를 설치하여 사인 간에서는 사권을 확정함으로써 개인의 권리보호와 의무준수를 보장하고 국가적 측면에서는 사법질서를 유지할 수 있도록 사법부인 법원에 그 기능의 수행을 맡기고 있다."[7]고 판시하여 권리보호와 사법질서를 민사소송제도의 목적으로 파악하고 있다고 말할 수 있다.

Ⅲ. 검토

1. 학설의 변천

위와 같은 학설 중에서 분쟁해결설은 소송제도의 역사적 인식에 합치하는 것이기 때문에 종래에는 통설이었다. 그러나 분쟁해결만을 민사소송의 목적으로 할 경우에는 마치 어떠한 방식 또는 내용으로든지 분쟁을 해결하기만 하면 그 목적을 달성하는 것으로 되고 해결내용에 관해서는 관심을 두지 않는 것으로 될 수도 있다. 따라서 민사소송의 목적을 상술한 바와 같이 상대적·다원적으로 파악하는 다수설이 등장하게 되었다. 오늘날의 통설은 다원적 입장을 취하면서 또한, 분쟁의 법적 해결이라고 하는 목적을 중시하고 있다고 말할 수 있다. 또한, 최근에는 절차보장설도 등장하고 있다.

2. 사견

민사소송제도의 목적은 우선적으로 법원에 의한 사적 분쟁의 법적 해결에 있다고 이해할 수 있다. 다만, 분쟁을 해결하여야 하는 것은 그 당사자에게 국한되지 않고 사회에 부과된 임무이고, 또한 그것을 위하여 역사적으로도 민사소송제도가 사권 또는 사법 이전에도 존재해 왔던 것이다.

본래 민사소송제도가 실체법에 따라 분쟁을 해결하지 않으면 실체법의 실효성을 확보할 수 없으므로 그것을 통해 사법질서가 유지되는 측면도 있다. 또한, 민사소송제도의 이용에 의하여 사권이 보호되는 측면도 부정할 수 없다. 따라서 분쟁해결을 중심으로 하면서도 권리보호, 사법질서의 유지, 분쟁해결의 모델 제공, 절차보장, 당사자간의 공평, 절차의 적정, 신속, 소송경제 모두도 민사소송제

---

7) 헌법재판소(전원재판부) 1996.8.29. 93헌마57.

도의 목적이라고 말할 수 있지만 개별적인 문제마다 어느 목적에 무게를 두어야
할 것인지를 선택 내지 고려할 필요가 있을 것이다.

제3절 소권론

Ⅰ. 의의

소권(판결청구권)이란 사인이 법원에 소를 제기하여 판결을 구할 수 있는 권
리를 말한다. 구체적으로는 소권 개념의 여부, 내용에 대하여는 다툼이 있지만
소권이라는 개념이 기본적으로 필요하고 원고의 청구에 관하여 본안판결을 구하
는 권리로 인정된다고 할 수 있다. 민사소송이 국민을 위한 제도이기 때문에 소
권이라는 개념은 유용하다. 왜냐하면 민사소송의 목적은 어디까지나 분쟁해결에
있다고 이해할 수 있는데 본안판결을 얻는 것에 의해 분쟁해결의 실질적인 기준
이 제시되고 있기 때문이다.

Ⅱ. 견해 대립[8]

1. 긍정설

가. 사법적 소권론
예컨대, 소유권을 보호하기 위하여 발생하는 물권적 청구권과 같이 사법상
권리가 침해된 때 그 청구권에서 파생하는 권리를 소권이라고 한다.

그러나 소극적 확인의 소를 설명할 수 없다고 하는 비판이 있다.

나. 법적 소권론(통설)
소권이란 사권과는 별개의 공법상 청구권이라고 보는 견해이다. 이러한 견
해 중에 그 내용을 어떻게 이해할 것인지에 따라 학설이 구분된다.

(1) 추상적 소권설
어떠한 판결이라도 그것을 구하는 권리('소각하판결'을 포함한다)를 소권이라고

---

8) 소권에 관한 상세한 내용은 김홍규·강태원, 앞의 책, 289면 이하 참조.

한다.

그러나 이 견해에 대하여 소각하도 소권에 포함되어 있기 때문에 소권을 인정할 실익이 없고 제소의 자유가 있으면 충분하고(헌법 27조) 굳이 소권으로 특별한 보호를 할 필요는 없다고 하는 비판이 있다.

(2) 구체적 소권설(권리보호설)

승소판결을 구하는 권리를 소권으로 파악하는 견해이다.

그러나 이러한 견해에 대하여 법원이 소를 제기한 자에게 유리한 판결을 해줄 의무가 없을 뿐만 아니라 청구기각 판결의 설명이 곤란하다는 비판이 있다.

(3) 본안판결청구권설(분쟁해결설)

원고가 소송의 승패를 떠나 본안판결을 청구할 권리를 소권이라고 한다(다수설).[9]

(4) 사법행위청구권설

헌법 27조의 재판받을 권리에 근거하여 법원에 대하여 소송법에 따라 심리 및 판결을 구할 수 있는 것을 내용으로 하는 청구권을 말한다.[10]

2. 부정설

법질서유지설의 입장에서 소권의 논의는 소송제도에 관한 목적론의 투영이어서 소권개념은 필요가 없다고 한다.

3. 검토

위 구체적 소권설과 본안판결청구권설의 구체적인 차이를 살펴보면, 전자는 소송의 진행과정에서 형식적 절차요건, 광의의 소의 이익(협의의 소의 이익, 당사자적격) 및 실체법적 권리관계를 검토할 때 형식적 절차요건만 소 각하 판결의 대상이고 나머지는 청구기각판결의 대상이라고 한다. 반면 후자(통설)는 형식적 절차요건, 광의의 소의 이익을 소송요건으로 취급하고 또한, 소의 이익의 존부 판단은 반드시 본안판결에 선행하여야 한다고 생각한다. 또한, 후자는 형식적 절차요건 및 광의의 소의 이익을 소송요건으로 보아 그것을 흠결하면 소 각하의 판결을

---

9) 김홍규·강태원, 앞의 책, 296면.
10) 이시윤, 앞의 책, 221면; 강현중, 신민사소송법강의, 박영사, 2015, 26면; 김홍엽, 앞의 책, 275면.

하여야 하고 나머지만 청구기각판결의 대상으로 이해하고 있다. 판례[11]는 후자의 입장이다.

제4절 민사소송제도의 이상과 현실

I. 제도의 이상

민사소송제도의 이상으로는 ① 적정, ② 공평, ③ 신속, ④ 소송경제(이상은 전통적인 의미에서 민사소송의 이상에 해당한다), ⑤ 신의성실의 원칙(이상은 현대적인 의무에서 민사소송의 이상에 해당한다)을 들 수 있다(통설).[12] 그러나 위와 같은 이념은 실제적으로 예컨대, ①과 ② 그리고 ③과 ④는 소요시간 측면에서 살펴보면 대립하는 경우가 있을 수 있다. 따라서 이러한 이념을 어떻게 조정할 것인지가 민사소송절차에서 중요한 과제로 된다.

1. 적정

적정은 재판의 내용과 절차가 정당할 것을 말하는 것으로 바른 사실 확정과 올바른 법의 적용을 통한 사회정의를 구현하는 것에 초점을 맞추고 있다. 제도적

---

11) 대판(전합) 1997. 3. 20. 95누18383.
12) 민사소송의 이상에 관하여 각국은 입법적으로 선언하고 있다. 즉, 미국은 연방민사소송규칙 1조에, 일본은 민사소송법 2조에, 우리나라는 민사소송법 1조에 이를 선언하고 있다. 즉, 미국연방민사소송규칙 1조는 연방민사소송규칙의 적용범위와 목적에 관하여 "이 규칙은 사건이 Common law, 형평법 또는 해사법 어느 쪽이든지 관계없이 모든 민사의 성질을 가진 소송에 미합중국지방법원의 소송절차에 81조가 정한 규정을 제외하고 적용된다. 이 규칙의 규정은 모든 소송의 공정, 신속 그리고 저렴한 재판을 보장할 수 있도록 해석되어야 하고 운용되어야 한다 (These rules govern the procedure in all civil actions and proceedings in the United States district courts, except as stated in Rule 81. They should be construed and administered to secure the just, speedy, and inexpensive determination of every action and proceeding)."고 규정하고 있고, 일본민사소송법 2조는 법원 및 당사자의 책무에 관하여 "법원은 민사소송이 공정하고 동시에 신속하게 이루어지도록 노력하고 당사자는 신의에 따라 성실하게 민사소송을 수행하여야 한다 (裁判所は、民事訴訟が公正かつ迅速に行われるように努め、当事者は、信義に從い誠實に民事訴訟を追行しなければならない)."고 규정하고 있으며, 한국 민사소송법 1조는 민사소송의 이상과 신의성실의 원칙에 관하여 "① 법원은 소송절차가 공정하고 신속하며 경제적으로 진행되도록 노력하여야 한다. ② 당사자와 소송관계인은 신의에 따라 성실하게 소송을 수행하여야 한다."고 규정하고 있다.

으로는 상소·재심제도·직접주의 또는 구술주의 등으로 구체화가 되고 있다. 그러나 적정은 사실과 다른 자백, 청구인낙의 경우에도 법원을 구속할 수 있으므로 보편타당한 정의의 구현이 아닌 분쟁의 상대적 해결로 될 우려가 있을 수 있다.

2. 공평

공평은 당사자를 평등하게 취급하는 것을 말하는 것으로 절차보장을 통하여 양당사자의 진술 경청, 각자 자기의 이익, 주장의 기회를 동등하게 부여하는 것을 말한다. 이를 위해서는 법관의 중립성 또는 무기평등의 원칙이 중요하다고 말할 수 있다. 이와 관련된 제도로는 재판의 공개, 법관의 제척·기피·회피, 변론주의, 쌍방심문주의, 소송절차의 중단 등으로 구체화되어 있다고 말할 수 있다.

3. 신속

신속은 신속하게 소송을 진행·완결하여 권리를 구제할 것을 말하는 것으로 소송의 지연은 권리보호의 지연으로 연결되어 민주사법의 신뢰를 훼손할 수 있다. 따라서 소송을 신속하게 진행하는 것이야말로 사법의 사활문제로 법원의 의무이고 국민의 기본권 중 하나로 이해하여야 할 것이다. 이와 관련된 제도로는 직권진행주의, 집중심리, 준비절차, 시기에 늦은 공격방어방법의 각하, 결석절차, 직권에 의한 원칙적 가집행선고, 원심재판장의 상소심심사제도, 독촉절차, 제소전 화해절차, 소액사건심판절차 등 특수절차 등으로 구체화되어 있다고 말할 수 있다.

4. 소송경제

소송경제는 법원 및 당사자의 노력·경비를 최소한으로 줄일 것을 말하는 것으로 법원의 의무이자 당사자의 권리라고 말할 수 있다. 소액사건에서 구술제소, 변호사 보수의 소송비용산입제, 지급보증위탁계약서에 의한 담보제공, 사물관할, 소의 병합 또는 이의권의 상실 등으로 구체화되어 있다고 말할 수 있다.

Ⅱ. 신의칙의 적용

1. 의의

법률관계의 당사자는 상대방의 이익을 배려하여 형평에 어긋나거나 신뢰를 저버리는 내용 또는 방법으로 권리를 행사하거나 또는 의무를 이행해서는 안 된다는 원칙을 말한다. 이를 구체적인 법률관계에 적용할 때에는 상대방의 이익의 내용, 행사하거나 이행하려는 권리 또는 의무와 상대방의 이익과의 상관관계 및 상대방의 신뢰의 타당성 등 모든 구체적인 사정을 고려하여야 한다.[13]

2. 내용

가. 신의성실의 원칙(민법 2조)은 본래 사법상의 것이었지만 민사소송에서도 이를 정면으로 적용하고 있다(1조). 왜냐하면 신의칙이 실체법뿐만 아니라 절차법도 지배하는 고차원적인 법이념으로 계약법의 영역에 한정되지 않고 모든 법률관계를 규제, 지배하는 원리로 파악다고 따라서 신의칙에 반하는 소권의 행사 또는 허용될 수 없기 때문이다.[14]

또한, 1조 2항에서 "당사자와 소송관계인"으로 규정하고 있어 원·피고, 보조참가인, 법정·소송대리인, 증인 그리고 감정인 등에게 신의칙의 효력이 미친다. 그리고 1조 1항에서 "소송절차"라고 표현하고 있지만 상술한 내용에 비추어 판결절차 이외에 강제집행·파산·중재절차 등에도 적용이 있다고 보아야 할 것이다.

나. 이러한 신의칙은 민사소송에서 그 지위 내지 적용범위에 관하여 견해의 대립이 있다. 즉, 신의칙이 실체법 단계에 적용되어 실체법적인 권리행사가 신의칙에 반하는 경우 신의칙은 실체법 단계에 적용되어 절차법적 권리행사가 금지되는 것인지, 아니면 소송절차의 출발점으로 되는 소의 제기행위, 즉 소권의 행사가 신의칙에 반하여 금지되는 경우도 있는지 여부가 문제된다. 이에 대하여 소권의 행사가 신의칙에 반하여 금지되는 경우도 있다고 하면서 이러한 경우 소를 각하하여야 한다는 견해, 신의칙 위반으로 금지되는 것은 실체법적 권리행사이고 이렇게 보는 것으로 충분하기 때문에 실체법적 권리를 부정, 즉 청구를 기각하여

13) 대판(전합) 2021.4.29. 2017다22807; 대판 1989.5.9. 87다카2407.
14) 대판 1983.5.24. 82다카1919.

야 한다고 보아야 한다는 견해가 있다. 그러나 이는 소권 행사에 위반한 것인지, 아니면 실체법적 권리행사를 한 것인지 여부의 문제라기보다는 사안의 법적 안정성과 구체적 타당성을 추구한다는 측면에서 절충적으로 이해하여야 할 것이다. 판례의 입장도 마찬가지의 취지로 판시하고 있다.[15]

3. 적용

신의칙의 적용과 관련하여 통상적으로 ① 소송상태의 부당형성 배제, ② 선행행위에 모순되는 거동의 금지(소송상 금반언), ③ 소송상 권리실효, ④ 소송상 권리남용의 금지 등 4가지 유형을 생각할 수 있다. 신의칙에 관한 규정이 없는 경우에도 민사소송절차에 신의칙을 적용하는 것이 판례·통설이었지만 법 2조에 "당사자는 신의에 따라 성실하게 민사소송을 수행하여야 한다"고 규정하고 있어 당연히 당사자에게 신의칙에 따른 소송수행을 요구할 뿐만 아니라 심리의 충실·촉진을 도모하도록 하고 있다. 이러한 신의칙의 내용을 상술한 분류에 따라 소송관계에서 살펴보면 다음과 같다.

가. 소송상태의 부당형성 배제

이는 당사자 일방이 어떤 소송상태를 작위적으로 만들어 내서 소송규정의 부당한 적용 또는 부적용을 도모(소송상태의 부당형성)해서는 안 된다고 하는 내용이다. 예컨대, 재판적의 도취 등으로 민사소송의 일방 당사자가 다른 청구에 관하여 관할만을 발생시킬 목적으로 본래 제소할 의사가 없는 청구를 병합한 것이 명백한 경우에는 관할선택권의 남용으로서 신의칙에 위배되어 허용될 수 없다고 한다.[16]

나. 선행행위에 모순되는 거동의 금지(소송상 금반언)

이는 당사자 일방이 과거에 일정한 방향의 태도를 견지하는 선행행위가 있는 경우 상대방이 그에 대한 신뢰를 전제로 자기의 소송상 지위를 구축하였음에도 종전의 태도와는 모순되는 거동을 하는 경우 그에 대한 상대방의 신뢰를 보호하기 위하여 후행의 모순적 거동을 금지하는(그 효력을 부정하는) 것을 내용으로 하고 있다. 예컨대, 사자(死者)에 대한 소송제기를 묵인하고서 소송수행을 한 자

---

15) 대판 2005.10.28. 2005다45827; 대판 2002.10.25. 2002다32332.
16) 대결 2011.9.29. 2011마62.

가 상고심에서 소송승계의 효력을 다투는 경우 이를 허용하지 않는다고 하거나, 임대인 갑이 임차인 을에게 임차하여 준 자기 소유의 건물을 담보로 제공하고 은행융자를 받을 때 위 건물의 담보가치를 높게 평가받도록 하기 위하여 을이 은행직원에게 아무런 임대료도 지급하지 않고 무상으로 거주하고 있다는 거짓 내용의 확인서를 작성해 주었고 또한, 위 건물에 대한 경매절차가 끝날 때까지도 그 임대차관계를 밝히지 아니하여 경락인 병이 이를 알지 못하였다면 을이 병의 명도청구에 즈음하여 태도를 번복하고 그 전세금 등의 반환을 요구하면서 그 명도를 거부하는 것은 특단의 사정이 없는 한, 금반언 내지 신의칙에 위반되는 것이다.[17]

다만, 원고의 형이 토지를 시효취득하였음을 청구원인으로 하여 소유권이전등기절차이행을 청구하였던 사건에 증인으로 출석하여 자신이 형을 대리하여 위 토지를 관리하였다고 증언하였다가 형의 패소로 확정되자 이번에는 자신이 소유의 의사로 위 토지를 소유·관리하여 시효취득하였음을 청구원인으로 하여 소유권이전등기절차이행청구의 소를 제기한 경우[18]와 같이 후행 행위의 진실성 또는 상대방의 불이익의 정도가 크지 않은 경우, 가사소송과 같이 진실을 우선하여야 할 경우에는 소송상 금반언의 적용에 한계가 있다고 말할 수 있다.

다. 소송상 권리실효

예컨대, 당사자 일방은 상대방이 이의신청권 등을 장기간에 걸쳐 행사하지 않고 있었기 때문에 더 이상 그것을 행사하지 않을 것이라고 하는 기대가 발생하였는데 상대방이 소송을 진행하는 경우와 같이 더 이상 소송상의 권리행사를 기대할 수 없었음에도 그 권리행사를 하는 경우 그것을 허용하지 않는다는 것을 말한다. 다만, 권리 행사가 이른바 신의칙에 반하는 결과가 되어 허용되지 않는 것은 권리자의 주관적인 동기가 고려되지 않더라도 그에게 권리 행사의 기회가 있고 이를 현실적으로 기대할 수 있었음에도 행사하지 않은 경우로 한정되어야 한다. 따라서 예컨대, 조건부 징계해임결의에 따라 시작한 원고가 징계처분일로부터 10년이 경과된 후에 해당징계처분의 무효를 구하는 소를 제기한 사건에서 원고가 퇴직금을 수령하였다고 하여 위 징계해임결의절차에 하자가 있어서 그 결

---

17) 대판 1987.12.8. 87다카1738.
18) 대판 1991.3.12. 90다17507.

의 자체가 무효라는 것까지 알면서 이를 승인한 것으로 단정하기는 어렵고, 또한 원고와 동일한 징계해임결의에 따라 사직한 다른 근로자가 사용자를 상대로 제기한 소에서 승소판결이 확정되자 원고가 곧바로 이사건 소를 제기한 경우라면 원고의 권리행사 지체가 상대방인 피고로서도 이제는 원고가 그의 권리를 행사하지 아니할 것이라고 신뢰할 만한 정당한 사유가 있었다고 볼 수 없으므로 원고의 권리행사가 신의칙에 반하여 그 권리가 실효되었다고 할 수 없을 것이다.[19]

라. 소권의 남용

이는 재판청구권의 행사도 상대방의 보호 및 사법기능의 확보를 위하여 신의성실의 원칙에 의하여 규제된다고 하는 내용이다. 즉, 권리구제 또는 분쟁해결을 위한 소제기의 목적 여부 이외의 목적을 추구하기 위한 소권의 남용은 신의칙상 허용될 수 없다. 예컨대, 최종심인 대법원에서 수회에 걸쳐 같은 이유를 들어 재심청구를 하여 그것이 기각되었음에도 이미 배척된 이유를 들어 최종 재심판결에 대하여 다시 재심청구를 거듭하는 것은 결과적으로 상대방을 괴롭히게 되고 나아가 사법 인력의 불필요한 소모와 사법기능의 혼란 및 마비를 조성하는 것이 될 것이므로 이러한 경우에는 소권의 남용으로 허용될 수 없을 것이다.[20] 이 이외에도 소송비용확정절차와 같이 소보다 간편한 방법으로 목적을 달성할 수 있는 경우이거나 통상의 소 이외의 특별절차가 마련되어 있음에도 소를 제기하는 경우, 소권의 행사가 법의 목적에 반하는 경우, 무익한 소권을 행사하는 경우, 소송지연 또는 사법기능의 혼란·마비를 조성하는 소권의 행사인 경우, 재산상 이득 또는 탈법 등을 위하여 소권을 행사하는 경우, 특별한 금지를 피하기 위하여 소권을 행사하는 경우, 기피권 또는 상소권의 남용 등도 마찬가지일 것이다.

4. 효과

소송의 신의칙 위반 여부에 대하여는 법원의 직권조사사항으로 신의칙 위반의 제소가 있는 경우에는 부적법 각하를 하거나 또는 그에 반하는 소송행위는 무효로 처리할 수 있다. 그리고 신의칙 위반의 소송행위를 간과한 판결인 경우에는 확정 전에는 상소로 취소하고 확정 후에는 당연무효판결이 되는 것은 아니며 집

---

19) 대판 1990.8.28. 90다카9619; 대판 1992.1.21.91다30118.
20) 대판 1997.12.23. 96재다226.

행 후 손해배상의 문제가 발생한다.

Ⅲ. 민사소송 운영의 현실[21)]

1. 운영의 현실

민사소송의 1심처리기간은 1980년대 중엽의 평균 2개월에 비해 2022년은 6.2 개월로 1980년대 중엽의 평균 2개월에 비해 3배로 늘어났다([그림 1-1] 참조).

[그림 1-1] 민사소송1심처리기간

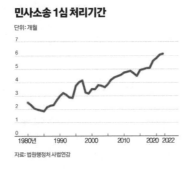

이는 한두 가지의 요인에서 비롯되었다기보다는 법원이 가지고 있는 다양한 문제가 복합적으로 작용한 결과로 ① 법원에 접수되는 사건 수의 증가로 1980년 대에 20만 건 수준인 것이 이후 2000년대 중반에는 180만 건에 육박하였고([그림 1-2] 참조), ② 1980년대 이후에 지속적으로 판사의 정원은 증가하여 2,500여 명에서 3,000여 명으로 증가하였고 판사 1인당 본안사건수는 2010년 600건에서 2022년 400건으로 줄었고([그림 1-3] 참조), ③ 매년 접수된 사건의 처리율 추이를 보면, 사실상 100%를 유지하지만 처리기간이 계속 길어졌고([그림 1-4] 참조), ④ 항소율의 추이는 사건을 신속하게 처리하기보다 충실하게 다루는 데 중점을 두었다면 항소율이 낮아질 것인데 이와 달리 항소율은 2000년대 중반 10% 수준인 것이

---

21) 김두얼, "재판 길어지는데 항소율도 올라 ⋯ 법원'생산성'에 의문", 중앙일보(2023.11.21.), https://www.joongang.co.kr/article/25208769 (2023.11.21. 방문)

2022년에는 14%를 보여주고 있어([그림 1-5·1-6] 참조) 이는 오히려 전술한 바와 같이 지난 10년 동안에는 판사의 업무부담이 지속해서 줄어들고 있었음에도 판결의 신속성은 물론 충실성까지 악화하였을 가능성이 높다는 뜻을 보여주고 있다.

[그림 1-2] 본안사건 수   [그림 1-3] 판사현황 및 충원율

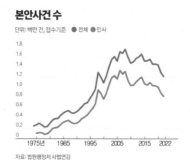

[그림 1-4] 판사 1인당 본안사건 수   [그림 1-5] 본안사건 처리율

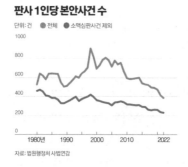

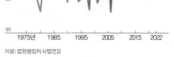

[그림 1-6] 민사소송 1심 항소율

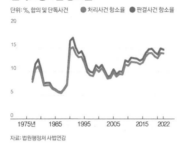

민사소송 1심 항소율

단위: %, 합의 및 단독사건 ●처리사건 항소율 ●판결사건 항소율

자료: 법원행정처 사법연감

2. 개선방안

상술한 표와 같이 지난 10여 년 동안 법원에는 많은 변화가 있었다. ① 사회경제적 변화로 인해 사건의 난이도도 증대되었고, ② 국민참여재판 등의 도입으로 새로운 업무방식에 적응하여야 하고, ③ 법조일원화에 따른 채용방식의 변화로 판사의 평균연령이 높아지는 등 이유도 있었지만 그 이외에도 복합적으로 사건처리와 관련한 여러 요인 등이 있을 것이다. 그렇지만 법원은 수행하여야 할 기본업무를 얼마나 충실하게 수행하고 있는지에 대한 점검과 고민을 할 필요가 있을 것이다. 즉, 공정하고 신속한 재판이라는 법원의 기본임무를 다하는 데 전력을 기울여야 할 것이다.

제5절 민사소송의 해석론

I. 분쟁의 실효적 해결을 위한 필요성 및 그 요청

민사소송의 목적은 여러 가지가 있지만 분쟁해결이 소송제도의 목적 중 하나인 것은 오늘날에 다툼이 없다. 이러한 목적을 위하여 법의 의미와 내용의 확정이 필요하다. 다만, 절차법은 실체법과 달리 구체적인 타당성보다는 획일성·안정성의 요청이 중시되므로 위와 같은 기준에 따라 문리해석, 논리해석, 목적론적 해석, 소송심리에 관한 제 원칙과 연관 속에서의 해석, 합헌적 해석, 반대해석 또는 유추해석이 있지만 위와 같은 여러 가지 해석방법의 바탕에는 분쟁을 실효적으로 해결하기 위하여 몇 가지 해석상의 요청이 필요하다.

1. 분쟁의 일회적 해결

소송은 법원 또는 당사자에게 많은 부담을 강요한다. 따라서 법원이나 당사자의 노력·경비를 최소한으로 한정하기 위하여 소송경제가 요청될 뿐만 아니라 판결의 모순도 방지하여야 한다. 일회의 재판으로 분쟁의 결론을 도출하는 것은 법원의 부담 경감으로 연결될 뿐만 아니라 당사자에게 편리하고 분쟁의 통일적 해결이 도모된다. 따라서 원칙적으로 분쟁해결의 일회적 해결이 요청된다고 말할 수 있다.

2. 절차 안정의 요청

민사소송은 판결을 목표로 절차를 이어가는 구조를 취한다. 즉, 이전의 절차가 붕괴되면 그 다음으로 이어지는 절차가 모두 붕괴되어 버리기 때문에 이미 진행된 절차는 될 수 있는 한, 번복되지 않아야 한다. 이것이 절차안정의 요청이고 절차안정이 확보되어야 소송경제에도 도움을 준다. 예컨대, 소송행위의 취소를 인정하지 않는 것도 그러한 취지에 입각한 것이다.

3. 판결의 실효성·즉응성의 요청

법원의 판단이 사적 분쟁의 해결에 효과적으로 결부되어 있지 않을 경우 그것은 전혀 의미가 없는 것에 불과하다. 따라서 분쟁해결과 효과적으로 결부시키기 위하여 소송요건을 심사하고(소송요건을 결여하면 소를 각하한다) 또한, 판결효의 확장해석도 경우에 따라 필요하다. 그리고 분쟁실태에 따른 소송형태를 인정하는 것도 실효적인 분쟁해결을 위하여 필요불가결하다. 현행법이 권리능력 없는 사단 등에게 당사자능력을 인정하고 3면소송을 인정하며 편면적 독립당사자참가도 인정하고 있는 것도 바로 이러한 취지라고 말할 수 있다(79조 1항).

Ⅱ. 절차보장의 필요성

민사소송에서는 분쟁의 효과적인 해결뿐만 아니라 분쟁당사자의 "절차보장"이라는 원리에도 주의를 기울여야 한다.

1. 의의

절차보장이란 당사자에게 충분한 주장·입증의 기회를 주는 것을 말한다. 국민이 재판을 받을 권리를 보장받아야 하기 때문에(헌법 27조) 민사소송에서도 당사자에게 충분한 절차를 보장해 줄 필요가 있는 것은 당연하다고 할 수 있다.

2. 역사적 변천

절차보장과 관련하여 당사자권 내지 절차보장의 개념에는 역사적 변천이 있었다. 우선 당사자권의 개념은 당사자가 민사절차에서 주체적 지위를 확립하는 것에 기여하였다. 즉, 민사소송절차에서 당사자의 주체적 지위를 확보하기 위하여 변론권·상소권 등 당사자권이 확보되어 있는 반면, 비송사건절차에서는 당사자권의 보장이 충분하지 않은 것이 현실이다. 따라서 소송의 비송화에 대한 현상을 쉽게 긍정하지 못하도록 하기 위하여 당사자권의 개념이 더욱 강하게 주장되었다. 여기에서 당사자권이란 법원에 대한 당사자의 여러 가지 권리로 체계화되어 당사자가 절차에서 주체적 지위를 확립하는 것과 연결되게 되었다.

다음으로 당사자권 내지 절차보장은 판결효, 특히 기판력을 정당화하는 실질적 근거로서 적극적 의미를 가지고 있다. 즉, 확정판결에 부여되는 기판력(216 내지 218조)의 실질적 근거에 관하여 종래에는 분쟁해결이라는 민사소송제도의 목적을 달성하는데 불가결한 것이기 때문에 그것이 인정되는 것이라고 설명하였다(제도적 효력설).

그러나 최근에는 이용자(기판력을 받는 자) 입장에서 생각하여 당사자에게 변론권을 중심으로 한, 당사자권 내지 절차보장이 주어지고 자기에게 유리한 결과를 얻을 기회를 보장받고 있는 것에 대한 자기책임 때문에 당사자가 기판력에 구속받게 되는 것이 정당화되는 것이라고 주장한다.

더 나아가 오늘날에는 절차보장 그 자체가 민사소송의 목적이라고 하는 견해도 등장하고 있다. 즉, 절차보장을 충실히 하는 것은 소송법적 효과를 정당화하기 위한 것이 아니라 그 자체가 민사소송의 목적이라고도 한다. 그래서 소송의 시작부터 종료에 이르기까지 당사자 간의 의견교환 등과 규칙 만들기를 통하여 논쟁(대론)절차의 보장이 절차보장의 핵심이라고 한다.

이러한 절차보장을 중시하는 견해도 3차례에 걸쳐 절차보장의 핵심이 변경되었는바, 제1파는 당사자에게 민사소송절차에서 인정되는 권능(당사자권)을 해명하고자 노력하였고, 제2파는 민사소송은 당사자를 위해 존재하므로 이용자 입장에서 보면 절차보장이 주어졌다는 것이 판결효를 정당화하는 실질적인 근거로 된다고 하는 점을 해명하고자 노력하였으며, 제3파는 민사소송이란 당사자에게 각각의 행위책임에 따라 공격·방어를 다하여야 할 기회를 보장하는 것이고 판결은 그 결과물이기 때문에 절차보장의 충실이야말로 민사소송의 목적이라고 하는 점을 해명하고자 노력하였다. 그러나 이러한 견해에 대하여는 당사자 간의 책임분배규칙이 명확하지 않다는 등의 비판이 있다.

제 2 편 소송의 주체

제1장 법원

제1절 조직·재판권

I. 법원의 구성

1. 의의

법에서 법원(法院, court)이란 민사재판권(사법권의 한 권능)을 행사하는 국가기관을 말한다.

2. 종류

법원에는 대법원·고등법원·특허법원·지방법원·가정법원·행정법원 및 회생법원 등이 있다. 이 가운데 특허법원은 특허침해소송을 관할하는 한도에서 민사법원에 속한다.

그러나 행정법원·가정법원 및 회생법원은 행정사건·가사사건 및 도산사건 등을 전속관할하는 전문법원에 해당한다.

3. 민사재판권

가. 의의

민사재판권이란 민사소송을 처리하기 위하여 행사되는 국가권력(권능)을 말한다. 헌법상 3권분립주의의 구조에서 민사재판권은 행정권·입법권과 함께 국가권력 중 하나로 법원에 속하는 사법권(헌법 101조 1항)의 한 권능이다.

나. 민사재판권의 범위

법원을 우리나라에 설치된 각급법원 중 어느 하나의 법원으로 이해하는 것이 아니라 국가 전체 차원에서의 법원, 즉 사법부로 보는 경우에 재판권이 문제가 된다. 따라서 재판권이란 한 나라의 법원이 소송사건을 처리하기 위하여 사람

또는 사건에 대하여 행사할 수 있는 권한을 말한다고 할 수 있다. 그리고 재판권
은 주권의 표현이기도 하므로 주권이 행사될 수 있는지 여부와 관련하여 일정한
제약이 있다고 말할 수 있다.

(1) 대인적 제약

민사재판권은 원칙적으로 국내에 있는 모든 자에게 미친다. 그러나 국제연
합기구 및 그 산하특별기구 등의 대표자 및 직원의 경우 민사재판권의 면제권을
향유하고 국제법상 외국국가·원수·외교사절 및 그 수행원과 가족(1961년「외교관
계에 관한 비엔나협약」), 내국인이 아닌 사무·기술 또는 서비스직원(동협약 31조 1항,
37조 2·3항), 그리고 영사관원과 그 사무직원(1963년「영사관계에 관한 비엔나협약」 37
조 2·3항)은 각 치외법권자로서 일정한 예외를 제외하고 민사재판권을 면제받기
때문에 우리나라의 재판권은 일정범위 내에서 그들에게 미치지 않는다.[1] 다만,
외국국가의 사법적 활동에 대해 국내의 민사재판권에 복종하는 경우에는 우리나
라가 민사재판권을 행사할 수 있다.[2]

주한미군의 경우 한미행정협정(SOFA) 23조에 따라 주한미군의 구성원과 내
국인이 아닌 고용원의 공무집행 중 불법행위에 대해 민사재판권을 면제하는 대
신, 그 행위에 대해 대한민국이 피고로 되고 공무집행과 무관한 행위의 경우 민
사재판권은 행사하지만 대한민국의 배상상금 산정과 미국당국의 배상금지급 제
의 후 불만족한 경우에만 민사재판권을 행사할 수 있다.

(2) 대물적 제약

㈎ 섭외적 민사사건의 경우 민사재판권은 사건의 종류·내용 때문에 국내법
원의 관할인지 또는 외국법원의 관할인지 여부에 관한 일정한 문제가 있다고 말
할 수 있다. 또한, 섭외적 민사사건의 경우에는 어느 나라의 소송법을 적용할 것
인지는 재판권의 행사가 주권의 작용에 해당하므로 법정지법을 적용하지만, 실체
적 법률문제에 관하여는 어느 나라의 실체법을 적용하는지(준거법)에 대한 문제로
사안에 따라 서로 다를 수 있다. 예컨대, 이혼을 목적으로 하는 소송절차는 그 이
혼소송을 제기한 국가의 재판권에 따라 진행되지만 이혼사유의 적용과 관련해서

---

1) 대판 2011.12.13. 2009다16766에 의하면, 미합중국을 제3채무자로 하는 채권압류 및 추심명령은
   재판권이 없는 법원이 발령한 것으로 무효라고 한다.
2) 대결 1975.5.23. 74마281.

는 부(夫)의 본국법에 따를 것인지, 처(妻)의 본국법에 따를 것인지 여부에 관하여
는 국제민사사건에서는 다툼이 있다.

(나) **국제재판관할**

국제재판관할은 ① 자국에서 재판을 할 수 있는지(법정지법)와 ② 어느 실체
법을 적용하여 사안을 해결할 것인지(준거법), ③ 외국판결을 승인할 때에 판결국
이 국제재판관할을 가지고 있는지의 문제를 포함하고 있다. 따라서 첫째로 자국
에서 재판을 할 수 있는지와 관련하여 한국과 영국이 무역을 하였고 한국에서 영
국으로 물건을 실은 배를 보냈는데 태평양 한 가운데에서 배가 침몰한 경우 한국
에서 재판할 것인지, 영국에서 재판할 것인지에 관한 문제를 국제재판관할의 문
제라고 한다. 즉, 국제재판관할에 관한 문제는 어느 나라의 법원이 관할권을 가
지는지의 문제이고 한 나라 안에서 어느 지방의 법원이 관할권을 가지는지 여부
의 문제와는 차원을 달리한다. 둘째로 어느 나라의 법원에 관할권이 인정되어 그
나라에서 재판권을 행사할 때 적용할 실체법은 어느 나라의 것을 적용할 것인지
여부가 문제가 되는데 이는 준거법의 문제에 해당한다. 셋째로 위 사례에서 영국
법원이 판결을 하고 한국에서 그 판결을 집행할 경우에 영국법원이 국제재판관
할을 가지고 있는지의 문제이다.

한편, 재판권의 면제에 관해서는 국제법상 약간의 법칙이 있지만 국제적인
재판관할의 결정은 국제민사소송법의 문제이고 국제민사소송법의 규정은 원칙적
으로 국내법으로서 존재하므로 국가에 따라 상당한 차이가 있다. 일반적으로 국
제적 재판관할권에 관한 규정은 충분히 정비되어 있지 않은 경우가 많기 때문에
앞으로 입법·조약의 발전에 기대하여야 할 부분이 있다.

국제적 재판관할의 문제는 재판권 또는 준거법의 문제와 구별하여야 한다.
재판권의 문제는 관할의 문제가 아니고 또한 어느 나라의 법을 적용할 것인지에
관한 문제인 준거법의 문제와도 구별되어야 한다. 특히, 민사분쟁이 섭외적 요소
(당사자의 주소 또는 국적, 목적물의 주소, 행위의 장소 등이 다수의 국가에 걸쳐있는 사정)
를 포함한 국제민사사건인 경우 관련된 여러 나라 중 어느 곳에 국제재판관할이
인정되는지가 문제로 된다. 또한, 이것은 국가를 단위로 한 재판관할의 개념이므
로, 어떤 국가 내의 개별 법원의 관할과 구별될 뿐만 아니라 재판권 개념과의 관
계가 문제된다.

민사재판은 국가주권의 일부분으로서 재판권을 행사하는 것인데 일국의 재판권에는 국제법의 관점에서 대인적 한계 및 대물적 한계가 있다. 전자는 당사자에 관한 한계로서 국제법상 재판권의 면제 등이 문제가 되는 반면, 후자는 사건에 관한 한계에 대해서는 국가가 그 주권이 미치는 범위 내에서 재판권을 행사할 수 있을 뿐이다. 국제법은 각국의 민사재판권의 범위를 규제·조정하는 적극적인 원칙을 갖고 있지 않다. 그래서 그러한 와중에 자국에서 재판하는 것이 당사자 간의 공평, 재판의 적정·신속 등 절차법의 이념에 적합한지 여부의 관점에서 국가가 재판권을 조약 또는 국내법에 따라 자제하는 취지의 소송요건이 국제재판관할이라고 설명할 수 있다. 국제법상 재판권의 한계와는 구별되는 소송법적인 고려를 기본으로 하는 소송요건이라고 해석할 수도 있다.

판례는 국제재판관할을 결정할 때에는 당사자 간의 공평, 재판의 적정·신속 및 경제를 기한다는 기본이념에 따라야 할 것이고 구체적으로는 소송당사자들의 공평·편의 그리고 예측가능성과 같은 개인적인 이익뿐만 아니라 재판의 적정·신속·효율 및 판결의 실효성 등과 같은 법원 내지 국가의 이익도 함께 고려하여야 할 것이라고 한다. 그리고 이러한 다양한 이익 중 어떠한 이익을 보호할 필요가 있을지 여부는 개별사건에서 법정지와 당사자와의 실질적 관련성 및 법정지와 분쟁이 된 사안과의 실질적 관련성을 객관적인 기준으로 삼아 합리적으로 판단하여야 할 것이라고 한다.[3] 이러한 입장에서 대한민국 내에 주소를 두고 영업을 하는 자가 미국의 도메인 이름 등록기관에 등록·보유하고 있는 도메인 이름에 대한 미국의 국가중재위원회의 이전 판정에 불복하여 제기한 소송에 관하여 분쟁의 내용이 대한민국과 실질적 관련성이 있을 경우에는 대한민국 법원에도 국제재판관할권을 인정할 수 있다고 한다.[4] 또한 대한민국에 당사자들의 국적이나 주소가 없더라도 이혼청구의 주요 원인이 된 사안이 대한민국에서 형성되었고 이혼과 함께 청구된 재산분할사건에서 대한민국에 있는 재산이 재산분할 대상인지 여부가 첨예하게 다투어지고 있는 경우 대한민국과 해당 사안 간의 실질적 관련성을 인정할 수 있다고 한다.[5]

---

3) 대결 1994.2.21. 92스26; 대판 2012.5.24. 2009다22549; 대판 2013.7.12. 2006다17539; 대판 2019.6.13. 2016다33752 등.
4) 대판 2005.1.27. 2002다59788.
5) 대판 2021.2.4. 2017므12552.

다. 흠결의 효과

민사재판권의 존재는 소송요건이고 이것을 흠결한 소는 부적법하여 각하된다.[6] 재판권의 존부는 직권조사사항이고 법원은 직권으로 소송자료를 수집하여야 한다(직권주의). 그리고 불분명한 경우에는 기일을 진행한 후 흠결이 판명된 경우 소를 각하하고 간과를 한 때에는 상소로 다툴 수 있지만 판결 확정이 되면 재심사유에 해당하지 않으므로 재심이 불가능하고 그 판결은 무효이다.

제2절   민사법원의 종류와 구성

Ⅰ. 구성

1. 의의

법원은 넓은 의미로 재판사무를 처리하는 재판기관으로 법원사무관 등의 사법기관, 대법원장 등의 사법행정기관, 법원행정처 등 사법행정의 부수기관 등을 포함하는 복합적인 국가기관을 말하고 좁은 의미로는 재판사무를 처리하는 1인 또는 수인의 법관으로 구성된 재판기관을 말한다.

2. 협의의 재판기관(협의의 법원)

가. 재판기관은 소송사건의 수리·심리·판단을 하는 기능을 가진 수소법원(受訴法院)과 집달관의 강제집행의 실시를 감독하거나 스스로 집행기관으로서 일정한 강제집행을 실시하는 기능을 가진 집행법원으로 구분할 수 있다.

나. 법원의 구성은 직업 법관으로 단독제(1인의 법관)와 합의제(수인의 법관)가 있고 대법원과 고등법원은 언제나 합의제인 반면, 지방법원은 원칙적으로 단독제이고 합의제를 병용하고 있다.

대법원은 대법관 전원의 2/3로 구성하는 전원합의체, 대법관 3인 또는 4인으로 구성하는 부가 있고 고등법원과 지방법원 합의부는 3인의 법관으로 구성한다.

다. 대법원 전원합의체는 ① 명령·규칙이 헌법 또는 법률에 위반함이 인정

---

6) 대결 1975.5.23. 74마281.

될 때, ② 종전의 판례를 변경하는 것이 필요할 때, ③ 부 구성의 법관 간에 의견 대립이 있는 경우에 관한 업무를 처리한다. 1심의 경우 하나의 법원 내에는 합의 제와 단독제의 재판기관 등 여러 재판기관이 존치하고 내부적으로 재판사무를 분장할 필요에 따라 사법행정기관의 전속적인 권한인 사무분담을 통해 해결한다.

라. 최근에 1심의 경우에는 예컨대, 교통사고전담부, 산재전담부 또는 의료 사고전담부 등 전담재판부를 신설하여 전문지식의 배양을 통한 재산업무의 능률화·신속화, 재판의 일관성 유지, 행정부 내의 조정·심사위원회 등의 설치로 사법권의 잠식현상에 대응하기 위하여 재판업무의 능률화·신속화에 노력하며, 재판의 일관성을 유지할 뿐만 아니라 판사의 직업적인 고충에서의 해방을 가져올 수 있도록 하는 노력을 하고 있는데 앞으로 그것을 확대하는 것이 바람직할 것이다.

3. 합의체

가. 합의체는 재판장과 합의부원, 즉 배석판사로 구성하고 결정은 구성법관의 합의에 의한 과반수의 의견으로 하며(법원조직법 66조 1·2항, 그러나 대법원의 경우 의견이 대립되어 과반수를 넘지 못할 경우 원심재판을 변경할 수 없다),

나. 구성원 중 1인을 재판장으로 하는데 재판장은 관례상 대법원장·각급법원장이 구성원일 때에는 대법원장 등이, 그 이외의 경우에는 그중 선임자가 한다. 그리고 재판장은 합의를 주재하지만 표결권은 다른 합의부원과 동등하다. 또한, 그는 합의체의 대표기관으로 소송지휘권·법정경찰권·판결선고·석명권의 행사 및 합의를 주재하고 전원이 관여할 필요가 없는 간단한 사항 또는 여유가 없는 급박한 사항에 대해서는 단독으로 권한을 행사한다.

다. 재판에 관여하는 판사로 수명법관과 수탁판사가 있는데 전자는 합의체의 구성법관 중 재판장이 원활하고 신속한 업무처리를 위해 위임한 법관으로서 화해의 권고, 법원 외에서의 증거조사, 준비절차 등의 업무를 처리하고 후자는 수소법원이 동급의 다른 법원에 일정한 재판사항의 처리를 촉탁한 경우 그 업무 처리를 맡은 다른 법원의 단독판사로 그의 처분 또는 재판 등은 소송법상 재판장 또는 수명법관의 그것과 동일한 취급한다. 그리고 주심판사는 합의부사건에서 사건배당과정에 1인의 판사를 주심으로 정하는 경우 그 사건을 배당받은 판사를 말한다.

4. 합의제와 단독제의 장점 등

합의제와 단독제를 살펴보면, 전자는 다수의 참여로 풍부하고 사려 깊은 이론을 구성하여 재판의 적정과 공정성을 보장할 수 있고 초임법관에게 많은 재판경험을 축적할 수 있는 기회를 보장하며 재판에 있어 외부적 압력의 배제가 용이한 반면, 후자는 책임의식을 바탕으로 신속한 사건의 처리가 가능하고 국가의 세출부담을 경감할 수 있는 장점이 있다고 말할 수 있다.

5. 종류

재판기관으로서 법원은 1인의 법관으로 구성되는 재판부(단독)와 수인의 법관으로 구성되는 재판부(합의부)가 있다. 일반적으로 상급심은 합의부로 구성되어 있고 제1심에서는 단독이 합의부보다 많다.[7] 합의부에서는 기능을 분담시켜 재판장(신문·변론의 지휘 등을 한다) 및 수명법관(법정된 사항을 위임받은 판사) 등이 있다. 그리고 법원에는 법관 이외에 법원서기관·집행관·조사관·속기사 및 정리 등의 구성원이 있다.

6. 법관의 독립성

법관의 종류에는 대법원장, 대법관, 판사, 시·군판사가 있는데 재판의 적정, 공평의 보장 그리고 국민의 신뢰유지를 목적으로 법관의 독립성이 보장되어야 한다. 이러한 법관의 독립성에는 물적 독립과 인적 독립이 있다. 전자는 재판을 할 때 헌법·법률, 양심에 구속될 뿐 내부적으로 사법행정상의 지시에서 독립되고 외부적으로 행정부 등의 압력으로부터도 독립되어야 한다. 따라서 법관은 지시에서의 자유, 책임에서의 자유 및 법관의 고의 또는 과실에 의한 오판에 대하여 악의에 의한 사실인정 또는 법령해석의 왜곡이 아닌 범위 내에서 법관의 활동제어가 불가능하여 대법원의 파기환송판결이 아닌 한, 하급심의 판결의 자유를

---

7) http://seoul.scourt.go.kr/seoul/intro/intro_03/group_1/index.html (2023.9.20. 방문). 이에 따르면, 2023.9.20. 현재 서울지방법원의 민사재판부는 서울지방법원의 재판부는 항소재판부가 12개, 합의부가 32개 및 단독이 144개로 구성되어 있음을 볼 수 있다. 결국 민사항소부도 3명의 판사로 구성하는 합의체이므로 민사합의부가 23.40%이고 단독이 76.59%의 각 비율로 되어 있다. 반면, 형사재판부는 항소부 7개, 합의부 20개, 단독 30개로 구성되어 있음을 볼 수 있다.

보장하고 있다. 후자는 법관의 경우 탄핵 또는 금고 이상의 형을 선고받지 않고서는 파면 또는 징계처분 없이 정직·감봉 또는 불리한 처분을 할 수 없다.

따라서 위와 같은 독립성을 보장받는 법관은 직무 내외로 독립성의 신뢰에 대한 침해가 발생하지 않도록 처신을 각별히 하여야 할 것이다.

7. 심급제도

민사법원 상호간의 심급제도를 살펴보면, 원칙적으로 1심 단독사건은 지방법원 단독부로, 제2심은 지방법원 합의부 중 항소부로, 그리고 제3심은 대법원으로, 그리고 1심 합의부사건은 지방법원 합의부에서 1심을, 고등법원에서 2심을, 그리고 대법원에서 3심을 처리한다.

단독사건과 합의사건의 구별기준을 살펴보면, 지방법원 및 지방법원 지원의 합의부는 소송목적의 값(소가, 이하 "소가"라고 한다)이 5억원을 초과하는 민사사건을, 지방법원 및 지방법원 지원의 단독은 5억원까지의 민사사건을, 지방법원 및 지방법원 지원 소액사건 심판부는 3천만원까지의 민사사건을 각각 심판한다. 다만, 항소심과 관련하여 민사사건은 소가가 2억원을 초과하는 민사단독사건은 민사단독사건에 해당하지만 규칙 4조 1항에 따라 고등법원에서 항소 또는 항고심을 관할한다.[8]

8. 그 밖의 사법기관

가. 법원사무관 등

그 밖의 사법기관 법원에는 법관 이외에도 대법원 등 각급 법원에 배치되어 재판의 부수업무를 처리하는 단독제 기관으로 법원서기관·법원사무관·법원주사 그리고 법원주사보의 직에 있는 자가 있다. 이러한 자들은 재판의 참여 및 관련 조서의 작성(141조, 149조, 134조 4호, 소액사건심판법 43조), 송달사무(162조 1항, 164조, 173조, 180조, 규칙 43조의2), 소송상 사항 등에 관한 공증(151조, 규칙 37조·472조), 집행문의 부여(479조), 등기(부동산등기법 13조 3항), 공탁(공탁법 2조), 호적 등의 비송사건도 관장한다.

---

8) 「고등법원에서 항소·항고심을 관할하는 민사단독 등 사건의 업무처리 예규」 2조·4조(개정 2023.2.24.재민 2022−1).

위와 같은 법원사무관 등의 권한행사에 대하여 당사자는 소속법원에 이의
신청을 할 수 있지만(209조) 조서의 기재에 관한 관계인의 이의가 있는 경우 그
사유를 기재한다(142조 2항). 그리고 법원사무관 등에 관하여는 법관에 준하여 제
척·기피·회피에 관한 규정을 준용한다(46조).

나. 사법보좌관

1994년 법원조직법의 개정을 통하여 사법보좌관제도를 도입하여 대법원규칙
에 자격·직제 및 그 인원수를 일임하였는데(법원조직법 54조 4항) 그 업무는 판사
의 사무 중 재판 이외의 사무로서 대법원규칙으로 위임된 사무, 심판에 필요한
자료의 수집, 사건의 처리에 필요한 조사업무 그리고 가사소송법과 소년법에 따
른 조사업무 등이 있다.

다. 집행관

각 지방법원에 배치되어 강제집행과 소송서류의 송달을 시행하는 단독제 국
가기관으로(법원조직법 55조) 10년 이상 법원 또는 검찰의 주사보 이상의 직에 있
던 자 중 지방법원장이 임명하고 그 임기는 3년으로 한다. 또한, 집행관의 업무에
대한 이의는 집행법원에 집행에 관한 이의신청으로 한다.

집행관은 국고로부터 보수를 지급하지 않지만 취급사건의 수수료로 수입에
충당한다. 그러나 공무원의 신분은 유지한다.

라. 재판연구관

대법원에 재판연구관을 둘 수 있는데 그는 대법원장의 명을 받아 대법원에
서 사건의 심리 및 재판에 관한 조사·연구 업무를 담당한다. 자격은 판사로 임명
하거나 3년 이내의 기간을 정하여 판사가 아닌 사람 중에서 임명할 수 있다. 즉,
대법원장은 다른 국가기관, 공공단체, 교육기관, 연구기관, 그 밖에 필요한 기관
에 대하여 소속 공무원 및 직원을 재판연구관으로 근무하게 하기 위하여 파견근
무를 요청할 수 있다(법원조직법 24조).

마. 변호사

변호사는 기본적인 인권옹호와 사회정의의 실현을 목적으로 하는 공직자로
서 독립적인 직무를 수행한다. 법률을 모르는 자에게 법률적인 조언을 하고 소송
에서 변론 또는 법률적인 견해의 표명을 통해 재판에 필수불가결한 제도라고 말
할 수 있다.

변호사는 당사자와 위임계약을 체결하여 업무를 수행하는데 이때 변호사는 선량한 관리자의 주의의무로서 위임사무를 처리하여야 하고 보수를 약정한 경우에는 약정보수액 전부를 청구할 수 있지만 약정보수액이 부당하게 과다하여 신의성실의 원칙이나 형평의 원칙에 반한다고 볼만한 특별한 사정이 있는 경우에는 예외적으로 상당하다고 인정되는 범위 내의 보수액만 청구할 수 있다.[9] 그리고 무보수의 약정이 없는 한, 응분의 보수를 지급할 묵시의 약정이 있는 것으로 보는 것이 상당하므로 이를 청구할 수 있다.[10]

바. 검사

검사는 민사사건 중 가사소송사건에서 예외적으로 공익을 대표하여 "직무상 당사자"로 관여하고(가사소송법 24조 3항, 28조, 31조, 33조) 국가를 당사자로 하는 소송에서 소송수행자로 검사가 지정된 경우에도 민사사건에 관여를 한다(국가를 당사자로 하는 소송에 관한 법률 3조).

제3절   관할

Ⅰ. 관할의 의의·종류

1. 개념

관할이란 여러 법원들 사이에 사건분담, 즉 재판권의 분장관계(分掌關係)을 정해 놓은 것을 말한다. 즉, 한국에 재판권이 있는 사건을 각 법원 간에 어떻게 분담하는지를 정하는 것이다. 이는 법원 입장에서 다른 법원과의 관계에서 어느 범위의 사건에 대해 재판권을 행사하는지, 원고 입장에서 어느 법원에 제소하여야 하는지, 피고 입장에서 어느 법원에 응소하여야 하는지 여부에 관한 문제이다. 각각의 법원은 관할이 있어야 비로소 재판권을 행사할 수 있다는 측면에서 그러한 권한을 재판관할권이라고 한다.

---

9) 대판 1993.3.2. 92다30382.
10) 대판 1993.11.12. 93다36882.

2. 구별 개념

재판권은 법원으로서 심리·재판이 가능한 사건인지 여부에 대한 문제인 반면, 관할은 재판권을 전제로 법원 중 어느 법원이 심리·재판 가능한 것인지 여부의 문제이다. 재판권이 없는 경우에는 판결로서 각하하지만 관할 위반이 있는 경우 관할권이 있는 법원으로 이송하여 처리한다.

그리고 관할이란 외부의 다른 법원과의 관계에서 어느 법원의 직무범위(재판권 분장)인지 여부를 확정하는 문제인 반면, 사무분담은 동일한 법원 내에서 여러 재판기관이 어떠한 사무를 취급할 것인지 여부에 대한 문제에 해당한다. 관할을 위반한 경우에는 일정한 소송법상 효과가 있지만 사무분담위반시에는 소송법상 효과가 없는 점에서 서로 다르다.

3. 종류

관할이 발생하는 근거에 따라 법정관할·합의관할·변론관할 및 지정관할로 분류할 수 있다. 법정관할은 분담을 결정하는 기준에 따라 직분관할·사물관할 및 토지관할로 구분할 수 있고 또한, 법정관할이 변경될 수 있는지에 따라 전속관할·임의관할로 구분할 수도 있다. 전속관할이란 법정관할 중에서 재판의 적정·공평이라는 공익적 견지에서 특정법원에만 배타적으로 관할권을 인정한 것으로 당사자의 의사·태도에 의해 관할법원을 변경할 수 없다. 임의관할은 전속관할이 아닌 관할로서 당사자의 편의와 공평을 위한 사익적 고려에서 인정된 것이다. 직분관할은 전속관할에 속하며, 사물관할·토지관할은 법에서 전속관할로 정한 경우가 아니라면 임의관할에 속한다.

[표 2-1] 관할의 종류

	직분관할	전속관할(단, 비약상고)
법정관할	사물관할	임의관할 (사물·토지관할의 경우 전속관할로 규정되지 않은 때)
	토지관할	
당사자의 거동에 의한 관할	합의관할	
	변론관할	
지정관할		사건에 따라 전속 또는 임의관할

II. 분류

1. 법정관할

가. 의의 등

법정관할이란 법률 규정으로 발생하는 관할을 말한다. 법정관할에는 직분관할·사물관할 및 토지관할이 있다.

(1) 직분관할

(가) 법원의 각 작용을 어떠한 종류의 법원에 직분(職分, 직무상의 본분)으로 담당시킬 것인지 여부에 관한 정함을 말한다. 즉, 법원이 담당하는 직분(직무)의 성격에 따라 사건을 배분하여 정하는 관할을 말한다. 이러한 관할에는 판결절차를 담당하는 수소법원(受訴法院), 민사집행을 담당하는 집행법원(執行法院), 행정사건을 담당하는 행정법원, 특허 등의 사건을 담당하는 특허법원, 가사사건을 담당하는 가정법원 및 파산사건을 담당하는 파산법원 등으로 분류할 수 있다.

(나) 법원조직법은 간이법원을 설치하는 대신 지방법원 단독판사에게 간이법원을 대역하도록 하고 있다. 즉, 독촉사건(433조), 증거보전절차 중 특수한 경우(372조 2항), 제소전 화해절차(355조), 공시최고절차(447조), 법관의 공조(269조 1항)와 같이 긴급 또는 간이한 사항에 대해 지방법원 단독판사의 직분으로 하고 있다.

(2) 심급관할

직분관할의 일종으로 어떤 법원에 어떠한 심급의 직분을 분담시킬 것인지를 정하는 관할이다. 제1심은 지방법원 본원 또는 지방법원 지원의 단독부·합의부가, 제2심은 지방법원본원 항소부[11] 또는 고등법원[12]이, 제3심은 대법원이 담당한다(법원조직법 32조·28조·14조). 1심 소송사건의 소가를 기준으로 하여, 소제기

---

[11] 예외적으로 춘천지방법원 강릉지원에 항소부가 설치되어 있다. 따라서 강릉지원의 1심 소송사건은 강릉지원 항소부가 2심으로 처리한다.

[12] 고등법원의 재판부 중 고등법원이 관할하는 지방법원 소재지에 설치된 재판부를 '고등법원의 원외재판부' 또는 '지역명에 부'를 붙여서 부르기도 한다. 현재 서울고등법원 춘천부 및 인천부, 대전고등법원 청주부, 광주고등법원 전주부 및 제주부, 부산고등법원 울산부 및 창원부가 설치되어 있다(법원조직법 27조 4항, 고등법원 부의 지방법원 소재지에서의 사무처리에 관한 규칙 2조). 따라서 청주지방법원의 1심 소송사건으로 대전고등법원이 제2심으로 관할하는 일정한 사건의 경우에 대전고등법원 청주부가 이를 담당한다.

당시 또는 청구취지 확장(변론병합 포함)에 의해 2억원을 초과하는 경우에 제2심은 고등법원이, 2억원 이하인 경우에는 지방법원본원 항소부가 담당한다. 심급관할은 전속관할이지만, 비약상고(422조 2항, 390조 1항 단서)에 한해 임의관할이다.

(3) 사물관할

제1심 재판권을 지방법원 단독부와 합의부 중 어느 곳에 분담시킬 것인지를 정하는 관할이다. 원칙적으로 소가(소송물 가액, 원고가 소로써 달하려는 경제적 이익을 화폐단위로 평가한 금액, 이하 '소가'라고 한다)를 기준으로 지방법원 합의부는 5억원을 초과하는 사건을, 지방법원 단독부는 5억원 이하인 사건을 담당한다(민사 및 가사소송의 사물관할에 관한 규칙(이하 '사물관할규칙') 2조). 특히, 소가 3천만원 이하의 사건을 소액사건이라고 부르고 통상의 소송절차보다 간이하게 처리할 수 있도록 하고 있다(소액사건심판법 1조·2조, 동 규칙 1조의2). 다만, 다음 세 가지 종류의 사건에 대해서는 소가에 관계없이 지방법원 단독부가 담당한다(사물관할규칙 2조).

즉, ① 수표금·약속어음금 청구사건, ② 은행·농업협동조합·수산업협동조합·축산업협동조합·산림조합·신용협동조합·신용보증기금·기술신용보증기금·지역신용보증재단·새마을금고·상호저축은행·종합금융회사·시설대여회사·보험회사·신탁회사·증권회사·신용카드회사·할부금융회사 또는 신기술사업금융회사가 원고인 대여금·구상금·보증금청구사건, ③ 자동차손해배상보장법에서 정한 자동차·원동기장치자전거·철도차량의 운행 및 근로자의 업무상 재해로 인한 손해배상청구사건과 이에 관한 채무부존재확인사건, ④ 단독판사가 심판할 것으로 합의부가 결정한 사건(사물관할규칙 2조 1호 내지 4호).

①과 ③은 신속하게 처리할 필요가 있기 때문에, ②는 증거확보가 용이하다는 점에서, ④는 사안이 경미한 경우에 합의부의 판단에 따라 각자 단독부에서 처리하도록 한 것이다.

한편, 지방법원 합의부는 소가 5억원을 초과하는 사건 이외에, ① 합의부에서 심판할 것으로 합의부가 결정한 사건(재정합의사건), 지방법원 판사에 대한 제척·기피사건(법원조직법 32조 1항 1호·4호), ② 비재산권상의 소와 재산권상의 소로서 소가의 산출이 불가능한 경우(민사소송 등 인지법 2조 4항), ③ 정정보도청구사건(언론중재법 26조 5항), 개인이 아닌 채무자에 대한 회생사건·파산사건(채무자 회생 및 파산에 관한 법률 3조 5항), 증권관련집단소송(증권관련 집단소송법 4조), 소비자단체

소송(소비자기본법 71조), 개인정보단체소송(개인정보 보호법 52조)과 같이 법률에 의하여 지방법원본원 합의부의 전속관할에 속하는 사건, ④ 본소가 합의부관할인 경우에 이와 병합하여 제기되는 반소, 중간확인의 소, 독립당사자참가의 소는 그 소가와 관계없이 합의부가 관할한다.

(4) 토지관할

소재지를 달리하는 동종의 법원 사이에 관할권의 분담관계를 정한 것을 말한다. 「각급 법원의 설치와 관할구역에 관한 법률」에서 각 법원의 직무집행의 지역적 한계를 획정하여 사건이 관할구역 내 지점, 당사자, 소송물과 일정한 관련이 있는 경우 그 지점을 기준으로 토지관할을 결정한다. 토지관할을 정하는 기준이 되는 관련사항 또는 토지관할의 발생원인을 "재판적"이라고 한다. 당사자를 기준으로 관할권이 긍정되는 재판적을 인적재판적, 그렇지 않은 것을 물적재판적이라고 한다. 그리고 어떤 사람을 기준으로 그 사람에게 발생하는 모든 사건에 관해 관할권이 긍정되는 것을 보통재판적, 특정한 사건과 관련해서만 관할권이 긍정되는 것을 특별재판적이라고 한다. 특별재판적은 다시 독자적으로 관할권이 긍정되는 독립재판적과 병합된 사건과 관련하여 관할권이 긍정되는 관련재판적으로 나누어진다. 그리고 재판적이 경합되는 경우, 예컨대 보통재판적과 특별재판적이 동시에 인정되는 경우에 원고가 보통재판적에 따라 정해진 법원에 소를 제기해도 특별재판적에 따른 관할권이 부정되지 않는 경우를 선택관할이라고 하고, 반면에 특별재판적에 따른 관할권이 부정되는 것을 우선관할이라고 한다.

㈎ 보통재판적과 특별재판적

1) 보통재판적

보통재판적은 "공격자는 방어자에게 찾아와서 공격하여야 한다"는 기준에 따라 피고를 기준으로 결정된다. 피고가 누구인지에 따라 다음과 장소가 보통재판적이 된다.

① 피고가 자연인 경우에는 피고의 주소지, 주소가 없거나 알 수 없는 경우에는 거소지, 거소가 일정하지 아니하거나 알 수 없으면 마지막 주소지이다(3조). 그리고 대사·공사, 그 밖에 외국의 재판권 행사대상에서 제외되는 대한민국 국민이 3조에 따른 보통재판적이 없는 경우 대법원이 있는 곳이다(4조).

② 피고가 국내의 법인 및 비법인 사단·재단인 경우에는 이들의 주된 사무

소 또는 영업소 소재지이며, 사무소와 영업소가 없는 경우에는 주된 업무담당자의 주소지이다(5조 1항). 외국의 법인 비법인 사단·재단의 경우에는 대한민국에 있는 이들의 사무소·영업소 소재지 또는 업무담당자의 주소지이다(5조 2항).

③ 피고가 국가인 경우에는 그 소송에서 국가를 대표하는 관청(즉, 법무부) 또는 대법원이 있는 곳이다(6조).

2) 특별재판적

특별재판적은 특정한 소송사건에 관해서 원고 또는 피고의 소송수행상의 편의를 도모하기 위해 인정된 재판적이다(7조~25조). 주요한 특별재판적은 다음과 같다.

① 근무지의 특별재판적(7조): 사무소 또는 영업소에 계속하여 근무하는 사람에 대하여 소를 제기하는 경우에는 그 사무소 또는 영업소가 있는 곳을 관할하는 법원에 제기할 수 있다. 직장근무자의 편의를 위한 것이다.

② 거소지 또는 의무이행지의 특별재판적(8조): 재산권에 관한 소를 제기하는 경우에는 거소지 또는 의무이행지의 법원에 제기할 수 있다. 거소지는 보통재판적으로서는 주소를 없거나 알 수 없을 때의 보충적인 재판적이지만, 특별재판적으로서는 독립한 재판적이 된다. 예컨대 주소를 떠나 다른 지역에서 거주하면서 학교를 다니는 학생을 상대로 한 임대료청구의 소는 거소지에서 발생한 분쟁인데 주소를 관할하는 법원에서만 소를 진행하도록 하는 것은 불편하기 때문에 인정된 것이다.

그리고 의무이행지의 특별재판적이 적용되는 의무에는 계약상의 의무, 유증과 같은 단독행위상의 의무, 법정채권인 불법행위·부당이득·사무관리에 따른 의무를 모두 포함한다.[13] 이행의 장소로서 민법은 당사자 사이에 특별한 약정이 없으면 특정물인도청구를 제외하고는 채권자의 현주소로(민법 467조), 상법은 채권자의 지점에서의 거래인 경우 특별한 약정이 없으면 특정물인도 이외의 채무이행은 그 지점을 이행장소로 본다(상법 56조). 따라서 금전지급청구의 경우 원고는 자신의 주소를 관할하는 법원에 소를 제기할 수 있다. 한편, 판례는 부동산등기의 신청에 협조할 의무의 이행지를 성질상 등기지의 특별재판적에 관한 19조에 규정된 '등기할 공무소 소재지'로 보고 있다.[14]

---

13) 이시윤, 앞의 책, 106면; 정동윤·유병현·김경욱, 앞의 책, 150면; 김홍엽, 앞의 책, 82면.

③ 어음·수표의 지급지(9조): 어음·수표에 관한 소를 제기하는 경우에는 지급지의 법원에 제기할 수 있다. 어음·수표의 발행인이나 배서인 등을 상대로 책임을 묻고자 하는 경우에 여러 피고에게 공통되는 재판적을 찾기 곤란한 경우가 있기 때문에 지급지를 특별재판적으로 정한 것이다. 한편, 판례는 약속어음청구의 소에서는 어음에 표시된 지급지가 의무이행지이며 토지관할권은 지급지를 관할하는 법원에 있는 것이지 8조 후단에 따른 채권자의 주소지를 관할하는 법원에 있는 것이 아니라고 한다.[15]

④ 재산소재지의 특별재판적(11조): 대한민국에 주소가 없는 사람 또는 주소를 알 수 없는 사람에 대하여 재산권에 관한 소를 제기하는 경우에는 청구의 목적 또는 담보의 목적이나 압류할 수 있는 피고의 재산이 있는 곳의 법원에 제기할 수 있다. 이러한 사람에 대한 보통재판적은 거소지가 될 수 있는데(3조 단서), 강제집행이 용이하도록 재산 소재지를 특별재판적으로 인정한 것이다.

⑤ 사무소·영업소 소재지의 특별재판적(12조): 사무소 또는 영업소가 있는 사람에 대하여 그 사무소 또는 영업소의 업무와 관련이 있는 소를 제기하는 경우에는 그 사무소 또는 영업소가 있는 곳의 법원에 제기할 수 있다.[16] 사무소·영업소는 본점 및 지점을 포함하기 때문에, 지점의 업무와 관련된 소송은 지점소재지 법원에 관할권이 인정된다. 업무는 광의의 개념으로 영리목적의 사업, 공익사업, 행정사무를 모두 포함한다. 또한 업무 본래의 목적을 위해 체결된 계약상의 청구, 업무에 부수하여 발생하는 불법행위·부당이득 등과 관련된 청구에도 적용된다.

⑥ 불법행위지의 특별재판적(18조 1항): 불법행위에 관한 소를 제기하는 경우에는 행위지의 법원에 제기할 수 있다. 불법행위 장소에 관련 증거가 집중되어 있을 가능성이 있기 때문에 적정한 재판과 소송경제를 도모하기 위함이다.[17] 불법행위는 민법 750조의 일반불법행위 뿐만 아니라 무과실책임과 같은 특수불법행위도 포함된다. 그리고 불법행위지에는 가해행위지 및 결과발생지가 모두 특별

---

14) 대결 2022.5.10. 2002마1156.

15) 대결 1980.7.22. 80마208.

16) 대결 1980.6.12. 80마158에 따르면 12조의 특별재판적은 영업소·사무소가 있는 사람이 원고가 되어 제소하는 경우에는 적용되지 않는다고 한다. 법조문이 " … 사람에 대하여 … 소를 제기하는 경우"로 되어 있으므로 그 사람을 피고로 할 때만 적용되기 때문이다. 다른 특별재판적의 규정에 이와 같은 문장 형식으로 규정되어 있을 때에도 마찬가지이다.

17) 김홍규·강태원, 앞의 책, 162면; 이시윤, 앞의 책, 107면; 한충수, 앞의 책, 67면.

재판적으로 인정되어 관할의 경합이 발생한다.[18]

⑦ 부동산소재지의 특별재판적(20조): 부동산에 관한 소를 제기하는 경우에는 부동산이 있는 곳의 법원에 제기할 수 있다. 부동산에 관한 소란 부동산의 권리에 관한 소를 뜻하며, 물권에 관한 소(예: 소유권확인의 소, 이전등기말소의 소)와 채권에 관한 소(예: 소유권이전등기청구의 소 등)가 포함된다. 이러한 소와 관련된 증거가 부동산소재지에 많이 있기 때문에 그 장소에 재판적을 인정한 것이다. 다만, 부동산의 자체의 권리에 관한 것이 아닌 예컨대, 부동산에 관한 매매대금이나 임대료지급 등의 경우에는 본조의 특별재판적이 적용되지 않는다.[19]

⑧ 등기·등록지의 특별재판적(21조): 등기·등록에 관한 소를 제기하는 경우에는 등기 또는 등록할 공공기관이 있는 곳의 법원에 제기할 수 있다. 등기나 등록절차를 이행하라는 의사표시를 구하는 소(민사집행법 263조, 부동산등기법 29조 등)뿐만 아니라 등기나 등록의무의 적극적·소극적 확인의 소에도 적용된다.[20]

⑨ 지식재산권과 국제거래에 관한 소(24조)

전문지식이 요구되는 지식재산과 국제거래에 관한 소는 고등법원 소재지 지방법원에 사건을 집중할 수 있도록 다음과 같은 특별재판적이 인정되고 있다.

ⅰ) 특허권, 실용신안권, 디자인권, 상표권, 품종보호권(특허권 등)을 제외한 지식재산권에 관한 소(예: 저작권에 관한 소) 또는 국제거래에 관한 소를 제기하는 경우에는 2조 내지 23조의 규정에 따른 관할법원 소재지를 관할하는 '고등법원이 있는 곳의 지방법원'에 제기할 수 있다. 이 경우 서울고등법원이 있는 곳의 지방법원은 서울중앙지방법원으로 한정된다(동조 1항). 예컨대, 갑(주소지 인천)이 을(주소지 청주)을 피고로 저작권침해를 원인으로 한 손해배상청구의 소를 제기하는 경우, 보통재판적(3조)에 의해 을의 주소지 법원인 청주지방법원(ⓐ)이 관할법원이고 24조 1항에 따라 관할 고등법원인 대전고등법원이 있는 곳의 지방법원인 대전지방법원(ⓑ)이 된다. 또한 의무이행지의 특별재판적(8조 후단)에 따라 갑의 주소지 법원인 인천지방법원(ⓒ)이 되고 24조 1항에 따라 서울고등법원이 있는 곳의

---

18) 이시윤, 앞의 책, 108면; 정동윤·유병현·김경욱, 앞의 책, 151면.
19) 이시윤, 앞의 책, 109면; 정동윤·유병현·김경욱, 앞의 책, 150면.
20) 한충수, 앞의 책, 70면은 부동산등기는 등기한 곳과 부동산의 소재지가 일치하는 경우가 대부분이므로 부동산소재지를 특별재판적으로 인정하고 있는 이상 등기·등록지를 별도로 인정할 실익은 적다고 한다.

지방법원인 서울중앙지방법원(ⓓ)이 된다. ⓐⓑⓒⓓ에 관할이 경합되므로 갑은 어느 한 곳을 선택하여 제소할 수 있다.

ⅱ) 특허권 등의 지식재산권에 관한 소를 제기하는 경우에는 2조부터 23조까지의 규정에 따른 관할법원 소재지를 관할하는 고등법원이 있는 곳의 지방법원의 전속관할로 한다. 이 경우 서울고등법원이 있는 곳의 지방법원은 서울중앙지방법원으로 한정된다(동조 2항). 또한 당사자는 서울중앙지방법원에 특허권 등의 지식재산권에 관한 소를 제기해도 된다(동조 3항). X(주소지 울산)가 Y(주소지 청주)를 피고로 특허권침해를 원인으로 한 손해배상청구의 소를 제기하는 경우, 위 사례와 같이 보통재판적에 따라 청주지방법원(ⓐ) 그리고 24조 2항에 따라 대전지방법원(ⓑ)이 되며, 의무이행지의 특별재판적에 따라 울산지방법원(ⓒ) 그리고 24조 2항에 따라 관할 고등법원인 부산고등법원이 있는 곳의 지방법원인 부산지방법원(ⓓ)이 된다. 이때는 ⓑⓓ에 전속관할이 인정되므로, 갑은 ⓑⓓ 중에서 선택하여 제소하거나 또는 서울중앙지방법원에 소를 제기할 수 있다. 특히 특허권 등의 지식재산권에 관한 소의 항소심은 특허법원이 관할한다(법원조직법 28조의4 2호).[21]

나. 병합청구의 재판적(관련재판적)

(1) 의의

병합청구의 재판적 또는 관련재판적이란 어느 한 청구의 재판적이 있는 곳(법원)을 뜻한다. 즉, 원고가 여러 개의 청구를 병합하여 제소한 경우에 수소법원이 청구들 중 어느 하나에 관할권이 있으면 관할권이 없는 나머지 청구에 대해서도 관할권이 생기는 것을 말한다. 어느 하나의 청구에 대해 2조 내지 24조에 따라 관할권이 있으면 관련재판적이 적용될 수 있다(25조 1항).

(2) 적용범위

소의 객관적 병합(청구병합)인 경우 즉, 1인의 원고와 1인의 피고 사이에 청구가 병합되는 경우에는 관련 분쟁을 하나의 소송절차에서 해결하는 것이 당사자들에게 이익이 될 수 있으므로 관련재판적의 적용이 긍정된다(25조 1항). 피고가

---

21) 대결 2019.4.10. 2017마6337에 따르면, 민사소송법 24조 2·3항은 시행일인 2016. 1. 1. 이후 최초로 소장이 접수된 사건부터 적용되는 반면, 특허권 등의 지식재산권에 관한 민사사건의 항소사건을 특허법원이 심판하도록 정한 법원조직법 28조의4 2호는 시행일인 2016. 1. 1. 전에 소가 제기되어 위 시행일 이후에 제1심판결이 선고된 경우에도 적용된다고 한다.

병합된 청구 중 어느 한 청구에 관할권이 인정된 법원에 출석하여 응소할 수밖에 없기 때문에 나머지 청구에 관련재판적을 인정하는 것은 피고에게 특별히 관할의 불이익은 없고 오히려 소송경제상 도움을 줄 수 있기 때문이다.

그러나 소의 주관적 병합(공동소송)의 경우에는 특히 공동피고의 관할의 이익을 보호할 필요가 있기 때문에 피고가 서로 밀접한 관계가 있는 경우에만 관련재판적이 인정된다(동조 2항 참조). 예컨대, 원고 X가 주채무자 Y1(주소지 대전)과 보증채무자 Y2(주소지 청주)를 공동피고로 Y1에 대해서는 대여금 지급을, Y2에 대해서는 보증금 지급을 구하는 소를 Y1의 주소지 법원인 대전지방법원에 제기한 경우에 대전지방법원이 Y2에 대한 청구에 관할권이 없더라도 Y1과 Y2 청구는 서로 밀접한 관련성이 있으므로 Y2에게 관련재판적을 적용해도 Y2의 법정 관할법원에서 재판받을 관할의 이익이 침해된다고 볼 수 없을 것이다. 이와 달리 원고 갑이 아파트 임차인 을(주소지 대전)과 상가건물 임차인 병(주소지 청주)을 공동피고로 하여 을에 대해서는 아파트 임대료의 지급을, 병에 대해서는 상가건물 임대료의 지급을 구하는 소를 을의 주소지 법원인 대전지방법원에 제기한 경우에 병에 대해 관련재판적을 인정하면 병은 자신과 전혀 무관계한 을의 존재 때문에 대전지방법원에 응소해야 하기 때문에 법정 관할법원에서 재판받을 관할의 이익을 크게 침해하게 된다. 이와 같이 공동피고 사이에 밀접한 관련성이 없으면 관련재판적의 적용은 부정된다. 한편, 피고 일인의 보통재판적(주소지)에 소를 제기할 경우 다른 피고의 관할이익을 해한다고 하여 25조를 적용해서는 아니 된다고 하는 견해도 있었지만 보통재판적·특별재판적을 묻지 않고 25조 2항의 경우에 동조 1항이 적용된다.

2. 합의관할

가. 의의

합의관할이란 당사자의 합의로 생기는 관할을 말한다(29조). 전속관할을 제외하고 당사자가 희망할 경우 법정관할과 다른 관할을 정할 수 있고 법원의 사무분담도 지나치게 많아지는 것도 아니기 때문에 합의에 의한 관할법원을 인정하고 있다.

전속관할의 규정이 있는 경우를 제외하고 제1심에 한하여 당사자가 합의에

의해 법정관할과 다른 관할을 정할 수 있다. 왜냐하면 전속관할을 제외하고 법정
관할은 주로 당사자 간의 공평, 소송수행의 편리를 고려하여 정해진 것이지만 이
와 달리 당사자가 일정한 관할을 희망하게 되면 이것을 허용해주어도 지장이 없
고 또한, 법원의 사무분담이 현저하게 많아지게 될 우려도 없기 때문이다.

나. 요건·방식

(1) 당사자의 합의에 의해 제1심법원의 임의관할(예컨대, 토지관할·사물관할)에
한정하는 것으로(29조 1항) 법정관할과 다른 관할을 정할 수 있다. 그리고 합의는
일정한 법률관계에 기한 소에 관한 것이어야 한다(29조 2항). 따라서 합의의 대상
인 소송이 특정되어야 하고 법원도 특정되어야 한다. 그렇게 하지 않으면 관할합
의는 무효이다.[22] 왜냐하면 합의의 범위가 불명확하게 되면 법정관할법원에서
재판을 받을 수 있는 피고의 관할이익을 해할 수 있기 때문이다.[23]

(2) 합의의 방식은 서면으로 하여야 한다(29조 2항). 후에 분쟁을 방지하고 절
차의 안정을 도모하기 위함이다.

다. 관할합의의 해석

(1) 관할합의의 내용

관할합의를 할 경우 그것이 법정관할 이외에 관할법원을 추가하는 부가적
합의인지, 합의한 법원에만 관할을 인정하는 전속적 합의인지 여부가 문제로 된
다. 관할합의에 부가적 합의(법정관할 외 1개 또는 수개의 법원을 부가하는 합의로 경합
적 합의에 해당한다. 경합적 합의)인지, 전속적 합의(특정법원에만 관할권을 인정하고 그
나머지 법원의 관할권을 배제하는 합의에 해당하다. 배타적 합의)인지 여부가 명시되어
있지 않은 경우 당사자의 합의를 합리적으로 해석하여 결정하는 수밖에 없다. 즉,
관할의 합의에는 법정관할 이외에 관할법원을 추가하는 부가적 합의와 관할법원
중 특정법원만 관할을 인정하고 기타 관할을 배제하는 전속적 합의가 있다.

이와 관련하여 수개의 법정관할법원 중 어느 곳 하나를 특정하기로 하는 합
의는 전속적 관할로, 그렇지 않은 경우에는 부가적 합의로 생각할 수 있을 것이
다(통설·판례).[24] 전자는 복수의 관할법원 중 특정한 곳을 선택한다고 하는 당사

---

22) 대판 1983.3.27. 96누18489.
23) 대결 1977.11.9. 77마284.
24) 이시윤, 앞의 책, 116면; 강현중, 앞의 책, 106면; 정영환, 앞의 책, 213면. 대판 1963.5.15. 63다
111. 반대: 정동윤·유병현·김경욱, 앞의 책, 158면은, 당사자가 특정 법원을 관할법원으로 정한

자의 의사를 존중하여야 하고 후자는 당사자의 공평·소송수행의 편리성을 고려
한다면 부가적 합의로 생각할 수 있을 것이기 때문이다.

(2) 보통거래약관상 관할합의의 검토

합의관할이 보통거래약관(부합계약)[25]을 통하여 이루어지는 경우 약관작성자
인 기업 입장에서는 일반계약자와 다수의 분쟁을 본점 소재지 등의 관할법원에
서 집중적으로 처리할 수 있다면 편리할 것이다. 반면 일반계약자 입장에서는 원
격지에서 소송을 하도록 강요를 당하는 경우도 있을 수 있어 현저한 불이익이 될
수도 있다. 그래서 이러한 경우에는 관할합의에 관하여 예문해석[26]으로 이해하
여 일반계약자 보호의 관점에서 부가적 합의로 이해하는 등의 필요가 있다.

라. 관할합의의 법적 성질

관할합의는 관할의 변경이라고 하는 소송상 효과의 발생을 목적으로 이루어
진 것이기 때문에 소송계약이다. 따라서 사법상 계약과는 별개의 소송상 효과를
발생시키므로 관할합의의 전제가 된 사법상 계약이 취소·해제되어도 관할합의의
효력은 영향을 받지 않는다고 할 수 있다. 왜냐하면 계약의 취소·해제 등의 분쟁

때에는 전속적 합의로 본다.
25) 부합계약이란 계약 당사자의 한쪽이 결정한 것에 대하여 다른 한쪽은 사실상 그대로 따를 수
    밖에 없는 계약으로 이를 부종계약이라고도 한다. 오늘날 일반인이 대기업과 체결하는 운송·
    보험·전기 공급 또는 고용계약 등이 부합계약에 해당한다. 이러한 부합계약은 기업의 독점화
    에 따라 차츰 확대되어 일반인은 계약내용의 절충은 물론 계약체결에 관한 자유마저 충분히 갖
    지 못하게 되어 실질적인 계약자유의 원칙이 달성될 수 없게 된다. 그래서 부합계약의 합리성을
    확보하기 위해서는 국가의 행정적 감독이 필요한데 약관의 규제에 관한 법률(1986.12.31. 법률
    제3922호)이 대표적이다.
26) 예문해석이란 틀에 박힌 문구로서 계약서에 인쇄되어 있는 조항을 무효로 하는 해석을 말한다.
    토지나 가옥의 임대차·금전소비대차·위임 또는 고용 등의 계약을 하는 경우에는 일반적으로
    관용되는 서식이 있는데, 이 서식은 대체로 경제적 강자에게 유리하게 작성되는 것이 일반적이
    어서 경제적 약자에게 불리한 조항이 들어 있는 경우가 많다. 따라서 종래의 판례는 그러한 문
    구는 한낱 예문에 지나지 않으며 당사자가 이 예문에 구속당할 진의가 없었다는 것을 이유로 무
    효인 것으로 해석한다. 예컨대, 교통사고 피해자가 합의금을 수령하면서 민·형사상의 소송이나
    그 밖의 어떠한 이의도 제기하지 아니한다는 내용의 부동문자로 인쇄된 합의서에 날인한 경우
    그 피해 정도, 피해자의 학력, 피해자와 가해자의 관계, 합의를 하게 된 경위, 가해자가 다른 피
    해자와 합의한 내용 및 합의 후 단기간 내에 소송을 제기한 점 등 제반사정에 비추어 위 합의서
    의 문구는 단순한 예문에 불과할 뿐 이를 손해 전부에 대한 배상청구권의 포기나 부제소의 합의
    로는 볼 수 없다고 하였는데(대판 1999.3.23. 98다64301), 이와 같은 법률행위의 해석방법이 곧
    예문해석이다. 이에 관한 최근의 유력설은 계약서에 기재되어 있는 조항, 즉 예문을 그 내용이
    조리 또는 신의성실의 원리에 반하기 때문에 구속력을 갖지 못한다고 본다. 이 견해에 따르면
    예문이라도 그것이 신의성실의 원칙이나 조리에 반하지 않는 한, 그대로 효력을 가지게 된다고
    할 것이다.

이 발생할 경우를 대비하여 관할을 정해 두는 것이 당사자의 합리적 의사이기 때문이다.

한편, 관할합의에 관한 의사표시에 하자가 존재하는 경우에는 민법의 규정(민법 103조 이하)을 유추하여 적용할 수 있을 것이다. 왜냐하면 관할합의는 사법상 계약과는 별개의 효과가 있지만 관할합의 자체는 법원과 관계없이 당사자 간에 이루어지고 사법상 계약과 공통적인 면이 있기 때문이다.

상술한 바와 같이 관할합의의 법적 성질에 관하여 통설은 그것을 소송계약으로 본다. 소송계약설에서는 소송행위의 요건을 구비하여야 하고 소송능력이 필요하다. 또한, 사법상 계약이 취소·해제 등에 의해 소멸하여도 관할합의의 효과에는 영향이 없다고 보아야 한다. 그러나 관할합의는 본래의 소송행위와는 다르고 재판 외에서 이루어지며 사법상 계약과 공통적인 면이 있기 때문에 합의의 의사표시에 하자가 있는 경우에는 민법 103조 이하 등을 유추하여 적용할 수 있다고 보아야 할 것이다.

마. 관할합의의 효력

(1) 관할합의의 효력은 당사자 및 그 일반승계인에게 미치지만 예컨대, 채권자와 주채무자 사이의 관할합의의 효력은 보증인 등 제3자에게는 미치지 않는 것이 원칙이다. 그렇다고 한다면, 소송물인 권리의무의 특정승계인에게 미치는가? 대출금채권을 양수한 자와 같이 권리의 내용을 당사자가 자유롭게 정할 수 있는 경우에는 특정승계인에게도 합의의 효력이 미치지만[27] 근저당권이 설정된 부동산을 양수한 자와 같이 물권의 내용이 법정되어 당사자가 자유롭게 정할 수 없는 경우에는 미치지 않는다고 할 수 있다.[28] 왜냐하면 합의의 효력은 소송법상의 것이지만 전자의 경우에는 합의에 의해 권리행사의 조건으로 변경을 추가하였다고 볼 수 있고 승계인은 당사자가 그 자유의사에 의해 변경한 내용의 권리관계를 승계하였다고 말할 수 있기 때문이다.

(2) 외국법원을 관할법원으로 하는 부가적 합의는 유효하다. 그러나 외국법원만을 배타적으로 하는 관할합의는 우리나라의 재판권을 배제하는 것으로 문제인데, 이러한 전속적 국제관할합의가 ① 국내 재판권의 전속관할에 속하지 않는

---

27) 대결 2006.3.2. 2005마902.
28) 대결 1994.5.26. 94마536.

사건일 것, ② 지정된 외국법원이 해당 외국법상 그 사건에 대한 관할권을 가질
것, ③ 해당 사건이 그 외국법원에 대하여 합리적인 관련성을 가질 것, ④ 관할합
의가 현저하게 불합리하고 불공정하여 공서양속에 반하는 법률행위에 해당하지
않는 경우에는 유효하다.[29] 따라서 위와 같은 합의를 무시하고 국내법원에 소제
기를 하는 경우에는 각하사유에 해당한다.

  (3) 합의의 내용에 따라 관할의 변동이 발생하기 때문에 관할권이 없는 법원
에 관할권이 발생하고 전속적인 합의를 한 때에는 법정관할법원의 관할권이 소
멸한다. 다만 전속적 합의관할일지라도 그것은 전속관할이 아니고 합의를 무시한
채, 다른 법정관할법원에 소제기하여도 피고가 응소한 경우에는 응소관할이 발생
하거나 다른 법원으로 이송이 가능하다.

  (4) 위와 같은 합의는 당사자와 승계인에게 효력이 미쳐 특정승계인의 경우
채권은 그 합의의 효력이 양수인에게 미치는 반면(민법 451조), 물권은 그 구속력
이 없을 뿐만 아니라[30] 일반 제3자에게는 그 효력이 미치지 않는다. 따라서 갑
회사와 을 회사의 보증인 간에 그 보증채무의 이행에 관련된 분쟁에 관하여 갑
회사가 제소법원을 임의로 선택할 수 있다고 한 약정의 효력은 그 약정의 당사자
가 아닌 을 회사에게는 미치지 않는다.[31]

3. 변론관할

가. 의의

  변론관할은 피고가 제1심법원에서 관할 위반이라고 항변하지 아니하고 본안
에 대하여 변론을 하거나 변론준비기일에 진술하면 그 법원에 대하여 발생하는
관할권을 말한다(30조). 전속관할을 제외하고 원고가 관할 위반의 법원에 제소하
여도 피고가 이의 없이 변론 등을 하면 합의관할과 동일한 것으로 볼 수 있고 또
한, 법정관할과 다른 관할을 인정하여도 지장이 없기 때문에 인정된 것이다. 그
리고 이 관할은 임의관할에 관하여만 성립할 수 있다(31조).[32]

---

29) 대판 1997.9.9. 96다20093; 대판 2010.8.26. 2010다28185; 대판 2011.4.28. 2009다19093; 대판 2023.
    4.13. 2017다219232.
30) 대결 1994.5.26. 94마536.
31) 대판 1988.10.25. 87다카1728.
32) 대판 2014.4.10. 2012다7571은 국제재판관할에 위반된 사건에도 변론관할의 성립을 인정하였다.

나. 요건

변론관할은 제1심법원에 한하여 발생하고 법정관할과 다른 법원에 한정된다. 그리고 변론관할은 변론절차에서 관할 위반의 항변을 제출하지 않고 본안에 관하여 변론을 하거나 또는 변론준비절차에서 진술을 한 때 관할이 발생한다(30조). 이러한 점에서 법 개정 전의 응소관할과 다르다. 왜냐하면, 응소관할은 피고가 답변서 등 준비서면을 제출한 시점에 인정되는 반면, 변론관할은 피고가 이의 없이 변론기일 또는 변론준비기일에 진술한 시점에 인정되는 관할(변론관할)이기 때문이다.

한편, 피고의 청구기각신청으로 변론관할이 발생하는가? 이것은 피고의 의사 해석에 관한 문제이다. 청구기각의 신청에 의해 피고에게 법원에서 응소하여 심판을 받을 의사가 있는지 여부가 문제이다. 통상적으로 청구기각을 구하는 것과 같은 추상적인 진술만으로는 소송의 진행상 가정적으로 이루어지는 경우가 대부분이므로 이것을 본안의 변론에 해당한다고 형식적으로 처리하는 것은 피고의 관할이익을 현저하게 해한다고 볼 수도 있기 때문이다. 따라서 본안의 변론이란 청구의 당부에 관한 변론으로서 원고의 청구원인에 대하여 구체적으로 인정한다거나 부인한다고 하는 정도의 피고 진술이 있어야만 할 것이고 이러한 경우 변론관할이 발생한다고 볼 수 있다. 다만, 소송요건의 흠결을 이유로 한 소각하의 신청 또는 법관의 기피신청은 여기에 해당하지 않는다.

그리고 본안에 관한 변론이나 변론준비기일에서의 진술은 현실적인 것이어야 한다. 따라서 피고가 본안에 관하여 준비서면(답변서를 포함한다)을 제출한 채 기일에 불출석한 때에 그것이 진술간주(148조·288조)되는 경우에는 변론관할이 성립되지 않는다(통설·판례).[33] 피고는 관할권이 없는 법원에 출석할 의무가 없고 본안의 변론은 구술로 현실적으로 할 필요가 있기 때문이다.

4. 지정관할

가. 의의

지정관할은 법정관할·합의관할 또는 변론관할에 의해서도 관할법원을 정할

---

33) 김홍규·강태원, 앞의 책, 174면; 이시윤, 앞의 책, 120면; 강현중, 앞의 책, 109면; 정동윤·유병현·김경욱, 앞의 책, 162면. 대결 1980.9.26. 80마403.

수 없는 경우에 당사자의 신청에 의해 관계된 법원과 공통하는 바로 위의 상급법
원이 재판(결정)에 의해 정하는 관할을 말한다(28조).

나. 요건(다음 중 어느 하나)

관할법원이 재판권을 법률상·사실상 행사할 수 없는 때(28조 1항 1호) 또는
법원의 관할구역이 분명하지 아니한 때(동항 2호)에 정해지는 관할이다.

제4절   관할권의 조사

I. 관할조사

관할권이 있는 것은 소송요건 중 하나이기 때문에 법원은 관할권 유무에 관
하여 직권으로 조사를 개시하고(직권조사사항)[34] 직권으로 증거를 탐지할 수도 있
다. 특히, 전속관할의 유무는 공익성이 있어 직권으로 탐지하여야 한다(직권탐지
주의, 32조). 그러나 임의관할은 당사자에게 다툼이 없으면 적극적으로 탐지하지
않아도 좋을 것이다. 구술제소시에는 소제기의 진술을 한 때이고(소액사건심판법
4조·5조) 관할 결정의 기준시는 제소시로 고정되어 있다(33조).

II. 관할조사를 위한 본안심리

1. 조사의 정도 등

가. 관할 결정을 위해 필요한 한도 내에서 자료조사 등을 하면 충분하다. 청
구의 취지 및 원인에서 원고가 주장하는 사실관계를 토대로 판단하면 충분하
고[35] 법률적인 견해를 참작할 필요가 없다. 다만, 원고 주장의 불법행위지가 그
관할구역 내인지 여부 등과 같이 관할이 법원과 특수한 관계 때문에 발생하는 경
우에는 관할원인에 대한 증거조사를 하여야 하고 이러한 관할원인사실에 대해

---

34) 대결(전합) 1993.12.6. 93마524; 대결 1987.12.30. 87마1010; 대결 1986.6.17. 86마344; 대결 1983.6.
21. 83마214; 대결 1979.12.27. 79마377; 대결 1973.2.14. 72마1538; 대판 1976.1.31. 74다2139; 대
결 1980.6.23. 80마242.
35) 대결 1963.9.26. 63마10.

원고가 입증책임을 부담하지만, 법원도 직권으로 증거조사를 한 것이 가능하다
(29조).

　　나. 불법행위에 관한 소의 경우 원고는 불법행위지의 법원에 소를 제기할 수
있다(18조). 이때 관할권의 존부를 조사하기 위하여 본안심리가 필요한가? 본안심
리를 하지 않고 관할의 존부를 조사해야 한다(통설·판례).[36] 불법행위의 존부 때
문에 본안심리가 필요하게 되면 관할을 규정한 의미가 상실되고 본말전도의 결
과로 되며 신속한 재판의 요청에 반하기 때문이다. 따라서 원고의 주장만으로 불
법행위사실이 있는 것으로 가정하고 관할의 존부를 판단하면 충분할 것이다.

2. 원고의 주소지 등의 변경에 따른 영향

　　제소 후 피고의 주소, 주된 영업소 또는 재산의 소재지가 변경되어도 정해진
관할에 영향이 없고 병합을 청구할 경우 관할원인이 된 청구의 취하 또는 본소의
취하 등이 생긴 경우에도 계속된 병합청구 등에는 영향이 없다. 그러나 단독사건
의 경우 본소 계류 중 합의부사건이 반소로 제기되는 경우 또는 청구의 취지가
확정되어 합의부의 관할사건이 된 경우에는 합의부로 이송한다. 그리고 제소를
한 때에 관할이 없는 경우일지라도 사실심 변론종결시까지 관할원인이 발생하면
하자가 치유된다.

Ⅲ. 관할 위반의 효과

　　법원에 관할권이 없는 경우에는 소송요건을 결여하게 되지만 소를 즉각적으
로 부적법하다고 각하할 것이 아니라 관할권이 있는 법원으로 이송하여야 한다
(34조 1항).[37] 관할권이 없는 법원의 판결도 무효는 아니다. 전속관할의 위배는 상
소이유로 되지만(423조 1항 3호) 재심사유로 되지 않는다. 임의관할의 위배는 상소
이유로도 되지 않는다.

　　또한, 당사자가 관할 위반을 이유로 한, 이송신청을 한 경우에도 이는 단지

---

36) 김홍규·강태원, 앞의 책, 175면; 이시윤, 앞의 책, 121면; 정동윤·유병현·김경욱, 앞의 책, 166
　　면. 대판 2004.7.14. 2004무20.
37) 대판(전합) 1984.2.28. 83다카1981.

법원의 직권발동을 촉구하는 의미밖에 없는 것이어서 법원은 이 이송신청에 대하여는 재판을 할 필요도 없고[38] 설사 법원이 이 이송신청을 기각하는 재판을 하였다고 하여도 항고가 허용될 수 없으므로 이송신청기각결정에 대해 항고가 제기된 경우 항고심에서는 이를 각하하여야 한다. 또한, 위와 같이 이송신청을 기각하는 재판에 대하여 항고심에서 항고를 각하하지 아니하고 항고이유의 당부에 관한 판단을 하여 기각하는 결정을 하였다고 하여도 이 항고기각결정은 항고인에게 불이익을 주는 것이 아니므로 이 항고심 결정에 대하여 재항고를 할 아무런 이익이 없는 것이어서 이에 대한 재항고는 부적법한 것이다.[39]

제5절 소송목적의 값(소가)

1. 의의

소송목적의 값이란, 원고가 소송물에 대한 경제적 이익을 화폐단위로 평가한 금액(23조 1항)을 말한다. 소가라고도 하며, 사물관할의 표준이 되며 소장 등을 제출할 때 납부할 인지액의 기준으로도 작용한다.

2. 소가의 산정방법

기본적으로 원고의 청구취지에 따라 전부 승소한 경우 직접 받는 경제적 이익을 기준으로 한다(민사소송 등 인지규칙 6조, 이하 동 규칙이라고 한다). 이때 심급의 난이, 피고의 응소태도·자력 유무는 불문이고 상환이행청구와 같은 경우 반대급여의 공제를 할 수 없으며 소가산정이 어려운 소송의 경우 소장에 그 산출에 필요한 자료를 첨부한다.

소가산정의 기준은 위 규칙에 따른다(동 규칙 2장 2절 참조). 예컨대, ① 금전지급청구인 경우에는 청구금액(정기금청구인 경우에는 기발생분과 1년분의 정기급여를 기준으로 산정한다)을 기준으로 소가를 산정하고, ② 유체물에 관한 청구인 경우에는 토지는 개별공시지가×면적(㎡)×30/1,000을 한 금액, 유가증권인 경우 상장증권

---

38) 대결 1986.6.17. 86마344; 대결 1979.12.27. 79마377.
39) 대결(전합) 1993.12.6. 93마524.

이면 소제기 전일의 최종거래금액을, 시가가 없는 경우에는 액면가액을 기준으로
한 금액, 그밖의 경우에는 그 물건의 가액을 기준으로 소가를 산정하고, ③ 증서
에 관한 청구(증서진부확인청구)인 경우에는 증서가 유가증권이면 액면금액 또는
상장거래가격의 1/2, 기타 증서인 경우 20,000원을 기준으로 소가를 정하고, ④
사해행위취소청구인 경우에는 취소되는 법률행위 목적의 가액을 한도로 원고의
채권액을 기준으로 소가를 정하고, ⑤ 작위·부작위청구인 경우에는 그 명령을
받음에 따라 원고가 얻은 이익을 기준으로 소가를 정한다.

그리고 집행법상의 소에서는 ⓐ 집행판결을 구하는 소인 경우 외국판결 또
는 중재판정에서 인정된 권리의 가액, ⓑ 집행문 부여 및 집행문 부여에 대한 이
의의 소는 집행권원에서 인정된 가액의 1/10, ⓒ 청구이의의 소는 집행권원에 인
정된 가액, ⓓ 제3자이의의 소는 집행권원에서 인정된 권리의 가액을 한도로 한
원고의 권리가액, ⓔ 배당이의의 소는 배당증가액을 각 소가로 한다.

[표 2-2] 각종 소의 소가산정기준

통상의 소	− 확인의 소(소극적확인의 소 포함)에서는 권리의 종류에 따라 동규칙 10조 및 11조의 규정에 의한 가액
	− 증서진부확인의 소에서 그 증서가 유가증권인 경우에는 동규칙 9조 4항의 규정에 의한 가액의 2분의 1, 기타의 증서인 경우에는 동규칙 9조 5항의 규정에 의한 가액
	− 금전지급청구의 소에서는 청구금액
	− 기간이 확정되지 아니한 정기금청구의 소에 는 기발생분 및 1년분의 정기금 합산액
	− 물건의 인도·명도 또는 방해배제를 구하는 소에서는 ① 소유권에 기한 경우에는 목적물건 가액의 2분의 1, ② 지상권·전세권·임차권 또는 담보물권에 기한 경우 또는 그 계약의 해지·해제·계약기간의 만료를 원인으로 하는 경우에는 목적물건 가액의 2분의 1, ③ 점유권에 기한 경우에는 목적물건 가액의 3분의 1, ④ 소유권 이전을 목적으로 하는 계약에 기한 동산인도청구의 경우에는 목적물건의 가액
	− 상린관계상의 청구에 있어서는 부담을 받는 이웃 토지 부분의 가액의 3분의 1
	− 공유물분할 청구의 소에 있어서는 목적물건의 가액에 원고의 공유지분 비율을 곱하여 산출한 가액의 3분의 1
	− 경계확정의 소에서는 다툼이 있는 범위의 토지부분의 가액

	− 사해행위취소의 소에 있어서는 취소되는 법률행위의 목적의 가액을 한도로 한 원고의 채권액
	− 기간이 확정되지 아니한 정기금의 지급을 명한 판결을 대상으로 한 법 252조에 규정된 소에서는 그 소로써 증액 또는 감액을 구하는 부분의 1년간 합산액
등기·등록 등 절차에 관한 소	− 소유권이전등기의 경우에는 목적물건의 가액(ⓐ) − 제한물권의 설정등기 또는 이전등기의 경우에는 ① 지상권 또는 임차권인 경우에는 목적물건가액의 2분의 1, ② 담보물권 또는 전세권인 경우에는 목적물건가액을 한도로 한 피담보채권액(근저당권의 경우에는 채권최고액), ③ 지역권인 경우에는 승역지 가액의 3분의 1(ⓑ) − 가등기 또는 그에 기한 본등기의 경우에는 권리의 종류에 따라 위 규정에 의한 가액의 2분의 1(ⓒ) − 말소등기 또는 말소회복등기의 경우에는 ① 설정계약 또는 양도계약의 해지나 해제에 기한 경우에는 위 ⓐ 내지 ⓒ에 의한 가액, ② 등기원인의 무효 또는 취소에 기한 경우에는 ⓐ 내지 ⓒ의 규정에 의한 가액의 2분의 1 − 등기의 인수를 구하는 소의 소가는 목적물건 가액의 10분의 1
명예회복을 위한 처분청구의 소	− 명예회복을 위한 적당한 처분을 구하는 소는 ① 그 처분에 통상 소요되는 비용을 산출할 수 있는 경우에는 그 비용을, ② 그 비용을 산출하기 어려운 경우에는 비재산권상의 소로 본다.
회사 등 관계소송 등	− 주주의 대표소송, 이사의 위법행위유지(留止)청구의 소 및 회사에 대한 신주발행유지청구의 소는 소가를 산출할 수 없는 소송으로 간주(ⓐ) − 위 ⓐ에 규정된 것을 제외하고 상법의 규정에 의한 회사관계소송은 비재산권을 목적으로 하는 소송으로 간주(ⓑ) − 회사 이외의 단체에 관한 것으로서 ⓑ에 규정된 소에 준하는 소송은 비재산권을 목적으로 하는 소송으로 간주 − 해고무효확인의 소는 비재산권을 목적으로 하는 소송으로 간주
단체소송	①「소비자기본법」70조에 따른 금지·중지 청구에 관한 소송, ②「개인정보보호법」51조에 따른 금지·중지청구에 관한 소송은 비재산권을 목적으로 하는 소송으로 간주
집행법상의 소	− ① 집행판결을 구하는 소에서는 외국판결 또는 중재판정에서 인정된 권리의 가액의 2분의 1, ② 중재판정취소의 소에 있어서는 중재판정에서 인정된 권리의 가액 − 집행문부여 또는 집행문부여에 대한 이의의 소에서는 그 대상인 집행권원에서 인정된 권리의 가액의 10분의 1 − 청구이의의 소에 있어서는 집행력 배제의 대상인 집행권원에서 인정된 권리의 가액 − 제3자이의의 소에 있어서는 집행권원에서 인정된 권리의 가액을 한도로 한 원고의 권리의 가액 − 배당이의의 소에서는 배당증가액 − 공유관계부인의 소에서는 원고의 채권액을 한도로 한 목적물건 가액의 2분의 1

또한 소가의 산정표준시기는 제소 시를 기준으로 하고 제소 후에 목적물의 훼손, 가격변동 등의 사정변경이 있어도 관할에는 영향이 없다.[40] 그리고 단독판

사에 사건이 계속 중 원고의 청구취지의 확장으로 소가가 5억을 초과하는 경우에는 이 사건을 합의부에 이송하여야 하지만[41] 반대의 경우에는 단독판사에게 이송하지 않는다.

3. 청구병합의 경우 소가

원칙적으로 청구의 경제적 이익이 독립적으로 별개인 경우 가액을 합산하여 사물관할을 결정한다(24조 1항). 다만, 원고의 청구에 한정할 뿐이고 반소는 합산하지 않으며 별론이 병합을 명한 경우에는 소가에 영향이 없다.[42]

그러나 선택적·예비적 병합이거나 수인의 연대채무자에 대한 청구이거나 또는 목적물의 인도청구와 대상청구, 선택채권 등 중복청구인 경우에는 1개의 소로써 수개의 청구를 한 경우일지라도 경제적인 이익이 동일하거나 중복된 경우에 해당하여 그 범위 내에서 흡수되어 그 가운데 다액인 청구가액만 소가에 해당한다. 또한, 토지인도와 건물철거소송에서 건물철거는 토지인도의 수단에 불과하기 때문에 수단인 청구가 흡수된다. 이와 반대로 청구와 그 부대목적인 과실·손해배상금·위약금·비용 등의 부대청구는 주된 청구와 합산하여 청구하는 경우에는 부대청구는 합산하지 않는다.

제6절 재판적 도취

I. 의의

재판적 도취란 원고가 고의로 술책을 써서 관할원인사실을 만들어 내서 소를 제기한 경우를 말한다. 그러면 법원은 이를 어떻게 처리하여야 할까? 관할권이 존재하는 이상 다른 소송요건을 구비한 경우라고 한다면 본안심리에 들어가야 한다고도 생각할 수 있다. 그러나 그렇게 되면 원고의 술책에 의해 피고의 관

---

40) 대판 1979.11.13. 79다1404.
41) 대결 1966.9.28. 66마322.
42) 대결 1966.6.18. 66마323.

할이익이 현저하게 손상당할 우려가 있으므로 그에 대한 대처방안이 필요할 것이다.

Ⅱ. 대처방안

예컨대, 변호사 갑과 을 사찰이 소송위임계약으로 인하여 생기는 일체 소송은 전주지방법원에서 하기로 합의하였다. 그런데 갑이 을 사찰을 상대로 소송위임계약에 따른 성공보수금지급청구소송을 제기하면서 을 사찰의 대표단체인 병 재단을 공동피고로 추가하여 병 재단의 주소지를 관할하는 서울중앙지방법원에 소를 제기하였다. 반면, 을 사찰은 종단에 등록된 사찰이지만 독자적 권리능력과 당사자능력을 가지고 을 사찰의 갑과의 소송위임약정에 따른 성공보수금채무에 관하여 병 재단이 당연히 연대채무를 부담하게 되는 것은 아니며 법률전문가인 갑은 이러한 점을 잘 알고 있었다고 보아야 할 것이다. 그럼에도 불구하고 갑이 위 소송을 제기하면서 병 재단을 공동피고로 추가한 것은 실제로는 병 재단을 상대로 성공보수금을 청구할 의도가 없으면서도 단지 병 재단의 주소지를 관할하는 서울중앙지방법원에 관할권을 생기게 하기 위함이다. 따라서 이러한 경우에 신의칙은 실체법뿐만 아니라 절차법도 지배하는 고차원적인 법이념이기 때문에 민사소송에서도 적용된다(2조)고 보아 원고가 고의로 관할원인사실을 만들어 법규의 부당한 적용을 도모하는 행위는 신의칙상 허용되지 않고 법원은 해당관할권을 부정하고 소송을 이송하여야 한다고 생각한다(34조 1항). 따라서 갑의 위와 같은 행위는 관할선택권의 남용으로서 신의칙에 위반하여 허용될 수 없으므로 관련재판적에 관한 25조는 그 적용이 배제되어 서울중앙지방법원에는 갑의 을 사찰에 대한 청구에 관하여 관할권이 인정되지 않는다고 보아야 할 것이다.[43]

---

43) 대결 2011.9.29. 2011마62.

제7절   소송의 이송

I. 의의

소송의 이송이란 어느 법원에서 일단 계속된 소송을 다른 법원으로 옮기는 것을 말한다. 이러한 소송의 이송은 ① 관할을 위반한 경우 소각하보다는 소송의 이송을 통해 재소에 들어가는 시간·노력·비용을 절감할 수 있고, ② 제소에 의한 시효중단, 제척기간 준수의 효력을 유지하여 소송경제에 도움을 주며, ③ 소송촉진 그리고 소송경제의 견지에서 보다 편리한 법원으로 옮겨 심판을 진행할 수 있는 점에 그것을 인정하는 이유가 있다고 할 것이다.

제1심 소송에서 이송은 다음과 같은 종류가 있다. 즉, 관할위반 또는 재량에 따른 이송(34조), 손해나 지연을 피하기 위한 이송(35조), 지식재산권 등에 관한 소송의 이송(36조) 또는 반소 제기에 따른 이송(269조 2항) 등이 있다. 이때 이송재판은 결정의 형식으로 한다.

II. 구별 개념

법원을 교체하거나 변경하는 소송의 이송(移送)은 같은 법원 내 단독판사끼리 또는 합의부끼리 사건을 송부하거나 지원과 본원 간에 사건을 송부하는 이부(移部)와 기록을 송부하는 사실행위만 있는 소송기록의 송부(送付)와 구별하여야 한다. 특히, 대법원에 특별항고(420조)하여야 할 것을 고등법원에 일반항고한 경우 고등법원은 대법원에 소송기록을 송부하고[44] 이때 항고제기의 효력발생시기는 기록송부에 의해 대법원에 기록이 접수된 때이다.[45]

---

44) 대결 1995.7.12. 95마531.
45) 대판 1969.3.18. 64누51.

Ⅲ. 종류

1. 관할 위반에 따른 이송

가. 관할권도 소송요건

(1) 소송요건을 구비하지 못한 소는 부적법하여 각하하는 것이 원칙이다. 관할권의 존재도 소송요건 중 하나이므로 관할위반의 소에 대해서는 이를 각하할 수 있지만 법원은 바로 각하하지 않고 관할권이 있는 법원에 이송하여야 한다(34조 1항). 예컨대, 항소심법원이 본안판결인 항소기각판결을 선고하였고 거기에 재심사유가 있다고 한다면 재심청구는 항소심판결을 재심대상판결로 하여 재심청구를 하는 것이기 때문에 항소심법원에 그것을 하여야 함에도 1심법원에 재심청구를 한 경우에는 항소심법원에 이송하여야 한다(판례[46]·다수설).

(2) 이렇게 이송을 하도록 한 것은 소를 각하하면 원고가 비용을 들여 다시 소를 제기하는 노력을 하여야 하고 그동안 소의 제기에 의한 시효중단 또는 기간 준수의 이익을 상실당할 우려가 있으며 관할위반이 있는 경우 이송을 하는 것이 당사자의 편의 등을 위하여 훨씬 바람직하기 때문이다. 그리고 전부 관할 위반인 경우에는 소송 전부를 이송하여야 하고 소송의 일부가 다른 법원의 전속관할인 경우에는 그 일부를 이송하면 충분할 것이다. 다만, 법원과 행정기관 간의 이송은 31조가 법원 간의 이송을 전제로 하고 있어 허용할 수 없을 것이다.

(3) 이송은 원칙적으로 직권으로 하여야 하고(31조 1항) 관할이 경합할 때에는 당사자가 희망하는 법원으로 이송할 수 있다. 지방법원 합의부는 전속관할이 아닌 한, 상당한 경우 이송하지 아니하여도 무방하다(31조 3항). 한편, 관할의 위반이 있다고 하여도 당사자의 이송신청은 직권발동을 촉구하는 의미에 불과하여 이송신청의 각하결정에 대하여 즉시항고권이 당사자에게는 없다.[47]

나. 관할 위반을 원인으로 한 이송결정

(1) 관할 위반을 원인으로 한 이송결정은 34조 1항의 취지에 비추어 법원이 직권으로 할 수 있을 뿐이고 관할 위반을 원인으로 당사자의 이송신청권이 있는 것은 아니다.[48] 즉, 당사자가 관할위반을 이유로 이송신청을 하면 이는 직권발동

---

46) 대판(전합) 1984.2.28. 83다카1981.
47) 대결(전합) 1993.12.26. 93마524.

을 촉구하는 것에 불과하다.

이와 달리 손해나 지연을 피하기 위한 이송(35조) 등의 경우에는 직권 또는 당사자의 신청에 의한 결정으로 이송할 수 있도록 함으로써 당사자에게 이송신 청권을 부여하고 있다.

(2) 부인의 소[49]는 파산계속법원의 관할에 전속한다[채무자 회생 및 파산에 관한 법률(이하 '채무자회생법'이라 한다) 396조 3항, 1항]. 따라서 채권자취소소송이 계속 중 인 법원이 파산계속법원이 아니라면 그 법원은 관할법원인 파산계속법원에 사건 을 이송하여야 한다.

그러나 파산채권자가 제기한 채권자취소소송이 항소심에 계속된 후에는 파 산관재인이 소송을 수계하여 부인권을 행사하더라도 채무자회생법 396조 3항이 적용되지 않고 항소심법원이 소송을 심리·판단할 권한을 계속 가진다. 반면, 제1 심법원에 계속 중이던 채권자취소소송을 파산관재인이 수계하여 부인의 소로 변 경한 경우에는 채무자회생법 396조 3항이 적용된다.[50]

다. 비송사건을 민사소송절차로 잘못 제기한 경우

비송사건절차법에 규정된 비송사건을 민사소송의 방법으로 청구하는 것은 허용되지 않는다.[51] 그러나 소송사건과 비송사건의 구별이 항상 명확한 것은 아 니기 때문에 비송사건을 민사소송사항으로 혼동하여 잘못 제소한 경우에는 34조 1항을 유추적용하여 관할법원으로 이송함이 타당하다. 34조 1항의 이송은 만약 소를 각하하면 재소의 비용과 노력이 들어가고 시효중단 또는 기간준수의 이익 을 상실할 우려가 있기 때문에 규정된 것이므로 비록 절차상의 오류가 있어 법원 을 잘못한 지정한 경우일지라도 위 조항의 관련취지가 타당하기 때문이다. 판례 는 종전에 비송사건을 소의 형식으로 제기한 경우 이를 각하[52]했지만, 최근에 수소법원은 당사자의 소제기에 비송사건으로 처리해 주기를 바라는 의사가 포함

---

48) 대결 1978.7.20. 78마207.
49) 채무자가 채권자에 대한 사해행위를 한 경우에 채권자는 민법 406조에 따라 채권자취소권을 행 사할 수 있지만, 채무자에 대한 파산선고 후에는 책임재산을 보전하기 위한 채권자취소의 소는 허용되지 않으며 파산관재인이 파산재단을 위하여 부인의 소를 제기한다(채무자 회생 및 파산 에 관한 법률 391조, 396조).
50) 대판 2018.6.15. 2017다265129.
51) 대판 2013.11.28. 2013다50367.
52) 대판 1956.1.12. 4288민상126.

되어 있음이 확인되면 이를 비송사건 신청으로 보아 재배당 등을 거쳐 비송사건으로 심리·판단해야 하고 그 비송사건에 대한 토지관할을 가지고 있지 않을 때에는 관할법원에 이송하는 것이 타당하다고 판시하였다.[53]

라. 가사심판사건 등을 통상법원에 제소한 경우

가정법원의 전속관할로 되어 있는 가사심판사건을 통상법원에 잘못하여 제소한 경우에도 34조 1항이 적용되는지 여부가 문제된다. 예컨대, 서울가정법원의 전속관할인 소를 수원지방법원에 제기하였다면 이는 전속관할 위반이지만 가정법원에서도 가사소송법 12조에 의하여 그 성질에 반하지 아니하는 한도 내에서는 민사소송법의 규정을 준용하도록 되어 있으므로 위 수원지방법원은 위 소를 각하할 것이 아니라 민사소송법 31조 1항에 의하여 관할법원인 서울가정법원으로 이송해야 한다.[54]

마. 행정소송사건을 민사소송으로 제기한 경우

원고가 고의 또는 중대한 과실 없이 행정소송으로 제기하여야 할 사건을 민사소송으로 잘못 제기한 경우 또는 그 역의 경우에도 소송이송을 허용하는 것이 타당하다. 즉, 수소법원이 그 행정소송에 대한 관할을 가지고 있다면 이를 행정소송으로 심리·판단하고, 그 행정소송에 대한 관할을 가지고 있지 않다면 해당 소송이 행정소송으로서의 소송요건을 결하고 있음이 명백하여 행정소송으로 제기되어도 부적법하게 될 경우(예: 행정소송으로서의 전심절차와 제소기간을 도과하거나 행정소송의 대상이 되는 처분 등이 존재하지 않는 경우)가 아니라면 이를 관할법원에 이송해야 한다.[55]

바. 재심관할법원을 잘못 지정한 경우

항소심 판결에 관하여 재심사유가 있거나 항소심 판결과 1심판결 모두에 재심사유가 있는 경우에는 재심의 소는 항소심 판결을 대상으로 하여야 함에도 재심을 할 판결의 표시를 1심으로 표시한 재심의 소장을 작성하여 1심 법원에 재심의 소장을 제출한 경우에도 1심 법원은 그 재심의 소가 부적법하다고 각하할 것

---

53) 대판 2023.9.14. 2020다238622.
54) 대결 1980.11.25. 80마445.
55) 대판 1997.5.30. 95다28960; 대판 1999.11.26. 97다42250; 대판 2018.7.26. 2015다221569; 대판 2023. 6.29. 2021다250025; 대판 2022.1.27. 2021다219161(행정소송을 민사소송으로 잘못 제기한 경우 그 항소사건은 고등법원의 전속관할).

이 아니라 재심관할법원인 항소심 법원에 이송하여야 한다.[56)]

2. 관할 위반을 간과한 판결

가. 관할 위반을 간과한 판결은 그 적법성이 문제이다. 임의관할 위반을 간과한 판결은 재심은 물론 상소로도 다툴 수 없어 적법한 반면, 전속관할 위반을 전술한 바와 같이 간과한 판결은 상소로 다툴 수 있지만 재심으로 다툴 수는 없다.

나. 이송 전에 한 소송행위의 효력에 관하여 관할 위반에 의한 이송인 경우에는 이전 전의 소송행위는 실효되지만 나머지는 유효하다는 견해도 있다. 그러나 관할 위반에 의한 소송이송도 소송계속의 일체성이 유지되므로 변론갱신절차로 효력이 유지된다고 보아야 할 것이다. 후자를 지지한다.

3. 이송기록의 송부

이송결정의 확정에 따라 그 결정정본을 소송기록에 첨부하여 수이송법원의 사무관 등에게 송부하고 이송결정 확정 후 이송법원은 소송행위를 할 수 없다. 그러나 급박한 사정이 있는 경우에는 예외적으로 증거조사, 보전처분 등을 할 수 있다.

4. 관할과 상소

상소와 관련하여 관할 위반이 있는 경우 이를 소송의 이송으로 처리할 수 있는지 여부가 문제된다.

첫째, 1심이 전속관할 위반을 간과하여 본안판결을 한 경우이다. 이 판결에 대한 항소가 제기된 경우 항소심 법원은 1심 판결을 취소하고 관할법원에 이송한다(419조). 즉, 법원은 직권으로 전속관할 위반 여부를 조사하여 결정이 아니라 판결로 이송한다. 임의관할 위반은 상소이유가 되지 않으므로 항소심 법원이 이를 조사할 필요는 없지만 전속관할인 경우에는 위와 같이 처리하여야 한다. 즉, 또한 1심법원이 전속관할의 흠결을 간과하였음이 상고심에서 발견된 경우에는 상고심은 항소심 판결을 파기하고 1심판결을 취소하여 사건을 관할법원(1심)에 이송하여야 한다.

---

56) 대판(전합) 1984.2.28. 83다카1981.

한편, 심급관할을 위배한 이송 결정의 기속력은 이송받은 상급심 법원에는 미치지 않는다고 보아야 하지만 그 기속력이 이송받은 하급심 법원에도 미치지 않는다고 한다면 사건이 하급심과 상급심법원 간에 반복하여 전전 이송되는 불합리한 결과를 초래하게 될 가능성이 있어 이송결정의 기속력(38조)을 인정한 취지에 반하는 것일 뿐만 아니라 민사소송의 심급구조상 상급심의 이송 결정은 특별한 사정이 없는 한, 하급심을 구속하게 되는바 이와 같은 법리에도 반하게 되므로 심급관할을 위배한 이송결정의 기속력은 이송받은 하급심법원에는 미친다고 보아야 한다.[57]

둘째, 상소장을 잘못된 법원에 제출한 경우이다. 항소는 항소장을 1심법원에 제출하여야 하는데 이를 항소심 법원에 제출한 경우 항소장을 1심법원에 보낸다. 다만, 다른 법원에서 보낸 항소장이 1심법원에 상소기간을 도과한 후에 도착할 경우 항소가 적법한지에 관하여 문제가 있다. 판례는 상고장이 대법원에 바로 제출되었다가 다시 원심법원에 송부된 경우에는 상고장이 원심법원에 접수된 때를 기준으로 하여 상고제기기간 준수 여부를 따져야 한다고 하여 이송을 인정하지 않는다.[58]

셋째, 상소장을 원심법원에 제출했지만 상소장에 상소법원을 잘못 기재한 경우이다. 판결에 대하여 상소를 하면서 상소법원을 잘못 지정하는 경우가 는 그다지 없지만 결정 및 명령에 대하여 상소하면서 상소법원을 잘못 지정하는 경우가 있다. 예컨대, 결정 및 명령에 대하여 일반항고가 허용되지 않고 대법원에 대한 특별항고만 인정되는 경우임에도 일반항고를 하는 경우이다. 이러한 경우에는 당사자의 착오 및 그로 인한 기재(표시)의 오류를 무시하고 적법한 종류의 항고가 제기된 것으로 취급하고 적법한 관할법원으로 기록을 송부하여야 하는데,[59] 이를 그르쳐 상소장에 표시된 법원으로 기록을 송부한 경우 송부받은 법원은 적법한 관할법원으로 이송하여야 한다.[60]

---

57) 대결 1995.5.15. 94마1059·1060.
58) 대판 1981.10.13. 81누230; 대결 1996.10.25. 96마1590.
59) 대결(전합) 1995.1.20. 94마1961; 대결 1995.7.12. 95마531; 대결 2000.8.28. 99그30; 대결 2014.1.3. 2013마2042.
60) 대결 1997.3.3. 97으1; 대결 2011.5.2. 2010부8.

5. 현저한 손해 또는 지연을 피하고 당사자의 공평을 도모하기 위한 이송

이는 관할위반이 아님에도 다른 관할법원에 이송을 허용하는 경우이다. 제1
심 법원은 당사자 및 증인의 주소, 검증물의 소재지 기타 사정을 고려하여 그 법
원이 소송에 대하여 관할권이 있는 경우일지라도 현저한 손해 또는 지연을 피하
기 위하여 필요하면 직권 또는 당사자의 신청에 따른 결정으로 그 소송의 전부
또는 일부를 다른 관할법원에 이송할 수 있다(35조 본문). 다만, 전속관할이 정하
여진 소의 경우에는 그러하지 아니하다(동조 단서).

가. 현저한 손해 또는 지연을 피하기 위한 경우

(1) 여기에서 '현저한 손해'란 피고에게 소송수행 상의 부담이 생겨 소송의
불경제가 된다는 취지(사익적 규정)이고, '지연'이란 법원이 사건을 처리할 때 시간
과 노력이 크게 소요되어 소송촉진이 저해된다는 취지(공익적 규정) 때문에 인정
된 이송규정이다. 예컨대, 피고의 주소지에 제소된 손해배상청구사건을 증인이
많은 불법행위지의 관할법원으로 이송하는 경우이다. 그러나 판례는 이러한 원인
의 이송신청의 기각결정이 부당하다고 본 사례는 없다.[61]

(2) 이송은 신청 또는 직권으로 진행하고 전속적 관할합의의 경우도 공익상
필요목적에 따라 이송을 할 수 있다.

나. 당사자 간의 공평을 도모하기 위한 경우

예컨대, 공동피고의 1인이 원격지에 거주하기 때문에 시간적·경제적으로 응
소가 곤란한 경우이다.

6. 반소제기에 의한 이송

본소가 단독사건인 경우 피고가 합의부 사물관할에 속하는 반소청구를 하는

---

61) 이시윤, 앞의 책, 126면. 예컨대, 수소법원에서 재판함에 과다한 비용이 든다는 것을 이유로 불
법행위에 대한 수사기록과 관련증거가 있는 소재지 법원으로의 이송(대결 1979.7.25. 79마208),
부동산명도소송에서 원·피고의 주소지 및 관련 사건이 계속된 법원으로의 이송(대결 1977.5.11.
77마85), 신청인이 소송을 수행하는데 많은 비용과 시간이 소요된다거나 관련사건이 다른 법원
에서 따로 심리되므로 말미암아 결론을 달리하는 판결이 선고될 우려가 있음을 이유로 한 이송
(대결 1979.12.22. 79마392)은 현저한 손해나 지연을 피하기 위한 이송사유에 해당되지 않는다.
또한 대결 2010.3.22. 2010마215는, 수형자가 국가를 피고로 손해배상을 청구한 사안에서 수형자
의 민사소송을 위한 장거리 호송에 소요되는 국가의 행정상의 부담은 현저한 손해에 포함되지
않는다고 한다.

경우 변론관할이 성립되지 않으면 직권 또는 신청에 의해 일괄적으로 합의부에 이송하여야 한다(269조 2항).

Ⅳ. 절차

법원은 직권 또는 당사자의 신청에 따라 이송재판(결정)을 한다(34조·35조·36조). 그러나 상소심에서 원판결을 취소 또는 파기하고 이송하는 경우에는 판결의 형식을 취한다. 이송결정 또는 이송기각결정에 대하여 불복이 있는 때에는 즉시항고를 제기할 수 있다(39조). 다만 이송기각결정에 대한 즉시항고는 당사자에게 이송신청권이 있어서 그에 따라 이송신청을 하였음에도 이를 기각한 경우에만 허용된다. 따라서 관할 위반을 이유로 한 소송이송에서는 당사자의 이송신청권이 인정되지 않으므로, 당사자의 이송신청 기각결정에 대해서는 즉시항고를 할 수 없다.[62] 또한 관할 위반을 이유로 한 법원의 직권 이송결정에 대해 원고가 즉시항고를 하고 항고심 법원이 이를 받아들여 1심의 이송결정을 취소하는 재판을 한 경우, 이에 대한 피고의 즉시항고(여기서는 재항고)는 허용되지 않는다.[63]

Ⅴ. 효과

1. 이송재판의 기속력

이송재판이 있으면 이송을 받은 법원은 여기에 따라야 한다(38조 1항). 따라서 이송을 받은 법원은 사건을 이송법원에 반송한다든지, 다른 법원에 이송할 수 없다(동조 2항). 당사자가 이송결정에 대하여 즉시항고를 하지 않았거나 즉시항고가 기각되어 확정된 이상, 이송결정의 기속력은 원칙적으로 전속관할의 규정을 위배하여 이송한 경우에도 법문에 전속관할을 배제하는 규정이 없고 이송 반복에 의한 소송지연을 초래할 우려가 있기 때문에 미친다고 보아야 한다.[64]

---

62) 대결 1993.12.6. 93마524.
63) 대결 2018.1.19. 2017마1332.
64) 대판 2023.8.31. 2021다243355.

2. 재판 주체의 연속성

이송결정이 확정되면 소송은 처음으로 소를 제기한 때부터 이송을 받은 법원에 계속한 것으로 간주된다(40조 1항). 따라서 제소에 의한 시효중단 또는 기간준수의 효과는 상실되지 않아 소송계속의 일체성은 유지된다.[65]

3. 이송 전의 소송행위의 효력

이송 전에 이송법원에서 이루어진 소송절차의 효력은 이송 후에는 상실되지 않을까? 이송이 관할 위반에 의한 경우(34조 1항)에는 이송 전 소송절차의 효력은 상실된다고 보아야 할 것이다(419조, 436조 1항 유추). 왜냐하면 당사자에게는 관할권 있는 법원에서 재판을 받을 권리가 있고 이것을 보장하기 위해서는 관할권 있는 수소법원에서 소송절차를 다시 하도록 하는 것이 적당할 수 있기 때문이다. 반면, 그 이외의 이송인 경우에는 이송 전 소송절차의 효력은 이송 후에도 상실되지 않는다고 생각한다. 왜냐하면 이송법원도 관할권을 가지고 있기 때문에 당사자가 관할권 있는 법원에서 재판받을 권리를 보장받고 있었다고 할 수 있기 때문이다. 또한, 이렇게 이해하는 것이 유리한 소송상태를 형성하고 있는 당사자의 이익보호 및 소송경제에도 도움을 줄 수 있을 것이다. 다만, 효력을 유지하는 경우에도 변론의 갱신은 필요하다고 할 것이다.

제8절 제척·기피 및 회피

Ⅰ. 제척 등의 제도적 취지

국민의 기본적인 인권을 보장하기 위해서는 재판의 공정이 확보될 필요가 있어 사법권의 독립이 헌법상 보장되어 외압으로부터 공정한 재판을 할 수 있도록 하고 있다. 그런데 구체적인 사건에서 법관이 그 사건과 밀접한 관계를 가지고 있다든지, 당사자와 일정한 관계가 있는 경우에는 해당사건에서 사법권의 독

---

65) 대판 1984.2.28. 83다카1981.

립과는 별론으로 재판의 공정과 이에 대한 국민의 신뢰가 손상당할 우려가 있다. 그래서 해당사건 등과의 관계에서 재판을 담당하는데 부적격인 법관을 직무집행에서 배제하는 제도로서 제척·기피가, 법관으로 하여금 스스로 직무집행을 피하도록 하는 제도로서 회피가 규정되어 있다.

또한, 이 제척 등의 제도는 법원사무관·통역관에게도 준용될 뿐만 아니라 감정인의 경우에는 기피제도가, 집달관의 경우에는 제척규정이 마련되어 있다.

Ⅱ. 제척

1. 의의

제척이란 법정사유(제척원인)가 있는 법관이 법률상 당연히 직무집행을 할 수 없게 되는 것을 말한다(41조).

2. 제척의 원인

법관이 사건의 당사자와 일정한 관계가 있는 경우(41조 1항 1·2호)와 사건 자체와 일정한 관계가 있는 경우(41조 1항 3·4·5호)가 있다. 즉, 법관(또는 그 배우자나 배우자이었던 자)이 사건의 당사자 또는 당사자와 공동권리자·공동의무자·상환의무자의 관계에 있는 때(동항 1호),[66] 법관이 당사자와 친족의 관계 또는 이러한 관계가 있었던 때(동항 2호), 법관이 사건에 관하여 증언 또는 감정한 때(동항 3호), 법관이 사건에 관하여 증언 또는 감정한 때(동항 4호), 법관이 사건에 관하여 불복신청이 된 전심재판에 관여한 때(동항 5호)에 법관은 그 사건의 집무 집행에서 배제된다.

특히, 여기에서는 '이전심급에 관여'(41조 1항 5호)와 관련하여 논란이 있다. 판례는 다른 제척원인과 다르고 이 조문의 취지가 심급제도의 확보에 있다고 하

---

66) 대판 2010.5.13. 2009다102254는, 법 41조 1호에서 제척사유로 정한 '사건의 당사자와 공동권리자·공동의무자의 관계'라 함은 '소송의 목적이 된 권리관계에 관하여 공통되는 법률상 이해관계가 있어 재판의 공정성을 의심할 만한 사정이 존재하는 지위에 있는 관계'를 의미하는 것이라고 한다. 따라서 종중 규약을 개정한 종중총회결의에 대한 무효확인을 구하는 소의 재판부를 구성한 판사 중 1인이 당해 종중의 구성원인 사안에서 '종중의 종중원들은 종중원의 재산상·신분상 권리의무 관계에 직접적인 영향을 미치는 종중 규약을 개정한 종중총회결의의 효력 유무에 관하여 공통되는 법률상 이해관계가 있다'고 하여 1호의 제척사유에 해당한다고 한다.

면서 '이전심급'이란 당해 사건에서 하급심만 가리키고,[67] '관여'란 하급심 절차의 전부를 의미하는 것이 아니라 하급심의 재판, 즉 판결에 관여한 것을 의미하는 것으로 그 재판의 평의 또는 판결문 판결서의 작성에 관여한 때로 한정된다고 한다.[68] 따라서 판결에 관여하지 아니하고 그 이전 단계인 최종변론과 판결의 합의가 아닌 그 전의 변론이나 증거조사에 관여한 경우이거나[69] 판결선고에만 관여한 경우에는 제척사유가 되지 않는다고 한다. 그리고 전심재판이란 불복사건의 하급심재판만 의미하기 때문에 중간적 재판이나 상고심에서 간접적으로 불복이 된 전심재판에 관여한 것으로 말할 수 없다.[70]

또한, 환송이나 이송되기 전의 원심판결, 재심소송에서 재심의 대상이 된 확정판결,[71] 본안소송에 대한 관계에서 가압류·가처분에 관한 재판,[72] 집행정지 신청사건에 대하여 채무명의를 심리케 한 본안재판,[73] 소송상 화해에 관여한 법관이 그 화해내용에 따라 목적물 인도를 구하는 소송에 관여한 경우[74] 등은 전심관여에 해당하지 않는다.

3. 제척의 효과

제척원인이 있는 법관은 법률상 당연히 해당사건에서 직무집행을 할 수 없다. 제척원인이 있는 법관이 한 소송절차, 예컨대, 증거조사는 무효이다. 이것을 간과하고서 이루어진 판결은 상소에 의해 취소할 수 있다. 특히, 판결 자체에 관여한 경우에는 절대적 상고이유(424조), 재심사유(451조 1항 2호)로 된다. 제척은 당연히 효과가 있고 당사자의 신청을 필요로 하지 않는다. 또한, 제척의 재판(42조)도 확인의 의미에 국한한다.

직권조사사항으로 제척원인이 있는 법관은 스스로 집무집행에서 탈퇴를 한 후에 조서에 기재하면 충분하지만 의문이 있는 경우에는 당사자의 신청 또는 직

---

67) 대판 1965.5.25. 64다522.
68) 대판 1962.7.12. 62다225; 대판 1971.2.23. 70다2938.
69) 대판 1971.2.23. 70다2938; 대판 1994.8.12. 92다23537.
70) 대결 1972.5.10. 72마387.
71) 대판 1994.8.9. 94재누94.
72) 대결 1962.7.20. 61민항3.
73) 대판 1969.11.4. 69그217.
74) 대판 1969.12.9. 69다1232.

권으로 제척의 재판(확인적 성질로 선언적 의미가 있다)을 실시할 필요가 있다. 제척의 재판은 기피의 재판에 준하여 시행한다.

Ⅲ. 기피

1. 의의

기피란 제척원인 이외에 재판의 공정을 기대하기 어려운 사정이 있는 경우, 즉 의심케 하는 사유가 있는 경우 당사자의 신청으로 재판을 통해 법관을 직무집행에서 배제하는 것을 말한다(43조). 기피의 재판은 형성적 재판으로 제척제도의 보충을 통한 보다 철저한 재판의 공정성을 보장하기 위한 것이다.

2. 기피의 원인·방법

가. 기피는 법관에게 공정한 재판을 기대하기 어려운 사정이 있는 경우에 인정된다(43조 1항). 공정한 재판을 기대하기 어려운 사정이란 당사자가 불공정한 재판이 될지도 모른다고 추측할 만한 주관적 사정이 있는 때를 말하는 것이 아니고 '통상인의 판단으로서 법관과 사건과의 관계로 보아 불공정한 재판을 할 것이라고 하는 의혹을 갖는 것이 합리적이라고 인정될 만한 객관적인 사정이 있는 때'를 말한다. 예컨대, 당사자(법정대리인·보조참가인 포함)와 법관과의 애정·우청·친척·원한관계인 경우, 당사자가 법인인 경우 법관의 그 구성원(주주)인 경우, 재판 외에서 법률상담을 할 경우 등을 생각할 수 있다. 또한, 소송대리인과의 관계에서 혼인관계, 민법이 정한 친척관계, 우정관계, 불화관계인 경우에도 기피사유에 해당한다. 또한, 법관이 약혼·사실혼관계 등 애정관계, 정치적·종교적 대립관계를 비롯한 원한관계, 그 밖에 재판 외에서 당사자와 법률상담을 한 경우[75] 또는 당해사건에 관하여 경제적 이해관계를 가지는 경우 등도 기피사유에 포함된다.

하지만 소송당사자 일방이 재판장의 변경에 따라 소송대리인을 교체하였다 하더라도 그와 같은 사유가 재판의 공정을 기대하기 어려운 객관적인 사정이 있는 때에 해당한다고 할 수 없다.[76] 또한, 소송지휘에 대한 불만인 경우, 과거 논

---

75) 이시윤, 앞의 책, 86~87면.

문에 어느 당사자에게 불리한 견해를 표명한 경우, 소송대리인과 당사자의 실제
(實弟)가 판사실에 출입하여 주심판사와 사건에 관하여 말한 사정,[77] 미절차의 증
인신청철회의 종용과 결심의사표시한 경우,[78] 채택한 증거의 일부를 취소한 경
우,[79] 재판장이 당사자에게 "이 사람아!"라고 호칭한 경우,[80] 이송결정에 대한 가
부판단 없이 소송을 진행한 경우,[81] 동종사건에 관하여 판결을 한 경우[82] 등은
기피사유에 해당하지 않는다.

나. 자기의 증거신청을 각하한 반면, 상대방에게 유리한 석명을 요구하는 것
등은 본래 법원의 소송지휘에 관한 권한이기 때문에 기피사유에 해당하지 않는
다. 또한, 판례[83]는 법관이 일방당사자의 소송대리인(변호사)의 사위라고 하는 사
유는 기피사유에 해당하지 않는다고 한 경우도 있지만 그 판단은 지나치게 형식
적인 것으로 타당하지 않다고 생각한다.

3. 기피신청 및 재판

기피는 당사자가 원인을 명시하여 서면 또는 구두로 신청에 따라 법원이 결
정으로 재판을 한다(42조). 기피신청은 당사자 또는 보조참가인만 가능하다. 그러
나 원래 당사자가 기피원인이 있는 것을 알면서 법관의 면전에서 변론을 한다거
나 변론준비기일에서 진술을 한 때에는 기피신청권을 상실한다(43조 2항). 절차안
정의 요청 때문이다.

또한, 제척 또는 기피신청에 대한 재판은 그 신청을 받은 법관의 소속 법원
합의부에서 결정으로 하여야 하고(46조 1항) 위와 같은 기피신청을 한 날로부터 3
일 내에 기피의 원인과 소명방법으로 서면으로 제출하여야 하지만(동조 2항) 기피
원인이 본안사건의 기록상 명백한 경우에는 예외이다.[84] 제척 또는 기피신청을

---

76) 대판 1992.12.30. 92마783.
77) 대결 1968.9.3. 68마951.
78) 대결 1966.4.26. 66마167.
79) 대결 1993.8.19. 93주21.
80) 대결 1987.10.27. 87두10.
81) 대결 1982.11.5. 82마637.
82) 대결 1993.6.22. 93재누97.
83) 이시윤, 앞의 책, 87면.
84) 대결 1978.10.23. 78마255.

받은 법관은 의견만을 진술할 수 있을 뿐 제척 또는 기피의 재판에 관여하지 못하며(동조 2항) 제척 또는 기피신청을 받은 법관의 소속 법원이 합의부를 구성하지 못하는 경우에는 바로 위의 상급법원이 결정하여야 한다(동조 3항).

4. 기피신청권 행사시기와 상실

기피신청권은 지체없이 행사하여야 한다. 기피원인을 알고도 법관 면전에서 본안에 관한 변론을 하거나 준비절차에서 진술한 경우에는 기피권을 상실한다(39조 2항). 기피신청 후에 다른 재판부에 재배당 또는 기피당한 법관이 그 사건에 대한 직무의 집행을 하지 않는 경우에는 신청이익이 없다.[85]

5. 기피재판의 효과

가. 기피원인이 있다고 하는 재판(결정)으로 법관은 직무집행에서 배제된다. 기피신청을 받은 법관이 본안의 소송절차를 정지하지 않은 채 그대로 소송을 진행하여 이루어진 소송행위는 그 효력이 없고 이는 그 이후 그 기피신청에 대한 기각결정이 확정되었다고 하더라도 마찬가지이다.

나. 기피신청을 하는 경우 그 재판의 확정 시까지 소송절차를 정지하여야 한다(44조 본문). 그러나 종국판결의 선고, 긴급을 요하는 행위는 예외이고(44조 단서) 간이각하의 경우에도 각하결정의 확정 여부와 관계없이 정지효력이 배제된다(44조 단서).

다. 기피신청을 한 후 판결선고를 하고 항소를 한 때 그 이후의 소송절차의 중지는 필요가 없고 기피신청에 대한 재판의 이익이 없다.[86] 절차중지 중임에도 본안에 관한 절차를 진행한 후 기피결정이 있는 경우에 그 행위가 위법하여 상고와 재심사유에 해당하는 반면, 기피신청이 각하 또는 기각이 확정된 경우에는 하자가 치유된다.[87]

85) 대결 1993.8.19. 93주21.
86) 대판 1966.5.24. 66다517.
87) 대판 1978.10.31. 78다1242.

Ⅳ. 제척·기피신청에 의한 절차정지

1. 절차의 정지

제척·기피신청이 있으면 그 재판(결정)이 확정될 때까지 소송절차는 정지되어야 한다(48조 본문). 다만, 절차정지로 인해 본안해결이 지연되는 것을 방지하기 위해서 제척 또는 기피신청이 각하되거나, 종국판결을 선고하거나, 긴급을 요하는 행위를 하는 경우에는 소송절차의 진행이 허용된다(동조 단서). 따라서 기피신청에 대한 각하결정이 있기 전에 또는 그 각하결정이 당사자에게 고지되기 전에 이루어진 변론기일의 진행은 48조를 위반한 절차상의 흠결이 있는 것이며 특별한 사정이 없는 한 그 후 기피신청을 각하하는 결정이 확정되었다는 사정만으로는 절차 위반의 흠결이 치유된다고 할 수 없다.[88] 한편, 법관에 대한 기피신청에도 불구하고 본안사건의 담당법원이 48조 단서의 규정에 의하여 본안사건에 대하여 종국판결을 선고한 경우에는 그 담당법관을 그 사건의 심리재판에서 배제하고자 하는 기피신청의 목적은 사라지는 것이므로 기피신청에 대한 재판을 할 이익이 없을 것이다.[89]

2. 제척·기피결정의 경우 긴급행위의 효력

제척·기피의 이유가 있다고 하는 재판이 이루어진 경우에도 이미 진행된 긴급을 요하는 행위는 유효하다고 할 수 있다. 48조 단서가 절차정지 중에도 긴급을 요하는 행위를 할 수 있도록 한 것은 신속한 재판이 요구되는 범위 내에서 공정한 재판의 요청을 후퇴시킬 수 있다고 하는 의미이다.

그러나 48조 단서의 예외사유에 해당되지 않음에도 재판부가 소송절차를 진행하였는데 이후 제척이나 기피신청이 이유 있다는 재판이 확정되면 제척의 경우에는 해당 소송행위가 무효로 된다. 다만, 판결은 당연무효가 아니라 상소 또는 재심의 대상이 되고 변론종결 이전에 기피신청이 있었음에도 법관이 판결을 선고한 경우에는 당사자가 위 판결에 대하여 종국판결에 대한 불복절차로 상소를 제기하여야 한다.[90] 이와 달리 기피의 경우에는 48조 단서에 따른 행위는 아

---

88) 대판 2010.2.11. 2009다78467·78474.
89) 대결 1991.6.14. 90두21; 대판 2008.5.2. 2008마427.

무런 영향을 받지 않는다고 보아야 할 것이다. 예컨대, 증거보전·보전처분 등 긴급을 요하는 행위는 허용된다(48조 단서).

그러나 제척·기피의 이유가 있다고 하는 재판이 확정된 경우 이러한 소송행위의 효력이 다투어지는바, 신속한 재판의 요구를 재판의 공정함에 우선시키고 긴급을 요하는 행위에 의한 권리보호를 확보하여야 한다는 이유로 유효설, 제척은 무효이지만 기피는 유효하고 제척은 당연히 효력이 발생하므로 확인적 재판이고 기피는 재판의 확정까지 미확정이고 형성적 재판이라는 이유로 절충설, 실체적으로 보아 위법한 절차라는 이유로 무효설 등의 대립이 있지만 판례는 기피신청을 당한 법관이 그 기피신청에 대한 재판이 확정되기 전에 한 판결의 효력은 그 후 그 기피신청이 이유 없는 것으로서 배척되고 그 결정이 확정되는 때에는 유효한 것으로 된다고 하는 입장[91]이다. 절차정지 중에는 신청인이 소송활동에 대한 관여를 강요당해서는 아니 되고 절차에 관여하지 않았다는 것 때문에 불이익을 당하는 것도 부당하므로 당연히 긴급을 요하지 않는 행위의 하자가 치유되는 것으로 생각해서는 아니 될 것이다.[92]

3. 제척·기피 기각결정의 없는 경우 긴급을 요하지 않는 행위의 효력

제척·기피의 이유가 없다고 하는 재판이 확정된 경우 상술한 바와 같이 48조에 위반된 재판부의 소송행위의 하자가 치유된다고 하는 입장을 취한 판례도 있었지만 최근에는 하자가 치유되지 않는 경우도 있을 수 있다는 입장을 분명히 하고 있다. 즉, 기피신청에 대한 각하결정 전에 이루어진 원심 제1차 변론기일의 진행 및 위 각하결정이 피고에게 고지되기 전에 이루어진 원심 제2차 변론기일의 진행은 모두 48조의 규정을 위반하여 쌍방 불출석의 효과를 발생시킨 절차상 흠결이 있고 특별한 사정이 없는 이상, 그 후 위 기피신청을 각하하는 결정이 확정되었다는 사정만으로 48조의 규정을 위반하여 쌍방 불출석의 효과를 발생시킨 절차 위반의 흠결이 치유된다고 할 수는 없다고 판시하였다.[93] 왜냐하면 절차정지 중에는 신청인이 소송활동에 대한 관여를 강요당해서는 아니 되고 절차에 관

90) 대판 2000.4.15. 2000그20.
91) 대판 1978.10.31. 78다1242.
92) 대판 2010.2.11. 2009다78467·78474.
93) 앞의 판결(2009다78467·78474)

여하지 않았다는 것에 의해 불이익을 당하는 것은 부당하며 당연히 긴급을 요하지 않는 행위의 하자가 치유되는 것으로 생각해서는 아니되기 때문이다.

다만, 신청인이 절차의 관여를 거절하지 않고 충분한 소송활동을 하여 당사자의 소송상 이익이 해하여지지 않는 때에 한하여 이의권의 포기가 있었다고 보아도 좋고 긴급을 요하지 않는 행위의 하자는 치유된다고 생각할 수도 있다.[94]

4. 기피권의 남용

신청방식에 어긋나는 기피신청을 하거나 소송지연을 목적으로 한 신청임이 명백한 경우에는 기피를 신청당한 법관이 스스로 신청을 각하할 수 있다(간이각하). 왜냐하면 관련된 기피권의 남용은 정당한 권리행사라고 할 수 없어 정당한 권리행사에 부여되는 46조 2항 등의 적용을 인정할 필요가 없기 때문이다. 다만, 공정한 재판을 담보한다고 하는 기피제도의 취지와 소송의 신속이라는 요청을 조화한다고 하는 관점에서 간이각하를 할 수 있는 경우에는 동일한 이유로 반복 기피신청을 하는 경우 등에 한정되어야 할 것이다.

한편, 기피신청이 있는 경우에는 그 재판의 확정까지 소송절차가 정지되지만(48조) 기피의 원인(43조 1항)은 추상적으로 바로 판단할 수 없기 때문에 소송의 지연 또는 법관의 혐오감에 대한 표현을 목적으로 남용될 위험이 존재한다. 따라서 기피를 신청당한 법관이 상술한 바와 같이 스스로 신청을 각하할 수 있다(간이각하).

V. 기피신청에 대한 불복절차

기피신청이 이유있다고 하는 결정에 대해서는 불복신청을 할 수 없지만 이유없다는 기각결정, 신청방식의 위배 등 각하결정에 대해서는 즉시항고를 할 수 있고(47조 1·2항) 항소법원의 결정에 대하여는 대법원에 재항고하는 방법으로 다투어야만 할 것이다(442조). 따라서 지방법원 항소부 소속의 법관에 대한 제척 또는 기피신청이 제기되어 45조 1항의 각하결정 또는 소속 법원 합의부의 기각결정이 있는 경우에 이는 항소법원의 결정과 같은 것으로 보아야 하므로 이 결정에

---

94) 이시윤, 앞의 책, 91면.

대하여는 대법원에 재항고하는 방법으로 다투어야 할 것이다.

또한, 항소법원인 지방법원 합의부 소속 법관에 대한 기피신청을 소속 법원 합의부가 각하한 결정에 대하여 신청인이 즉시항고를 제기하였다면 항소법원은 이를 재항고로 보아 기록을 대법원으로 송부하여야 할 것이다. 따라서 이를 고등법원으로 송부하고 이에 대해 항고기각결정을 한 경우에는 고등법원의 결정을 권한 없는 법원이 한 결정이라는 이유로 대법원이 이를 취소하고 그에 대한 신청인의 재항고를 지방법원 합의부의 결정에 대한 재항고로 보아 처리하여야 한다.

VI. 회피

1. 의의

회피란 재판의 공정을 해할 사정이 있는 경우에 법관이 스스로 직무집행을 피하는 것을 말한다(49조). 이 경우에는 별도로 재판을 요하지 않고 감독권 있는 법원의 허가를 얻으면 충분하다. 따라서 이러한 이유로 회피제도의 이용률이 당연히 높고[95] 또한, 실무에서는 재배당으로 처리하는 경우도 있다.[96] 그리고 법관의 회피신청은 의무가 아닌 권능에 해당한다.

2. 절차

회피의 재판은 필요가 없지만 법관이 회피를 하기 위해서는 감독권을 가지는 법원, 즉 법관 소속 법원의 원장 또는 지원장의 허가를 받아야 한다. 회피의 경우에도 제척이나 기피이유를 근거로 하여야 하고 허가를 받은 후에 그대로 그 사건에 관여하여도 그 행위의 효력에는 영향이 없다. 또한, 제척 또는 기피의 신청이 있을 때 그 재판에 앞서 법관이 회피해 버리면 그 신청은 목적을 상실하기 때문에, 즉 재판의 실익을 상실하기 때문에 그에 대한 재판은 필요하지 않다.[97]

---

95) 이시윤, 앞의 책, 91면.
96) 김홍엽, 앞의 책, 68면.
97) 이시윤, 앞의 책, 91면.

제2장 당사자

제1절 당사자의 의의·확정

Ⅰ. 의의

1. 개념

당사자란 판결의 명의인으로 되어야 할 자를 말한다(형식적 당사자개념). 즉, 당사자란 형식적으로 그 이름으로 소송수행을 하고 판결을 요구하거나 또는 요구받는 자를 말하며 반드시 소송물의 내용인 권리의무의 주체일 필요는 없다.

2. 이당사자대립의 원칙

가. 의의

민사소송은 분쟁의 해결절차이고 분쟁은 이해가 대립되는 자 사이의 충돌이므로 기본적으로 적극적 당사자인 원고와 소극적 당사자인 피고가 대립되어 있을 것을 요구하는데 이를 '이당사자대립주의'라고 한다.[1] 통상적으로는 1 대 1이지만 공동소송처럼 일방 당사자가 복수인 경우도, 독립당사자소송처럼 원고·피고 및 참가인의 3인 이상이 대립하는 경우(3면소송)도 있다. 대립당사자의 존재는 소송요건의 하나이므로 법원이 직권으로 조사한다.

나. 이당사자 대립이 성립하지 않거나 소멸한 경우

예컨대, 당사자의 사망과 같이 원고·피고의 일방 또는 전부에게 당사자능력이 없는 경우 또는 교육감이 도를 대표하여 도지사가 대표하는 같은 도를 상대로 소를 제기하는 경우와 같이 원고와 피고가 동일한 당사자에 해당하는 경우가 있다. 후자의 경우 지방자체단체로서의 도는 1개의 법인으로 존재할 뿐이고 다만, 사무영역에 따라 도지사와 교육감이 별개의 집행 및 대표기관으로 병존할 뿐이

---

1) 김홍규·강태원, 앞의 책, 185면; 박재완, 민사소송법강의(제3판), 박영사, 2017, 62면.

므로 도 교육감이 도를 대표하여 도지사가 대표하는 도를 상대로 제기한 소유권 확인의 소는 자기가 자기를 상대로 제기한 것에 해당한다.[2] 따라서 당사자능력 을 흠결한 때에 해당하여 소가 부적법하여 각하된다. 잘못하여 본안판결이 이루 어진 경우에는 상소를 할 수 있고 만약 확정이 되어도 본래의 효력은 발생하지 않는다(무효판결). 또한, 소송 중에 당사자의 사망·합병이 있으면 원칙적으로 절 차가 중단되고 승계인이 소송을 수계한다. 승계할 자가 없으면 소송은 종료한다.

3. 당사자권

당사자권이란 당사자의 지위를 보장하는 소송상 권리를 말한다. 당사자권으 로 가장 중요한 것은 변론권이다. 따라서 구술변론은 필요적이고 당사자가 신청 한 증거는 원칙적으로 조사되며 당사자가 소환장의 송달을 받아 변론기일에 출 석할 수 있는 지위 등이 보장된다. 당사자권의 내용을 구체적으로 정리하면 ① 내용 면으로 변론기일에 주장·입증의 기회를 보장받고(변론권) 그 이외에 심판대 상을 확정하는 권능, 소의 취하, 청구의 포기·인낙, 화해의 권능 또는 상소권 등 으로 표출되고, ② 절차 면에서 당사자의 이익 등을 보장받기 위한 기일지정신청 권, 기일소환을 받을 권리, 소장·판결의 송달을 받을 권리가 있고 재판에 이의를 신청하는 것으로서 이의권이 있으며 그 이외에도 이송신청권, 제척·기피신청권, 기록열람권으로 표출되고, ③ 그 이외에 인적 재판적, 법관의 제척·기피원인, 당 사자능력·소송능력·당사자적격, 절차의 중단 등으로 표출된다.

Ⅱ. 당사자의 확정

1. 확정의 기준

당사자 확정이란 누가 당사자인지를 명확하게 하는 것을 말한다. 이 경우 당사자 확정의 기준이 문제로 되는데 이에 관하여는 다음과 같은 학설의 대립이 있다.

가. 표시설

이 견해는 소장의 기재를 합리적으로 해석하여 당사자를 확정하여야 한다고

---

2) 대판 2001.5.8. 99다69341.

한다. 당사자가 누구인지 여부는 재판적 유무의 판단 등에 있어서 그 전제가 되므로 소송을 제기한 이후에 바로 명확하게 확정할 필요가 있는데 그것을 위해서는 소장 등의 기재를 기준으로 하는 것이 가장 명확하기 때문에 이를 기준으로 하여야 한다고 한다.

나. 실질적 표시설

이 견해는 표시설과 같이 소장의 기재만 기준으로 하면 사자(死者)를 피고로 한 소송 등에서 구체적 타당성을 결여한다고 비판을 하면서 당사자 확정을 위해서는 소장의 당사자 기재뿐만 아니라 청구의 취지·원인 등 일체의 기재를 합리적으로 해석할 필요가 있고 또한, 소송승계 규정의 유추 또는 임의적 당사자 변경에 의해 종전 소송의 결과를 인수시키는 것 등도 가능하도록 구체적으로 타당한 결과를 도출하는 방향으로 당사자를 확정하여야 한다고 한다.

다. 규범분류설

이 견해는 소송절차를 개시한 시점에서는 소장의 기재를 기준으로 양당사자를 확정하는데 이는 당사자의 확정이 재판적 유무의 판단 등을 위하여 명확한 기준이 필요하기 때문이다. 반면, 이미 진행한 절차에서 누구를 당사자로 할 것인지의 확정은 절차의 결과를 누구에게 귀속시키는 것이 분쟁해결에 유효한지, 절차의 결과를 귀속시켜도 관계가 없을 정도로 그 자에게 이익 주장의 기회가 보장되었는지의 관점에서 판단하여야 한다고 한다. 이는 소송경제의 요청이 강하게 작용하고 또한, 후일 분쟁의 반복을 방지할 필요가 있기 때문이다.

라. 기타

이외에도 원고의 의사를 기준으로 하는 의사설, 당사자의 행동을 기준으로 하는 행동설[3] 등도 추가적으로 주장되고 있지만 기준의 명확성 때문에 실질적

---

3) 대판 1970.3.24. 69다929는 "재심원고가 재심대상판결 확정 후에 이미 사망한 당사자를 그 사망 사실을 모르고 재심피고로 표시하여 재심의 소를 제기하였을 경우에 사실상의 재심피고는 사망자의 상속인이고 다만 그 표시를 그릇한 것에 불과하다고 해석함이 타당하므로 사자를 재심피고로 하였다가 그 후에 그 상속인들로 당사자표시를 정정하는 소송수계신청은 적법하다."고 판시하여 의사설을 부분적으로 따른 경우도 있다. 대판 1994.11.2. 93누146은 "피상속인이 양도소득세부과처분에 대한 심판청구를 한 후 사망하였고 그 사망사실을 모르는 국세심판소장은 … 그 결정문에 사망한 피상속인을 청구인으로 표시하였으며 그 상속인들이 기각결정에 승복하지 아니하고 망인 명의로 양도소득세부과처분취소청구소송을 제기한 후 상속인들 명의로 소송수계신청을 하였다면, 비록 전치절차 중에 사망한 피상속인의 명의로 소가 제기되었다고 하더라도 실제 그 소를 제기한 사람들은 망인의 상속인들이고 다만 그 표시를 그릇한 것에 불과하다고 보아

표시설이 통설 및 판례이다.[4]

마. 검토

위와 같은 견해의 대립 속에서 당사자가 누구인지는 재판적의 유무(2조 이하), 법관의 제척원인(41조), 당사자능력·소송능력(51조), 중복제소의 금지(259조), 소장 등의 송달처를 결정하기 위한 전제로 되기 때문에 각 설에 따라 다른 입장을 제시하고 있다. 그런데 각 견해 중 의사설은 내심의 의사를 외부에서 알기가 곤란하다는 이유로, 행동설은 소송수행을 본인 이외에도 할 수 있고 어떠한 소송행위를 기준으로 파악할 것인지가 불분명하다는 이유로, 표시설은 성명모용소송 또는 사자를 피고로 하는 소송에서 구체적 타당성을 결여한 결과가 초래될 우려가 있다는 이유로, 규범적 분류설은 당사자의 행동 등 불명확한 기준이 포함되고 있어 어느 단계의 평가규범에 의하는지 여부가 불분명하다는 이유로 각각 비판을 받고 있다. 다만, 실질적 표시설에 의할 경우에는 당사자 확정의 문제가 없는 것은 아니지만 비교적 합리적으로 당사자의 확정에 기준을 제시할 수 있어 상술한 바와 같이 통설·판례는 이 견해에 따르고 있다.

2. 관련 문제

당사자 확정과 관련하여 구체적으로 문제가 되는 것은 성명모용소송, 사자를 피고로 하는 소송, 표시의 정정과 임의적 당사자 변경의 구별 및 법인격 부인과 당사자 확정 등이 있다.

가. 성명모용소송

(1) 의의

성명모용소송이란 타인의 이름을 사칭하여 소를 제기하거나 응소하는 것을 말한다. 예컨대, 갑이 을 명의로 소를 제기하여 소송이 진행된 경우 누가 당사자로 되는지 여부가 문제이다.

야 할 것이므로, 법원으로서는 그 소송수계신청을 당사자표시정정신청으로 보아 이를 받아들여 그 청구를 심리판단하여야 한다."고 판시하여 행동설에 따른 듯한 경우도 있다.
4) 김홍규·강태원, 앞의 책, 191면; 이시윤, 앞의 책, 138면; 정동윤·유병현·김경욱, 앞의 책, 188면; 전병서, 강의민사소송법, 박영사, 2018, 57면; 손한기, 앞의 책, 68면. 대판 2012.8.22. 2012다68279.

(2) 법적 성질

실질적 표시설에 따르면 소장에 원고가 을로 기재되어 있는 이상, 이 소송에서 원고는 을로 확정된다. 다만, 심리 도중에 모용사실이 명확하게 된 경우 법원은 갑의 소송 관여를 배제하여야 한다. 그리고 지금까지 이루어진 소송행위가 을의 의사에 의하지 않고 갑이 한 행위로서 무권대리에 준하여 생각하여야 한다. 즉, 갑의 소송행위에 관하여 을의 추인이 있으면 소급적으로 유효하게 되지만 추인이 없으면 소가 각하된다고 보아야 할 것이다. 또한, 모용이 발각되지 않은 상태에서 판결이 이루어진 경우 원고로 확정된 을은 판결의 효력을 받게 될 것이다. 따라서 을에 의한 소송의 추완을 무권대리에 준한다고 생각하여 을은 상소(424조 1항 4호) 또는 재심(451조 1항 3호)으로 판결의 취소를 요구할 수 있을 것이다. 다만, 송달과정에서 성명모용이 있는 경우에 판례[5]는 다음과 같이 판시하고 있다. 예컨대, 소장에 피고의 주소를 허위로 기재한 후 원고와 공모한 제3자가 피고인 것처럼 가장하여 그 소송서류를 수령하고 변론기일에 불출석하여 내린 판결이 그 제3자에게 송달된 것이라면 피고에게 송달의 효력이 발생할 수 없으므로 피고에게 그 판결의 송달이 없는 한, 그 항소기간은 진행할 수 없다. 따라서 판결이 미확정이기 때문에 피고가 위 판결에 대하여 재심의 소를 제기하면 그 소는 각하된다.

그러나 규범분류설에 따르면 모든 소송절차를 돌이켜보아 누가 현실적으로 소송수행을 하고 절차의 책임을 누구에게 귀속시키는 것이 정당한지에 관한 관점에서 당사자를 확정하여야 한다고 한다. 갑이 현실적으로 소송수행을 하고 있는 경우에는 갑을 정당한 당사자라고 하여도 좋을 것이라고 한다. 심리 도중에 모용이 명확하게 된 경우 당사자의 표시를 갑에서 을로 정정하면 된다. 모용이 발각되지 않은 상태에서 을 명의로 판결이 나온 경우 을에게 절차보장이 주어져 있지 않은 이상, 을에게는 판결의 효력은 미치지 않는다. 다만, 외관상 을은 판결의 효력이 미치기 때문에 을은 상소(424조 1항 4호) 또는 재심(451조 1항 3호)으로 판결의 취소를 구할 수 있다고 한다.

(3) 학설 등의 적용

절차적으로 타인의 성명을 제멋대로 사용하여 소를 제기하거나 또는 응소한

---

5) 대판 1971.6.22. 71다771.

경우(성명모용소송) 소를 제기한 때 또는 응소한 때 모용이 발각된 경우 법원은 소장의 보정을 명하고 피모용자가 추인하지 않는 한, 소를 각하하여야 한다. 그러나 소를 제기한 후에 모용이 발각되지 않고 절차가 진행된 경우 그 소송의 당사자는 누구인지 여부에 관하여 문제가 된다.

⑺ 심리 도중에 성명모용이 명확하게 된 경우

의사설에 의할 경우 원고의 모용에서는 당사자를 확정할 수 없고 피고의 모용에는 소장의 기재와 같이 되며 행동설에 의할 경우 원고의 모용에서는 모용자로 확정되므로 표시정정을 하면 되고 피고의 모용에서는 모용자로 확정되기 때문에 표시정정을 하면 되며 표시설에 의할 경우 원고의 모용에서는 피모용자로 확정되므로 임의적 당사자변경이 필요하고 피고의 모용인 경우에도 피모용자로 확정되기 때문에 법원은 모용자를 배제하여 피모용자에게 소송을 수행케 하면 된다.

⑻ 모용사실이 발각되지 않은 상태에서 피모용자에게 판결이 내려진 경우

의사설에 의할 경우 피고의 모용에서는 피모용자에게 판결효가 미치기 때문에 상소·재심으로 다툴 필요가 있고 행동설에 의할 경우 피모용자에게는 판결효가 미치지 않지만 외관상 판결의 효력이 미치므로 상소·재심으로 다툴 수 있으며 표시설에 의할 경우 피고의 모용에는 피모용자에게 판결효가 미치기 때문에 상소·재심으로 다툴 필요가 있다. 다만, 어느 견해에 의한다고 할지라도 피모용자가 항소한 사례에서 추인에 의해 모용자의 소송수행의 하자가 치유된다고 볼 수 있을 것이다.

나. 사자를 당사자로 하는 소송

예컨대, 갑이 이미 사망한 을에게 소를 제기하고 을의 상속인 병이 이에 대하여 소송수행을 하고 있는 경우 누가 당사자(피고)로 되는가? 실질적 표시설에 의할 경우에도 소장에 피고가 을로 기재되어 있는 이상, 일단 피고는 을로 확정된다.

(1) 당사자의 실재 여부

소송계속은 소장이 피고에게 송달된 때부터 시작된다. 왜냐하면 소장이 피고에게 도달하면 민사소송의 2당사자대립구조가 발생하기 때문이다. 그리고 당사자가 실재하는지 여부는 소송요건이다. 사망자에게는 당사자능력이 없고(51조),

사망자가 당사자로 표시되어 있는 경우 2당사자 대립구조가 성립되어 있다고 볼
수도 없다. 따라서 사망자를 피고로 할 경우 이러한 소는 원칙적으로 각하되어야
하고,[6] 이것을 간과한 상태에서 이루어진 본안판결은 무효라고 하여야 한다. 다
만, 원고가 피고의 사망사실을 몰랐던 경우까지 위 결론을 관철하여 원고로 하여
금 상속인을 상대로 다시 소를 제기하도록 하는 것은 부당하므로 사망자인 피고
를 상대로 한 원고의 제소는 실질적으로 상속인을 상대로 한 제소로 보아야 할
것이다.[7] 따라서 소멸시효 중단의 효과는 상속인에게 미치고 원고는 후술하는
당사자표시정정을 통하여 피고의 표시를 사자에서 그 상속인으로 정정한 후 상
속인을 상대로 소송을 진행할 수 있다. 다만 사망자를 피고로 하는 소의 제기는
원고와 피고의 대립당사자 구조를 요구하는 민사소송법상의 기본원칙이 무시된
부적법한 것으로서 실질적 소송관계가 이루어질 수 없으므로 당사자표시 정정
없이 사망자 명의로 선고된 1심판결은 무효의 판결이기 때문에 이에 대한 상소도
사망자에 대한 상소라는 이유로 부적법 각하된다.[8] 그러나 판례는 원고가 피고
의 사망을 알고 있었던 경우에도 일정한 조건에서 당사자표시정정을 인정하고,[9]
재심대상판결의 원고가 사망하였는데 상속인이 재심을 제기하면서 사망자를 재
심원고로 표시한 경우에는 예외적으로 원고가 소제기 이전에 사망한 경우에도
당사자표시정정을 인정한 경우 등이 있는데,[10] 이는 소송과정에서 구체적 타당
성에 따라 결론을 달리한 것으로 이해할 수 있다.

6) 대판 2015.8.13. 2015다209002는 사망자 X1과 그 상속인 X2 명의로 공동소송이 제기된 경우에
   X1 명의의 소 부분은 부적법 각하되어야 한다고 한다.
7) 대판 1969.12.9. 69다1230; 대결 2006.7.4. 2005마425에 의하면, 제1순위 상속인이 상속을 포기한
   경우에는 제2순위 상속인이 실질적 당사자라고 한다.
8) 대판 2000.10.27. 2000다33775; 대판 2015.1.29. 2014다34041. 이 판결 등의 취지는 사망자를 상대
   로 상고한 경우로서 "당사자의 대립을 그 본질적 형태로 하는 것임에 비추어 사망한 자를 상대
   로 한 상고는 허용될 수 없다고 할 것이므로 이미 사망한 피고를 상대방으로 하여 제기한 이 사
   건 상고는 부적법하다."고 한다.
9) 대판 2011.3.10. 2010다99040에 의하면, 채무자 갑의 을 은행에 대한 채무를 대위변제한 보증인
   병이 채무자 갑의 사망사실을 알면서도 그를 피고로 기재하여 소를 제기한 사안에서 채무자 갑
   의 상속인이 실질적인 피고이고 다만 소장의 표시에 잘못이 있었던 것에 불과하므로 보증인 병
   은 채무자 갑의 상속인으로 피고의 표시를 정정할 수 있고 따라서 당초 소장을 제출한 때에 소
   멸시효중단의 효력이 생긴다고 한다.
10) 대판 1978.8.14. 78다1283; 대결 1971.4.22. 71마279; 대판 1994.12.2. 93누12206.

(2) 당사자 사망의 취급

당사자 사망의 취급이 소송계속의 전·후인지에 따라 전혀 다른 소송상 취급을 하는 것은 이미 이루어진 당사자의 소송행위를 쓸데없는 것으로 하면 소송경제에 반할 뿐만 아니라 당사자의 이익도 현저하게 해할 우려가 있기 때문이다. 따라서 이러한 경우 당연승계의 유추를 생각하여야 한다. 즉, 원고가 소송대리인을 선임한 후 또는 법원이 소장을 발송한 후에 피고가 사망한 경우에는 잠재적으로 소송계속이 발생하고 있는 것으로 생각하여 소송계속 이후에 당사자 사망의 경우에 준하여 상속인이 소송을 승계할 수 있다고 보아야 할 것이다. 따라서 상속인이 신당사자로 되고 당사자의 사망으로 말미암은 중단된 소송절차를 당사자의 수계신청(233조) 또는 법원의 속행명령(244조)에 의해 재개될 수 있을 것으로 보는 것이 타당하다.

(3) 판결 확정 후 상속인에 대한 효과

사망자 명의의 본안판결은 원칙적으로 무효이지만,[11] 상속인이 소송수행에 관여하고 있는 한 그 판결의 효력을 상속인에게 확장할 수 있을 것이다. 예컨대, 원고 갑이 을의 사망사실을 모르고 을을 피고로 하여 제소하고 을의 상속인 병이 을의 사망을 알리지 않은 채 소송절차에 관여하여 을의 이름으로 판결이 선고된 경우에 병에게 판결의 효력이 미친다고 할 것이다. 왜냐하면 판결효가 정당화되는 근거는 당사자에게 충분한 절차보장이 된 점에 있다고 한다면 상속인 입장에서 실질적으로 소송수행에 참가하고 절차보장이 부여된 이상, 판결효를 확장하여도 지장이 없기 때문이다.[12]

반면, 위와 같은 관여 없이 선고된 판결은 유효한 판결이나 상속인의 재판받을 권리를 침해하고 있기 때문에 무권대리에 준하는 하자이므로 상소 또는 재심의 대상이 된다고 보아야 할 것이다.[13] 다만, 위와 같은 하자는 상속인 등의 추인에 의하여 치유될 수 있다. 그리고 상속인이 하자를 주장하지 않고 본안에 대

---

11) 대판 2015.1.29. 2014다34041(소제기 후 소장부본 송달 전에 피고가 사망한 경우 피고 명의의 본안판결은 무효); 대판 2017.5.17. 2016다274188(사망자를 채무자로 하여 지급명령을 신청하거나 지급명령 신청 후 정본이 송달되기 전에 채무자가 사망한 경우에 지급명령은 무효).

12) 신의칙을 이유로 상속인에게 판결의 효력이 미친다고 보는 견해로는, 이시윤, 앞의 책, 144면; 한충수, 앞의 책, 117면.

13) 대판(전합) 1995.5.23. 94다28444.

해서만 다투는 상고이유서를 제출하는 경우와 같이 묵시적으로도 가능하다고 할 것이다. 즉, 상속인이 항소심판결에 위와 같은 하자가 있음에도 이와 같은 하자를 주장하지 않고 본안에 대해서만 다투는 상고이유서를 제출한 경우 상속인이 묵시적으로 위 하자를 추인한 것으로 보아야 한다.[14]

(4) 소송중단을 간과한 판결의 효력

소송중단을 간과한 위법이 있는 판결의 경우 상소나 재심의 대상이 될 뿐만 아니라 소송중단 중에는 판결정본의 송달이 불가능하고 실제 송달을 하여도 무효이므로 상소기간이 진행되지 않는다. 따라서 그 판결이 확정되지 않으므로 재심이 아니라 상소로 다투어야 한다. 다만, 선고로 바로 확정되는 상고심 판결은 예외이다. 따라서 이러한 하자 등을 극복하기 위해서는 상속인은 수계신청을 선행적으로 또는 동시에 하면서 상소를 제기하여야 하지만 판례는 상소를 먼저 제기한 다음 상소심에서 수계신청을 하여도 하자는 치유된다고 한다.[15]

또한, 변론종결 이후에 당사자가 사망한 경우에는 소송절차의 중단 중에도 판결 선고가 가능하므로 그 판결에 하자가 있는 것은 아니지만[16] 변론종결 이후에 소송이 중단된 경우에는 판결정본의 송달이 불가능하고 실제 송달하여도 무효이므로 상소기간이 진행되지 않는다.[17] 그러나 통상적으로 소송대리인이 선임되어 있는 경우에는 소송위임장에 상소 제기에 관한 특별수권이 부여되어 있는 것이 통상적이므로 판결정본 송달 이후에도 소송대리권이 소멸하지 않기 때문에 소송절차는 중단되지 않는다.

그리고 상속인이 수인인 경우 판결의 효력은 모든 상속인에게 미치므로[18] 사망이 간과되어 수계가 되지 않은 경우에도 95조 1호, 238조에 따라 소송대리인이 있는 경우에는 당사자가 사망하더라도 소송절차가 중단되지 않고 소송대리인의 소송대리권도 소멸하지 아니한다. 따라서 이때 망인의 소송대리인은 당사자 지위의 당연승계로 인하여 상속인으로부터 새로이 수권을 받을 필요 없이 법률상 당연히 상속인의 소송대리인으로 취급되어 상속인 모두를 위하여 소송을 수

---

14) 위의 판결(94다28444).
15) 위의 판결(94다28444).
16) 대판 2007.12.14. 2007다52997.
17) 박재완, 앞의 책, 65면.
18) 대판 1992.11.5. 91마342; 대판 1996.2.9. 91다61649.

행하고 당사자가 사망하였으나 그를 위한 소송대리인이 있어 소송절차가 중단되지 않는 경우에 비록 상속인으로 당사자의 표시를 정정하지 아니한 채 망인을 그대로 당사자로 표시하여 판결을 하였다고 하더라도 그 판결의 효력은 망인의 소송상 지위를 당연승계한 상속인들 모두에게 미친다.

또한, 망인의 소송대리인에게 상소 제기에 관한 특별수권이 부여되어 있는 경우에는 그에게 판결이 송달되더라도 소송절차가 중단되지 아니하고 상소기간은 진행하므로 망인의 소송대리인이나 상속인 또는 상대방 당사자에 의하여 적법하게 상소가 제기되면 그 판결이 확정되지 않는다.

그런데 당사자 표시가 잘못되었음에도 망인의 소송상 지위를 당연승계한 정당한 상속인 모두에게 효력이 미치는 판결에 대하여 그 잘못된 당사자 표시를 신뢰한 망인의 소송대리인이나 상대방 당사자가 그 잘못 기재된 당사자 모두를 상소인 또는 피상소인으로 표시하여 상소를 제기한 경우에는 상소를 제기한 자의 합리적 의사에 비추어 특별한 사정이 없는 한, 정당한 상속인 모두에게 효력이 미치는 위 판결 전부에 대하여 상소가 제기된 것으로 보는 것이 타당할 것이다.

그리고 제1심 소송 계속 중 원고가 사망하자 공동상속인 중 '갑'만 수계절차를 밟았을 뿐 나머지 공동상속인은 수계신청을 하지 아니하여 '갑'만 망인의 소송수계인으로 표시하여 원고의 패소판결을 선고한 제1심판결에 대하여 상소 제기의 특별수권을 부여받은 망인의 소송대리인이 항소인을 제1심 판결서의 원고 기재와 같이 "망인의 소송수계인 갑"으로 기재하여 항소를 제기하였고, 항소심 소송계속 중에 망인의 공동상속인 중 '을' 등이 소송수계신청을 한 사안에서, 수계적격자인 망인의 공동상속인 전원이 아니라 제1심에서 실제로 수계절차를 밟은 '갑'만을 원고로 표시한 제1심판결의 효력은 그 당사자 표시의 잘못에도 불구하고 당연승계에 따른 수계적격자인 망인의 상속인 모두에게 미친다.

그런데 위와 같은 제1심판결의 잘못된 당사자 표시를 신뢰한 망인의 소송대리인이 판결에 표시된 소송수계인을 그대로 항소인으로 표시하여 그 판결에 전부 불복하는 위 항소를 제기한 이상, 그 항소 역시 소송수계인으로 표시되지 아니한 나머지 상속인 모두에게 효력이 미치는 위 제1심판결 전부에 대하여 제기된 것으로 보아야 할 것이다. 따라서 위 항소로 인하여 제1심판결 전부에 대하여 확정이 차단되고 항소심절차가 개시되며 다만 제1심에서 이미 수계한 '갑' 외에 망인의 나머지 상속인들 모두의 청구부분과 관련하여서는 항소제기 이후로 소송대리인의 소송대리권이 소멸함에 따라 233조에 의하여 그 소송절차는 중단 된 상태에 있었다고 보아야 할 것이다. 따라서 법원은 망인의 정당한 상속인인 '을' 등의 소송수계신청을 받아들여 그 부분 청구에 대하여도 심리 판단하여야 한다고 한다.[19]

(5) 소송대리인이 있는 경우

소송대리인이 있는 경우에 소송절차가 중단되지 않지만 이는 피고의 사망으로 바로 중단되지 않는다는 의미일 뿐이고 소송대리인의 권한이 소멸하거나 심급이 종료된 때(통상적인 경우 판결정본을 송달한 때)에 소송대리권이 소멸하여 이에 따라 소송절차가 중단된다.[20] 따라서 판결정본의 송달이 유효해도 소송절차의 중단으로 인하여 상소기간은 진행되지 않는다.

(6) 일신전속적 권리관계인 경우

일신전속적 권리관계인 경우 사망자의 사망과 함께 당사자능력을 잃고 사망자의 당사자 지위를 당연승계할 사람도 없으므로 이당사자대립구조가 소멸하기 때문에 별다른 조치 없이 바로 소송절차가 종료된다. 다만, 이를 법원이 모른 채 계속하여 진행하다가 뒤늦게 이를 알게 된 경우에는 판결로 소송이 종료되었다는 선언, 즉 소송종료선언을 한다.[21] 그러나 이를 간과하고 선고한 판결은 무효의 판결일 뿐이다.

(7) 소제기 이후 소송계속 이전에 당사자가 사망한 경우

소제기 이후 소송계속 이전에 당사자가 사망한 경우 판례는 소장 접수 전에 사망한 경우와 마찬가지로 취급하여야 한다는 이유로 소송수계신청을 배척하고 있다.[22] 그러나 당사자가 사망하더라도 소송대리인의 소송대리권은 소멸하지 아니하므로(95조 1호) 당사자가 소송대리인에게 소송위임을 한 다음 소 제기 전에 사망하였는데 소송대리인이 당사자가 사망한 것을 모르고 당사자를 원고로 표시

---

19) 대판 2010.12.23. 2007다22859.
20) 대판 1996.2.9. 94다61649.
21) 대판 2013.9.12. 2011두33044는, 학교법인의 설립자 겸 종전 이사로서 이사선임처분의 취소를 구하는 원고의 지위는 성질상 일신전속적인 것으로 상속의 대상이 되지 않으므로 이 사건 소송의 종료를 선언한 원심의 판단은 적법하다고 판시하였다.
22) 대판 2015.1.29. 2014다34041.

하여 소를 제기하였다면 이러한 소의 제기는 적법하고 시효중단 등 소 제기의 효력은 상속인에게 귀속된다고 보아야 할 것이다. 이 경우 법 233조 1항을 유추적용하여 사망한 사람의 상속인은 소송절차를 수계하여야 한다.[23]

다. 당사자표시 정정과 임의적 당사자변경의 구별

(1) 양자의 구별

당사자의 표시를 갑에서 을로 변경하기 위해서는 소장 등의 표시를 정정하면 충분한 것인지, 임의적 당사자변경의 절차를 요하는 것인지 여부가 문제이다.

당사자표시의 정정이란 정정 전·후에 당사자의 동일성이 있는 것을 전제로 단순히 소장 등의 표시를 정정하는 것을 말한다. 예컨대, 원고의 성명이 '홍길동'인데 '홍기동'이라고 잘못 기재한 경우 이를 정정하는 것을 말한다.

임의적 당사자변경이란 상대방이 되어야 할 자를 잘못 지정하였기 때문에 이에 대한 소를 취하하고 본래 상대방이 되어야 할 자에게 신소를 제기해야 하는 경우에 이를 간소화하여 해당 절차에서 올바른 당사자로 변경하는 것이다.

따라서 당사자표시를 갑에서 을로 바꿀 경우 표시의 정정인지, 임의적 당사자변경인지는 확정된 당사자 '갑'과 '을'의 동일성 유무에 의해 구별된다. 실질적 표시설에 따르면 '갑'의 표시를 소장의 모든 기재에서 합리적으로 을로 해석할 수 있으면 '갑'과 '을'은 동일성이 있어 표시의 정정으로 이해할 수 있을 것이다. 따라서 동일성이 유지되면 예컨대, 개인의 본명이나 단체의 정식 명칭 대신 별명 등을 소장에 기재한 경우,[24] A학교법인과 A대학교와 같이 단체와 그 기관이나 하부조직을 혼동한 경우[25] 당사자표시정정으로 이를 바로잡을 수 있다. 반면, 예컨대, A학교법인과 이사장 갑과 같이 법인인 단체와 자연인인 대표자 개인을 혼동한 경우에는 당사자표시정정이 허용되지 않는다.[26]

(2) 당사자표시정정의 절차

당사자표시정정의 신청이 이유있는 경우에는 재판부는 명시적인 결정을 할 필요 없이 이후의 소송절차에서 당사자의 표시를 정정하면 충분하다. 재판부의 이러한 조치에 대한 불복은 판결에 대한 상소로써 한다. 반면, 그 신청에 이유가

---

23) 대판 2016.4.2. 2014다210449.
24) 대판 1999.4.27. 99다3150.
25) 대판 2001.11.13. 99두2017.
26) 대판 1986.9.23. 85누953.

없는 경우에는 재판부는 반드시 불허의 결정을 하여야 한다. 이러한 경우 재판부
의 불허결정에 대한 불복은 항고 또는 판결에 대한 상소로써 한다.[27]

라. 법인격 부인과 당사자의 확정

법인격부인의 법리란, 법인과 그 구성원(또는 신설회사) 사이에 자산·업무가
혼동되어 있어서 법인격은 알맹이가 없이 형해화되어 있거나 또는 그 구성원이
채무면탈 등의 목적으로 법률적용을 회피하기 위한 수단으로 법인격을 남용하고
있는 경우에, 특정한 권리관계에 한해서 법인격의 존재를 부인하고 배후에 있는
구성원을 법인과 동일시하여 법률관계를 타당하게 조정 내지 해결하려는 이론을
말한다.[28] 회사의 자산이 부당한 목적을 위해 구성원에게 모두 이전되어 있는 경
우에는 회사의 채권자는 회사를 상대로 승소해도 강제집행을 할 수 없게 된다.
이때 법인격부인의 법리를 적용하여 회사와 구성원을 동일시할 수 있다면, ① 소
송계속 중이라면 피고의 표시를 회사에서 그 구성원으로 정정하여(당사자의 표시
정정) 구성원 명의의 판결을 얻거나, ② 회사 명의로 판결이 확정된 경우에는 그
구성원에게도 기판력·집행력을 확장시켜 그의 재산에 대해 강제집행을 할 수 있
어서 원고는 권리를 구제받을 수 있게 된다. 이에 대해 판례는 위 ②와 같은 사안
에서, 권리관계의 공권적 확정 및 그 신속·확실한 실현을 도모하기 위해 절차의
명확·안정을 중시하는 소송절차 및 강제집행절차에 있어서는 그 절차의 성격상
회사 명의의 판결의 기판력·집행력을 구성원에까지 확장하는 것은 허용되지 않
는다고 한다.[29] 판례에 따르면 원고는 하나의 소송으로 권리구제를 받기 위해서
처음부터 '갑회사'와 '을회사'를 공동피고로 제소할 필요가 있다.

---

27) 박재완, 앞의 책, 57면.
28) 김홍규·강태원, 앞의 책, 195면.
29) 대판 1995.5.12. 93다44531.

제2절 능력

I. 당사자능력

1. 의의

당사자능력이란 민사소송에서 당사자로 될 수 있는 일반적 자격을 말한다. 당사자능력은 실체법상 권리능력에 대응한다. 당사자능력은 당사자에 관하여 일반적으로 심사하는 소송요건이다. 즉, 분쟁의 실효적 해결과 관련이 없는 무용한 심리·재판을 피하기 위해 요구된다. 당사자능력은 소송사건의 내용·성질과는 관계가 없는 일반적 자격 내지 능력이라는 점에서 후술하는 당사자적격과는 다르다.

2. 당사자능력자

당사자능력자는 원칙적으로 실체법상 권리능력에 따른다(51조). 그리고 이 이외에도 분쟁해결의 실효성이 있는지 여부에 따라 소송법의 독자적 관점에서 결정되는 경우도 있기 때문에 민법상의 권리능력과는 완전히 일치하지는 않는다(52조 등). 따라서 민법상 권리능력자는 전부 당사자능력이 있고(51조) 법인격 없는 사단·재단도 마찬가지이다(52조). 그러나 민법상 조합에 대해서는 후술하는 바와 같이 다툼이 있다.

가. 권리능력자

자연인(민법 3조), 상속 등의 관계에서 태아(민법 762조 등), 법인(민법 34조), 해산법인[30](민법 81조 등)과 같이 실체법상 권리능력이 있는 자는 모두 당사자능력이 있다(51조). 왜냐하면 민사소송은 사법상 권리관계에 관한 다툼을 해결하기 위한 것이기 때문이다.

---

30) 대판 1968.6.18. 67다2528에 따르면, 청산결과의 등기를 하였더라도 채권이 있는 이상, 청산은 종료되지 않으므로 그 한도에서 청산법인은 당사자능력이 있다고 하여, 청산사무가 완료되어야 비로소 권리능력이 소멸된다는 입장이다.

나. 법인격 없는 사단·재단

법인격 없는 사단 또는 재단에 대표자 또는 관리인이 있는 경우에는 당사자
능력이 있다(52조).[31] 왜냐하면 법인격이 없는 사단·재단도 단체로 경제생활 등
을 하고 있기 때문에 재판 외에서 분쟁주체로 되는 경우가 많아 이것을 재판상으
로도 당사자로 취급하는 것이 분쟁해결을 위하여 실제적으로 도움을 주기 때문
이다. 즉, 51조가 당사자능력은 이 법에 특별한 규정이 없으면 민법, 그 밖의 법
률에 따른다고 정하고 52조가 법인이 아닌 사단이나 재단은 대표자 또는 관리인
이 있는 경우에는 그 사단이나 재단의 이름으로 당사자가 될 수 있다고 정하고
있으므로 법인이 아닌 사단과 재단은 대표자 또는 관리인이 있는 경우에 한하여
당사자능력이 인정된다. 따라서 노인요양원이나 노인요양센터에 대표자 또는 관
리인이 없는 경우에는 일반적으로 노인성 질환 등으로 도움을 필요로 하는 노인
을 위하여 급식·요양과 그 밖에 일상생활에 필요한 편의를 제공함을 목적으로
하는 시설, 즉 노인의료복지시설에 불과하기 때문에 이는 법인이 아님이 분명하
고 대표자 있는 비법인사단 또는 재단도 아니므로 원칙적으로 민사소송에서 당
사자능력이 인정되지 않는다.[32] 그리고 학교는 일반적으로 법인도 아니고 대표
자 있는 법인격 없는 사단·재단도 아닌 교육시설의 명칭일 뿐이기 때문에 원칙
적으로 당사자능력이 인정되지 않는다.[33][34]

다. 민법상 조합과 당사자능력

(1) 민법상 조합의 당사자능력 유무

민법상 조합에 당사자능력이 인정되는가? 이에 대하여 긍정설은 민법상 조
합이어도 대표자의 정함이 있는 경우에는 52조의 '사단'에 해당하여 당사자능력
이 인정된다고 한다. 왜냐하면 52조의 취지는 실제적으로 분쟁해결의 주체를 재
판상으로도 당사자로 취급하는 것이 분쟁해결에 효과적으로 도움이 되기 때문이

---

31) 따라서 법인격 없는 사단 또는 재단이 그 명의로 소송을 제기하거나 응소할 수 있지만, 그 이외
에도 대판(전합) 2005.9.15. 2004다44971에 의하면 비법인사단의 구성원 전원이 고유필수적 공동
소송의 형태로 소송을 수행할 수도 있다고 한다.
32) 대판 2018.8.1. 2018다227865.
33) 대판 2017.3.15. 2014다208255. 학교의 운영주체인 국가·지방자치단체, 학교법인 또는 설립자가
당사자가 된다.
34) 대판 2022.8.11. 2022다227688은 갑이 A종교단체의 지교회인 을교회를 피고로 손해배상청구를
구한 사안에서 을교회가 A종교단체와 구별되는 별개의 독립된 비법인사단이라고 인정할 수 없
다고 하여 을교회의 당사자능력을 인정하지 않았다.

다. 그렇다고 한다면, 민법상 조합에도 대표자의 정함이 있는 경우에는 위와 같은 논리는 타당할 것이다.

이에 대하여 부정설은 당사자능력을 인정하지 않는다.[35] 위 견해에 따르면 조합과 사단의 개념적 차이를 강조하면서 조합은 사단만큼의 단체성이 없고 재산관계도 조합원으로부터 독립되어 있지 않으며 대표자의 소송수행은 반드시 조합원의 의사를 반영하지 않을 뿐만 아니라 임의적 당사자변경 또는 선정당사자의 활용 등에 의해 소송절차의 간소화도 도모할 수 있기 때문이라고 한다.

그러나 사회적 실체로서 사단과 조합의 준별이 곤란하고 분쟁 상대방에게 어느 쪽인지 여부에 대한 판단 오류의 위험을 부담시키는 것은 타당하지 않을 것이다. 또한, 임의적 소송담당을 인정하는 한계가 불명확하고 선정당사자(53조 1항)도 개별적인 수권을 요하고 있기 때문에 효과적이지 못하다. 그리고 소송수행 측면에서 비법인사단과 같이 대표자가 있는 경우 조합원의 공동이익을 추구하기 위하여 그것을 하고 있다고 볼 수 있으므로 민법상 조합에 당사자능력을 인정하여도 그 대표자가 소송수행에 임하는 이상, 조합원에게 특별한 불이익을 주는 것은 아니므로 긍정설이 타당할 것이다.

(2) 민법상 조합이 소송을 제기하는 방법

위 학설을 고려하면서 민법상 조합의 경우 다음과 같은 소송제기방법을 생각할 수 있을 것이다. 당사자능력을 인정할 경우에는 조합 자체가 원고로 될 수 있을 것이다. 그렇지 않을 경우에는 조합원 전원이 원고로 되어 소를 제기하거나 피고로 되어 응소할 수 있을 것이다. 특히, 부정설을 취하는 판례의 입장에서는 필수적 공동소송의 형태로 하여야 할 것이다. 반면, 위 어느 견해에서도 업무집행조합원이 원고(소송담당) 또는 대리인으로 소송을 제기할 수 있을 것이다. 이때 고려하여야 할 방법은 임의적 소송담당이 인정되는지, 선정당사자(53조 1항)를 활용할 수 있는지 또는 법률에 의한 소송대리인(92조)을 활용할 수 있는지 여부 등을 검토해야 한다.

민법상 조합에 당사자능력을 인정할 경우 민법상 조합이 받은 판결의 효력에 관하여 각 조합원에게 기판력이 미치는지 여부도 문제로 된다. 이에 관하여 조합원의 절차보장은 조합의 소송수행에 의해 대체되고 있으므로 기판력의 확장

---

35) 대판 1991.6.25. 88다카6358.

을 인정하는 견해도 있다.

라. 당사자능력 흠결의 효과

(1) 당사자능력이 없는 경우

당사자능력은 소송요건의 하나이다. 따라서 법원은 언제라도 직권으로 이것을 조사하고(직권조사 · 직권탐지사항) 이를 결여한 때에는 소를 각하하여야 한다.

(2) 당사자능력을 간과한 판결의 효력

당사자능력이 결여된 사실을 간과한 판결은 확정 전에는 상소할 수 있다. 그러나 판결확정 후에는 재심사유에 해당하지 않는다. 그렇다면 확정판결의 효력은 어떻게 되는가?

이에 관하여는 유효설의 입장에서는 52조에서 말하는 「사단」에 해당하지 않는 단체가 대표자에 의해 소송수행을 하고 판결이 확정된 경우 그 판결은 유효하다고 한다. 왜냐하면 분쟁해결의 실효성 견지에서 판결의 무효는 될 수 있는 한, 인정해서는 안 된다는 점, 대표자에 의해 소송수행이 이루어진 이상, 구성원에게도 실질적으로 절차보장이 있었다고 할 수 있기 때문이다.

반면, 무효설은 법원에서 당사자능력이 있다는 판단을 하지 않은 이상, 확정판결은 내용상 효력을 발생하지 않는 무효판결이라고 본다. 왜냐하면 당사자가 될 수 없는 자에 대한 본안판결을 가지고서 여기에 구속력을 인정하는 것은 무의미하기 때문이다.

Ⅱ. 소송능력

1. 의의

소송능력이란 소송당사자 자신이 단독으로 소송행위를 하거나 또는 받기 위하여 필요한 능력을 말한다. 소송능력은 실체법상 행위능력에 대응한다. 소송수행이 복잡하여 열등하게 이루어지면 패소 등의 불이익을 받을 우려가 있다. 따라서 소송능력제도는 그 소송능력을 결여한 자의 소송행위를 무효로 하여 단독으로 소송수행을 충분하게 할 수 없는 자를 보호하는 취지이다.

2. 소송능력이 요구되는 범위

소송능력은 소송당사자 또는 보조참가인으로서 자기의 이익을 주장하는 경우에 요구된다. 대리인으로 소송행위를 하는 경우(민법 117조 참조)에는 소송능력을 구비할 필요가 없다. 왜냐하면 대리인에게는 판결효가 미치지 않고 본인의 판단으로 대리인이 선임되므로 보호할 필요가 없기 때문이다. 따라서 증거방법으로 증인신문을 받거나 또는 당사자신문을 받는 경우에도 필요하지 않다.

그리고 당사자로 활동하는 경우에는 소송절차 내의 행위뿐만 아니라 소송 외 또는 소송 전에 이루어지는 소송행위(관할의 합의 등)에 관하여도 소송능력이 필요하다. 왜냐하면 그 효력이 소송절차 전체에 영향을 주는 행위인 이상, 당사자 보호의 취지가 미치기 때문이다. 한편, 당사자가 의사능력을 가지고 있지 못한 경우에도 그의 소송행위는 무효이다.

3. 소송제한능력자와 성년후견제도

2013년 7월부터 시행된 개정 민법에 성년후견제도의 신설로 행위능력제도가 크게 달라졌고 이를 반영하여 법 55조의 소송능력에 관한 규정이 2016년에 개정되었다.

가. 미성년자·피한정후견인 및 피성년후견인

(1) 미성년자가 당사자인 경우 종전처럼 소송무능력자에 해당한다. 기본적으로 민법에서는 미성년자가 법정대리인의 동의를 얻어 법률행위를 할 수 있지만(민법 5조 1항) 소송수행은 거래행위보다 복잡하므로 미성년자가 동의를 얻어도 단독으로 하는 것이 타당하지 않다. 따라서 민법상 미성년자는 법정대리인의 동의를 얻어 유효하게 법률행위를 할 수 있지만, 소송행위는 대리에 의하여야 한다.[36]

민사소송에서는 그 친족, 이해관계인(미성년자를 상대로 소송행위를 하려는 사람을 포함한다), 대리권 없는 성년후견인, 대리권 없는 한정후견인, 지방자치단체의 장 또는 검사는 법정대리인이 없거나 법정대리인에게 소송에 관한 대리권이 없는 경우, 법정대리인이 사실상 또는 법률상 장애로 대리권을 행사할 수 없는 경

---

36) 이시윤, 앞의 책, 166면.

우, 법정대리인이 불성실하거나 미숙한 대리권 행사로 소송절차의 진행이 현저하게 방해받는 경우에는 소송절차가 지연됨으로써 손해를 볼 염려가 있다는 것을 소명하여 수소법원에 특별대리인을 선임하여 주도록 신청할 수 있다.

(2) 그러나 미성년자가 혼인하여 성년자로 간주되거나(민법 826조의2) 독립하여 법률행위를 할 수 있는 경우에는 그 한도에서 소송능력이 인정된다(51조 단서). 또한, 친권자나 후견인은 미성년자의 근로계약을 대리할 수 없으므로(근로기준법 67조) 미성년자인 노동자가 근로계약의 체결에 관하여 법정대리인의 동의를 얻은 상태라고 한다면 스스로 근로계약 또는 임금청구를 할 수 있을 것이고, 근로계약에서 발생하는 소송에 관하여 소송능력이 인정된다고 보아야 할 것이다(통설·판례).[37] 그리고 미성년자가 법정대리인을 상대로 입양무효의 소를 제기할 때에는 개정민법에 의해 후견감독인이 있으면 그의 동의를 받아야 한다(민법 950조).[38]

(3) 성년후견이 개시되면 후견인은 피후견인의 법정대리인이 되고(민법 938조 1항) 그 재산에 관한 법률행위에 대하여 피후견인을 대리하며(동법 949조 1항) 피성년후견인은 법정대리인에 의하여서만 소송행위를 할 수 있다(55조 1항 본문). 또한, 피한정후견인의 경우 한정후견인의 동의가 필요한 행위에 관하여는 대리권 있는 한정후견인에 의해서만 소송행위를 할 수 있다(55조).

한편, 소를 제기한 이후에 성년후견이 개시되어 피성년후견인이 소송능력을 상실한 경우 소송절차는 중단되지만 성년후견인이 법정대리인으로 소송절차를 수계하게 된다(235조). 이러한 경우에는 소송절차에서 당사자가 여전히 피성년후견인이고 성년후견인은 피성년후견인의 법정대리인으로서 소송절차를 수계하는 것이지 당사자적격을 가지게 되는 것은 아니다.[39]

(4) 피한정후견인은 원칙적으로 행위능력자이지만 가정법원이 정한 범위 내에서만 제한적으로 법률행위를 할 수 있다(동법 13조 1항, 4항 본문). 동법 959조의4에 의해 한정후견인이 대리권 수여의 심판을 받았을 경우 소송수행은 그의 법정대리인의 대리에 의하여야 한다.

---

37) 김홍규·강태원, 앞의 책, 214면; 이시윤, 앞의 책, 165면; 정동윤·유병현·김경욱, 앞의 책, 212면. 대판 1981.8.25. 80다3149. 한편, 임금청구소송에 한해 소송능력을 인정하는 견해로는 정영환, 앞의 책, 279면.
38) 대판 1969.11.25. 69므25.
39) 대판 2017.6.19. 2017다212569.

그리고 특정후견인 또는 임의후견인도 특별대리인의 선임을 신청할 수 있다 (62조의2 1항 단서). 그리고 특별대리인은 대리권 있는 후견인과 같은 권한이 있기 때문에 이러한 경우 특별대리인의 대리권 범위 내에서 법정대리인의 권한은 정지된다(62조 3항 후단).

나. 의사무능력자인 경우

의사무능력자에게 후견인이 없는 경우에는 특별대리인의 대리에 의해 소송행위를 할 수 있다(62조의2 1항). 그리고 위 특별대리인이 소의 취하, 화해, 청구의 포기·인낙 또는 독립당사자참가소송에서의 탈퇴를 하는 경우(80조) 법원은 그 행위가 본인의 이익을 명백히 침해한다고 인정할 경우에는 그 행위가 있는 날부터 14일 이내에 결정으로 이를 허가하지 않을 수 있고 이 결정에 대해서는 불복할 수 없다(62조의2 2항).

의사무능력자가 단독으로 한 소송행위는 무효이다. 다만, 의사능력의 유무는 구체적인 사안에 따라 개별적으로 판단되어야 할 것이다. 예컨대, 원고가 지능지수가 낮아 정규교육을 받지 못한 채 가족의 도움으로 살아 왔고 본인의 명의로 주택 등을 소유하고 있지만 이 부동산의 관리는 동생이 원고를 대리하여 원고의 명의로 하여 왔다. 그리고 병원의 감정 결과 지능지수는 74, 실제 지능수준을 반영하는 사회연령은 5세 4개월에 불과하고 사회연령은 6세 수준으로 교육 및 취업 불가능을 보여주었을 뿐만 아니라 자신의 이름을 정확하게 쓰지 못하고 시계를 볼 줄 모르며 간단한 셈도 불가능한 정도이었다. 그럼에도 계약 당시 5,000만원 이라는 금액을 대출받고 이에 대하여 자기의 부동산을 담보로 근저당을 설정해 주었다고 하지만 원고가 근저당권의 실행으로 인하여 그 소유권을 상실할 수 있다는 일련의 법률적인 의미와 효과를 이해할 수 있는 의사능력을 갖추고 있었다고는 볼 수 없었다, 그렇다고 한다면, 원고가 계약 당시 직접 일부 서류에 서명·날인하였다고 하더라도 원고가 그 행위의 법률적 의미와 효과까지 이해하였다고 볼 수도 없기 때문에 원고가 직접 변호사에게 소송대리를 위임하여 원고의 명의로 소를 제기하였다고 하여도 의사무능력자가 한 소송행위의 효력은 그의 정신능력의 정도, 행하여진 당해 소송행위의 성질, 효과 등 여러 가지 사정을 종합하여 개별적인 소송행위별로 결정되어야 할 것이다. 이 사건의 소제기는 원고 자신의 권리를 위하여 변호사에게 소송에 관한 대리권을 수여한다는 점에서 자

신의 이익을 위한 것이므로 소송행위의 효력을 인정할 수 있다고 하였다.[40]

4. 소송무능력자의 소송수행

가. 실체법상 법정대리인이 있는 경우

소송무능력자에게 실체법상 법정대리인인 친권자·후견인 또는 특별대리인이 있는 경우에는 이들이 소송법상으로도 법정대리인이 된다. 법정대리인은 소장의 필수적 기재사항에 해당한다(249조).

나. 실체법상 법정대리인이 없는 경우

(1) 실체법상 법정대리인의 선임

실체법상 법정대리인이 없는 경우에는 소송무능력자가 소를 제기하거나 또는 그러한 소송무능력자를 상대로 소를 제기하고자 할 경우에는 우선 가정법원에 신청하여 실체법상 법정대리인을 선임하여 그 자의 대리를 받는 방법이 있다.

(2) 소송법상 특별대리인의 선임

실체법상 법정대리인을 선임할 수 없는 경우 수소법원에 신청하여 특별대리인을 선임할 수 있다. 다만, 법은 선임신청권자의 범위 및 선임요건을 대폭적으로 확대하였고[신청권자: 제한능력자의 친족, 이해관계인(제한능력자를 상대로 소송행위를 하고자 하는 사람을 포함한다), 대리권이 없는 성년후견인, 대리권이 없는 한정후견인, 지방자치단체의 장 또는 검사), 선임요건: 62조 1항 1호 내지 3호의 경우에 소송절차가 지연됨으로써 손해를 볼 염려가 있는 경우] 법원도 직권으로 소송법상 특별대리인을 선임·개임 및 해임을 할 수 있도록 하고 있다. 또한, 의사무능력자를 위해서도 기존의 판례[41]·통설의 입장을 명문화하여 소송법상 특별대리인에 의한 소송행위의 대리를 인정하였다(62조의2).

5. 소송능력 흠결의 효과

가. 소송능력이 없는 경우

소송능력은 개개의 소송행위의 유효요건이다. 그래서 소송능력을 결여한 자의 소송행위는 취소할 수 있는 것이 아니라 당연히 무효로 된다. 절차안정의 요

---

40) 대판 2002.10.11. 2001다10113.
41) 대판 1993.7.27. 93다8986.

청 때문이다. 민법에서는 제한행위능력자의 행위는 취소될 때까지 유효하다(민법 5조·10조·13조). 그러나 소송에서는 전의 행위를 전제로 후의 행위가 누적되기 때문에 소송능력을 결여한 자의 소송행위를 취소될 때까지는 유효로 하고 그 이후에 취소된 소송행위를 전제로 하는 이전·이후의 절차가 모두 영향을 받아 절차의 안정을 해하기 때문에 이를 무효로 한 것이다.

나. 추인에 의한 유효

소송능력을 갖게 된 당사자 또는 법정대리인이 추인한 경우에는 행위 시로 소급하여 유효로 된다(60조). 소송무능력자의 보호에 흠결이 없고 소송경제에 도움이 되기 때문이다. 추인의 시기에 제한이 없어 상급심에서도 할 수 있지만 원칙적으로 소송행위 전부에 대하여 추인하여야 한다.[42]

다. 보정명령

법원은 직권으로 소송능력의 유무를 조사하여야 한다. 법원은 소송무능력자의 행위에 대해서는 추인의 여지가 있기 때문에 바로 이것을 배척하지 않고 기간을 정하여 보정을 명하여야 한다. 또한, 보정의 경우 지체 때문에 손해가 발생할 우려가 있으면 일시 소송행위를 시킬 수 있다(59조). 즉, 법원이 직권으로 이를 조사하여 그 결과 보정이 가능하면 보정을 명하고 그렇지 않은 경우에는 소송무능력자의 신청을 배척하는 등 상황에 따라 적절하게 처리할 수 있다.

라. 소송능력이 없는 것을 간과하고서 이루어진 판결의 효력

법원이 원고 또는 피고가 소제기 단계에서부터 소송능력이 없다는 이유로 소각하 판결을 한 경우에는 적법하고 유효한 판결이다. 그리고 이러한 판결에 대하여 원고는 상소를 제기할 수 있다고 보아야 할 것이다. 왜냐하면 이를 부정하면 원고가 자기에게 소송능력이 있는지에 관하여 상소심의 판단을 받아볼 기회를 원천적으로 봉쇄당하기 때문이다.[43]

소송능력이 결여된 것을 간과한 본안판결은 확정 전에는 상소를 할 수 있고 판결이 확정된 이후에는 재심사유에 해당한다(424조 1항 4호, 451조 1항 3호). 이를 구체적으로 살펴보면 소송능력의 흠결을 간과한 채 이루어진 판결에 관하여는 함부로 무효로 하는 것은 상소·재심제도를 만든 취지를 무시한 것으로 되기 때

---

42) 대판 1973.7.24. 69다60.
43) 김홍규·강태원, 앞의 책, 218면; 이시윤, 앞의 책, 168면; 정동윤·유병현·김경욱, 앞의 책, 216면.

문에 법적 안정성을 중시하여 상소·재심이 없는 한, 무효로 하여서는 안 된다. 피한정후견인이 유효한 동의를 얻지 않은 상태에서 행위를 한 경우에는 '소송행위를 하는데 필요한 수권을 결여하였던' 경우에 준하여 생각할 수 있으므로 당연히 무효가 아니라 상소로 다툴 수 있고 확정 후에도 재심으로 취소시킬 수 있을 것이다(유효설).[44] 다만, 소송능력제도가 소송무능력자를 보호하기 위한 제도이므로 소송무능력자가 승소한 경우에는 소송무능력자는 물론 상대방도 소송무능력자의 흠결만으로 상소나 재심청구를 제기할 이익이 없다고 하여야 할 것이다.[45]

마. 소송능력이 없는 경우 절차의 진행

(1) 소의 제기, 소송계속 시에 소송능력의 흠결

소송무능력자가 소를 제기하거나 또는 송달된 소장을 수령한 경우에는 소송계속 자체가 적법하지 않기 때문에 법원은 본안판결을 할 수 없다. 따라서 법원은 보정명령을 하여야 하고 추인이 되지 않는 한, 소송요건을 흠결한 것으로 소를 각하하여야 한다. 다만, 보정하는 것이 지연됨으로써 손해가 생길 염려가 있는 경우에는 법원은 보정하기 전에 당사자 또는 법정대리인에게 일시적으로 소송행위를 하게 할 수 있다(59조 후단).

(2) 소송계속 중 또는 상소에서 소송능력이 흠결된 경우

제1심이 소송능력 흠결을 이유로 소를 각하한 경우 소송무능력자는 상급심의 판단을 받을 이익이 있기 때문에 항소를 할 수 있다고 보아야 할 것이다. 이때 항소심은 소송능력 흠결을 이유로 항소를 각하해서는 아니 되고 항소를 기각하여야 한다. 소송계속 중 당사자에게 성년후견이 개시되거나 법정대리인의 권한이 소멸되는 것 등으로 인하여 소송능력 흠결이 발생하는 경우 소제기 자체는 유효하므로 소송능력 흠결을 이유로 각하할 수는 없고 이러한 경우에는 소송절차가 중단되고 이후 수계절차를 밟아서 소송절차가 계속적으로 진행하도록 해야 한다(235조). 소송절차가 중단된 상태에서 한 소송행위는 원칙적으로 무효이지만 이를 간과하고 선고된 판결은 무효는 아니라고 할지라도 상소 또는 재심의 대상이 되는 위법한 판결이다. 다만, 소송대리인이 있는 경우에는 소송절차가 중단되지 않는다(238조).

44) 박재완, 앞의 책, 94면.
45) 대판 1967.2.28. 66다2569; 대판 1983.2.8. 80사50; 대판 2000.12.22. 2000재다513.

또한, 제1심이 소송능력 흠결을 간과하고서 본안판결을 한 경우 소송무능력자는 소송능력 흠결을 이유로 항소할 수 있다. 이때 항소심은 소송능력 흠결을 이유로 항소만을 각하해서는 안 되고 항소를 인용하여 제1심 판결을 취소하고 스스로 소각하판결(자판)하여야 한다(통설).[46] 보정은 항소심에서 하여도 무방하므로 항소심에서 보정이 되지 않으면 소송무능력을 이유로 소를 각하해야 하기 때문이다.

(3) 소송계속 중에 소송능력의 흠결

소송계속 자체는 적법하기 때문에 소송요건은 갖추어져 있고 소송능력 결여 후 개개의 소송행위가 무효로 될 뿐이다. 소송무능력자는 소송행위를 할 수 없고 법원도 소송무능력자의 행위를 무효로 하여 배척하여야 한다. 소송계속 중에 당사자가 피성년후견인으로 된 경우 준비기간을 주기 위하여 후견인이 수계할 때까지 중단한다(235조·246조).

Ⅲ. 변론능력

1. 의의

변론능력이란 소송절차에서 소송행위를 유효하게 하는데 필요한 능력을 말한다. 변론능력은 소송절차의 신속·원활한 진행을 도모할 목적으로 필요한 것이다. 우리나라에서는 소송능력자가 원칙적으로 변론능력이 있음을 전제로 하는 본인소송주의를 취하고 있다. 다만, 이 원칙을 취하면서도 발언금지(135조 2항)·진술금지(144조)의 예외가 있다. 전자는 발언이 금지된 해당기일에만 변론능력이 상실되는 반면, 후자는 해당심급에서 변론능력이 상실된다. 후자에 있어서 필요한 경우 법원은 변호사선임명령을 할 수 있다.

이러한 명령에 불응하는 경우 법원은 소나 상소를 결정으로 각하할 수 있다. 당사자 또는 대리인이 법원의 변호사선임명령을 받고도 신기일까지 변호사를 선임하지 아니한 때에는 소가 각하될 수 있다(144조 2항). 그리고 소가 각하되면 당사자는 경제적·시간적으로 많은 불이익을 입게 되므로 이러한 점을 고려하여 대리인에게 진술을 금하고 변호사 선임을 명하였을 때에는 실질적으로 변호사 선

---

46) 정동윤·유병현·김경욱, 앞의 책, 217면.

임권한을 가진 본인에게 그 취지를 통지하여 그로 하여금 변호사 선임 여부를 결
정할 수 있는 기회를 부여하도록 하여야 한다(135조 2항). 그러한 통지가 없는 경
우에는 변호사를 선임하지 아니하였다고 하여도 소를 각하할 수는 없다.

　　마찬가지로 선정당사자제도에서도 선정당사자는 비록 그 소송의 당사자이기
는 하지만 선정행위의 본질이 임의적 소송신탁에 불과하여 다른 선정자들과의
내부적 관계에서는 소송수행권을 위임받은 소송대리인과 유사한 측면이 있고 선
정당사자가 법원의 선임명령에 따라 변호사를 선임하기 위하여는 선정자들의 의
견을 고려하지 않을 수 없는 현실적 사정을 감안하면 선정당사자에게 변론을 금
함과 아울러 변호사 선임명령을 한 경우에도 144조의 규정을 유추하여 실질적으
로 변호사 선임권한을 가진 선정자들에게 법원이 그 취지를 통지하거나 다른 적
당한 방법으로 이를 알려주어야 한다. 그러한 조치 없이는 변호사 선임이 없다고
하여 곧바로 소를 각하할 수는 없다.[47]

2. 변론능력 흠결의 효과

　　가. 법원은 변론무능력자의 진술을 금지하도록 하고 변론능력이 없는 자가
한 소송행위는 무효로 한다. 그리고 법원은 직권으로 변론능력 유무를 조사하여
이것을 결여한 때에는 소송행위를 무효로 할 수 있다. 다만, 이를 간과하고 판결
이 선고된 경우 판결은 유효하고 적법하다. 왜냐하면 변론능력은 당사자가 아닌
법원을 위한 제도이기 때문이다.[48]

　　나. 변론무능력자에 대하여 법원이 필요하다고 한다면 진술을 금지하거나
또는 변호사를 선임하도록 하는 명령을 본인에게 통지하였음에도(법 144조 1·2·3
항) 변론을 계속할 경우에는 새로운 기일까지 변호사를 선임하지 아니한 때에는
결정으로 소 또는 상소를 각하할 수 있다(동조 4항). 다만, 위 결정에 대해서는 즉
시항고를 할 수 있다(동조 5항).

3. 진술보조인제도

　　가. 법은 진술보조인제도를 신설하였다. 이는 당사자의 변론능력을 보충하기

---

47) 대결 2000.10.18. 2000마2999.
48) 김홍규·강태원, 앞의 책, 220면; 이시윤, 앞의 책, 172면; 박재완, 앞의 책, 97면.

위한 제도이다. 즉, 질병·장애·연령 그 밖의 사유로 인한 정신적, 신체적 제약으로 소송관계를 분명하게 하기 위하여 필요한 진술을 하는데 어려움이 있는 당사자는 법원의 허가를 받아 진술을 도와주는 사람, 즉 진술보조인과 함께 출석하여 진술할 수 있다(143조의2). 진술보조인은 당사자의 배우자, 직계친족, 형제자매 또는 그 밖에 동거인으로서 당사자와의 생활관계에 비추어 상당하다고 인정되는 경우, 당사자와 고용 그 밖에 이에 준하는 계약관계 또는 신뢰관계를 맺고 있는 사람으로서 그 사람이 담당하는 사무의 내용 등에 비추어 상당하다고 인정되는 경우에 한하여 그 자격이 인정된다(규칙 30조의2 1항).

나. 그 허가신청은 심급마다 서면으로 하여야 하고 법원의 허가를 받은 진술보조인은 변론기일에 당사자 본인과 동석하여 당사자 본인의 진술을 법원과 상대방 그 밖의 소송관계인이 이해할 수 있도록 중개하거나 설명하는 행위, 법원과 상대방, 그 밖의 소송관계인의 진술을 당사자 본인이 이해할 수 있도록 중개하거나 설명하는 행위 등을 할 수 있고(동조 2항) 법원도 진술보조인이 한 중개 또는 설명행위의 정확성을 확인하기 위하여 직접 진술보조인에게 질문할 수 있다(동조 3항). 절차적으로 진술보조인이 변론에 출석한 때에는 조서에 그 성명을 기재하고 중개 또는 설명행위를 한 때에는 그 취지를 기재하여야 한다(동조 5항).

제3절 대리인

Ⅰ. 소송상 대리인

1. 의의

소송상 대리인이란 당사자의 이름으로 그를 갈음하여 소송행위를 하거나 또는 소송행위를 받는 자를 말한다. 대리인은 당사자(본인)의 이름으로 소송행위를 하는 점에서 자기의 이름으로 소송행위를 하는 공동소송인 또는 보조참가인과 다르다. 또한, 대리인은 자기의 의사에 따라 소송행위를 하는 점에서 단순히 소송행위의 전달 또는 수령을 하는 사자(使者)와도 다르다.

이러한 대리를 인정한 이유는 단독으로 소송행위를 할 수 없는 자(소송무능력자)에게 그 능력을 보충해줄 필요가 있고(보충), 소송능력이 있어도 소송수행에 시간과 노력이 필요하며 전문적 지식과 경험을 가진 변호사 등에게 소송수행을 의뢰할 필요성이 클 뿐만 아니라(확대), 소송행위는 원칙적으로 대리에 친하기 때문이다(허용성).

2. 종류

넓은 의미로 소송상 대리인은 본인의 의사에 의하지 않고 선임되는 법정대리인과 본인의 의사에 의해 선임되는 임의대리인으로 나뉜다. 그리고 전자에는 실체법상 법정대리인과 소송법상 특별대리인이 있고 후자에는 소송위임에 의한 소송대리인과 법령에 의한 소송대리인이 있다. 또한 대리인은 소송행위 일체를 대리할 수 있는 포괄적 대리인과 개개의 소송행위만을 대리하는 대리인[예: 송달 수령권한이 있는 군사용 청사·선박의 장(181조), 교도소장·구치소장·경찰관서의 장(182조), 신고된 송달영수인(184조 후문)]으로 나누어진다. 특히 포괄적 대리권을 가진 임의대리인을 소송대리인이라고 한다. 소송상 대리인의 종류에 관해서는 후술한다.

[표 2-3] 소송대리인

소송 대리인	법정 대리인	실체법상 법정대리인(51조)	
		소송법상 특별대리인(62조)	
		개개의 소송행위의 대리인(182조)	
	임의 대리인	소송대리인	소송위임에 의한 소송대리인(87조)
			법령에 의한 소송대리인(상법 11조·749조·765조, 국가를 당사자로 하는 소송에 관한 법률 3조)
		개개의 소송행위의 대리인	

3. 소송상 대리권

가. 대리권의 증명 등

소송상의 대리인은 대리권의 존재를 서면으로 증명하여야 하고(서면주의, 89조 1항), 대리권의 소멸을 상대방에게 통지하지 않으면 효력이 발생하지 않는다(97조·63조). 절차안정의 요청에 기인하여 대리권의 존부 및 범위에 관하여 명확성·획일성이 필요하기 때문이다.

나. 대리권 흠결의 효과

대리권의 존재는 개개의 소송행위의 유효요건이다. 무권대리인의 행위는 무효이지만 추인이 있으면 소급적으로 유효하게 된다(60조·97조). 법원은 직권으로 대리권의 존부를 조사하여야 한다(직권조사사항). 보정이 가능하면 보정을 명하고 지체로 인하여 손해가 발생할 우려가 있는 때에는 일시 소송행위를 하는 것을 허락할 수 있다(59조·97조).

소의 제기 및 소장을 수령할 때 대리권이 없는 경우에는 소송요건을 결여하여 소는 각하된다. 다만, 이것을 간과한 상태에서 본안판결이 이루어진 경우 그 판결은 유효하지만 본인은 상소 또는 재심에 의해 취소를 구할 수 있다.

다. 쌍방대리금지

당사자 일방이 상대방의 대리인으로 되거나 일인이 당사자 쌍방의 대리인을 겸하는 것은 허용되지 않는다. 민법 124조와 마찬가지로 자기계약·쌍방대리는 당사자 일방의 절차보장을 결여하는 것이 되어 그 이익을 해할 우려가 있기 때문이다. 쌍방대리의 금지는 법정대리인의 경우 법정대리권의 제한형태로 법정되어 있다(민법 921조 등). 소송위임에 의한 소송대리인의 경우에는 변호사법 31조로 제한된다.

Ⅱ. 법정대리인

1. 의의

법정대리인이란 본인의 의사에 의하지 않고 법률규정에 의해 소송대리권이 수여된 대리인을 말한다.

2. 종류

법정대리인에는 실체법상 법정대리인과 소송법상 특별대리인이 있다.

가. 실체법상의 법정대리인

실체법상 법정대리인의 지위에 있는 사람은 소송상으로도 법정대리인이 된다(51조).

(1) 본인이 제한무능력자인 경우

본인이 ⅰ) 미성년자인 경우에는 친권자인 부모(민법 911조) 또는 후견인(동법 928조), ⅱ) 피성년후견인인 경우에는 성년후견인(동법 928조), ⅲ) 피한정후견인인 경우에는 대리권이 수여된 한정후견인(동법 928조) 등이 소송법상으로 각 법정대리인이 된다.

(2) 그 밖의 경우

민법상의 특별대리인(동법 64조·921조), 법원이 선임한 부재자의 재산관리인(동법 22조) 등도 소송법상 법정대리인이다. 판례는 상속재산관리인과 유언집행자는 법정대리인이 아니라 당사자적격을 가진 소송담당자로 본다.[49]

나. 소송상의 특별대리인

법에 따라 수소법원이 개별적 절차에서 선임하는 법정대리인을 말한다. 여기에는 제한능력자 또는 의사무능력자를 위한 특별대리인(62조·62조의2), 판결절차 이외의 특별대리인이 있다.

(1) 제한능력자 등을 위한 특별대리인

㈎ 의의

특별대리인은 민사소송법의 규정에 따라 수소법원이 선임한 법정대리인이다. 즉, 제한능력자(미성년자, 피성년후견인, 피한정후견인)에게 법정대리인이 없거나 법정대리인이 있더라도 그가 소송에 관한 대리권을 행사할 수 없는 경우에, 소송의 길이 폐쇄되지 않도록 신청에 따른 수소법원의 결정에 의해 선임되는 대리인이다. 의사무능력자의 경우에도 마찬가지이다(62조의2). 특별대리인은 해당 소송절차에 관해서만 특별히 선임된 법정대리인이며 해당 절차가 종료된 경우에는 특별대리인의 임무는 종료된다는 점에 특징이 있다.[50]

한편, 민법상의 특별대리인과 소송법상의 특별대리인은 다음과 같은 점에서 구별된다. 즉, 민법상의 특별대리인은 수소법원이 아니라 일정한 관할에 따라 정해지는 지방법원 또는 가정법원에서 선임한다. 예컨대, 법인의 이사와 법인 사이의 이익상반행위에 대해서는 이사에게 대표권이 없으므로 이 경우 법인의 주된

---

49) 상속재산관리인에 관해서는 대판 2007.6.28. 2005다55879; 유언집행자에 관해서는 대판 1999.11.26. 97다57733 및 대판 2010.10.28. 2009다20840.
50) 대판 1993.7.27. 93다8986.

사무소 소재지 지방법원 합의부가 법인을 위한 특별대리인을 선임한다(비송사건절차법 33조 1항). 또한 재산상속의 경우에 이해상반행위의 법리에 따라 친권자는 미성년자인 자녀를 대리할 수 없으므로 가정법원이 미성년자의 특별대리인을 선임한다(민법 921조 1항, 가사소송법 2조 1항 2호 가목 16)). 그리고 이와 같은 경우에 민법상의 특별대리인이 선임되지 않은 때 소송절차가 지연됨으로써 손해를 받을 염려가 있다는 것을 소명하면 민법상의 특별대리인의 선임신청 없이 민사소송법상의 특별대리인의 선임신청을 할 수 있다.[51]

(나) 선임사유

1) 제한능력자 등에 관한 소송행위인 경우

제한능력자가 원고 또는 피고가 되는 경우이어야 한다(62조 1항). 의사무능력자인 경우에도 마찬가지이다(62조의2 1항). 다만, 여기에서 의사무능력자는 성년피후견인처럼 상시적인 후견이 아니라 법적 분쟁이 발생한 경우 일시적으로만 지원을 받고자 하는 의사무능력자를 말한다.[52]

선임사유로는 ① 제한능력자에게 법정대리인이 없거나 법정대리인에게 소송에 관한 대리권이 없거나, ② 제한능력자의 법정대리인이 사실상 장애(예: 친권자와 미성년 자녀 사이의 이해상반행위, 민법 921조 1항)나 법률상 장애(예: 법정대리인의 질병, 소재불명, 장기여행 등)로 대리권을 행사할 수 없거나, ③ 법정대리인의 불성실하거나 미숙한 대리권 행사로 소송절차의 진행이 현저하게 방해받는 경우이다(62조 1항 1·2·3호).

2) 법인 등에 관한 소송행위인 경우

법인의 대표자, 비법인 사단이나 재단의 대표자 또는 관리인에게는 법정대리와 법정대리인에 관한 규정이 준용된다(64조). 따라서 법인 등에 대표자나 관리인이 없거나 있다 하더라도 그가 대표권을 행사할 수 없는 법률상 장애(예: 법인과 이사 사이의 이해상반행위, 민법 64조) 또는 사실상 장애가 있는 경우 등에는 소송법상의 특별대리인이 선임될 수 있다.[53]

---

51) 김홍엽, 앞의 책, 201면.
52) 김홍엽, 앞의 책, 198면.
53) 이시윤, 앞의 책, 175면; 김홍엽, 앞의 책, 199면.

㈐ 선임절차 및 재판

1) 신청권자

소송의 당사자가 제한무능력자인 경우에는 그 친족, 이해관계인(제한무능력자
를 상대로 소송행위를 하는 경우 상대방인 원고를 포함한다), 대리권이 없는 성년후견인,
대리권이 없는 한정후견인, 지방자치단체의 장 또는 검사는 수소법원에 특별대리
인의 선임을 신청할 수 있다(62조 1항). 의사무능력자를 위한 특별대리인의 선임
신청은 위의 신청인 외에 특정후견인 또는 임의후견인도 신청할 수 있다(62조의2
1항). 판례는 여기의 수소법원이란 본안사건이 계속될 또는 현재 계속되어 있는
법원을 뜻하며 반드시 이미 계속된 본안사건의 담당재판부만을 가리키는 것은
아니라고 한다.[54]

법인 등이 당사자인 경우에는 법인 등을 상대로 소송행위를 하고자 할 때에
는 그 상대방 당사자가 신청권자이고, 법인 등이 소송행위를 하고자 할 때에는
이해관계인 또는 검사가 신청권자이다(64조, 62조 1항).[55]

2) 재판

신청인은 신청시 소송절차가 지연됨으로써 손해를 볼 염려가 있음을 소명하
여야 한다(62조 1항). 법원은 선임신청에 대해 결정으로 재판을 하며, 그 재판은
특별대리인에게 송달해야 한다(62조 4항). 선임신청에 대한 기각결정에 대해서는
통상항고할 수 있지만(437조), 선임결정에 대해서는 항고할 수 없다.[56]

한편, 법원은 소송계속 후 필요하다고 인정하는 경우에는 직권으로 특별대
리인을 선임·개임하거나 해임할 수 있다(62조 2항).

(2) 판결절차 이외의 특별대리인

판결절차 이외에 증거보전절차에서 증거보전을 신청할 때 상대방을 지정할
수 없는 경우에 상대방을 위한 특별대리인(378조), 상속재산에 대한 집행절차에서
채무자에게 알려야 할 집행행위의 실시 시 상속인이 없거나 상속인이 있는 곳이

---

54) 대판 1969.3.25. 68그21.
55) 김홍엽, 앞의 책 202면.
56) 이시윤, 앞의 책, 177면; 김홍엽, 앞의 책, 202면. 대결 2018.9.18. 2018무682에 의하면, 특별대리
   인 선임신청을 기각하는 결정에 대해서는 즉시항고를 해야 한다는 규정이 없으므로 결국 439조
   에 의해 통상항고의 방법으로 불복하여야 하고, 따라서 항고의 이익이 있는 한 항고기간에 제한
   이 없다고 한다.

분명하지 아니한 경우에 상속재산 또는 상속인을 위한 특별대리인(민사집행법 52조 2항) 등이 있다.

3. 지위·권한

가. 지위

법정대리인은 당사자의 소송능력을 보충하는 자이므로 법정대리인에게는 당사자에 준한 지위가 부여된다.

나. 표시

법정대리인은 소장·판결서의 필요적 기재사항으로 되어 있다(208조 1항 1호, 249조 1항).

다. 대리권의 범위

대리권의 범위에 관해서는 소송법에 특별한 규정이 없는 한, 민법 그 밖의 법률에 따른다(51조). 따라서 친권자가 자녀를 대리하여 소송수행을 할 때에는 아무런 제약 없이 일체의 소송행위를 할 수 있다(민법 920조). 후견인이 피후견인을 대리하여 능동적 소송행위를 할 때에는 후견감독인의 동의를 얻어야 하지만 수동적 소송행위를 할 때에는 후견감독인에 의한 특별권한을 받을 필요가 없다(56조 1항). 공동대리의 규정이 있는 경우에는 대리인 측의 적극적인 소송행위는 전원이 아니면 효력이 발생하지 않지만 수동적 소송행위인 수령 등은 단독으로 할 수 있고 송달은 여러 사람 중에서 한 사람에게 하면 충분하다(180조).

라. 절차상 지위

당사자 본인에게 소송능력이 없으므로 송달은 법정대리인에게 하여야 한다(179조). 본인이 출석하여야 하는 경우에는 법정대리인이 대신 출석해야 한다(140조 1항 1호, 145조 2항). 본인이 할 수 있는 행위 등 일체의 행위를 대리할 수 있고 소송수행에 관하여도 본인의 간섭을 받지 않으며 법정대리인이 다시 소송대리인을 선임하는 것도 자유이다. 법정대리인에게 증인적격이 인정되지 않아 증인이 될 수 없고 법정대리인을 신문할 때에는 당사자신문절차에 의한다(372조). 법정대리인의 사망·대리권의 소멸은 본인의 사망·능력의 상실에 준하여 소송절차가 중단된다(235조).

마. 대리권의 소멸

(1) 소멸사유

법정대리권의 소멸사유도 실체법의 규정에 의한다. 따라서 본인·법정대리인
의 사망, 법정대리인이 성년후견개시나 파산선고를 받은 경우에 대리권은 소멸된
다(민법 127조). 또한, 법정대리인이 자격을 상실하거나 본인이 소송능력을 갖게
된 경우에도 대리권은 소멸한다. 그 이외에 특별대리인의 경우에는 ⅰ) 법원에
의한 개임·해임결정이 있는 경우, ⅱ) 본인에게 법정대리인이 생기거나 또는 법
정대리인이 대리권을 행사할 수 있게 된 경우에도 특별대리권은 소멸한다. 특히
ⅱ)의 경우에 법원의 해임결정이 필요한지 문제된다. 특별대리인은 법정대리권
또는 대표권을 행사할 수 없는 흠을 보충하기 위해 마련된 제도이므로, 소송절차
진행 중 법정대리권 등의 흠이 보완되었다면 수소법원의 특별대리인에 대한 해
임결정이 있기 전이라도 그 법정대리인 등 또는 본인은 유효하게 소송행위를 할
수 있다고 할 것이다.[57]

한편, 대리권이 소멸하여 당사자 본인을 위해 법정대리권을 행사할 사람이
없는 경우에는 새로운 소송수행자가 소송을 수계할 때까지 소송절차는 중단된다.
다만, 소송대리인이 있는 때 절차는 중단되지 않는다(2354조).

(2) 대리권 소멸의 통지

민법과 달리 법정대리권의 소멸은 본인 또는 대리인이 상대방에게 통지하지
않으면 소멸의 효력을 주장하지 못한다(63조 1항 본문). 상대방이 소멸사유의 발생
에 대한 지·부지와 관계없이 또는 과실 유무와 관계없이 구대리인의 대리행위는
효력이 있다.[58] 왜냐하면 위 규정 취지는 대리권이 소멸하였다고 하더라도 상대
방이 그 대리권의 소멸사실을 알았는지, 모른 데에 과실이 있었는지의 여부를 불
문하고 그 사실의 통지 유무에 의하여 대리권의 소멸 여부를 획일적으로 처리함
으로써 소송절차의 안정과 명확을 기하기 위함 때문이다. 따라서 대리권(법인의
대표권을 포함한다)이 소멸된 경우에 그 통지가 있을 때까지는 소송절차상으로 그
대리권이 소멸되지 아니한 것으로 보아야 하므로, 대리권의 소멸사실에 관한 통
지가 없는 상태에서 구대리인이 한 항소취하는 유효하고 비록 그 후 새로운 대리

---

57) 김홍엽, 앞의 책, 202면. 대판 2011.1.27. 2008다85758.
58) 대판 1968.12.17. 68다1628; 대판 2007.5.10. 2007다7256.

인이 항소 취하에 이의를 제기하였다고 하여도 마찬가지이다.[59]

그러나 한편, 절차의 안정이나 상대방의 신뢰 보호가 중요하다고 하더라도 대리권이 소멸된 구대리인이 한 소의 취하 등 소송을 종료시키는 소송행위를 무제한적으로 인정하는 것은 곤란하다는 정책적 고려에서[60] 63조 1항 단서가 추가되었다. 따라서 법원에 소송대리권의 소멸사실이 알려진 뒤에는 구소송대리인은 56조 2항의 중요한 소송행위, 즉 소의 취하, 화해 또는 청구의 포기·인낙 등을 하지 못한다.

바. 법정대리인과 소송위임에 의한 소송대리인의 공통점과 차이점

양자는 공통적으로 대리권을 서면으로 증명하여야 하고 대리권의 소멸은 통지에 의해 효력이 발생한다. 대리권이 없으면 무효이지만 추인이 가능하고 쌍방대리가 금지된다.

그러나 양자의 차이점으로 법정대리인은 당사자에 준하는 지위에 있고 소장 등의 필요적 기재사항이며 대리권의 범위는 실체법에 의할 뿐만 아니라 본인에 의한 간섭이 없고 신문은 당사자신문절차에 의하여야 하며 대리권의 소멸은 실체법에 의존하므로 이것이 소멸하면 대리권도 소멸하므로 소송절차는 중단된다.

반면, 소송위임에 의한 소송대리인은 제3자에 가까운 지위에 해당하여 소장 등 필요적 기재사항이 아니고(다만 실무에서는 송달의 필요성 등 때문에 기재한다) 대리권의 범위는 원칙적으로 포괄적이며 개별대리가 원칙일 뿐만 아니라 본인에게 경정권이 있고 신문은 증인신문절차에 의하여야 하며 본인의 사망 등으로 대리권이 소멸하지 않는다.

Ⅲ. 법인 등의 대표자

1. 의의

소송상 법인 등의 대표자란 법인 또는 권리능력 없는 법인(사단·재단)의 대표기관으로 법인의 이름으로 소송행위를 하는 자를 말한다. 예컨대, 법인의 이사(민법 57조), 회사의 대표이사(상법 389조) 등이다.

---

59) 대판 1995.5.26. 94다49311; 대판(전합) 1998.2.18. 95다52710.
60) 박재완, 앞의 책, 108면.

2. 지위·권한

법인 등이 소송의 당사자인 경우에는 현실적인 소송수행은 그 대표자가 한다. 그리고 법인 등과 대표자의 관계는 법정대리의 관계와 유사하기 때문에 법정대리인에 준하여 취급한다(64조).

소를 제기할 때 법인의 대표자가 대표권을 가지는 것은 소송요건이고 그것을 결여하면 소는 각하된다. 그러나 바로 각하시키지 않고 보정의 여지가 있으며 추인이 있으면 유효하게 된다(59조, 60조). 추인의 시기는 상고심에서도 가능하다. 즉, 적법한 대표자 자격이 없는 비법인 사단의 대표자가 사실심에서 한 소송행위를 상고심에서 적법한 대표자가 추인할 수 있으며, 추인을 하면 행위시에 소급하여 효력이 있다.[61]

참고로 소송에서 법인의 대표이사는 법인의 대표자로, 지배인은 임의적 소송담당 또는 법령상 소송대리인으로, 변호사는 소송위임에 따른 소송대리인으로 각 역할을 수행한다.

Ⅳ. 임의대리인

1. 의의

임의대리인이란 본인의 의사로 소송대리권이 수여된 대리인을 말한다. 이 가운데 소송을 위한 포괄적 대리권을 가진 임의대리인을 '소송대리인'이라고 한다. 소송대리인은 개개의 소송행위의 대리권을 가진 대리인과 구별된다.

2. 종류

소송대리인은 소송위임에 의한 소송대리인(협의)와 법령상 소송대리인으로 구분할 수 있다.

---

61) 대판 2010.12.9. 2010다77583; 대판 2010.6.10. 2010다5373; 대판 2016.7.7. 2013다76871; 대판 2018.7.24. 2018다227087; 대판 2022.6.9. 2022다209529.

가. 소송위임에 의한 소송대리인

(1) 의의

소송위임에 의한 소송대리인이란 특정 사건마다 소송수행의 위임을 받은 소송대리인을 말하며, 소송위임에 의한 소송대리인은 변호사이어야 한다(87조).

다만, 지방법원 단독사건에서는 소송목적의 값(소송물가액, 소가)이 일정한 금액 이하인 사건에서 일정한 관계에 있는 사람은 변호사가 아니더라도 법원의 허가를 얻으면 소송대리인이 될 수 있다(변호사대리의 원칙의 예외, 88조 1항). 여기의 단독사건 중 소송목적의 값이 일정 금액 이하의 사건이란, ⅰ) 사물관할에 관한 규칙 2조 단서에 해당하는 사건(수표금 등 청구사건, 금융기관 등의 대여금 등 청구사건, 자동차 또는 업무상 재해로 인한 손해배상청구 등 사건, 단독판사가 심판할 것으로 합의부가 결정한 사건)이거나, ⅱ) 소송목적의 값이 소제기 당시 또는 청구취지 확장(변론의 병합 포함) 당시 1억 원을 넘는 소송사건을 말한다. 그리고 일정한 관계에 있는 사람에 해당하기 위해서는 ⅰ) 당사자의 배우자 또는 4촌 안의 친족으로서 당사자와의 생활관계에 비추어 상당하다고 인정되거나, ⅱ) 당사자와 고용, 그 밖에 이에 준하는 계약관계를 맺고 그 사건에 관한 통상사무를 처리·보조하는 사람으로서 그 사람이 담당하는 사무와 사건의 내용 등에 비추어 상당하다고 인정되는 경우이어야 한다(규칙 15조 1항·2항).

또한, 소액사건의 경우 당사자는 일정한 범위 내의 친족을 법원의 허가 없이도 소송대리인으로 선임할 수 있다(소액사건심판법 8조). 이 이외에도 가사소송, 특허소송 등에서도 변호사가 아닌 자를 소송대리인으로 선임할 수 있는 예외가 인정되고 있다(가사소송법 7조 2항 등).

(2) 지위·권한

㈎ 지위

소송대리인은 당사자의 소송능력을 확장하는 자이다. 그러나 소송대리인은 어디까지나 제3자이어서 본인도 당사자로서 권한이 있다.

㈏ 표시

소송대리인은 소장·판결서의 필요적 기재사항은 아니다. 그러나 실무에서는 송달 등을 목적으로 소송대리인을 표시하고 있다.

㈐ 대리권의 범위

1) 포괄적인 대리권

소송위임에 의한 소송대리권의 범위에 대해서는 사적 자치에 위임시키지 않고 그 범위를 원칙적으로 포괄적인 것으로 법률에 규정하여 원칙적으로 일체의 소송행위를 대리할 수 있으며(90조 1항), 동시에 개별대리의 원칙을 채용하고 있다(93조 1항). 절차의 안정과 원활의 요청이 있고, 소송대리인이 법률전문가인 변호사이므로 그를 신뢰할 수 있기 때문이다.

2) 특별수권이 필요한 경우

① 특별수권 사항

반소의 제기, 소의 취하, 화해, 청구의 포기·인낙 또는 소송탈퇴, 상소의 제기 또는 취하, 대리인의 선임 등 중요한 소송행위에 대하여는 본인 의사의 확인이 필요하기 때문에 특별수권이 필요하다(90조 2항). 즉, 그 행위에 관하여는 본인의 특별한 권한수여가 있어야 하는 것이다. 그러나 반소의 제기와 관련하여 원고의 소송대리인이 이에 응소하는 것, 원고의 소 취하에 피고 소송대리인이 동의하는 것은 각 특별수권사항이 아니다.[62] 그리고 법은 상소의 취하만 규정하고 있지만(90조 2항 3호) 상소권의 포기, 불상소의 합의도 특별수권이 필요하고, 복대리인의 선임과 같이 대리인의 선임(4호)을 위해서도 특별수권을 받아야 한다.[63] 한편, 소송상 화해나 청구의 포기·인낙에 대한 특별수권이 있으면 그에 필요한 실체법적 권리의 처분권한도 인정된다.[64]

② 심급대리의 원칙

통설·판례는 법에 상소의 제기만을 규정(90조 2항 3호)하고 있지만 여기에는 상소에 대한 응소도 포함하는 것으로 해석한다. 그리하여 소송대리권은 특별한 의사표시가 없는 한(소송대리인의 상소제기 또는 상소에 대한 응소에 관해 당사자 본인의 동의가 없으면) 해당 심급에 한정되어 인정되는 것으로 보는 심급대리의 원칙이 적용된다고 본다. 따라서 상소심에서의 소송수행을 위해서는 별도의 소송위임을 받아야 한다고 한다. 그 결과 상소제기에 관한 특별수권이 있던 때에는 상소제기에

---

62) 대판 1984.3.13. 82므40.

63) 김홍규·강태원, 앞의 책, 237면; 이시윤, 앞의 책, 189면; 박재완, 앞의 책, 103면.

64) 대결 2000.1.31. 99마6205.

관해서만 소송대리권이 존속하므로, 소송대리인이 상소를 제기함으로써 소송대리권은 소멸한다. 그리고 특별수권이 없는 경우 소송대리권은 수임한 소송사건이 종료하는 시기인 해당 심급의 판결이 송달된 때(일반적으로 소송대리인에게 판결정본이 송달된 때)에 소멸한다고 본다.[65]

또한 판례는 심급대리의 원칙을 일관되게 관철하여, 파기환송 후 재판에서는 환송 전 원심에서의 소송대리인의 대리권이 부활된다고 본다.[66] 예컨대, 원고 갑의 소송대리인 A가 소송을 수행한 항소심에서 갑이 패소하자 B를 소송대리인으로 선임하여 상고하였고, 상고심은 상고를 인용하여 항소심판결을 파기하여 사건을 항소심법원으로 환송한 경우에 갑에 대한 A의 소송대리권이 부활한다는 입장이다. 이에 대해 다수설은 갑과 A 사이의 신뢰관계가 깨진 상태인데 소송대리권이 부활한다는 것은 지나치게 형식논리적이라는 것 등을 이유로 반대하며, 다수설이 타당하다고 생각한다. 한편, 판례는 항소심으로 사건이 파기환송된 사건이 다시 상고로 대법원에 이심된 경우, 현재의 상고사건은 과거의 상고사건과는 다른 사건으로 보아서 과거의 상고심의 소송대리권(위 사례에서 B의 소송대리권)은 부활하지 않는다고 본다.[67] 마찬가지로 재심대상사건의 소송대리인이 재심을 제기하려면 별도의 소송위임을 받아야 한다.[68]

㈑ 대리권의 행사

수인에게 소송위임을 하는 경우에도 각 대리인은 각각 단독으로 당사자를 대리한다(93조 1항, 개별대리의 원칙). 본인이 공동으로 대리하는 것을 정한 경우, 즉 93조 1항의 규정에 어긋나는 약정을 하였을 경우에는 법원·상대방에게 효력이 발생하지 않는다(93조 2항). 절차의 원활·신속의 요청 때문이다. 한편, 수인의 소송대리인이 상호 모순되는 소송행위를 한 경우에는 상황에 따라 달리 취급된다. 상호 모순되는 소송행위가 동시에 이루어진 경우에는 모든 소송행위가 무효가 된다. 시기를 달리하여 한 경우에는 먼저 행해진 소송행위가 철회 가능한 경우라고 한다면 소송행위의 철회가 이루어진 것으로 취급하고 만약 철회가 불가능한

---

65) 김홍엽, 앞의 책, 228면. 대판 1994.3.8. 93다52105; 대판 1995.12.26. 95다24609; 대결 2000.1.31. 99마6205.
66) 대판 1985.5.28. 84후102; 대판 2016.7.7. 2014다1447.
67) 대결 1996.4.4. 96마148.
68) 대결 1991.3.27. 90마970.

것이면 뒤에 행해진 소송행위가 무효로 된다.[69]

상대방이나 법원의 소송행위는 수인의 소송대리인 중 1인에게만 하면 충분하다. 따라서 소장·준비서면 등의 송달은 수인 중 1인의 소송대리인에게만 하면 된다.

㈐ 절차상 지위

송달은 통상적으로 소송대리인에게 하지만 본인에 대한 송달도 적법하다. 소송대리인은 어디까지나 제3자에 불과하여 당사자 본인도 소송수행을 할 수 있는 지위를 상실하지 않기 때문이다. 따라서 소송대리인의 사실에 관한 진술에 대하여 경정권이 인정된다(94조). 소송대리인은 증인·감정인으로 될 수 있다.

㈑ 대리권의 발생 및 소멸

1) 대리권의 발생

민사소송법상 소송행위의 대리권도 본인인 당사자의 소송대리권의 수여에 의해 발생한다. 소송대리권의 수여행위는 그 기초가 되는 법률행위와 차이가 있을 수 있다.[70] 즉, 소송위임(수권행위)은 소송대리권의 발생이라는 소송법상의 효과를 목적으로 하는 단독 소송행위로서 그 기초관계인 의뢰인과 변호사 사이의 사법상의 위임계약과는 성격을 달리하는 것이어서 의뢰인과 변호사 사이의 권리 의무는 수권행위가 아닌 위임계약에 의하여 발생한다. 한편, 소송대리권의 수여는 소송행위이기 때문에 당사자본인에게 소송능력이 있어야 한다.

2) 대리권의 소멸사유

대리권의 소멸사유는 민법의 규정을 전제로 민법 127조는 법정대리와 임의대리에, 동법 128조는 임의대리에만 적용된다. 그러나 법은 다음과 같은 경우에는 대리권이 소멸되지 않는 것으로 규정하고 있다(95조, 96조). 즉, ⅰ) 당사자의 사망·소송능력의 상실, ⅱ) 당사자인 법인의 합병에 의한 소멸, ⅲ) 당사자인 수탁자의 신탁임무의 종료, ⅳ) 법정대리인의 사망·소송능력 상실 또는 대리권의 소멸·변경의 경우, ⅴ) 일정한 자격에 의하여 자기의 이름으로 남을 위하여 소송당사자가 된 사람이 당사자가 자격을 잃은 경우이다. 본인 사망 등의 경우에 소송대리권은 소멸하지 않도록 한 이유는, 위임사무의 범위가 명확하고 소송대리인

---

69) 이시윤, 앞의 책, 192면; 강현중, 앞의 책, 185면; 정동윤·유병현·김경욱, 앞의 책, 253면.
70) 대판 1997.12.12. 95다20775.

은 원칙적으로 변호사이어서(87조 1항) 본인의 신뢰가 배반당할 우려가 적기 때문이다. 반면에 ⅰ) 소송대리인의 사망·성년후견개시·파산, ⅱ) 변호사의 해임 등 원인관계의 종료, ⅲ) 사건의 종료에 의해서 소송대리권은 소멸된다.

이처럼 당사자 본인이 사망하더라도 소송대리권이 소멸하지 않기 때문에, 사망한 당사자의 소송대리인은 당사자의 지위를 당연히 승계한 상속인으로부터 새로이 수권을 받을 필요 없이 법률상 당연히 상속인의 소송대리인으로 취급되어 상속인들 모두를 위하여 소송을 수행할 수 있다. 따라서 당사자가 사망하였으나 그를 위한 소송대리인이 있어 소송절차가 중단되지 않는 경우 비록 상속인으로 당사자의 표시를 정정하지 아니한 채 망인을 그대로 당사자로 표시하여 판결하였다고 하더라도 그 판결의 효력은 망인의 소송상 지위를 당연승계한 상속인 모두에게 미치고 망인의 공동상속인 중 소송수계절차를 밟은 일부만을 당사자로 표시한 판결 역시 수계하지 아니한 나머지 공동상속인들에게도 그 효력이 미친다.[71]

3) 대리권 소멸의 통지가 필요한 경우

소송대리권도 법정대리권의 경우와 마찬가지로 일정한 경우에는 상대방에게 소멸통지를 하지 않으면 그 소멸의 효력을 주장할 수 없다(97조, 63조). 예컨대, 소송위임계약이 해지된 경우에 소송대리인이 사임서를 법원에 제출했더라도 상대방에게 그 사실을 통지하지 않은 이상 그 소송대리인의 대리권은 여전히 존속하므로 그의 소송행위는 유효하다.[72] 그리고 법정대리권의 소멸통지와 마찬가지로 상대방의 선의·무과실을 요구하지 않고 대리권이 소멸된 소송대리인이 한 행위인지, 상대방이 한 행위인지도 묻지 않는다.[73] 그리고 대리권이 소멸하여도 본인이 소송수행을 할 수 있도록 소송절차는 중단되지 않는다.

㈐ 변호사법에 위반한 행위의 효과

예컨대, 갑의 을에 대한 대여금청구사건에서 갑으로부터 사건의 수임을 승낙한 변호사 A가 이후 위 소송의 을의 소송대리인이 되어 소송행위를 하는 경우에는 변호사법 31조의 위반이기 때문에 A의 소송행위의 효력이 문제로 된다. 이

---

71) 대결 1992.11.5. 91마342; 대판 2010.12.23. 2007다22859; 대결 2023.8.18. 2022그779.
72) 대판 1968.12.17. 68다1629; 대판 1995.2.28. 94다49311; 대판 2006.11.23. 2006재다171; 대판 2007. 5.10. 2007다7256; 대결 2008.4.18. 2008마392.
73) 대판(전합) 1998.2.19. 95다52710.

에 관하여 상대방(위 사례의 갑)이 위반사실을 알거나 알 수 있었음에도 불구하고 아무런 이의를 제기함이 없이 소송절차를 진행시킨 경우에는 그 소송행위는 효력이 발생한다고 한다(이의설). 왜냐하면 동조의 목적은 변호사 직무의 공정성을 확보하는 것뿐만 아니라 당사자 갑의 이익 보호를 도모하는 점도 있지만 특히 당초 그 변호사에게 상담을 한 상대방 당사자의 이익을 보호하는 것이 타당하기 때문이다. 또한, 상대방이 이의를 진술하지 않았는데 그 이후에 소송행위를 무효로 하게 되면 절차의 안정을 현저하게 해하기 때문이다.

나. 법령상 소송대리인

(1) 의의

법령상 소송대리인이란 법령이 일정한 지위에 있는 자에게 소송대리권을 주는 규정을 하고 있는 경우에 당사자 본인의 의사에 의해 그 지위에 선임됨으로써 소송대리권이 부여되는 소송대리인을 말한다. 예컨대, 지배인(상법 11조 1항), 선장(상법 748조 1항) 또는 조합의 업무집행조합원(통설74)), 국가소송수행자(국가를 당사자로 하는 소송에 관한 법률 3조) 등이 있다. 법령상 소송대리인은 변호사일 필요가 없다.

(2) 지위·권한

(가) 지위

법령상 소송대리인은 소송대리인의 일종이지만 본인에 가까운 지위를 가진다. 이러한 점에서 소송대리인(협의)과 법정대리인의 중간에 위치한다.

(나) 범위

대리권의 범위는 개별 법령의 규정에 의한다. 다만, 90조와 91조의 규정을 적용하지 않는다(92조). 한편, 국가를 당사자로 하는 소송에서 국가소송수행자가 법무부장관의 승인을 받지 않고 한 청구인낙은 유효하다. 국가소송수행자로 지정된 자는 당해 소송에 관하여 소송복대리인의 선임 이외의 모든 재판상의 행위를 할 수 있도록 규정되어 있기 때문이다(국가소송법 7조).[75]

---

74) 이시윤, 앞의 책, 183면; 강현중, 앞의 책, 189면; 정동윤·유병현·김경욱, 앞의 책, 257면. 한편, 김홍규·강태원, 앞의 책, 202면에서는, 민법상 조합에 당사자능력을 긍정하면서 업무집행조합원을 법정대리인에 준하는 지위로 본다.
75) 대판 1995.4.28. 95다3077.

㈐ 절차상의 지위

소송위임에 따른 소송대리인과 거의 마찬가지이다.

㈑ 대리권의 소멸

실체법 규정을 전제로 한다. 본인 사망 등으로 소송대리권은 소멸되지 않는다. 즉, 당사자가 사망하더라도 소송대리인의 소송대리권은 소멸하지 않으므로 (95조 1호) 당사자가 소송대리인에게 소송위임을 한 다음 소를 제기하기 전에 사망하였는데 소송대리인이 당사자가 사망한 것을 모르고 당사자를 원고로 표시하여 소를 제기하였다면 소의 제기는 적법하고 시효중단 등 소제기의 효력은 상속인들에게 귀속된다고 할 것이다.[76]

(3) 소송담당을 목적으로 선임된 지배인의 문제

상업사용인을 소송만을 담당시키기 위하여 지배인으로 선임한 경우 지배인의 소송행위의 효력에 문제가 있다. 이러한 지배인의 소송행위는 무효이고 추인의 여지가 없다고 할 것이다. 왜냐하면 오로지 소송대리만을 목적으로 지배인을 선임한 경우에는 변호사대리의 원칙을 규정한 87조, 변호사가 아닌 자의 법률사무를 금지한 변호사법 109조 등을 침탈할 우려가 있어 대리권을 인정할 수 없기 때문이다. 그리고 이러한 규정은 법률 문외한이 소송대리를 함으로써 본인에게 발생하는 불이익을 방지하고 사법절차를 적정하게 운영할 수 있도록 하기 위한 고도의 공익적 규정이기 때문이다.

Ⅴ. 무권대리인

1. 의의

무권대리인이란 대리권이 없는 대리인을 말한다. 예컨대, 당사자 본인으로부터 대리권을 수여받지 못한 경우, 특별수권사항에 관하여 특별수권이 없는 경우, 법정대리인에게 대리권이 없는 경우, 법인의 대표자에 대하여 선임 결의가 무효이거나 해임되어 대표자 권한이 소멸한 경우, 대리권을 서면으로 증명하지 못하는 경우, 변호사 자격이 없는 자가 소송대리인이 된 경우 또는 쌍방대리인 경우 등이 무권대리의 문제로 처리될 것이다.

---

76) 대판 2016.4.29. 2014다210449.

2. 소송상 취급

가. 소송행위에 미치는 영향

무권대리인에 의한 소송행위는 무효이고 무권대리인에 대한 소송행위도 무효이다. 다만, 당사자 본인이나 정당한 대리인에 의한 소급적 추인이 가능하고 이러한 추인의 효과는 절대적이다.[77] 제소단계부터 무권대리인이 개입한 경우 소송요건의 흠결로 보정되지 않으면 소각하 판결을 한다. 무권대리를 간과한 판결은 당연무효의 판결이 아니고 상소와 재심의 대상이 된다.

나. 변호사 자격이 없는 자의 소송행위

이러한 경우에는 소송행위가 무효이지만 추인이 가능하다. 다만, 변호사로 소송대리인이 된 자가 징계로 인하여 업무정지 중에 소송대리인이 된 경우에는 당사자 또는 상대방의 이익을 위하여 그리고 절차의 안정을 위하여 소송행위는 유효한 것으로 취급한다.

다. 쌍방소송대리행위

민법상 쌍방대리는 동법 124조에 따라 사전허가가 없는 한, 무효이지만 사후에 추인의 대상이 될 수 있다. 법에서도 쌍방대리의 문제는 위와 같이 처리하고 특히 제소전 화해의 경우 당사자는 화해를 위하여 대리인을 선임할 권리를 상대방에게 위임할 수 있도록 하고 있다(385조). 다만, 변호사의 쌍방대리문제는 변호사법 31조가 적용되고 위 규정에 위반한 경우 상대방 당사자 측에서 이의하지 않으면 유효하다.[78]

3. 무권대리의 조사 및 처리

대리권의 유무는 직권조사사항이다. 법원은 대리인에게 대리권이 없다고 판단할 경우 보정 가능하면 기간을 정하여 보정을 명하고 그것이 불가능하면 대리인의 소송관여를 배척하여야 한다. 다만, 보정하는 것이 지연됨으로써 손해가 발생할 염려가 있는 경우에는 법원은 보정하기 전에 일시적으로 대리인에게 소송행위를 하게 할 수 있다(59조, 97조).

---

77) 대판 1991.11.8. 91다25383.
78) 대판(전합) 1975.5.13. 72다1183; 대판 1995.7.28. 94다44903; 대판 2003.5.30. 2003다15556.

법원은 무권대리인의 신청을 배척하고 진술 등을 무시할 수 있으며 그가 출석을 하여도 불출석의 제재를 피할 수 없을 뿐만 아니라 그가 제기한 소나 상소는 부적법하므로 소각하 판결을 면할 수 없다.

4. 표현대리

무권대리인 또는 대표권한이 없는 사람의 소송행위에 관해서 상대방이 대리권 또는 대표권이 있는 것으로 믿었고 그 믿은 데 정당한 사유가 있는 때에는 민법상의 표현대리의 법리(민법 125조 이하)가 유추적용될 수 있는지 문제된다. 이에 관해 원칙적으로 민법상의 표현대리는 거래안전의 보호를 위한 규정이므로, 절차안정을 중시하는 소송행위에 유추적용해서는 안 된다고 보는 견해가 있다.[79] 판례도 이행지체가 있으면 즉시 강제집행을 하여도 이의가 없다는 강제집행 수락 의사표시는 소송행위라 할 것이어서 이러한 소송행위에는 민법상의 표현대리규정이 적용 또는 유추하여 적용될 수가 없고[80] 공정증서가 집행권원으로서 집행력을 갖기 위해서는 '즉시 강제집행을 할 것을 기재한 경우'이어야 하는데 이러한 집행인낙표시는 합동법률사무소 또는 공증인에 대한 소송행위로 이러한 소송행위에는 민법상의 표현대리규정이 적용 또는 준용될 수 없다고 한다.[81]

그러나 거래행위와 소송행위는 관련이 없을 수 없는데, 소송은 실체법의 권리관계를 처분하는 절차가 거래행위의 연장선상에 해당하기 때문이다. 특히 법인의 대표권이 흠결된 경우에도 일률적으로 표현대리의 법리를 부정하는 것은 타당하지 않을 것이다. 예컨대 법인의 대표자가 변경되었는데 법인이 대표자의 변경등기를 게을리 하여 상대방 당사자가 구대표자를 법인의 대표자로 믿고 소송수행을 하여 승소판결을 받은 경우에, 민법상의 표현대리의 법리를 유추적용하지 않으면 위 판결은 대리권의 흠을 이유로 상소 또는 재심에 의해 취소할 수 있게 되어 승소한 상대방 당사자에게 불이익하게 된다. 이처럼 등기를 게을리한 법인을 위하여 종전 구대표자의 소송행위의 효력을 부인하는 것은 승소한 상대방에게 가혹하고 공평에 반한다. 따라서 이 경우에는 소송상으로도 실체법상의

---

79) 김홍엽, 앞의 책, 247면; 호문혁, 앞의 책, 277면.
80) 대판 1983.2.8. 81다카621.
81) 대판 1984.6.26. 82다카1758; 대판 1994.2.22. 93다42047.

표현대리규정을 유추적용할 수 있다고 보는 것이 타당할 것이다(절충설).[82] 또한
상법 14조 1항 단서 등을 이유로 유추적용을 부정하는 견해도 있지만, 상법 14
조 1항 단서가 등기가 있는 표현지배인까지 적용되는지는 의문이다. 결국 선의
의 상대방의 신뢰보호가 중요한 경우에는 절차안정의 요청은 후퇴된다고 보아
야 할 것이다.

---

82) 김홍규·강태원, 앞의 책, 226면; 이시윤, 앞의 책, 199면; 정동윤·유병현·김경욱, 앞의 책, 261면.

제3편 소송의 개시, 심리의 대상

제1장 소송의 개시와 효과

제1절 소(청구)

I. 의의

소란 원고가 법원에 대하여 재판을 구하는 신청을 말한다. 소는 소송행위의 하나이고 소송절차의 개시원인으로 제1심절차를 개시하도록 하며 법원에 대하여 심판대상을 명확하게 할 뿐만 아니라 상대방·법원에 대하여 소송상 청구를 하는 의의가 있다. 또한, 판결을 구하기 위해서는 어느 법원에, 누구와의 관계에, 어떤 실체법적 권리관계에 대하여 어떤 유형의 판결을 구하는지를 특정하여야 하므로 법원·당사자 및 청구를 소의 3요소라고 한다.[1]

II. 소의 청구

재판상 청구(광의)에는 ① 피고에 대한 권리주장(협의) 이외에 ② 법원에 대한 심판요구가 포함된다(내용면). 그리고 소는 법원에 대하여 ①, ②를 특정하여 표시하는 것을 전제로 심판을 구하는 신청이다(형식면).

III. 소의 종류

소에는 원고가 구하는 구제형식 또는 심판형식에 따라 이행의 소, 확인의 소 또는 형성의 소가 있다.

---

1) 박재완, 앞의 책, 173면.

1. 이행의 소

이행의 소란 특정한 이행청구권의 존재를 주장하여 이행판결을 요구하는 소이다. 이행의 소는 원칙적으로 실체법상의 청구권이 그 바탕에 있어야 한다. 사법상·공법상의 청구권 모두 민사소송사항이라면 무방하고 채권이든, 물권이든 불문이다. 청구권이면 금전의 지급, 물건의 인도, 의사표시의 진술,[2] 작위, 부작위[3] 또는 인용 등 그 어느 것을 내용으로 하여도 무방하다.[4]

이행의 소에 대한 인용판결은 피고에게 이행을 명하는 이행판결이고 이 판결이 확정되면 피고의 이행의무 존재에 기판력이 발생하는 것과 함께 강제집행에 의한 실현을 할 수 있도록 하는 집행력을 가지는 점에 특징이 있다. 반면, 기각판결은 피고의 이행의무가 부존재한다는 것을 확인하는 확인판결이고 그 점에 관하여 이 판결이 확정되면 이행의무의 부존재에 관해서 기판력이 발생한다. 이러한 이행의 소에는 변론종결시점을 기준으로 하여 이행기가 도래한 이행청구권을 주장하는 현재이행의 소와 이행기가 아직 도래하지 않은 청구권을 주장하는 장래이행의 소(251조)[5]가 있다. 또한, 주된 채무인 대여금 반환과 장래이자 또는 지연손해배상금도 함께 청구하는 것과 같이 현재이행의 소와 장래이행의 소가 병합하여 청구하는 것도 가능하다. 한편, 장래이행의 소를 청구할 수 있는 범위가 문제인바, 변론종결 당시 채무불이행 등의 존속이 확정적으로 예정되는 시점까지만 할 수 있는 경우에 장래이행의 소를 제기할 수 있다.[6]

---

2) 대판 2016.9.30. 2016다200552에 의하면, (의사의 진술을 명하는) 판결은 확정과 동시에 그러한 의사를 진술한 것으로 간주됨으로써(민사집행법 263조 1항) 어떤 법적 효과를 가지는 경우에는 소로써 구할 이익이 있지만 그러한 의사의 진술이 있더라도 아무런 법적 효과가 발생하지 아니할 경우에는 소로써 청구할 법률상 이익이 있다고 할 수 없다고 한다.

3) 대판 2012.3.29. 2009다92883.

4) 김홍규·강태원, 앞의 책, 247면; 이시윤, 앞의 책, 203~204면.

5) 대판 1972.2.22. 71다2319에 의하면, 주식의 소유자가 양도절차를 거부하는 경우에는 그 주식 발행회사도 명의개서를 거부할 염려가 있다는 이유로 회사에 대한 장래의 명의개서를 청구할 필요가 있다고 하여, 명의개서청구를 장래이행의 소로 판시하였다.

6) 대판 1987.9.22. 86다카2151.

2. 확인의 소

가. 의의

확인의 소란 원칙적으로 다툼이 있는 현재의 특정 권리관계의 존재 또는 부존재에 관하여 확인판결을 요구하는 소이다.

나. 허용 여부

확인의 소는 분쟁당사자 간에 현재의 권리 또는 법률관계에 관하여 즉시 확정할 이익이 있는 경우에 허용될 뿐이다. 일반적으로 과거의 법률관계는 확인의 소의 대상이 될 수 없으므로 과거의 특정시점을 기준으로 한 채무부존재 확인 청구는 과거의 법률관계의 확인을 구하는 것에 불과하여 원칙적으로 확인의 이익을 인정할 필요가 없을 것이다.[7] 다만, 확인의 소는 과거의 법률관계일지라도 현재의 권리 또는 법률상 지위에 영향을 미치고 있고 현재의 권리 또는 법률상 지위에 대한 위험이나 불안을 제거하기 위하여 법률관계에 관한 확인판결을 받는 것이 유효·적절한 수단이라고 인정될 때에는 확인의 이익이 있다.

다. 사례

(1) 갑 회사의 포상징계규정에는 징계의 한 종류로 '대기'를 열거하면서 대기처분을 받은 뒤 6개월을 지나도 보직을 부여받지 못하는 경우 자동해임된다고 규정하고 있다. 그런데 을이 대기처분을 받은 후 대기처분기간의 만료에 따라 보직을 받지 못하였음을 이유로 자동해임된 경우 이러한 자동해임처분은 징계처분인 대기처분과의 관계에서 자는 독립된 별개의 처분임에도 근로자 을의 의사에 반하여 사용자 갑 회사의 일방적 의사에 따라 근로계약관계를 종료시키는 해고에 해당한다고 할 수 있다.

(2) 따라서 을은 대기처분 기간 동안 승진·승급에 제한을 받고 임금이 감액되는 등 인사와 급여에서 불이익을 입었고 을이 대기처분 이후 자동해임처분에 따라 해고되었으므로 을은 별개로 (과거사실에 해당하는) 대기처분의 무효에 관한 확인판결을 받음으로써 유효·적절하게 자신의 현재의 권리 또는 법률상 지위에 대한 위험이나 불안을 제거할 수 있다는 이유로 을에게 대기처분의 무효확인을 구할 법률상 이익이 있다고 하였다.[8]

---

7) 대판 1996.5.10. 94다35565·35572.

라. 과거의 법률관계에 대한 확인의 이익 유무

예외적으로 현재의 특정 권리관계가 아닐지라도 법률관계를 증명하는 서면이 진정한지를 확정하기 위한 증서의 진정 여부를 확인하는 소에 관하여는 확인의 이익이 있는 경우 법이 이를 허용하고 있다. 다만, 대상서면에 의하여 증명되어야 하는 법률관계에 관하여 이미 다른 소송이 제기되어 있는 경우 이 소를 제기할 확인의 이익이 없다고 할 것이다.[9]

마. 확인의 소의 종류

(1) 확인의 소의 종류에는 소유권 확인 등과 같이 법률관계의 존재를 주장하는 적극적 확인의 소와 채무부존재확인 등과 같이 법률관계의 부존재를 주장하는 소극적 확인의 소가 있다. 확인의 소에 대한 본안판결(인용·기각 모두)은 확인판결이고 특정권리관계의 존재 또는 부존재를 확인하는 확인판결로서 이 판결이 확정되면 기판력이 발생한다.

(2) 연혁적으로 확인의 소는 새로운 소송유형으로 당사자의 권리의식이 확립되고 준법정신이 없으면 성립할 수 없다. 이행소송은 적극적으로 현상의 변경 또는 실현을 목적으로 하는 소송유형인 반면, 확인의 소는 현상의 변경을 방지·예방하는 소송유형이다. 이것은 판결의 기판력에 의해 담보된다.

3. 형성의 소

형성의 소란 일정한 법률요건(형성요건)에 기한 권리관계의 변동(발생·변경·소멸)을 주장하여 형성판결을 요구하는 소이다. 이는 법률의 근거가 있는 경우에만 인정된다.[10] 형성의 소에서 인용판결은 법률관계의 변동을 선언하는 형성판결이고 형성요건의 존재에 관하여 기판력이 발생하는 것과 함께 법률관계의 변동을 발생케 하는 형성력을 가진다는 점에 특징이 있다. 반면, 기각판결은 형성요건이 부존재한다고 하는 점을 확인하는 확인판결이고 이 판결이 확정되면 형성요건의 부존재에 관하여 기판력이 생긴다. 형성의 소에는 이혼소송·주주총회 결의취소의 소송과 같은 실체법상의 소와 재심의 소송과 같은 소송법상의 소가 있다.

---

8) 대판 2018.5.30. 2014다9632.
9) 대판 2007.6.14. 2005다29290·29306.
10) 대판 2000.5.26. 2000다2375·2382.

실체법상의 권리관계의 변동은 법률요건이 충족되면 원칙적으로 대립당사자 간에만 그 효과가 발생하지만 신분관계 또는 회사관계에 관한 사건 등에서는 이해관계인이 다수이고 제3자에 대한 관계에서도 명확하고 동시에 획일적으로 법률관계를 변동시킬 필요가 있는 경우가 있다. 그래서 법률에 의해 이러한 법률관계의 변동을 일정한 법률요건과 법원의 판결확정에 관련시키도록 하는 경우가 있는데 이러한 이유 때문에 형성의 소가 등장한 것이다.

[표 3-1] 소송의 종류

종류	청구의 내용	청구인용	청구기각
이행의 소	이행청구권의 존재 (이행판결의 요구)	이행판결 (기판력·집행력)	확인판결 (기판력)
확인의 소	특정권리관계의 존재 또는 부존재 (확인판결의 요구)	확인판결 (기판력)	확인판결 (기판력)
형성의 소	일정한 법률관계에 기한 권리관계의 변동(형성판결의 요구)	형성판결 (기판력·형성력)	확인판결 (기판력)

Ⅳ. 기타 소의 분류방법

위 Ⅲ.과 같은 분류방법을 포함하여 ① 제소의 태양을 기준으로 단일의 소, 병합의 소로, ② 제소시기를 기준으로 독립의 소, 소송 중의 소로, ③ 청구의 내용을 기준으로 이행의 소, 확인의 소 또는 형성의 소로 분류할 수 있다.

Ⅴ. 형식적 형성소송

1. 의의

형식적 형성소송이란 형성원인이 구체적으로 정해져 있지 않은 형성소송을 말한다. 즉, 판결의 확정에 의해 법률관계의 변동을 발생케 하는 점에서 형성소송의 일종이지만 형성원인(형성의 기준으로 되는 법률요건)이 구체적으로 확정되어 있지 않은 점에서 법원의 재량이 넓은, 따라서 실질적으로는 비송사건을 말한다.[11] 예컨대, 공유물분할의 소(민법 269조),[12] 경계확정의 소,[13] 부를 정하는 소(민법 845조) 등이 있다.

2. 공유물분할의 소

가. 의의

(1) 공유물분할의 소란 형식적 형성의 소로서 공유자 상호간의 지분의 교환 또는 매매를 통하여 공유의 객체를 단독소유권의 대상으로 하여 그 객체에 대한 공유관계를 해소하기 위하여 제기하는 소의 형태를 말한다.[14]

(2) 공유는 물건에 대한 공동소유의 한 형태로서 물건에 대한 1개의 소유권이 분량적으로 분할되어 여러 사람에게 속하는 것이므로 특별한 사정이 없는 한, 공유자는 공유물의 분할을 청구하여 기존의 공유관계를 폐지하고 공유자 간에 공유물을 분배하는 법률관계를 실현하는 일방적인 권리를 가진다.

(3) 공유물분할을 청구함으로써 공유자가 상대방 공유자에게 공유관계의 유지, 존속을 전제로 인정되는 공유물의 보존, 관리 명목으로 상대방 공유자에게 공유물의 반환 또는 이를 전제로 한 그 지상 건물의 철거를 구하는 경우에는 이를 더 이상 공유물의 보존·관리행위로서 하는 소송으로 볼 수 없다. 따라서 공유물 분할을 구하는 공유자는 분할판결의 확정 등으로 분할관계가 확정된 후 자신의 단독 소유가 된 부분에 한하여 소유권에 기한 방해배제청구로서 건물철거 등을 구할 수 있을 뿐이고 공유물분할을 청구하면서 공유물의 보존 등을 내세워 상대방 공유자에게 공유물의 반환 또는 이를 전제로 한 그 지상건물의 철거 등을 구할 수 없다.[15]

나. 특징

당사자 간에 협의가 되면 그 방법을 임의로 선택할 수 있으나 협의가 되지

---

11) 서울지판 1996.7.3. 95나40815·40822.
12) 공유물분할의 소에서 법원은 공유물분할을 청구하는 원고가 구하는 방법에 구애받지 않고 재량에 따라 합리적 방법으로 분할을 명할 수 있다. 대판 2010.2.25. 2009다79811; 대판 2011.3.10. 2010다92506.
13) 경계확정의 소에서 법원은 당사자 쌍방이 주장하는 경계선에 구속되지 않고 어떠한 형식으로든 스스로 진실하다고 인정되는 바에 따라 경계를 확정해야 한다. 대판 2021.8.19. 2018다207830.
14) 대판 2023.6.29. 2020다260025.
15) 서울지법 남부지판 1995.1.18. 94가합10574.

않으면 재판으로 공유물을 분할하는 경우에 법원은 현물로 분할하는 것이 원칙이고 현물로 분할할 수 없거나 현물로 분할을 하게 되면 현저히 그 가액이 감손될 염려가 있는 때에 비로소 물건의 경매를 명할 수 있다(민법 269조 2항). 여기에서 '현물로 분할할 수 없다'는 요건은 이를 물리적으로 엄격하게 해석할 것은 아니고 공유물의 성질, 위치나 면적, 이용 상황, 분할 후의 사용가치 등에 비추어 보아 현물분할을 하는 것이 곤란하거나 부적당한 경우를 포함하고 '현물로 분할을 하게 되면 현저히 그 가액이 감손될 염려가 있는 경우' 역시 공유자의 한 사람이라도 현물분할에 의하여 단독으로 소유하게 될 부분의 가액이 분할 전의 소유지분 가액보다 현저하게 감손될 염려가 있는 경우까지 포함한다.

또한, 여러 사람이 공유하는 물건을 분할하는 경우 원칙적으로 각 공유자가 취득하는 면적은 그 공유지분의 비율과 같도록 하여야 할 것이지만 반드시 그런 방법으로만 분할하여야 하는 것은 아니고 분할 대상이 된 공유물의 형상이나 위치, 그 이용 상황이나 경제적 가치가 균등하지 아니할 때에는 이와 같은 여러 사정을 고려하여 경제적 가치가 지분비율에 상응되도록 분할하는 것도 허용된다. 그리고 일정한 요건이 갖추어진 경우에는 공유자 상호간에 금전으로 경제적 가치의 과부족을 조정하여 분할을 하는 것도 현물분할의 한 방법으로 허용된다.

또한, 공유관계의 발생원인과 공유지분의 비율 및 분할된 경우의 경제적 가치, 분할 방법에 관한 공유자의 희망 등의 여러 사정을 종합적으로 고려하여 당해 공유물을 특정한 자에게 취득시키는 것이 상당하다고 인정되고 다른 공유자에게는 그 지분의 가격을 취득시키는 것이 공유자 간의 실질적인 공평을 해치지 않는다고 인정되는 특별한 사정이 있는 때에는 공유물을 공유자 중 1인의 단독소유 또는 수인의 공유로 하되 현물을 소유하게 되는 공유자로 하여금 다른 공유자에 대하여 그 지분의 적정하고도 합리적인 가격을 배상시키는 방법에 의한 분할도 현물분할의 한 가지 방법으로 가능하다고 할 것이다.[16]

다. 재판에 의한 공유물의 분할방법

(1) 재판에 의한 공유물분할은 공유자별 지분에 따른 합리적인 분할을 할 수 있는 한, 현물분할을 하는 것이 원칙이므로 원고가 바라는 방법에 따른 현물분할을 하는 것이 부적당하거나 이 방법에 따르면 그 가액이 현저히 감손될 염려가

---

16) 대판 2023.6.29. 2023다217916.

있다고 하여 이를 이유로 곧바로 경매에 따른 대금분할을 명하여서는 아니 되고 불가피하게 경매에 따른 대금분할을 할 수밖에 없는 요건에 관한 객관적·구체적인 심리 없이 단순히 공유자들 사이에 분할의 방법에 관하여 의사가 합치하고 있지 않다는 등의 주관적·추상적인 사정에 터 잡아 함부로 경매에 따른 대금분할을 명하는 것도 허용될 수 없다.[17]

　(2) 공유물분할의 소에서는 법원은 공유물분할을 청구하는 측이 구하는 방법에 구애받지 아니하고, 즉 처분권주의에 구애받지 않고 자유로운 재량에 따라 공유관계나 그 객체인 물건의 제반 상황에 따라 공유자의 지분 비율에 따른 합리적인 분할을 할 수 있다. 이 경우에는 원칙적으로 각 공유자가 취득하는 토지의 면적이 그 공유지분의 비율과 같도록 하여야 하지만 반드시 그런 방법으로만 분할하여야 하는 것도 아니다.[18]

　(3) 오히려 분할대상이 된 공유물의 형상이나 위치 그 이용상황이나 경제적 가치가 균등하지 아니할 때에는 이와 같은 여러 사정을 고려하여 경제적 가치가 지분비율에 상응되도록 분할하는 것도 허용되고 일정한 요건이 구비되면 공유자 상호간에 금전으로 경제적 가치의 과부족을 조정하여 분할을 하는 것도 현물분할의 한 방법으로 허용된다. 또한, 공유물을 공유자 중의 1인 단독소유 또는 수인의 공유로 하되 현물을 소유하게 되는 공유자로 하여금 다른 공유자에게 그 지분의 적정하고도 합리적 가격을 배상시키는 방법에 의한 분할도 현물분할의 하나로 허용된다고 할 것이다.[19]

　(4) 재판에 의하여 공유물을 분할하는 경우에 법원은 현물로 분할하는 것이 원칙이므로 불가피하게 경매분할을 할 수밖에 없는 요건에 관한 객관적·구체적인 심리 없이 단순히 공유자들 사이에 분할의 방법에 관하여 의사가 합치하고 있지 않다는 등의 주관적·추상적인 사정을 들어 함부로 경매분할을 명하는 것은 허용될 수 없다. 특히 공동상속을 원인으로 하는 공유관계처럼 공유자들 사이에 긴밀한 유대관계가 있어서 이들 사이에 공유물 사용에 관한 명시적 또는 묵시적 합의가 있었고 공유자 전부 또는 일부가 분할의 목적이 된 공유토지나 그 지상

---

17)　앞의 판결(2023다217916).
18)　위 판결(2023다217916).
19)　위 판결(2023다217916).

건물에서 거주·생활하는 등 공유물 점유·사용의 형태를 보더라도 이러한 합의를 충분히 추단할 수 있는 사안에서는 더욱 그러하다고 말할 수 있다. 즉, 이러한 공유자 일부의 지분을 경매 등으로 취득한 사람이 공유물 점유·사용에 관한 기존의 명시적·묵시적 합의를 무시하고 경매분할의 방법으로 분할할 것을 주장한다면 법원은 기존 공유자의 합의에 의한 점유·사용관계를 해치지 않고 공유물을 분할할 수 있는 방법을 우선적으로 강구하여야 한다.

　(5) 따라서 법원이 경매분할을 선택하기 위해서는 현물로 분할할 수 없거나 현물로 분할하게 되면 그 가액이 현저히 감손될 염려가 있다는 사정이 분명하게 드러나야 하고 현물분할을 위한 금전적 조정에 어려움이 있다고 하여 경매분할을 명하는 것에는 매우 신중하여야 한다.[20]

　(6) 이때 그 가격배상의 기준이 되는 '지분가격'이란 공유물분할 시점의 객관적인 교환가치에 해당하는 시장가격 또는 매수가격을 의미하는 것으로 그 적정한 산정을 위해서는 분할시점에 가까운 사실심 변론종결일을 기준으로 변론과정에 나타난 관련 자료를 토대로 최대한 객관적·합리적으로 평가하여야 하므로 객관적 시장가격 또는 매수가격에 해당하는 시가의 변동이라는 사정을 일절 고려하지 않은 채 그러한 사정이 제대로 반영되지 아니한 감정평가액에만 의존하여서는 아니 된다.[21]

3. 경계확정의 소

가. 의의

　경계확정의 소란 서로 인접한 토지의 경계가 사실상 불명확하여 다툼이 있는 경우 법원의 판결에 의한 경계선의 확정을 구하는 소를 말한다. 즉, 이는 1필지의 토지와 다른 1필지의 토지의 경계, 즉 지번과 지번 간의 공적인 경계에 관하여 분쟁이 발생한 경우 그 공적인 경계를 비송적으로 확정하고자 하는 소를 말한다.[22]

---

20) 앞의 판결(2023다217916).
21) 대판 2023.6.29. 2023다217916.
22) 서울지판 1996.7.3. 95나40815·40822.

나. 법적 성질

경계확정의 소는 경계선의 형성(확정)이라는 법률관계의 변동을 구하는 것인지, 소유권의 범위를 정하는 것인지 여부에 관하여, 즉 법적 성질에 관하여 견해의 대립이 있다. 통설은 상술한 바와 같이 실질적으로 비송사건의 성질을 가지는 형식적 형성소송이라고 한다. 왜냐하면 그 형성요건이 실체법규에 명확하게 정해져 있는 것이 아니고 법원의 판단에 의해 변동의 내용이 결정되기 때문이다. 따라서 소수설과 같이 소유권 범위의 확인을 구하는 소라고 하는 견해는 타당하지 않다. 왜냐하면 경계확정의 소의 대상이 되는 경계라고 하는 것은 지번과 지번 간의 공적 경계만 의미하고 경계확정의 소의 목적 및 법적 성격상 사적 자치가 허용되는 '소유권의 범위'를 확정하기 위하여 그 소를 제기하는 것과는 다르기 때문이다.[23]

(1) 학설

㈎ 형식적 형성소송설

토지의 경계는 공법상의 것이고 사인이 임의로 처분할 수 없는 성질의 것으로 형성요건을 구체적으로 정한 실체법규가 없는 상황에서 경계선을 확정하는 것을 이 소의 목적으로 하여야 하고 이를 소유권확인소송으로 이해하면 처분권주의·증명책임 등의 문제가 있어 불합리한 결과를 초래할 수 있으므로 소유권의 범위는 별소에 의하여야 할 것이라고 하는 견해이다.

이 입장에서는 심판대상은 지번의 경계이고(공법상 단위) 당사자의 신청에 구속되지 않으며 화해 또는 자백의 구속력을 인정하지 않을 뿐만 아니라 상소심에서도 불이익변경이 없다고 한다. 또한, 법원은 증거 등에 의해 일정한 경계선을 인정할 수 없는 경우에도 청구를 기각하는 것은 허용되지 않고 사안에 따라 가장 타당한 경계선을 확정하여야 한다고 한다. 따라서 경계확정의 소에서는 처분권주의·변론주의가 배제되고 법원은 당사자의 주장에 구속되지 않고 경계선을 형성하는 것이 가능하다고 한다(통설).[24]

---

23) 위의 판결(95나40815·40822).
24) 김홍규·강태원, 앞의 책, 288면; 이시윤, 앞의 책, 209면; 강현중, 앞의 책, 223~224면; 정동윤·유병현·김경욱, 앞의 책, 78면.

(내) 소유권확인설

어디까지나 소유권의 범위에 관한 사인간의 분쟁으로서 경계만의 확정으로 정리하면 분쟁에 따른 해결이 되지 않고 소유자간의 이해조정이 문제이므로 자백의 구속력 또는 재판상 화해를 인정하여야 한다고 한다. 따라서 심판대상은 소유권의 존부·범위이고(사법상 단위) 당사자의 신청에 구속되며 상소심에서도 불이익 변경은 금지된다. 다만, 최근에 주장되고 있는 소유권확인소송설에서도 증명책임을 기준으로 한 청구기각판결은 할 수 없다고 한다. 즉, 법원의 합목적적인 재량판단으로 가장 타당한 경계선을 결정하여야 한다고 하는 견해 등이 있다.

(2) 판례

경계확정의 소는 인접한 토지의 경계가 사실상 불분명하여 다툼이 있는 경우 재판에 의하여 그 경계를 확정하여 줄 것을 구하는 소송으로서[25] 이는 1필지의 토지와 1필지의 토지의 경계, 즉 지번과 지번간의 공적인 경계에 관하여 분쟁이 발생한 경우 그 공적인 경계를 비송적으로 확정하고자 하는 형식적 형성소송이다.[26] 따라서 이 소의 대상이 되는 경계라고 하는 것은 지번과 지번간의 공적 경계만을 의미하고 경계확정의 소의 목적 및 법적 성격상 사적 자치가 허용되는 '소유권의 범위'를 확정하기 위하여 그 소를 제기하는 것은 허용할 수 없다. 즉, 경계확정의 소는 그 토지에 관한 소유권의 범위나 실체법적 권리의 확인을 목적으로 하는 것이 아니고[27] 법원의 판결에 의하여 경계를 확정할 의사를 유지하고 있는 한, 법원은 그 합의에 구속되는 것이 아니라 진실한 경계를 확정하여야 하는 것이라고 한다.[28]

VI. 소제기의 방식

1. 방식

소의 제기는 원칙적으로 소장을 법원에 제출하는 방식에 의한다[서면주의, 248조. 다만, 소액심판사건의 경우에는 구술로 소제기를 하여도 무방하다(소액사건심판법 4조)].

---

25) 대판 1993.11.23. 93다41792,41808.
26) 서울지판 1996.7.3. 95나40815·40822.
27) 대판 1993.10.8. 92다44503.
28) 대판 1996.4.23. 95다54761.

서면주의를 취하는 이유는 절차를 명확하게 하기 위함이다. 소장에는 필요적 기재사항을 기재하여야 하고(249조 1항) 인지·송달비용 및 소장 송달을 위하여 피고의 수만큼 소장 부본을 첨부하여 법원에 제출하여야 한다.

2. 소장의 필요적 기재사항

소장의 제출은 소송을 개시하는데 그 의의가 있고 여기에는 심판의 대상을 명확하게 할 필요가 있기 때문에 당사자·법정대리인·청구취지 및 청구원인을 표시하여야 한다(249조 1항).

가. 당사자의 기재

당사자의 기재를 통하여 당사자가 확정되고 판결효의 주관적 범위가 결정된다. 또한, 당사자가 소송무능력자인 때에는 소송수행자를 명확하게 하기 위하여 법정대리인의 기재가 요구된다. 그리고 법인의 경우에는 대표자도 기재한다.

나. 심판의 형식 및 내용의 기재

소장에는 소에 의해 요구되는 심판의 형식 및 내용을 확정하는 표시인 청구취지를 기재해야 한다.[29] 즉, 그것이 이행의 소인지, 형성의 소인지 또는 확인의 소인지 여부를 정하여 기재한다. 또한, 그것은 판결주문과 마찬가지의 문언을 사용하여 표현하여야 한다. 예컨대, 이행의 소인 금전지급청구의 소의 경우 "피고는 원고에게 금1,000만원 및 2024.4.13.부터 이 판결선고일까지는 연5푼의, 그 다음날부터 다 갚는 날까지는 연1할2푼의 각 비율에 의한 금원을 지급하라"[30]고 하는 판결을 구하거나 부동산의 소유권확인의 소인 경우 "별지목록 기재 부동산이 원고의 소유임을 확인한다"고 하는 판결을 구하거나 또는 형성의 소인 이혼의 소의 경우에는 "원고와 피고는 이혼한다"고 하는 판결을 구한다는 청구취지를 기재하여야 한다.

그리고 청구취지는 내용 및 범위를 명확히 알아볼 수 있도록 구체적으로 특정되어야 하며 청구취지의 특정 여부는 직권조사사항이다.[31] 이와 관련하여 청구취지에 금액표시를 할 것인지 여부가 문제이다. 즉, 금전이행을 구하는 소에서

---

29) 구체적인 청구취지의 기재내용에 관하여는 박재완, 앞의 책, 121~132면 참조.
30) 2019년 6월 1일부터 『소송촉진 등에 관한 특례법』상 법정이율이 연1할2푼으로 낮아졌다.
31) 대판 2011.9.8. 2011다17090.

청구취지에 구체적인 청구액을 명시하는 것이 필요한지 여부이다. 원고의 청구금액은 법원의 심판대상을 나타내고 피고의 방어를 위하여 필요하며 원고로서도 소의 변경(262조)에 의해 청구취지 등의 확장·감축을 할 수 있어 불합리한 점이 없기 때문에 청구취지에 금액을 우선적으로 표시하여야 할 것이다. 다만, 불법행위에 기한 손해배상청구에서 청구액을 명시하지 않은 소송이 인정되는지 여부가 문제이다. 왜냐하면 교통사고의 경우 신체상해부분에 대한 손해 범위를 법원이 지정하는 전문가인 의사의 감정을 통해 확인하여 정리하기 전까지는 그 손해배상액을 명확하게 확정할 수 없기 때문이다. 이에 관하여 불법행위에 기한 손해배상청구에서는 법관의 재량에 의해 배상액이 결정되는 부분도 있어 위와 같은 이유 때문에 오히려 원고가 미리 배상액을 예상하는 것이 곤란하므로 구체적인 금액의 명시는 필요가 없다고 생각할 수도 있다. 그러나 지금까지 재판례를 통하여 일응 그 금액을 산정할 수 있고 명시를 하지 않으면 사물관할을 정할 수도 없으며 이로 인하여 인지액도 불명확하게 되어 타당하지 않을 수 있다. 또한, 법원도 어떠한 범위 내에서 심리를 하여야 하는지를 알 수 없고 피고도 방어의 방침을 결정할 수 없어 예상치 못한 불이익을 받을 수도 있다. 따라서 불법행위에 기한 손해배상청구에서도 구체적인 청구액의 명시가 필요하다고 보아야 할 것이다.

다. 청구의 특정

청구를 특정하기 위하여 필요한 범위 내에서 사실인 청구원인을 기재하여야 한다(협의의 청구원인사실). 예컨대, 금전의 지급을 구하는 이행소송에서 청구취지만으로는 청구(소송물)가 특정되지 않으므로 청구원인의 기재(6하원칙에 따른 법률요건을 기재하는 것이 필요한바, 예컨대, "원고와 피고는 2023년01월15일자 소비대차계약에 따라 금1억원, 이행기 2024년3월10일로 정하여 위 금원을 피고에게 대여하였는바, 위 이행기가 도과하였음에도 피고는 여전히 차용금인 금1억원을 변제하지 않아 이 청구에 이르른 것입니다.")가 필요하다. 청구원인에 기재되어야 할 사실은 청구를 특정하기 위하여 필요한 사실을 다른 청구와 혼동·오인하지 않는 범위 내에서 기재하면 충분하다. 왜냐하면 청구를 이유 있게 하는 사실은 구술변론에서 적시에 제출하면 충분하기 때문에(146조) 소제기 단계에서는 청구를 특정하여 법원에 심판대상을 명확하게 하고 피고에게 방어대상을 명시하면 충분하기 때문이다(동일식별설).

청구원인으로 기재하여야 할 사항에 관하여 예전에는 이유기재설도 있었지만 통설은 동일식별설에 입각하고 있다.[32] 그런데 청구의 특정을 위하여 어느 정도의 기재가 필요한지 여부는 소송물이론에 따라 다르다. 후술하는 구소송물이론은 금전지급을 구하는 이행청구소송에서 이행청구권의 발생원인인 사실(계약, 불법행위, 사무관리 등)까지 구체적으로 표시하지 않으면 청구는 특정할 수 없게 된다.

3. 소장의 임의적 기재사항

소장에는 원고의 청구를 이유있게 하는 사실(요건사실), 즉 광의의 청구원인에 관한 주장을 기재하여야 하고 당해사실과 관련한 사실(간접사실)에 관한 주장으로 중요한 것 및 증거를 기재할 수도 있다. 다만, 이러한 기재를 흠결하여도 소장은 각하되지 않는다. 그러나 기일의 충실화를 도모하기 위하여 민사소송규칙은 소장의 청구원인에는 청구를 뒷받침하는 구체적 사실, 피고의 주장이 명백한 방어방법에 대한 구체적인 진술 및 입증이 필요한 사실에 대한 증거방법까지 적어야 한다고 규정하고 있다(규칙 62조).

4. 소제기의 간주

예컨대, 독촉절차에서 채권자의 소제기신청 등이 있는 경우(472조), 제소전화해절차에서 소제기신청을 한 경우(388조) 또는 조정절차에서 조정이 성립되지 아니한 경우(민사조정법 36조) 등과 같이 소장을 법원에 제출하지 않았지만 소를 제기한 것으로 간주되는 경우가 있다. 이러한 경우에는 다른 절차의 개시신청이 소송절차의 개시신청, 즉 소의 제기로 간주되고 시효중단 등의 효력은 다른 절차의 개시신청을 한 때에 발생한다.

---

32) 김홍규·강태원, 앞의 책, 124면; 이시윤, 앞의 책, 271면; 정동윤·유병현·김경욱, 앞의 책, 90면; 김홍엽, 앞의 책, 353면.

제2절   소제기에 대한 법원의 처리

I. 재판장의 소장심사

법원에 소장이 제출되면 재판장은 소장에 필요적 기재사항이 기재되어 있는지, 인지대 및 송달료를 납부하였는지를 심사하고 그 흠결이 있으면 상당한 기간을 정하여 보정을 명한다. 원고가 흠결을 보정하지 않으면 재판장은 명령으로 소장을 각하하여야 하고 원고는 각하명령에 대하여 즉시항고를 할 수 있다(254조 3항). 재판장은 소장심사단계에서 소의 각하 또는 청구기각 등을 할 수 있는가?[33] 소장 기재에 소송요건의 흠결 또는 청구에 이유가 없는 것이 명확한 경우일지라도 먼저 소장심사에 따른 소장각하 없이 곧바로 소의 각하 또는 청구기각은 할 수 없다고 한다(통설·판례).[34] 재판장은 조문 상으로 소장 등의 형식적 심사권밖에 없고 소송요건 또는 청구의 당부는 법원이 판결로 판단하여야 하기 때문이다. 즉, 법원이 소장을 피고에게 송달하여 소송계속이 발생된 이후에는 소송요건 및 실체법적 요건의 흠결 여부에 관하여는 수소법원[35]이 판결로 처리하여야 할 사항이라고 할 수 있다.

재판장의 소장심사의 시기, 즉 소장의 보정명령·각하명령(254조 2항)을 내릴 수 있는 시기에 관해서는 소장이 피고에게 송달될 때까지 가능하다고 한다(소장

---

33) 법원의 판결절차를 살펴보면, 통상적으로 ① 소장심사단계에서는 필요적 기재사항 등의 미기재, 인지대 및 송달료의 부족 등으로 요건 충족이 되지 못하여 보정을 명한 후임에도 보정을 하지 않는다든지, 그것을 할 수 없다든지, 보정을 해태하는 경우에는 소장각하의 명령을, ② 소장심사단계를 통과하여 본안심리에 들어가 심리하던 중 Ⓐ 소송요건의 흠결이 있는 경우에는 소각하의 판결을, Ⓑ 실체법적 요건을 흠결하면 청구기각의 판결을, Ⓒ 실체법적 요건을 충족하면 청구인용의 판결을 하는 절차로 진행하게 된다. 따라서 위 질문은 소장심사단계에서 소장각하를 하지 않고 심판대상 등에 대하여 소 각하, 청구인용·기각의 판결을 할 수 있는지 여부에 대한 질문이다.

34) 김홍규·강태원, 앞의 책, 125면; 정동윤·유병현·김경욱, 앞의 책, 409면. 대결 1969.8.28. 69마375. 이에 대해 이시윤, 앞의 책, 273면은 보정불능의 소송요건의 흠(제소기간 경과 후의 소제기 등)이 있는 경우에는 소송경제를 위해 소장심사에 들어가지 않고 소송요건의 흠으로 바로 각하해도 무방할 것이라고 한다.

35) 대결 1969.3.25. 68그121은 민사소송법 58조(현행 62조) 1항에서 말하는 '수소법원'의 개념에 관하여 "이미 본안소송이 제기되어 있고 또는 항고로서 항소심에 계속 중에 있는 경우의 본조 1항에서 말하는 수소법원은 이미 계속된 본안사건을 직접 심리하고 있는 재판부만을 의미한다고 협의로 해석할 필요는 없다고 해석하여야 할 것이다."라고 한다.

송달시설, 통설·판례).[36] 소장이 피고에게 송달되면 소송계속이 발생하게 되어 재판장에 의한 간편처리를 할 수 없는 단계로 되기 때문이다.[37] 따라서 피고에게 소장이 송달된 후에는 수소법원이 보정을 명하고 보정에 응하지 않으면 판결에 의해 소를 각하하여야 한다.

원고의 청구가 소장을 제출한 때 특정되어 있어서 법원에게는 심판대상을, 피고에게는 방어범위를 명확하게 나타내고 있는 경우에는 기타 사유 등으로 법원의 보정명령에 의해 보정이 이루어졌더라도 소장이 제출된 때로 소급하여 소제기의 효력을 인정하여야 한다. 왜냐하면 소 제기에는 시효중단 등의 이익이 있고 청구가 특정되어 있는 이상, 원고에게 불이익을 주는 것이 타당하지 않기 때문이다. 따라서 예컨대, 인지를 추가로 첨부하여 보정해야 하는 경우에도 그 보정시가 아니라 소장을 제출한 때에 시효중단 등의 효과가 소급하여 발생한다고 보아야 할 것이다(통설).[38]

Ⅱ. 소장의 송달

재판장은 소장심사를 하여 여기에 통과되면 소장을 피고에게 송달한다(255조 1항).

Ⅲ. 피고의 대응

제1심법원이 피고에게 소장의 부본을 송달하였을 때 피고의 대응은 부지·부인·자백 및 침묵을 할 수 있다. 다만, 피고가 원고의 청구를 다투는 경우에는 소장의 부본을 송달받은 날부터 30일 이내에 답변서를 제출하여야 하고(256조 1항) 법원은 피고가 답변서를 제출하지 아니한 때에는 청구의 원인이 된 사실을 자백한 것으로 보고 변론 없이 판결할 수 있다(257조 1항 본문, 이하 이를 '무변론판결'이라

---

36) 김홍규·강태원, 앞의 책, 126면; 한충수, 앞의 책, 251면; 호문혁, 앞의 책, 104면. 대판 2020.1.30. 2019다5599·5600.
37) 이에 대해 소장이 송달된 뒤라도 변론을 개시하기 전까지는 재판장의 소장심사를 허용해야 한다는 견해로는, 이시윤, 앞의 책, 276면; 정동윤·유병현·김경욱, 앞의 책, 94면.
38) 김홍규·강태원, 앞의 책, 126면; 이시윤, 앞의 책, 275면; 한충수, 앞의 책, 251면.

고 한다). 다만, 무변론판결이 선고되기까지 피고가 원고의 청구를 다투는 취지의 답변서를 제출한 경우에는 무변론판결을 할 수 없다(257조 1항 단서). 따라서 제1심법원이 피고의 답변서 제출을 간과한 채 무변론판결을 선고하였다면 이러한 제1심판결의 절차는 법률에 어긋난 경우에 해당하므로 항소법원은 제1심판결을 취소하여야 한다(417조). 다만, 항소법원이 제1심판결을 취소하는 경우 반드시 사건을 제1심법원에 환송하여야 하는 것은 아니므로 사건을 환송하지 않고 직접 다시 판결을 할 수 있다.[39]

Ⅳ. 기일의 지정·소환

소장의 송달과 함께 재판장은 사건을 변론준비기일절차에 부칠 필요가 없다고 판단한 경우에는 제1회 구술변론기일을 지정하여 당사자 쌍방을 소환하여야 한다(258조 1항).

제3절   소제기의 효과

Ⅰ. 소제기의 효과

소제기에 의해 소송계속이 발생하고 소송법상 또는 실체법상 다양한 효과가 발생한다. 그 중에서도 가장 중요한 효과는 중복제소의 금지이다.

[표 3-2] 소제기의 효과

소송법적 효과	소제기 자체의 효과	– 소장심사(254조) – 구술변론기일의 지정·소환(258조)
	소송계속에 의한 효과	– 중복제소가 금지된다(259조).
실체법적 효과	시효중단(265조) 제척기간의 준수(265조) 선의점유자의 악의의제(민법 197조 2항 등)	

---

39) 대판 2020.12.10. 2020다255085.

Ⅱ. 소송계속

1. 의의

소송계속이란 특정사건이 특정법원에서 판결절차에 의해 심판되는 상태를 말한다.

2. 소송계속의 발생시기

소송계속은 피고에게 소장부본이 송달된 때에 발생한다(통설·판례).[40] 왜냐하면 민사소송은 2당사자대립구조로 진행되는 분쟁해결절차인 바, 피고에게 소장이 송달되어야 비로소 피고에게 방어 기회가 주어져 2당사자대립구조가 발생하기 때문이다. 이러한 소송계속에 의해 원고·피고 및 법원이라는 3자간의 소송법률관계가 성립된다. 또한, 당사자 및 소송물이 동일한 소가 시간을 달리하여 제기된 경우 시간적으로 나중에 제기된 소는 중복제소금지의 원칙에 위배되어 부적법하다. 그리고 이 경우 전소와 후소의 판별기준은 소송계속의 발생시기, 즉 소장이나 소변경신청서 등이 피고에게 송달된 때의 선후에 의한다.

반면, 소장제출시라고 하는 견해도 있지만 소장에 흠결이 있음에도 원고가 보정에 응하지 않으면 재판장의 명령으로 소장이 각하되기 때문에(254조 2항) 소장 제출만으로는 소송계속이 발생한 상태라고는 할 수 없을 것이다.

Ⅲ. 실체법상 효과

소를 제기하는 것에 의해 민법 기타 법률에서는 ① 시효중단(민법 168조, 265조), ② 선의점유자의 악의의제(동법 197조 2항), ③ 제척기간 준수(법 265조) 등의 효과가 부여되고 있다. 이러한 실체법상의 효과는 소의 제기시, 즉 소장을 제출한 때에 그 효과가 발생한다(265조).

---

40) 김홍규·강태원, 앞의 책, 130면; 이시윤, 앞의 책, 286면; 정동윤·유병현·김경욱, 앞의 책, 307 면. 대판 2012.11.29. 2010두7796; 대판 1994.11.25. 94다12517·12524.

1. 시효중단

가. 중단의 근거

시효제도의 취지는 영속해온 사실상태를 존중하여 관련된 사실상태를 법률상 권리관계까지 높이는 점에 있다. 소에 의해 시효가 중단하는 근거에 관해서는, 권리 위에 잠자지 않고 소를 제기함으로써 자기의 권리를 단호히 행사하는 점에 있다고 하는 권리행사설(통설·판례),[41] 권리관계의 존부가 판결로 확정되어 계속된 사실상태를 법적으로 부정하는 점에 있다고 하는 권리확정설이 있다.

나. 중단의 시기

재판상 청구에 의한 시효중단의 효과는 소장을 제출한 때 발생한다(265조).[42] 여기에서 소송형태는 문제가 되지 않는다. 즉, 시효중단사유로서 재판상의 청구에는 그 권리 자체의 이행청구나 형성청구뿐만 아니라 그 권리가 발생한 기본적 법률관계에 관한 확인청구를 모두 포함한다. 특히, 그 법률관계의 확인청구는 이로부터 발생한 권리의 실현수단이 될 수 있어 권리 위에 잠자는 것이 아님을 표명한 것으로 볼 수 있을 때에는 그 기본적 법률관계에 관한 확인청구도 이에 포함된다고 한다.[43] 그리고 소극적 확인의 소의 경우에도 마찬가지이다(통설). 즉, 원고인 채무자가 채무부존재확인의 소를 제기하였을 때 피고인 채권자가 채무가 있다고 응소하여 그것이 받아들여진 경우이면 재판상 청구에 준하는 권리주장으로 보아 중단의 효력이 긍정된다.[44]

재판상 청구에 의한 시효중단은 판결로 권리관계의 존부가 확정되고 계속된 사실상태가 법적으로 부정되기 때문에 인정되는 것이다. 그렇다면 판결확정시에 중단의 효과를 발생시켜야 하지만 그렇게 되면 절차의 지연에 의해 소송 중에 시효소멸이 완성되는 위험이 발생하므로 소장을 제출한 때에 시효가 중단하는 것

---

41) 김홍엽, 앞의 책, 391면; 정영환, 앞의 책, 465면. 대판(전합) 1992.3.31. 91다32053; 대판 2011.11.10. 2011다54686.
42) 소송고지서에 채무의 이행을 청구하는 의사가 표명되어 있는 경우 법 265조를 유추하여 당사자가 소송고지서를 법원에 제출한 때(대판 2015.5.14. 2014다16494), 가압류의 경우에도 법 265조를 유추하여 가압류를 신청한 때(대판 2017.4.7. 2016다35451) 시효중단의 효력이 발생한다.
43) 대판(전합) 1992.3.31. 91다32053.
44) 대판(전합) 1983.12.21. 92다47861; 대판 2007.1.11. 2006다33364; 대판 2010.8.26. 2008다42416·42423.

으로 하였다(265조). 이처럼 재판상 청구로 인하여 중단된 시효는 재판이 확정된 때 새로이 진행한다(민법 178조 2항).

재판상 청구에 의한 시효중단의 효과는 서면에 의한 제소인 경우에는 서면을 법원에 제출한 때에, 구술에 의한 제소(예컨대, 소액심판법 4조)인 경우에는 진술을 한 때에 각 시효중단의 효과가 발생한다. 또한, 시효가 중단된 때에는 중단까지 경과한 시효기간은 이를 산입하지 아니하고 중단사유가 종료한 때로부터 새롭게 진행한다(민법 178조 1항). 따라서 소멸시효의 중단사유 중 압류에 의한 시효중단의 효력은 압류가 해제되거나 집행절차가 종료된 때 중단사유가 종료한 것으로 볼 수 있으므로 그때부터 시효가 다시 진행한다.[45] 또한, 채무자가 소멸시효 완성 후에 채권자에게 채무를 승인함으로써 그 시효의 이익을 포기한 경우에는 그때부터 새롭게 소멸시효가 진행된다.[46]

이처럼 구소송물이론은 소송물인 원고 주장의 실체법상 권리만 시효중단의 대상으로 보는 반면,[47] 신소송물이론은 예컨대, 이행의 소가 제기되면 그 1회의 급부실현에 수단이 되는 모든 실체법상의 권리는 행사한 것으로 보기 때문에[48] 청구취지상 수급권을 이유있게 하는 모든 실체법상 권리에 시효중단의 효력이 발생한다.

다. 중단의 범위
(1) 소송물인 권리관계
(개) 재판상 청구의 범위

이행의 소, 확인의소, 형성의 소가 제기된 경우 시효중단의 효력이 있다. 재심의 소가 제기된 때에도 마찬가지이다.[49] 또한, 민법 170조 1항의 '재판상 청구'는 종국판결을 받기 위한 소의 제기에 한정하지 않고 권리자가 이행의 소를 대신하여 재판기관의 공권적인 법률판단을 구하는 지급명령신청(464조)도 포함한다.[50] 그리고 지급명령에 대하여 이의신청을 한 경우에도 소송으로 이행된 때에

---

45) 대판 2017.4.28. 2016다239840.
46) 대판 2009.7.9. 2009다14340.
47) 대판 1998.6.12. 96다26961.
48) 이시윤, 앞의 책, 297면.
49) 대판 1996.9.24. 96다11334; 대판 1998.6.12. 96다26961.
50) 대판 2011.11.10. 2011다54686은 재판상 청구에는 지급명령 신청도 포함되므로 지급명령신청이 각하된 경우라도 6개월 이내에 다시 소를 제기하면 민법 170조 2항에 의해 시효는 당초 지급명

시효중단이 되는 것이 아니라 지급명령을 신청한 때에 시효가 중단된다.[51]

⑷ **구체적인 시효중단의 범위**

첫째, 행정소송의 경우에는 민법 168조 1항에서 규정하는 청구는 민사소송의 절차에 준하여 주장하는 것을 뜻하므로 공법상 구제수단인 행정소송은 재판상 청구라고 할 수 없다.[52] 다만, 과오납한 조세에 대한 부당이득반환청구권을 실현하기 위한 수단이 되는 과세처분의 취소 또는 무효확인의 소와 같이 그 파생권리에 대해서는 조세환급을 구하는 부당이득반환청구권의 소멸시효의 중단사유인 시효중단사유가 될 수 있을 것이다.[53]

둘째, 이미 사망한 사람을 피고로 하여 제기된 소는 부적법하여 이를 간과한 본안판결은 당연무효이기 때문에 이러한 제소는 권리자의 의무자에 대한 권리행사에 해당하지 않아 시효중단의 효력은 인정되지 않는다. 다만, 상속인을 피고로 하는 당사자표시정정이 이루어진 경우와 같은 특별한 사정이 있는 경우에는 그러하지 않다.[54]

셋째, 채권의 양수인이 채권양도의 대항요건을 갖추지 못한 상태에서 채무자를 상대로 재판상 청구를 한 경우에도 소멸시효중단사유인 재판상 청구에 해당한다.[55] 채권양도 이후에도 대항요건을 구비하기 이전의 양도인은 채무자에 대한관계에서는 여전히 채권자의 지위에 있으므로 채무자를 상대로 시효중단의 효력이 있는 재판상 청구를 할 수 있다.

넷째, 채무자가 제3채무자를 상대로 이행소송을 제기한 후 채권자가 동일한 채권에 대하여 압류 및 추심명령을 받아 추심금청구소송을 제기한 경우 채무자가 권리관계의 주체의 지위에서 한 시효중단의 효력은 집행법원의 수권에 따라 피압류채권에 대한 추심권능을 부여받아 일종의 추심기관으로서 그 채권을 추심하는 추심채권자에게 미친다.[56]

다섯째, 만기가 기재되어 있으나 지급을 받을 사람, 발행일 등과 같은 어음

령 신청이 있었던 때에 중단된다고 한다.
51) 대판 2015.2.12. 2014다228440.
52) 대판 1979.2.13. 78다1500·1501.
53) 대판(전합) 1992.3.31. 91다32053; 대판 1994.5.10. 93다21606; 대판 2010.9.30. 2010다49540.
54) 대판 2014.2.27. 2013다94312.
55) 대판 1978.3.28. 77다2513; 대판 1990.11.27. 90다카27662; 대판 2003.3.28. 2002다63500.
56) 김홍엽, 앞의 책, 394면.

요건이 백지인 약속어음(백지어음, 어음법 10조, 77조 2항)의 소지인은 그 백지부분을 보충하지 않은 상태에서 소멸시효기간이 진행되는데(동법 77조 1항 8호, 70조 1항, 78조 1항 참조) 이 경우 백지상태에 소지인이 어음금을 청구함으로써 약속어음의 소지인은 발행인을 상대로 어음상 청구권에 대한 시효중단을 중단시킬 수 있는 조치를 취할 수 있다.[57]

(2) 공격방어방법인 권리주장

공격방어방법인 권리주장에 대해서는 판결의 기판력이 미치지 않으므로 시효의 중단효가 미치지 않는다고 한다. 통설은 시효중단의 범위도 기판력이 발생하는 범위(소송물인 권리관계)에 한정된다고 한다.[58]

그러나 판례는 더욱 광범위하게 시효중단을 인정하고 있다. 예컨대, 피고가 현실적으로 권리를 행사하여 응소한 경우에는 그 권리에 대하여[59] 백지인 약속어음의 소지인이 그 백지부분을 보충하지 않은 상태에서 어음금을 청구한 경우에 그 어음금청구권에 대하여,[60] 원인채권의 지급을 확보하기 위하여 어음이 수수된 당사자 사이에서 채권자가 어음채권을 청구채권으로 하여 채무자의 재산을 압류함으로써 그 권리를 행사한 경우에는 그 원인채권 등에 대하여,[61] 소유권을 바탕으로 한 방해배제·손해배상·부당이득청구 등이 인용되어 확정된 경우에는 그 소유권에 시효중단의 효력을 인정하였다.[62]

최근에는 쟁점효를 인정하여 시효중단은 쟁점효가 미치는 범위를 포함한다고 하는 견해, 기판력은 발생하지 않아도 판결이유도 포함하여 판결 중에 계속된 사실상태의 추정력을 깰 정도의 확정이 있으면 충분하다는 견해 등이 등장하고 있다.

(3) 일부청구

일부청구란 예컨대, 불법행위의 피해자가 일부청구임을 명시하여 그 손해의

---

57) 대판(전합) 2010.5.20. 2009다48312.
58) 김홍규·강태원, 앞의 책, 316면; 이시윤, 앞의 책, 296면.
59) 대판 2012.1.12. 2011다78606; 대판 2003.6.13. 2003다17927; 대판 2005.12.23. 2005다59383·59390. 다만, 소가 각하되거나 취하되는 등의 사유로 본안에서 권리주장에 관한 판단 없이 소송이 종료된 경우, 피고가 응소행위로 인한 시효중단의 주장을 사실심 변론종결 전까지 하지 않은 경우에는 시효중단을 인정하지 않는다.
60) 대판(전합) 2010.5.20. 2009다48312.
61) 대판 2010.5.13. 2010다6345.
62) 대판 1997.3.14. 96다55211; 대판 1995.10.13. 95다33047.

일부만 청구한 경우를 말하는 것으로 일부청구는 민사소송에서 다음과 같은 여러 가지 쟁점이 대두된다. 즉, ① 일부청구의 적법성, ② 일부청구의 소송물 특정, ③ 일부청구의 과실상계·상계항변, ④ 잔부청구와 중복소송, ⑤ 잔부청구와 시효중단, ⑥ 잔부청구에 대한 기판력, ⑦ 변론종결 뒤의 현저한 사정변경과 증액 또는 감액의 청구, ⑧ 전부승소의 소의 이익 등과 관련된 쟁점이다.

우선 일부청구를 이해하기 위해서는 일부청구를 명시하는 방법과 관련하여 개념 정리가 필요하다. 첫째, 명시적 일부청구의 방법으로는 반드시 전체 손해액을 특정하여 그중 일부만 청구하고 나머지 손해액에 대한 청구를 유보하는 취지임을 밝혀야 할 필요는 없지만 일부청구를 하는 손해의 범위를 잔부청구와 구별하여 그 심리의 범위를 특정할 수 있는 정도를 표시하여 전체 손해 중 일부로서 우선 청구하고 있는 것임을 밝히는 것이다.[63] 둘째, 묵시적 일부청구는 전체 손해액을 특정하지 않고 일부만을 청구하는 것으로 일부청구임을 밝히지 않은 것이다. 이때 소멸시효가 중단되는 범위에 관해서는 견해가 대립한다. 예컨대 1억원의 채권 중 6천만원의 지급을 구하는 경우에 잔부 4천만원도 시효가 중단되는지 여부이다. 명시적 일부청구인 경우에 그 일부만(6천만원) 소송물이 되므로 잔부(4천만원)는 시효가 진행되지만 묵시적 일부청구일 때는 채권의 동일성의 범위에서 채권 전부를 소송물로 보아 전부에 대해 시효가 중단된다는 견해(명시적 일부청구긍정설),[64] 명시이든 묵시이든 채권 전부가 소송물이며 다만 원고가 지급받고자 하는 양적 상한액(6천만원)을 정한 것으로 보아 채권 전부에 대해 시효가 중단된다는 견해(일부청구 부정설)[65]가 있다. 판례는 기본적으로 전자의 입장을 취하면서, 다만 채권의 일부만을 청구한 경우에도 그 취지로 보아 채권 전부에 관하여 판결을 구하는 것으로 해석된다면 소송물을 채권의 전부로 보아야 하므로 채권의 동일성의 범위에서 채권 전부에 관해 시효가 중단된다고 본다.[66]

(4) 법률상 기간의 준수

⑦ 통상적으로 여기에서 말하는 법률상 기간이란 제척기간을 의미한다. 채권자취소권·상속회복청구권 또는 점유회수청구 등과 같은 권리행사를 위해서 반

---

63) 대판 1986.12.23. 86다카536.
64) 이시윤, 앞의 책, 298면.
65) 김홍규·강태원, 앞의 책, 317면; 손한기, 앞의 책, 163면.
66) 대판 1992.4.10. 91다43695; 대판 2020.2.13. 2017다234965.

드시 제척기간 내에 소를 제기하여야 한다면 이러한 제척기간을 출소기간이라고 한다.

제척기간이 출소기간인 경우에는 법원이 직권으로 판단하여야 하고[67] 기간 도과에 대한 증명책임은 권리의 상대방이 부담하며[68] 출소기간이 도과된 경우에는 소를 각하한다. 시효중단의 시기 및 종기에 관한 법리는 기간준수에도 적용되고 그 대상은 소송물이며 청구권 경합의 경우 소송물이론의 대립이 기간준수와 관련하여서도 그대로 적용된다.[69]

(나) **법률상 기간의 준수와 채권자취소권**

채권자취소권에 관한 판례 중 법률상 기간의 준수와 관련하여 살펴보면, 채권자가 민법 406조 1항에 따라 사해행위의 취소와 원상회복을 청구함에 있어 사해행위의 취소만을 먼저 청구한 다음 원상회복을 나중에 청구할 수 있는데 이 경우 사해행위의 취소청구가 민법 406조 2항에 정하여진 기간 안에 제기되었다면 원상회복의 청구는 그 기간이 지난 뒤에도 할 수 있고[70] 취소소송의 제척기간이 경과한 후에 당초의 청구취지의 변경이 잘못 되었음을 이유로 청구취지를 변경한다고 하여도 최초에 소를 제기할 때에 발생한 제척기간 준수의 효과에는 영향이 없다고 한다.[71]

Ⅳ. 중복제소의 금지

1. 의의·취지

가. 의의

중복제소의 금지란 법원에 이미 소송계속이 발생한 경우 당사자는 이것과 동일한 사건에 관하여 다시 소를 제기할 수 없는 것을 말한다(259조). 어떠한 경우가 중복제소에 해당하는지는 중복제소가 금지되는 취지를 고려하면서 당사자가 동일한지, 소송물이 동일한지를 개별적·구체적으로 검토하여야 한다.

---

67) 대판 1996.9.20. 96다25371.
68) 대판 2000.9.29. 2000다3262; 대판 2009.3.26. 2007다63102.
69) 박재완, 앞의 책, 186면.
70) 대판 2001.9.4. 2001다14108.
71) 대판 2005.5.27. 2004다67806.

나. 취지

중복제소를 허용하면 전소(선행소송)와 후소(후행소송)의 판결이 모순·저촉될 가능성이 있고 또 피고에게 과도한 이중 응소의 부담을 지우고 본안심리가 중복되어 당사자와 법원의 소송경제에 반하는 문제가 발생한다. 이와 같은 모순된 판결의 방지 및 소송경제를 달성하기 위해서 중복제소를 금지한 것이다.[72]

2. 중복제소의 판단기준

후소가 전소의 중복제소에 해당하는지 여부는 전소와 후소 사이에 당사자가 동일한지, 소송물이 동일한지 여부를 개별적·구체적으로 검토하여야 한다. 왜냐하면 중복제소 금지의 취지가 재판의 모순방지 등에 있는 이상, 그 판단도 판결의 효력이 미치는 당사자와 소송상 청구가 판단되는 주문의 동일성에서 구하여야 하기 때문이다.

후소가 전소의 중복제소에 해당하기 위해서는 첫째, 전소의 소송계속 중 후소가 제기되어야 한다. 따라서 전소가 취하·각하되어 소송계속이 소멸하면 후소는 중복제소에 해당되지 않는다. 중복제소금지는 소송요건에 해당하므로 전소의 소송계속 소멸 여부는 후소의 사실심 변론종결시를 기준으로 판단해야 한다.[73]

둘째 전소와 후소의 당사자 및 소송물이 동일해야 한다. 다만 당사자 및 소송물의 동일성을 판단할 때는 판결의 모순방지 및 소송경제 달성을 위한 중복제소금지의 취지를 고려하여 개별적·구체적으로 검토해야 한다. 즉, 판결의 모순방지를 위해 전소와 후소의 당사자의 동일성이 요구되지만, 판결효는 당사자뿐만 아니라 변론종결 후 뒤의 승계인 등에게도 확장되기 때문에(216조) 당사자와 같이 볼 수 있는 관계에 있는 자는 당사자와 동일하다고 보아야 할 것이다. 이와 마찬가지로 전소와 후소의 소송물 그 자체 동일하지 않더라도 예컨대, 원고의 대여금 지급청구의 소에 대응하여 피고의 대여금채무부존재확인의 소와 같이 소송물의 내용으로 되는 권리관계의 동일성이 있으면 판결의 모순이 발생할 수 있기 때문에 중복제소와 관련해서는 소송물이 동일하다고 판단해야 할 것이다. 이와 관련

---

72) 대판(전합) 2013.12.18. 2013다202120.
73) 대판 2020.4.29. 2016후2317은 선행 특허무효심판의 계속중 후행 특허무효심판이 제기된 경우에 중복심판의 기준이 되는 선행 특허무효심판 계속의 소멸 여부는 민사소송의 사실심 변론종결시에 해당하는 후행 특허무효심판의 심결시를 기준으로 판단해야 한다고 한다.

하여 판결효로서 판결이유 중에 쟁점효를 인정하는 견해에서는 주요한 쟁점이 공통적인 경우에도 포함된다고 한다.

3. 구체적 검토

가. 권리관계가 동일한 경우

예컨대, A가 B에게 대여금반환청구의 소를 제기하였는데, B가 A에게 동일채무의 부존재확인청구의 소를 제기한 경우이다. 전소와 후소는 원고와 피고를 교체한 것에 불과하여 사실상 당사자가 동일하다. 다음으로 전소는 이행소송, 후소는 확인소송으로 심판대상인 해당 대여금채권에 관하여 전소와 후소에서 모순된 판결이 이루어질 가능성이 있기 때문에 권리관계가 동일한 이상 후소의 제기는 중복제소에 해당한다고 보아야 할 것이다. 따라서 이 경우에는 후소를 별소로 제기할 것이 아니라 계속 중인 소송에서 청구취지의 변경(소변경)이나 반소 또는 중간확인의 소를 이용해야 할 것이다.[74]

나. 상계의 항변의 경우

상계항변은 판결이유 중 판단일지라도 기판력이 발생되기 때문에(216조 2항) 동일한 채권을 상계항변과 별소로서 중복하여 주장하는 것은 중복제소금지의 원칙에 위반하는 것은 아닌가? 즉, 259조의 유추적용이 인정되는지 문제된다.

(1) 청구선행형

전소를 제기한 후 후소에서 상계항변을 주장하는 경우이다. 예컨대, 갑이 을을 피고로 1억원의 매매대금반환청구의 소(전소)를 제기한 후, 을이 갑을 피고로 1억원의 매매대금지급청구의 소(후소)를 제기하였는데 갑이 후소에서 전소의 매매대금채권을 자동채권으로 하여 상계항변을 한 경우이다. 판례는 이러한 경우에 사실심의 담당재판부로서는 전소와 후소를 같은 기회에 심리·판단하기 위하여 이부, 이송 또는 변론병합 등을 시도함으로써 기판력의 저촉·모순을 방지함과 아울러 소송경제를 도모함이 바람직하였다고 할 것이나, 그렇다고 하여 특별한 사정이 없는 한 별소로 계속 중인 채권을 자동채권으로 하는 소송상 상계의 주장이 허용되지 않는다고 볼 수는 없다고 한다.[75]

---

74) 김홍규·강태원, 앞의 책, 313면. 대판 1958.3.6. 4290민상784.
75) 대판 2001.4.27. 2000다4050.

그러나 전소에서 청구된 채권이 후소에서 상계항변에 제공되어 있는 경우 당해 채권의 존부에 관하여 심리가 중복될 뿐만 아니라, 상계항변은 판결이유 중 판단이어도 기판력이 발생하는 이상(216조 2항) 판결의 모순저촉이 발생할 가능성이 있다. 따라서 갑의 대여금채권에 대한 전소와 후소에서의 심리의 중복을 방지하고 전소와 후소의 판결의 모순저촉을 방지해야 한다는 점에서, 갑의 상계항변은 중복제소에 해당하는 것을 취급하여 그 상계항변은 허용되지 않는다고 보는 것이 타당할 것이다(259조 유추적용설).[76]

(2) 상계선행형

전소에서 상계항변으로 주장한 채권을 소송물로 하여 후소를 제기하는 경우이다. 예컨대, 갑이 을을 피고로 1억원의 대여금반환청구의 소를 제기하자 을이 1억원의 매매대금채권으로 상계를 주장한 후, 을이 갑을 피고로 위 1억원의 매매대금지급청구의 소를 제기한 경우 후소는 전소의 중복제소에 해당하는지이다. 판례는 위 (1)과 마찬가지의 취지에서, 먼저 제기된 소송에서 상계항변을 제출한 다음 그 소송계속 중에 자동채권과 동일한 채권에 기한 소송을 별도의 소나 반소로 제기할 수 있다고 한다.[77]

생각건대 전소에서 주장된 상계항변은 공격방어방법에 지나지 않고 '계속되고 있는 사건'(259조)에 해당하지 않는다. 그러나 전소에서 상계항변으로 주장되고 있는 채권과 후소에서 청구된 채권의 각 존부에 관하여 심리가 중복되고 상계항변은 판결이유 중 판단이어도 기판력이 발생하기 때문에(216조 2항) 판결의 모순저촉이 발생할 가능성이 있다. 따라서 후소는 후소는 중복제소에 해당한다고 보고 허용해서는 안 될 것이다(259조 유추적용설). 이 경우 을은 별소를 제기할 것이 아니라 반소(269조)에 의해 당해 채권을 소구하는 것이 바람직하고 법원도 반소제기를 유도함이 타당할 것이다.[78]

다. 일부청구와 잔부청구의 중복제소

처분권주의에 비추어 수량적으로 가분적인 채권에 관하여 일부를 청구하는 것(일부청구) 자체는 인정된다. 그러나 문제는 관련된 일부청구에 있어서 소송물

---

76) 김홍규·강태원, 앞의 책, 313면; 전병서, 앞의 책, 269면.
77) 대판 2022.2.17. 2021다275741.
78) 이시윤, 앞의 책, 290면.

의 범위가 문제이다.

(1) 일부청구 부정설

일부청구인 경우에도 소송물은 채권 전체로 파악하여야 한다고 한다. 1회의 소송으로 분쟁을 일거에 해결하는 것이 타당하다는 분쟁의 일회적 해결의 요청에 비추어 보면 소송물은 가능한 한 넓게 파악하여야 하고 소송물을 나누어서 제소하는 것을 허락해서는 아니 되며, 또한 법원은 사실상 일부청구에 관하여도 채권 전체를 심리하여야 하기 때문이라고 한다. 그리고 이렇게 이해하는 것이 재판의 모순을 방지하고 피고의 중복 응소를 방지하며 소송경제의 낭비를 방지할 수 있을 것이다. 따라서 이 견해에서는 소송물이 채권 전체인 이상, 심판대상도 채권 전체인데 원고가 판결을 구하는 일부청구는 구하는 범위를 획정하는 것에 지나지 않으므로 잔부에 관하여 별소를 제기하면 중복제소에 해당한다고 한다.

(2) 일부청구 긍정설

수량적으로 가분적인 채권에 관하여 원고는 일부청구를 할 수 있고 그 경우에 일부청구에서 소송물의 범위이다. 일부청구인 경우에는 청구한 일부만 소송물이 된다고 한다. 왜냐하면 처분권주의에 비추어 보면 원고의 의사를 가급적 존중하여야 할 필요가 있기 때문이다. 또한, 손해액 산정이 곤란한 손해배상청구소송에서 소위 시험소송에 의한 원고의 이익을 도모할 수 있어 적당하다고 할 수 있기 때문이라고 한다.

(3) 명시적 일부청구 긍정설

위와 같은 긍정설에 따르면 원고는 자의에 의해 소송물을 나눌 수 있는 반면, 피고는 중복응소의 불이익을 강요당할 우려가 있다. 따라서 피고에게 반소제기(269조)의 기회를 주기 위하여 원고가 일부청구인 취지를 명시한 때에 한해서만 청구한 일부만이 소송물로 된다고 한다. 이 견해에 따른 요건을 충족한 경우 소송물이 해당 일부인 이상, 잔부에 관하여 별소를 제기하여도 중복제소에 해당하지 않는다고 한다. 다만, 일부청구임을 명시하지 않은, 즉 묵시적 일부청구인 경우에는 일부청구 부정설의 입장과 같다고 할 수 있다.

(4) 검토

그렇다면 예컨대, A가 B에게 10억원의 손해배상채권을 가지는 있는데 우선 A가 B에게 3억원의 지급을 구하기 위하여 제소(전소)를 하고 그 계속 중에 잔부인 7억원을 청구하는 소(후소)를 거듭하여 제기한 경우 후소는 중복제소 금지에 해당할 것인지 여부가 문제이다.

한편, 일부청구 후에 잔부청구를 심판대상으로 삼는 방법에 대해서 중복제소에 해당한다고 하는 견해에서는 전소에서 청구를 확장하면 충분할 것이라고 한다(청구의 변경, 262조). 또한, 중복제소에 해당하지 않는다고 하는 견해에서도 양소가 서로 관련을 가지는 이상, 피고의 응소의 이익, 소송경제 등을 고려하여 가능한 한 청구의 확장(262조)에 의하여야 하고 별소가 제기되어도 병합 심리되어야 한다고 한다.

라. 채권자취소의 소와 중복제소

채권자취소권의 요건을 갖춘 각 채권자는 고유의 권리로서 채무자의 재산처분행위를 취소하고 그 원상회복을 구할 수 있는 것이므로 여러 명의 채권자가 동시에 또는 시기를 달리하여 사해행위취소 및 원상회복청구의 소를 제기한 경우 각 소는 중복제소에 해당하는지 문제된다. 판례는 어느 한 채권자가 동일한 사해행위에 관하여 사해행위취소 및 원상회복청구를 하여 승소판결을 받아 그 판결이 확정되었다는 것만으로는 그 이후에 제기된 다른 채권자의 동일한 청구가 권리보호의 이익이 없게 되는 것은 아니어서 중복제소에 해당하지 않는다고 한다.

반면, 확정된 판결에 기하여 재산이나 가액의 회복을 마친 경우에는 다른 채권자의 사해행위취소 및 원상회복청구는 그와 중첩되는 범위 내에서 권리보호의 이익이 없게 될 것이다.[79]

그리고 수익자가 확정판결에 기하여 해당 채권자에게 재산이나 가액을 반환함으로써 그 채권자가 다른 채권자보다 사실상 우선변제를 받는 불공평한 결과가 초래된다고 하더라도 그 재산이나 가액의 반환이 다른 채권자를 해할 목적으로 수익자와 해당 채권자가 통모한 행위라는 등의 특별한 사정이 없는 한, 확정판결에 따른 반환의무를 이행한 것이 다른 채권자의 신의에 반하는 행위라고 할 수는 없으므로 확정판결에 따라 재산이나 가액의 반환을 마친 수익자가 다른 채권자의 사해행위취소 및 원상회복청구에 대하여 권리보호의 이익이 없다고 주장하는 것이 신의성실의 원칙에 위배된다고 할 수 없다.[80]

---

79) 앞의 판결(2003다19558); 대판 2012.4.12. 2011다110579.
80) 대판 2005.3.24. 2004다65367; 대판 2014.8.20. 2014다28114.

마. 채권자대위소송과 중복제소

이에 관해서는 후술한다.

바. 채권추심의 소와 중복제소

예컨대, 채무자가 제3채무자를 상대로 제기한 이행의 소가 이미 법원에 계속 중 상태에서 압류채권자가 제3채무자를 상대로 제기한 추심의 소의 본안에 관하여 심리·판단하는 경우에는 제3채무자에게 불합리하게 과도한 이중응소의 부담을 지우고 본안심리가 중복되어 당사자와 법원의 소송경제에 반한다거나, 판결의 모순·저촉의 위험이 크다고 볼 수 없어 이러한 경우에는 중복제소에 해당하지 아니한다.

특히, 압류채권자는 채무자가 제3채무자를 상대로 제기한 이행의 소에 81조, 79조에 따라 참가할 수도 있으나, 채무자의 이행의 소가 상고심에 계속 중인 경우에는 승계인의 소송참가가 허용되지 아니하므로 압류채권자의 소송참가가 언제나 가능하지는 않고 압류채권자가 채무자가 제기한 이행의 소에 참가할 의무가 있는 것도 아니다. 그리고 채무자가 제3채무자를 상대로 제기한 이행의 소가 법원에 계속 중인 경우에도 압류채권자는 제3채무자를 상대로 압류된 채권의 이행을 청구하는 추심의 소를 제기할 수 있고 제3채무자를 상대로 압류채권자가 제기한 추심의 소는 채무자가 제기한 이행의 소에 대한 관계에서 259조가 금지하는 중복된 소제기에 해당하지 않는다.[81]

사. 국제적 중복제소

외국법원의 소송에 관하여는 중복제소의 금지가 적용되지 않는다. 왜냐하면 중복제소 금지의 취지는 어디까지나 국내재판의 모순방지에 있고 259조의 "법원"은 한국의 법원만 의미한다고 생각하여야 하기 때문이다. 이에 관하여 외국판결의 승인에 의해 재판의 모순 또는 저촉이 발생할 수 있다고 하여 259조를 적용하는 견해도 있다. 그러나 외국판결의 승인 가능성은 조사에 의해 확정적으로 판단할 수 있는 것은 아니다. 또한, 외국소송의 소송물과 동일한지를 판단해야 하는 곤란한 문제도 있는 점을 생각하면 259조는 적용되지 않는다고 하여야 할 것이다(부정설).

---

81) 대판(전합) 2013.12.18. 2013다202120.

4. 중복제소의 처리

법원은 해당 소송이 중복제소의 금지(259조)에 저촉되는지를 직권으로 조사하여 중복제소에 해당하면 소를 각하하는 것이 원칙이다. 다만, 후소가 중복제소에 해당하는 경우에도 청구취지가 다른 경우에는 중복제소의 폐해를 방지하면 충분하기 때문에 법원은 바로 소를 각하할 것이 아니라 전소와 병합하여 심리하는 것이 바람직하다(141조). 후소를 전소와 병합심리하게 되면 판결의 모순은 회피될 수 있기 때문이다. 여기에서 전·후소의 판단기준은 소송계속의 전후에 따르고 전소가 부적법하여도 무방하다.

제2장 심리의 대상

제1절 소송요건

Ⅰ. 소송요건(일반)

1. 의의

소송요건이란 본안판결을 하기 위한 소의 적법요건을 말한다. 법원은 원고가 신청한 청구(본안)에 관하여 심리·판단을 하고 본안판결(청구인용·청구기각)을 하기 위해서는 소가 선행적으로 소송요건을 구비하여야 한다. 소송요건은 민사소송의 효율적인 운영을 도모하기 위하여 요구되는 것으로 소송요건을 구비하지 않은 때에는 소를 각하한다.

소송요건은 본안심리를 진행하고 본안판결을 하기 위하여 필요한 요건으로 소송이 성립한 것을 전제로 하기 때문에 소송성립요건이 아니고 또한, 개개의 소송행위의 유효요건과도 다르다.

소각하 판결은 소송요건의 흠결을 이유로 소를 부적법하다고 하여 각하하는 것으로 소송판결에 해당한다. 이 판결은 소송물인 권리관계의 존부 판단에 들어가지 않는 종국판결이다.

민사소송은 본래 사적 자치의 원칙이 작용하는 영역의 분쟁이기 때문에 누구를 당사자로 하고 무엇을 제소할 것인지는 당사자의 자유이다(처분권주의). 그러나 민사소송은 공권적인 분쟁해결제도이기 때문에 소송경제의 요청이 있을 뿐만 아니라 반드시 실효적 분쟁해결을 얻을 수 있어야 하므로 그렇지 않을 경우에 법원은 당사자 및 청구에 대하여 이를 각하할 필요가 있다. 그래서 본안판결을 하기 위한 전제조건으로 소송요건의 구비가 필요한 것이다.

2. 종류

소송요건에는 ① 법원에 관한 것으로 당사자와 청구가 우리나라의 재판권에 속할 것, 법원이 관할권을 가질 것 등이 있고, ② 당사자에 관한 것으로 당사자(원고·피고)가 실재할 것, 당사자가 당사자능력을 가질 것, 당사자가 당사자적격을 가질 것, 소의 제기 및 소장의 송달이 유효할 것 그리고 소송비용의 담보를 제공할 필요가 없거나 제공할 것 등이 있고, ③ 청구에 관한 것으로 청구에 소의 이익이 있을 것, 중복제소의 금지나 재소금지에 저촉되지 않을 것, 청구의 병합 또는 소송 중인 소의 경우에는 그 요건을 충족시킬 것 그리고 중재계약·부제소합의 등이 없을 것 등이 있다.

3. 소송요건의 조사

가. 직권조사사항과 항변사항(조사의 개시)

소송요건에 관해서는 원칙적으로 법원이 직권으로 이미 제출된 자료에 의하여 유무에 관하여 조사를 개시한다(직권조사사항).[1] 본안에 관하여 처분권주의에 따라 심리의 개시가 당사자의 의사에 위임되어 있는 점과 다르다. 왜냐하면 소송요건은 제도운영자인 법원의 공익상 이유(소송경제)에서 요청되고 있는 것이 많기 때문이다. 다만, 원래 부제소 합의,[2] 중재계약의 존재 등은 피고의 신청을 기다려 그 조사가 개시되는 항변사항이라고 할 수 있다. 왜냐하면 이러한 사유는 오로지

---

[1] 대판 2021.11.11. 2021다238902에 의하며, 종중이 당사자인 사건에서 종중의 대표자에게 적법한 대표권이 있는지는 소송요건에 관한 것으로서 법원의 직권조사사항이므로 법원으로서는 그 판단의 기초자료인 사실과 증거를 직권으로 탐지할 의무까지는 없다 하더라도 이미 제출된 자료들에 의하여 그 대표권의 적법성에 의심이 갈만한 사정이 엿보인다면 상대방이 이를 구체적으로 지적하여 다투지 않더라도 이에 관하여 심리, 조사할 의무가 있다고 한다.

[2] 대판 2013.11.28. 2011다80449에 의하면 "소가 부제소 합의에 위배되어 제기된 경우 법원은 직권으로 소의 적법 여부를 판단할 수 있다. 또한, 법원이 직권으로 부제소 합의에 위배되었다는 이유로 소가 부적법하다고 판단하기 위해서는 충분한 심리가 있어야 한다. 그러한 것이 없이 직권으로 부제소 합의를 인정하여 소를 각하하는 것은 필요한 심리를 제대로 하지 아니하는 것이다."라고 한다. 이에 대한 의문을 나타내는 견해(박재완, 앞의 책, 188면)가 있지만 위 판결은 오히려 부제소 합의의 유무에 관한 문제가 아니라 법원은 '충분한 심리를 하여야 하는 점'에 비추어 형태 유무에 관계없이 법원이 제반 주장입증에 비추어 그 부제소 합의가 있는 이상, 그 적법성을 판단하는 것에 관한 충분한 심리를 하는 것은 법원의 역할이기 때문에 그것을 하지 않는 점을 지적한 이 판결은 타당한 결론을 도출한 것이라고 생각한다.

피고의 이익을 고려하여 소송요건으로 된 것이기 때문이다.

나. 직권탐지주의와 변론주의(조사의 자료)

소송요건의 존부판단을 위한 자료는 원칙적으로 법원이 직권으로 수집하여야 한다(직권탐지주의). 이는 본안심판이 변론주의에 의해 소송자료의 수집을 오로지 당사자의 직책과 권능으로 하는 점과 다르다. 왜냐하면 많은 소송요건은 공익적 이유로 요구되고 있기 때문이다.

다만, 부제소 합의 등과 같이 오로지 피고의 이익을 위하여 소송요건으로 인정된 경우에는 그 판단을 위한 자료의 수집을 당사자에게 위임하는 것이 상당하다(변론주의). 따라서 임의관할, 소의 이익 또는 당사자적격 등은 직권조사사항으로 법원의 책무지만 부제소 합의 등의 자료수집은 당사자가 변론주의에 따라 자료수집 등을 진행하여야 한다고 할 수 있다. 이것은 비교적 공익성이 약하고 또한, 그 존부가 개별적인 소와의 관계에서 결정되는 것이어서 본안과의 관계가 밀접하므로 본안심리에서 적용되는 변론주의에 의하는 것이 바람직하기 때문이다.

[표 3-3] 직권주의와 변론주의의 비교

	고도의 공익성	공익성 있음	오로지 피고의 이익
조사의 개시	직권조사사항		항변사항
자료의 수집	직권탐지주의	변론주의	

다. 조사의 순서

(1) 소송요건 상호간

추상적·일반적인 요건부터 본안과 관련된 구체적인 요건의 순서로 심리한다. 왜냐하면 결론내기 쉬운 것을 먼저 심리하는 것이 합리적이기 때문이다.

(2) 소송요건과 본안판결의 관계

현행법에서는 소송요건에 관한 심리와 본안심리는 함께 평행적으로 이루어진다. 그렇다면 소송요건의 조사를 마치기 전에 본안의 심리가 먼저 종료된 경우 법원은 본안판결을 할 수 있는가? 소송요건은 본안판결을 하기 위한 전제요건이기 때문에 원칙적으로 소송요건의 판단은 반드시 본안판결을 하기 전에 이루어져야 한다.

그러나 본안심리를 병행하는 과정에서 아직 소송요건에 대한 심리가 미진한 가운데 청구기각을 하여야 할 것이 명확한 경우 굳이 소송요건의 조사를 계속한 다고 하는 것은 소송경제에 반할 뿐만 아니라 당사자에게도 가혹한 결과로 될 수 도 있다. 따라서 피고의 이익 보호를 주된 목적으로 하는 소송요건(중재계약, 부제 소 합의, 임의관할 등) 또는 쓸데없는 심판을 피하기 위한 소송요건(당사자능력, 소의 이익, 당사자적격)에 관하여는 그 존부가 판명되지 않는 경우에도 본안의 기각판결 을 할 수 있을 것이다. 왜냐하면 전자에 관하여는 피고가 기각판결의 이익을 받 게 되므로 더 이상 심리를 확대할 필요가 없는 점, 후자에 관하여도 결국 쓸데없 게 되어 버리는 소송의 소송요건의 심리를 계속하는 것은 논리에 어긋날 수 있기 때문이다.

반면에 소송요건이 본안판결을 위한 요건이라는 것을 중시하면서 소송요건 의 심리판단은 본안을 판단하기 이전에 이루어져야 할 것이다(요건심리의 선순위 성). 따라서 소송요건을 구비하고 있다는 판단을 할 수 없으면 청구의 본안판단을 할 수 없다. 즉, 원고의 청구가 주장 자체로 이유가 없기 때문에 인용될 여지가 없는 경우에도, 소송요건의 심리판단이 종료하기 이전에 청구의 이유가 없는 것 으로 본안심리가 종료된 경우에도, 당사자적격이 다투어지는 과정에서 청구의 이 유가 없는 것이 판명된 경우에도, 법원은 소송요건을 구비하지 못하면 소송판결 을 하여야 하는 것으로 청구기각판결을 할 수는 없다(통설·판례).[3]

(3) 소송요건의 판단 기준시

소송요건을 판단하는 기준시기는 원칙적으로 사실심의 변론종결시[4]까지이 고 그때까지 소송요건을 구비하여야 본안에 대한 판단을 할 수 있다. 소송요건이 본안판결을 위한 선행적 요건이고 본안판결은 사실심의 구술변론종결시까지 제 출된 자료에 따라 이루어지기 때문이다.

라. 소송요건과 법원의 처리

소송요건이 존재하면 법원은 특별히 존재하는 것에 대하여 법원의 판단내용 을 판결문 판결서에 기재하지 않고 본안심리를 한 후에 본안판결을 한다. 소송요

---

3) 이시윤, 앞의 책, 217면; 정동윤·유병현·김경욱, 앞의 책, 409면. 대판 1983.2.8. 81누420. 한편, 김홍규·강태원, 앞의 책, 304면은 무익한 소송배제나 피고의 이익보호를 목적으로 하는 소송요 건에 대해서는 선순위성을 부정하는 절충적 입장이다.

4) 대판(전합) 1977.5.24. 76다2304.

건의 흠결이 명확한 경우 법원은 본안심리를 진행하지 않고 소를 부적법한 것으로 각하한다. 다만, 소송요건 중 관할의 위반이 있는 경우에는 이송한다(34조 1항).

그리고 소송요건의 흠결을 간과하고서 이루어진 본안판결은 위법하므로 상소로 취소를 구할 수 있다(다만 임의관할 위반에 관해서는 상소할 수 없다. 411조 본문). 판결이 확정되면 재심사유에 해당하는 경우 재심의 소를 제기할 수 있다. 원래 청구기각판결에 대하여 피고는 소 각하를 구하고자 상소할 이익은 없다. 왜냐하면 피고 입장에서 소각하판결보다도 기각판결이 보다 유리하기 때문이다. 소송요건의 흠결을 이유로 소를 각하하는 판결에 대하여는 원고뿐만 아니라 피고도 상소로 취소를 구할 수 있다. 청구기각을 구하고 있는 피고에게 소각하판결보다 유리한 청구기각판결을 얻을 수 있는 기회를 부여하는 것이 타당하기 때문이다.

II. 소의 이익

1. 의의

소의 이익이란 원고가 신청한 특정청구에 대하여 본안판결을 할 필요성 및 실효성을 판단하기 위한 것이다. 민사소송은 공권적인 분쟁해결제도이기 때문에 소송경제의 요청이 있어야 하고 원고가 신청한 특정청구(분쟁)를 실효적으로 해결할 수 없는 청구에 관하여는 본안판결 없이 청구를 배제할 필요가 있다. 그래서 당사자가 신청한 개개의 청구내용이 본안판결을 할 필요성이 있는지, 본안판결에 의한 해결의 실효성을 충족하는지 여부를 음미하기 위하여 '소의 이익'이라는 소송요건이 만들어졌다.

2. 각종 소에 공통적인 소의 이익

소의 이익을 인정하기 위한 일반적인 요건으로는 다음과 같은 것이 있다.

가. 청구가 구체적인 권리관계의 존부에 관한 주장일 것

법원은 법률상 쟁송에 대해서 재판할 수 있고 법률상 쟁송(법원조직법 2조 1항)에 해당하기 위해서는 구체적인 권리의무 내지 법률관계에 관한 분쟁이고 동시에 법령적용에 의해 종국적인 해결이 가능하여야 한다. 예컨대, 원고가 말소등기 절차의 이행을 구하고 있는 근저당권설정등기는 상고심 계속 중에 낙찰을 원인으로 하여 말소된 경우,[5] 사실혼 배우자의 일방이 사망하여 과거의 사실혼 관계가 현재적 또는 잠재적 분쟁의 전제가 되어 있어 그 존부확인청구가 분쟁을 일거에 해결하는 유효·적절한 수단일 수 없는 경우[6]에는 확인의 이익이 인정될 수 없다.

따라서 청구가 단순한 사실의 존부에 관한 판단을 구하는 청구는 허용되지 않는다. 왜냐하면 법률을 적용하여 구체적으로 발생한 법률적 분쟁을 해결하여야 하는데 단순한 사실의 존부판단은 여기에 해당하지 않기 때문이다. 다만, 증서진부확인의 소(250조)는 사실의 존부 판단에 관한 것이지만 예외적으로 허용한다. 또한, 구체적 사건과 관계없이 추상적으로 법령의 해석을 구하는 것은 허용되지 않는데 소송이란 구체적인 분쟁을 해결하는 것이어야 하기 때문이다.

한편, 종교상 교리의 판단이 필요한 소도 허용되지 않는다. 왜냐하면 청구의 당부를 판단하는 전제로서 해당 종교단체의 교리 또는 신앙의 내용을 간섭하여 심판하는 것이 불가피한 경우에 이는 종교상 지위의 존부 또는 종교상 가치판단 자체를 법원이 판단하는 것이 되어 타당하지 않기 때문이다. 다만, 전혀 법원이 심사할 수 없다고 하면 자력구제의 사태를 발생시킬 수 있고 오히려 분쟁해결의 요청에 불응하는 것이 된다. 그래서 어디까지나 법률상 지위의 존부가 다투어지고 그 전제로서 종교상 교리의 해석이 문제로 되는 때에는 법령 적용에 의해 종국적인 해결이 가능한 요건을 충족시키는 것으로 보아 본안판결을 하여야 한다.[7]

또한, 법원은 종교단체의 자율적인 결정을 중시하여야 할 사안에 대해서도 그 결정이 공서양속에 반하지 않는 한, 각하판결을 내려야 할 것이다. 예컨대, 사찰의 주지 지위의 확인청구소송은 단순히 종교상 지위의 존부 확인에 지나지 않고 구체적인 권리 또는 법률관계의 존부 확인을 구하는 것이 아니기 때문에 소는 각하되어야 할 것이다. 그리고 착오에 의한 기부의 부당이득반환청구소송이라

---

5) 대판 2003.1.10. 2002다57904.
6) 대판 1995.11.14. 95므694.
7) 대판 2011.10.27. 2009다32386은 종교활동은 헌법상 종교의 자유와 정교분리의 원칙에 의하여 국가의 간섭으로부터 그 자유가 보장되어 있으므로 법원으로서도 종교단체 내부관계에 관한 사항에 대하여는 그것이 일반 국민으로서의 권리의무나 법률관계를 규율하는 것이 아닌 이상 원칙적으로 실체적인 심리·판단을 하지 않음으로써 종교단체의 자율권을 최대한 보장해야 한다고 판시하였다. 같은 취지로는 대판 2014.12.11. 2013다78990; 대판 2015.4.23. 2013다20311 등.

고 할지라도 착오의 성부 판단을 할 때 종교상 가치판단이 불가결하여 그것이
쟁점·핵심으로 되어 있는 경우에는 법령의 적용에 의한 종국적 해결이 불가능하
므로 소는 각하되어야 한다고 한다. 왜냐하면 그 전제인 신앙대상의 가치 또는
종교상 교리에 관한 판단을 하여야 하므로 결국 이건의 소송은 실질적으로는 법
령의 적용에 의한 종국적 해결이 불가능한 것이기 때문에 법률상 쟁송에 해당하
지 않기 때문이다. 즉, 종교문제가 청구의 당부를 판단하는 전제로서 소송에서
다투어지는 경우에는 ① 분쟁의 실체 내지 핵심이 종교상 다툼이어서 분쟁이 전
체적으로 법원에 의한 해결이 적합하지 않은 경우와 ② 분쟁 자체는 전체적으로
법원에 의한 해결에 적합할 수 있는 경우가 있는바, ①의 경우에는 소각하를 하
여야 할 것이다. 왜냐하면 이것은 헌법에서 보장되고 있는 사법권의 한계를 벗어
나기도 하고 사법권의 핵심인 구체적 쟁송의 내부에 종교문제를 전제로 하고 있
는 분쟁은 법원의 심사권 또는 판단이 미치지 않는 것으로 볼 수 있기 때문이다.

그리고 통치행위,[8] 학교 내에서 시험채점 등과 같이 부분사회에 속하는 문
제도 법원 심사의 대상이 되지 않는다.

나. 법률상 제소가 금지되지 않을 것

중복제소의 금지(259조), 재소금지(267조 2항) 등에 해당하지 않아야 한다. 여
기에 해당할 경우에는 소의 이익이 없어 원칙적으로 소가 각하되어야 할 것이다.

다. 기타 소송의 필요성을 부정할 이유가 없을 것

예컨대, 부제소합의 또는 중재계약 등과 같이 당사자 간에 소송을 이용하지
않는다고 하는 취지의 합의가 있거나 소송비용확정절차와 같이 간편한 수단이
마련되어 있거나 또는 이미 승소확정판결을 받은 경우에는 소의 이익을 결여한
다.[9] 부제소합의란 특정분쟁을 해결할 때 소송에 의하지 않는다고 하는 취지로
당사자 간에 합의를 한 것을 말하는데 이에 위반하여 소제기를 한 경우 법원은

---

8) 다만 고도의 정치성을 띤 국가행위인 이른바 '통치행위'에 대해서도 국민의 기본권을 보장하고
법치주의 이념을 구현할 필요가 있을 때는 사법심사의 대상이 될 수 있다고 할 것이다. 이러한
취지의 판례로는 대판 2004.3.26. 2003도7878; 대판(전합) 2010.12.16. 2010도5986 등 참조.

9) 대판 2011.3.24. 2010다96997은, 소송비용으로 지출한 금액은 민사소송비용법의 규정에 따른 소
송비용액확정절차를 거쳐 상환받을 수 있으므로 이를 별도의 적극적 손해라 하여 그 배상을 소
구할 이익이 없다고 하였다. 또한 대판 2013.7.25. 2012다204815는, 공탁관의 처분에 대하여 불
복이 있는 때에는 공탁법이 정한 바에 따라 이의신청과 항고를 할 수 있고 공탁관에 대하여 공
탁법이 정한 절차에 의하여 공탁금지급청구를 하지 아니하고 직접 민사소송으로 국가를 상대로
공탁금지급청구를 할 수는 없다고 하였다.

소의 이익이 결여된 것으로 보아 소 각하 판결을 하여야 할 것이다(사법행위설, 통설·판례).[10] 왜냐하면 당사자 간에 부제소 합의라는 형태로 자주적인 분쟁해결을 하기로 되어 있으므로 더 이상 소송에 의한 분쟁해결의 필요성이 상실되기 때문이다. 이에 대하여 부제소 합의가 있으면 소의 이익을 결여한다고 하는 구성을 할 것이 아니라 소송상 효과로서 바로 소가 각하된다고 하는 견해가 있다(소송행위설).[11]

3. 권리보호의 이익

가. 이행의 소의 이익

(1) 현재이행의 소

현재이행의 소란 이행기가 도래한 이행청구권을 주장하는 소이다. 현재이행의 소에는 원칙적으로 소의 이익이 있다. 왜냐하면 청구권에 이행기가 도래했고 그때까지 이행되지 않고 있는 이상, 이행을 구할 필요성과 분쟁해결의 실효성이 있기 때문이다. 한편, 피고가 이행을 거절하지 않더라도 강제집행의 집행권원을 얻을 필요성이 있기 때문에 소의 이익이 있다. 또한, 확정된 이행판결을 얻었더라도 판결원본을 멸실하였다든지, 시효중단의 필요가 있는 경우에도 역시 소의 이익이 인정된다.

(2) 장래이행의 소

㈎ 의의

장래이행의 소란 구술 변론종결시까지 이행기가 도래하지 않은 이행청구권에 관하여 이행판결을 구하는 소를 말한다. 장래이행의 소는 원칙적으로 소의 이익이 없다. 왜냐하면 이것은 장래에 이행을 명하는 판결을 현재 구하는 소로, 통상적으로 아직 분쟁이 존재하고 있다고 할 수 없을 뿐만 아니라 이행을 구할 필요성도 분쟁해결의 실효성도 없기 때문이다. 다만, 예외적으로 장래이행의 소가 '미리 청구할 필요가 있는 경우'에는 소의 이익을 인정할 수 있다(251조). 여기서 미리 청구할 필요가 있는 경우란, 채무자가 미리부터 채무의 존재를 다투기 때문

---

10) 이시윤, 앞의 책, 397면; 김홍엽, 앞의 책, 525면. 대판 2011.6.24. 2009다35033. 한편, 대판 2013.
    11.28. 2011다80449는 부제소합의를 직권조사사항으로 보고 있다.
11) 김홍규·강태원, 앞의 책, 430면.

에 이행기가 도래되거나 조건이 성취되었을 때 '임의의 이행을 기대할 수 없는 경우'를 말한다.[12] 예컨대, 정기적인 물품공급계약을 체결한 후 현재에도 물품공급을 하고 있지 않는다면 장래에도 공급하지 않을 우려가 있기 때문에 장래의 분쟁이 현재 현실화되어 있고 현재 판결을 내림으로써 분쟁을 조속히 해결할 수 있기 때문에 소의 이익이 긍정된다.

따라서 채무의 이행기가 장래에 도래하는 것일 뿐만 아니라 채무불이행사유가 변론종결 당시에 확정적으로 예정할 수 있는 것이어야 한다.[13] 그리고 그것은 의무자의 태도, 이행의무의 목적·성질 등을 고려하여 개별·구체적으로 판단하여야 할 것이다.

⑴ 소의 이익이 인정되는 구체적인 사례

상대방이 현재 의무의 존재·이행기 및 조건 등을 다투고 있어서 원고가 주장하는 시기에 피고의 임의이행을 기대할 수 경우로서 예컨대, 주식의 소유자가 양도절차를 거부하는 경우에는 그 주식 발행회사도 명의개서를 거부할 염려가 있다는 이유로 회사에 대한 장래의 명의개서를 청구할 필요가 있다.[14] 그리고 피담보채무 전액을 변제하였다고 주장하면서 근저당권설정등기에 대한 말소등기절차의 이행을 청구하였으나, 원리금의 계산 등에 관한 다툼 등으로 인하여 변제액이 채무 전액을 소멸시키는 데 미치지 못하고 잔존채무가 있는 것으로 밝혀진 경우에는 특별한 사정이 없는 한 원고의 청구에 확정된 잔존채무를 변제하고 그 다음에 위 등기의 말소를 구한다는 취지도 포함되어 있는 것으로 해석함이 상당하고 이는 장래 이행의 소로서 미리 청구할 이익도 인정된다고 볼 수 있다.[15]

또한 계속적 또는 반복적 이행의무에 관하여 현재 이행기에 있는 부분의 불이행이 있는 경우에는 장래부분의 이행도 기대할 수 없기 때문에 소의 이익이 인정된다. 그리고 이행이 늦어지면 채무의 내용에 따른 이행으로 되지 않는 정기매매에 기한 이행청구 또는 이행지체에 의한 손해가 중대한 생활비청구 등은 이행

---

12) 대판 2000.8.22. 2000다25576.
13) 대판 1987.9.22. 86다카2151; 대판 2018.7.26. 2018다227551.
14) 대판 1972.2.22. 71다2319.
15) 대판 2023.11.16. 2023다266390에 의하면, 이러한 경우에 법원은 피담보채무가 전액 변제되지 않았다는 이유만으로 원고의 청구를 기각할 것이 아니라 근저당권설정등기의 피담보채무 중 잔존 원금 및 지연손해금의 액수를 심리·확정한 후 그 변제를 조건으로 근저당권설정등기의 말소를 명하여야 한다고 한다.

의무의 성질 때문에 소의 이익이 긍정된다. 본래의 급부청구와 함께 집행불능에 대비하여 구하는 대상청구(예: 목적물 인도청구와 그 집행불능에 대비한 손해배상청구)를 병합하여 제기하는 경우에도 본래의 급부청구가 다투어지기 때문에 대상청구에 관해 소의 이익을 긍정할 수 있다.[16)]

(다) 청구권 내용을 명확히 확정할 수 없는 경우

장래이행의 소에서 청구권의 내용을 현재 명확하게 확정할 수 없는 경우에 장래이행의 소가 인정되는지 문제된다. 이를 허용하면 피고(채무자)에게 장래에 강제집행을 저지하기 위한 절차적 부담을 주게 되기 때문이다. 그래서 장래이행의 소가 허용되기 위해서는 청구권의 발생이 상당할 정도로 확실할 것(청구적격)이 필요하다.[17)] 따라서 기한부 채권, 정지조건부 채권·보증인의 구상권 등은 청구권의 내용이 상당한 정도로 명확하기 때문에 장래이행의 소를 인정하여도 무방하다.[18)]

이와 달리 계속적·반복적 이행청구(예컨대 장래의 계속적 불법행위에 기한 손해배상청구 또는 부당이득반환청구)에 관하여는 청구권 발생의 성부·내용이 유동적이기 때문에 특히 청구적격이 인정되는지 여부가 문제이다. 생각건대, 미리 이행판결(집행권원)를 얻어서 이행기가 도래하면 바로 강제집행을 할 수 있게 되는 원고의 이익과 변론이 종결된 이후에 변경사유를 주장하기 위하여 청구이의의 소(민사집행법 44조 1항)를 제기하여 강제집행을 저지하여야 하는 피고의 불이익을 비교·형량할 필요가 있다. 따라서 이 경우 장래이행의 소가 허용되기 위해서는 청구권 발생의 기초인 사실 및 법률상 관계의 계속을 예측할 수 있을 것, 이러한 청구권의 존부·내용에 관하여 채무자에게 유리한 장래의 변동사유를 미리 예측할 수 있을 것, 청구이의의 소에서 이러한 사유를 소명해야만 강제집행을 저지할 수 있는 부담을 채무자에게 부과하여도 특별히 부당하지 않은 것 등이 요구될 것이다. 이를 공해를 이유로 한 장래의 손해배상청구의 소에 적용하면 다음과 같이 판단

---

16) 대판 2011.1.27. 2010다77781 등. 본래의 급부청구와 장래의 이행청구인 대상청구는 청구의 단순 병합에 해당한다.

17) 대판 2023.3.13. 2022다286786에 의하면, 장래이행의 소가 적법하기 위해서는 ⅰ) 청구권 발생의 기초가 되는 법률상·사실상 관계가 변론종결 당시 존재해야 하고, ⅱ) 그 상태가 계속될 것이 확실히 예상되어야 하며, ⅲ) 미리 청구할 필요가 인정되어야 한다고 한다. 이때 ⅰ)과 ⅱ)는 청구적격에 관한 것이다.

18) 이시윤, 앞의 책, 231면; 김홍엽, 앞의 책, 295면. 대판 1997.11.11. 95누4902·4919.

할 수 있을 것이다. 즉, 공해의 경우 동일한 태양의 행위가 장래에도 계속되는 것을 예측할 수 없는 바는 아니지만 손해배상청구권의 존부 및 그 액은 앞으로 유동성을 가진 복잡한 사실관계와 그것에 대한 법적 평가에 좌우되는 등 미리 일의적으로 명확하게 인정할 수 없을 것이다. 원고가 주장하는 장래의 시점까지의 기간이 불확실하여 변론종결 당시에 확정적으로 예정할 수 없음에도 만약 장래이행의 소를 허용하면 피고(채무자) 측에게 청구권의 존부·액수에 관하여 유리한 장래의 사정변동을 청구이의사유로서 제소시켜 입증케 해야 하는데 이는 채무자 입장에서 부담이 가중되므로 타당하지는 않다. 따라서 장래이행의 명하는 판결을 할 수 없다.[19]

나. 확인의 소의 이익(확인의 이익)

확인의 소에서 확인의 대상(소송물)은 이론적으로 제한이 없기 때문에 쓸데없는 확인의 소가 제기될 가능성이 많고 그 경우 법원·피고의 부담은 가중될 수 있다. 또한, 확인판결은 이행판결과는 달리 집행력을 갖지 못하고 기판력만으로 분쟁을 실효적으로 해결할 수 있는 경우로 제한될 필요도 있다. 그래서 확인의 소에서는 법원·피고의 부담 경감이라는 견지에서 확인의 이익이라는 개념을 통해서 본안판결을 할 필요성 및 실효성이 있는 소만 국한할 필요가 크다고 할 것이다. 구체적으로 확인의 이익이 있는지 여부는 확인대상으로 선택한 소송물이 분쟁해결이라는 측면에서 유효·적절한지(확인대상의 선택의 적부), 분쟁이 확인판결에 의해 즉시 해결할 필요가 있을 정도로 현실적인 위험 내지 불안이 있는지(즉시확정의 필요성) 및 확인소송이라는 수단을 선택한 것이 분쟁해결이라는 입장에서 유효한지(확인소송의 선택의 적부)에 관한 3가지 관점에서 판단하여야 할 것이다.

(1) 확인대상 선택의 적부

㈎ 과거의 사실 또는 법률관계의 확인

당사자가 선택한 확인대상(소송물)이 분쟁해결이라는 입장에서 유효·적절해야 한다. 따라서 확인의 대상은 원칙적으로 현재의 권리 내지 법률관계이어야 하고 과거의 사실 또는 법률관계의 확인은 원칙적으로 허용되지 않는다. 왜냐하면 과거의 사실 또는 법률관계의 확인은 분쟁의 발본적 해결이 되지 않는 경우가 많

---

19) 대판 1993.7.27. 92다1332; 대판 1987.9.22. 86다카2151.

고, 또한 그 이후에 법률관계의 변동가능성이 항상 존재하는 이상, 현재의 분쟁
해결에 유효·적절하다고 할 수 없기 때문이다. 다만 과거의 사실관계 또는 법률
관계 확인을 구하는 경우라도 현재의 권리관계 확인을 구하는 것으로 해석할 여
지가 있다면 법원은 석명을 통하여 청구를 변경하도록 하여 심리하는 것이 타당
할 것이다.[20] 예컨대 원고가 과거의 농지수분배 사실에 대한 확인의 소를 제기한
경우 이를 현재의 경작권확인을 구하는 것으로 볼 수 있을 것이다.[21]

  이와 달리 증서진부확인의 소(250조)는 비록 과거에 작성된 것일지라도 허용
된다. 이 소는 어음·수표·계약서·차용증 또는 유언서 등과 같이 그 기재내용이
과거에 작성된 것이라도 그로부터 직접 일정한 현재의 법률관계 존부가 증명될
수 있는 서면,[22] 즉 현재의 법률관계를 직접 증명하는 서면에 관한 진부(작성자의
의사에 따라 작성한 것인지 여부)를 확인하는 소로서 원고의 권리·지위의 위험·불안
이 오로지 그 서면의 진부와 관련되어 있는 경우라면 허용되어야 하기 때문이다.
또한, 그리고 증서진부확인의 소도 확인의 소인 이상, 확인의 이익이 요구되고
있으므로 대상서면에 의하여 증명하여야 할 법률관계에 관하여 이미 다른 소송
이 제기되어 있는 경우에는 그 소를 제기할 확인의 이익은 인정되지 않는다.[23]

  전술한 것처럼 과거의 법률관계는 현재의 권리 또는 법률관계에 관하여 확
정할 이익이 없어 확인의 소의 대상이 될 수 없음이 원칙이지만,[24] 과거의 법률
관계도 현재의 권리 또는 법률상 지위에 영향을 미치고 있고 현재의 권리 또는
법률상 지위에 대한 위험이나 불안을 제거하기 위하여 법률관계에 관한 확인판
결을 받는 것이 가장 유효·적절한 수단이라고 인정될 때에는 확인의 이익이 있
다.[25] 예컨대 교원에 대한 징계해임 처분은 일정 기간 공직 또는 교원으로서 임
용될 수 없는 결격사유가 되며 그 기간이 경과한 뒤에도 징계 전력으로 인해 임
용되는 데 불이익한 장애사유가 될 수 있기 때문에 과거의 해임처분이 현재 및
장래의 법적 지위에 영향을 미치는 것이므로, 교원의 해임무효확인의 소는 확인

20) 대판 2022.6.16. 2022다207967.
21) 한충수, 앞의 책, 201면. 대판 1971.5.31. 71다674.
22) 대판 2007.6.14. 2005다29290·29306.
23) 위 판결(2005다29290·29306).
24) 대판 1996.5.10. 94다35565·35572; 대판 2022.2.10. 2019다227732 등.
25) 대판 2010.10.14. 2010다36407; 대판 2018.5.30. 2014다9632; 대판 2023.2.23. 2022다207547.

의 이익이 인정될 수 있다.[26]

과거의 기본적인 법률관계를 확정하는 것이 분쟁의 직접적이고 동시에 발본적인 해결에 도움을 주는 경우에는 확인의 이익이 인정될 수 있다(통설·판례).[27] 예컨대, 주주총회결의무효와 같은 과거 법률관계의 확인을 구하는 소가 제기된 경우 원칙적으로 과거 법률관계의 확인의 이익은 일반적으로 인정되지 않지만 현재의 권리관계를 개별적으로 확정하여도 반드시 분쟁의 발본적인 해결을 가져오지 못하고 오히려 그러한 권리관계를 이유 있게 하는 과거의 기본적 법률관계를 확정하는 것이 현재 분쟁의 직접적이고 동시에 발본적인 해결을 위해서 가장 유효적절하다고 인정될 수 있는 경우에는 확인의 이익이 인정된다고 할 것이다. 또한 전술한 것처럼 과거의 법률관계에 관한 확인의 소는 원칙적으로 인정되지 않지만 과거의 기본적인 법률관계로부터 파생한 현재의 권리관계를 확정하는 것이 분쟁의 발본적인 해결이 되지 않고 오히려 과거의 권리관계의 확정이 근본적인 해결책이 되는 경우에는 예외적으로 확인의 이익이 긍정될 수 있다. 예컨대, 유언자의 사망 이후에 유언무효확인을 구하는 경우 과거의 유언 무효를 확인하는 것에 의해 현재의 개별적 법률관계에 관한 분쟁이 일거에 해결되는 경우에는 확인의 이익을 인정할 수 있으며, 친자 일방이 사망한 이후에 친자관계 확인을 구하는 소도 분쟁을 발본적으로 해결할 수 있는 경우에는 확인의 이익을 인정할 수 있다.

(나) 자기 권리의 소극적 확인

자기 권리의 적극적 확인을 구할 수 있는 경우에는 원칙적으로 상대방 권리의 소극적 확인을 구해서는 안 된다.[28] 원고가 피고에 대한 소유권 부존재 확인의 소를 제기한 경우 청구인용판결은 피고에게 소유권이 부존재함을 확정하는 것이지 원고에게 소유권이 존재함을 확정하는 것이 아니므로 확인의 이익은 인정되지 않는다. 따라서 분쟁을 근본적으로 해결하기 위해서는 원고는 소유권존재 확인의 소를 제기하여 자기에게 소유권이 있음을 인정하는 확인판결을 받아야

26) 대판 1991.6.25. 91다1134; 대판 1993.7.27. 92다40587.
27) 김홍규·강태원, 앞의 책, 283면; 정동윤·유병현·김경욱, 앞의 책, 431면. 대판 1995.3.28. 94므1447; 대판 1995.11.14. 95므694; 대판 2020.8.20. 2018다249148 등.
28) 이시윤, 앞의 책, 240면. 대판 1988.9.27. 87다카2269; 대판 2016.5.24. 2012다87898; 대판 2004.3.12. 2003다49092.

할 것이다. 다만, 원고가 목적물의 점유도, 등기도 하고 있어 물권적 청구권을 행사할 필요가 없는 경우에는 상대방에 대한 소유권의 소극적 확인으로도 충분하다(통설).29)

또한, 피고가 권리관계를 다투어 원고가 자기 권리의 확인을 구하는 소를 제기하였고 그 소송에서 피고가 권리관계를 다툰 바 있다면 특별한 사정이 없는 한, 항소심에 이르러 피고가 권리관계를 다투지 않는다고 할지라도 확인의 이익은 있다.30)

(다) 확인의 소를 통하여 현존하는 위험이나 불안을 제거할 수 있을 것

확인의 소가 현존하는 위험이나 불안을 제거하는 가장 유효·적절한 수단인 경우에는,31) 즉 소송물인 원고의 권리 또는 법률적 지위를 명확하게 할 수 있는 경우에는 확인의 이익이 있다고 할 것이다. 따라서 예컨대, 종중관련사건에서 확정판결에 종중 대표자의 대표권에 흠결이 있다면 그 사유를 들어 재심의 소를 제기할 수 있는데(451조 1항 3호) 그 재심사유를 확정지우기 위하여 종중 결의의 부존재 내지 무효확인의 소를 제기한 경우 이는 당사자가 위 재심사유를 확정짓기 위하여 제기한 확인소송으로서 비록 승소할지라도 원고의 권리 또는 법률상 지위에 기존의 위험이나 불안정이 제거된다고는 할 수 없으므로 이 소송의 형태는 적절한 방법이라고 할 수 없어 소의 확인의 이익이 없다.32) 또한 근로자 갑이 을 회사를 상대로 근로자지위 확인의 소를 제기한 소송계속 중 정년에 도달한 경우, 갑은 더 이상 을에 대해 근로자지위에 있다는 확인을 구하는 것이 갑의 현존하는 권리 또는 법률상 지위에 대한 불안·위험을 제거하기 위한 가장 유효적절한 수단이라고 볼 수 없으므로 확인의 이익은 부정된다.33)

또한, 소송물인 권리관계가 동일한 상태에서 이행의 소의 제기가 가능함에도 확인의 소를 제기하는 것과 같이 구제형식이 다른 경우에는 확인의 소의 보충성 때문에 확인의 소를 제기하는 것이 소의 이익이 결여된 것으로 허용되지 않는

---

29) 정동윤·유병현·김경욱, 앞의 책. 435면.
30) 대판 2009.1.15. 2008다74130.
31) 대판 2015.6.11. 2015다206492; 대판 2017.3.15. 2014다208255; 대판 2019.3.14. 2018다281159.
32) 대판 1982.6.8. 81다636.
33) 대판 2022.7.28. 2016다40439; 대판 2022.10.27. 2017다9732·9749·9756; 대판 2023.4.27. 2021다229588.

다. 다만, 어떤 소와 그 소송물의 선결문제에 대한 소 사이에 확인의 소의 보충성에 관하여는 다툼이 있다.[34] 예컨대, 저당권설정자가 피담보채무의 부존재를 이유로 저당권설정등기말소청구와 함께 피담보채무의 부존재확인청구를 병합하여 제기한 경우 "근저당권의 피담보채무에 관한 부존재 확인의 소는 근저당권이 말소되면 부종성에 따라 피담보채무도 과거의 권리 또는 법률관계의 존부에 관한 것으로서 확인의 이익이 없게 된다"고 판시하여 확인의 이익을 부정한 판례[35]와 "원고들의 이 사건 채무부존재확인청구는 부동산에 의하여 담보되는 차용금채무에 대하여 원고들이 자인하는 금액을 제외한 나머지 채무의 부존재확인을 구하는 경우인 바, 이와 같은 소극적 확인소송에 있어서 그 부존재확인을 구하는 목적인 법률관계가 가분하고 또 분량적으로 그 일부만이 존재하는 경우에는 그 청구 전부를 기각할 것이 아니고 그 존재하는 법률관계부분에 대하여 일부 패소의 판결을 하여야 한다"고 판시하여 확인의 이익을 긍정한 판례[36]가 있다.

(라) 당사자 간의 법률관계의 확인일 것

당사자 간의 법률관계의 확인에 관하여는 소의 이익이 있다. 그리고 타인 간의 법률관계의 존부 확인을 통하여 당사자 간의 분쟁의 발본적인 해결로 연결되는 경우에도 소의 이익을 인정하여도 좋을 것이다. 예컨대, 순위 2번 저당권자가 원고로 되어 1번 저당권자를 피고로 하여 피고와 채무자 사이의 저당채무부존재의 확인을 구하는 소는 저당권에 관한 자기의 순위 상승을 가져올 수 있으므로 1번 저당권자에 의한 지위의 위험을 제거하기 위한 확인의 이익이 인정된다고 할 수 있다.

(마) 상속재산 확인의 소

상속재산 확인의 소에 소의 이익이 인정되는지는 다음과 같은 점에서 확인대상의 선택 적부가 문제이다. 즉, 이 소는 과거 법률관계의 확인이 아닌가? 그렇다면, 분쟁해결의 실효성이 없는 경우가 많기 때문에 원칙적으로 확인의 이익은 인정되지 않는다고 할 수 있을 것이다. 이러한 점에 비추어 상속재산 확인의 소는 해당 상속재산이 현재 공동상속인에 의한 상속재산분할 전의 공유관계라는

---

34) ① 확인의 이익이 없다는 판례: 대판 2004.4.11. 2000다5640. ② 확인의 이익이 있다는 판례: 대판 1982.11.23. 81다393; 대판 1994.1.25. 93다9422.
35) 대판 2013.8.23. 2012다17585.
36) 대판 1982.11.23. 81다393.

현재의 법률관계의 확인을 구하는 소로 구성하여야 하는 것이 아닌지 그리고 공동상속인이 자기의 공유지분에 대한 확인을 구하여야 하는 것이 아닌지가 문제된다. 따라서 상속재산확인의 소는 확인대상의 선택을 잘못하여 소의 이익이 없는 것이 아닌지가 문제이다.

이와 관련하여 상속재산분할심판절차(가사소송법 2조 1항 2호 나목 10호) 중에 선행된 상속재산 확인의 소의 확정판결과 다른 주장은 허용되지 않고 또한, 심판의 효력이 이후에 번복되지 않도록 하기 위해서는 상속재산의 귀속 자체에 기판력을 미칠 필요가 있다. 그렇다면 상속재산 확인의 소는 분쟁해결에 가장 유효적절하다고 할 수 있으므로 확인대상의 선택은 유효·적절하고 확인의 이익이 인정된다고 보아야 할 것이다.[37]

또한, 어떤 재산이 상속재산에 해당하는지 여부와 상속인의 자격 유무 등은 상속재산분할심판의 전제가 되는 소유권 귀속에 관한 사항이고 상속재산분할심판에 기판력이 없다는 점[38]에 비추어 민사소송에서 확인의 소 등 별개의 소송으로 당연히 다툴 수 있다고 할 것이다. 그러나 상속인들 중 일부가 다른 상속인들을 상대로 민사소송으로 구체적 상속분의 결정과 그에 따른 공유지분의 확인까지 구하는 것은 상속재산분할심판과 분쟁해결의 실질을 같이 하는 것으로 상속재산분할심판이라는 유효·적절한 별개의 절차가 마련되어 있는 이상, 공유지분 확인청구는 확인의 이익이 없다고 할 것이다.[39]

그리고 '이 사건 유체동산이 상속재산인지 여부'는 기본적으로 사실관계에 대한 것이지만 원·피고 각자에게 최종적으로 귀속될 '구체적으로 특정된 상속재산 내지 상속분'(이하 '구체적인 최종 상속분'이라 한다)의 범위를 정하기 위한 전제가 되는 법률관계로 볼 여지도 있다. 그러나 '구체적인 최종상속분'이 상속재산분할심판절차 등을 통해 확정되지 않고서는 상속재산을 둘러싼 원·피고 사이의 권리

---

37) 서울가정지판 2004.3.25. 2003느합74에 의하면, "상속재산분할심판에 있어서 상속재산인지 여부에 관한 판단은 그 기판력이 인정되지 아니하는 결과, 후에 민사소송에서 재판에 의해 당해 재산이 상속재산인 점이 부정되게 되면 위 심판도 그 범위에서 효력을 잃게 될 여지가 있으나, … 여러 가지 사정을 고려하여 볼 때, 이 사건 심판에서 선결문제로서 상속재산인지 여부를 직접 판단함이 상당하다."고 한다.
38) 상속재산분할심판절차는 비송사건절차법이 준용되고(가사소송법 34조) 비송사건재판에는 기판력이 인정되지 않는다. 따라서 상속재산분할심판절차에서도 어떤 재산이 상속 재산에 속하는지 여부에 대해 판단할 수 있기는 하지만 기판력이 없다.
39) 서울중앙지판 2004.11.24. 2002가합39253.

관계의 다툼이 종국적으로 해결될 수 없다. 따라서 이와 같은 공유지분확인청구를 원고의 권리 또는 법적 지위에 현존하는 법적 불안을 제거하기 위한 가장 유효적절한 수단으로 보기는 어렵다. 오히려 이와 같은 상속인 각자의 '구체적인 최종 상속분'은 피상속인의 상속재산 및 법정상속분 금액에서 상속인의 특별수익 및 기여분의 존재 여부와 그 가액을 참작하여 결정되는 것인바, 민법 1008조의2 2항 및 1013조는 그와 같은 기여분 결정 및 상속재산 분할은 공동상속인의 협의 또는 가정법원의 심판에 의해 정하도록 규정하고 있고 그에 따라 가사소송법 2조 1의 (2)항 9·10호는 기여분 결정 및 상속재산 분할에 관한 심판을 마류 비송사건으로 정하여 법원이 후견적인 입장에서 상속인 간의 형평을 고려하여 기여분을 결정하고 각 상속인의 특별수익과 기여분을 참작하여 구체적 상속분을 산정한 다음 분할방법까지 정하여 상속재산을 분할할 수 있는 별도의 절차를 마련하고 있다. 그렇다면 해당 재산이 망인의 고유재산 또는 특유재산으로서 상속재산에 포함되는지 여부는 상속재산분할심판에서 상속인의 '구체적 특정상속분'의 확정을 위한 전제가 되는 법률관계로서 주장하면 족하므로 오로지 그 확인만 별도의 독립한 소로써 구할 이익은 없는 것이다. 따라서 원고의 공유지분확인청구는 부적법하다고 할 것이다.[40]

(2) 즉시 확정의 필요성

원고의 권리 내지 법적 지위에 관하여 현실적인 위험 내지 불안이 있고 당사자 간의 분쟁을 확인판결에 의해 즉시 해결할 필요가 있어야 한다. 일반론으로서는 자기의 권리 내지 법적 지위가 현실적인 것이고 동시에 상대방이 이것을 다투고 있는 경우에 즉시 확정의 필요성이 인정된다. 또한, 원심에서 다투다가 피고가 항소심에서부터 다투지 않는다고 하여도 확인의 이익이 있다.[41] 예컨대, 채무부존재 확인의 소에서 현재 금전채무가 없다는 점에 대해 당사자 사이에 다툼이 없다면 원고의 법적 지위에 어떠한 불안·위험이 있다고 볼 수 없으므로 확인의 이익은 인정되지 않는다.[42] 또한 유언자의 생존 중에 수유자를 상대로 유언무효의 확인을 구하는 소는 확인의 이익을 흠결하여 인정될 수 없다. 유언은

---

40) 서울고판 2006.6.2. 2005나4828.
41) 대판 2009.1.15. 2008다74130.
42) 대판 2023.6.29. 2021다277525.

유언자의 사망 시에 효력이 발생하는 것이고(민법 1073조 1항) 원고가 확인을 구하
는 법적 지위는 미확정적인 장래의 권리관계인 점, 유언자가 자유롭게 유언의
내용·효력을 변동시킬 수 있는 점(민법 1108조, 1109조) 등을 생각하면 유언에 대
한 무효를 즉시 확정할 필요성이 없기 때문이다. 이와 마찬가지로 추정상속인이
피상속인의 생존 중에 피상속인과 제3자를 상대로 양자 간의 매매무효의 확인을
구하는 소는 추정상속인이 피상속인 개개의 재산에 관하여 권리를 가지지 않기
(단순한 기대권만 가지고 있기) 때문에 확인의 이익은 없다고 하여야 할 것이다.

(3) 확인소송의 선택 적부(확인의 소의 보충성)

확인소송이라는 수단을 선택하는 것이 다른 소송유형 또는 다른 수단보다도
분쟁해결이라는 입장에서 유효적절하여야 한다. 따라서 이행의 소 또는 형성의
소가 가능한 경우 청구권·형성권에 관해 확인을 구하는 소는 확인의 이익이 인
정되지 않는다. 승소에 의해 집행력 또는 형성력까지 얻을 수 있는 소송유형이
권리관계 존부에 관하여 기판력밖에 인정되지 않는 확인의 소보다도 유효적절하
고 종국적인 분쟁해결도 가능하기 때문이다. 다만, 이행판결을 얻은 청구권에 관
하여 시효중단의 필요가 있는 경우, 기본적인 권리 내지 법률관계에서 다수의 이
행청구권이 파생하는 경우에는 기본적인 권리 내지 법률관계의 확인에 의해 분
쟁을 발본적으로 해결할 수 있기 때문에 확인의 이익이 인정된다고 할 것이다.
예컨대, 소유권에 기한 명도청구·등기말소청구 등의 이행청구가 가능해도 그 선
결문제로 되는 소유권 확인을 구할 수 있다. 한편, 본안 판단의 전제로 되는 절차
문제에 관하여 별소로 확인을 구할 이익은 없다고 할 것이다. 예컨대, 소취하의
유·무효 등 소송상 다툼은 해당소송에서 판단받을 일이지 별도의 소로서 확인을
구할 필요가 없다.

다. 형성의 소의 이익

형성소송은 실체법이 일정한 법률요건(형성요건)을 개별적으로 규정하고 있
기 때문에 법률규정에 따라 그 요건을 주장하여 소를 제기한 것이면 소의 이익
은 인정된다.[43] 다만, 사정에 따라 법률관계의 변동을 인정할 필요성이 없는 경
우가 있는데, 형성판결에 소급효가 없는 경우에 형성대상이 소멸하면 형성의 소
의 이익은 상실되는 경우가 있으며, 형성판결에 소급효가 인정되는 경우라도 형

---

43) 대판 2000.5.26. 2000다2375·2382.

성대상이 소멸하면 위법한 처분을 시정한다는 추상적 이익만으로는 충분하지 않으므로 이 경우에도 소의 이익은 상실되는 경우가 있다. 예컨대, 회사설립무효·취소확인의 소의 경우에 회사가 해산하면 소의 이익은 상실되는데, 설립무효·취소의 효과는 소급하지 않기 때문이다(상법 190조). 또한, 임원 선임의 총회결의취소소송 중에 그 임원이 모두 임기만료에 의해 퇴임한 경우에는 특별한 사정이 없는 한, 소의 이익은 상실된다. 이 경우 취소를 인용한 판결의 효력은 소급하지만 이미 형성판결에 의해 요구하는 법률상태가 실현되어 있어서 취소에 의한 구체적인 이익이 없기 때문이다.

Ⅲ. 당사자적격

1. 의의

가. 개념 등

당사자적격이란 당사자가 신청한 특정 소송물에 관하여 당사자로서 소송을 수행하여 본안판결을 구할 수 있는 자격을 말한다. 민사소송은 공권적인 분쟁해결제도이기 때문에 소송경제의 요청이 있고 원고가 신청한 특정 소송물에 관하여 본안판결을 해도 원·피고 사이의 분쟁을 해결할 수 없다면 해당 소송을 배제할 필요가 있다. 예컨대, 등기말소청구소송에서 실제로 등기명의자가 아닌 자를 상대로 등기말소청구를 하는 경우,[44] 갑 소유의 부동산에 을 명의의 근저당설정등기가 경료되고 다시 근저당권이 병, 정, 무에게 이전되어 부기등기가 경료되어 있는 경우 병만 피고적격을 가짐에도 을을 상대로 원인무효를 원인으로 근저당권설정등기 말소등기를 청구하는 경우에는 당사자 간에는 실효적인 해결을 얻을 수 없어 본안판결 전에 그것을 배제할 필요가 있다.[45] 그래서 원고가 신청한 특

---

44) 대판 1974.6.25. 73다211; 대판 1980.10.27. 79다1857.
45) 대판 2000.4.11. 2000다5640에 의하면, "근저당권 이전의 부기등기는 기존의 주등기인 근저당권설정등기에 종속되어 주등기와 일체를 이루는 것이어서 피담보채무가 소멸된 경우 또는 근저당설정등기가 당초 원인무효인 경우 주등기인 근저당권설정등기의 말소만 구하면 되고 그 부기등기는 별도로 말소를 구하지 않더라도 주등기의 말소에 따라 직권으로 말소되는 것이며 근저당권 양도의 부기등기는 기존의 근저당권설정등기에 의한 권리의 승계를 등기부상 명시하는 것뿐으로 그 등기에 의하여 새로운 권리가 생기는 것이 아닌 만큼 근저당권설정등기의 말소등기청구는 양수인만을 상대로 하면 족하고 양도인은 그 말소등기청구에 있어서 피고 적격이 없으며, 근저당권의 이전이 전부명령 확정에 따라 이루어졌다고 하여 이와 달리 보아야 하는 것은

정 소송물과의 관계에서 본안판결을 하여야 할 당사자인지를 선별하기 위하여 "당사자적격"이라는 소송요건이 만들어졌다. 당사자의 권능이라는 의미에서 "소송수행권"으로 표현하기로 하고 이 자격 내지 권능을 가진 자라는 의미에서 "정당한 당사자"라고도 한다. 따라서 진정한 등기명의의 회복을 위한 소유권이전등기청구는 이미 자기 앞으로 소유권을 표상하는 등기가 되어 있었거나 법률에 의하여 소유권을 취득한 자가 진정한 등기명의를 회복하기 위한 방법으로 현재의 등기명의인을 상대로 그 등기의 말소를 구하는 것에 갈음하여 허용된다고 말할 수 있다. 왜냐하면 말소등기에 갈음하여 허용되는 진정명의회복을 원인으로 한 소유권이전등기청구권과 무효등기의 말소청구권은 어느 것이나 진정한 소유자의 등기명의를 회복하기 위한 것으로서 실질적으로 그 목적이 동일하고 두 청구권 모두 소유권에 기한 방해배제청구권으로서 그 법적근거와 성질이 동일하므로 그 소송물은 실질상 동일한 것으로 보아야 하기 때문이다.[46)]

나. 소의 이익과 당사자적격의 관계

소의 이익과 당사자적격은 모두 당사자가 신청한 특정 청구와의 관계에서 분쟁해결의 실효성을 음미하는 소송요건이지만 전자는 객체인 소송물을 선별하는 요건인 반면, 후자는 주체인 당사자를 선별하는 요건이라고 할 수 있다.

다. 당사자능력과 당사자적격의 관계

당사자능력과 당사자적격은 모두 소송의 주체인 당사자의 자격에 관한 문제이지만, 전자는 청구와 무관계하게 일반적으로 판단하는 것인 반면, 후자는 특정한 청구와의 관계에서 개별·구체적으로 판단하는 것이라고 할 수 있다. 예컨대, 원고와 피고의 대립당사자 구조를 요구하는 민사소송법의 기본원칙상 사망한 사람을 피고로 하여 소를 제기하는 것은 실질적 소송관계가 이루어질 수 없어 부적법할 뿐만 아니라 소 제기 당시에는 피고가 생존하였으나 소장 부본이 송달되기 전에 사망한 경우에도 마찬가지로 부적법하다. 또한, 사망한 사람을 원고로 표시하여 소를 제기하는 것 역시 특별한 경우를 제외하고는 적법하지 않다. 이는 특정한 청구와는 무관계하게 당사자의 자격을 문제 삼는 것으로 당사자능력에 관한 것이다.

아니다."라고 한다.
46) 대판 2003.3.28. 2000다24856.

한편, 채권자가 채무자를 상대로 이행청구의 소를 제기하거나 채무자가 채권자를 상대로 채무부존재확인의 소를 제기했는데 만약 그 소장 부본이 송달되기 전에 채권자나 채무자에 대하여 파산선고가 이루어진 경우 이들 소는 (실질적 소송관계가 성립되지 않아) 부적법한데, 이는 파산재단에 대한 특정한 청구에 관한 당사자의 자격을 문제 삼는 것으로 당사자적격에 관한 것이다. 파산재단에 관한 소송에서 채무자는 당사자적격이 없으므로 채무자가 당사자인 소는 부적법한 것으로서 각하되어야 하기 때문이다(채무자 회생 및 파산에 관한 법률 359조).[47]

2. 당사자적격(정당한 당사자)

가. 일반적인 경우

민사소송은 당사자 사이의 법률상의 분쟁을 공권적으로 해결하는 절차라는 점에서 당사자적격을 가지는 자는 법률상 이해관계가 대립하는 자이다. 즉, 정당한 원고는 실체법상 이익의 귀속주체이고 정당한 피고는 원고승소판결에 따른 원고의 이익과 반대되는 관계에 있는 자이다. 이러한 자가 소송의 결과에 관하여 가장 강한 이해관계를 가지고 있는 자이므로 분쟁의 실효적 해결을 기대할 수 있기 때문이다.

소송유형마다 당사자적격자(정당한 당사자)를 살펴보면 ① 이행의 소인 경우 정당한 원고는 이행청구권을 주장하는 자인 반면, 정당한 피고는 의무자로 주장을 당한 자가 되고 ② 확인의 소인 경우 정당한 원고는 확인의 이익을 가지는 자인 반면, 정당한 피고는 확인을 필요케 하고 있는 자가 되고 ③ 형성의 소인 경우 정당한 원고·피고 모두 법률에 의해 정해진 자를 말한다.

나. 특수한 경우

(1) 제3자 소송담당

실체법상 이익의 귀속주체(본인)에 갈음하여 제3자에게 당사자적격이 인정되는 경우를 말하는데 이에 관하여는 후술한다. 예컨대, 채권자대위소송에서 채권자가 그러하다.

---

47) 대판 2018.6.15. 2017다289828에 따르면, 이와 같이 소장 부본 송달 전에 파산선고가 이루어진 경우 당사자인 채권자와 채무자 사이에 실질적 소송관계가 성립되지 않아 부적법한 소에 해당하므로, 파산선고 당시 법원에 소송이 계속되어 있음을 전제로 한 파산관재인의 소송수계신청 역시 적법하지 않아 허용되지 않는다고 한다.

(2) 고유필수적 공동소송

예컨대, 공유물분할청구소송과 같이 고유필수적 공동소송에서는 이해관계인 전원이 제소할 하거나 또는 제소당할 필요가 있으므로 그 가운데 일부만으로는 정당한 당사자로 인정되지 않는다.

(3) 판결효가 제3자에게 미치는 경우

판결효가 제3자에게 미치는 경우 당사자적격을 가지는 자는 가장 충실한 소송수행을 기대할 수 있는 자이어야 한다. 그 자를 법이 명문으로 정하고 있는 경우(예: 중혼의 취소청구권자, 민법 818조)에는 법정된 자가 "정당한 당사자"이다. 그러나 임원해임의 소, 주주총회결의무효확인의 소와 같이 소제기권자에 관한 명문규정이 없는 경우에는 해석에 의해 정당한 당사자를 결정할 수밖에 없다.

이와 관련하여 법인 내부의 분쟁에 있어서 피고적격이 누구인지에 대한 다툼이 있다. 판례는 법인의 대표이사지위확인의 소에 있어서는 법인을 피고적격자로 본다.[48] 법인의 내부분쟁에서 그 성질상 판결에 대세효가 없으면 분쟁의 발본적 해결이 도모되지 않는 반면, 법인의 구성원은 일정한 목적 하에 법인에 가입하여 결합되어 있는 것이고 관련 구성원의 이익은 법인에 의해 가장 잘 대표될 수 있기 때문이다.

한편, 인접한 토지의 취득시효와 관련하여 인접지(다른 소유자)의 일부를 시효로 취득한 자의 경우 당사자적격을 상실하지 않는다. 이 경우에도 경계에 분쟁이 있는 인접지 소유자라고 하는 관계에는 변함이 없고 시효로 취득한 토지를 제3자에게 대항한다든지, 양도를 하기 위해서는 분필·이전등기가 필요하고 그것을 위하여 지번의 경계를 확정할 필요가 있기 때문이다.

이에 대하여 인접지(타방 소유지)의 전부를 시효로 취득한 경우에는 시효로 취득된 인접지의 소유자는 당사자적격을 상실하고 소를 각하하여야 한다. 왜냐하면 이러한 경우에는 인접지 소유자라는 관계가 없어지게 되고 분필·이전등기의 필요도 없게 되기 때문이다(판례).

---

48) 대판 1973.12.11. 73다1553에 의하면, 대의원회의 인준결의가 무효 내지 부존재인 것을 확인받아 피고(개인)들의 위 종중의 도유사나 이사가 아닌 사실을 확정판결로 명확히 하려는 확인의 소에 있어서는 피고들 개인을 상대로 제소할 것이 아니라 위의 종중을 피고로 하여 제소해야만 확인의 이익이 있다고 볼 수 있다고 한다.

다. 제3자의 소송담당

(1) 의의

제3자의 소송담당이란 실체법상 이익의 귀속주체에 갈음하여 제3자에게 당사자적격을 인정할 수 있는 경우를 말한다. 제3자의 소송담당에는 법정소송담당과 임의적 소송담당이 있다. 그리고 다시 전자에는 담당자를 위한 법정소송담당과 직무상 당사자가 있다.

당사자적격을 가지는 자(정당한 당사자)는 원칙적으로 실체법상 권리의무의 귀속주체이다. 그러나 제3자가 해당권리의무에 관하여 관리처분권을 가지는 경우에는 이러한 제3자에게 판결을 내리지 않으면 분쟁의 실효적 해결을 도모할 수 없기 때문에 예외적으로 권리의무의 귀속주체가 아닌 제3자에게 당사자적격을 인정하는 것이다.

[표 3-4] 소송담당의 종류

제3자의 소송담당	법정소송담당	담당자를 위한 법정소송담당
		직무상 당사자
	임의적 소송담당	

(2) 법정소송담당

법정소송담당이란 법률규정에 따라 당연히 당사자적격을 인정할 수 있는 제3자의 소송담당을 말한다. 법정소송담당에는 다음 두 가지 유형, 즉 담당자를 위한 법정소송담당과 직무상 당사자가 있다.

(가) 담당자를 위한 법정소송담당

제3자가 자기 권리의 실현을 위해 해당 권리의무에 관한 관리처분권이 부여되어 있어서 그에 따라 소송담당이 허용되는 경우이다. 예컨대, 채권자가 채무자의 권리를 대위하여 소송을 수행하는 경우(민법 404조) 등이다.[49]

---

49) 대판 1992.11.10. 92다30016은 채권자가 대위권을 행사할 당시 이미 채무자가 권리를 재판상 행사하였을 때는 채권자는 채무자를 대위하여 채무자의 권리를 행사할 당사자적격이 없다고 판시하여, 채권자대위소송을 법정소송담당으로 보고 있다. 대판 2016.4.12. 2015다69372는 채무자가 제소한 후 채권자대위소송이 제기된 경우에 채무자가 이미 자신의 권리를 재판상 행사하였으므로 그 후 채무자가 소를 취하했더라도 채권자의 당사자적격은 인정되지 않는다고 한다. 한편, 대판 2018.10.25. 2018다210539에서는 채무자의 소가 부적법 각하되어 확정되었다면 채무자가

이와 관련하여 유언집행자의 소송상 지위에 관하여 논란이 있다. 민법 1103조 1항이 "지정 또는 선임에 의한 유언집행자는 상속인의 대리인으로 본다."고 규정하고 있어 유언집행자는 소송상으로도 법정대리인으로 생각할 수 있다(51조). 그러나 유언집행을 둘러싸고 상속인과 유언집행자의 이해가 대립하고 있는 경우가 적지 않은 것을 생각하면 유언집행자를 상속인의 법정대리인으로 이해하는 것은 적절하지 않다고 할 수 있다. 민법 1101조를 상속인으로부터 상속재산에 대한 관리처분권을 빼앗아 이것을 유언집행자에게 귀속시키고 있는 것으로 이해할 수도 있다. 따라서 유언집행에 관하여는 유언집행자에게 당사자적격이 인정되어 제3자의 소송담당으로 된다고 이해하는 것이 타당하다(통설·판례도 마찬가지).[50]

또한, 공동상속인 중 선임된 상속재산관리인의 소송상 지위에 관하여도 문제가 있다. 법정대리인인지 아니면 법정소송담당인지는 제3자가 특정개인을 위하여 재산을 관리하고 있는 경우인지, 특정재산에 이해관계를 가지는 모든 사람을 위하여 관리하고 있는 경우인지 여부에 따라 구별된다고 할 수 있다. 모든 사람을 위하여 관리하고 있는 경우에는 본래의 이익귀속주체에게 관리처분권을 인정하는 것은 적절하지 않고 제3자에게 관리처분권이 귀속된다고 이해하는 것이 타당하기 때문이다. 그렇다면 상속재산관리인은 단순히 상속인을 위하여 상속재산을 관리한다고 보는 것보다도 상속재산에 이해관계를 가지는 모든 자를 위하여 상속재산을 관리한다고 볼 수 있으므로 제3자소송담당으로 이해하여야 할 것이다. 따라서 상속재산관리인은 법정소송담당자로서 스스로 당사자로 되어서 소를 제기할 수 있다고 보아야 할 것이다.

그러나 판례[51]는 공동상속인 중 상속재산관리인이 선임되어 있는 경우일지라도 상속재산분쟁에 관하여 당사자적격을 가지는 것은 상속인이고 상속재산관리인은 그 법정대리인으로 되는 것에 지나지 않는다고 한다.

스스로 권리를 행사한 것으로 볼 수 없으므로 채권자의 당사자적격은 인정된다고 한다.

50) 김홍규·강태원, 앞의 책, 209면; 이시윤, 앞의 책, 159면; 박재완, 앞의 책, 71~72면. 대판 2010. 10.28. 2009다20840에 따르면, 유언집행자는 법정 소송담당으로 당사자적격을 가지는 것을 전제로 유언집행자가 있는 경우 상속인은 당사자적격이 없으며 유언집행자가 사망·결격 기타 사유로 자격을 상실한 때에는 새로이 유언집행자를 선임해야 하는 것이지 상속인에게 당사자적격이 인정되는 것은 아니라고 한다.

51) 대결 1963.3.28. 67마155.

(나) 직무상 당사자

해당 권리의무의 귀속주체가 소송수행이 불가능하거나 곤란한 경우에 법률상 그 자의 이익을 보호하여야 할 직무에 있는 자가 소송을 담당하는 경우이다. 예컨대, 혼인사건에서 본래의 적격자가 사망한 때 당사자로 되는 검사(가사소송법 24조 3항)의 경우이다. 이는 피담당자를 위한 법정소송담당이기 때문에 담당자가 받은 판결의 효력을 피담당자에게 미치는 것에는 다툼이 없다.

(3) 임의적 소송담당

(가) 의의

임의적 소송담당이란 본래의 권리의무의 귀속주체의 의사에 따른 수권에 의해 이루어지는 제3자의 소송담당이다. 법이 인정하는 것으로 선정당사자(53조), 어음의 추심위임배서(어음법 18조) 등이 있다. 임의적 소송담당은 본래 당사자적격자의 의사에 의해 제3자에게 당사자적격이 인정되기 때문에 제3자(소송담당자)가 받은 판결의 효력이 피담당자에게 미치는 것(218조 3항)에는 다툼은 없다.

(나) 허용 여부

법률이 인정하고 있는 임의적 소송담당 이외에도 이를 허용할 수 있는지 여부는 변호사대리의 원칙(87조), 소송신탁의 금지(신탁법 6조)[52]와 관련하여 판단하여야 한다.

이에 관하여 부정설은 법으로 규정된 것 이외에는 이를 허용할 수 없다고 하는 반면, 긍정설은 수탁자가 권리의무주체와의 관계에서 소송담당을 하는 것에 관하여 정당한 업무상 필요가 있는 경우(정당업무설, 다수설) 또는 소송담당자가 타인의 권리관계에 대한 소송에 관하여 자기 고유의 이익을 가지는 경우, 소송을 수행할 권한을 포함한 포괄적인 관리권이 부여되고 권리주체와 같은 정도 또는 그 이상으로 그 권리관계에 관하여 지식을 가지는 경우까지 관여하고 있는 경우(실질관계설)에는 인정할 수 있다고 한다.

판례는 변호사대리의 원칙 또는 소송신탁의 금지를 정한 취지에 비추어 이

---

52) 대판 2002.12.6. 2000다4210은 소송행위를 하게 하는 것을 주목적으로 채권양도가 이루어진 경우 그 채권양도가 신탁법상의 신탁에 해당하지 않는다고 해도 신탁법 7조(현행 7조)가 유추적용되므로 무효라고 한다. 또한, 대판 2010.1.14. 2009다55808은 소송신탁에서의 소송행위란 민사소송법상의 소송행위에 한정되지 않고 널리 사법기관을 통하여 권리의 실현을 도모하는 행위를 말하는 것으로서 민사집행법에 의한 강제집행의 신청도 포함된다고 한다.

와 같은 제한을 회피·잠탈할 우려가 없고 동시에 이것을 인정할 합리적인 필요가 있는 경우에는 허용된다고 하여 조합의 업무집행조합원[53] 또는 집합건물 관리업무를 위임받은 위탁관리회사[54] 등에게 소송담당을 인정하였고 이를 제외하고는 임의적 소송담당을 인정한 사례는 없다.[55]

생각건대, 법이 변호사 대리의 원칙 또는 소송신탁의 금지를 정한 취지는 소위 쓸데없는 자의 쓸데없는 소송 등을 방지하여 본인을 보호하고자 하는 것에 있다고 할 것이다. 반면, 임의적 소송담당은 분쟁의 실태에 따라 올바른 당사자를 바로 세우는 것을 가능하게 하는 이점이 있다. 그렇다면 관련 폐해를 발생케 할 우려가 없는 경우에는 임의적 소송담당을 인정하는 것이 타당할 것이다. 이때 그 허용기준으로서는 타인의 권리관계에 관한 소송에 관하여 자기 고유의 이익을 가지는 경우, 그 권리관계에 관하여 권리주체와 같은 정도 또는 그 이상의 지식을 가지고 관여하고 있는 경우로 엄격히 제한하여 임의적 소송담당이 인정된다고 해야 할 것이다. 이러한 경우에는 소송담당자의 충실한 소송수행이 기대되고 폐해가 발생할 우려가 없기 때문이다.

3. 선정당사자

가. 의의

선정당사자란 공동이익을 가지는 다수자(총원)가 공동소송을 할 수 있는 경우에 그 다수자에 갈음하여 소송을 수행할 당사자로 선정된 자를 말한다(53조). 원고 측 공동소송이든, 피고 측 공동소송이든 관계없이 선정당사자를 활용할 수 있다.

공동소송의 경우 공동소송인 1인에게 발생된 중단사유에 의해 심리가 어렵다든지, 절차가 복잡하게 되는 폐해가 있을 우려가 있으므로 소송을 단순화하기 위하여 선정당사자제도가 인정된 것이다. 선정당사자는 임의적 소송담당에 해당하지만 법으로 규정되어 인정하는 경우 중 하나이다. 한편, 판례는 비법인사단의 경우에 구성원 전원이 공동소송인이 되어 소를 제기할 수 있다고 하기 때문에[56]

---

53) 대판 1997.11.28. 95다35302.
54) 대판 2016.12.15. 2014다87885; 대판 2017.3.16. 2015다3570.
55) 박재완, 앞의 책, 72면.
56) 대판 1994.5.24. 92다50232.

선정의 여지가 있다고 해석할 수도 있지만, 이는 비법인 사단을 배제하고 있는 53조 1항에 반하는 해석이라고 생각한다.

나. 선정의 요건

(1) 공동소송인으로 되어야 할 자가 다수일 것

선정당사자는 공동소송인 중에서 선정하는 것이므로 공동소송을 전제로 한다. 그러나 다수인이 사단으로 되어 있고 사단에 관리인이 정해진 경우에는 그 사단에 대하여 당사자능력이 인정되기 때문에(51조) 선정당사자제도는 이용할 수 없다(53조 1항). 한편, 판례는 비법인사단의 구성원 전원이 공동소송인으로 될 수 있다고 하는 견해를 보이고 있으므로[57] 상술한 바와 같이 이를 달리 이해할 수도 있을 것이다. 다만, 이러한 이해가 위 53조 1항의 법문을 정면으로 위반하는 것은 아닌지 검토할 필요가 있을 것이다.

(2) 다수인이 공동의 이해관계를 가질 것

공동의 이해관계란 다수자 상호간에 공동소송인이 될 관계에 있고, 또한 주요한 공격방어방법을 공통으로 하는 것을 말한다.[58] 한편, 공동소송인이 될 수 있는 요건에 관하여 법 65조는 전문(권리·의무의 공통 또는 발생원인의 공통)과 후문(권리·의무의 동종 또는 발생원인의 동종)으로 구별하여 규정되어 있다. 예컨대, 동일한 공해소송의 피해자, 동일한 항공기사고의 피해자의 경우에는 전문에 해당하는 것으로 각자 주요한 공격방어방법을 공통으로 하고 있으므로 공동의 이해관계라는 요건을 당연히 충족한다고 할 수 있다. 관광버스 1대에 타고 있는 승객들이 교통사고로 상해를 입은 경우에도 마찬가지이다. 이와 달리 관광버스회사 소속의 서로 다른 관광버스에 타고 있는 승객들이 교통사고로 상해를 입은 경우와 같이 후문에 해당하는 경우에는 주요한 공격방어방법을 공통으로 하고 있지 않으므로 원칙적으로 공동의 이해관계가 있다고 할 수 없어 선정당사자의 선정을 허용할 것은 아니다.[59] 다만 그 경우에도 이들 사이에 공통된 쟁점이 있는 경우, 예컨대 임대차계약상 임차인들이 특정인을 임대인이라고 주장하면서 그에게 각 보증금의 전부 내지 일부의 반환을 구하는 경우에 쟁점이 피고가 임대차계약상의 임대

---

57) 앞의 판결(92다50232).
58) 김홍규·강태원, 앞의 책, 791면; 이시윤, 앞의 책, 765면, 박재완, 앞의 책, 627면.
59) 대판 1997.7.26. 97다362; 대판 2007.7.12. 2005다10470.

인으로 계약당사자인지 여부인 것과 같이 쟁점이 공통된 경우는 공동의 이해관계를 인정해서 선정을 허용해야 할 것이다.[60]

그런데 공동의 이해관계가 없는 자가 선정당사자로 선정되었음에도 법원이 그러한 선정당사자 자격의 흠을 간과하여 그를 당사자로 한 판결이 확정된 경우, 선정자가 스스로 당해 소송의 공동소송인 중 1인인 선정당사자에게 소송수행권을 수여하는 선정행위를 하였다면 그 선정자는 실질적인 소송행위를 할 기회 또는 적법하게 당해 소송에 관여할 기회를 박탈당한 것이라고 볼 수는 없다. 따라서 비록 선정당사자와 공동의 이해관계가 없었다고 하더라도 이를 이유로 상소·재심으로 다툴 수 없다. 그러한 사정은 451조 1항 3호가 정하는 재심사유에 해당하지 않기 때문에 그 선정당사자에 대한 판결이 확정된 경우뿐만 아니라 그 선정당사자가 청구를 인낙하여 인낙조서가 확정된 경우에도 마찬가지라 할 것이다.[61]

(3) 공동의 이해관계 있는 다수인 중에서 선정당사자를 선정할 것

선정당사자의 선정은 소송수행권을 수여하는 소송행위이고 원칙적으로 조건을 붙일 수 없다. 특별수권사항도 없고 선정당사자의 권한을 제한하는 합의도 무효이다. 선정당사자의 선정은 소송계속 중에도, 소송계속 전에도 가능하다. 선정당사자의 선정은 다수결에 의하는 것이 아니므로 거기에 반대한 자에 대해서는 선정이 없는 것으로 되고 그 자는 선정자가 아니다. 공동소송인 중에서 일부만 선정당사자를 선정할 수도 있다. 그리고 선정당사자의 자격에 관하여는 서면증명이 필요하므로 선정당사자를 선정할 때에는 선정서를 법원에 제출하여야 한다(58조 후문, 89조 1항).

이처럼 공동의 이해관계가 있는 다수인 중에서 선정당사자를 선정하는 것은 변호사대리의 원칙(87조)을 잠탈하지 않고자 하는 취지이다. 선정은 각자 자신의 의사에 따라 소송수행권을 수권하는 것이다.

(4) 선정당사자의 수

동일한 선정자단에서 여러 명의 선정당사자를 선정할 수 있다. 이 경우 선정당사자 간에는 소송수행권을 합유하기 때문에 본래의 소송이 통상공동소송에 해당하더라도 선정당사자들은 고유필수적 공동소송인이 된다. 이와 달리 별개의 선

---

60) 김홍엽, 앞의 책, 1088면. 대판 1999.8.24. 99다15474.
61) 대판 1997.7.25. 97다362; 대판 2007.7.12. 2005다10470.

정집단으로부터 각각 선정된 선정당사자가 여러 사람인 경우 및 선정당사자와 선정을 거부하고 스스로 당사자가 된 사람이 병존하는 경우에는 본래의 소송의 성질에 따라 선정당사자들은 통상공동소송인 또는 필수적 공동소송인이 된다.[62]

다. 지위·권한

선정당사자는 대리인이 아닌 당사자의 자격으로 해당 소송에서 일체의 소송행위를 할 수 있다. 또한, 원칙적으로 상소심절차까지 포함한 소송절차 전체에 효력이 있어 소송대리인이 심급대리인 점과 대비가 된다고 할 수 있다. 그러나 심급을 한정하는 조건을 붙여 선정할 수도 있지만 이러한 경우 그 조건이 명확하게 표시될 것이 요구된다.[63] 한편, 판례는 제1심에서 제출된 선정서에 사건명을 기재한 다음에 '제1심 소송절차에 관하여' 또는 '제1심 소송절차를 수행하게 한다'고 하는 문언이 기재되어 있는 사안에서 특별한 사정이 없는 한, 그 기재는 사건명 등과 더불어 선정당사자를 선정하는 사건을 특정하기 위한 것으로 보아야 하므로 그 선정의 효력은 제1심의 소송에 한정하는 것이 아니라 소송의 종료에 이르기까지 계속하는 것으로 해석함이 상당하다고 한다.[64] 그리고 선정자는 언제라도 선정의 취소·변경을 할 수 있다. 선정자가 사망 등을 하여도 선정당사자의 자격에는 영향이 없고(54조) 선정당사자의 일부가 사망 등에 의해 자격을 상실한다고 하여도 다른 선정당사자가 소송수행을 한다(54조). 만일 선정당사자 전원이 사망 등에 의해 자격을 상실한 경우에는 소송을 중단하고 선정자 전원 또는 새로운 선정당사자가 수계한다. 선정자는 소송계속 후 선정에 의해 소송에서 탈퇴한 것을 보고(53조 2항) 선정당사자에 의한 판결의 효력은 선정자에게도 미친다(218조 3항).

선정자는 소송에서 당연히 탈퇴한 것으로 보고 탈퇴 이후에 당사자적격(소송수행권)을 상실하는지 여부에 대하여 견해의 대립이 있다. 선정당사자에게 변론을 금지하고 변호사선임명령을 한 경우에는 실질적으로 변호사선임권한을 가진 선

---

62) 김홍규·강태원, 앞의 책, 793면; 이시윤, 앞의 책, 768면; 정동윤·유병현·김경욱, 앞의 책, 1041면; 박재완, 앞의 책, 627면.
63) 대판 2003.11.14. 2003다34038; 대결 1995.10.5. 94마2452.
64) 대판 2001.4.10. 99다49170에 의하면, 가처분신청절차에서 이루어진 선정행위의 효력은 그에 기한 제소명령신청사건에는 미친다고 할 것이나 가처분결정취소신청사건에서는 그 선정의 효력이 미치지 않는다고 한다.

정자에게 이를 통지하여야 한다고 한 점[65] 등에 비추어 소송수행권을 상실한다고 말할 수 없을 것이다. 그리고 선정자가 일단 선정당사자를 선정하였다고 한다면 별소를 제기할 수 없다고 보아야 할 것이고 만약 선정자가 별소를 제기하였다고 한다면 중복제소에 해당하여 부적법하다고 보아야 할 것이다.

라. 판결

판결서의 당사자란에는 선정당사자를 기재하고 판결서 말미에 첨부하는 선정자 목록에 선정자들을 기재한다. 주문에는 선정당사자를 표시하는 방식과 선정자를 함께 표시하는 방식이 있다. 예컨대, 금전지급청구를 인용하는 경우 전자는 합산된 총금액을 선정당사자에게 지급하라는 주문이 선고되는 반면, 후자는 선정자에게 개별적으로 인용금액을 지급하라는 주문이 선고된다. 실무에서는 후자를 주로 사용한다.[66]

선정당사자가 받은 판결의 효력은 선정자에게도 미치기 때문에(218조 3항) 이 판결에 기하여 승계집행문을 받아(민사집행법 31조) 선정자에 대하여 혹은 선정자가 강제집행을 할 수 있다(동법 25조). 다만, 피고 측 선정당사자가 패소한 경우 그를 상대로 패소금액 전액에 대하여 강제집행을 할 수는 없고 원고 측 선정당사자가 승소한 경우 선정당사자가 자기 이름으로 전액에 관하여 강제집행을 할 수는 없다.[67]

마. 상소

상소할 권한도 선정당사자가 가진다. 선정자가 선정을 취소하면 자신이 직접 상소를 할 수 있다.

바. 선정당사자의 자격흠결

선정당사자의 자격 유무는 당사자적격의 문제이므로 법원은 직권으로 조사하여야 한다. 자격에 문제가 있는 경우 법원의 보정명령 등에 대하여는 61조에 의해 소송능력 등의 흠결, 그 보정 및 추인에 관한 59조·60조가 준용된다. 선정당사자의 자격흠결을 간과한 판결은 상소로 다툴 수 있으나 재심의 대상은 아니다. 그러나 간과한 판결이 확정되어도 선정자에게는 효력이 없는 무효의 판결에

---

65) 대결 2000.10.18. 2000마2999.
66) 박재완, 앞의 책, 629면.
67) 박재완, 앞의 책, 629~630면.

불과하다.

사. 선정당사자의 자격상실

(1) 사유

선정당사자의 사망, 선정의 취소 또는 사임 뿐만 아니라 선정당사자에 대한 소의 취하 또는 판결의 확정 등으로 소송이 종료되는 경우에도 선정당사자의 소송수행권이 상실된다. 한편, 원고가 원고 본인의 청구와 관련하여 제1심판결 중 소송비용에 관한 재판에 대하여 항소한 경우 원고는 불복과 관련하여 여전히 선정자와 공동의 이해관계를 유지한다고 할 수 있으므로 선정당사자의 자격이 유지된다고 말할 수 있다.[68]

이와 달리 선정자의 사망·소송능력의 상실 또는 선정자가 소구채권의 양도 등으로 공동의 이해관계에서 이탈한 경우에는 선정당사자의 소송수행권에 영향을 미치지 않는다고 보아야 할 것이다.[69]

(2) 효과

원칙적으로 선정당사자 모두가 그 자격을 상실하거나 사망한 경우에는 소송절차가 중단되고 같은 자격을 가진 사람이 소송절차를 수계하여야 한다. 또한, 53조의 규정에 따라 선정당사자에 의한 소송에서 선정당사자 모두가 자격을 상실하거나 사망한 경우에는 소송절차가 중단되는데 이 경우 선정당사자를 선정한 사람 모두 또는 새로 선정당사자로 선정된 사람이 소송절차를 수계하여야 한다 (237조). 반면에 선정당사자 중 일부가 사망하거나 그 자격을 상실한 경우에는 다른 선정당사자가 모두를 위하여 소송행위를 하게 된다(54조).

아. 비교법적 검토 — Class Action

(1) 의의

다수 소비자 등의 손해배상소송에서 전체의 이익을 대표하는 것으로 인정되는 대표자가 소송을 수행하는 제도를 말한다. "개개의 수권을 요건으로 하지 않는 점"에서 선정당사자와는 다르다. 기업의 제품이나 서비스의 하자로 유사한 피해를 본 사람이 다수 있을 때 일부 피해자가 전체를 대표해 제기하는 소송을 말

---

68) 대판 2006.9.28. 2006다28775; 대판 2014.10.15. 2013다25781; 대판 2001.2.27. 2000다25798·25804.
69) 이시윤, 앞의 책, 769면; 정동윤·유병현·김경욱, 앞의 책, 1046면. 대판 1975.6.10. 74다1113.

한다. 고엽제소송·유방성형소송·석면소송 또는 담배소송 등이 대표적인 사례이다. 판결의 효과는 소송당사자뿐만 아니라 피해자 전체에게 미친다. 따라서 손해배상의 규모가 천문학적인 액수에 달할 수 있다. 소송에 따른 사회적 비용이 크고 기업의 부담도 크기 때문에 미국 등 선진국에서도 집단소송의 부작용을 줄이기 위해 소송제기 요건을 강화하고 있다.

(2) 일부 도입

우리나라도 소액주주의 권익보호를 목적으로 증권관련 집단소송법이 제정되어 증권분야에서만 이 제도가 도입되었다. 자산 규모 2조원 이상 기업은 2005년부터, 2조원 미만은 2007년부터 시행되었다. 기업의 주가조작·허위공시 또는 분식회계 등으로 피해를 입은 소액주주 중 한 명이 해당 기업을 상대로 소송을 제기해 승소하면 똑같은 피해를 본 나머지 투자자는 별도의 소송 없이 피해를 보상받을 수 있다. 소송요건으로는 주주 50명 이상이 해당 기업 발행의 유가증권 총수 중 1만분의 1 이상을 보유해야 하는 등 일정한 요건을 갖추어야 한다(동법 12조).

제2절 소송물

Ⅰ. 의의

1. 개념

소송물이란 심판의 대상 또는 소송의 객체를 말하고 재판상 청구(또는 청구)라고도 한다. 그것은 법원이 본안판결의 주문에 나타내야 할 최소한의 기본단위로서 ① 원고의 피고에 대한 권리주장과 ② 법원에 대한 심판형식(이행·형성 또는 확인)의 지정을 포함한 일정한 심판의 요구로 이루어진다. 이때 소송물을 ①의 의미로만 이해하거나(권리주장설) 또는 ②의 의미로만 이해하는 경우(요구설) 이를 협의의 소송물(청구)이라고 하고 ①과 ②를 합하여 소송물을 지칭하는 경우를 광의의 소송물(청구)이라고 한다(복합설).

2. 특징

소송물의 내용인 권리주장 및 심판요구는 피고가 아닌 법원을 향하여 이루어지고 소송물의 내용은 원고가 결정하여야 한다(203조). 소송물은 특정 피고에 대한 관계에서 주장되는 것이고 당사자가 변하면 소송물도 다른 것으로 된다(상대성).

3. 기능

소송물은 ① 소송의 개시와 관련하여 심판대상의 특정(203조), 관할의 결정 또는 인지 첨부액의 결정에, ② 심리 등과 관련하여 소의 객관적 병합의 허부(253조), 중복제소금지의 판단(259조), 소 변경의 허부(262조), 소의 취하 이후에 재소금지의 판단(267조 2항) 또는 반소의 허부(269조)에, ③ 판결과 관련하여 기판력의 객관적 범위(216조 1항) 또는 일부판결의 가부와 밀접한 관계(기능)를 가지고 있다.

4. 소송물 특정의 필요성

처분권주의에서는 심판대상인 소송물의 특정은 원고의 권한임과 동시에 의무이다. 또한, 법원은 원고 신청의 소송물에 대해서만 심판을 할 수 있을 뿐이고 소송물의 범위를 넘어 심판을 할 수 없다(203조). 소송물은 법원에 대하여는 심판대상을 제시하는 것일 뿐만 아니라 피고에게는 공격방어대상을 명시하여 불의타를 방지하는 기능을 가지고 있기 때문이다. 그리고 소송물은 중복제소의 금지(259조), 기판력의 저촉 등을 결정하는 기준이 되기 때문에 소를 제기할 경우 이를 명확하게 특정할 필요가 있다.

II. 소송물이론

1. 전제사실

소송물이론은 특히, 청구권이 경합된 경우에 소송물을 어떻게 파악할 것인지에 관한 견해의 대립과 관련이 있다. 청구권의 경합은 동일한 목적을 추구하는 2개 이상의 실체법적 권리가 상호간에 양립이 가능한 경우, 즉 청구권 상호간에 택일적 관계에 있는 경우를 말한다. 청구권의 경합이 발생하는 경우로는 우선 동일한 사실관계에서 2개 이상의 실체법적 권리가 발생하는 경우를 들 수 있다. 예컨대, 택시기사의 과실에 의한 교통사고로 택시승객이 목적지에 도달하지 못하고 부상을 당한 것처럼 동일한 교통사고를 원인으로 채무불이행에 기한 손해배상청구권과 불법행위에 기한 손해배상청구권이 발생하는 경우, 금원을 차용하면서 어음을 발행하여 원인관계에 의한 대여금채권과 어음관계에 의한 어음금채권이 발생한 경우이다.

청구권의 경합이 있는 경우 경합하는 실체법적 권리에 기한 청구취지의 기재는 동일하지만 청구원인은 실체법적 권리관계가 기재되기 때문에 상호 다르다. 예컨대, 택시를 타고 가던 승객이 운전자의 졸음운전으로 교통사고가 발생한 경우 승객이 손해배상을 받기 위한 실체법적 근거로는 불법행위와 채무불이행을 거론할 수 있을 것이다. 이러한 경우 손해배상청구소송에서 위 두 가지 법리의 구성에 있어서 청구취지는 "피고는 원고에게 금1억원 및 2023.7.13.부터 이 판결 선고일까지는 연5푼의, 그 다음날부터 다 갚는 날까지는 연1할2푼의 각 비율에 의한 금원을 지급하라."는 것으로 모두 동일하지만, 불법행위를 이유로 할 경우 소장의 청구원인에는 피고의 과실·위법성·인과관계 및 손해(액)가 기재되는 반면, 채무불이행을 이유로 할 경우에는 채무불이행사실 및 손해액이 기재된다.

2. 소송물이론

그렇다면 심판대상인 소송물을 어떻게 파악할 것인가? 소송물이론은 법률상 주장이 달라지면 소송물이 달라지는 것인지, 사실상 주장이 달라져야만 소송물이 달라지는지 여부로 나눌 수 있다. 전자가 구소송물이론의, 후자가 신소송물이론의 기반에 해당한다.

가. 구소송물이론(실체법설, 판례)

실체법상 권리 자체를 소송물이라고 이해한다(소송물＝실체법상 권리). 이렇게 이해하는 것이 소송물의 기준을 명확하게 할 수 있고 실체법과의 조화를 도모할 수 있다고 한다. 즉, 민사소송이란 실체법상 권리의 존부를 확정함으로써 분쟁을 해결하는 절차이기 때문에 소송물을 결정할 때에도 실체법과 절차법의 조화를 도모하여야 한다고 한다(실체법설, 구소송물이론).[70]

이 견해는 소송물을 실체법과 분리하여 소송법 독자의 관점에서 파악하는 견해(신소송물이론)가 타당하지 않다고 한다. 왜냐하면 소송물을 파악하는 기준이 불명확하고 손해배상청구소송 등에서는 기판력에 의하여 차단되는 범위가 지나치게 넓어지며 본인소송 등을 허용하는 경우 당사자의 공격방어능력이 낮아 오히려 당사자의 권리를 보호하는 데 결함이 있을 수 있기 때문이라고 한다.

판례는 소송물을 파악하는 데 비교적 명확한 기준을 제시하는 구소송물이론을 채용하면서 위와 같은 비판을 수용하여 구소송물이론에 따를 경우 소송물의 범위가 좁아져서 그에 따른 결론이 구체적 타당성에 맞지 않을 경우에는 후술하는 바와 같이 예외를 인정하기도 한다.[71] 예컨대, 진정한 등기명의의 회복을 위한 소유권이전등기청구는 이미 자기 앞으로 소유권을 표상하는 등기가 되어 있었거나 법률에 의하여 소유권을 취득한 자가 진정한 등기명의를 회복하기 위한 방법으로 현재의 등기명의인을 상대로 그 등기의 말소를 구하는 것에 갈음하여 허용되는 것인데, 말소등기에 갈음하여 허용되는 진정명의회복을 원인으로 한 소유권이전등기청구권과 무효등기의 말소청구권은 어느 것이나 진정한 소유자의 등기명의를 회복하기 위한 것으로서 실질적으로 그 목적이 동일하고, 두 청구권 모두 소유권에 기한 방해배제청구권으로서 그 법적 근거와 성질이 동일하므로, 비록 전자는 이전등기, 후자는 말소등기의 형식을 취하고 있다고 하더라도 그 소송물은 실질상 동일한 것으로 보아야 하기 때문에 소유권이전등기말소청구소송에서 패소확정판결을 받았다면 그 기판력은 그 후 제기된 진정명의회복을 원인으로 한 소유권이전등기청구소송에도 미친다고 하여 전소인 소유권이전등기말소청구소송의 확정판결의 기판력이 후소인 진정명의회복을 원인으로 한 소유권이전등기청구소송에 미친다고 하는 것 등이 그러하다.[72]

나. 신소송물이론(소송법설, 통설)

소송법 독자의 관점에서 경합하는 실체권을 포함한 상위개념으로 소송물을 파악하여야 한다고 한다(소송물=경합하는 실체권을 포함한 상위개념). 왜냐하면 민사소송은 법원이 사적 분쟁을 공권적으로 해결하는 수단으로서 가능한 한, 분쟁의

---

70) 김홍엽, 앞의 책, 331면.
71) 대판 1967.6.27. 93다11050; 대판 1981.12.22. 80다1548; 대판 1999.9.17. 97다54024.
72) 대판(전합) 2001.9.20. 99다37894.

일회적 해결에 도움이 될 수 있도록 해결대상인 소송물을 파악하여야 하고 이렇게 파악하는 것이 원고의 의사와도 합치하기 때문이라고 한다. 이러한 신소송물론에서도 청구원인을 고려하면서 소송물을 파악하여야 하는지에 따라 일지설과 이지설로 구분된다. 전자는 오로지 청구취지만으로 소송물을 식별하면 된다는 견해[73]이고, 후자는 청구취지와 아울러 청구원인에 기재된 사실관계를 고려하여야 한다는 견해[74]이다.

신소송물이론은 실체법상 권리 자체를 소송물로 파악하는 구소송물이론이 타당하지 않다고 비판한다. 왜냐하면 분쟁의 일회적 해결의 요청에 합치하지 않고 사실상 동일한 분쟁에 관하여 이중으로 판결할 가능성이 있는데 이는 분쟁당사자인 통상인의 상식적 판단과 합치하지 않기 때문이라고 한다. 따라서 이행소송에서는 경합하는 이행청구권을 포함한 상위개념으로 이행을 구하는 한 개의 법적 지위(수급권)를 소송물로 파악하여야 한다고 한다. 그러나 이 견해에 의하면 본인소송 등을 진행할 경우 예기치 못한 실권을 당할 우려가 있을 수 있다는 점을 부인할 수 없다.[75]

[표 3-5] 신소송물이론의 구분

	내용	구분[76]			비판
신소송물이론	분쟁해결제도라는 소송법상 독자적 차원에서 소송물 파악	일지설	청구취지만 고려하여야		소송물의 범위가 지나치게 넓어짐
		이지설	청구취지와 청구원인의 사실관계도 고려	일관설	확인의 소에서도 마찬가지	사실관계의 개념 및 그 동일성 판별이 어려워짐
				예외설	청구취지만 고려	

---

73) 김홍규·강태원, 앞의 책, 253~254면; 이시윤, 앞의 책, 247면.
74) 호문혁, 앞의 책, 133면; 정동윤·유병현·김경욱, 앞의 책. 283면(일부 영역에서는 당사자의 권리가 침해되지 않는 범위 내에서 청구원인사실만으로 소송물을 구성하는 사실관계 일지설을 취함).
75) 이시윤, 앞의 책, 239~240면.
76) 한편, 이지설에서도 확인의 소에 대하여도 청구원인의 내용을 고려하여야 하는지에 따라 일관설(청구취지와 사실관계를 모두 고려)과 예외설(청구취지만 고려)로 구분하고 있다(박재완, 앞의 책, 136~137면).

3. 견해 대립이 소송에 미치는 영향

위와 같은 견해의 대립은 기판력이 미치는 객관적 범위(216조), 중복제소 금지의 범위(259조), 소장의 필요적 기재사항, 청구의 단복이동(單複異同)의 판단, 청구병합 및 소변경 유무 또는 신청사항의 범위 유무 등에 영향을 미친다.

하지만 확인소송은 원·피고 사이에 다투어지는 실체법상 권리의 존부에 관한 분쟁을 판결을 통해 해결하는 절차이기 때문에 그 심판대상(소송물)은 구소송물이론이든, 신소소송물이론이든 모두 실체법적 권리 자체를 소송물로 하는 것에는 법적 다툼이 없다.[77] 문제는 이행소송·형성소송에 있어서의 소송물이다. 신소송물론의 경우 이행소송은 이행을 구하는 1개의 법적 지위(수급권), 형성소송은 법률관계의 변동을 구하는 1개의 법적 지위 자체가 소송물이라고 한다. 판례는 기본적으로 구소송물이론에 입각하고 있다.[78] 그러나 구소송물론에 따를 경우 상술한 바와 같이 소송물의 범위가 좁아져서 그에 따른 결론이 구체적 타당성에 맞지 않을 경우에는 예외를 인정하기도 한다. 예컨대, "원인채권의 지급을 확보하기 위한 방법으로 어음이 수수된 경우 채권자가 어음채권에 기하여 청구를 하는 경우에는 원인채권의 소멸시효를 중단시키는 효력이 있다고 봄이 상당하다"[79]고 판시하는 경우가 그러하다.

4. 구체적 검토

가. 이행소송에 있어서 소송물

(1) 일반적 고찰

이행소송에서 구소송물론의 경우 소송물은 실체법상 청구권의 존부인 반면, 신소송물론의 경우 소송물은 실체법적 성격과는 우선 단절되고 이행을 구하는 1개의 법적 지위(수급권)의 존부가 될 것이다. 예컨대, 소유권에 기한 물건의 인도

---

77) 확인의 소송에서는 청구취지를 "피고는 별지목록 기재 부동산의 소유권이 원고에게 있음을 확인한다."와 같이 기재한다. 따라서 소장의 청구취지에 "소유권"이라고 하는 실체법적 근거가 기재되어 있고 그 청구원인에는 원고가 소유권을 취득하게 된 경위 등을 기술하고 있으므로 양이론 모두 확인소송의 소송물을 청구취지에 기재된 실체법적 권리라고 한다.

78) 대판 2012.12.13. 2011다50080·50097; 대판 2013.9.13. 2013다45457 등.

79) 대판 1999.6.11. 99다16378.

청구소송에서 패소한 원고가 그 후 매매계약에 기한 물건의 인도청구의 소를 제기한 것을 가정해 보자. 이 경우 구소송물이론은 전소의 소송물(소유권에 기한 인도청구권)과 후소의 소송물(매매계약에 기한 인도청구권)은 다르기 때문에 전소의 소송물인 소유권에 기한 청구권에만 기판력이 발생하여 후소가 차단되지 않는다.[80] 이와 같이 원고는 또 한 번의 소송을 할 수 있다는 점에서 원고에 대한 권리구제 및 절차보장이 확장되기 쉽다고 할 수 있다. 반면 신소송물론에서는 전소와 후소의 소송물은 '물건의 인도청구'라는 법적 지위(수급권)가 같기 때문에 양소의 소송물은 동일하다. 따라서 전소의 이행을 구하는 1개의 지위(수급권)에 기판력이 발생하여 후소가 차단된다. 이와 같이 신소송물이론은 분쟁의 일회적 해결에 도움을 준다고 할 수 있다.

(2) 손해배상청구소송의 소송물

손해배상청구소송에서 구소송물이론을 전제로 할 경우 소송물은 실체법상 불법행위에 의한 청구권(민법 750조)과 채무불이행에 의한 청구권(동법 390조)이 경합하는지 여부가 문제이다. 이에 관하여 이 이론은 피해자 보호의 관점에서 2개의 청구권이 경합하고 소송물도 2개라고 한다.

반면 신소송물이론을 전제로 할 경우 실체법상 불법행위와 채무불이행이 존재하여도 소송물은 어디까지나 이행을 요구하는 1개의 법적 지위(수급권)로 생각하여야 한다. 더욱이 사회적으로 보아 1개의 분쟁으로 볼 수 있는 범위 내에서는 1개의 소송물로 구성하는 것이 바람직하다고 볼 수 있다. 왜냐하면 피해법익이 다르다고 하여도 실질적으로 동일한 분쟁을 일회적으로 해결하여야 하기 때문이다.

예컨대, 택시를 타고 가다가 운전자의 과실로 사고가 발생한 경우와 같이 불법행위와 채무불이행의 요건을 동시에 충족하는 경우 손해배상청구소송의 소송물에 관해서, 구소송물이론에서는 이를 청구권의 경합으로 보면 보고 소송물은 별개로 이를 하나의 소로 함께 제기하면 원래 선택적 병합으로 본다. 그러나 신소송물이론에서는 소송물을 손해배상을 구하는 법적 지위(수급권)로 보기 때문에 소송물은 동일한 1개로 본다.

한편, 위와 같은 사고로 인하여 일당(소극적 손해), 치료비, 차량의 수리비(적극

---

80) 대판 1996.6.14. 94다63006; 대판 2013.9.13. 2013다45457.

적 손해) 그리고 위자료(정신적 손해)라는 별개의 피침해 법익이 있어 복수의 불법행위가 성립한다고 볼 수 있는 경우 소송물을 어떻게 생각하여야 할까? 구소송물이론의 경우에는 피침해 이익마다 재산적 손해(적극적·소극적 손해)·정신적 손해, 통상적 손해·특별손해 등으로 구분하는 경향이 있는 반면(손해3분설, 판례),[81] 신소송물이론에서는 사회적으로 1개의 분쟁으로 볼 수 있는 경우에는 피침해이익을 구분하지 않고 피침해이익 모두를 포함하는 손해배상을 구하는 법적 지위로서 소송물은 1개라고 볼 수 있다(손해1분설).

(3) 예측하지 못한 후유증

후술하기로 한다.

(4) 일부청구

후술하기로 한다.

(5) 액수 산정의 기초인 사정의 변화

정기금 지급을 명한 판결이 확정된 뒤에 그 액수 산정의 기초가 된 사정이 현저하게 바뀜으로써 당사자 사이의 형평을 크게 침해할 수 있는 특별한 사정이 생긴 경우에는 그 판결의 당사자가 장차 지급할 정기금 액수를 바꾸어 달라고 하는 요구가 있을 수 있다. 또한, 토지소유자가 법률상 원인 없이 토지를 점유하고 있는 자를 상대로 장래의 이행을 청구하는 소로서 그 점유자가 토지를 인도할 때까지 토지를 사용·수익함으로 인하여 얻을 토지임대료 상당의 부당이득금 반환을 청구하여 그 청구의 전부나 일부를 인용하는 판결이 확정된 이후에 토지가격이 현저하게 앙등하고 조세 등의 공적인 부담이 증대되었으며 그 인근토지의 임대료와 비교하여도 그 소송의 판결에서 인용된 임대료 금액이 상당하지 않은 등 경제적 사정의 변경으로 당사자 간의 형평을 심하게 해할 특별한 사정이 생긴 경우가 있을 수 있다. 이러한 경우 그에 대한 대처를 위하여 변경의 소(252조)가 도입되기 이전에는 어떻게 할 것인지 여부가 문제이었다.

이에 대처하기 위하여 법 개정을 통하여 토지의 소유자가 점유자를 상대로 새로운 소를 제기하여 전소 판결에서 인용된 임대료 금액과 적정한 임대료 금액의 차액에 상당한 부당이득금의 반환을 청구할 수 있도록 하여 그 해결책

---

81) 대판 1976.10.12. 76다1313; 대판 1997.1.24. 96다39080; 대판 1996.8.23. 94다29730; 대판 2001.2.23. 2000다63572; 대판 2002.9.10. 2002다34381.

을 마련하였다.[82] 즉, 정기금판결변경의 소(252조)가 도입된 이후에는 기존 소송의 원고가 제1심을 진행하여 판결한 법원을 전속관할로 하여 위와 같은 소송형태를 이용하여 사정의 변화에 따른 부당이득금의 반환을 청구할 수 있도록 하였다.

나. 확인의 소

확인의 소에서 청구취지를 "별지목록 기재의 부동산이 원고의 소유임을 확인한다"고 표시하는 것과 같이 실체법적 권리관계 자체가 그대로 청구취지에 기재된다. 신·구소송물 모두 확인의 소에서는 청구취지에 기재되어 있는 실체법적 권리관계가 소송물 판단의 식별기준이 된다. 따라서 일단 청구취지 상의 법률관계가 신·구소송물이론상의 소송물이기 때문에, 예컨대 특정 토지에 대한 소유권확인의 본안판결이 확정되면 그에 대한 권리 또는 법률관계가 그대로 확정되는 것이므로 변론종결 전에 그 확인의 원인이 되는 다른 사실관계가 있었다고 하더라도 그 확정판결의 기판력은 거기까지도 미치는 것이라고 보아야 할 것이다.[83]

다. 형성의 소

형성의 소에서 소송물은 어디까지나 법률관계의 형성이라는 목적, 즉 결론에 도달하기 위한 수단 내지 전제로 되는 개개의 형성권을 말한다. 따라서 1개의 법률관계의 형성을 위한 수개의 형성원인을 주장할 경우 이는 수개의 소송물이 된다고 보아야 할 것이다. 따라서 이혼소송, 혼인취소소송, 재심소송 또는 행정처분취소소송에서 각 이혼사유, 혼인취소사유, 재심사유 또는 행정처분취소사유 등은 각 사유마다 소송물이 별개가 된다.

라. 채권자취소소송

채권자취소소송은 채무자가 채권자를 해함을 알고 재산권을 목적으로 한 법률행위를 한 때에는 채권자가 그 취소 및 원상회복을 법원에 청구할 수 있는 소송이다(민법 406조). 즉, 채권자취소소송은 법률행위를 취소하고 원상회복을 위한 것이므로 형성의 소와 이행의 소가 병합하는 형태로 제기되는 것이 통상적이다.[84] 따라서 위와 같이 제기되는 소송에서 소송물은 채권자취소권과 원상회복

---

82) 대판(전합) 1993.12.21. 92다46226.
83) 대판 1987.3.10. 84다카2132.
84) 박재완, 앞의 책, 147면.

청구권으로 소송물을 서로 달리하는 것으로 이를 병합하여 또는 별도로 제기할 수도 있다.[85] 즉, 채권자는 민법 406조 1항에 따라 사해행위의 취소와 원상회복을 함께 청구하거나 사해행위의 취소만을 먼저 청구한 다음 원상회복을 나중에 청구할 수도 있다. 또한, 사해행위의 취소청구가 민법 406조 2항에 정하여진 기간 안에 제기되었다면 원상회복의 청구는 그 기간이 지난 뒤에도 할 수 있다. 이와 달리 채권자가 사해행위의 취소를 청구하면서 그 보전하고자 하는 채권을 추가하거나 교환하는 것과 같이 피보전권리를 바꾸는 경우,[86] 채권자가 채무자의 어떤 금전지급행위가 사해행위에 해당된다고 하여 그 취소를 청구하면서 그 금전지급행위의 법률적 평가와 관련하여 증여 또는 변제로 달리 주장하는 것과 같이 취소대상의 법적 성질에 대한 주장을 달리하는 경우[87]에는 사해행위취소권을 이유 있게 하는 공격방어방법에 관한 주장을 변경하는 것일 뿐이지 소송물의 동일성은 유지된다.

한편, 채권자취소권의 요건을 갖춘 각 채권자는 고유의 권리로서 채무자의 재산처분행위를 취소하고 그 원상회복을 구할 수 있는 것이므로 여러 명의 채권자가 동시에 또는 시기를 달리하여 사해행위의 취소 및 원상회복청구의 소를 제기한 경우 이들 소는 당사자 및 소송물을 달리하기 때문에 중복제소에 해당하지 아니하고 어느 한 채권자가 동일한 사해행위에 관하여 사해행위의 취소 및 원상회복청구를 하여 승소판결을 받아 그 판결이 확정되었다는 것만으로는 그 후에 제기된 다른 채권자의 동일한 청구가 권리보호의 이익이 없게 되는 것도 아니다.[88] 즉, 채권집행이 완성되어야 권리보호의 이익이 없게 된다.

---

85) 대판 2001.9.4. 2001다14108.
86) 대판 2003.5.27. 2001다13532.
87) 대판 2005.3.25. 2004다10985.
88) 대판 2014.8.20. 2014다28114.

제3절   채권자대위소송

Ⅰ. 의의

1. 개념

채권자대위의 소란 채권자가 채무자에 대한 자기의 채권을 보존하기 위하여 채무자의 제3채무자에 대한 채권에 관하여 판결을 구하는 소를 말한다. 즉, 민법상의 채권자대위권(민법 404조)을 소의 형식으로 제기하는 것으로 채권자가 원고로 되고 제3채무자가 피고로 된다. 그리고 채권자의 채무자에 대한 채권을 피보전채권(권리), 채무자의 제3채무자에 대한 채권을 피대위채권(권리)이라고 한다.

이 소송형태는 채권자가 자기의 채권을 보전하기 위하여 법률에 의해 소송물인 권리의무관계에 관한 관리처분권을 부여받아 소송수행권(당사자적격)이 인정된 것으로 법정소송담당에 해당한다(통설·판례).[89]

2. 구조

가. 채권자의 채권(피보전채권)

채권자가 채무자와의 법률관계에서 채권을 가지고 있는 사실 때문에 채권자대위권을 근거로 소송을 수행할 자격(당사자적격)이 인정된다. 그것은 채권자가 채무자에 대하여 채권을 가지고 있기 때문에 인정되는 것으로 여기에서 채권자가 채무자에게 채권을 가지는 것은 당사자(원고)적격의 요건이다. 따라서 피보전권리가 부존재한 경우,[90] 또는 피보전권리에 대한 패소확정판결이 있는 경우[91]에는 대위소송은 당사자적격의 흠결로 각하된다. 그리고 피보전권리의 부존재를 이유

---

[89] 김홍규·강태원, 앞의 책, 209면; 이시윤, 앞의 책, 158면. 대판 2005.9.29. 2005다27188. 반대: 호문혁, 앞의 책, 240면은 채권자대위소송에서 채권자는 민법이 부여한 대위권이라는 실체법상의 권리를 소송상 행사하는 것이라고 하여 소송담당에 해당하지 않는다고 한다.

[90] 대판 1990.12.11. 88다카4727에 의하면, 채권자대위소송에 있어서 대위에 의하여 보전될 채권자의 채무자에 대한 권리가 인정되지 아니할 경우에는 채권자 스스로 원고가 되어 채무자의 제3채무자에 대한 권리를 행사할 당사자적격이 없게 되므로 그 대위소송을 부적법하여 각하할 수밖에 없다고 한다.

[91] 대판 2002.5.10. 2000다55171; 대판 2003.5.13. 2002다64148.

로 각하판결이 확정되면 제3채무자가 채권자를 상대로 제기한 후소에서 채권자가 피대위권리의 존재를 항변사유로 주장하는 것은 기판력에 저촉되어 허용될 수 없다.[92] 다만, 피보전권리의 부존재를 이유로 대위소송을 각하한 판결의 기판력은 채권자가 채무자를 상대로 피보전권리의 이행을 청구하는 소에는 미치지 않는다. 대위소송에서는 피대위채권의 존부에 관한 판결의 기판력만 채무자에게 미치기 때문이다.[93] 한편, 채권자가 채무자를 상대로 피보전권리의 존재에 관한 승소 확정판결이 있는 경우에는 피보전권리의 존재는 입증되었다 할 것이므로 대위소송에서 피고인 제3채무자는 피보전권리의 존재를 다툴 수 없다.[94]

나. 채무자의 채권(피대위채권)

채권자대위소송에서 본안심리의 대상은 채무자의 제3채무자에 대한 채권의 존부이다. 즉, 대위소송의 소송물은 피대위채권이며, 따라서 이것을 흠결한 경우에는 청구가 기각된다.

II. 채권자대위소송에 있어서 관련 문제

1. 채무자의 별소 제기 등이 허용되는지 여부

가. 채무자의 지위

채권자대위의 소가 제기된 경우 채무자가 당사자적격을 상실하는지, 대위소송계속 중 채무자가 제3채무자에게 소를 제기하는 것이 중복제소의 금지(259조)에 반하는지 여부가 문제이다.

우선 채권자의 채권액 범위 내에 채무자는 당사자적격을 상실한다. 채권자대위의 소가 제기되면 채무자는 제3채무자에 대한 채권의 관리처분권을 상실하고 오히려 채권자에게 법률상 소송수행권이 인정되기 때문에 소송수행의 기초를 상실하여 당사자적격도 상실한다고 볼 수 있다. 원래 채무자가 관리처분권을 상실하는 것은 채권자의 채권액의 범위 내이기 때문에 그것을 초과하는 부분에 관하여는 당사자적격을 상실하지 않는다.

---

92) 대판 2001.1.16. 2000다41349.
93) 대판 2014.1.23. 2011다108095.
94) 대판 1995.12.26. 95다18741; 대판 1998.3.27. 96다10522; 대판 2000.6.9. 98다18155; 대판 2003.4.11. 2003다1250; 대판 2007.5.10. 2006다82700·82717; 대판 2014.7.10. 2013다74769.

다음으로 채무자가 제3채무자를 상대로 소를 제기하면 중복제소의 금지(259조)에 반한다고 할 수 있다. 중복제소의 금지에 반하는지 여부는 금지의 취지에 비추어 당사자와 소송물의 동일성을 개별·구체적으로 판단하여 결정해야 한다. 채권자대위소송과 채무자가 제기한 별소는 소송물이 동일하지만 형식적으로는 당사자가 동일하지 않다. 그러나 채권자에 의한 대위소송은 법정소송담당의 한 가지 유형이어서 채권자에 대한 판결의 효력은 채무자에게도 미친다(218조 3항). 따라서 판결의 모순저촉을 발생케 할 가능성이 있어 당사자의 동일성을 긍정하여야 하고 중복제소의 금지에 반한다고 보아야 한다.

나. 채무자의 독립당사자참가가 허용되는지 여부

원칙적으로 이미 채무자가 그 권리를 재판상 행사하였을 때에는 설사 패소의 확정판결을 받더라도 채권자는 채무자를 대위하여 채무자의 권리를 행사할 당사자적격이 없다.[95] 그러나 채권자대위의 소가 제기된 경우 채무자가 원·피고로서 당사자적격을 상실하는지는 상술한 바와 같지만 채무자가 독립당사자참가를 하는 것이 가능한지 여부가 문제이다. 이와 관련하여 채무자는 채권자의 채권액 범위 내에서 제3채무자에 대한 채권의 관리처분권을 상실한다고 이해할 수 있기 때문에 소송수행의 기초를 상실하고 원칙적으로 당사자적격도 상실하는 반면, 채무자가 대위소송의 부적법함을 주장하고자 하면 채무자는 채권자의 당사자적격에 관하여 다툴 기회를 보장받을 필요가 있다. 또한, 채권자에게 소송수행권이 없는 것으로 판명된 경우에는 채무자의 당사자적격은 상실되지 않는다고 해야 한다.

따라서 이러한 점 등을 고려하면 독립당사자참가를 하는 것은 중복제소의 금지(259조)에 반하지 않는다고 보아야 한다. 또한, 독립당사자참가를 하는 경우에는 동일절차 중에 심리가 되어(47조 4항, 40조) 판결의 모순·저촉의 우려가 없기 때문이다. 따라서 채무자가 채권자에 대한 채무부존재확인의 청구와 제3채무자에 대한 이행청구를 제기하면서 대위소송에 독립당사자참가를 하는 것은 인정된다고 할 것이다(79조 1항).

---

95) 대판 1993.3.26. 92다32876.

2. 다른 채권자의 소송참가가 가능한지 여부

채권자대위소송이 계속 중인 경우 다른 채권자가 동일한 채무자를 대위하여 채권자대위권을 행사하면서 공동소송참가신청을 할 경우 양 청구의 소송물이 동일하다면 83조 1항이 요구하는 '소송목적이 한쪽 당사자와 제3자에게 합일적으로 확정되어야 할 경우'에 해당하므로 참가신청은 적법하다. 이때 양 청구의 소송물이 동일한지 여부는 채권자들이 각자 대위하여 행사하는 피대위채권이 동일한지 여부에 따라 결정되고 채권자들이 각자 자신을 이행의 상대방으로 하여 금전의 지급을 청구하였더라도 책임재산을 보존하기 위하여 채권자들이 채무자를 대위하여 변제를 수령하였을 뿐이고 자신의 채권에 대한 변제로서 수령하게 되는 것이 아니므로 채권자들의 청구가 서로 소송물이 다르다고 할 수 없다. 따라서 원고가 일부청구임을 명시하여 피대위채권의 일부만 청구한 것으로 볼 수 있는 경우에는 참가인의 청구금액이 원고의 청구금액을 초과하지 아니하는 한 참가인의 청구가 원고의 청구와 소송물이 동일하여 중복된다고 할 수 있으므로 소송목적이 원고와 참가인에게 합일적으로 확정되어야 할 필요성을 인정할 수 있고 참가인의 공동소송참가신청을 적법한 것으로 보아야 하므로 다른 채권자의 소송참가를 인정할 수 있다.[96]

3. 채권자에 대한 판결의 효력이 채무자에게 미치는지 여부

채권자의 승소·패소를 불문하고 채권자가 받은 판결의 효력은 채무자가 어떠한 사유로 인하여 적어도 채권자대위권에 의한 소송이 제기된 사실을 알았을 경우에는 그 판결의 효력은 채무자에게 미친다고 한다(통설[97]·판례[98]). 왜냐하면 채권자대위소송은 법정소송담당으로 218조 3항이 적용되며, 채권자는 제3채무자

---

96) 대판 2015.7.23. 2013다30301.
97) 이시윤, 앞의 책, 667면; 정동윤·유병현·김경욱, 앞의 책, 826면. 반대: 호문혁, 앞의 책, 715면 이하는 채권자대위소송은 법정 소송담당이 아니라는 점을 근거로 대위소송의 판결은 채무자에게 그 효력이 미치지 않는다고 한다.
98) 대판(전합) 1975.5.13. 74다1664. 한편, 대판 2014.1.23. 2011다108095에 따르면, 대위소송의 소송물인 피대위채권의 존부에 관한 판단에 한해서 채무자에게 기판력이 미치는 것이며 피보전권리가 인정되지 않아 소각하판결이 있었던 경우에는 채권자가 채무자를 상대로 한 소송에서는 기판력이 미치지 않는다고 한다.

에 대하여 승소를 위하여 주장·입증을 다할 것이라고 생각할 수 있을 뿐만 아니라 채무자의 절차보장이 채권자를 통하여 실질적으로 도모될 수 있고, 판결효의 확장을 부정하면 법원과 제3채무자에게 이중심리의 괴로움을 안기게 되어 소송경제에 반하는 문제가 발생하며, 채무자에 대한 절차보장은 채무자가 소송고지를 받고 독립당사자참가 또는 공동소송적 보조참가의 길이 열려 있기 때문이다.[99]

이에 대하여 채무자의 이해를 중시하여, 즉 채무자와 채권자는 대립관계이기 때문에(대립형) 채무자의 소송수행 없이 패소판결을 받는 것은 채무자의 재판을 받을 권리를 침해하는 것이 되므로 채권자의 승소판결만 채무자에게 미친다는 견해가 있지만 타당하지 않다. 이 견해에 따르면 제3채무자가 아무리 승소를 하여도 다시 다른 채권자가 제기하는 소에 응소하여야 하는 등 소송경제에 반하기 때문이다. 오히려 채무자의 이익은 소송참가(71조 이하) 등에 의해 확보될 수 있으므로 대위소송의 판결의 기판력을 채무자에게 확장시켜도 무방할 것이다(통설).

---

99) 판례·통설이 이유로 드는 '절차보장은 채무자가 소송고지를 받고 독립당사자참가 또는 공동소송적 보조참가의 길이 열려 있다는 것'은 소송고지설(채무자에 대한 소송고지를 의무화하는 것)에 따른 근거이다. 이 견해에 대해서는 독립당사자참가가 인정된다고 하여도 소송고지가 없으면 판결효가 미치지 않게 된다고 하는 지적이 있다. 한편, 본안판결 중 채권자가 피보전채권을 갖고 있다는 것은 판결이유 중의 판단이어서 기판력이 발생하지 않는 것이 원칙이다(216조). 그리고 소각하판결의 경우 채권자가 피보전채권을 갖지 않은 것(원고적격을 결여한 점)에 관해서 판단이 이루어진다.

제3장 처분권주의

I. 의의·근거

1. 의의

처분권주의란 당사자가 소송을 개시할 것인지(소송의 개시), 어떠한 범위의 청구를 구할 것인지(심판의 대상·범위), 판결에 의하지 않고 소송을 종료시킬 것인지(소송의 종료) 여부를 자유롭게 결정할 수 있는 원칙을 말한다(203조). 민사소송은 사인 간의 사권에 관한 분쟁해결을 목적으로 하고 있기 때문에 소송상으로도 사적 자치의 원칙을 존중하고 청구 측면에서 당사자의 권능을 인정하는 것이 바람직하기 때문에 처분권주의가 적용된다.[1]

2. 근거

민사소송의 심판대상은 사법상 권리관계의 존부를 대상으로 한다. 원래 사법상 권리관계에 관하여는 사적 자치의 원칙에 따라 처리할 수 있으므로 당사자의 자유로운 처분에 따라 해결할 수 있다. 따라서 사법상 권리관계의 존부를 대

---

[1] 민사소송의 모든 제도 및 운영이 사적 자치의 원칙을 반영하고 있는 것이 아니다. 사적 자치의 원칙을 소송법적으로 반영한 처분권주의를 이해할 때 그 원칙에 매몰되어 민사소송을 이해하면 부당한 결론으로 연결될 수 있다. 민사소송제도의 이용은 민사소송법에 따라 법원을 절차적으로 이용하여 분쟁을 해결할 수 있는 것을 말한다. 따라서 민사소송의 모습은 ① 국가가 만든 제도적인 틀의 범위 내에서 직권주의로 운용이 되고, ② 당사자는 분쟁대상을 법원에 가지고 와서 주장·입증 등을 통하여 분쟁해결을 위한 노력 내지 역할을 한다. 즉, 법원은 만들어진 틀 범위 내에서 분쟁해결의 주재자 및 조정자로서 역할을 하여 분쟁해결을 지원하는 반면, 당사자는 사법관계인 실체법관계를 해결하기 위해 주체적인 지위를 갖고 역할을 한다. 위와 같이 민사소송제도는 위 ① 틀과 위 ② 이용 등이 상이할 뿐만 아니라 민사소송에 있어서 위 ①과 위 ②의 지배원칙이 서로 다른 점에 유념할 필요가 있다. 즉, ① 부분은 심급제도, 소송지휘권 등과 같이 직권주의에 따라 제도가 구축되거나 운영된다고 하는 점에서, ② 부분은 사적 자치의 원칙에 따라 처분권주의, 변론주의 등에 따라 운영되고 있다는 점에서 서로 다르기 때문이다. 따라서 민사소송법을 공부할 때에도 ①, ② 중 어디에 속하는지를 숙지하고 그에 따른 이해를 해 나가야 할 것이다.

상으로 하는 민사소송에서도 당사자의 의사를 가능한 한 존중하고 심판대상인 권리관계의 처분은 당사자의 의사에 맡기는 것이 타당하다. 그래서 처분권주의를 사적 자치의 소송법적 반영이라고 한다.

3. 변론주의와의 구별

처분권주의란 소송의 시작·범위 및 종결의 수준에서 당사자의 자치를 인정하는 것이고 변론주의란 소송을 진행하는 과정에서 주장과 입증 등에 대한 자치를 인정하는 것이므로 양자는 소송법적 측면에서 사적 자치가 허용된다는 점에서는 공통이지만 그 내용은 서로 다르다. 즉, 변론주의란 청구범위 내에서 공격방어를 할 때 당사자에게 주장과 입증을 자율적으로 하도록 하는 것이기 때문에 시작·범위·종결을 자유롭게 결정하는 처분권주의와 다르다.

[표 3-6] 처분권주의·변론주의와 직권주의의 비교

기본적인 사고방식	소송의 개시	판단자료의 수집	소송의 진행
당사자주의	◉처분권주의	◉변론주의	당사자진행주의
직권주의	직권조사사항	직권탐지주의	◉직권진행주의
	(청구의 수준)	(공격방어의 수준)	(절차의 수준)

◉: 현행 민사소송법의 원칙적인 입법태도

Ⅱ. 내용

1. 소송의 개시

민사소송은 원칙적으로 당사자의 제소가 없으면 개시되지 않는다(통상적으로 이를 "소가 없으면 재판은 없다"고 한다). 이것은 상소(항소·상고) 또는 재심의 소에서도 마찬가지이다. 다만, 예외적으로 소송비용과 가집행선언의 재판은 당사자의 신청이 없어도 직권으로 할 수 있다(104조 1항, 212조, 213조). 이와 같이 소의 제기 여부가 당사자에게 맡겨져 있기 때문에 마찬가지로 부제소의 합의, 불항소의 합의 등과 같이 제소를 하지 않기로 하는 합의도 자유롭게 할 수 있다. 또한, 패소한 당사자는 상소권을 포기할 수도 있다(394조, 425조).

2. 심판의 대상 · 범위

당사자가 심판의 대상을 특정하기 때문에 법원은 당사자의 신청이 없는 사항에 대해서는 재판을 할 수 없다(203조).[2] 이것은 상소심에도 마찬가지이다. 또한, 항소심에서 제1심판결의 변경은 당사자의 불복신청의 한도 내에서만 할 수 있다(415조, 431조). 이것을 불이익 변경의 금지 및 이익 변경의 금지라고 한다.

3. 소송의 종료

일단 소송이 개시되어도 당사자는 소를 취하할 수 있고(266조) 상소인도 그 상소를 취하하여 절차를 종료시킬 수 있다(393조, 425조). 또한, 청구의 포기 · 인낙, 소송상 화해(220조)에 의해 소송을 종료시킬 수도 있다.

Ⅲ. 신청사항의 해석

1. 203조의 해석

법원은 당사자가 신청하지 않은 사항에 대하여는 판결하지 못한다(203조). 이것은 처분권주의에 따른 것이다. 여기에서 '당사자가 신청하지 않은 사항'이란 당사자의 신청사항과 질적으로 다른 사항 또는 양적으로 다른(많은) 사항을 말한다. 양적으로 적은 사항의 판결(일부인용판결)[3]은 원고의 의사에 합치하고 피고에게 불의타로 되지 않기 때문에 허용된다. 질적으로 다른 사항인지 여부는 피고에게 불의타로 되는지 여부 등을 비롯하여 신중하게 음미할 필요가 있다. 203조에 위반한 판결은 무효가 아니라 상소에 의해 취소할 수 있을 뿐이다. 1심법원의 판결

---

2) 대판 2011.7.14. 2011다23323에 의하면, 피고가 상계항변을 철회했음에도 원심법원이 이를 판단한 것은 처분권주의에 위배된다고 하였다.

3) 대판 1993.4.27. 92다5249에 따르면, 근저당권이 담보하는 피담보채권액의 범위에 관하여 당사자 사이에 다툼이 있어 잔존 피담보채권이라고 주장하는 금원의 수령과 상환으로 근저당권설정등기의 말소를 구하는 경우 소송과정에서 밝혀진 잔존 피담보채권액의 지급을 조건으로 말소를 구하는 취지도 포함되었다고 봄이 상당하므로 이를 장래이행의 소로서 미리 청구할 이익이 있다고 한다. 그러나 대판 1991.4.23. 91다6009에 의하면, 피담보채무가 발생하지 아니한 것을 전제로 한 근저당권설정등기의 말소등기절차이행청구 중에는 피담보채무의 변제를 조건으로 장래의 이행을 청구하는 취지가 포함된 것으로는 보이지 않는다고 하여, 피담보채무가 없다고 주장하는 경우에 법원이 선이행판결을 하는 것은 처분권주의에 반한다고 한다.

이 신청사항을 위반한 것을 이유로 제기된 항소심에서 1심법원 판결사항을 새롭게 신청하면 처분권주의 위반의 하자는 치유된다.

2. 구체적인 문제

가. 소송물이론과의 관계

법원은 당사자가 신청한 소송물과 다른 소송물에 관하여 판결을 해서는 안 된다. 따라서 어떠한 소송물이론을 취할 것인지에 따라 203조 위반으로 되는지 여부도 달라진다.[4]

나. 판결형식·절차 및 순서

법원은 당사자가 신청한 소송유형(이행·확인 또는 형성소송)에 구속되고 다른 형식의 판결은 할 수 없다. 또한, 청구의 예비적 병합의 경우에 주위적 청구를 심판하지 않고 예비적 청구를 먼저 판단할 수는 없다.

다. 일부인용판결

예컨대, 10억원의 대여금청구소송에서 4억원의 인용판결은 203조에 위반하지 않는다. 왜냐하면 원고는 10억원보다 양적으로 적은 범위 내에서도 인용판결을 구하고 있는 것이 통상적이고 피고도 10억원 범위 내에서 방어를 하고 있어 4억원의 인용판결이 불의타라고 할 수는 없기 때문이다.

원래 판결사항을 당사자의 신청사항에 한정하는 취지는 소송에서도 가급적 당사자의 의사를 존중하고자 하는 점에 있다. 그리고 원고의 신청사항은 법원에 심판사항을 나타낼 뿐만 아니라 피고에게 방어대상을 제시하여 불의타로 되지 않도록 하는 기능도 있다. 따라서 203조에 위반한 것인지 여부는 원고의 합리적 의사에 반하는지, 피고 입장에서 부당한 불의타로 되는지 여부에 대한 관점에서 판단하고 원고의 의사에 반하지 않고 피고 입장에서도 불의타로 되지 않는 경우라면 법원은 원고 신청의 문언에 구애되지 않고 적당한 판결을 할 수 있다고 생각한다.

---

4) 대판 2021.6.24. 2016다210474는 구소송물이론의 입장에서, 동일한 사안에서 발생한 손해의 배상을 목적으로 하는 경우 채무불이행을 원인으로 하는 배상청구와 불법행위를 원인으로 한 배상청구는 청구원인을 달리하는 별개의 소송물이므로 법원은 원고가 행사하는 청구권에 관해 다른 청구권과는 별개로 그 성립요건과 법률효과의 인정 여부를 판단해야 한다고 하였다.

라. 무조건적 이행청구에 대한 조건부 판결

예컨대, 원고가 피고에게 공사대금 지급을 청구하는 소를 제기하였는데 피고가 자신의 공사대금지급의무와 원고의 건물인도의무는 동시이행관계에 있다는 항변을 한 경우 법원이 그 이유가 있다고 인정할 경우 청구기각판결이 아니라 동시이행판결을 하여야 한다(일부인용판결).[5] 이것 역시 처분권주의에 반하지 않는다.

마. 현재이행의 소에 대한 장래이행의 판결

현재이행의 소에 대하여 장래이행을 명하는 판결을 하는 것은 장래이행의 소(251조)의 요건을 만족시키는 범위 내에서 처분권주의에 위반하지 않는다고 할 수 있다. 전술한 것처럼 처분권주의에 위반하였는지 여부는 원고의 합리적인 의사에 반하는지, 피고 입장에서 부당한 불의타로 되는지 여부의 관점에서 판단하여야 한다. 원고는 청구가 기각되는 것보다 장래이행일지라도 이행판결을 바랄 것이고, 또한 이를 인정하여도 현재 이행을 제소당한 피고 입장에서 불이익으로 되지 않아 불의타가 되지 않을 수 있기 때문이다. 그러나 원고가 장래이행의 소를 제기한 것에 대하여 법원이 현재이행을 명하는 판결은 피고에게 불의타가 되기 때문에 처분권주의에 반한다.

바. 추상적 부작위청구에 있어서 청구의 특정

예컨대, "소음 60데시벨 이상을 발생시켜서는 안 된다"는 청구가 적법한가? 이와 같이 금지하려는 결과만 제시하고 피고의 구체적인 작위에 대해서는 언급이 없는 추상적 부작위청구는 처분권주의에서 요구되는 청구의 특정성을 충족하는지에 관하여 문제가 된다. 청구의 특정을 요구하는 취지는 법원에게 심판대상을, 피고에게 방어대상을 제시하여 불의타가 되지 않도록 하기 위함이다. 따라서 결과 도달을 목적으로 하는 청구에서는 그 수단인 피고의 구체적인 작위를 표시하지 않으면 청구의 특정으로 불충분한 것처럼 생각할 수도 있다. 그러나 권리침해의 발생지가 피고의 지배영역 내에 있는 이상 피고가 하여야 할 구체적인 작위에 관하여는 피고가 자기책임으로 제시하는 것이 용이하고 조사방법 또는 지식 등이 부족한 원고에게 구체적인 특정을 시키는 것은 타당하지 않다. 또한, 피고는 원고의 구체적인 피해를 다투어 방어를 전개할 수 있고 법원도 원고의 구체적

---

5) 대판 2002.10.25. 2005다43370.

인 피해와 침해결과를 억제하기 위한 다양한 구체적 작위와 비교·형량하여 심판을 하는 것이 가능할 것이다. 따라서 피고의 구체적인 작위가 표시되지 않더라도 이러한 추상적 부작위청구는 청구의 특정성에 반하는 것은 아니어서 적법하다고 생각한다.

사. 상한을 나타내지 않은 일부부존재확인청구

채무의 상한을 나타내지 않은 경우 청구의 특정이 있는지 여부가 문제이다. 예컨대, 원고가 청구취지로 "대여금채무 2억원 중 5,000만원을 넘는 채무는 존재하지 않는다"는 취지의 확인의 소를 제기한 경우에는 채무의 상한을 나타낸 것으로 되지만, 청구취지를 "5,000만원을 넘는 채무는 존재하지 않는다"는 취지의 확인의 경우에는 청구취지에서 나타난 채무발생원인, 청구원인 또는 변론 전체의 취지에 입각하여 법원에게도 심판범위가 특정되고 피고에게도 방어대상인 채무총액을 확정할 수 있기 때문에 소송물의 특정이 있다고 할 수 있다.[6] 그러나 위와 같은 방법으로도 채무총액이 확정되지 않으면 소송물의 특정이 결여된 것으로 소는 부적법 각하된다.

이러한 채무부존재확인의 소가 적법한 경우 법원은 203조와의 관계에서 어떠한 판결을 하여야 하는가? 법원은 원고 주장의 잔존채무액보다 적은 액(예컨대 잔존채무는 3,000만원)을 인정하는 경우에도 "원·피고 간에 5,000만원을 넘는 채무는 존재하지 아니함을 확인한다"는 판결을 하여야 한다(전부인용판결). 원고의 청구원인 등에서 채무총액 2억원과 자인을 한 금액 5,000만원의 차액 1.5억원의 채무부존재가 소송물이고 당사자는 그 존부를 둘러싸고서 공방을 한 것이다. 그런데 잔존채무 3,000만원밖에 존재하지 않는다고 하여 "원·피고 간에 3,000만원을 넘는 채무는 존재하지 않음을 확인한다."는 판결은 원고가 신청한 사항인 1.5억원의 채무부존재를 초과하여 법원이 1.7억원의 채무부존재를 인정한 것이 되어 양적 상한을 초과한 것으로 피고에게 불의타로 된다. 따라서 5,000만원을 넘는 채무는 존재하지 않는다는 확인판결을 하여야 한다.

다음으로 법원은 원고가 주장한 잔존채무액보다 많은 액, 예컨대 잔존채무는 8,000만원을 인정하는 경우라면 "원·피고 간에 8,000만원을 넘는 채무는 존재하지 아니함을 확인한다"는 판결을 하여야 한다(일부인용판결). 전술한 바와 같

---

6) 대판 1983.6.14. 83다카37; 대판 1994.1.25. 93다9422.

이 공방의 대상은 1.5억원의 채무부존재이고 원고 입장에서는 잔존채무액이 8,000만원이면 그 금액을 확정하는 판결을 희망할 것이고 피고 입장에서도 공방을 모두 하게 된 이상, 불의타로 되지 않기 때문이다. 만일 청구를 기각하면 원고가 주장한 5,000만원의 채무액을 넘는 3,000만원의 잔존채무액의 존재에 관하여 기판력 있는 판단이 없어서 분쟁을 발본적으로 해결할 수 없기 때문에, 법원은 청구를 기각해서는 안 되고 적극적으로 초과하는 잔존채무액의 존재를 인정하여야 한다.[7]

한편, "대여금채무 2억원 중 8,000만원을 넘는 채무는 존재하지 않는다."는 확정판결 이후 원고가 5,000만원의 채무부존재확인의 소를 제기할 수 있는가? 이것은 후술하는 일부청구와 관련된 문제이다. 일부청구긍정설에 따르면 후소의 소송물은 5,000만원을 넘는 채무의 부존재확인으로 되고 자인액 5,000만원에 관하여는 전소판결의 기판력이 발생하지 않기 때문에 5,000만원의 부존재 확인은 허용된다. 다만, 쟁점효 또는 신의칙에 의한 제한은 있을 수 있다. 그러나 일부청구부정설에서는 2억원의 채무 전체가 소송물이므로 5,000만원의 부존재확인을 구하는 것은 허용되지 않는다.

Ⅳ. 일부청구

1. 의의

일부청구란 수량적으로 가분적인 채권에 관하여 그 일부를 재판상 청구하는 것을 말한다. 처분권주의에 비추어 일부청구 자체가 인정되는 것은 문제가 없다.

2. 근거

민사소송은 사법상 권리관계를 대상으로 하고 있고 가급적 당사자의 의사를 존중하여야 하기 때문에 처분권주의가 인정된다. 따라서 당사자가 심판의 대상·범위를 자유롭게 결정하여 처분할 수 있는 이상, 일부청구는 적법하다고 보아야 할 것이다. 또한, 손해배상청구소송에서는 배상액의 예측이 곤란하고 소위 시험소송으로서 일부청구를 인정하지 않으면 비용이 부족한 원고 입장에서는 가혹한

---

7) 대판 2007.5.31. 2007다6772; 대판 2018.7.24. 2018다221553.

결과로 될 수 있다.

3. 일부청구논쟁(일부청구 후 잔부청구와 기판력)

문제는 일부청구에서 소송물의 범위인 바, 이에 관하여는 다음과 같은 학설의 대립이 있다.

가. 부정설

일부청구의 경우에도 소송물은 채권 전체로 파악하여야 한다는 견해이다. 분쟁의 일회적 해결의 요청 때문에 소송물은 가급적 넓게 파악하여야 하고 소송물의 분단을 허용해서는 아니되기 때문이다. 실질적으로 일부청구에서도 채권 전체를 심리할 수밖에 없으므로 채권 전체를 소송물로 이해하는 것이 재판의 모순을 방지하고 피고의 이중응소를 방지할 수 있으며 소송상으로 경제적 무용함을 방지할 수 있다. 따라서 소송물이 채권 전체인 이상, 일부청구는 구하는 범위를 확정하는 것에 불과하고 일부청구라고 할지라도 잔부에 대해서도 기판력이 미치게 되어 일부청구에 관한 판결확정 후에 제기되는 잔부청구는 기판력에 저촉되어 차단된다고 한다.

나. 긍정설

일부청구의 경우에는 당해 일부만 소송물로 된다고 한다. 처분권주의에 비추어 보면 소송상 권리행사에 있어서 당사자의 의사를 가급적 존중하여야 하기 때문이고 이렇게 이해하는 것은 손해액의 산정이 곤란한 손해배상청구소송에서 소위 시험소송에 의한 원고의 이익을 도모하는 것이 되어 적당하기 때문이라고 한다.

다. 명시적 일부청구설

(1) 위 나.항과 같이 원고의 자의에 의해 소송물을 분단할 수 있다고 하면 피고는 이중응소의 불이익을 강요당할 수밖에 없는 점을 고려하여 피고에게 반소제기(269조) 등의 기회를 주기 위하여 원고가 일부청구인 취지를 명시한 때에만 당해 일부가 소송물로 된다고 한다. 따라서 원고가 일부청구인 취지를 명시한 경우에는 소송물은 당해 일부에 불과하므로 그에 관한 확정판결은 잔부청구에 대하여 기판력이 미치지 않는다고 한다.

(2) 명시적 일부청구를 인정한다고 하면 그 명시방법은 어떻게 하여야 하는

것일까? 예컨대, 불법행위의 피해자가 일부청구임을 명시하는 방법으로는 반드시 전체 손해액을 특정하여 그중 일부만 청구하고 나머지 손해액에 대한 청구를 유보하는 취지임을 밝혀야 할 필요는 없다. 단지 일부청구를 하는 손해의 범위를 잔부청구와 구별하여 그 심리범위를 특정할 수 있을 정도의 표시를 하여 전체 손해의 일부로서 우선 청구하고 있는 것임을 밝히는 것으로 충분하다.[8] 판례는 원고가 개호비를 청구함에 있어서 15세가 끝날 때까지 그동안의 개호비를 우선 청구하고 그 이후에도 계속 개호인의 필요가 인정된다면 나머지 개호비를 추후에 청구하겠다든지,[9] 원고가 재산적 손해 중 우선 4천만원을 청구하고 그 나머지는 추후에 청구하겠다든지,[10] 원고가 향후치료비는 향후 소송에서 신체감정 결과에 따라 청구할 것이라고 하는 경우[11]를 명시적 일부청구로 인정하였다.

라. 검토

원고에게 구체적인 절차보장을 해주면서 자기 책임의 발생 여부 등을 검토하여야 하고 원고의 시험소송의 필요성 등 소송 진행을 위한 적절한 융통성을 부여하는 것과 함께 법원 및 피고에 대한 심판대상의 명확화 등에 비추어 명시적 일부청구 긍정설이 타당할 것이다.[12] 다만, 명시적 일부청구를 긍정하여 원고의 소송물 분단을 인정하여 잔부청구에 대해서는 기판력에 의해 차단되지 않는다고 하여도 잔부청구에 관하여는 신의칙(소권의 남용 등)에 의한 제한을 받을 수는 있을 것이다.

---

8) 대판 1986.12.23. 86다카536.
9) 위의 판결(86다카536).
10) 대판 1989.6.27. 87다카2478.
11) 대판 2016.7.27. 2013다96165.
12) 대판 2020.2.6. 2019다223723에 의하면, "소장에서 청구의 대상으로 삼은 채권 중 일부만을 청구하면서 소송의 진행경과에 따라 장차 청구금액을 확장할 뜻을 표시하고 당해 소송이 종료될 때까지 실제로 청구금액을 확장한 경우에는 소제기 당시부터 채권 전부에 관하여 판결을 구한 것으로 해석되므로 이러한 경우에는 소 제기 당시부터 채권 전부에 관하여 재판상 청구로 인한 시효중단의 효력이 발생한다. 그러나 소를 제기하면서 장차 청구금액을 확장할 뜻을 표시한 채권자로서는 장래에 나머지 부분을 청구할 의사를 가지고 있는 것이 일반적이라고 할 것이므로 다른 특별한 사정이 없는 한, 당해 소송이 계속 중인 동안에는 나머지 부분에 대하여 권리를 행사하겠다는 의사가 표명되어 최고에 의해 권리를 행사하고 있는 상태가 지속되고 있는 것으로 보아야 하고, 채권자는 당해 소송이 종료된 때부터 6월 내에 민법 제174조에서 정한 조치를 취함으로써 나머지 부분에 대한 소멸시효를 중단시킬 수 있다."고 한다.

마. 일부청구 논쟁의 구체적 차이

긍정설의 경우 ① 일부청구 확정 후 후소는 전소의 기판력에 저촉되지 않고, ② 일부청구의 소송계속 중 잔부청구의 별소는 중복제소의 금지에 저촉되지 않으며, ③ 시효의 중단은 채권 일부에만 발생하며,[13] ④ 청구금액의 증감은 소의 변경 또는 소의 일부 취하의 방식에 의해 진행하고, ⑤ 일부청구에 관해 기각판결이 있는 경우 잔부청구에 관한 별소를 제기할 수 있는 이상, 형식적 불복설을 취할 경우에는 상소의 이익은 없다고 할 수 있다.

그러나 부정설에 따르면, ① 일부청구의 판결 확정 후 후소는 전소의 기판력에 저촉되고, ② 별소는 중복제소의 금지에 저촉되며, ③ 시효의 중단은 채권의 전부에 발생할 뿐만 아니라, ④ 청구금액의 증감은 청구범위(한도)의 확장·감축에 불과하고, ⑤ 형식적 불복설을 취할 경우에도 채권 전부에 기판력이 발생하기 때문에 일부청구 기각판결에 대해 상소의 이익이 있다고 할 수 있다.

4. 일부청구와 관련된 문제

가. 일부청구와 과실상계

일부청구에서 과실상계의 방법에 관하여는 다음과 같은 견해대립이 있다.

첫째, 외측설[14]은 손해액 전체를 기준으로 과실상계를 하고 그 다음에 청구액의 범위 내에서 청구를 인정하여야 한다는 견해이다. 즉, 1개의 손해배상청구권 중 일부가 소송상 청구되어 있는 경우 과실상계를 할 때에는 손해액 전액에서 과실비율에 의한 감액을 하고 그 잔액이 청구액을 초과하지 않을 경우에는 그 잔액을 인용할 것이고 잔액이 청구액을 초과할 경우에는 청구액 전액을 인용하여야 한다.[15] 예컨대, 전체 손해액이 1억원인데 청구금액 6천만원이며 과실비율 50%인 사안이라면 인용금액은 5천만원이 된다(1억원×50%=5천만원, 청구금액 6천만원, 인용금액 5천만원). 왜냐하면 일부청구이어도 전 손해액에 관하여 주장·입증이

---

13) 대판 2023.10.12. 2020다210860·210877에 의하면, 하나의 채권 중 일부에 관하여만 판결을 구한다는 취지를 명백히 하여 소송을 제기한 경우 소제기에 의한 소멸시효중단의 효력은 그 일부에 관하여만 발생하고 나머지 부분에는 발생하지 않지만, 해당 소송이 종료될 때까지 실제로 청구금액을 확장한 경우에는 소제기 당시부터 채권 전부에 관하여 재판상 청구로 인한 시효중단의 효력이 발생한다고 한다.
14) 대판 1994.10.11. 94다17710.
15) 대판 1976.6.22. 75다819.

되고 심리도 전체 손해액에 대하여 진행되는 이상, 이러한 심리의 결과를 무용한 것으로 해서는 안 되고 그 소송 내에서 분쟁을 해결하는 것이 당사자의 의사에 합치하고 분쟁의 일회적 해결에 도움을 주기 때문이라고 한다.

둘째, 내측설은 과실비율로 감액한 금액을 청구금액에서 공제하여야 한다고 한다. 위 사안에서 인용금액은 1천만원이 된다(1억원×50%=5천만원, 청구금액 6천만원, 인용금액 6천만원−5천만원=1천만원).

셋째, 안분설은 청구금액을 과실비율에 따라 감액한다고 하는 견해이다. 위 사안에서 인용금액은 3천만원이 된다(6천만원×50%).

생각건대, 내측설이나 안분설의 경우 원고는 소로 청구한 금액의 일부를 받지 못해 다시 소를 제기하여야 한다는 점에서 분쟁해결의 일회성을 달성할 수 있는 외측설이 타당하다.

나. 후유증에 의한 손해배상

교통사고에 의한 손해배상청구소송이 확정된 후에 그 당시 예견하지 못했던 후유증이 발생한 경우 관련 손해에 관하여 새로운 소를 제기할 수 있는지 여부가 문제된다. 전소 당시 예상할 수 없었던 후유증이 발생한 경우 그 손해배상청구를 부정할 경우 피해자 구제에 결함이 있고 정의에 반하는 결과가 된다.

(1) 시적 한계로 처리하는 견해

이를 기판력의 시적 한계의 문제로 파악하여, 즉 기준시 이후에 후유증에 의한 손해가 발생한 경우 그 손해배상청구권의 내용이 변동되었고 그 손해는 기준시 이후에 발생한 새로운 사유로 전소의 기판력에 의해 차단되지 않기 때문에 새로운 소의 제기가 가능하다고 보아야 한다는 입장이다. 그러나 이러한 손해는 어디까지나 기준시 이전의 사고에 의해 발생한 것이고 다만 그 손해액이 명확하지 않게 된 것에 불과하기 때문에 위와 같은 처리는 타당하지 않다는 비판을 받는다.

(2) 일부청구로 처리하는 견해

전소 청구를 일부청구로 보고 후유증에 의한 손해배상청구를 잔부청구로 보아 그 소의 제기를 인정하는 견해도 있다. 그러나 일부청구이론은 본래적으로 구술변론종결 이전에 존재하고 동시에 주장할 수 있었던 채권에 관하여 수량적인 분할의 허용 여부를 문제로 하는 것이기 때문에 기준시 이후에 주장이 가능한 새로운 손해배상청구소송에 관한 문제와는 상황을 달리하므로 타당하지 않다고 비판받는다.

(3) 판례 — 별개 소송물설

판례[16]는 "상해 피해자가 불법행위 당시 예견할 수 없었던 어떠한 후유증이 남게 되었음이 1차로 시행한 신체감정 결과에 일응 밝혀진 후 상당한 기간이 경과하여 시행한 2차 신체감정 결과에 그 후유증의 정도가 1차 신체감정 결과만으로는 도저히 예견할 수 없을 정도로 중한 것임이 다시 밝혀지게 되었는바, 이러한 2차 신체감정으로 인하여 추가로 밝혀진 후유증 정도에 따른 손해는 피해자가 그 때 비로소 알게 된 새로운 손해라고 보아야 한다"고 판시하여 인신사고와 관련하여 일단 손해배상을 청구하였으나 사실심 변론종결 이후에 예측하지 못한 후유증이 발생하여 추가로 손해배상이 청구된 경우 이러한 청구와 기존의 청구는 별개의 소송물이라고 판단하였다.

(4) 평가

전소 당시 예상할 수 없었던 후유증이 발생한 경우 그 손해배상청구를 부정하는 때에는 현실적으로 피해자의 구제에 결함이 있고 정의에 반하는 결과로 되기 때문에 그 후유증에 기한 손해배상청구를 제기할 수 있다고 하는 점에는 다툼이 없다. 따라서 이것을 일부청구가 이루어진 후 잔부청구의 문제로 파악하든지, 별개의 소송물로 파악하는 것은 모두 법리와 현실의 갈등 속에서 피해자의 보호를 위한 목적에 해당하기 때문에 각 입장은 법리를 떠나 타당할 것이다. 이러한 입장에서 채권의 일부인 점이 명시되어 있어 새로운 소제기를 인정하여도, 새로운 손해로 보아 손해배상을 새롭게 청구하여도 무방할 것이다. 결국 피해자 측은 사고 당시에 후유증이라는 새로운 손해의 존재를 명확하게 인식할 수 없었고 가해자 측도 후유증의 발생을 전혀 예상할 수 없는 것도 아니기 때문에 이것을 인정하여도 가해자에게 특별히 불리하게 되지도 않을 것이다. 특히, 이 문제는 상술한 2가지 견해에 구애되지 않고 기판력의 정당화근거에서 출발하여 기판력에 의해 차단되어야 하는지 여부라는 접근도 있을 수 있을 것이다.

---

16) 대판 1986.12.23. 86다카536.

V. 원금·이자 및 지연손해금

원금·이자 및 지연손해금[17]은 각 별개의 소송물에 해당한다. 또한, 원금채권의 존부는 이자채권이나 지연손해금에 대하여 선결문제로 원금에 대한 확정판결은 이자나 지연손해금청구에 기판력을 갖는 반면, 이자나 지연손해금에 대한 확정판결은 원금청구에 대하여는 기판력을 갖지 않는다.[18]

그리고 금전채무불이행의 경우에 발생하는 원본채권과 지연손해금채권은 별개의 소송물이므로 불이익변경에 해당하는지 여부는 원금과 지연손해금 부분을 각각 따로 비교하여 판단하여야 하는 것이고 별개의 소송물을 합산한 전체 금액을 기준으로 판단하여서는 안 된다. 그리고 이행권고결정에 관한 청구이의의 소에 있어서는 그 이행권고결정에서 병합된 각 소송물별로 불이익변경 여부를 따로 판단하여야 한다.[19]

VI. 부당이득반환청구

부당이득반환을 청구하기 위해서는 청구원인으로 법률상 원인 없이 타인에게 손해를 주고 그로 인하여 일방에게 이익을 준다는 것을 청구원인에서 주장할 필요가 있다. 그런데 여기에서 법률상 원인이 없음을 뒷받침하는 개개의 사유는 공격방어방법에 불과하여 그에 관한 주장이 달라지더라도 소송물이 달라지는 것은 아니다. 따라서 집행권원에 기한 금전채권에 대한 강제집행절차에서 그 집행권원에 표시된 집행채권이 소멸하였더라도 그 강제집행절차가 청구이의의 소 등을 통하여 적법하게 취소·정지되지 아니한 채 계속 진행되어 채권압류 및 전부명령이 적법하게 확정되었다면 단지 집행채권의 소멸을 이유만으로 확정된

---

17) 대판 2009.6.11. 2009다12399에 의하면, 금전채무불이행의 경우에 발생하는 원본채권과 지연손해금채권은 별개의 소송물이므로 불이익변경에 해당하는지 여부는 원금과 지연손해금 부분을 각각 따로 비교하여 판단하여야 하고 별개의 소송물을 합산한 전체 금액을 기준으로 판단해서는 안 된다고 한다. 또한, 대판 2013.10.31. 2013다59050은 위 판례를 전제로, 이행권고결정에 관한 청구이의의 소에 있어서는 그 이행권고결정에서 병합된 각 소송물별로 불이익변경 여부를 따로 판단해야 한다고 한다.
18) 박재완, 앞의 책, 145~146면.
19) 대판 2013.10.31. 2013다59050; 대판 2005.4.29. 2004다40160; 대판 2009.6.11. 2009다12399.

전부명령에 따라 전부채권자에게 피전부채권이 이전되는 효력 자체를 부정할
수는 없다. 다만, 위와 같이 전부명령이 확정된 후 그 집행권원 상의 집행채권이
소멸한 것으로 판명된 경우에는 그 소멸된 부분에 관하여는 집행채권자가 집행
채무자에 대한 관계에서 부당이득을 한 것이 되므로 그 집행채무자는 집행채권
자에 대하여 그가 위 전부명령에 따라 전부받은 채권 중 실제로 추심한 금전부
분에 관하여는 그 상당액을, 추심하지 아니한 부분에 관하여는 그 채권 자체를
양도하는 방법에 의하여 부당이득의 반환을 구할 수 있다. 그리고 위와 같은 부
당이득반환청구에서 집행채무자가 집행채권 소멸의 원인으로 주장할 수 있는
사유가 여러 가지인 경우 이들은 법률상의 원인 없는 사유에 관하여 공격방법이
다른 것에 불과하므로 그 중 어느 사유를 주장하여 패소의 확정판결을 받은 경
우에는 다른 사유를 주장하여 다시 청구하는 것은 기판력에 저촉되어 허용될 수
없다고 할 것이다.[20]

---

20) 대판 2005.4.15. 2004다70024; 대판 2007.8.23. 2005다43081·43098(참가); 대판 2008.2.29. 2007다
   49960.

제 4 편   소송의 심리(제1심)

제1장 법원과 당사자의 역할

제1절 총설

1. 당사자주의와 직권주의

당사자주의란 소송의 주도권을 당사자에게 주는 원칙을 말하는 반면, 직권주의란 소송의 주도권을 법원에 주는 원칙을 말한다. 소송절차와 관련하여 당사자주의와 직권주의의 대립은 ① 소송의 이용·심판의 범위, ② 소송자료의 제출, ③ 소송절차의 진행 등 세 가지 차원에서 나타난다. 민사소송법은 ①, ②에 관하여는 당사자주의를 택하여 ①에 관하여는 처분권주의를, ②에 관하여는 변론주의를, 그리고 ③에 관하여는 직권주의를 택하여 직권진행주의를 취하고 있다.

개략적으로 소송제도의 이용 측면 및 소송자료의 수집 측면에서는 당사자주의가 적용되는 반면(처분권주의·변론주의), 소송절차의 진행 측면에서는 직권주의가 적용되고 있다(직권주의).

2. 처분권주의와 직권조사주의

소송을 개시하고 심판의 대상·범위를 결정하며 판결에 의하지 않고서 소송을 종료할 것인지에 관하여 당사자에게 주도권을 주는 것을 처분권주의라고 한다. 민사소송은 사인간의 사권에 관한 분쟁을 대상으로 하고 원래 사적 자치의 원칙이 타당한 영역이므로 소송의 이용에 관하여도 당사자의 의사를 존중하여야 하기 때문에 위 원칙을 채용하고 있다.

반면, 직권조사주의란 당사자나 상대방의 신청이 없더라도 법원 등이 스스로 당연히 조사하여 필요한 처리 내지 처분을 하여야 한다는 주의를 말한다.

3. 변론주의와 직권탐지주의

변론에서 누가 심판의 판단자료가 되는 사실과 증거를 수집하여 법원에 현출시켜야 하는지와 관련하여 당사자에게 주도권이 주어지는 경우를 변론주의라고 한다. 왜냐하면 민사소송은 사인간의 사권에 관한 분쟁을 대상으로 하고 원래 사적 자치의 원칙이 타당한 영역이므로 소송자료의 수집에 관하여도 당사자의 의사를 존중하여야 하기 때문이다.

반면 직권탐지주의란 법원이 소송당사자의 주장이나 청구에 구속받지 않고 직권으로 증거를 수집·조사하는 원칙을 말한다.

4. 당사자진행주의와 직권진행주의

변론·증거조사 등의 소송절차를 어떻게 진행할 것인지와 관련하여 법원에게 주도권을 주는 경우를 직권진행주의, 당사자에게 주도권을 주는 경우를 당사자진행주의라고 한다. 우리나라의 경우에는 기본적으로 민사소송절차에서 직권진행주의를 취하고 있다. 왜냐하면 소송절차의 진행을 당사자에 위임하면 빈번하게 소송이 지연되고 절차의 혼란을 초래하므로 법원에 절차의 진행을 위임하는 것이 공평·신속 그리고 적정한 분쟁해결에 도움을 주기 때문이다.

제2절　직권진행주의

Ⅰ. 의의 등

1. 의의

직권진행주의란 소송절차의 진행에 관한 주도권을 법원에 주는 원칙을 말한다. 이에 따라 법원이 소송절차의 진행을 주재하는 권능을 소송지휘권이라고 한다. 소송지휘권은 법원에 속하고 기일에 재판장이 행사한다. 민사소송은 법원이 공권적으로 분쟁해결을 하는 제도이므로 제도의 능률적인 운영의 관점에서 직권진행주의를 채택하고 있다. 이와 달리 당사자에게 주도권을 주는 원칙을 당사자

진행주의라고 한다.

2. 내용

직권진행주의는 구체적으로 법원의 소송지휘권을 강화하는 형태로 나타난다. 소송지휘권은 원칙적으로 법원에 있지만(135조 이하) 합의체의 심리에서는 많은 경우 재판장이 가진다(135조, 136조 등). 구체적으로 살펴보면 다음과 같은 것이 있다.

가. 구술 변론의 진행에 관한 것

심리를 위한 기일은 재판장이 정하고(165조 1항) 그 변경도 원칙적으로 재판장이 한다. 또한, 당사자에 의한 절차휴지(節次休止)제도는 인정되지 않는다. 또한, 기일의 단축·확장에 관하여도 불변기간을 제외하고 법원이 주도적으로 진행하는데(172조) 이것을 통하여 효율적인 절차진행을 도모할 수 있다. 그리고 법원은 중단된 절차에 대한 속행명령(244조)도 인정된다.

나. 구술 변론의 정리에 관한 것

변론기일에 소송지휘는 재판장이 한다(134조 이하). 또한, 법원은 심리를 정리하기 위하여 변론의 제한·분리 또는 병합을 명할 수 있다(141조). 변론의 재개도 마찬가지이다(142조). 그리고 재판장은 사건을 정리하기 위하여 사건을 준비절차에 회부할 수도 있다(279조).

다. 소송관계를 명료하게 하는 것

법원은 사안의 진상을 명확하게 하여 심리를 적절하게 진행시키기 위하여 석명권(136조)을 행사하거나 석명처분(140조)을 할 수 있다.

라. 변론을 촉진하는 것

법원은 시기에 늦은 공격방어방법의 각하 및 석명에 응하지 않는 당사자의 행위를 배척할 수 있다(149조).

II. 당사자의 소송절차에 관한 이의권

1. 의의

직권진행주의에서 법원은 소송절차의 진행에 관하여 주도권을 행사한다. 그러나 예외적으로 당사자에게도 보충적인 권능이 부여되고 있는 바, 그것이 당사자의 소송절차에 관한 이의권(151조)이다. 이는 상대방 또는 법원의 위법한 절차진행에 대하여 이의를 진술하는 당사자의 권능이다. 이의권은 즉시 이의를 하여 둠으로써 향후 그 위법을 주장할 수 있는 지위를 확보한다는 점에 주안점이 있는 권능이다. 이러한 신청에 대하여 법원은 반드시 응답하여야 한다. 예컨대, 이송신청권(34조 이하), 구석명(136조 3항) 또는 시기에 늦은 공격방어방법의 각하신청권(149조) 등이 있다.

2. 취지

소송절차의 진행은 법원에 주도권이 인정되고 있는데(직권진행주의) 법원이 위법한 소송진행을 하는 경우 그것을 전제로 한 후속절차를 진행시켜서는 안 된다. 그럼에도 불구하고 법원이 관련법규의 위반을 알지 못한 상태에서 절차를 진행시키는 경우가 있을 수 있는데 이러한 경우 당사자에게 소송절차가 적법하게 이루어지고 있는지를 감시할 권능을 주고 절차 면에서도 자기의 이익을 옹호하도록 하게 할 필요가 있다. 그래서 당사자에게 소송절차에 관한 이의권이 인정되었다.

3. 범위

소송절차에 관한 이의권은 당사자가 법원이나 상대방 당사자의 소송행위 등이 소송절차에 관한 규정에 어긋난 것임을 대상으로 한다(151조). 어디까지나 소송행위의 형식과 관련해서만 인정되고(예컨대, 방식·요건 및 시기 등) 소송행위의 내용면(예컨대, 관할 위반 등)에 대해서는 이의권은 인정되지 않는다.

4. 소송절차에 관한 이의권의 포기·상실

가. 의의

당사자가 법규의 위배를 알았거나 또는 알 수 있었음에도 지체 없이 이의를 진술하지 않은 때에는 이의권을 상실한다(151조 본문). 다만, 이의권을 포기할 수 없는 경우에는 이의권은 상실되지 않는다(151조 단서).

위법한 소송행위를 전제로 하여 절차가 진행된 후에도 이의권을 행사할 수 있게 허용하고 이의권 행사에 의해 언제나 소송행위를 무효로 한다면 절차가 불안정해지고 소송경제를 해하게 된다. 그리고 오로지 당사자의 소송수행상의 이익보장을 목적으로 하는 임의규정에 관하여는 그 위배에 의해 불이익을 받는 당사자가 감수하면 굳이 무효로 할 필요도 없다. 그래서 법은 이의권의 상실을 규정하였다(151조 본문).

나. 요건

소송절차에 관한 규정에 어긋남이 있고 당사자가 이의권을 포기할 수 있는 경우일 것, 당사자가 그 위배를 알거나 또는 알 수 있었을 것 그리고 당사자가 바로 이의(법원에 대한 진술)를 진술하지 않은 경우가 필요하다.

다. 이의권의 포기·상실의 범위

이의권의 포기·상실이 인정되는 것은 오로지 당사자의 이익보호를 목적으로 하는 임의규정에 한정된다. 예컨대, 소제기의 방식, 기일소환, 송달, 소송무능력 및 증거조사의 방식 등이다. 재판의 적정 또는 소송의 신속 등 공익적 요청 때문에 인정된 강행규정의 위배에 관하여는 이의권의 포기·상실은 인정되지 않는다(151조 단서). 예컨대, 법관의 제척, 전속관할 및 변론의 갱신 등이다.

[표 4-1] 절차규정의 이해

	훈시규정		위배하여도 유효
절차규정	효력규정	강행규정	위배가 있으면 항상 무효
		임의규정	위배가 있으면 무효이지만 이의권의 포기·상실로 유효

제3절 변론주의

Ⅰ. 의의

1. 의의·근거

가. 의의

변론주의란 소송자료(사실과 증거)의 수집·제출을 당사자의 권능 및 책임으로 하는 원칙을 말한다. 민사소송은 사인간의 사권에 관한 분쟁해결을 목적으로 하기 때문에 소송상으로도 사적 자치의 원칙을 존중하고 사실·증거의 수집에 있어서 당사자의 권능과 책임을 인정하는 것이 바람직하기 때문에 원칙적으로 변론주의가 적용된다.

한편, 부제소 합의 등과 같이 소송요건의 심리에서도 변론주의가 적용되는 경우가 있다. 그러나 사인의 자유로운 처분에 적합하지 않은 공익적인 사항에 관하여는 예외적으로 소송자료의 수집을 법원의 권한으로 하는 직권탐지주의가 적용된다.

나. 근거

처분권주의의 경우와 달리 변론주의의 근거에 관하여는 다툼이 있는 바, 그 구체적 내용을 검토하면 다음과 같다.

(1) 본질설

이 견해에 따르면, 민사소송은 사인간의 권리관계의 존부를 대상으로 하는 바, 사법상 권리관계에 관하여 재판 외에서는 사적 자치의 원칙이 타당하고 당사자의 자유로운 처분에 위임되어 있으므로, 소송상으로도 당사자의 의사를 가능한 한, 존중하고 판결내용에 중요한 영향을 미치는 사실 및 증거 수집에 관하여 당사자에게 자주적 권한을 주는 것이 바람직하다고 한다. 따라서 변론주의는 심판대상인 소송자료(주장·입증)의 수집 등에 관하여 민사소송의 본질, 즉 사적 자치의 소송법적 반영에 기인한 것이라고 할 수 있다고 한다.[1]

(2) 수단설

이 견해에 따르면, 변론주의는 진실발견을 위한 편의적이고 기술적인 견지에서 인정되는 하나의 합목적적인 수단이라고 한다.[2] 하지만 그러한 목적을 위해서는 직권탐지주의가 진실발견을 위하여 오히려 우수한 제도라고 할 수 있다는 점에서 비판을 받고 있다.

(3) 다원설

이 견해에 따르면, 실체법상 사적 자치 원칙의 소송법적인 반영, 진실발견을 위한 합목적성 이외에 당사자에 대한 불의타의 방지 또는 재판의 공평함에 대한 신뢰확보 등 다원적인 근거에 기인한 역사적 소산이라는 점에서 변론주의의 근거를 찾

---

1) 정동윤·유병현·김경욱, 앞의 책. 360면.
2) 한충수, 앞의 책, 321면.

는다.[3] 그러나 불의타 방지 등은 근거 없이 기능한다는 점에서 비판을 받고 있다.

(4) 검토

변론주의의 적용결과로서 당사자에 대한 불의타 방지, 재판의 공평함에 대한 신뢰 확보 등의 기능이 있는 점을 인정할 수 있고 변론주의를 규정한 직접적 조문은 없지만 자백에 관한 규정(150조, 288조) 또는 공익성이 높은 사건에 직권탐지주의를 적용한 점(가사소송법 6조, 8조 등) 등에 비추어 통상적인 민사소송에서는 변론주의를 채용한 것으로 추지할 수 있다. 그런데 본질설만으로는 위와 같은 변론주의의 특징을 설명하기 부족한 점이 있어 변론주의의 본질에 관해서 논리적으로 일관된 설명이 부족한 점을 부인할 수는 없지만 다원설에 따른다.

2. 내용

변론주의의 내용은 제1명제로 법원이 당사자가 주장하지 않은 사실을 판결의 자료(기초)로 채용해서는 안 되고, 제2명제로 법원은 당사자 간에 다툼이 없는 사실은 그대로 판결의 자료로 채용하여야 하고(자백의 구속력), 또한 제3명제로 법원은 당사자 간에 다툼이 있는 사실을 인정하기 위해서는 당사자가 신청한 증거에 의해야 한다(직권증거조사의 금지).

가. 제1명제와 관련하여

제1명제와 관련하여 이론적으로는 당사자에게 소송자료의 자유로운 처분을 인정하는 이상, 법원이 판결의 기초로 할 수 있는 사실의 범위에 관하여는 당사자가 그 한계를 결정해야 한다. 이러한 제1명제로부터 다음과 같은 원칙이 파생된다. 즉, 제1명제의 파생원칙으로 ① 당사자가 자기에게 유리한 사실을 주장하지 않으면 그 사실이 없는 것으로 취급되어 불이익한 재판을 받을 우려가 있고(이러한 불이익을 '주장책임'이라고 한다), ② 변론주의가 소송자료의 수집·제출에 관한 당사자·법원의 역할분담에 관한 문제로서 당사자 중 어느 쪽이 주장한 사실이 있으면 법원은 그 자에게 유리·불리를 불문하고 재판의 기초로 할 수 있다(주장공통책임). 또한, ③ 소송자료(변론에서 얻어진 자료)와 증거자료(증거조사에서 얻어진 자료)를 준별할 필요가 있는 바, 당사자가 구술변론에서 주장하지 않은 사실에 대해 증거조사를 통해서 심증을 얻었다고 하여도 구술변론이라는 공방의 기회를

---

3) 이시윤, 앞의 책, 327면.

주지 않고서 그 사실을 판결의 기초로 채용하는 것은 당사자에게 불의타로 될 수 있다. 따라서 당사자가 주장하지 않은 사실이 증거조사 결과 인정되더라도 이를 판결의 기초로 해서는 안 된다. 즉, 증거자료를 가지고서 소송자료에 대체할 수 없다. 다만, 서증의 입증취지 등 여러 사정을 종합하여 당사자의 간접적인 주장이 있는 것으로 취급함으로써 위 ③의 파생원칙을 탄력적으로 운영할 수 있을 것이다.[4] 한편, 여기서 구술변론에서 주장한 사실은 주요사실에 한정되므로 이 원칙은 간접사실이나 보조사실에는 그 적용이 없다.

한편, 실체적 진실발견에 부합되는 판결을 위해서 당사자가 변론에서 주요사실을 명시적으로 주장하지 않았더라도 이를 묵시적으로 주장하거나 또는 증거신청을 통해 별개의 주요사실을 간접적으로 주장하였다고 인정하는 경우가 있다. 묵시적 주장은 위 ①의 파생원칙과 관련된 것으로 당사자의 주장에 다른 주장도 포함되어 있는 것으로 취급하는 것이다. 예컨대, 당사자가 민법 397조 1항 단서에 따라 금전소비대차의 변제기 이후의 지연손해금을 약정이율에 의해 지급을 구하는 주장 속에는 법정이율에 의한 지급도 묵시적으로 주장한 것으로 보는 것이다. 따라서 법원은 약정이율이 무효인 경우 법정이율에 따른 지연손해금을 인정할 수 있게 된다.[5] 간접적 주장은 위 ③의 파생원칙과 관련된 것으로, 당사자가 서면증거를 제출하여 그 입증취지를 진술함으로써 서면증거에 기재된 사실을 주장하거나 그 밖에 당사자의 변론을 전체적으로 관찰하여 간접적으로 주장한 것으로 보는 것이다. 즉, 증거조사단계에서의 일정한 행위에 의해 주요사실을 주장한 것으로 취급하는 것이다.[6] 예컨대, 단체의 총회결의무효의 확인을 구하면서 총회결의가 정족수 미달로 무효라는 명백한 주장을 하지 않았지만 원고가 그 결의가 무효라는 것의 증거로 총회회의록을 제출하였다면 증거신청이나 변론을 전체적으로 관찰하여 볼 때 간접적인 주장이 있었다고 보는 것이다. 묵시적 주장과 간접적 주장을 통해 위 ①과 ③의 파생원칙을 탄력적으로 운영하는 것이 실체적 진실발견에 도움이 될 수는 있겠지만, 당사자의 불의타를 방지하기 위해서는 석명권을 행사하여 재판의 쟁점으로 삼는 것이 바람직하다고 생각한다.[7]

---

4) 대판 1981.12.9. 80다카2432; 대판 2002.11.8. 2002다38361·38378.
5) 대판 2017.9.26. 2017다22407.
6) 대판 1995.4.28. 94다16083; 대판 1981.12.9. 80다카2432; 대판 2002.11.8. 2002다38361·38378; 대판 2006.2.24. 2002다62432.

나. 제2명제와 관련하여

법원은 당사자 간에 다툼이 없는 사실(자백된 사실)은 그대로 판결의 자료(기초)로 채용하여야 한다(제2명제). 이를 자백의 구속력(288조)이라고 하고, 그 이론상 근거는 당사자에게 소송자료의 자유로운 처분을 인정하는 이상, 법원이 판결의 기초로 할 수 있는 사실을 당사자가 결정하도록 하는 데 있다.

자백한 사실에 관하여 법원은 그대로 판결의 기초로 채용하고 그 진위를 확실하게 하기 위한 증거조사를 해서도 안 된다(법원의 구속력). 또한, 자백한 당사자는 원칙적으로 자백에 반하는 사실을 주장할 수도 없다(당사자의 구속력). 다만, 여기에서 이 원칙은 주요사실에만 적용이 있다.

다. 제3명제와 관련하여

법원은 당사자 간에 다툼이 있는 사실을 인정하기 위해서는 당사자가 신청한 증거에 의하여야 한다. 따라서 원칙적으로 직권증거조사는 금지된다. 이는 이론적으로 당사자에게 소송자료의 자유로운 처분을 인정한 이상, 법원이 판결의 기초로 할 수 있는 증거의 범위를 당사자가 그 한계를 짓도록 하는 점에 기인한다. 또한, 변론주의는 소송자료의 수집·제출에 관한 당사자·법원의 역할분담의 문제이고 당사자 중 어느 쪽이 주장한 증거가 있으면 법원은 그 자에게 유리·불리를 불문하고 그것을 재판의 기초로 할 수 있다(증거공통책임). 이것이 자유심증주의의 한 내용이다. 다만, 예외적으로 법원이 직권으로 할 수 있는 것으로 당사자신문(367조 이하), 조사촉탁(294조), 감정촉탁(341조), 증거보전(375조 이하) 등이 있다.

3. 변론주의가 적용되지 않는 경우

예외적으로 법원이 당사자의 주장 없이 인정할 수 있는 것으로 어떠한 것이 있는가? 가사소송사건(가사소송법 17조), 행정소송사건(행정소송법 26조), 소송요건을 이유 있게 하는 사실 등과 같이 직권탐지주의[8]가 타당한 사실, 간접사실·보조사

---

7) 한충수, 앞의 책, 317~318면.

8) 대판 1990.12.21. 90므897에 의하면, 가사소송법상 직권으로 증거를 조사하도록 규정되어 있다고 하여 이혼소송의 당사자가 주장하지도 않고 심리과정에서 나타나지도 아니한 독립한 공격방어방법에 대한 사실까지 법원이 조사하여야 하는 것은 아니므로 원심이, 청구인이 간통한 피청구인을 유서하였는지 여부를 조사, 심리하지 아니한 것이 위법하다고 할 수 없다고 하여, 직권탐지는 일정한 제약이 있는 것으로 기록에 나타난 사실에 한하여 적용이 있는 것으로 본다. 대판 1975.5.27. 74누233에 의하면, 행정소송법 9조에 의하여 법원은 필요한 경우에 직권으로 증거조

실과 같이 변론주의 제1명제가 타당하지 않은 영역 사실, 과실상계 등과 같이 불의타로 되지 않는 사실, 공지의 사실, 직무상 현저한 사실(288조) 등이 있다.

Ⅱ. 주요사실과 간접사실

1. 의의·구별

주요사실이란 법률효과의 발생·변경 및 소멸을 정하는 법규의 구성요건에 해당하는 사실이고[9] 간접사실이란 주요사실의 존부를 추인시키는 사실이며 보조사실은 증거능력이나 증거력, 즉 증거와 관계되는 사실을 말한다. 주요사실과 간접사실은 실체법규의 구조에 따라 구별된다. 왜냐하면 소송물인 권리의 발생·변경·소멸이 실체법규에 정해진 이상, 실체법규의 구성요건에 해당하는 사실이 심리의 대상으로 되며 또한, 실체법규를 기준으로 구별하는 것이 가장 명확하기 때문이다(법규기준설).

[표 4-2] 변론주의와 직권주의의 기능

	변론주의	직권주의	
		직권탐지주의	직권조사사항[10]
사실의 주장책임	○	×	△
자백의 구속력	○	×	×
직권증거 조사의 금지	○	×	△
적용범위	주요사실	－ 가사소송·행정소송·선거소송 또는 헌법재판 등 － 민사소송절차상 재판권·재심사유·전속관할·외국법규·당사자능력 또는 소송능력 등	－ 소송·상소요건 － 당사자적격 － 소송대리권의 흠결 등

사를 할 수 있고 또 당사자가 주장하지 않는 사실에 관하여도 판단할 수 있는 것이나 그렇다고 하여 법원은 아무런 제한이 없이 당사자가 주장하지 않는 사실을 판단할 수 있는 것은 아니고 당사자가 명백히 주장하지 않는 사실은 일건 기록에 나타난 사실에 관하여서만 직권으로 조사하고 그를 기초로 하여 판단할 수 있는 것이라고 한다.

9) 대판 1991.12.27. 91다6528; 대판 2002.6.28. 2000다62254.

민사소송의 심판대상은 소송물인 사인간의 권리의무관계(법률관계)의 존부이다. 그러나 권리는 개념적인 존재이기 때문에 이것을 직접 심리할 수는 없다. 그래서 민사소송에서 권리관계의 존부 판단을 위하여 법원이 직접 심리하고 피고가 방어대상으로 하는 사실은 주요사실이다.

그런데 주요사실의 의의·구별에 관하여는 다툼이 있다. 통설은 실체법규의 구조를 기준으로 하는데(법규기준설) 이것은 증명책임의 분배에 관하여 법률요건분류설의 채용을 전제로 한다. 예컨대, 청구(소송물)가 대여금반환청구인 경우 주요사실은 소비대차계약의 체결(합의)이고 간접사실은 피고가 돈을 가지고 있지 않다는 사실이며 보조사실은 증인이 다른 법정에서도 위증을 한 사실이 있다는 것이 될 것이다.

한편, 이와 같은 법규기준설에 대하여 주요사실이란 법조의 입법목적·당사자의 공격방어목표로서의 명확성, 심리의 정리·촉진에 따라 사안의 유형마다 정하여야 한다고 하는 견해가 있다. 그러나 이 견해는 주요사실이 절차의 명확한 목표로 되고 당사자에게 불의타를 주지 않을 정도로 구체적이어야 함에도 그러하지 못하다고 하는 비판을 받고 있다.

2. 당사자가 주장하여야 하는 사실(주장책임)

변론주의의 제1명제가 적용되는 사실, 즉 당사자가 주장하여야 하는 사실이란 어떠한 사실인가?

가. 변론주의 제1명제가 적용되는 사실이란 주요사실만을 말하고 여기에 간접사실은 포함되지 않는다(통설·판례).[11] 소송물의 존부 판단에 직결되는 주요사실에 관하여는 제1명제를 적용하고 분쟁해결에 당사자의 의사를 반영하여야 하

---

10) 직권조사사항은 직권탐지주의와는 달리 소송자료의 수집에 법원의 무제한적 권한과 책임이 부여되지 않는다. 이는 그 존부가 당사자의 주장이나 기타 자료에 의하여 "의심스러운 경우"(대판 2011.7.28. 2010다97044)에 비로소 문제 삼으면 족한 것, 즉 심리·조사할 의무가 있는 것이 대부분이라고 말할 수 있다(박재완, 앞의 책, 202면). 따라서 기록상 채권자취소권의 제기기간이 도과하였다고 의심할 만한 사정이 발견되지 않는 경우까지 법원이 직권으로 추가적 증거조사를 할 의무는 없다(대판 2001.2.27. 2000다44348). 또한, 직권조사사항을 상고심에서 비로소 주장하는 경우 그 직권조사사항에 해당하는 사항은 상고심의 심판범위에 포함된다고 한다(대판 2009.10.29. 2008다37247).
11) 김홍규·강태원, 앞의 책, 379면; 이시윤, 앞의 책, 330면; 김홍엽, 앞의 책, 438면; 정영환, 앞의 책, 500면. 대판 2009.10.29. 2008다51359; 대판 2021.1.14. 2020다261776.

지만 간접사실은 주요사실의 존부를 추인시킨다고 하는 점에서 증거와 마찬가지의 기능을 수행하고 있다. 따라서 간접사실에 제1명제를 적용하게 되면 법관에게 부자연스러운 사실인정을 강요하는 것으로 되어 실질적으로 자유심증주의(247조)를 해하는 것이 되기 때문에 간접사실에 대해서는 변론주의를 적용해서는 안 된다.

나. 소수설은 사실이란 소송의 승패에 관하여 중대한 영향을 미치는 사실을 말한다. 왜냐하면 간접사실도 중요한 것이 있고 상대방의 방어권 보장을 위하여 필요하기 때문이다. 그러나 그 기준이 명료하지 않아 비판을 받고 있다.

다. 판례를 살펴보면 취득시효의 기산일은 간접사실인 반면,[12] 소멸시효의 기산일은 주요사실이다.[13] 이러한 구분을 하게 되는 것은 전자가 제3자에게 미치는 영향을 고려할 때 이를 주요사실로 보아 자백이 성립되게 하는 것이 부적절하기 때문이라고 한다.[14]

3. 당사자의 자백이 구속력을 가지는 사실

변론주의의 제2명제가 적용되는 사실, 즉 당사자의 자백에 구속력을 가지는 사실 역시 주요사실이고 간접사실은 포함되지 않는다. 간접사실에 관하여는 주요사실의 존부를 추인시킨다고 하는 점에서 증거와 마찬가지의 기능을 수행하고 있으므로 간접사실에 제2명제를 적용하게 되면 법관에게 부자연스러운 사실인정을 강요하는 것으로 되어 실질적으로 자유심증주의(202조)를 해하게 되기 때문이다.

4. 구별의 필요성

민사소송에서 주요사실과 간접사실의 구별이 필요한 상황은 다음과 같다.

첫째, 변론주의와의 관계에서 변론주의의 제1명제가 적용되는 것은 주요사실뿐이고 간접사실을 포함하지 않으며(통설, 주장책임) 변론주의의 제2명제가 적용되는 것은 주요사실이고 간접사실을 포함하지 않는다(통설, 자백의 구속력).

---

12) 대판 1982.2.22. 80다2671.
13) 대판 1995.8.25. 94다35886.
14) 호문혁, 앞의 책, 377면; 박재완, 앞의 책, 200면.

둘째, 증명책임을 고려하여야 할 대상은 주요사실이다. 왜냐하면 증명책임은 사실에 관한 지위가 불분명함을 이유로 법원이 재판을 거부하는 것을 방지하기 위한 개념으로 재판을 하는데 직접 필요한 주요사실을 대상으로 하면 충분하기 때문이다.

셋째, 판결문 판결서에서 주요사실은 필요적 기재사항이고 주장의 인부 또는 소극적 석명도 주요사실에 관하여 필요하며 증거조사도 주요사실에 관하여 조사를 하는 것이 필요하기 때문이다.

5. 문제되는 구체적 사례

가. 과실과 주장책임

법규분류설을 철저히 따르는 경우에는 정당한 이유(민법 126조), 과실(동법 750조)과 같은 추상적 개념(불특정개념)이 문제되는 경우에 속도위반, 곁눈질 운전이라는 과실을 구성하는 구체적 사실을 간접사실로 보아야 한다. 그러나 이에 대하여 증명대상은 사실이므로 과실과 같은 가치판단은 주요사실에 포함시킬 수 없다거나 추상적 개념을 주요사실로 보면 오히려 당사자(특히, 피고)에게 불의타로 될 우려가 있다는 비판이 있는 바 그 비판을 극복하기 위한 다음과 같은 견해가 있다.

첫째, 수정설에서는 과실이 구성요건요소에 해당하지만 과실은 가치판단을 요소로 하는 개념이고 사실이 아니기 때문에 이것을 주요"사실"로 파악할 수는 없다고 한다. 또한, 과실을 구성하는 구체적 사실에 변론주의의 적용을 인정하지 않으면 법원이 당사자가 현실적으로 공격방어를 한 사실과 완전히 다른 별개의 사실을 참작하여 과실을 인정할 가능성이 있기 때문에 당사자 입장에서도 부당한 불의타로 될 우려가 있다. 따라서 과실과 관련하여 주요사실의 수정이 필요하다고 한다.

둘째, 준주요사실설에서는 과실이란 구성요건사실이기 때문에 주요사실이어서 당사자가 이것을 주장하여야 하는 반면, 속도위반, 곁눈질 운전이라는 과실을 구성하는 구체적 사실에 변론주의의 적용을 인정하지 않고 법원이 이것을 자유롭게 인정할 수 있도록 하면 당사자에게는 부당한 불의타로 될 우려가 있다. 그래서 과실을 구성하는 구체적 사실도 소송의 승패를 결정하는 사실로서 주요사실에 준한 취급을 하여야 한다고 한다. 따라서 과실 및 과실을 구성하는 구체적인 사실이 변론주의가 적용되어 이에 대한 당사자의 주장이 필요하다고 한다.

나. 협의의 일반조항과 주요사실

법규기준설 및 위 가.항의 설명을 전제로 공서양속 위반(민법 103조 위반)이라는 협의의 일반조항이 문제되는 경우, 예컨대 매매가 위조화폐를 목적물로 하는 경우 피고가 공서양속 위반을 주장하지 않아도 법원은 공서양속 위반을 이유로 매매를 무효로 인정할 수 있다. 관련 일반조항은 공익적 색채가 강하고 최고도의 법이념에 따른 것이어서 당사자에 의한 자주적 처분이 제한되어 변론주의가 완화되어야 하기 때문이다.

그러나 위와 같은 입장에 대하여 추상적 개념 및 공서양속 위반(민법 103조), 신의칙 위반(동법 2조 1항), 권리남용(동조 2항) 등 협의의 일반조항에 대하여도 변론주의를 관철하여야 한다는 입장이 있다.

다. 대리권의 존재와 주요사실

대리권의 존재는 본인에게 법률효과를 귀속시키는 요건, 즉 법률효과를 발생시키는 실체법상의 구성요건사실에 속하므로 법원은 변론에서 당사자가 주장하지 않은 이상, 원칙적으로 이를 인정할 수 없다. 다만, 그 주장이 반드시 명시적인 것이어야 하는 것은 아니고 당사자의 주장 취지에 비추어 이러한 주장이 포함되어 있는 것으로 볼 수 있다면 당연히 재판의 기초로 삼을 수 있다.[15] 이처럼 대리권은 소송물인 권리관계의 발생을 이유있게 하는 법규(권리근거규정)의 구성요건사실이고 주요사실이다.[16]

그러나 본인에 의한 계약의 체결인지, 대리인에 의한 계약의 체결인지 여부는 효과의 점에서 마찬가지이다. 또한, 판결의 기초로 되어야 할 사실을 증거로부터 추지할 수 있는 경우 심리과정에서 당사자가 해당사실에 관하여 공격방어를 하고, 또한 이것을 하지 않을 수 없게 되면 당해사실을 인정하는 것도 당사자에 대한 불의타로 되지 않을 것이다. 따라서 법원은 당사자의 주장이 없다고 하여도 관련된 사항에 대해서는 대리권의 존재를 인정할 수 있을 것이다. 그러나 법원 입장에서는 가능한 한, 석명하여 당사자에게 주장을 하도록 한 다음에 인정

---

15) 대판 1996.2.9. 95다27998.
16) 대판(전합) 1983.12.13. 83다카1489.

하여야 하는 것이 바람직할 것이다.

라. 무권대리와 유권대리에 있어서 주요사실

유권대리에서는 본인이 대리인에게 수여한 대리권의 효력에 의하여 법률효과가 발생하는 반면, 표현대리에서는 대리권이 없음에도 법률이 특히 거래 상대방의 보호와 거래안전의 유지를 위하여 본래 무효인 무권대리행위의 효과를 본인에게 귀속시키는 것이다. 이러한 제도의 취지 때문에 표현대리가 성립된다고 해서 무권대리의 성질이 유권대리로 전환되는 것은 아니다. 따라서 양자의 구성요건에 해당하는 사실, 즉 주요사실은 다르다. 그러므로 유권대리에 관한 주장 속에 무권대리에 해당하는 표현대리의 주장이 포함되어 있다고 볼 수 없다.[17]

마. 사실의 내력·경과와 주요사실

예컨대, X·Y간에 토지의 소유권이 어느 쪽에 존재하는 것인지에 관하여 다툼이 있는 경우에 상속에 의한 취득, 매매에 의한 취득 등과 같이 소유권 취득의 내력·경과에 관한 사실은 본래 소유권의 존재를 추정케 하는 간접사실에 불과하므로 법원은 당사자의 주장이 없다고 하여도 그 사실을 인정할 수 있다. 그러나 사실의 내력·경과, 특히 소유권 이전의 원인사실은 소유권의 귀속 또는 새로운 법률관계의 발생에 관하여 당사자가 쟁점으로 다투는 것이기 때문에 주요사실이라고 하여야 한다는 견해도 있다.

바. 과실상계와 주요사실

과실상계에서 채권자(피해자)의 과실은 소송물인 권리의 일부가 발생하도록 하는 법규(권리장애규정)의 구성요건사실이므로 채무자에게 주장책임이 있는 주요사실(항변사실)에 해당한다. 따라서 원칙적으로 변론주의가 적용되는 민사소송에서 법원은 당사자의 주장 없이 과실이 있음을 인정해서는 안 된다.

그런데 과실상계의 항변은 채무자가 채권자에게 반대채권을 가지고 있음을 전제로 하지 않기 때문에 상계항변과는 다르다. 오히려 민법 763조의 문언 때문에 당사자에게 과실이 있다고 하는 취지의 사실주장이 있으면 법원은 그것을 참작하여 배상액을 결정할 수 있는 사실항변이라고 할 수 있다. 따라서 피해자에게 과실이 인정되면 법원은 손해배상의 책임 및 그 금액을 정함에 있어서 이를 참작하여야 하고, 배상의무자가 피해자의 과실에 관하여 주장하지 않는 경우에도 소

---

17) 대판(전합) 1983.12.13. 83다카1489.

송자료에 의하여 과실이 인정되는 경우에는 이를 법원이 직권으로 심리·판단하여야 한다.[18]

Ⅲ. 석명권

1. 의의

석명권이란 소송관계를 명확하게 하기 위하여 당사자에게 질문을 한다든지 또는 입증을 촉구하는 법원의 권능을 말한다(136조 1항). 석명권은 변론주의를 보완하는 것으로 법원의 소송지휘권 중 한 가지이다. 또한, 기일 외에서 석명을 할 수 있고 공격방어방법에 중요한 변경을 발생시킬 수 있는 사항에 관한 석명의 경우에는 그 내용을 상대방에게 통지해야 한다.

2. 취지

현행법에서는 변론주의가 채용되어 주장 및 증거의 수집을 당사자의 권능 및 책임으로 하고 있다. 그러나 당사자의 소송수행능력이 반드시 완전한 것이라고는 할 수 없고 양당사자의 역량 역시 대등하다고 할 수도 없다(예컨대, 편면적 본인소송 등의 경우). 그럼에도 불구하고 변론주의를 형식적으로 적용하게 되면 일방당사자에게 현저하게 불이익을 주고 공평한 분쟁해결을 할 수 없을 뿐만 아니라 국민 일반의 법원에 대한 신뢰도 손상당할 우려가 있다. 그래서 변론주의를 보완하는 원리로서 법원이 후견적으로 사안해명에 개입하는 권능을 인정할 필요가 있다. 이것을 위하여 마련된 제도가 석명권이다.

3. 행사방법

석명권은 합의부에서 재판장이 변론기일 또는 기일 외에서 질문 또는 증명을 촉구하는 형태로 행사한다(136조 1항). 배석판사도 재판장에게 알리고서 이를

---

18) 대판 1996.10.25. 96다30113; 대판 2013.6.13. 2012다91262는, 배상의무자의 책임감경사유에 대해서도 같은 취지로 판시하였다. 대판 2023.11.30. 2019다224238에 의하면, 손해배상사건에서 과실상계나 손해부담의 공평을 기하기 위한 책임제한에 관하여 사실을 인정하거나 그 비율을 정하는 것은 그것이 형평의 원칙에 비추어 현저하게 불합리하다고 인정되지 않는 한 사실심의 전권사항에 속한다고 한다.

행사할 수 있다(136조 2항). 기일 외의 석명에서 공격방어방법에 중요한 변경이 발생될 수 있는 사항에 관한 처리를 한 경우에는 그 내용을 상대방에게 통지하는 것이 바람직할 것이다. 또한, 이러한 처치에 당사자가 이의를 진술한 때에는 그 이의에 관하여 법원은 결정으로 재판을 한다(151조). 또한, 당사자는 직접 상대방에게 질문을 할 수 없지만 변론기일 또는 변론 외에서 재판장에게 질문할 것을 요구할 수 있다(136조 3항). 그 이외에 법원은 석명처분도 할 수 있다(140조). 당사자 입장에서는 법원의 석명에 응하지 않을 경우 변론 전체의 취지 등에 비추어 불이익을 받을 우려가 있다.

4. 석명권 행사의 범위(한계)

석명권의 행사를 어디까지 허용할 것인지 여부에 대한 문제이다. 그 대상은 청구(소송물), 법률상·사실상 주장, 증명 등 모든 사항에 대하여 가능하다. 당사자가 불명료 내지 모순된 주장·신청을 하는 경우 그것에 대해 질문하여 올바르게 하는 소극적 석명은 변론주의의 보완이라는 석명권의 취지 때문에 당연히 인정된다. 또한, 당사자가 적절한 주장·신청을 하고 있지 않을 경우 이것을 시사·지적하는 적극적 석명에 관하여도 석명권의 취지에서 인정할 수 있다. 예컨대, 토지임대차의 종료를 원인으로 하는 토지인도와 건물철거를 구하는 소송에서 피고의 건물매수청구권의 항변이 이유가 있는 경우 새로운 청구로 취지를 변경하도록 하는 것, 즉 매매대금의 지급과 상환으로 건물인도청구를 하도록 청구취지의 변경을 유도하는 경우도 가능하다.[19]

위와 같이 법률상 주장이나 사실상 주장이 불분명한 경우, 당사자가 특정한 법률효과를 주장하면서 요건사실의 일부를 누락한 경우, 당사자가 주장은 하였지만 증명을 하지 않는 경우,[20] 손해액의 증명이 부족함에도 원고가 증명하지 않겠다는 의사를 명백히 표시한 경우를 제외하고는[21] 이를 바로 잡거나 보충하기 위한 석명은 허용된다.[22]

그러나 당사자가 주장하지도 아니한 법률효과에 관한 요건사실이나 독립된

---

19) 대판(전합) 1995.7.11. 94다34265.
20) 대판 1989.7.25. 89다카4045.
21) 대판 1994.3.11. 93다57100.
22) 대판 1997.12.26. 97다42892·42908.

공격방어방법을 시사하여 그 제출을 권유하는 적극적인 석명권의 행사는 변론주의 원칙에 위배되는 것이고,[23] 또한, 상대방 당사자에게 불공평하기 때문에 그 행사에는 일정한 한계를 인정하지 않을 수 없다.

이에 관하여 석명권 행사의 필요성은 다양하기 때문에 행사의 범위는 당사자·대리인의 역량, 사건의 종류·복잡성, 소송의 진행상황 등에 따라 석명권의 행사가 상대방 당사자에게 현저하게 불공평하게 되는지 여부를 개별적으로 검토할 수밖에 없다고 생각한다.

이와 관련하여 석명권 행사의 범위에 관한 기준을 정리하면, 편면적 본인소송에서는 적극적인 석명을 하여야 하고 법률상 주장에 관하여 당사자가 법원의 견해와 다른 것을 알지 못하고서 적절한 주장을 하지 않는 경우에는 변경을 촉구하는 석명을 인정하여야 한다. 그리고 소송경과에 비추어 명확하게 별개의 구성에 의한 청구를 내세울 수 있고 동시에 그 청구를 내세울 수 없는 것이 당사자의 오해·부주의에 의한 경우에는 석명을 할 수 있을 것이다. 예컨대, 기본적으로 소의 변경을 수반하는 것과 같은 석명에 관하여 종전의 소송경과에 비추어 별개의 법률구성에 따른 주장이 있으면 원고의 청구를 인용할 수 있고 분쟁의 근본적 해결을 기대할 수 있는데 그 주장을 하지 않는 것이 명확하게 원고의 오해·부주의에 의한 경우에는 석명이 허용된다고 보아야 할 것이다.

5. 석명권 남용의 효과

적극적 석명의 행사가 그 범위를 넘어서 위법하게 평가되는 경우에도 그에 따른 당사자의 주장·신청 내지 판결은 적법하다고 하여야 한다. 왜냐하면 이것을 위법·무효로 하게 되면 법원의 석명을 신뢰하고서 행동한 당사자에게 지나치게 가혹한 것으로 되기 때문이다. 다만, 위법한 석명권의 행사는 기피 또는 상소이유로 될 수도 있을 것이다.

6. 석명의무의 범위

석명권의 행사가 어디까지 의무로 되는 것인지에 관하여 문제가 있다. 석명권의 행사는 법원의 권능일 뿐만 아니라 일정한 경우에는 법원의 의무이기도 하

---

23) 대판 2018.11.9. 2015다75308.

다. 그래서 법원이 중대한 해태에 의해 석명권을 행사하지 않은 경우에는 판결을 위법이라고 하여 상고이유로도 된다. 석명권은 단순히 법원의 심리 편의에 도움을 주는 것이 아니라 국민의 재판을 받을 권리를 확보한다고 하는 공익적 요청에도 그 기반을 가지고 있기 때문이다.

다만, 상고심은 법률심이기 때문에 상고심이 석명의무 위반을 이유로 원판결을 파기·환송하기 위해서는 석명권의 불행사가 당사자 입장에서 현저하게 불공평한 경우에 한정되어야 한다. 한편, 그리고 소극적 석명에 관하여는 변론주의의 보완이라는 석명권의 취지 때문에 그 불행사는 법령 위반으로 상고이유로 된다(423조). 반면, 적극적 석명에 관하여는 석명권 행사 자체가 법원의 재량과 관련이 되어 있기 때문에 바로 석명의무 위반이라고 할 수 없다. 석명권의 적정한 행사에 의해 원판결 변경의 개연성이 높고 석명권을 전혀 행사하지 않아 당사자가 적정한 주장·신청을 할 기대가능성이 낮았던 경우에만 석명권의 불행사가 위법한 것으로 상고이유로 된다(통설).[24] 그러므로 석명의무의 범위를 검토할 때는 다음과 같은 요소를 고려해야 할 것이다. 즉, 적절한 석명권 행사에 의하여 원판결에 대한 결과 변경의 개연성, 당사자에게 적정한 주장·신청을 기대할 수 있었는지(당사자·대리인의 역량, 사건의 종류·복잡성, 소송의 진행상태에 의한다), 새로운 석명권의 행사가 상대방 당사자에게 현저하게 불공평으로 되지 않는지, 석명권 행사에 의한 분쟁의 발본적인 해결의 필요성이 있는지 등을 고려해야 한다.

Ⅳ. 법적관점 지적의무

1. 문제 제기

1990. 1. 13. 구민사소송법 일부 개정을 통하여 법원의 법적관점 지적의무(136조 4항)[25]를 입법화하였다. 이 제도는 본인소송이 대부분을 차지하는 현실 속

---

24) 김홍규·강태원, 앞의 책, 398~399면; 이시윤, 앞의 책, 339~340면.

25) 법 136조 4항에 의한 법원의 법률상 사항에 관한 당사자에 대한 의견진술 기회의 부여 조치에 관한 용어의 표현에 관하여 통설은 '법적관점 지적의무'라고 표현하는 반면, '지적'이라는 용어는 그 어감 때문에 느낌상 완화된 '시사' 등이 더 적당하다고 하는 견해(호문혁, 앞의 책, 20면; 장석조, "법원의 법적관점표명주의", 김홍규박사화갑기념Ⅰ, 민사소송법의 제문제, 1992, 99~100면)가 있다.

에서 어떠한 분쟁의 기본적인 사실관계에 대하여 법원이 충분히 심리하였음을 전제로 거기에 적용할 법적 관점의 선택에 관하여 법원의 주도적 지위를 인정하는 하나의 징표로서 매우 의미가 있는 것으로 생각할 수 있다.[26] 민사소송법은 공격방어방법의 제출시기에 관하여 적시제출주의를 채택하고 있으므로 이러한 법규정에 맞추어 법원의 법적관점 지적의 시기도 쟁점정리단계에서 행하여지는 것을 원칙으로 하여야 할 것이다. 다만, 판례에서 보듯 석명권의 범위와 법적관점 지적의무 간에, 즉 석명권의 한계와 관련하여 양자의 조정문제가 생길 수 있을 있을 것이다.[27]

2. 의의

소송자료에 관한 사실적인 면뿐만 아니라 재판의 기초가 되는 신청이나 주장을 전제로 하여 적용될 법률적 관점(구성요건적 인식)에 관하여 당사자의 견해와 법원의 견해가 다르다는 것을 당사자가 분명히 간과하고 있는 경우에 소송관계를 분명하게 하기 위하여 법원이 당사자에게 이를 지적하여 의견진술의 기회를 주어야 할 의무를 말한다. 즉, 법원이 당사자가 전제로 하는 법률적 관점과 별개의 법적 구성으로 법적 판단을 할 경우에 그 법률구성이나 법률적 관점을 시사하는 의무를 말한다.[28]

3. 문제점

대법원의 주류적 판례[29]가 "법원의 석명권 행사는 당사자의 주장에 모순된 점이 있거나 불완전·불명료한 점이 있을 때 이를 지적하여 정정·보충할 수 있는 기회를 주고 계쟁사실에 대한 증거의 제출을 촉구하는 것을 그 내용으로 하는 것으로서 당사자가 주장하지도 아니한 법률효과에 관한 새로운 요건사실이나 독립된 공격방어방법을 시사하여 그 제출을 권유함과 같은 행위를 하는 것은 변론주의의 원칙에 위배되는 것으로서 석명권 행사의 한계를 일탈하는 것이다."라고 하는 입장을 보이고 있는데 법원의 법적관점 지적의무의 범위도 이와 관련하여 그

---

26) 이시윤, 앞의 책, 290면.
27) 권혁재, "법원의 석명권 행사범위와 법적 관점 지적의무", 인권과 정의(360권)(2006. 8), 7~28면.
28) 김홍엽, 앞의 책, 476면.
29) 대판 2004.3.12. 2001다79013 등.

의무를 어떻게 이해하여야 하는지에 대하여 검토할 필요가 있다.

4. 소송물이론과의 관계

신소송물이론에서는 법원에 청구의 근거 등 모든 법률적 관점의 선택에 대한 자유를 인정하는 면에서 136조 4항을 자신의 입지를 크게 강화한 것으로 이해하는 반면,[30] 구소송물이론에서도 법적관점 지적의무는 특정소송물 내에서 법률적 관점의 문제로 당사자가 간과하였음이 분명한 법률적 사항이면 법원이 이에 대하여 의견진술의 기회를 부여한 다음 판단해야 함을 분명히 한 것으로 보고 있으므로 양자 모두 의미가 있는 제도라고 한다.[31]

5. 석명의무와의 관계

법적관점 지적의무도 석명의무에 속한다. 그러나 현행법상 그 작용하는 구체적 상황이 다르다고 한다. 즉, 종래의 석명의무는 사실상 사항에 중점을 두고 있다면, 법적관점 지적의무는 법률상 사항, 즉 법률적 관점에 중점을 둔 것으로 종래의 석명의무를 강화·확대한 것이라고 할 수 있다.[32] 따라서 당사자가 부주의 또는 오해로 인하여 명백히 간과한 법률상 사항이 있거나 당사자의 주장이 법률적 관점에서 보아 불명료 또는 불완전하거나 모순이 있는 것으로 인하여 당사자 한쪽에게 불의타를 가하였다면 석명의무 또는 지적의무를 다하지 아니하여 심리를 제대로 하지 아니하여 위법하다고 한다.[33]

6. 소송상 기능

법원의 판결은 언제나 법에 준거하여야 하므로 심리과정에서 법원 및 양쪽 당사자의 법률적 관점(법률요건적 인식)의 일치는 충실한 심리를 위해서는 필수적이므로, 법원의 법적관점 지적의무는 위와 같은 관점의 일치 여부를 명확하게

---

30) 권혁재, 앞의 논문, 7면 이하; 강봉수, "법원의 법률사항 지적의무", 민사재판의 제문제(제7집) (1993. 6), 279면.
31) 정영환, 앞의 책, 514면.
32) 김홍엽, 앞의 책, 475면.
33) 대판 2008.12.11. 2008다45187; 대판 2010.4.29. 2009다38049; 대판 2017.12.22. 2015다236820· 236837.

확인하기 위한 법원의 부담의무로 기능한다. 그리고 당사자가 전혀 의식하지 못
하였거나 예상하지 못하였던 법률적 관점을 이유로 법원이 소의 적법 여부 및
청구의 당부를 판단할 때에는 그 법률적 관점에 대하여 당사자에게 의견진술의
기회를 부여함으로써 불의타를 주지 않도록 기능하도록 하여야 한다고도 말할
수 있다.[34]

7. 요건

법적관점 지적의무를 행사하기 위한 요건으로는 다음과 같다.

첫째, 간과하였음이 분명하다고 인정되는 경우이어야 한다. 간과하였음이 분
명하다고 인정되는 경우란 통상인의 주의력을 기준으로 당사자가 소송목적에 비
추어 당연히 변론에서 고려하거나 주장되어야 할 법률상 사항을 부주의 또는 오
해로 빠뜨리고 넘어간 것을 말한다.[35] 간과하였음이 분명하다고 인정되는 경우
인지 여부는 당사자의 법률지식 정도를 고려하여 사실심 변론종결 당시를 기준
으로 판단한다. 변론종결 뒤 간과된 법률적 관점이 발견되어 지적이 필요한 것을
발견하였을 때에는 법원은 변론을 재개하여 속행할 의무가 있다.[36]

둘째, 법률상 사항이어야 한다. 법률상 사항이란 사실관계에 대한 법률적 관
점인 법규적용의 사항으로 직권조사사항 또는 당사자의 주장·증명에 의하여 확
정된 사실에 대한 법적 평가나 법적 개념을 말하므로 판결의 결과에 영향이 있는
기본적이고 주요한 법률적 관점을 의미한다고 할 수 있다. 그러나 사실적 관점에
대해서는 지적의무가 없다.[37]

셋째, 의견진술의 기회를 주어야 한다. 즉, 법원은 적절한 방법으로 간과한

---

34) 대판 1994.10.21. 94다17109; 대판 2002.1.25. 2001다11055; 대판 2006.1.26. 2005다37185; 대판
   2009.1.15. 2007다51703; 대판 2018.11.29. 2018다251646; 대판 2019.11.28. 2019다257542에 의하
   면, 당사자가 '사실'에 대하여 부주의 또는 오해로 인해 증명하지 아니한 것이 분명하거나 쟁점
   으로 될 사항에 관하여 당사자 사이에 명시적인 다툼이 없는 경우에는 법원은 석명을 구하고
   증명을 촉구하여야 하고, 만일 당사자가 전혀 의식하지 못하거나 예상하지 못하였던 법률적 관
   점을 이유로 법원이 청구의 당부를 판단하려는 경우에는 그 법률적 관점에 대하여 당사자에게
   의견진술의 기회를 주어야 하며, 그와 같이 하지 않고 예상외의 재판으로 당사자 일방에게 불의
   의 타격을 가하는 것은 석명의무를 다하지 아니하여 심리를 제대로 하지 아니한 위법을 범한
   것이 된다고 한다.
35) 김홍엽, 앞의 책, 477면.
36) 대판 2010.10.28. 2010다20532 등.
37) 김홍엽, 앞의 책, 477면.

법률적 관점을 지적하여 불이익을 입을 당사자로 하여금 불이익의 배제를 위한 의견진술의 기회를 갖도록 하여야 한다.[38]

8. 위반의 효과

법적관점 지적의무를 위반하여 당사자에게 법률적 사항에 관한 의견진술의 기회를 주지 아니한 판결은 절차 위배로 일반적 상고이유(423조)에 해당한다.[39] 따라서 중대한 법령위반의 경우에는 심리속행사유가 된다. 다만, 지적의무의 위반이 판결결과에 영향을 미쳤어야 한다.

9. 판례를 통해 본 법적관점 지적의무

법적관점 지적의무와 관련하여 판례를 살펴보면 다음과 같다.

당사자가 부제소합의의 효력이나 그 범위에 관하여 다투지 아니하는데도 법원이 직권으로 부제소합의에 위배되었다는 이유로 소를 부적법하다고 판단하기 위한 경우,[40] 사해행위취소의 소에서 제기기간과 관련하여 달리 쟁점이 되지 않는 경우,[41] 종중이 제기한 소에서 당사자 사이에 전혀 쟁점이 되지 않았던 사원총회 결의의 적법성을 판단하기 위한 경우,[42] 상법 445조의 자본금감소무효의 소인지, 동법 380조의 자본금감소결의무효의 소인지 여부가 불분명한 경우와 같이 청구취지가 원고의 진정한 의사와 일치하지 아니하는 경우,[43] 청구취지가 특정되지 아니한 것을 간과한 채 본안에 관하여 공방을 하는데도 청구취지의 특정을 위한 보정의 기회를 부여하지 아니한 경우,[44] 항소 또는 부대항소를 하면서 항소취지나 부대항소취지에 비추어 당초의 청구부분을 취하하는지 여부가 불명확한 경우,[45] 시효취득을 이유로 한 신의칙 위반의 항변에 대해 법원이 유증을 이유로 신의칙 위반을 인정한 경우,[46] 손해배상책임이 인정될 것인지 여부의 관

---

38) 김홍엽, 앞의 책, 477면.
39) 전병서, 강의 민사소송법, 박영사, 2018, 118면.
40) 대판 2013.11.28. 2011다80449.
41) 대판 2006.1.26. 2005다37185.
42) 대판 2022.8.25. 2018다261605.
43) 대판 2010.2.11. 2009다83599.
44) 대판 2014.3.13. 2011다111459.
45) 대판 2009.1.15. 2007다51703.

건이 되는 핵심적인 법률요건 등에 대한 증명책임이 손해배상청구의 법률적 근거를 계약책임으로 구성하는지 아니면 불법행위책임으로 구성하는지에 따라 정반대로 달라지게 되는 경우,[47] 소송과정에서 환경정책기본법 44조 1항에 의한 책임 여부에 대하여 당사자 사이에 쟁점이 된 바 없었는데 그 규정에 의한 손해배상책임을 인정하는 경우,[48] 당사자가 주장하는 권리관계가 법률적 관점에서 그 권리의 발생근거와 성격이 불명확한 경우,[49] 당사자가 요건사실에 해당하는 법률효과를 주장하면서 미처 깨닫지 못하여 요건사실의 일부를 빠뜨린 경우,[50] 원고가 비록 명시적으로 그 권리를 행사한다는 주장을 표시한 바 없지만, 그 권리발생의 기초가 되는 요건사실은 원·피고 양쪽이 공방을 통해 모두 현출된 데다가 원고의 일관된 주장은 그 권리를 행사하는 취지로 이해해야만 그 주장 자체 및 원고 제출 증거들과 모순 없는 해석이 가능한데도 법원이 이와 다른 권리에 대한 판단을 하는 경우,[51] 당사자의 주장과 제출된 증거 사이에 모순되거나 불일치하는 경우,[52] 다툼이 있는 사실을 증명하기 위하여 제출한 증거가 당사자의 부주의 또는 오해로 인하여 불완전·불명료한 경우[53] 등이 있다.[54]

Ⅴ. 진실의무

1. 의의

진실의무란 당사자가 진실하다고 믿고 있는 것(즉, 주관적인 진실)을 진술해야 할 의무(정직의무)를 말한다. 이러한 당사자의 의무는 민사소송에서 신의칙의 표현이고 무엇을 진술하여도 좋다고 하는 고전적인 변론주의를 수정하는 의미를 가지고 있다. 따라서 이 의무는 소송에서 당사자가 진실에 반한다고 알고 있는

---

46) 대판 2021.9.16. 2021다200914·200921.
47) 대판 2009.11.12. 2009다42765.
48) 대판 2008.9.11. 2006다50338.
49) 대판 2005.11.10. 2004다37676.
50) 대판 1995.2.28. 94누4325; 대판 2005.3.11. 2002다60207.
51) 대판 2009.7.23. 2009다13200.
52) 대판 1994.9.30. 94다16700; 대판 2010.9.30. 2009다71121; 대판 2017.12.22. 2015다236820·236837.
53) 대판 2005.7.28. 2003후922; 대판 2021.3.11. 2020다273045.
54) 판례는 대부분 136조 1항의 석명의무와 동조 4항의 법적관점 지적의무를 명확히 구별하지 않고 석명 내지 지적의무를 위배한 것으로 판시하고 있다.

사실을 주장한다든지, 그 주장에 관한 증거를 신청하는 것은 허용되지 않고, 또한 진실에 합치한다고 알고 있는 상대방의 주장사실을 다툰다든지, 반증을 제출해서는 아니 된다고 하는 소송상 의무라고 할 수 있다.

2. 진실의무의 효과

진실의무는 단순한 도덕적 의무가 아니고 법적 의무라고 보아야 한다. 왜냐하면 신의성실의 원칙은 본래 사법(민법 2조 1항)상의 것이지만 민사소송에서도 적용되기 때문이다(1조). 또한, 소송상 의무로서 쓸데없이 허위주장을 하여 상대방을 혼란에 빠지게 하여 불이익을 주는 것은 허용되지 않기 때문이다. 특히 363조 1항은 진실의무의 존재를 전제로 하는 규정이라고 이해할 수 있다.

또한, 진실의무는 도덕적·윤리적인 의무에 국한된다고 하는 견해도 있지만 재판 이외의 거래사회에서 신의성실의 원칙(민법 2조 1항)이 타당한 것처럼 소송에서도 신의칙은 타당하기 때문에(1조) 쓸데없이 허위주장을 하여 상대방을 혼란에 빠지게 하여 불이익을 주는 것은 허용되지 않는다. 그러한 의미에서 진실의무는 법률상 의무라고 할 수 있다(통설).[55]

3. 진실의무에 위반한 효과

진실의무가 법적 의무로 인정되었다고 하여도 그 위반에 관하여 특별한 효과를 인정해서는 안 된다. 만일 진실의무 위반에 특별한 효과를 인정하면 당사자의 자유로운 소송수행을 저해할 위험이 있기 때문이다. 따라서 불합리한 결과에 대해서는 신의칙(금반언)의 적용으로 대처할 수 있고, 또한 진실을 진술하지 않으면 변론 전체의 취지로서 법원이 불이익한 심증을 줄 수 있는 바, 이러한 것 등을 진실의무 위반의 효과라고 할 수 있을 것이다.[56]

---

55) 김홍규·강태원, 앞의 책, 388면; 이시윤, 앞의 책, 334면.
56) 이시윤, 앞의 책, 335면; 정동윤·유병현·김경욱, 앞의 책, 372면; 정영환, 앞의 책, 505면.

제2장 구술변론

제1절 구술변론의 원칙

Ⅰ. 의의

1. 개념

구술변론이란 기일에 공개법정에서 재판을 할 경우 당사자 쌍방이 구술로 본안의 신청과 공격방어방법에 대한 진술을 하는 것을 말한다. 즉, 당사자가 심리과정에서 법관의 면전에서 판결의 기초가 되는 사실을 진술하고 증거를 제출하는 것을 말한다.[1] 위와 같은 개념의 구술변론은 실제로 다양한 의미로 사용되고 있는바, 좁은 의미로는 변론기일에 법원의 공개법정에서 당사자 쌍방이 구술로 하는 본안의 신청·공격방어방법의 제출 또는 기타의 진술을 말하고(예컨대 134조 등) 넓은 의미로는 좁은 의미 이외에 법원의 소송지휘·증거조사 또는 재판의 선고 등 소송행위 일체를 포함한다(예컨대, 141조 등).

2. 방식

구술변론의 방식은 법원의 공개법정에서 당사자 쌍방을 반드시 대립·관여시키는 형태로 이루어진다. 이것은 심문[2](134조 2항)에 대응하는 개념이다. 심문은 당사자대립구조를 취하지 않고 무방식으로 진술의 기회를 부여하는 것을 말한다.

---

[1] 한충수, 앞의 책, 427면.
[2] 국어사전적 의미로 심문(審問)과 신문(訊問)을 구별하여야 한다. 전자는 법원이 당사자나 그 밖에 이해관계가 있는 사람에게 서면이나 구술로 개별적으로 진술할 기회를 주는 일을 말하는 반면, 후자는 법원이나 기타 국가 기관이 어떤 사건에 관하여 증인, 당사자, 피고인 등에게 말로 물어 조사하는 일을 말한다(표준국어대사전 참조).

Ⅱ. 종류

구술변론에는 필요적 구술변론과 임의적 구술변론이 있다.

1. 판결절차 — 필요적 구술변론의 원칙

판결로 재판을 하는 경우에는 원칙적으로 반드시 구술변론을 열어야 한다 (134조 1항 본문). 이것을 필요적 구술변론의 원칙이라고 한다. 이러한 경우에는 구술변론 없이 재판을 할 수 없고 변론주의에 의해 구술변론에 나타난 주장·증거만 재판자료로 되는 것이다. 판결은 당사자에게 중대한 효과를 초래하므로 구술변론방식에 의한 공격방어의 기회를 보장해 주어야 하기 때문이다. 또한, 구술변론은 후술하는 4가지 원칙을 가장 잘 실현할 수 있는 방식이다. 다만, 예외적으로 무변론판결과 같이 구술변론을 개시하지 않고서 판결할 수 있는 경우도 없는 것은 아니다.

한편, 소송요건·항소요건을 흠결하고 보정의 예상도 없어 구술변론을 여는 것이 쓸데없는 경우에는 구술변론 없이 소를 각하할 수 있고 상고심은 법률심이므로 구술변론 없이 서면심리에 의해 상고이유가 없다고 인정되는 경우에는 상고기각을 할 수 있으며(429조) 법원이 소송비용의 담보제공을 명하였음에도 담보를 제공하지 않거나 또는 기일소환비용을 예납하지 않는 경우 등에는 변론을 열어야 할 가치가 없기 때문에 변론없이 소를 각하할 수 있다(124조, 116조).

2. 결정절차 — 임의적 구술변론, 신문

결정으로 재판을 하는 경우에는 구술변론을 열 것인지 여부는 법원의 재량에 위임되어 있다(134조 1항 단서). 이것을 임의적 구술변론이라고 한다. 예컨대, 관할의 지정·제척 등의 결정, 판결경정결정 또는 상고각하결정 등과 같이 결정으로 재판을 할 사항은 간이·신속한 처리가 필요하기 때문이다. 구술변론을 열지 않는 경우에는 서면심리의 보충으로서 당사자를 신문할 수 있다(동조 2항).

Ⅲ. 구술변론에 관한 기본원칙

기본적으로 변론기일은 사실심인 경우 당사자의 본안에 관한 신청을 시작으로 공격방어방법(법률상·사실상 주장, 증거제출 등)을 제출하고 법원은 그것을 바탕으로 증거조사 및 판결선고를 하는 순서로 진행하게 된다. 이를 위하여 당사자와 법원은 공개주의·쌍방신문주의·구술주의 및 직접주의의 원칙에 따라 변론기일을 진행한다.

1. 공개주의

가. 의의

공개주의란 일반국민이 방청할 수 있는 상태에서 소송의 심리 및 판결을 하는 원칙을 말한다(일반공개주의, 헌법 109조·법원조직법 57조).

나. 근거·내용

공개주의는 헌법 109조의 재판공개절차에 따른 것이다. 공개주의는 당사자·관계자 및 일반 공개의 형태로 나타난다(헌법 109조). 공개주의를 통해 쌍방심문주의를 보다 실질적으로 구현하고 재판의 공정을 담보할 수 있으며 재판에 대한 국민의 신뢰를 확보할 수 있게 된다. 다만, 예외적으로 심리의 공개로 인해 국가의 "공적 질서"가 위태롭게 되는 경우에는 이를 제한할 필요가 있다. 그래서 헌법은 심리가 국가의 안전보장 또는 안녕질서를 방해하거나 선량한 풍속을 해할 염려가 있을 때에는 법원의 결정으로 공개하지 않을 수 있도록 하였다(헌법 109조). 이와 달리 판결선고는 반드시 공개하여야 한다. 또한, 일반 공개의 원칙을 존중하기 위하여 소송기록의 열람 등이 규정되어 있다(162조). 공개원칙에 위반하는 경우에는 상고이유로 된다(424조 1항 5호).

다. 비밀보호를 위한 비공개

영업비밀 또는 사생활의 침해 등을 이유로 침해행위의 금지 또는 손해배상을 청구하는 소의 경우에는 공개주의를 관철하면, 바로 영업비밀·사생활 등이 제3자에게 알려질 가능성이 높다. 따라서 영업비밀 또는 사생활은 그 자체로 재판의 공개원칙의 예외를 정한 헌법 109조에서 말하는 공적 질서의 내용을 이룬다고 할 수 있고 이 경우에는 동법 109조를 적용하여 심리를 공개하지 않을 수 있다.

2. 쌍방신문주의

가. 의의

쌍방신문주의란 당사자 쌍방에게 각각 주장 및 입증을 할 기회를 평등하게 보장하는 원칙을 말한다. 쌍방심리주의 또는 무기평등의 원칙이라고도 한다.

나. 근거

쌍방신문주의는 헌법 27조의 재판을 받을 권리, 헌법 11조의 법 앞에 평등의 원칙에 따른다. 법원은 변론기일에 당사자 쌍방을 출석시켜 변론 및 증거조사를 하는데 이는 쌍방신문주의를 실현하기 위한 방식이다.

다. 쌍방신문주의의 구체화

이를 보장하기 위하여 소송절차의 정지(중단·중지)제도가 있다(233조 이하). 또한, 대리권의 흠결을 간과한 경우 이를 상고이유(424조 1항 4호)·재심사유(451조 1항 3호)에 해당하는데 쌍방신문주의를 달성하기 위한 것이라고 할 수 있다.

3. 구술주의

가. 의의·근거

구술주의란 변론 및 증거조사를 구술로 하는 원칙을 말한다. 구술주의는 변론기일에 당사자가 말로 중요한 사실상 또는 법률상 사항에 대하여 진술하거나, 법원이 당사자에게 말로 해당사항을 확인하거나 또는 당사자에게 중요한 사실상 또는 법률상 쟁점에 관하여 의견을 진술할 기회를 주는 방식으로 달성된다(규칙 28조). 또한, 변론준비기일에는 당사자가 말로 변론준비에 필요한 주장과 증거를 정리하여 진술하거나 법원이 당사자에게 말로 해당사항을 확인하여 정리하는 방식으로 달성된다(규칙 70조의2).

나. 내용

구술주의란 변론과 증거조사를 구술로 하여야 하고 구술로 진술한 것만 판결의 기초가 된다고 하는 원칙을 말한다. 이것은 서면주의에 반대되는 개념이다. 즉, 변론(공격방어, 134조 1항 본문), 증거조사(339조 1항, 373조)를 구술로 진행하고 구술로 진술된 소송자료만 판결의 기초가 되며 구술변론에 관여한 법관만 판결을 할 수 있다고 하는 내용으로 현출된다(직접주의, 204조).

다. 장점 및 단점

구술주의는 진술에서 받은 인상이 서면보다 선명하여 사실에 대한 진상을 파악하기가 쉽고 석명에 편리하며 쟁점의 발견·정리에 적당할 뿐만 아니라 활발한 심리를 할 수 있고 공개주의·직접주의와 결부되기 쉬운 장점이 있는 반면, 사안이 복잡한 경우 이해와 검토가 곤란하고 법관의 기억에 의존하는 것과 상급심에서 하급심 판결에 대한 심리가 곤란하다는 단점이 있다.

라. 서면에 의한 보완

구술주의는 주장·증거의 탈락 위험성, 이해 및 기억 보존의 곤란성 등의 단점이 있기 때문에 현행법은 서면 이용에 의해 구술주의를 보완하고 있다. 예컨대, 소의 제기나 판결의 선고와 같은 중요한 소송행위와 관련된 것은 서면을 요구하거나(248조·206조), 준비서면에 의해 구술변론을 준비시키는 것(272조) 등이 그렇다.

서면에 의한 구술주의의 보완은 ① 소제기 등 중요한 소송행위와 관련된 것으로 소 제기(249조 1항), 상소 제기(397조·427조), 소의 변경(262조 2항), 중간확인의 소(264조 2항), 반소(269조), 소의 취하(266조 3항), 항소의 취하(393조 2항), 관할의 합의(29조 2항), 소송고지(85조 1항) 및 참가의 신청(72조 2항) 등은 서면으로 하도록 하고, ② 변론의 정리 등을 위해서는 변론을 준비하는 경우(272조 1항, 278조), 기일을 통지하는 경우(167조), 서증을 제출하는 경우(343조) 등은 서면으로 하도록 하고, ③ 기억보존 및 상급심의 심리 등을 목적으로 법원에 의한 서면으로 하는 행위로는 구술변론조서의 작성(152조), 화해 등의 조서의 작성(220조) 및 판결서의 작성(206조)을 하도록 하고 있다.

4. 직접심리주의

가. 의의

직접심리주의란 변론의 청취 또는 증거조사를 한 법관이 스스로 판결을 하는 원칙을 말한다(204조). 심리를 담당한 법관이 판결을 하는 것이 사안의 해결에 부합한 판결을 기대할 수 있기 때문이다. 직접심리주의에 대응하는 개념이 간접심리주의이다. 간접심리주의란 다른 자가 심리한 결과의 보고에 따라 재판을 하는 것을 허용하는 심리원칙으로 이를 채택할 경우 구술심리주의가 형해화될 가능성이 있다.

나. 근거

직접심리주의를 채택한 이유는 당사자의 진술 또는 증거방법을 직접적으로 견문하여 변론의 내용을 이해하고 사안의 진상을 파악한 수소법원의 판사가 정확한 재판을 할 수 있기 때문이다. 자유심증주의(202조)의 전제로서 법관이 증거방법 등을 직접 견문하는 것이 필요하고 이것이 구술주의와 결합하기도 쉽다. 다만, 예외적으로 변론의 갱신, 수명법관·수탁판사에 의한 증거조사 등이 있다.

다. 예외1 — 변론의 갱신

(1) 의의

변론의 갱신이란 종전에 진행된 구술변론의 결과를 진술하는 것을 말한다 (407조 2항). 통상적으로 법관이 교체된 경우 소송경제의 견지에서 직접심리주의를 형식적으로 만족시키기 위해 진행하는 절차이다.

(2) 취지

변론 또는 증거조사 도중에 법관이 교체된 경우 직접심리주의를 관철하고자 하면 새로운 법관에 의해 종전의 변론(증거조사도 포함한다)을 다시 반복하여야 하기 때문에 소송경제에 반한다. 그래서 직접심리주의를 형식적으로 만족시키는 편법으로 변론의 갱신의 절차를 진행한다. 결과만 진술하면 충분하기 때문에 당사자 쌍방이 각각 변론의 내용을 진술할 필요는 없고 일방이 정리하여 보고하면 그것으로 충분하다고 한다.

(3) 동일심급 내에서의 진술

동일심급 내에서 법관이 교체된 경우에는 반드시 변론갱신을 하여야 한다(규칙 55조). 증인신문에서는 직접주의가 강하게 요청되기 때문에 법관이 교체된 경우에는 변론갱신을 인정하면서도 당사자의 신청이 있으면 반드시 증인신문을 다시 하여야 한다(204조 3항). 증언내용 이외에 증인의 말씨·안색 및 태도 등이 법관의 심증 형성이라는 측면에서 중요한 요인으로 되기 때문이다. 따라서 변론갱신이라는 편법만으로는 불충분하고 직접심리주의를 관철하여야 하기 때문에 당사자의 신청이 있으면 재차 증인신문을 다시 해야 하는 것이다. 또한, 직접심리주의란 구술변론에 관여한 법관이 판결내용을 확정하는 것을 요구하는 것이기 때문에 구술변론기일 전에 법관의 교체가 있거나 구술변론종결 후 선고 이전에 법관의 교체가 있는 경우에는 직접심리주의의 요청은 작용하지 않는다. 따라서 이 경우 변론을 갱신할 필요가 없다.

(4) 항소심에 있어서 진술

항소심은 속심제이고(409조) 항소가 이루어진 경우에도 직접주의를 형식적으로 만족시키기 위하여 제1심변론 결과를 진술하여야 한다(407조 2항). 속심제에서는 제1심에서 수집된 자료 및 항소심에서 수집한 자료 모두가 소송자료로 되어 그것을 바탕으로 판결을 하게 된다. 그리고 항소심에서 법관이 교체되는 경우에도 직접심리주의를 형식적으로 만족시키기 위하여 변론갱신이 필요하다. 다만, 204조 3항은 항소심의 경우에는 적용되지 않는다.

(5) 변론준비절차 후 변론에서의 진술

변론준비절차는 판결을 하는 법관 이외의 법관에 의해 이루어지는 경우가 있다. 그래서 직접심리주의를 형식적으로 만족시키기 위하여 당사자는 변론기일에 변론준비절차의 결과를 진술하여야 한다(287조 2항).

(6) 변론갱신이 없는 경우

법관이 교체되었는데 변론갱신이 없으면 직접심리주의(204조 2항)에 위반하는 것으로서 절대적 상고이유(424조 1항 1호)·재심사유(451조 1항 1호)로 된다. 즉, 변론의 결과를 진술해야만 비로소 새로운 법관이 구술변론에 관여한 법관으로 인정되어 직접심리주의를 충족하게 되는 것이다(204조 1항). 따라서 변론갱신절차를 결여한 경우 변론에 관여한 법관이 판결을 하였다고 할 수 없어 '법률에 따라 판결법원을 구성하지 않은 때'라는 절대적 상고이유(424조 1항 1호)·재심사유(451조 1항 1호)가 존재하게 된다(통설).[3]

라. 예외2 ─ 수명법관·수탁판사에 의한 증거조사

법은 증거조사에 관하여 일정한 경우 법정 외에서 수명법관·수탁판사가 진행하는 것을 인정하고 있는데 간접심리주의의 도입이다. 법원은 상당하다고 인정하면 법원 밖에서 증거조사를 진행할 수 있는데 그 경우에 수명법관(합의체의 구성원 판사로서 재판장으로부터 일정업무에 관하여 위탁을 받은 법관을 말한다) 또는 수탁판사(수소법원이 다른 법원에 촉탁하고 그것을 촉탁받은 재판부 이외의 판사를 말한다)에게

---

3) 김홍규·강태원, 앞의 책, 919면; 이시윤, 앞의 책, 896면.

증거조사를 시킬 수 있다(297조). 그러나 증인신문에서는 직접심리주의가 요청되기 때문에 증인이 수소법원에 출석할 의무가 없는 때, 정당한 이유로 출석할 수 없는 때 또는 증인이 출석을 위하여 지나친 비용 또는 시간을 요하는 경우에 수명법관·수탁판사가 법원 이외에서 신문을 할 수 있다(297조). 또한, 증거조사가 국외에서 진행될 경우, 즉 외국에서 하는 증거조사는 외국의 관청 또는 한국의 재외공관에 촉탁하여 진행을 할 수 있다(296조).

이러한 예외는 직접심리주의를 준수하는 것이 곤란하기 때문이며, 법원은 증거조사의 결과를 기재한 조서를 재판자료로 할 수 있으므로(297조·298조) 이 범위 내에서 간접심리주의에 의하고 있다.[4]

5. 계속심리주의

계속심리주의란 특정사건에 관하여 집중적이고 동시에 계속적으로 심리하여 그 사건을 종료시킨 이후에 다음 사건의 심리에 들어가는 원칙을 말한다. 이는 하나의 사건에 관하여 집중적이고 동시에 계속적으로 심리하여 그 사건의 판결까지 종료시킨 이후에 다음 사건의 심리에 들어간다는 사건의 심리방식에 관한 원칙이다. 이를 집중심리주의라고도 부른다. 이에 대하여 동시에 다수의 사건을 병행하여 심리하는 방식을 병행심리주의라고 한다. 양자의 차이를 비교하면 전자는 직접주의·구술주의 및 공개주의를 보다 잘 적용시킬 수 있는 장점이 있는 반면, 후자는 다수의 사건이 일찍 착수되어 똑같이 진행될 수 있는 장점이 있지만 심리가 장기화되고 법관의 기억이 희박해지므로 직접주의·구술주의의 반영이 충분하지 못할 단점이 있다고 할 것이다.

우리나라의 경우 법이 개정된 이후 규칙 등은 계속심리주의를 수용하고 있다. 그러나 법에서는 쟁점정리절차를 선택적(임의적) 절차로 도입하고 적시제출주의를 도입하는 등의 개정 등을 통해 완전한 계속심리주의에 접근하기 위한 노력을 하고 있다고 말할 수 있다.

---

4) 김홍규·강태원, 앞의 책, 364면; 이시윤, 앞의 책, 317면.

제2절 구술변론의 준비

I. 쟁점정리

1. 의의

쟁점정리는 능률적이고 동시에 충실한 심리를 실현하기 위하여 필요불가결한 것이다. 통상적으로 소송에서는 다수의 사실 또는 법률관계가 혼돈된 상태로 등장하게 되는데 이를 그대로 방치하고 진행하면 법원의 능률적이고 충실한 심리를 저해하게 된다. 그래서 법원은 구체적인 심리(변론)를 개시하기 전에 우선 혼돈된 상태를 극복할 수 있도록 쟁점을 정리한 이후에 변론을 진행할 필요가 있다. 이러한 측면에서 쟁점정리는 법원 입장에서 소송경제상 유익(효율적)할 뿐만 아니라 심리 자체의 충실에도 관련이 있다. 당사자 입장에서도 무의미한 소송행위를 반복하지 않고 적정·신속한 재판을 받을 권리를 보장할 수 있다.

2. 변론준비절차(쟁점정리절차)

가. 법의 내용

종전의 법은 준비서면 제출에 관한 규정이 있었지만 그것이 쟁점정리의 효율성에 관하여는 그다지 기능을 하지 못하였다. 그래서 2002년 개정법은 적정·신속한 재판을 지향하도록 준비서면을 강화하는 것과 함께 쟁점 및 증거정리절차로서 변론준비절차를 만들었는바, 서면에 의한 변론준비절차 및 변론준비기일을 입법한 것이 그것이다.

나. 법의 문제점

2002년 개정법에서 필수적인 절차로 규정한 변론준비절차제도의 실무는 서면공방 등을 전제로 쟁점정리를 하고 필수적 절차로 변론준비기일을 정한 다음 법원이 변론준비절차실 등을 운영하여 법관의 주재 하에 당사자가 토론하는 형태로 기일을 진행함으로써 구술심리주의의 활성화 또는 화해·조정 등에 의한 ADR(alternative dispute resolution)이 강조되었다.

그러나 변론준비기일에 제출하지 않은 공격방어방법은 변론기일에 주장할 수 없는 실권효가 수반되기 때문에 당사자는 불필요한 공격방어방법까지 제출하지 않을 수 없고 그로 인하여 법원의 부담도 가중되었기 때문에 그 운용과정에서 많은 애로점 등이 노정되었다. 즉, 개정법은 필수적으로 쟁점·증거정리절차를 진행하여 사안을 정리한 다음 변론기일을 진행하였기 때문에 집중심리가 실현될 수 있는 기회를 마련하였다고 평가할 수는 있었지만 단독사건에서는 준비절차를 거칠 실익이 한정적이었고 법원의 업무부담 등을 이유로 오히려 기일간격도 장기화하여 문제점이 노정되었다. 그래서 2008년에 법을 다시 개정하여 피고가 답변서를 제출하면 바로 변론기일을 지정하도록 하고 변론준비절차는 필요한 경우에만 실시하도록 변경하였다(258조 1항).

그러나 위와 같은 법 개정에 대하여 민사사법의 선진화·합리화의 근본해결책은 법관의 대폭적인 증원에 있고 제도의 잦은 개편은 시행착오적인 혼란만 초래한다는 비판이 강하다.[5]

다. 법에 있어서 쟁점정리의 수단

쟁점정리수단으로 당사자에게 사전조사의무를 부여하고(규칙 69조의2) 상대방과 협의할 수 있도록 했을 뿐만 아니라(규칙 70조 2항) 보다 효율적으로 쟁점을 정리할 수 있도록 서면공방절차(280조 이하) 및 변론준비기일(282조 이하)을 정비하였다. 그리고 심리과정으로 석명권(기일 외에서도 인정하였다)(136조), 변론의 제한, 분리 및 병합(141조), 일부판결(200조), 중간판결(201조)을 인정하고 있다.

Ⅱ. 준비서면 등

1. 준비서면

가. 의의

준비서면이란 당사자가 변론에서 진술할 내용을 상대방·법원에 예고하기 위한 목적으로 작성된 서면을 말한다(변론예고서면). 당사자는 변론을 서면으로 준비해야 하기 때문에(272조 1항) 변론에 앞서 준비서면을 작성하여 이를 법원에 제출하여야 한다.

---

5) 이시윤, 앞의 책, 373면.

나. 목적

준비서면은 미리 각 당사자가 구술변론으로 주장·입증할 내용을 상대방 및 법원에 서면 등으로 예고하여 구술변론을 준비시키는 것으로 구술변론의 신속·충실을 도모하는 것을 목적으로 한다. 변론을 준비하기 위한 것이라면 서면의 표제와 상관없이 준비서면이라고 할 수 있다. 따라서 소장·상소장의 임의적 기재사항(248조 이하), 피고가 최초로 제출하는 답변서(256조 등) 등도 준비서면이다.

다. 기재사항·제출방법

(1) 준비서면에는 당사자의 공격방어방법, 상대방의 청구와 공격방어방법에 대한 진술을 기재해야 한다(274조 1항 4·5호).

준비서면의 기재사항인 공격방어방법(274조 1항 4호 및 5호)에는 증거신청이 포함된다.[6] 증거조사의 입회 또는 그 결과의 진술도 사실인정이라는 입장에서 중대한 영향이 있기 때문에 그러한 기회를 상대방에게 박탈하는 것은 불공평하기 때문이다. 여기의 공격방어방법에는 간접사실이 포함된다(통설). 간접사실에 관한 상대방의 방어기회도 없이 주요사실이 추인되는 경우에는 결석당사자에게 불공평하기 때문이다.

(2) 준비서면은 상대방의 준비에 필요한 기간을 두고서 법원에 제출하지 않으면 기능을 발휘하지 못한다. 그래서 재판장은 특정사항에 관한 준비서면의 제출 또는 증거신청 등을 하여야 할 기간을 정할 수 있다(273조·280조). 그리고 규칙에서는 준비서면을 작성할 때 청구원인사실과 그 이외의 주장·사실을 구분하여 증거와 함께 기재하고 부인하는 경우에는 그 이유의 기재 등을 요구하고 있다(규칙 70조의2). 준비서면의 분량은 재판장 등과 당사자 사이에 그에 관한 합의가 이루어진 경우를 제외하고는 30쪽을 넘지 못한다. 이에 위배한 경우 재판장 등은 해당 준비서면을 30쪽 이내로 줄여 제출하도록 명할 수 있다(규칙 69조의4 1항·2항).

라. 제출·부제출의 효과

준비서면을 제출해 두면 상대방이 결석한 경우에도 그 기재사항을 주장할 수 있고(276조 반대해석) 상대방의 자백간주가 성립될 수 있으며 준비서면을 제출해 두면 변론기일에 결석한 경우에도 그 기재사항을 진술한 것으로 간주된다(150

---

6) 이시윤, 앞의 책, 369면; 김홍엽, 앞의 책, 495면.

조 1·3항). 특히 피고가 본안에 관하여 준비서면을 제출한 경우 원고가 소를 취하하려면 피고의 동의를 얻어야 한다(266조 2항).

반면 출석당사자가 미리 준비서면을 제출하지 않거나 제출한 준비서면에 어떠한 사실을 기재하지 않았는데 상대방이 결석한 경우 출석당사자가 준비서면으로 예고하고 있지 않은 사실에 대하여 결석당사자에게 자백간주를 발생케 하는 것은 공평하지 않기 때문에 출석당사자는 준비서면에 기재되어 있지 않은 사실을 변론에서 주장할 수 없다(276조).

다만, 이러한 제출·불제출의 효과를 갖는 준비서면은 상대방에게 송달된 것 또는 당사자 간에 준비서면이 교환되었다면 상대방이 준비서면을 송달받았다는 영수증이 제출된 것이어야 한다. 출석당사자가 준비서면을 제출하지 않은 경우 변론의 속행기일을 법원에 지정해 달라고 요구하여 지정된 속행기일까지 준비서면을 제출한 다음 속행기일에 변론을 하여야 한다.

Ⅲ. 변론준비절차(쟁점 및 증거의 정리절차)

1. 법의 개정내용

2002년 개정법은 영미법상 증거개시제도(Discovery제도)[7] 등의 영향을 받아 쟁점 및 증거의 정리절차로 서면공방절차와 변론준비기일을 필수적 절차로 도입하였다. 그러나 전술한 것처럼 2008년 개정법은 '소장 제출 → 답변서 제출 → 변론기일의 지정'을 원칙적인 절차로 정하여 종전의 필수적 절차인 변론준비기일의 운영을 임의적 절차로 변경하였다(258조 1항).[8]

2. 변론준비절차

가. 의의

변론준비절차란 합의사건·단독사건을 가리지 않고 필요하다고 인정하면 변론기일에 앞서 변론이 효율적이고 집중적으로 실시될 수 있도록 당사자의 주장

---

7) 강봉성, "미국 민사법 증거개시(證據開示, discovery)제도에 대하여", https://blog.naver.com/lawyer7055/222952706516 (2023.6.13. 방문)

8) 이에 대한 비판으로 이시윤, 앞의 책, 372~273면 참조.

과 증거를 정리하는 절차를 말한다(279조 1항). 이는 변론을 집중하여 실시하기 위한 절차로 여기에서 소송결과와 관계있는 주장과 관계없는 주장을 선별하는 한편, 중요한 사실상·법률상 사항을 추려내어 변론집중을 위한 선별절차로서 변론에 앞선 절차에 해당한다. 재판장의 명령으로 실시되고 변론기일을 연 경우에도 특별한 사정이 있으면 변론준비절차를 실시할 수 있다(279조 2항). 이러한 변론준비절차는 필요한 경우에 한하여 임의적으로 진행하는 절차이다(258조 1항 단서).

나. 절차

변론준비절차는 서면방식과 기일방식으로 구분되어 있지만 우선 전자에 의해 진행되는 것이 원칙이다.

변론준비절차는 재판장이 담당하고(135조) 특정사항에 관하여 기간을 정하여 주장을 제출하게 하거나 증거를 신청할 기간을 정하거나 당사자에게 이를 교환하게 하고 주장사실을 증명할 증거를 신청하게 하는 방법으로 진행한다(280조 1·2항). 또한, 석명(석명준비명령·석명처분)을 하거나(136조·137조 및 140조), 한쪽 내지 양쪽 당사자가 출석하지 아니한 경우에 일정한 효과를 인정하는 등(148조·268조)의 방법으로 진행한다(280조 1항). 그리고 법원은 변론준비절차를 재개하거나(142조) 통역을 하게 하거나(143조), 변론능력이 없는 자에 대한 조치를 취하거나(144조) 화해를 권고하거나(145조), 실기한 공격방어방법을 각하하거나(149조), 당사자가 상대방이 주장하는 사실을 명백히 다투지 아니한 때에는 자백을 한 것으로 간주할 수 있으며(150조) 소송계속 중인 사건에 대하여 사건의 공평한 해결을 위한 화해권고결정 등을 할 수 있다(225조).

또한, 재판장·수명법관 또는 수탁판사는 변론의 준비를 위하여 필요하다고 인정하면 증거결정을 할 수 있을 뿐만 아니라 화해권고도 할 수 있다(281조 1항). 당사자가 화해권고를 받아들이면 재판상 화해와 같은 효력을 가진다(231조). 반면, 당사자는 위와 같은 결정에 대하여 2주 이내에 이의를 신청할 경우에는 화해권고결정 이전의 상태로 돌아가게 할 수 있다(232조).

당사자는 변론준비절차에 관한 규정에 어긋남이 있음을 알거나 알 수 있었을 경우에 바로 이의를 제기할 수도 있고(151조), 또한 변론준비절차에서의 증거조사에 대한 이의신청을 할 수 있다(281조 2항).

다. 종결

재판장 등은 사건을 변론준비절차에 부친 뒤 6월이 지난 때, 당사자가 280조 1항의 규정에 따라 정한 기간 이내에 준비서면 등을 제출하지 않거나 증거신청을 하지 않은 때 또는 당사자가 변론준비기일에 출석하지 않은 때에는 변론준비를 계속하여야 할 상당한 이유가 있는 경우를 제외하고는(284조 1항) 변론준비절차를 종결하여야 한다. 변론준비절차를 종결하는 경우에 재판장 등은 변론기일을 미리 지정할 수 있다(동조 2항).

3. 변론준비기일

가. 의의

변론준비기일이란 재판장 등이 변론준비절차를 진행하는 동안에 주장 및 증거를 정리하기 위하여 필요하다고 인정할 때에는 당사자를 변론준비절차실 등에 출석하게 하여 이를 정리하는 기일을 말한다(282조 1항).

나. 효용성 및 절차진행

내용적으로 변론준비기일은 복잡한 사건, 당사자의 대면이 필요한 사건, 기일진행과 관련하여 협의가 필요한 사건 또는 화해·조정 등을 시도할 만한 사건 등에서 활용될 수 있다. 또한, 절차적으로 변론준비절차가 부쳐진 것과 동시에 변론준비기일을 열 수도 있다. 재판장 등은 변론준비기일이 끝날 때까지 변론준비를 위한 모든 처분을 할 수 있을 뿐만 아니라(282조 5항) 당사자도 마찬가지로 변론준비에 필요한 주장과 증거를 제출할 수 있다(동조 4항). 또한, 당사자는 재판장 등의 허가를 얻어 변론준비기일에 제3자와 함께 출석할 수도 있다(동조 3항).

다. 조서 작성

법원사무관 등은 원칙적으로 변론준비기일에 참석하여 기일마다 변론준비조서를 작성한다. 이 경우에 변론조서의 작성방식 등에 관한 규정을 준용한다(152조 내지 159조). 특히 변론준비기일의 조서에는 당사자의 공격 또는 방어방법에 대한 진술을 적어야 한다(274조 1항 4호·5호).

라. 종결

집중심리의 실효를 거두도록 하기 위해서 변론준비기일을 개최한 이상, 여기에 모든 자료를 제출하고 그 기일에 제출하지 아니한 공격방어방법은 원칙적으로 그 이후의 변론에서 제출하지 못하도록 하였다(285조 1항, 기일종결효). 즉, 제출할 수 있는 권능을 잃게 한다는 의미에서 실권적 효과라고 할 수 있고 그 실권효는 항소심에서도 유지된다(410조). 다만, 예외적으로 법원이 직권으로 조사할 사항인 경우, 그 제출로 소송을 현저히 지연시키지 아니하는 경우, 중대한 과실 없이 변론준비절차에 제출하지 못하였다는 것을 소명한 경우, 소장 또는 변론준비절차 전에 제출한 준비서면에 적힌 사항 등은 뒤에 변론에서 이를 제출할 수 있어 실권되지 않는다(285조).

4. 변론준비절차 등을 마친 뒤의 변론

당사자는 변론준비기일을 마친 뒤의 변론기일에서 변론준비조서를 바탕으로 변론준비기일의 결과를 진술하여야 한다(287조 1·2항). 이를 통하여 변론준비기일에 진술된 공격방어방법은 소송자료로 된다. 과거에는 형식적으로 "변론준비기일의 결과를 진술한다"고 하였으나 규칙은 당사자가 정리된 쟁점 및 증거조사 결과에 대한 요지 등을 진술하거나 법원이 당사자에게 해당사항을 확인하는 방식으로 할 수 있게 하였다(규칙 72조의2). 다만, 서면에 의해서만 변론준비절차를 마친 경우에는 진술할 내용이 없으므로 제출된 소장·답변서 및 준비서면에 따라 변론을 하면 된다.[9]

법원은 변론준비절차를 마친 경우에는 첫 변론기일을 거친 뒤 바로 변론을 종결할 수 있도록 하여야 하고 변론준비절차에서 정리된 결과에 따라 바로 증거조사를 하여야 한다(287조 1·3항).

---

9) 이시윤, 앞의 책, 382면.

제3절 구술변론의 실시

Ⅰ. 기일·기간·송달 또는 정지

1. 기일

가. 의의

기일이란 당사자 기타 관계인이 일정한 장소에서 소송행위를 하기 위하여 정해진 일시를 말한다. 기일에는 구술변론기일·증거조사기일·판결선고기일·변론준비기일 또는 화해기일 등이 있다. 총칭하여 이를 모두 '구술변론기일'이라고도 한다.

나. 절차

구술변론이 실시되기 위해서는 우선 신청 또는 직권에 의해 재판장이 명령의 형식으로 기일을 지정하고(165조 1항) 지정된 기일을 당사자에게 알려주기 위하여 법원사무관 등은 기일통지서 또는 출석요구서를 송달한다. 다만, 당사자가 법원에 출석한 경우에는 구술로 고지할 수 있다(167조). 한편, 판결선고기일은 기일통지서 등의 송달이 없다고 하여도 판결내용에 영향이 없기 때문에 결석기일에 이를 고지하여도 유효하고 선고기일의 변경도 마찬가지로 당사자에게 고지하지 않았다고 하여 소송절차에 위배하였다고 할 수 없다.[10] 기일은 사건과 당사자의 이름을 부름으로써 시작된다(169조). 기일은 개시 전에 그 지정을 취소하고 다른 기일을 지정함으로써 기일을 변경할 수 있다. 다만, 최초기일은 재판장이 일방적으로 지정한 것이므로 당사자의 준비 등을 고려할 필요성 때문에 당사자의 합의에 따라 최초기일은 변경될 수 있다. 다만, 기일의 변경으로 소송이 지연되는 것을 방지하기 위하여 속행기일은 현저한 사유가 있는 경우에 한하여 이를 변경할 수 있다.

---

10) 대판 1962.11.1. 62다567.

2. 기간

가. 의의

기간이란 어떤 시점부터 어떤 시점까지의 계속적인 시의 구분을 말한다. 신속한 소송절차를 위하여 또는 당사자의 절차보장을 위하여 설정되는 경우가 많다. 기간의 계산은 민법의 규정에 따른다(170조).

나. 종류

기간에는 상소·재심기간과 같이 소송절차의 신속·명확을 위한 기간인 행위기간과 공시송달의 효력발생과 같이 당사자의 절차보장을 위한 기간인 유예기간이 있다. 또한, 법률에 의해 정해진 기간인 법정기간(法定期間)과 재판에 의해 정해진 재정기간(裁定期間)이 있고 기간을 신축할 수 있는 통상기간과 기간을 신축할 수 없는 불변기간(不變期間)이 있다. 불변기간의 경우에는 추완제도가 있다.

[표 4-3] 기간의 종류

기간의 종류	행위기간	상소·재심기간과 같이 소송절차의 신속·명확을 위한 기간
	유예기간	공시송달의 효력발생과 같이 당사자의 절차보장을 위한 기간
	법정기간	법률에 의해 정해진 기간
	재정기간	재판에 의해 정해진 기간
	통상기간	답변서의 제출기간 등과 같이 신축할 수 있는 기간
	불변기간	상소기간과 같이 기간을 신축할 수 없는 기간

다. 기간의 불준수(소송행위의 추후보완)

(1) 의의

기간의 불준수란 당사자 기타 이해관계인이 행위기간 중에 정해진 행위를 하지 않는 것을 말한다. 소송행위의 추완이란 당사자에게 귀책사유가 없음에도 불변기간을 준수할 수 없었던 경우에 그 사유가 없어진 날부터 2주 이내에 게을리한 소송행위를 보완할 수 있다(173조 1항). 다만, 그 사유가 없어질 당시 외국에 있는 당사자에 대해서는 이 기간을 30일로 한다(동조 단서).

(2) 소송행위 추완의 취지

불변기간을 지키지 못한 경우, 예컨대, 상소기일에 상소를 제기하지 않은 경우에는 재판의 확정 등 당사자 입장에서 중대한 효과가 발생할 수 있다. 그래서 당사자에게 책임질 수 없는 사유로 기간을 해태한 경우에는 불변기간이 단기간인 점을 고려하여 당사자를 구제해 줄 필요가 있다. 그 때문에 소송행위의 추후보완(추완)이 인정된 것이다.

(3) 소송행위 추완의 요건

소송행위의 추완을 위해서는 ① 불변기간일 것(173조 1항 본문), ② 당사자가 책임질 수 없는 사유로 말미암아 불변기간을 지킬 수 없을 것, 그리고 ③ 그 사유가 없어진 날로부터 2주 이내에 게을리한 소송행위를 할 것이 필요하다. 여기에서 책임질 수 없는 사유란 통상인의 주의를 기울여서는 피할 수 없는 사유를 말한다. 예컨대, 폭풍우 때문에 상소장이 담긴 우편물이 지연된 경우 등이다.

(4) 공시송달과 소송행위의 추완

공시송달로 판결이 송달되고 그 항소기간이 도과한 경우 소송행위의 추완에 의해 항소를 허용할 수 있는가? 즉, 추후보완 항소를 허용할 수 있는가? 소송행위를 추완하는 취지에 비추어 보면 공시송달의 방법인 법원게시판에 게시하는 것만으로는 누구도 공시송달한 판결에 주의를 기울이지 않기 때문에 일반적으로 공시송달을 알지 못한 경우를 당사자에게 책임질 수 없는 사유로 보아 소송행위의 추완을 인정하여도 좋다고 생각할 수 있다. 그러나 공시송달은 송달장소가 불명확한 자에게 송달할 수 있는 제도이고(194조 이하) 명의인이 송달서류의 내용을 알지 못할 경우가 있는 점을 충분히 예상할 수 있다. 따라서 공시송달의 경우에 쉽게 소송행위의 추완을 허용하면 공시송달제도를 무의미하게 만들 수 있다.

결국 공시송달제도의 목적·소송행위를 할 기회가 없었던 피고의 사정 또는 공시송달에 의한 원고의 사정 등을 종합적으로 검토하여 책임질 수 없는 사유에 해당하는지를 판단하여야 한다. 따라서 소장부본부터 판결정본까지 모두 공시송달로 송달된 경우 상소의 추후보완이 인정된다.[11] 반면, 소송이 진행되던 도중 소송서류의 송달불능으로 인하여 공시송달로 절차가 진행된 경우 또는 항소장을 우편으로 법원에 송부하였는데 예상보다 장기간이 소요되어 항소기간이 도과된 경우 등에는 소송행위의 추완은 인정될 수 없다.[12]

---

11) 대판 2011.4.28. 2010다98948.
12) 대판 1998.10.2. 97다50152; 대판 1991.12.13. 91다34509.

(5) 추후보완방법

책임질 수 없는 사유로 불변기간을 준수할 수 없는 경우 당사자는 그 사유가 없어진 날로부터 2주 이내에 본래 하고자 하였던 소송행위를 할 수 있다. 추후보완의 신청은 본래의 소송행위의 부수적 신청에 불과하기 때문에 법원은 본래의 소송행위에 대한 결론만 내리면 된다. 다만, 추후보완의 요건을 충족하지 못하는 경우에는 본래의 소송행위를 기간도과로 각하하면 충분하다.

(6) 잠정처분

확정판결에 대하여 상소의 추후보완이 있어도 그것만으로 확정판결에 따른 집행이 정지되는 것은 아니며 집행을 정지시키기 위해서는 당사자가 잠정처분(집행정지)신청을 하여야 한다(500조 1항). 그리고 상소의 추후보완신청이 있는 경우 불복하는 이유로 내세운 사유가 법률상 정당한 이유가 있다고 인정되고 사실에 대한 소명이 있는 때에는 법원은 당사자의 신청에 따라 담보를 제공하게 하거나 담보를 제공하지 아니하게 하고 강제집행을 일시정지하도록 명할 수 있거나 담보를 제공하게 하고 강제집행을 실시하도록 명하거나 또는 실시한 강제처분을 취소하도록 명할 수 있다(동조 1항). 이러한 재판은 변론 없이 할 수 있고 이 재판에 대하여는 불복할 수 없다(동조 3항). 또한, 상소의 추후보완신청의 경우 소송기록이 원심법원에 있으면 그 법원이 위와 같은 잠정처분에 대한 재판을 한다(동조 4항).

3. 송달

가. 의의

송달이란 당사자 기타 이해관계인에게 소송상 서류의 내용을 알려주기 위하여 소송과 관련된 서류를 법정방식에 따라 하는 통지행위를 말한다. 송달은 특별한 규정이 있는 경우를 제외하고 직권으로 한다(직권송달주의, 174조). 그리고 송달은 법이 정하는 엄격한 방식으로 하는 점에서 방식에 제한이 없는 통지나 고지와 다르다. 그리고 송달 권한은 원칙적으로 법원에 있지만 송달사무를 담당하는 기관(송달담당기관)은 법원사무관 등이고(175조 1항) 송달을 실제로 실시하는 기관(송달실시기관)은 우편집배원·집행관이며 그밖에 대법원규칙이 정하는 방법에 따라서 하여야 한다(176조 1항). 송달실시기관은 송달을 실시하였을 때에는 송달에 관한 사유, 즉 송달이 되면 송달의 일시·장소 및 수령자 등을, 송달불능의 경우에는 그 원인 등을 서면으로 법원에 통지하여야 한다(193조). 다만, 법원이 상당하다고 인정하는 때에는 전자통신매체를 이용한 통지로 서면통지에 갈음할 수 있다(규칙 53조). 송달방법은 특별한 규정(예컨대 181조, 182조, 184조)[13]이 없으면 송달받을 사람, 즉 당사자, 법인 등의 대표자, 소송대리인(이때 당사자에게 송달하여도 무효가 아니다[14]) 또는 당사자가 소송무능력자인 경우에는 법정대리인(179조)에게 서류의 등본 또는 부본을 교부하여 송달한다(교부송달의 원칙, 178조). 법정대리인이나 소송대리인이 여러 명인 경우 그 중 1인에게만 송달하면 충분하다(규칙 49조).

나. 종류

(1) 교부송달

송달받을 사람에게 직접적으로 교부하는 방식에 의한 송달(원칙, 178조)을 말한다. 여기에는 교부송달과 그 변형 또는 예외에 해당하는 우편에 의한 교부송달, 보충송달, 유치송달, 조우송달, 송달함송달 및 특별송달(집행관송달) 등이 있다.

(가) 우편에 의한 교부송달

우편집배원 또는 집행관이 등본 또는 부본(다만 판결은 정본으로, 결정·명령은 성질 또는 규정에 의해 필요한 경우를 제외하고 등본으로 한다)[15]으로 실시한다. 그 대상에는 소송의 개시와 관련된 것, 소송의 종료와 관련된 것, 공격방어방법의 제출에 관련된 것 또는 기타 중요한 절차진행에 관련된 것 등이 있다. 송달장소는 송달받을 사람의 주소·거소·영업소 또는 사무소('주소' 등)이고 법정대리인에게 하여야 할 송달은 당사자 본인의 영업소나 사무소에서도 송달할 수 있다(183조 1

---

13) 대판(전합) 1982.12.28. 82다카349; 대결 2009.10.8. 2009마529. 이 판결 등은 "교도소 등의 소장은 재감자에 대한 송달에 있어서는 일종의 법정대리인이라고 할 것이므로 재감자에 대한 송달을 교도소 등의 소장에게 하지 아니하고 수감되기 전의 종전 주·거소에 하였다면 무효라고 하지 않을 수 없고 수소법원이 송달을 실시함에 있어 당사자 또는 소송관계인의 수감사실을 모르고 종전의 주·거소에 하였다고 하여도 동일하고 송달의 효력은 발생하지 않는다."고 판시하고 있다.

14) 대판 1964.5.12. 63아37.

15) 대결 2003.10.14. 2003마1144에 의하면, 민사집행법 23조 1항은 민사집행법에 특별한 규정이 있는 경우를 제외하고는 민사집행절차에 관하여는 민사소송법의 규정을 준용하도록 하고 있고, 재산명시명령은 그 성질상 정본의 송달을 필요로 한다고 할 수도 없으므로, 재산명시명령의 송달은 민사소송법 178조 1항에 의하여 그 등본으로도 가능하다고 한다.

항).[16] 만일 송달받을 사람의 주소 등을 알지 못하거나 그 장소에 송달할 수 없는 때에는 그 사람이 고용·위임 그 밖에 법률상 행위로 취업하고 있는 다른 사람의 주소 등(즉 근무장소)에 송달할 수 있다(동조 2항). 그리고 법인에 대한 송달은 법정대리인에 준하는 그 대표자에게 하여야 하므로 대표자의 주소·거소·영업소 또는 사무소에 함이 원칙이다. 여기에서 '영업소 또는 사무소'라 함은 그 명칭 여하에 구애됨이 없이 사실상 독립하여 주된 영업행위의 전부 또는 일부를 완결할 수 있는 장소, 즉 어느 정도 독립하여 업무의 전부 또는 일부가 총괄적으로 경영되는 장소이면 충분할 뿐만 아니라 해당법인의 영업소 또는 사무소를 의미한다고 보아야 한다. 또한, 법인의 대표자가 겸임하고 있는 별도의 법인격을 가진 다른 법인의 영업소 또는 사무소는 그 대표자의 근무처에 불과하기 때문에 183조 1항의 영업소 또는 사무소가 아니다. 따라서 그곳에 대한 송달은 적법한 송달로 볼 수 없다.[17] 또한, 사단법인 대한약사회에 대한 송달을 그 산하단체로서 독립된 비법인사단으로 볼 수 있는 사단법인 대한약사회 서울시지부 도봉·강북구 분회의 사무소로 한 경우 적법한 송달장소가 아니라고 할 것이다.[18]

다만, 우편송달은 172조의 규정에 의한 보충송달이나 유치송달이 불가능한 경우에 할 수 있는 것이므로 폐문부재와 같이 송달을 받을 자는 물론 그 사무원, 고용인 또는 동거자 등 서류를 수령할 만한 자를 만날 수 없는 경우라면 모르거니와 단지 송달을 받을 자만 장기출타로 부재중이어서 그 밖의 동거자 등에게 보충송달이나 유치송달이 가능한 경우에는 위 우편송달을 할 수 없다.[19]

(나) **보충송달**

보충송달이란 186조 1·2항의 요건을 갖춘 경우 송달장소에서 송달을 받을 자를 만나지 못했을 때 대신 송달을 받을 사람에게 송달서류를 교부함으로써 송달의 효력이 발생하는 것을 말한다. 예컨대, 본부중대 소속 문서수발병도 대신

---

16) 대판 1997.12.9. 97다31267; 대결 2004.7.21. 2004마535에 의하면, 법인에 대한 송달은 법정대리인에 준하는 그 대표자에게 하여야 하므로(60조), 그 대표자의 주소, 거소, 영업소 또는 사무소에서 함이 원칙인데(170조 1항), 여기에서 '영업소 또는 사무소'라 함은 당해 법인의 영업소 또는 사무소를 말한다고 보아야 하므로, 그 대표자가 겸임하고 있는 별도의 법인격을 가진 다른 법인의 영업소 또는 사무소는 그 대표자의 근무처에 불과하다고 한다.

17) 대판 1997.12.9. 97다31207.

18) 대판 2003.4.11. 2002다59337.

19) 대결 1991.4.15. 91마162.

송달을 받을 사람에 속한다.[20]

송달받을 사람에게 서류가 전달되었는지에 관계없이 다른 사람에게 교부 시에 송달의 효력이 발생한다. 이때 대신 송달을 받을 사람은 ① 주소지 등이 송달장소인 경우에는 송달받을 사람의 사무원, 피용자 또는 동거인으로서 사리를 분별할 지능이 있는 사람으로 제한되고, ② 근무장소가 송달장소인 경우에는 송달받을 사람이 고용주, 고용주의 법정대리인이나 피용자 그밖의 종업원으로서 사리를 분별할 지능이 있는 사람으로 제한된다. 판례에 따르면 동거인에 해당하는지는 사실상 세대를 같이 하는지에 따라 결정되므로 임대인 또는 임차인은 동거인이 아니지만,[21] 실제 생활을 같이 하는 이혼한 배우자는 동거인에 해당된다.[22] 또한 보충송달에 있어서 초등학교 2학년 학생은 사리를 분별할 지능이 없지만,[23] 초등학교 3학년 학생은 사리를 분별할 지능이 있다고 하였다.[24]

⒟ 유치송달

송달받을 자가 서류의 수령을 거부한 경우 송달할 장소에 서류를 놓아둠으로써 송달의 효력이 발생하는 것을 말한다. 여기에는 송달받을 자로 주소 등에서 대신 송달받을 사람이 수령을 거부하는 경우 유치송달이 가능하지만, 근무장소에서 대신 송달받을 사람이 서류의 수령을 거부하면 유치송달을 할 수 없다(186조 3항).

⒠ 조우송달

송달장소가 아닌 곳에서 송달받을 자를 만난 경우 송달받기를 거부하지 않으면 만난 장소에서 교부송달을 할 수 있다(출회송달, 183조 4항). 따라서 기일에 출석한 당사자에게 법정에서 송달할 수 있다.

⒡ 송달함송달

188조에 따라 법원 내에 송달할 서류를 넣을 함, 즉 송달함을 설치하여 실시하는 송달로 이 경우 법원사무관 등이 송달실시기관이다. 송달받을 자가 송달함에서 서류를 수령하여 가지 않는 경우에는 송달함에 서류를 넣은 후 3일이 경과

---

20) 대판 1972.12.26. 72다1408.
21) 대판 1978.2.28. 77다2029; 대결 1983.12.30. 83모53.
22) 대결 2000.10.28. 2000마5732.
23) 대판 2005.12.5. 2005마1039(8세 3개월); 대판 2013.1.16. 2012재다370(8세 9개월).
24) 대결 1968.5.7. 68마336.

하면 송달된 것으로 간주된다(동조 3항).

   ㈐ **특별송달(집행관송달)**

   실무상 당사자의 신청에 의해 집행관이 공휴일 또는 해뜨기 전에 또는 해진 뒤에 하는 교부송달을 말한다(190조).

   (2) 발송송달(우편송달)

   법원사무관 등이 송달서류를 등기우편으로 발송함으로써 실시하는 송달이고 발신주의가 적용되어 발송송달이라고도 한다(189조). 이는 ① 보충송달이나 유치송달이 불가능한 경우에 주소지 또는 근무지로 발송하거나(187조), ② 송달받을 장소를 변경했는데 법원에 신고하지 않아서 달리 송달할 장소를 알 수 없는 경우 종전에 송달받던 장소로 발송하는 것으로, 발송한 때 송달의 효력이 발생한다(185조 2항).

   위 ①에 따른 발송송달은, 송달받을 자의 주소 등 송달해야 할 장소는 밝혀져 있지만 송달받을 자는 물론이고 그 사무원, 고용인, 동거인 등 보충송달을 받을 사람도 없거나 부재하여서 원칙적 송달방법인 교부송달은 물론이고 186조에 의한 보충송달과 유치송달도 할 수 없는 경우에 할 수 있다. 여기에서 송달해야 할 장소란 실제 송달받을 자의 생활근거지가 되는 주소·거소·영업소 또는 사무소 등 송달받을 자가 소송서류를 받아 볼 가능성이 있는 적법한 송달장소를 뜻한다.[25] 따라서 송달장소에서 폐문부재와 같이 송달을 받을 자는 물론 그 사무원·피고용인 또는 동거자 등 서류를 수령할 만한 자를 만날 수 없는 경우[26]에는 발송송달이 가능하지만, 단지 송달을 받을 자만이 장기출타로 부재중이어서 그 밖의 동거자 등에게 보충송달이나 유치송달이 가능한 경우에는 발송송달을 할 수 없다.

   또한 위 ②의 '달리 송달할 장소를 알 수 없는 경우'란 상대방에게 주소보정을 명하거나 직권으로 주민등록표 등을 조사할 필요까지는 없지만 적어도 기록에 현출되어 있는 자료로 송달할 장소를 알 수 없는 경우를 뜻한다. 따라서 피고 소송대리인의 사무실로 송달했다가 수취인 불명으로 송달불능된 경우에 기록에 드러나 있고 종전에 송달이 이루어지기도 하였던 피고의 주소지에 대한 송달을

---

25) 대판 2022.3.17. 2020다16462.
26) 대결 1990.11.28. 90마914.

시도해 보지도 않은 채 위 소송대리인의 사무실 주소지로 발송송달을 한 것은 부적법하다.[27] 그리고 '종전에 송달받던 장소'에는 당사자가 송달장소를 신고하였지만 그 장소에 송달된 적이 없는 경우는 여기에 포함되지 않는다.[28]

(3) 공시송달

송달할 장소를 알 수 없는 경우 법원사무관 등이 송달서류를 보관하고 그 사유를 게시하는 등으로 공시함으로써 실시하는 송달이다(194조). 공시송달의 방법으로는 법원사무관 등이 송달할 서류를 보관하고 법원게시판에 게시하거나 관보·공보 또는 신문에 게재하거나 또는 전자통신매체를 이용한 공시를 함으로써 시행한다(195조, 규칙 54조 1항). 공시송달은 종전에는 재판장의 명령에 의해 실시되었으나 법 개정에 따라 법원사무관 등이 직권 또는 당사자의 신청에 따라 독자적으로 실시한다. 첫 공시송달은 위 게시 등을 한 날로부터 2주가 지나야 그 효력이 발생하고 두 번째부터는 게시 등을 한 다음날부터 효력이 발생한다. 지급명령, 화해권고결정, 조정에 갈음한 결정 및 이행권고결정의 송달은 공시송달을 할 수 없다(466조 2항·225조 2항, 민사조정법 38조 2항, 소액사건심판법 5조의3 3항).

(4) 그 이외의 송달

㈎ 전자적 송달

민사소송 등에서 전자소송의 경우 송달받을 자가 전자소송에 의한 절차진행에 동의하면 전자적 송달을 한다(민사소송 등에서의 전자문서 이용 등에 관한 법률 11조). 법원사무관 등이 전자문서를 전자소송시스템에 등재하고 그 사실을 송달받을 자에게 문자로 통지하는 방법을 행사한다. 효력은 송달받을 자가 등재된 문서를 확인한 때에 발생한다(원칙). 다만, 확인하지 않아도 등재사실을 통지한 날로부터 1주가 지난 날에 송달된 것으로 간주된다.

㈏ 기일의 간이통지

기일통지는 기일통지서·출석요구서 등으로 송달하여야 하지만 규칙이 정한 간이한 방법으로도 통지할 수 있다. 즉, 법원사무관 등이 전화·팩시밀리·보통우

---

27) 대판 2011.5.13. 2010다84956.
28) 앞의 판결(2020다16462). 한편 대판 2021.8.19. 2021다53에 따르면, 교도소 등에 수감된 당사자에 대한 송달을 교도소장 등에게 하지 않고 당사자의 종전 주소나 거소로 한 것은 부적법한 송달로서 무효이므로, 수감된 당사자에 대해 185조나 187조에 따라 종전에 송달받던 장소로 발송송달을 한 것은 적법한 송달의 효력을 인정할 수 없다고 한다.

편 또는 전자우편으로 하거나 그밖에 상당하다고 인정되는 방법으로 할 수 있다 (167조, 규칙 45조).

(다) **변호사에 대한 송달**

소송대리인이 변호사인 경우 규칙에 특칙을 규정하고 있다. 즉, 변호사인 소송대리인에 대한 송달은 법원사무관 등이 전화·팩시밀리·전자우편 또는 휴대전화 문자전송을 이용할 수 있고(규칙 46조 1항) 양쪽 당사자가 변호사를 소송대리인으로 선임한 경우에는 상호간에 소송서류의 부본을 교부하거나 팩시밀리 또는 전자우편으로 보낼 수 있고 그 사실을 법원에 증명한 때에는 송달의 효력이 있다 (규칙 46조).

(라) **송달장소가 외국인 경우**

그 외국과 우리나라 사이에 조약이 있는 경우에는 그 조약에 따라, 조약이 없는 경우에는 민사소송법과 국제민사사법공조법에 따라 실시한다.

다. 송달의 하자

요건을 구비하지 못한 송달, 즉 위법한 송달은 원칙적으로 무효이다. 다만, 이 경우 추인하거나 이의권의 포기·상실에 의하여 하자가 치유될 수 있다. 그러나 불변기간인 상소 제기기간에 관한 규정은 강행규정이므로 그 기간 계산의 기산점이 되는 판결정본의 송달의 하자는 이의권의 포기·상실의 대상에서 제외된다.[29] 한편, 판례는 공시송달의 요건을 구비하지 못했음에도 공시송달명령이 발령되어 소장부본과 판결정본이 송달된 경우 일반적으로 그 공시송달은 유효한 것으로 보고 다만 피고는 특별한 사정이 없는 한 과실 없이 그 판결의 송달을 알지 못한 것이므로 추후보완상소를 할 수 있다고 한다.[30] 이와 달리 자백간주에 의한 판결편취의 경우에는 판결정본의 송달은 무효이며 피고는 판결정본을 송달받지 않은 상태이므로 그 판결에 대한 상소기간은 진행되지 않아 상소를 제기할 수 있다고 한다.[31]

---

29) 대판 2022.11.8. 2001다84497.
30) 대판 1991.5.28. 90다20480; 대판 2015.6.11. 2015다8964; 대판 2022.9.7. 2022다231038.
31) 대판(전합) 1978.5.9. 75다634; 대판 2020.6.11. 2020다8586.

4. 소송절차의 정지

가. 의의

소송절차의 정지란 소송이 계속된 뒤에 아직 절차가 종료되기 전에 소송절차가 법률상 진행되지 않는 상태를 말한다. 예컨대, 당사자의 소송행위가 불가능하게 되었음에도 법원이 그대로 소송절차를 진행하면 그 당사자가 소송에 관여할 수 없게 됨으로써 절차권이 침해되기 때문에 절차를 정지시키도록 법률로 정하고 있다. 여기에는 중단과 중지가 있다.

나. 소송절차의 중단

(1) 의의

소송절차의 중단이란 소송계속 중에 당사자 일방에게 소송을 수행할 수 없는 사유가 발생하였을 경우 새로운 소송수행자가 나타나 소송에 관여할 수 있을 때까지 법률상 당연히 절차의 진행이 정지되는 것을 말한다. 새로운 소송수행자에게 절차의 진행을 준비할 기회를 준다고 하는 취지에서 절차를 중단한 것이므로 소송절차를 재개하기 위해서는 당사자의 수계 또는 법원의 속행명령이 필요하다.

(2) 중단사유

중단사유는 법률로 정해져 있는데 ① 당사자의 소멸, 즉 자연인의 사망(233조),[32] 법인의 합병(234조),[33] ② 당사자의 소송능력 상실, ③ 법정대리인이 사망하거나 법정대리권이 소멸한 경우(235조), ④ 당사자가 당사자적격을 상실한 경우(237조), ⑤ 당사자가 파산선고를 받은 경우(239조)[34]이다. 다만, ①~④의 경우에는 해당 중단사유는 소송대리권의 소멸사유가 아니어서(95조·96조) 그 소송대리인이 새로운 소송수행자를 위해 소송행위를 대리할 수 있으므로, 새로운 소송수행자의 절차보장이 이루어지고 있어 소송절차는 중단되지 않는다(238조).

---

32) 대판 2014.9.4. 2013므4201은 친생자관계 존부확인의 소송계속 중 피고가 사망하면 검사가 소송을 수계해야 한다고 한다.

33) 대판 2022.1.27. 2020다39719는 소송계속 중 당사자인 법인이 합병에 의해 소멸된 경우에 그 법인의 권리의무가 법률규정에 의해 새로 설립된 법인에 승계되는 경우에는 새로 설립된 법인이 소송절차를 수계해야 하지만, 그러한 명문규정이 없을 때는 수계할 근거가 없다고 한다.

34) 대판 2010.9.9. 2010다37141.

(3) 수계·속행명령

중단된 절차를 재개하기 위해서 새로운 소송수행자 및 상대방은 소송절차의 수계신청을 할 수 있고 법원은 직권으로 이러한 신청내용을 상대방에게 통지하여야 한다. 그리고 법원은 직권으로 조사하여 수계신청에 이유가 있으면 기일을 지정하여 절차를 속행하고 이유가 없으면 결정으로 신청을 각하한다(243조). 또한, 법원은 당사자가 수계신청을 하지 않으면 직권으로 소송절차를 계속하여 진행하도록 명할 수 있다(직권에 의한 속행명령, 244조). 따라서 예컨대, 당사자가 사망했는데 그 상속인으로부터 수계신청 또는 그와 같은 의미를 갖는 당사자표시정정신청이 없더라도 법원은 직권으로 당사자표시를 정정할 수도 있고 청구취지의 변경이 없어도 상속분에 따른 분할판결까지도 할 수 있다.[35] 수계신청은 중단 당시의 법원에 하는 것이 원칙이다. 이는 소송지연 방지의 취지이다.

다. 소송절차의 중지

(1) 의의

소송절차의 중지란 법원 또는 당사자에게 소송을 진행할 수 없는 장해가 있거나 진행에 부적당한 사유가 발생하여 법률상 당연히 또는 법원의 결정에 의하여 절차를 정지하는 경우를 말한다(245조·246조). 새로운 소송수행자로 교체되지 않는다는 점에서 절차의 중단과는 다르다.

(2) 중지사유

천재지변·그 밖의 사고로 법원이 직무를 수행할 수 없는 경우 법원의 중지결정 없이 당연히 소송절차는 중지되며 그 사고가 소멸되면 중지가 해소되어 절차를 속행할 수 있다(245조).

반면, 법원은 집무집행을 할 수 있으나 당사자가 일정하지 아니한 기간 동안 소송행위를 할 수 없는 장애사유가 생긴 경우에는 직권 또는 당사자의 신청에 의해 법원은 결정으로 소송절차를 중지하도록 명할 수 있다(246조 1항). 법원은 그 사유가 소멸하면 중지결정을 취소한다.

또한, 다른 절차와의 관계에서 소송의 계속진행이 부적당하기 때문에 절차가 중지되는 경우가 있다. 여기에는 위헌 여부의 제청(헌법재판소법 42조 1항), 조정 회부(민사조정법 6조)와 같이 당연히 중지되는 경우도 있고 특허심결이 선결관

---

35) 대판 1970.9.17. 70다1415.

계에 있는 경우(특허법 164조 등), 채무자 회생 및 파산절차에서 회생절차개시의 신청이 있는 경우(채무자 회생 및 파산에 관한 법률 44조)의 중지와 같이 법원의 재량에 의해 중지되는 경우가 있다. 이 이외에도 실무적으로 민사사건이나 형사사건의 판결결과가 선결관계에 있는 경우에도 법원은 재량으로 사건의 중지를 명할 수 있다.

라. 소송절차의 정지의 효과

정지 중에는 당사자 및 법원은 소송행위를 할 수 없다. 다만, 구술변론 종결 이후에는 중단사유가 발생한 경우에도 법원은 판결을 선고할 수 있다(247조 1항). 당사자의 절차보장이 필요 없기 때문이다. 또한, 기간의 진행이 정지된 경우에 소송절차의 수계사실을 통지한 때 또는 소송절차를 다시 진행한 때부터 전체기간이 새로이 진행된다(247조 2항).

마. 절차진행 중 사망한 당사자 명의의 판결의 효력 등

(1) 소송대리인이 없는 경우

당사자에게 소송대리인이 없는 경우 당사자의 사망으로 절차는 중단된다. 그런데 이러한 중단사유를 간과하고 변론이 종결되어 판결이 선고된 경우, 판례에 의하면 그 판결은 소송에 관여할 수 있는 적법한 수계인의 권한을 배제한 결과가 되어 절차상 위법하나 이를 당연무효라고 할 수는 없고, 대리인에 의하여 적법하게 대리되지 않았던 경우와 마찬가지로 대리권 흠결을 이유로 한 상소 또는 재심에 의하여 그 취소를 구할 수 있다고 한다. 이때 상소심에서 수계절차를 밟은 경우에는 이러한 절차상의 하자는 치유되고 수계와 상소는 적법한 것이 된다.[36]

(2) 소송대리인이 있는 경우

당사자 본인이 소송절차 진행 중 사망한 경우 등 그에게 소송대리인이 있는 때에는 소송절차는 중단되지 않고 진행된다(238조, 231조). 다만, 심급대리의 원칙상 그 판결이 사망한 당사자의 소송대리인에게 송달된 때 소송절차가 중단된다. 이때 소송대리인에게 상소제기에 관한 특별수권을 부여되어 있는 경우에는(통상적으로 소송위임장에는 특별수권의 범위 내에 상소 제기까지 포함하고 있다) 그에게 판결이 송달되더라도 소송절차가 중단되지 아니한 채 상소기간은 진행한다. 이 경우

---

36) 대판(전합) 1995.5.23. 94다28444; 대판 1999.12.28. 99다8971; 대판 2020.6.25. 2019다246399.

상소제기 없이 상소기간이 지나가면 그 판결은 확정되지만, 소송대리인이나 상속인 또는 상대방 당사자에 의하여 적법하게 상소가 제기되면 그 판결이 확정되지 않는다. 또한 이때 당사자 표시가 잘못되었음에도 망인의 소송상 지위를 당연승계한 정당한 상속인 모두에게 효력이 미치는 판결에 대하여 그 잘못된 당사자 표시를 신뢰한 망인의 소송대리인이나 상대방 당사자가 그 잘못 기재된 당사자 모두를 상소인 또는 피상소인으로 표시하여 상소를 제기한 경우에도 상소를 제기한 자의 합리적 의사에 비추어 특별한 사정이 없는 한, 정당한 상속인들 모두에게 효력이 미치는 위 판결 전부에 대하여 상소가 제기된 것으로 보는 것이 타당하다.[37]

한편, 상소제기에 관한 특별수권이 부여되어 있는 망인의 소송대리인이 상소를 제기한 이후부터는 그 소송대리권이 소멸함에 따라 망인의 공동상속인 중 수계절차를 밟은 일부 상속인 외에 나머지 상속인에 대한 소송절차는 중단된 상태에 있으므로(233조 1항) 위 나머지 상속인 또는 상대방이 그 소송절차가 중단된 상태에 있는 상소심 법원에 소송절차의 수계신청을 할 수 있다.[38]

Ⅱ. 공격방어방법의 제출내용

1. 원칙

당사자는 어떠한 내용의 공격방어방법(소송자료)일지라도 임의적으로 제출할 수 있는 것이 원칙이다. 변론주의의 원칙에 따라 어떠한 소송자료를 제출할 것인지 여부는 당사자에게 자유롭게 맡겨져 있기 때문이다. 민사소송은 사적 자치의 원칙이 타당한 사적 권리관계를 둘러싼 분쟁을 해결하는 제도이므로 재판에 의한 분쟁해결도 당사자의 의사를 존중하는 자주적 해결에 근접하는 것이 바람직하다. 그래서 소송자료의 제출에 관하여는 당사자의 권능과 동시에 책임으로 하는 변론주의를 채용하고 있다. 다만, 예외적으로 변론주의 제2명제(자백의 당사자 구속력), 준비서면, 변론의 제한·분리·병합 또는 기판력 등에서는 공격방어방법의 제출에 일정한 제한 등이 있다.

---

37) 대판 2010.12.23. 2007다22859; 대결 2023.8.18. 2022다2779.
38) 대판 2016.4.29. 2014다210449.

2. 예외

가. 변론주의 제2명제(자백의 당사자 구속력)

법원은 당사자 간에 다툼이 없는 사실에 관하여는 그대로 재판에서 인정하여야 한다(자백의 법원 구속력, 288조). 그 결과 자백을 한 당사자는 원칙적으로 자백에 반하는 공격방어방법을 제출할 수 없다(자백의 당사자 구속력). 상대방은 자백을 신뢰하고서 행동하므로 신의칙상 그 신뢰를 보호해 주어야 하기 때문이다(금반언). 따라서 당사자는 자신의 자백을 임의로 철회할 수 없다. 상대방의 동의가 있는 경우, 자백이 형사상 처벌받아야 할 타인의 행위에 의해 이루어진 경우 또는 자백내용이 진실에 반하고 동시에 착오에 기인한 경우에는 예외적으로 철회할 수 있다. 또한, 변론주의에 비추어 보면 일정한 사실을 다투지 않는 것으로 하는 자백계약, 증거의 제출 또는 철회의 자유를 제한하는 증거제한계약도 유효하다. 따라서 이러한 경우에는 계약에 반하는 소송자료의 제출을 할 수 없다.

나. 준비서면

준비서면이란 구술변론에 선행하여 구술변론에서 진술할 내용을 상대방에게 예고하는 서면이다. 준비서면에 기재되어 있지 않은 경우, 준비서면이 송달되어 있지 않은 경우 또는 상대방이 결석을 한 경우에는 구술변론에서 이를 주장할 수 없다(276조 본문).

다. 변론의 제한·분리 및 병합

법원은 심리를 정리하기 위하여 변론의 제한·분리 및 병합을 할 수 있다(141조). 그 결과 심리가 특정쟁점에 한정되고 기타 쟁점에 관하여는 당사자가 소송자료를 제출하는 것이 허용되지 않을 수 있다.

라. 기판력

전소판결의 기판력이 후소에 미치는 경우 후소에서 전소 판결에 반하는 소송자료의 제출은 허용되지 않게 된다. 이것은 분쟁의 종국적 해결을 담보하기 위함이다. 이것은 중간판결이 있거나(201조) 신의칙이 적용되는 경우에도 마찬가지이다.

Ⅲ. 공격방어방법의 제출시기

1. 원칙 — 적시제출주의

적시제출주의란 공격방어방법을 소송의 진행상황에 따라 적절한 시기에 제출하여야 한다는 원칙을 말한다(146조). 소송지연을 가져올 수 있는 폐해가 있기 때문에 적시제출주의를 채택하였다. 종전에는 당사자가 구술변론을 종결할 때까지 어느 시기라도 공격방어방법(소송자료)을 제출할 수 있는 수시제출주의를 취하였다. 이것은 구술변론의 일체성을 전제로 하여 공격방어방법의 제출시기에 차이를 두지 않는 긍정적 효과가 있지만 심리의 혼란 또는 소송지연이 초래되는 문제점이 있었다.

그래서 2002년의 법 개정을 통해 심리의 충실·신속을 위하여 적시제출주의를 취하여 적절한 시기에 공격방어방법(소송자료)의 제출을 원칙으로 하였다. 구체적으로는 부적절한 시기에 제출한 것은 변론 전체의 취지로 참작되고(202조) 시기에 늦은 공격방어방법(149조)을 엄격하게 해석한다. 그리고 시기에 늦은 공격방어방법의 각하, 준비서면의 제출시기, 쟁점 및 증거의 정리절차, 변론의 제한, 중간판결 또는 항소심의 기간설정 등에서 공격방어방법의 제출시기와 관련하여 구체적인 제한이 있을 수 있다.

한편, 적시제출주의에 부합하였는지를 판단할 때 구술변론의 일체성을 전제(고려)하여야 할 것이다. 여기에서 구술변론의 일체성이란 구술변론이 여러 차례 걸쳐 이루어진 경우에도 모두 일체가 되어 1회에 이루어진 경우와 마찬가지로 보는 원칙을 말한다(1심과 속심인 항소심도 일체를 이룬다). 법원은 어떠한 기일에 이루어진 구술변론 및 증거조사의 결과일지라도 동일한 가치를 가지는 것으로서 판결의 기초로 하여야 한다.

2. 구체적 제한

가. 시기에 늦은 공격방어방법의 각하

(1) 의의

당사자가 고의 또는 중과실로 시기에 늦게 제출한 공격방어방법은 그로 인하여 소송완결을 지연시키게 하는 것으로 인정할 때에는 법원은 직권으로 또는 상대방의 신청에 따라 결정으로 그것을 각하할 수 있다(149조 1항). 공격방어방법의 제출을 자유롭게 하면 당사자의 임기응변에 사용되어 소송을 지연시킬 수 있기 때문에 소송자료의 제출이 제한되는 것이다. 또한, 석명에 응하지 않은 공격방어방법도 마찬가지로 기각할 수 있다(149조 2항).

(2) 요건

(가) 당사자에게 고의 또는 중과실이 있어야 한다. 여기에서 고의 또는 중과실이 있는지를 판단함에는 당사자의 법률지식과 함께 새로운 공격방어방법의 종류, 내용과 법률구성의 난이도, 기존의 공격방어방법과의 관계, 소송의 진행경과 등을 종합적으로 고려해야 한다.[39] 예컨대, 변호사가 소송대리인인 경우에는 중과실로 인정되기 쉬울 것이다.

(나) 당사자가 공격방어방법을 시기에 늦게 제출한 경우이어야 한다. 여기에서 "시기에 늦었다"는 것은 보다 빠른 시기에 제출할 수 있는 것이고 동시에 제출할 적절한 기회가 있는 것을 의미한다. 만일 항소심에서 새로운 공격·방어방법이 제출된 경우에는 특별한 사정이 없는 한 항소심뿐만 아니라 제1심까지 통틀어 시기에 늦었는지 여부를 판단해야 한다.[40]

(다) 시기에 늦게 제출했기 때문에 소송의 완결을 지연시켜야 한다. 여기에서 "소송의 완결이 지연된다"고 하는 것은 그 공격방어방법의 심리를 위하여 또다시 기일을 열어야 할 필요가 있는 것을 의미한다. 따라서 실기한 공격방어방법이라고 하더라도 어차피 기일의 속행을 필요로 하고 그 속행기일의 범위 내에서 공격방어방법의 심리도 마칠 수 있거나 그 내용이 이미 심리를 마친 소송자료의 범위 안에 포함되어 있는 때에는 소송의 완결을 지연시키는 것으로 볼 수 없으므로 이를 각하해서는 안 된다.[41]

(3) 구체적인 사례

(가) 상계항변

예컨대, 대여금반환청구의 소에서 피고가 채무의 부존재를 다투고 있는 경우에 상계항변을 제출하는 것은 채무의 인정을 전제로 하기 때문에 조기에 제출

---

39) 대판 2017.5.17. 2017다1097.
40) 앞의 판결(2017다1097).
41) 대판 2000.4.7. 99다53742; 대판 2010.1.14. 2009다55808.

하는 것을 기대할 수 없다. 따라서 상계항변을 뒤늦게 제출한 것에 대한 피고의 고의 또는 중과실이 인정되는 경우는 적을 것이다.

(나) 건물매수청구권의 행사

건물명도청구의 소에서 피고가 명도청구를 다투는 경우 건물매수청구권을 행사하는 것은 명도의 인정을 전제로 하기 때문에 조기에 제출하는 것을 기대할 수는 없을 것이므로 중과실이 인정되는 경우는 적을 것이다. 하지만 건물매수가격의 산정을 위해서는 감정 등의 증거조사를 필요로 하기 때문에 이를 늦게 신청할 경우에는 "소송완결의 지연"에 해당되어 중과실이 인정될 수 있을 것이다.

나. 재정기간

재판장은 특정한 사항에 관하여 주장을 제출하거나 또는 증거를 신청할 기간을 정할 수 있다(147조 1항). 당사자가 위 기간을 넘긴 때에는 주장을 제출할 수 없거나 증거를 제출할 수 없는 실권효의 제재를 받는다. 다만, 정당한 사유로 인해 그 기간을 넘긴 것을 소명한 때에는 예외이다(147조 2항).

다. 쟁점정리절차

법은 쟁점 및 증거정리절차로서 변론준비절차·변론준비기일을 만들어 두고 규정하고 있다. 변론준비기일이 종결된 이후에는 당사자는 원칙적으로 새로운 공격방어방법을 제출할 수 없다(286조 1·2·3항).

개정 전에도 변론준비절차 등이 있었으나 실효적으로 사용하지 못하여 개정법은 변론준비절차에서 쟁점정리를 효과적으로 할 수 있도록 실권효를 부여하고 있다.

라. 변론의 제한, 중간판결

법원은 심리를 정리하기 위하여 변론을 제한할 수 있다(141조). 그 결과, 심리는 특정쟁점에 한정되고 기타 쟁점에 관하여는 당사자가 소송자료를 제출하는 것이 허용되지 않게 된다. 또한, 특정 쟁점에 관하여 판결하기에 성숙하면 법원은 중간판결을 할 수도 있다(201조). 법원은 중간판결을 전제로 종국판결을 하여야 하고 당사자도 중간판결로 판단된 사항을 다투기 위한 소송자료를 제출할 수 없게 된다.

마. 항소심의 기간설정

항소심의 재판장은 공격방어방법의 제출기간 등을 정할 수 있다(408조). 소송의 완결을 신속하게 하기 위함이다. 이것은 실권효를 동반하는 것과 같은 기간설정은 아니지만 기간 경과 후에 소송자료 등을 제출하기 위해서는 법원에 대하여 기간 내에 제출할 수 없었던 이유를 소명하여야 한다고 하는 제한이 추가되어 있다고 할 수 있다. 기간의 불준수 내지 이유 설명의 내용도 시기에 늦은 공격방어방법인지 여부의 판단자료로서 기능하게 된다.

Ⅳ. 변론의 제한·분리·병합

1. 취지

법원은 구술변론 중에 구술변론의 제한·분리 또는 병합을 명할 수 있다(141조). 쟁점을 정리하여 심리의 충실·촉진을 도모하기 위한 소송지휘권의 일환으로 인정된다.

2. 변론의 제한

변론의 제한이란 심리를 특정쟁점에 집중시키는 것을 말한다. 동일절차 내에서 수개의 쟁점이 있는 경우 또는 수개의 청구가 병합하여 제기되어 있는 경우 심리를 그 중 특정 쟁점·청구로 좁히는 것이다. 이를 통하여 심리를 정리함으로써 쟁점의 혼란을 해소하고 효율적인 소송절차를 운영할 수 있다. 예컨대, 소유권 침해에 따른 손해배상청구소송에서 원고의 소유권 유무 및 불법행위의 성립 여부가 쟁점이 된 경우 전자에 변론을 집중시키는 것 등이다.

3. 변론의 분리

변론의 분리란 복수의 청구에 관하여 병합심리가 이루어지고 있는 경우 각 청구를 별개의 절차에서 심리하도록 하는 것을 말한다. 즉, 하나의 소를 통해 수개의 청구에 관한 심판이 요구되고 있는 경우에 특정청구가 다른 청구와 관련성이 없다고 인정되는 때 그 청구를 다른 절차에서 심리하는 것이다. 관련성이 없는 청구에 관하여 동일절차 내에서 심리를 하면 심리가 혼란스럽고 소송지연을 초래하기 때문에 심리를 정리하여 소송경제를 도모하기 위하여 인정된다. 예컨대, 매매대금청구의 소와 불법행위에 기한 손해배상청구의 소가 병합되어 있는 경우 이것을 별개의 절차로 분리시키는 것이다. 그러나 판결의 모순·저촉이 허용되지 않는 필수적 공동소송·독립당사자참가소송 등에서는 변론의 분리를 할 수 없다.

4. 변론의 병합

가. 의의

변론의 병합이란 별개의 절차에서 심리되고 있는 복수의 청구를 하나의 절차에서 심리하도록 하는 것을 말한다.[42] 이는 개개의 소송절차에서 계속하는 수개의 청구를 결합시켜 동일한 소송절차에서 심리하도록 하는 것이다. 변론병합이 이루어지면 병합된 사건은 그때부터 하나의 사건인 것처럼 취급된다. 따라서 증거조사 등을 동일기일에 할 수 있고 증거조사결과를 함께 이용할 수 있어서 청구 사이에 판결의 모순을 방지할 수 있게 된다.

변론의 병합에 의해 소의 객관적 병합 또는 공동소송이 발생하기 때문에 변론이 병합되기 위해서는 동종·동일 심급의 소송절차이고 관련성이 있는 복수의 소일 필요가 있다(253조, 65조). 예컨대, 주채무자에 대한 이행청구의 소와 보증인에 대한 이행의 소를 동일한 심리로 병합하는 것이다.

나. 병합 전에 이루어진 증거조사의 결과

변론병합 전에 이루어진 증거조사의 결과는 병합 후에도 그대로 증거자료가 되는가? 변론병합의 취지는 관련된 소를 동일절차에서 심리하는 것을 통하여 소송의 효율적 운영 또는 판결의 모순저촉을 방지하는 것에 있다. 그렇다면 병합 전 증거조사의 결과는 변론병합의 취지 때문에 당연히 병합 후에도 증거자료가 된다고 할 수 있다. 변론병합에 의해 동일 당사자의 객관적 병합만 발생한 경우에는 당사자의 방어권 보장을 고려할 필요가 없기 때문에 변론병합 전에 이루어진 증거조사의 결과는 당사자의 원용이 없어도 당연히 병합 후에 그대로 증거자료로 이용하여도 좋을 것이다.

그러나 다른 당사자 간의 청구를 병합하여 공동소송이 되는 경우에는 변론

---

42) 별개의 사건에 관하여 변론을 병합하지 않고 동시에 진행하는 것을 변론의 병행 또는 병행심리 라고 한다. 이때에는 기일지정·통지, 서면의 제출, 조서의 작성 등 모든 절차가 별개로 행해져 야 한다(박재완, 앞의 책, 217면).

병합 전의 어느 한 공동소송인(A)의 불성실한 소송진행 때문에 다른 공동소송인(B)이 불리한 소송상태에 구속 구속된다면, 그의 방어권을 침해하고 절차보장을 해한다. 따라서 이 경우에는 병합 후 당사자(B)의 원용이 없는 한, 증거자료로 되지 않는다고 보아야 할 것이다.[43]

5. 변론의 재개

가. 의의

변론의 재개란 일단 종결된 구술변론을 종국판결을 하기 전에 다시 여는 것을 말한다(142조). 법원은 구술변론 종결 후에 심리가 불충분하다든지, 석명의 필요성이 있는 것으로 인정할 경우에 직권으로 변론을 재개할 수 있다. 변론이 재개되면 당사자는 새로운 공격방어방법을 추가할 수 있다.

나. 변론재개의무

당사자가 변론종결 후에 주장·증명을 제출하기 위하여 변론재개신청을 한 경우 이 신청을 받아들일 것인지는 원칙적으로 법원의 재량에 속한다.[44] 다만, 변론재개신청을 한 당사자가 변론종결 전에 그에게 책임을 지우기 어려운 사정으로 주장·증명을 제출할 기회를 제대로 갖지 못하였고, 그 주장·증명의 대상이 판결의 결과를 좌우할 수 있는 핵심적 요증사실에 해당하는 경우에는 당사자에게 변론을 재개하여 그 주장·증명을 제출할 기회를 주지 않은 채 패소의 판결을 하는 것은 법이 추구하는 절차적 정의에 반하는 것이므로, 법원은 변론을 재개하고 심리를 속행할 의무가 있다. 또한 법원이 사실상 또는 법률상 사항에 관한 석명의무나 지적의무 등을 위반한 채 변론을 종결하였는데 당사자가 그에 관한 주장·증명을 제출하기 위하여 변론재개신청을 한 경우 등과 같이 사건의 적정하고 공정한 해결에 영향을 미칠 수 있는 소송절차상의 위법이 드러난 경우에도, 사건을 적정하고 공정하게 심리·판단할 책무가 있는 법원으로서는 그와 같은 소송절차상의 위법을 치유하고 그 책무를 다하기 위하여 변론을 재개하고 심리를 속행할 의무가 있다고 해야 할 것이다.[45]

---

43) 이시윤, 앞의 책, 405면; 한충수, 앞의 책, 389면.
44) 대판 1987.12.8. 86다카1230; 대판 2009.7.23. 2008다14619.
45) 대판 2010.10.28. 2010다20532; 대판 2011.10.13. 2009다2996; 대판 2014.10.27. 2013다27343; 대판 2019.11.28. 2017다244115.

다. 변론재개의 효과

법원이 당사자의 변론재개신청을 받아들여 변론 재개를 한 경우에는 소송관계는 변론 재개 전의 상태로 환원된다. 따라서 그 재개된 변론기일에 제출된 주장·증명이 실기한 공격방어방법에 해당되는지 여부를 판단함에 있어서는 변론재개 자체로 인한 소송완결의 지연은 고려할 필요 없이 149조 1항이 규정한 요건을 충족하는지를 기준으로 그 해당 여부를 판단하면 된다. 예컨대, 원고가 제1심부터 환송 후 원심에 이르기까지 구상금채권에 관하여 소멸시효가 중단되었다는 주장·증명을 제출할 기회가 충분히 있었음에도 이를 제출하지 않고 있다가 환송 후 법원의 변론종결 후에야 비로소 그 주장·증명을 제출하기 위하여 변론재개신청을 한 경우 법원이 소멸시효 중단 여부에 관하여 석명하여야 할 의무 등이 없는 이상, 그 주장·증명이 청구의 결론을 좌우할 만한 중요한 요증사실에 관한 것이라거나 변론이 재개되어 속행되는 변론기일에 위 주장·입증이 제출될 경우 실기한 공격방어방법으로 각하당하지 아니할 가능성이 있다는 사정만으로 변론을 재개하여야 할 의무는 없다.[46]

그러나 소송절차상의 위법이 없다면 그 위법을 치유하기 위한 변론재개의무는 인정되지 않는다.

라. 당사자에게 변론재개신청권이 있는지 여부

당사자에게는 변론재개신청권이 없다. 당사자의 변론재개신청은 법원의 직권발동을 촉구하는 의미밖에 없고 변론재개 여부는 법원의 직권사항이다. 당사자에게 신청권이 없으므로 법원은 신청에 대한 허부의 결정을 할 필요조차 없고 또한, 변론재개신청이 있다고 하여 법원에게 반드시 재개의무가 있는 것도 아니다. 예컨대, 사실심의 변론종결 후에 변론재개신청을 함과 동시에 승계참가인의 승계참가신청이 있는 경우 사실심이 본래의 소송에 대하여 변론재개를 하지 않은 채 그대로 판결하는 한편, 참가신청에 대하여는 이를 분리하여 각하하는 판결을 하였더라도 위법은 아니라고 한다.[47]

그러나 전술한 것처럼 일정한 경우에 법원은 변론재개의무가 있으며 이 의

---

46) 앞의 판결(2010다20532).
47) 대판 1970.3.24. 69다592; 대판 1972.5.9. 72다333; 대판 2004.7.9. 2004다13083; 대판 2005.3.11. 2004다26997.

무에 위배하여 변론을 재개하지 않고 판결을 하는 것은 위법하다고 할 것이다.

6. 당사자의 결석

가. 당사자 결석에 대한 대응

쌍방신문주의·구술변론주의에서는 당사자가 결석한 경우에는 원칙적으로 기일을 실시할 수 없다. 그러나 기일이 진행되지 않으면 소송지연으로 인해 출석한 당사자의 이익을 해하기 때문에 절차를 진행할 수 있도록 조치를 마련할 필요가 있다. 따라서 이에 대하여 법은 당사자가 결석한 경우에도 후술하는 바와 같이 절차를 진행시킬 수 있는 조치를 만들어 두고 있다. 다만, 예외적으로 판결의 선고(207조 2항), 예정된 증인조사(295조) 등은 당사자의 불출석이 있는 경우에도 가능하다.

나. 당사자 일방의 결석

(1) 결석당사자 — 서면에 의한 진술간주

㈎ 의의

변론기일에 당사자 일방이 결석[48]하거나, 출석하고서도 본안에 관하여 변론하지 아니한 때 법원은 결석자가 제출한 소장·답변서 기타 준비서면에 기재한 사항을 진술한 것으로 간주하고 출석한 상대방에게 변론을 명할 수 있다(148조). 이를 진술간주라고 한다. 구술변론은 원고의 소장 진술부터 시작하는데 최초의 변론기일에 원고가 결석하면 소송절차가 개시될 수 없다. 그렇게 되면 출석한 피고의 이익을 해하고 소송경제에 도움을 주지 못하기 때문에 원고가 결석하여도 소송절차를 개시하기 위하여 서면에 의한 진술간주를 인정한 것이다. 또한, 공평의 관점에서 피고가 결석하여도 서면에 의한 진술간주를 인정하고 있다. 한편, 당사자 한쪽이 불출석한 경우에 진술간주에 의해 변론을 진행할 것인지 아니면 기일을 연기할 것인지는 법원의 재량사항이지만, 변론을 진행하는 경우에는 반드시 진술간주를 하고 상대방으로 하여금 변론을 하도록 하여야 한다. 따라서 법원

---

[48] 여기에서 출·결석의 증명은 오로지 조서의 기재에 의해서만 가능하고 조서에 쌍방 소송대리인의 불출석만 기재되어 있고 쌍방 당사자 본인들의 불출석이 기재되어 있지 않은 경우에는 불출석의 효과는 발생하지 않으며(대판 1965.3.23. 65다24; 대판 1979.9.25. 78다153; 대판 1982.6.8. 81다2202), 소송복대리인이 있는 경우에는 그에 대한 불출석의 기재까지 필요하다(대판 1967. 12.18. 67다2202).

이 진술간주 없이 변론을 진행하는 것은 위법한 절차진행으로 상소이유가 된다고 할 것이다.[49] 즉, 변론기일에 불출석 등의 사유로 진술이 간주되는 사항에는 ① 불출석한 당사자 제출의 소장·답변서, 그 밖의 준비서면에 적혀 있는 사항, ② 위 서면 중 청구의 포기 또는 인낙의 의사표시가 있고 공증사무소의 인증을 받은 사항 또는 ③ 위 서면 화해의 의사표시가 있고 공증사무소의 인증을 받은 경우에 출석당사자가 그 화해의 의사표시를 받아들인 때 등이 있다. 위와 같은 상황에서 법원이 진술간주 없이 변론을 진행하는 것은 위법한 절차진행으로 상소이유가 된다고 할 것이다.

진술간주에 의한 자백도 가능하다. 예컨대, 피고가 원고의 청구원인사실을 모두 인정하는 답변서를 제출하고 기일에 불출석한 경우에 법원이 148조 1항에 따라 변론을 진행하면 피고는 답변서의 기재내용과 같이 진술한 것으로 간주되고 그에 따라 원고의 청구원인사실에 대한 자백이 성립된다. 다만, 진술이 간주되는 서면에 서증이 첨부되어 있어도 서증이 제출된 것으로 간주되지는 않는다.[50]

(나) 요건·대상

변론기일 또는 변론준비기일에 당사자 한쪽이 결석하거나 출석하고서도 변론하지 않은 경우이어야 한다. 첫 기일은 물론이고 속행기일 및 항소심에서의 변론기일도 포함된다(408조). 그리고 진술간주의 대상이 되는 서면은 소장, 답변서, 그 밖의 준비서면이다. 한편, 진술이 간주되는 서면에 서면증거가 첨부되어 있어도 증거신청을 한 것으로 간주되지는 않는다. 서증은 당사자가 변론기일 또는 변론준비기일에 출석하여 현실적으로 제출해야 하기 때문이다.[51]

(다) 효과

진술간주에 의해 불출석한 당사자는 출석한 것으로 취급되고 출석한 당사자로 하여금 변론을 하게 하여 기일의 공전을 막을 수 있게 된다. 한편, 진술간주되는 서면에 상대방의 주장을 인정하는 취지의 기재가 있는 경우에는 진술간주(148조)에 따라 재판상 자백이 성립한다고 할 것이다. 왜냐하면 148조는 출석당사자의 이익 보호·소송경제 측면에서 무익함을 방지하고 당사자의 공평을 취지로 구

---

49) 대판 2008.5.8. 2008다2890.
50) 대판 1970.8.18. 70다1240; 대판 1991.11.8. 91다15775.
51) 위 판결(70다1240, 91다15775).

술변론에서 현실적으로 진술한 것과 마찬가지의 상황을 만들어 내는 점에 비추
어 불이익을 받는 결석당사자는 자기가 제출한 서면으로 상대방의 주장을 명확
하게 인정하고 있는 이상, 그 서면에 대한 제출의 효과를 당연히 예상하고 있다
고 보아야 하기 때문이다(재판상의 자백설).[52]

또한, 피고가 제출한 답변서 등으로 청구를 인낙하는 취지의 의사표시가 기
재되어 있고 공증사무실의 인증을 받은 때에는 그 취지에 따라 청구인낙이 성립
된 것으로 본다(148조 2항). 다만, 화해의 경우에는 위와 같이 공증사무소의 인증
을 받은 경우에도 상대방 당사자가 변론기일에 출석하여 그 의사표시를 받아들
인 경우에 한하여 그 취지에 따라 화해가 성립된 것으로 본다(동조 3항).

(2) 결석당사자 — 자백간주

당사자가 변론에서 상대방의 주장사실을 명백하게 다투지 않는 때에는 그
사실을 자백한 것으로 본다(150조 1항). 그런데 공시송달방법을 제외한 송달에 의
해 적법하게 기일통지서를 송달받은 당사자가 답변서·준비서면 등을 제출하지
않은 채 변론기일에 불출석한 경우에는 상대방의 주장사실에 대해서 출석하여
명백히 다투지 않은 것처럼 취급하여 자백간주가 성립된다(150조 3항). 다만, 이러
한 자백간주는 변론 전체의 취지에 의해 상대방이 사실을 다투었다고 인정되는
경우에는 성립하지 않는다. 따라서 자백한 것으로 간주된 사실에 대해서는 시기
에 늦은 공격방어방법으로 각하(149조)되지 않는 한 변론이 종결될 때까지 이를
다툴 수 있다. 한편, 판례는 제1심에서 피고에 대해 공시송달방법으로 진행되었
더라도 항소심에서 피고가 공시송달이 아닌 방법으로 송달을 받고도 다투지 않
은 경우에는 자백간주가 성립된다고 한다.[53]

(3) 출석당사자 — 준비서면 제출의 효과

출석당사자는 상대방이 결석한 경우 준비서면에 기재된 사실만 주장할 수
있고(276조), 그 이외의 사실은 주장할 수 없다.

다. 당사자 쌍방의 결석 — 취하간주

(1) 당사자 쌍방이 변론기일 또는 변론준비기일에 2회에 걸쳐 출석하지 않거

---

52) 이시윤, 앞의 책, 417면; 정동윤·유병현·김경욱, 앞의 책, 512면. 이에 반해 자백간주설의 입장
　　으로는 한충수, 앞의 책, 403면.
53) 대판 2018.7.12. 2015다36167.

나 출석했어도 변론 또는 진술하지 않은 상태에서 퇴석하고, 1개월 이내에 기일지정신청이 없는 경우에는 소 취하가 있는 것으로 간주한다(268조 2항). 여기에서 출석하고도 변론하지 않고 퇴석한 경우에 해당하기 위해서는 재판장이 변론 기회를 부여하였음에도 당사자가 변론을 하지 않아야 하고,[54] 또한 그러한 사실이 조서에 명백하게 기재되어야 한다.[55] 그리고 쌍방 불출석에 있어서 2회 불출석을 계산할 때에는 반드시 2회 불출석이 연속될 필요가 없고 단속적이라고 하여도 무방하다.[56]

당사자 쌍방의 불출석에 의한 취하 간주와 관련하여 이를 재판기술로 유용하게 활용할 수 있다. 예컨대, 실무에서 법원이 항소인의 불출석을 피항소인에게 고지하면서 변론할 것을 요청하는 것이 통상적이다. 피항소인은 이러한 경우 항소심을 지속시키기 위해 변론을 해야 할 필요성 등이 있는지 검토한 다음 변론하지 않는 것이 바람직하다고 생각되면 재판부에게 "변론하지 않겠다"고 하면서 피항소인도 불출석으로 처리해달라고 재판부에 요청하면 쌍불 1회로 처리가 된다. 이렇게 된 이후에 또다시 항소인이 불출석하게 되면 2회 쌍불로 항소 취하로 간주된다. 따라서 피항소인의 입장에서는 이러한 법정기술을 활용하여 좀더 수월한 재판진행을 할 수 있을 것이다. 물론 1심의 경우에도 위와 같은 쌍불 취하의 활용법은 마찬가지이다.[57]

한편, 1심과 항소심, 변론준비절차와 변론절차, 환송 전 절차와 환송 후 절차는 횟수 계산에서 합산하지 않는다.[58] 2회의 쌍방 불출석 이후 1월 이내에 기일지정신청기간이 도과한 경우 그 기간이 불변기간이 아니어서 소송행위의 추후보완이 허용되지 않고[59] 2회의 쌍방불출석 이후 법원이 기일지정신청을 기다리지 않고 새로운 기일을 지정한 경우 그 기일은 기일지정신청에 따라 정한 기일과 마찬가지로 취급된다.[60]

---

54) 대판 1973.3.13. 72다2299; 대판 1990.2.23. 89다카19191; 대판 1993.10.26. 93다19542.
55) 대판 1978.8.22. 78다1091.
56) 위 판결(78다1091).
57) 대판 1978.8.22. 78다1091.
58) 대판 1963.6.20. 63다166; 대판 1973.7.24. 73다209; 대판 2006.10.27. 2004다69581에 의하면, 양쪽 당사자가 변론준비기일에 한 번, 변론기일에 두 번 불출석하였더라도 변론준비기일에서 불출석의 효과가 변론기일에 승계되지 아니하므로 소를 취하한 것으로 볼 수 없다고 한다.
59) 대판 1992.4.21. 92마175.

(2) 당사자 쌍방이 모두 2회 불출석을 해도 변론을 연기하여 변론연기조서가 작성되는 경우가 있다. 그런데 기일에 사건과 당사자를 호명하면 불출석의 효과가 발생하므로 연기의 효과를 얻기 위해서는 호명하여 변론이 개시되기 이전에, 즉 변론 전에 연기가 이루어져야 한다. 따라서 이미 변론이 개시된 이후에는 변론조서에 "연기"라는 기재가 있더라도 그 기재는 기일을 해태한 당사자에 대한 관계에서는 사건 호명으로 불출석의 효과가 발생하는 것이므로 연기의 기재는 무의미한 것이다.[61] 또한, 당사자가 기일변경신청을 하고 속행기일에 출석하지 않은 경우 재판장이 기일을 변경하지 아니한 채 지정된 변론기일에 사건과 당사자를 호명하였다면 불출석의 효과가 발생한다.[62]

[표 4-4] 당사자의 불출석에 관한 정리

당사자의 불출석	쌍방 불출석	소취하 간주	– 양쪽 당사자 모두 기일에 2회 불출석 하거나 또는 기일에 변론하지 아니한 경우, 다만, 항소심에서는 항소취하로 간주
		특수한 경우	– 배당이의사건의 경우 첫 변론 불출석으로 소취하 간주(민사집행법 158조)
			– 증권관련집단소송의 경우에는 소취하 간주 규정 적용 배제
	일방 불출석	진술간주	– 출석당사자의 변론 진행이 있는 경우 불출석한 자(또는 변론하지 아니한 경우 도 마찬가지)의 제출서면에 의해 진술 간주(진술하지 않으면 상소사유[63])
		자백간주	– 원고나 피고 중 일방이 불출석한 경우 ※ 피고가 원고청구 기각만을 구할 뿐 본안에 대한 사실상 진술이 없는 경우에도 자백간주 효과 발생[64]

---

60) 대판 2002.7.26. 2001다60491.
61) 대판 1980.11.11. 80다2065.
62) 대판 1982.6.22. 81다791.
63) 대판 2008.5.8. 2008다41856.
64) 대판 1955.7.21. 4288민상59.

7. 구술변론의 종결

가. 의의

구술변론에서 원고·피고의 주장·입증을 다하고 종국판결을 할 수 있는 상태로 된 때, 즉 판결을 하기에 성숙한 때에는(198조) 법원은 변론의 종결을 선언한다. 구술변론을 종결하면 법원은 판결선고기일을 정하여 판결을 선고하게 된다(207조).

나. 기능

구술변론의 종결은 다음 두 가지 기능을 갖는다.

(1) 당사자의 소송행위를 제한하는 기능

당사자는 사실심의 구술변론이 종결되면 더 이상 공격방어방법을 제출할 수 없게 된다. 다만, 변론 재개(142조)가 있으면 예외적으로 제출할 수 있다. 따라서 법관의 심증형성의 원인이 되는 증거원인(증거조사의 결과 및 변론 전체의 취지, 202조)의 제출도 변론이 종결되면 더 이상 할 수 없다. 소의 변경(262조), 중간확인의 소(264조) 또는 반소(269조) 등도 사실심의 구술변론종결까지 할 수 있다. 이들은 신청구의 성질을 가지기 때문에 상대방의 심급의 이익을 해하지 않도록 하기 위해서이다.

(2) 법원의 판단기준시로서의 기능

확정판결이 갖는 기판력(216조)의 기준시(시적 한계)는 사실심의 구술변론종결시인데 당사자가 공격방어방법을 제출할 수 있는 최종시점이기 때문이다. 또한, 구술변론종결 후 승계인(218조 1항)은 사실심의 구술변론을 종결한 때 이후에 등장한 승계인이다. 소송요건의 존부 판단은 원칙적으로 사실심의 구술변론종결시를 기준으로 판단되는데 소송요건은 본안판결을 위한 전제조건이기 때문이다. 자백간주(150조)의 성립 여부는 사실심의 구술변론종결시를 기준으로 판단된다.

제4절 당사자의 행위

Ⅰ. 당사자의 소송행위

1. 의의

당사자의 소송행위란 소송법상 법률효과의 발생을 목적으로 하는 행위라고 하거나(효과설) 소송법이 요건과 효과의 양쪽을 규율하는 행위를 말한다(요건·효과설)[65]고 한다. 이와 같이 견해의 대립이 있지만 전자에 대해서는 소의 제기 등에 의해서 실체법상의 효과도 발생한다는 점에서, 후자에 대해서는 청구의 포기·인낙 등은 소송법이 효과만 규정하고 있지 않다는 점에서 비판을 받고 있다.

2. 분류

가. 행위의 내용·성질에 의한 분류

이러한 분류에는 신청·주장 및 소송법률행위가 있다. 신청은 법적 성질이 의사의 통지로 법원에 일정한 행위를 구하는 것으로 재판을 구하는 본안의 신청과 파생적 행위를 구하는 소송상 신청이 있다. 주장이란 법적 성질이 관념의 통지로 신청을 이유있게 하는 자료(주장)의 제출을 말하는데 여기에는 사실상의 주장과 법률상의 주장이 있다. 그리고 소송법률행위란 법적 성질이 의사표시로 소송상 법률효과의 발생을 목적으로 하는 행위를 말한다.

나. 행위의 목적·효과에 의한 분류

이러한 분류에는 취효적 소송행위와 여효적 소송행위가 있다.

(1) 취효적 소송행위

이는 법원에 대하여 특정한 재판 기타 행위를 요구하는 행위 및 그것을 이유있게 하기 위하여 자료를 제출하는 행위를 말한다. 취효적 소송행위는 법원의 재판 등이 있어야 그 목적을 달성하게 되고 그것에 의해 바로 일정한 효과가 발생하는 것이 아니기 때문에 법원의 응답이 있을 때까지는 철회를 하여도 상대방의 이익 또는 절차의 안정을 해하지 않는다. 따라서 당사자는 원칙적으로 이를 철회

---

65) 김홍규·강태원, 앞의 책, 423~424면; 김홍엽, 앞의 책, 521~522면; 박재완, 앞의 책, 256면.

를 할 수 있다.

(2) 여효적 소송행위

이는 재판을 개재시키지 않고서 그 행위에 의해 직접 소송법적 효과를 발생시키는 행위를 말한다. 여효적 소송행위는 그것에 의해 상대방에 대한 관계에서 일정한 효과를 직접 발생시키기 때문에 상대방의 신뢰를 보호하고 절차의 안정을 도모할 필요가 있다. 따라서 재심사유에 해당하는 경우 이외에는 당사자는 원칙적으로 이를 철회할 수 없다.

다. 시기·장소에 의한 분류

소송 전 소송행위로는 소송 위임·관할의 합의 등이 있고 소송계속 중 소송절차 외의 소송행위로는 소취하의 합의 등이 있고 소송절차 내의 소송행위로는 본안의 신청, 공격방어방법의 제출 등이 있다.

3. 구술변론에 있어서 당사자의 행위

구술변론에서 당사자의 소송행위는 구조적으로 다음과 같이 분류할 수 있다. 즉, 공격방어방법의 제출로서는 청구(소송물)의 주장, 법률상 주장, 사실상 주장 및 입증 등이 있다. 청구(소송물)는 처분권주의가, 법률상 주장 등은 원칙적으로 법원의 직책이기 때문에 소송지휘권 및 자유심증주의가, 또한, 사실상 주장과 입증(증거)은 변론주의가 각 지배한다.

가. 청구의 수준

(1) 본안의 신청

구술변론은 우선 원고가 소장에 기재된 청구취지를 진술하고 이에 대하여 통상적으로 피고는 소의 각하 또는 청구기각을 구하는 진술을 하는 것으로 변론이 진행된다. 이러한 당사자의 진술을 "본안의 신청"이라고 한다. 원고의 본안신청은 소송의 진행에 필요 불가결하다. 그러나 피고의 신청은 불가결한 것이 아니라 단순히 법원의 변론속행을 촉구하는 의미밖에 없다. 법원은 피고의 신청이 없다고 하여도 소송요건을 흠결하면 소의 각하, 청구에 이유가 없으면 청구기각을 할 직책을 부담하고 있기 때문이다.

(2) 소의 취하, 청구의 포기·인낙 등

처분권주의에 의해 원고는 소의 취하(266조), 청구의 포기(220조)를 할 수 있다. 피고도 청구의 인낙(220조), 반소 제기를 할 수 있다. 원고·피고는 재판상 화해(220조)도 할 수 있다.

나. 법률상 주장

법률상 주장(협의)이란 당사자의 구체적인 권리의무관계(법률관계)의 존부에 관한 주장이다. 당사자는 이를 통해 권리의무관계의 변동(발생·변경 또는 소멸)이라는 법적 효과를 구한다. 예컨대, 소유권이 있다든지, 계약이 무효라는 등의 주장이다.

원고·피고는 법률상 주장을 할 수 있지만 법적 구성은 법원의 직책이기 때문에 엄격하게 말하면 이론적으로 "너는 사실을 말하라. 나는 법을 말하리라"라고 하는 법언에서 볼 수 있듯이 법률상 주장은 당사자에게 소송상으로는 의미를 갖지 못할 수도 있다. 그러나 실무상으로는 당사자가 법원에 대하여 법률 적용의 촉구 등을 위하여 법률상 주장 등을 하는 것도 매우 중요한 의미를 가진다.

위와 같은 법률상 주장에 대한 상대방의 대응은 이를 다툰다고 하거나 또는 인정하는 응답을 하게 된다. 당사자 일방이 상대방에게 유리한 법률상 주장을 인정할 경우(이를 '권리자백'이라고 한다) 일정한 효과가 발생하는 경우가 있다. 그러나 소송에서 어떠한 법적 구성을 어떻게 할 것인지는 법원의 직책이므로 당사자의 법률상 주장은 법원에 주의를 촉구하는 정도의 의미밖에 없다.

한편, 당사자 일방이 상대방에게 유리한 법률상 주장을 인정하는 진술에는 권리자백이 있다. 반면에 소송물인 권리관계 자체에 관하여 상대방의 주장을 인정하는 진술은 청구의 포기·인낙이다. 예컨대, 소유권에 기한 건물명도청구소송에서 원고의 소유권을 인정하는 피고의 진술은 권리자백인 반면, 원고의 피고에 대한 명도청구권의 존재를 인정하는 진술은 청구의 인낙에 해당한다.

다. 사실상 주장

(1) 사실상 주장

사실상 주장이란 당사자의 구체적인 사실의 주장이다. 예컨대, 어떤 내용에 관해 합의를 하였다든지, 금전을 교부하였다든지 또는 시간이 경과하였다고 하는 등의 주장을 말한다. 당사자는 다툼이 있는 권리관계를 이유있게 하기 위하여 주요사실·간접사실 등을 주장한다. 그런데 이러한 사실을 주장할 때 조건 또는 기한을 붙일 수는 없지만 예외적으로 앞의 진술이 인정되지 않을 때를 대비한 가정적 주장·가정적 항변은 허용된다. 예컨대, "매매에 의해 소유권을 취득하였다. 하지만 매매가 없다고 하여도 증여에 의해 취득하였다"고 하거나 "금전을 차용한 적이 없었다. 있었다고 하여도 변제하였다"고 하는 것으로 '증여에 의한 취득', '변제'의 주장이 가정주장·가정항변이다. 원칙적으로 철회는 자유이다. 다만, 재판상 자백이 성립한 경우에는 원칙적으로 철회를 할 수 없다.

(2) 청구원인사실

우선 원고가 청구를 이유있게 하기 위하여 청구원인사실(광의)을 주장하여야 한다. 이것이 인정되지 않으면 청구는 기각된다. 청구원인사실이란 청구를 이유 있게 하기 위하여 원고가 주장·입증책임을 부담하는 주요사실을 말한다. 예컨대, 물품대금청구소송에서 청구원인사실로는 매매의 합의를 한 사실, 토지소유권확인청구소송에 있어서 청구원인사실로는 원시취득한 사실(예컨대 시효취득의 요건사실)을 주장하는 것 등이 그것이다.

(3) 상대방의 대응

㈎ 원고의 사실상 주장에 대하여 상대방의 대응(인부)으로서는 부인·부지·자백 또는 침묵 등의 4가지가 있다. 여기에서 자백이란 자기에게 불리한 상대방의 주장을 인정하는 태도로 재판상 자백이 성립하면 자백한 사실은 불요증사실이 되어 입증이 필요가 없다. 부인이란 사실을 인정하지 않는 태도로 상대방에게 증명책임이 있는 사실을 부정하는 것인 반면, 부지는 사실을 알지 못한다는 태도로 이것은 부인으로 간주되어(150조 2항) 부인과 마찬가지로 상대방에게 증명책임이 있다. 또한, 침묵이란 아무런 대답을 하지 않는 태도로 변론 전체의 취지에 비추어 명백하게 다투지 않으면 자백으로 간주한다(자백간주, 150조 1항).

㈏ **부인의 종류**

부인에는 단순부인(직접부인)과 이유부 부인(간접부인)이 있는바, 전자는 단순히 상대방의 주장을 부정하는 것이고 후자는 상대방의 주장과 양립하지 않는 별개의 사실을 적극적으로 진술하여 상대방의 주장을 간접적으로 부정하는 것이다.

㈐ **항변**

ⅰ. 항변은 제한부 자백과 가정적 항변으로, 그리고 사실항변과 권리항변으로 구분할 수 있다. 제한부 자백은 상대방의 주장을 인정하면서 그 주장과 양립 가능한 새로운 사실을 제출하는 경우이다. 예컨대, 상대방 주장의 매매사실을 인

정하면서 소멸시효의 완성으로 매매대금을 지급할 의무가 없다고 주장하는 경우이다. 이 경우 매매사실은 자백이 되어 불요증사실로 되고 소멸시효의 완성은 피고에게 주장과 입증책임이 있다. 반면, 가정적 항변은 상대방의 주장을 다투면서 예비적으로 항변을 제출하는 경우를 말한다. 예컨대, 매매를 원인으로 인한 소유권이전등기청구를 하면서 만약 매매사실이 인정되지 않는다고 할지라도 취득시효에 의해 소유권을 취득하였다고 주장하는 것이다.

ⅱ. 사실항변이란 원고의 사실상 주장을 인정하면서 피고가 양립 가능한 별개의 사실을 진술하는 것을 말한다. 항변에 대한 상대방원고의 대응(인부)도 부인·부지·자백 또는 침묵의 4가지가 있다. 또한, 그 이후에도 재항변과 그 인부, 재재항변과 그 인부로 계속될 수 있다. 즉, 항변이란 피고가 스스로 증명책임을 부담하는 사실의 주장이고 항변사실이란 원고의 청구를 이유 없게 하기 위하여 피고가 새로운 사실에 대한 주장·입증책임을 부담하는 주요사실이라고 할 수 있다. 또한, 항변에는 변제와 같이 사실을 주장하는 사실항변과 사실의 주장만이 아닌 형성권 행사의 주장을 필요로 하는 권리항변이 있다.

ⅲ. 대여금반환청구의 소에서 "빌려주었다"고 하는 원고의 대여주장에 대하여 피고가 "돈을 받은 사실이 있지만 그것은 증여를 원인으로 받은 것이다"라고 주장하여 수령사실을 인정하지만 소비대차의 합의를 부정하는 경우처럼 이유를 붙여 부인하는 것을 이유부 부인이라고 한다. 여기서 증여 합의의 존재는 원고가 주장하는 소비대차의 합의와 양립하지 않는 새로운 사실의 주장으로 그것은 어디까지나 원고의 주장을 부정하고 있다. 이러한 경우에는 소비대차의 합의사실, 즉 "빌려주었다"고 하는 사실을 부인하는 자의 상대방, 즉 원고에게 입증책임이 있다. 반면, "빌려주었다"는 상대방의 대여주장에 대하여 "빌린 사실은 있지만(이 부분에 대해서는 '자백'이 성립한다) 시효에 의해 소멸하였다"고 주장하는 것은 자기에게 증명책임이 있는 '항변'이다. 시효에 의해 채무가 소멸하였다는 것은 원고의 주장인 소비대차의 합의와 양립할 수 있는 새로운 사실의 주장이고 원고의 주장과 모순되지 않기 때문이다. 따라서 시효의 성립요건에 관하여는 시효를 주장한 피고에게 입증책임이 있다고 할 수 있다.

라. 입증(증거의 제출)

입증이란 당사자 사이에 사실상 주장에 관해 다툼이 있는 경우 그 다투어진 사실에 대한 증명활동을 말한다. 이러한 입증에는 본증과 반증이 있다. 그리고 본증인지, 반증인지 여부는 증명책임에 의해 결정된다. 입증자가 증명책임을 부담하는 경우에는 그 사실에 관하여 법관에게 확신을 가질 수 있는 정도의 증명활동인 본증을 필요로 한다. 그러나 증명책임을 부담하지 않는 경우에는 법관의 확신을 붕괴할 수 있는 진위불명(眞僞不明)을 가져올 정도의 증명활동인 반증을 하면 충분하다.

4. 소송행위의 평가

소송행위는 성립·불성립, 유효·무효, 적법·부적법 그리고 이유 있음과 없음의 순서에 따라 평가할 수 있다.

5. 소송행위의 하자를 치유하는 제도

당사자의 소송행위가 민사소송법에 위반한 경우, 즉 하자있는 소송행위는 원칙적으로 무효이다(통설).[66] 그러나 무효로 일관할 경우에는 절차의 안정을 해하고 소송경제에 반하는 경우가 발생할 수 있다. 따라서 소송행위의 하자를 치유하는 방법이 필요한데 여기에는 추인·보정(광의)과 같은 적극적인 하자의 제거방법과 하자의 치유, 이의권의 상실(협의)과 같은 소극적 하자의 치유방법이 있다.

가. 적극적 하자의 제거

(1) 소송행위의 추인

무효인 소송행위를 사후에 확정적으로 유효하게 하는 당사자 또는 대리인의 의사표시를 말한다. 여기에는 소송능력·법정대리인 또는 소송대리권의 흠결 등 당사자의 이익을 위해 추인을 허용하는 규정(34조 2항, 59조) 등이 있다.

(2) 소송행위의 보정

일반적으로 소송행위의 치유를 정정 또는 보정이라고 한다. 예컨대, 위 추인과 마찬가지로 소장·항소장에 당사자의 주소를 누락하거나 인지를 붙이지 않은 것과 같이 형식적 요건의 결여가 있는 경우 이를 보정하는 것 등이다.

---

66) 김홍규·강태원, 앞의 책, 441면; 이시윤, 앞의 책, 401면.

나. 소극적 하자의 치유

(1) 하자의 치유(협의)

재판이 확정되면 재심사유(451조)에 해당하지 않는 한 하자가 치유된다.

(2) 이의권의 상실

임의규정 위반에 관하여는 지체 없이 이의를 진술하지 않으면 이의권이 상실되어 더 이상 이의를 제기할 수 없으므로 그 하자는 치유된다(151조).

다. 기타

(1) 무효행위의 전환

당사자의 의사에 반하지 않는 한, 다른 유효한 소송행위로 활용할 수 있다.

(2) 소송행위의 추후보완

당사자가 자신의 귀책사유로 돌릴 수 없는 것에 의해 불변기간을 준수할 수 없었던 경우에는 그 사유가 소멸한 후 2주 이내에 해당소송행위를 추후보완을 할 수 있다(173조).

II. 소송행위와 사법행위

1. 소송행위의 특질

당사자의 소송행위는 사적 권리를 실현하는 측면과 함께 공권적으로 법원에 대한 행위라는 측면을 가지고 있다. 또한, 원칙적으로 소송절차 내에서 하는 행위이기 때문에 그 자체 독자적으로 소송법상 효과를 가지는 것이 아니고 다른 소송행위와 함께 할 때 그 의미를 가지는 특질이 있다. 따라서 당사자의 소송행위는 그것이 독립하여 소송법상 효과가 있는 것이 아니라 일련의 소송절차와의 관계에서 소송법상 효과를 인정할 수 있을 것이다.

2. 소송행위와 사법법규

당사자의 소송행위에 관하여 사법법규가 적용 내지 유추적용이 되는지가 문제된다. 행위능력에 관한 규정, 법인의 대표자와 표현대리, 의사표시에 관한 규정, 조건·기한에 관한 규정 및 신의칙(법 1조)이 특별히 문제가 되는 항목에 해당한다.

[표 4-5] 사법행위와 소송행위의 비교

	능력	방식	철회	조건·기한의 설정	의사표시의 하자
사법 행위	행위 능력	원칙 무방식	원칙 불가	원칙 자유	취소 또는 무효
소송 행위	소송 능력	원칙 구술 예외 서면	원칙 자유	원칙 불가	민법이 원칙적으로 적용되지 않는다.

가. 행위능력에 관한 규정

당사자의 소송 중 소송행위에 관하여는 소송능력이 필요하고 미성년자 및 피성년후견인은 법정대리인에 의해서만 소송수행을 할 수 있다(55조). 따라서 사법상 행위능력에 관한 규정(민법 5조, 8조 등)은 적용되지 않는다. 반면, 소송 이전·소송 이외의 소송행위(예컨대 소송대리권의 수여, 관할합의)에 관하여는 사법상 행위능력에 관한 규정이 적용되는지 문제된다. 소송대리권의 수여 또는 관할의 합의에 관하여도 그 효력이 소송절차 전체에 영향을 주는 행위인 이상, 당사자 보호의 취지가 미치기 때문에 소송능력이 필요하다고 본다. 따라서 사법상 행위능력에 관한 규정은 적용되지 않는 것이 원칙이다(통설).[67] 이에 대해 관할합의 기타 소송행위는 사법상 계약과 함께 합체되는 경우가 있는데 그때에는 행위능력이 있으면 충분하다고 하여 개별적 검토를 하는 견해도 있다.

나. 법인의 대표자와 표현대리

법인등기부상의 대표자를 법인의 대표자로 표시하여 소를 제기하여 승소하였지만 사실은 진실한 대표자가 아닌 경우 소송상으로도 사법상 표현대리의 규정(민법 125조·126조·129조, 상법 14조 등)을 유추하여 적용할 수 있는지가 문제이다. 표현대리를 유추적용할 수 있다면 등기부상의 대표자를 적법한 대리권자로 인정할 수 있어 선의의 원고가 받은 승소판결은 유효한 것으로 취급할 수 있지만, 반면에 유추적용할 수 없다면 위 대표자는 무권대리인이므로 대리권 흠결을 이유로 상소·재심의 소에 의해 승소판결을 취소시킬 수 있게 된다. 판례는 소송행위에는 민법상의 표현대리의 규정은 적용 또는 유추적용될 수 없다는 입장이다.[68]

---

67) 김홍규·강태원, 앞의 책, 424면; 이시윤, 앞의 책, 394면.

다. 의사표시에 관한 규정

당사자의 소송행위에 관하여 사법상 의사표시에 관한 규정(민법 107조, 108조, 109조, 110조 등)을 적용할 수 있는지 여부가 문제이다. 민법상 의사표시에 관한 규정은 원칙적으로 소송행위에 적용 내지 유추 적용되지 않는다. 왜냐하면 소송행위는 법원을 향한 것이고 다른 소송행위와 함께 재판의 기초를 이루고 있는 것이기 때문에 쉽게 무효·취소를 인정하면 절차의 안정을 현저하게 해하기 때문이다. 다만, 사기·강박 등 형사상 범죄가 될 타인의 행위에 의해 소송행위가 이루어진 경우에는 451조 1항 5호(재심사유)를 유추하여 그 효과를 부정하여 구제할 수 있기 때문에 하자 있는 의사표시를 한 당사자에게 가혹하지는 않다(통설).[69]

다만, 원래 소송 전 및 소송 외의 소송행위는 소송절차와 직접적인 관련성이 없고, 또한 소취하 등 소송절차를 종료시키는 행위는 그 이상으로 절차가 거듭되지 않기 때문에 무효·취소를 인정하여도 절차의 안정을 해하지 않는다고 볼 수 있어 민법상 의사표시에 관한 규정이 유추 적용된다고 할 것이다.[70]

3. 소송에 있어서 형성권의 행사(권리항변)

가. 의의

형성권이란 당사자의 일방적 의사표시에 의해 권리의 변동(발생·변경 또는 소멸)을 가져오는 것을 말한다.

나. 법적 성격

이러한 형성권을 소송에서 공격방어방법으로 행사할 경우 그것이 사법행위인지, 소송행위인지 여부가 문제로 된다. 소송상 공격방어방법으로 형성권을 행사하는 경우에는 소송 전·소송 외의 행사와 마찬가지로 상대방에 대한 의사표시(사법행위)와 그 사법상 효과에 관한 법원에 대한 주장(소송행위)이 병존하고 있다고 볼 수 있다. 왜냐하면 소송 외에서 행사할 수 있는 형성권을 우연히 소송상 공격방어방법으로 주장한 것뿐이기 때문이다. 그러나 소송상에서 상계권을 행사하였는데 그것이 시기에 늦은 것을 이유로 각하되어 공격방어방법으로서 의미를

---

68) 대판 1994.2.22. 93다42047.
69) 이시윤, 앞의 책, 399~400면; 한충수, 앞의 책, 383면.
70) 김홍규·강태원, 앞의 책, 437면; 정동윤·유병현·김경욱, 앞의 책. 469면.

상실한 경우에도 마찬가지로 상계의 사법상 효과가 상실된다고 말하면 상계권자
가 자동채권을 상실하는 것이 되어 통상적인 의사에 반하기 때문에 공평을 상실
한다. 그래서 소송에서 형성권의 행사는 법원의 판단을 받은 때에만 사법상 효과
를 발생시킬 의사로 이루어진 조건부 의사표시로 보아야 한다. 이렇게 이해하여
도 소송에서는 상대방을 불안정한 입장에 두지 않기 때문에 민법 492조 1항에도
반하지 않는다. 따라서 형성권의 행사에 의해 사법상 효과가 발생하지만 공격방
어방법으로서 의미를 상실하면 그 효과가 소멸한다고 본다(신병존설).[71]

다. 판례

소제기로써 계약해제권을 행사한 후 그 소를 취하하였다고 하여도 해제권은
형성권이므로 그 행사의 효력에는 아무런 영향을 미치지 아니한다고 본다.[72] 그
리고 상계항변은 상술한 바와 같이 소송상 상계의 의사표시에 의해 확정적으로
효과가 발생하는 것이 아니라 해당 소송에서 수동채권의 존재 등 상계에 관한 법
원의 실질적 판단이 이루어지는 경우에 비로소 실체법상 상계의 효과가 발생한
다고 본다.[73]

원고의 소송상 상계의 재항변은 일반적으로 이를 허용할 이익이 없어 피고
의 소송상 상계항변에 대하여 원고가 소송상 상계의 재항변을 하는 것은 다른 특
별한 사정이 없는 한 허용되지 않는다고 한다.[74]

라. 행사방법

소송에서 사법상 형성권(취소권·해제권·상계권 등)을 행사하는 방법으로는 ①
소송 전·소송 외에서 행사하고 그 사법상 효과를 소송상으로 주장하는 경우(사실
항변)와 ② 변론에서 처음으로 공격방어방법으로 행사하는 경우(권리항변)가 있다.
②의 경우에는 실체법상 법률행위(사법행위)인지, 소송행위인지 여부에 관한 다툼
이 있다(특히 상계의 의사표시를 예비적 항변으로 제출한 때 등).

병존설은 상대방에 대한 의사표시(사법행위)와 그 사법상 효과를 법원에 대하

---

71) 대판 2014.6.12. 2013다95964; 대판 2015.3.20. 2012다107662.
72) 대판 1982.5.11. 80다916.
73) 대판 2013.3.28. 2011다3329에 따르면, 소송절차 진행 중에 조정이 성립됨으로써 수동채권의 존
　　재에 관한 법원의 실질적 판단이 이루어지지 않은 경우에는 소송상 상계항변의 사법상 효과도
　　발생하지 않는다고 한다.
74) 위 판결(2013다95964).

여 주장하는 것(소송행위)이 병존하고 있다는 견해로 공격방어방법으로서 의미를 상실하는 경우(예컨대 시기에 늦었기 때문에 각하, 소의 각하·취하)에도 사법상 효과가 남게 된다는 비판을 받고 있고 소송에서 형성권의 행사는 소송행위이고 요건·효과도 소송법에 의해 규율을 받는다고 하는 견해로 사법상 효과를 인정할 수 없음에도 어떠한 이유로 유리한 재판을 할 수 있는지 여부가 불명확하다는 비판을 받고 있다.

양성설은 사법행위와 소송행위의 양쪽 성격을 가진 1개의 행위로 소송상 요건이 필요하다고 하는 견해로 실체법과 소송법이 다른 체제임에도 양쪽의 성격을 가진 행위로 설명하는 것은 모순이라고 하는 비판을 받고 있다.

신병존설은 병존설에 입각하면서도 공격방어방법으로서 그 의미를 상실한 때에는 당사자의 의사 등을 종합적으로 고려한다는 견해로 민법 493조 1항에 반한다는 비판을 받고 있다.

학설상의 차이점을 보면, 병존설(사법행위설)에서는 형성권 행사의 사법상 효과가 남는다고 하고 소송행위설·양성설(절충설)에서는 항변의 각하, 소의 각하·취하가 있으면 형성권의 행사의 효과는 남지 않는다고 하고 신병존설에서는 소송이라는 상황에서 당사자의 의사를 합리적으로 해석하여 요건·효과를 검토하여야 하므로 상계 등과 같이 자기 권리의 희생을 수반하는 경우에는 항변의 각하, 소의 각하·취하가 있으면 사법상 효과도 부정되는 경우가 많은 반면, 취소권·해제권 등 상대방의 권리에 부착된 하자의 공격은 공격방어방법으로서 의미를 상실하여도 사법상 효과를 잔존시켜야 한다고 한다.

4. 소송계약

가. 의의

소송계약이란 특정소송에 관하여 어떠한 영향을 미치게 할 것을 목적으로 하는 당사자의 합의를 말한다.[75] 소송상 합의라고도 한다. 소송계약(소송상 합의)의 구체적 사례를 살펴보면, 관할의 합의(29조), 담보제공에 관한 합의(122조 단서),

---

75) 박재완, 앞의 책, 256면. 여기에서는 소송계약을 구별하는 기준으로 요건 및 효과설에 따르고 있으면서 법에 명문의 규정이 있는 관할의 합의, 불항소의 합의, 소송비용에 관한 담보제공의 합의 등은 소송계약이고 명문의 규정이 없는 소취하계약, 상소권포기계약, 상소취하계약 등은 사법계약이라고 한다.

기일변경의 합의(166조 2항), 비약상고의 합의(390조 1항 단서), 부제소의 합의, 소
(상소)의 취하계약 및 증거계약(여기에는 증거제한계약·자백계약 또는 중재감정계약 등
을 포함한다) 등이 있다.

나. 소송계약의 적법성

(1) 임의소송의 금지

명문규정이 없는 소송계약이 적법한지 여부에 관한 문제가 있다. 기본적으
로 재판권 행사의 공정을 확보하고 법원에 계속된 다수의 다양한 사건을 정형
적·집단적으로 처리하기 위하여 절차의 내용이 법정되어 있는 경우 이를 당사
자의 합의에 의해 임의적으로 변경하는 것은 원칙적으로 허용되지 않는다(임의
소송의 금지).

그러나 사적 자치의 원칙에 대한 소송법적 반영으로 처분권주의·변론주의
가 타당한 영역에서는 당사자가 특정 소송행위를 어떻게 하는지는 자유이다. 따
라서 명문이 없는 소송계약을 바로 부적법하다고 보는 것은 부당하다. 그러나 그
렇다고 해서 소송상 합의를 무제한 인정하는 것은 당사자의 자유로운 소송수행
을 구속하고 당사자 일방에게 예측할 수 없는 불이익을 부담시킬 위험이 있다.
따라서 변론주의·처분권주의가 타당한 범위 내에서 그리고 동시에 합의의 법적
효과가 명확하게 예측할 수 있는 경우에만 명문이 없는 소송계약도 허용된다고
보아야 할 것이다.

(2) 소송계약의 적법성에 관한 요건

㈎ 소송계약에 의해 발생하게 될 소송수행상의 불이익 한도를 명확하게 예
측할 수 있는 경우이어야 하고 당사자에게 결단의 자유가 확보되어야 한다. 소송
행위의 법적 효과가 가지는 의미를 명확하게 예견할 수 있고 동시에 중대한 효과
의 발생을 목적으로 하지 않는 경우이어야 한다. 예컨대, 예컨대, 부제소 합의(특
정사건에 관하여 소를 제기하지 않기로 하는 취지의 합의)는 처분권주의가 타당한 영역
이고 동시에 그 법적 효과도 합의의 취지 때문에 명확하게 예측할 수 있는 것이
어서 적법하다고 할 수 있다.

그러나 분쟁을 특정하지 않은 상태에서 모든 사건에 관하여 제소하지 않는
다는 취지의 합의는 소권 일반의 포기이기 때문에 공서양속에 반하여 무효이다.

㈏ 소취하 합의인 경우 소의 취하는 소송상 인정되고 있고 처분권주의가 타

당한 범위 내에서 그 법적 효과를 명확하게 예측할 수 있기 때문에 적법하다.

(대) 불항소 합의는 특정 사건에 관하여 심급제도의 적용을 배제하는 취지의 합의에 해당하므로 이는 처분권주의가 타당한 범위 내에서 그리고 그 법적 효과를 명확하게 예측할 수 있는 범위 내에서만 유효하다고 할 것이다. 그런데 390조 1항 단서가 불항소 합의를 인정하고 있는지 여부가 문제로 되는데 불항소 합의를 금할 이유도 없기 때문에 이것은 불항소 합의의 적법성에 관한 것은 해석에 위임한다는 취지로 이해하여야 한다. 다만, 당사자 일방만 항소하지 않는다는 취지의 합의는 현저하게 불공평하여 무효이므로 당사자 쌍방이 항소하지 않는다는 취지의 불항소합의만 유효한 것이다.

다. 소송계약의 법적 성질 및 그 효과

소송계약의 법적 성질에 대해서는 견해가 대립된다. 우선 소송계약은 사법상 작위 내지 부작위의무의 발생을 목적으로 하는 사법상의 계약으로 보는 사법계약설이 있다. 당사자가 이 의무에 위반한 경우 그 구제방법에 관해 다시 두 가지 견해로 나누어진다. 예컨대, 부제소합의를 하였음에도 이를 위반하여 제소를 한 경우 상대방(피고)은 소송에서 합의의 존재를 항변으로 주장할 수 있고 그 항변이 있는 경우 원고의 소는 권리보호의 이익을 흠결하였다고 하여 소를 각하해야 한다는 견해가 있다(항변권 발생설, 통설·판례).[76] 의무위반이 있을 때 소송 외에서 소송에 관한 합의를 했다는 사실을 항변의 형태로 주장할 경우 소송상 효과가 인정되어 그 목적을 달성할 수 있기 때문에 간이하게 처리할 수 있다는 점에서 타당하다. 이와 달리 위 사례에서 피고는 원고를 상대로 소를 취하하라는 별소제기를 할 수 있고 그 불이행으로 인한 손해배상을 청구할 수 있다는 견해(의무이행 소구설)가 있지만, 의무이행을 위해 별소 제기라는 우회적이고 간접적인 방법을 통해야 한다는 점에서 타당하지 않다. 반면에 부제소합의·소취하합의 등을 소송법상의 효과만을 발생시키는 순수한 소송계약이라고 하는 견해(소송계약설)[77]

---

76) 이시윤, 앞의 책, 397면; 김홍엽, 앞의 책, 525면; 한충수, 앞의 책, 378면. 대판 1982.3.9. 81다1312(소취하합의에 위배한 경우); 대판 1993.5.14. 92다21760(부제소합의에 위배한 경우). 한편 대판 2013.7.12. 2013다19571에 따르면 조건부 소취하의 합의를 한 경우에 조건의 성취사실이 인정되지 않는 한, 권리보호의 이익을 부정할 수는 없다고 한다.
77) 김홍규·강태원, 앞의 책, 430면. 한편, 정동윤·유병현·김경욱, 앞의 책. 477면은 소송상 합의에 의무부과 효과도 인정하여 이에 위반하는 경우 손해배상청구를 인정한다(발전적 소송계약설).

도 있지만, 이 견해에 따르면 의무 위반에 대하여 손해배상청구를 할 수 없어 타
당하지 않다.

라. 사법법규의 적용

소송계약에는 사법법규(민법 109조, 110조 등)가 적용된다. 이러한 합의는 법원
의 관여 없이 당사자의 의사에 따라 이루어진 것이므로 실체법상 거래행위와 마
찬가지로 취급할 수 있기 때문이다(통설). 위의 사법계약설·소송계약설 모두 대리,
의사표시의 하자, 기한 또는 조건 등에 관하여 사법법규의 적용을 인정한다.[78]

마. 증거계약

(1) 의의

증거계약이란 특정 소송에 관한 판결의 기초로 되는 사실의 확정방법에 대
한 당사자의 합의를 말한다. 소송계약 중 하나이다. 이러한 증거계약에는 증거제
한계약·자백계약·중재감정계약[79] 또는 증명책임을 인정하는 합의[80] 등이 있다.

(2) 적법성·법적 성격

변론주의가 타당한 범위 내에서 그리고 합의의 법적 효과를 명확하게 예측
할 수 있는 범위 내에서 명문이 없는 소송행위도 허용된다고 보아야 할 것이다.
사법계약설에 따른 권리보호의 이익 상실이라는 구성을 통해서는 증거계약의 설
명은 불가능하다. 그래서 소송상으로 증거계약의 존재를 주장하는 것에 의해 증
거능력을 흠결하게 된다고 하여야 할 것이다.

(3) 종류

㈎ 증거제한계약

증거제한계약이란 특정 증거방법의 제출을 약속하고 다른 증거의 제출을 금
지하는 당사자의 합의이다. 이것은 변론주의가 타당한 영역이어서 적법하다고 보
아야 할 것이다. 반면, 증거조사를 마친 증거에 관하여 증거의 제출을 제한하기

---

78) 김홍규·강태원, 앞의 책, 430면.
79) 대판 1991.4.26. 91다5556; 대판 1994.4.29. 94다1142; 대판 2007.4.12. 2004다39467에 의하면, 당
사자의 합의에 의해 지명된 감정인의 감정의견에 따라 보상금을 지급하기로 약정했다면 당사자
의 약정취지에 반하는 감정이 이루어졌다든가 그 감정의견이 명백히 신빙성이 없다고 판단되는
등의 특별한 사정이 없는 한 당사자는 그 감정결과에 따라야 할 것이라고 한다.
80) 대판 1997.10.28. 97다33089에 의하면, 입증책임의 소재에 관하여 당사자 간에 특약이 있으면 특
별한 사정이 없는 한 그에 따라야 하므로 공제약관상 고지의무 위반이 공제사고의 발생에 영향
을 미쳤다는 사실에 대한 입증책임이 공제자에게 있다고 규정한 경우에는 그에 따라야 한다고
한다.

로 하는 합의는 자유심증주의에 반하기 때문에 허용되지 않는다. 합의에 위반한 증거신청은 소송에서 합의의 존재를 주장·입증하면 증거능력을 흠결한 것으로 되기 때문에 각하된다.

(나) **자백계약**

자백계약이란 일정한 사실을 인정하여 다툼이 없다는 취지의 당사자 간의 합의를 말한다. 이것은 변론주의가 타당한 영역의 범위 내에서 적법하지만 자유심증주의가 타당한 영역에서는 부적법하다. 따라서 주요사실에 관한 자백계약은 적법하지만 간접사실에 관한 자백계약은 법관의 자유 심증을 해하는 것으로 될 수 있어 부적법하다고 할 수 있다. 소송에서 합의의 존재를 주장·입증하면 재판상 자백이 성립한 것과 마찬가지의 효력을 발생한다.

제3장 증거

제1절 증거와 증명의 대상

Ⅰ. 의의

1. 증거

가. 의의
(1) 개념

증거란 법원에 의한 사실인정을 위한 자료를 말한다. 그러나 증거라고 하는 의미는 표현에 따라 달리 사용된다. 예컨대, 증인·당사자 본인·감정인·문서 또는 검증물 등과 같이 증거방법은 오관에 의해 조사할 수 있는 유형물, 즉 증거 자체를 말하고 증거자료는 증언, 당사자의 진술, 감정의견, 문서의 내용 또는 검증결과와 같이 증거방법을 조사하여 얻어진 내용을 말하고 증거원인은 증거조사의 결과와 변론 전체의 취지(202조)와 같이 법관의 심증형성의 원인으로 된 자료를 말한다. 위와 같은 각 증거의 대응관계를 살펴보면 표와 같이 정리할 수 있을 것이다.

[표 4-6] 각종 증거방법의 대응관계

		증거방법	증거자료	증거원인
당사자 본인신문	인증	당사자 본인	당사자의 진술	
증인신문		증인	증언	
감정		감정인	감정의견	증거조사의 결과
서증	물증	문서	문서의 내용	
검증		검증물	검증의 결과	
				변론 전체의 취지

(2) 증거능력과 증거력

증거능력이란 유형물을 증거방법으로 사용할 수 있는 자격을 말한다. 민사소송에서는 원칙적으로 증거능력에 제한이 없다. 다만, 증거조사절차가 법에 위반되어 증거능력이 문제가 되는 경우도 있는데 그 때에는 증거능력을 부인하거나 이의를 진술하는 것 등을 할 수 있다. 예컨대, 당사자 또는 그 법정대리인은 증인능력이 없음에도(306조, 372조) 증인으로 증거조사를 받거나 권위 있는 기관이 아닌 개인에게 감정촉탁을 하여 개인이 감정인으로서 선서를 하지도 않고 감정결과를 제출하는 경우에는 증거능력이 없다고 판시한 내용이 그것이다.[1] 그러나 당사자 본인신문의 방식에 의하여야 할 종친회 대표자를 증인으로 조사한 것에 대하여는 증거방법 또는 증거력에 관하여 합리적 범위 내에서 엄격한 적용을 완화하여 당사자가 지체 없이 이의를 진술하지 않는다면 그 증언을 채택하여 사실인정을 하였다고 하더라도 위법이라고 할 수 없다.[2]

증거력(증명력, 증거가치)이란 증거자료가 사실인정에 도움을 주는 정도, 즉 신빙성의 문제를 말한다. 이와 관련하여 문서의 경우 형식적 증거력과 실질적 증거력의 문제가 제기되는데 전자는 증거제출자에 의하여 문서 작성자로 주장된 자가 그의 의사에 따라 문서를 작성한 경우이고(이러한 경우 그 문서가 "진정 성립"이 되었다고 한다) 후자는 형식적 증거력을 전제로 요증사실의 증명에 어느 정도로 도움을 주는지에 관한 증거가치에 관한 문제이다. 어느 증거에 증거력이 있는지는 법정되어 있지 않고 법원의 자유심증주의에 의해 결정된다(202조).

나. 증거의 필요성

재판은 구체적인 사실을 인정하고 거기에 법규를 해석·적용하여 3단논법에 따라 진행이 된다.[3] 즉, 구체적인 사실을 인정하고 거기에 법규를 해석·적용하여

---

1) 대판 1982.8.24. 82다카317.
2) 대판 1977.10.11. 77다1316.
3) 법원은 기본적으로 원고의 주장과 입증을 통하여 제시한 일정한 사실(주요사실)이 법률요건을 충족함을 전제로 하고 피고의 반박 등을 고려하면서 원고가 희망하는 법률효과를 발생시킨다는 논리적 구조를 바탕으로 재판을 한다. 만일 원고가 제시한 사실이 법률요건을 충족하지 못하면 통상적으로 "더이상 나아가 살펴볼 필요조차 없이 이유가 없으므로 … 이를 기각하기로 하면서 주문과 같이 판결을 하기로 한다."는 방식으로 판결서를 작성한다. 한편, 이러한 실체법적 논리를 소장에 투영하여 규범분류설에 따라 고찰하면, "실체법상 법률효과(이는 소송형태, 즉 이행의 소인지, 확인의 소인지, 형성의 소인지에 따라 변형되어 소장에 청구취지에 기재된다)가 발생하기 위해서는 실체법상의 법률요건(이는 법률요건에 해당하는 개개의 요건사실이 소장의 청

결론인 판결을 얻는 것이다. 그리고 구체적 사실을 인정하기 위해서는 경험칙도 필요하다. 민사소송에서 당사자 간에 다툼이 없는 사실에 대해서는 증명을 요하지 않지만(288조) 당사자 간에 다툼이 있는 사실에 대해서는 법원이 사실인정을 하여야 한다. 그리고 사실인정을 위해서는 그 자료는 증거에 한정되고(증거에 의한 사실인정) 그 증거에 따라 적정한 증거조사절차를 거쳐 합리적인 심증의 형성방법(적정한 증거조사절차)을 취하여야 한다. 왜냐하면 이를 통하여 공정한 재판(사실인정)을 확보할 수 있을 뿐만 아니라 재판에 대한 국민의 신뢰를 유지할 수 있기 때문이다.

다. 증거의 종류

증거는 인적 증거와 물적 증거, 직접증거와 간접증거 또는 본증과 반증 등으로 구분할 수 있다. 인적 증거란 사람의 사상 등을 증거자료로 하는 것이고 그 이외의 것을 물적 증거라고 한다. 직접증거란 주요사실의 존부를 직접 증명하는 증거이고 간접증거란 간접사실·보조사실을 증명하는 증거를 말한다. 그리고 주요사실은 예컨대, 소비대차의 합의가 있는 사실과 같이 법규의 구성요건에 해당하는 사실이고 간접사실은 예컨대, 피고가 돈이 없어 매우 궁박한 상태에 있는 사실과 같이 주요사실의 존부를 추인하는 사실이고 보조사실은 증인이 위증죄로 처벌받은 사실과 같이 증거능력·증거력의 평가 등에 관한 사실을 말한다.

2. 증명

가. 의의

증명이란 사실·경험칙 등을 증거에 의해 명확하게 하는 것으로 법관이 요증사실의 존재에 대하여 확신을 얻은 상태 또는 법관이 확신을 갖도록 하기 위하여 증거를 제출하는 당사자의 노력을 말한다.

나. 증명과 소명

법관이 확신을 갖는 정도의 차이에 따라 증명·소명으로 구분할 수 있다. 민

구원인에 기재된다)이 충족되어야 하고, 그 법률요건(청구원인)이 충족되려면 마찬가지로 규범분류설에 따라 분류된 요건사실(주요사실)이 모두 구비되어야 하는 것이다. 즉, 이러한 요건사실이 존재하면 법률요건이 충족되어 법률효과의 발생으로 이어진다."는 기본적 논리를 바탕으로, 위와 같이 인정된 구체적인 요건사실(주요사실)에 법규를 해석·적용하여 판단을 내리는 과정을 통해서 재판이 이루어진다고 할 수 있다.

사소송에서 사실인정은 원칙적으로 증명에 의하는데 이는 법관의 확신 정도와 관련하여 '고도의 개연성'을 가진 경우를 말한다. 즉, 확신이란 80~90% 확실한 것처럼 보이는, 즉 십중팔구 틀리지 않을 정도의 역사적 증명으로 충분하다.[4] 그러나 신속을 요하는 절차, 파생적 절차에 관하여 명문규정이 있는 때에는 소명으로 충분한데 이는 그 확신의 정도와 관련하여 '저도의 개연성'을 가진 경우를 말한다.[5]

다. 엄격한 증명과 자유로운 증명

증거조사에 관한 법률규정의 준수 여부를 기준으로 엄격한 증명과 자유로운 증명으로 구분할 수 있다. 법률이 정한 절차에 따라 행하는 증명을 엄격한 증명이라고 하고 그에 따르지 않는 경우를 자유로운 증명이라고 한다.

민사소송에서 본안의 청구를 뒷받침하는 사실이나 이를 배척하는 사실의 인정은 엄격한 증명이 필요하고 직권조사사항, 외국법, 관습법, 경험칙, 소가 산정의 근거 또는 결정절차 등은 자유로운 증명으로 충분하다.

라. 본증·반증 및 반대사실의 증거

증명책임의 유무에 의해 본증·반증으로 구분할 수 있다. 실제로 소송에서 당사자는 어떠한 입증을 요구받는지 여부가 중요한데, 본증은 자기에게 입증(증명)책임이 있는 사실을 증명하기 위하여 제출하는 증거로 이는 법관에게 확신을 줄 필요가 있는 반면, 반증은 상대방이 증명책임을 부담하는 사실을 부정하기 위하여 제출하는 증거로 이는 법관을 진위불명의 상태에 빠지게 하면 충분하다. 반면, 반대사실의 증거는 법률상 추정이 성립되었을 때 이를 깨뜨리기 위하여 그 추정을 다투는 자가 제출하는 증거로 이는 성격상 본증에 해당한다.

II. 증명의 대상·불요증사실

1. 증명의 대상

민사소송에서는 변론주의가 적용되어 당사자가 주장·입증한 사실에 법원이 법규를 적용하여 분쟁을 해결하는 것이 원칙이다("너는 사실을 말하라. 그러면 나는

---

4) 이시윤, 앞의 책, 460면.
5) 이시윤, 앞의 책, 461면; 손한기, 앞의 책, 245면; 박재완, 앞의 책, 284면.

법을 말하리라"). 따라서 증명의 대상은 원칙적으로 사실이지만 경험칙 또는 법규도 예외적으로 증명이 필요한 경우가 있다.

가. 사실

소송에서 심판대상은 소송물인 권리관계이지만 권리는 개념적이어서 직접 심리의 대상으로 할 수 없다. 그래서 소송물인 권리관계의 존부를 판단하는데 직접 필요한 사실의 존부로 표적을 정하고 증명도 이것을 중심으로 이루어지는데 이러한 사실을 주요사실이라고 한다. 변론주의에서는 당사자의 주장이 없는 한, 주요사실을 판결의 기초로 채용할 수 없다. 또한, 당사자가 주장한 주요사실은 법원에 현저하다든지 또는 상대방이 다투지 않는 경우를 제외하고는 항상 증명의 대상으로 된다(288조). 간접사실(주요사실의 존부를 추인시키는 사실) 또는 보조사실(증거력에 관한 사실)은 그것이 주요사실의 존부를 명확하게 하는 범위 내에서 증명의 대상으로 되는 것에 불과하다. 왜냐하면 법원은 주요사실의 존부에 관하여 심증을 형성하면 이를 바탕으로 재판할 수 있기 때문이다.

나. 경험칙

(1) 의의

경험칙이란 경험에서 얻어진 지식·법칙을 말한다. 경험칙에는 일반상식에서부터 전문적 지식까지 포함되는데 대개 사람이 논리적으로 사실을 판단할 때에는 경험칙을 전제로 한다. 예컨대, 지면에 물이 묻어 있는 것을 발견하고서 직전에 비가 내렸다고 판단을 하는 경우에는 여기에서 경험칙을 사용하고 있다. 경험칙은 구체적인 지식이 아니라 사실인정의 전제로 되는 지식이다. 간접사실로부터 주요사실을 추인하기 위해서도 경험칙을 사용한다.

(2) 기능

경험칙은 법규 해석의 상황이나 사실 확정의 상황에서 기능한다. 법규 해석에 있어서 법규가 그 요건을 구체적인 개념으로 확정하고 있으면 언어상 경험칙으로 충분하지만 과실 등과 같이 추상적인 불특정 개념을 사용하는 경우에는 그 개념을 확정하기 위하여 경험칙이 중요한 기능을 수행한다. 사실을 확정할 때 주요사실을 증거에 의해 직접 인정하는 경우, 간접사실의 누적에 의해 인정하는 경우 또는 간접사실을 증거에 의해 인정하는 경우 등이 있는데 여기에서도 경험칙이 주요한 기능을 수행하게 된다.

경험칙이 소송상 문제되는 것은 증명의 대상인지(요증사항인지), 경험칙 위배가 상고이유로 되는지의 두 가지 점에 있다.

(3) 경험칙이 증명의 대상인지 여부

상식적 지식과 전문적 지식에 속하는 경험칙으로 구분하여 생각하여야 한다. 전자(공지의 경험칙이라고 통상 표현한다)는 그 객관성이 담보되고 있기 때문에 증명할 필요가 없지만 후자(전문과학적인 경험칙이라고 표현한다)는 통상적인 법관이 그것을 알고 있다는 것을 기대할 수 없기 때문에 증명할 필요가 있다. 또한, 후자는 법관이 우연히 개인적인 연구 또는 사적인 경험을 통해 알게 되었어도 증명할 필요가 있다. 왜냐하면 객관적 사실인정을 담보할 필요가 있고 법관과 감정인이 예상하기 어렵기 때문이다(통설).[6]

경험칙 위배가 상고이유로 되는지도 문제가 되는데 이는 그 사실성과 법칙성 중 어느 것을 중시하여야 할 것인지에 관한 다툼이다. 만약 전자를 중시하면 법률심인 상고심의 심사대상이 되지 않을 것이고 후자를 중시하면 상고심의 심사대상이 될 수 있기 때문이다. 일반상식에 속하는 경험칙은 객관성을 담보하고 있기 때문에 증명의 필요가 없다. 그러나 전문적인 지식에 속하는 경험칙은 이를 객관적인 법칙으로 이해하는 견해(불요증사실설)와 사실인정의 객관적 담보가 필요하고 법관과 감정인의 겸직금지(41조 3호) 등에 비추어 요증사실로 보는 견해(요증사실설)의 다툼이 있는데, 통설·판례[7]는 법률문제로 보아 처리하고 있다.

다. 법규

원칙적으로 당사자는 법규를 증명할 필요가 없다. 왜냐하면 법규를 알고 있어야 하는 것은 법관의 직책이기 때문이다. 그러나 외국법, 지방의 조례 또는 관습법 등은 법관이 알지 못하는 경우도 있어 이를 적용하지 않을 우려가 있기 때문에 그 존재·내용을 증명할 필요가 있다. 그리고 법규의 증명은 법관도 쉽게 이해할 수 있기 때문에 자유로운 증명으로 충분하다. 또한, 당사자의 자백에 구속되지 않는다. 다만, 소송과정에서 적용될 외국법규에 흠결이 있거나 그 존재에 관한 자료가 제출되지 아니하여 그 내용의 확인이 불가능한 경우 법원(法院,

---

6) 김홍규·강태원, 앞의 책, 508면; 이시윤, 앞의 책, 464면.
7) 이시윤, 앞의 책, 464면; 박재완, 앞의 책, 287면. 대판(전합) 1989.12.26. 88다카16867; 대판(전합) 2019.2.21. 2018다248909(육체노동의 가동연한을 만 65세로 보는 것이 경험칙에 합당하다고 보아 종전대로 만 60세로 판단한 원심판결을 파기함). 반대: 김홍규·강태원, 앞의 책, 509면.

Court)은 법원(法源, Quelle, source of law)에 관한 민사상의 대원칙에 따라 외국 관습법에 의할 것이고 그것도 확인할 수 없으면 조리에 의하여 재판할 수밖에 없을 것이다(민법 1조).[8]

2. 불요증사실

민사소송에서는 변론주의가 적용되어 당사자의 주장이 없는 한, 즉 변론에 현출되지 않는 한, 주요사실을 판결의 기초로 채용할 수 없기 때문에 그것을 증명할 필요도 없다. 또한, 당사자가 주장한 사실일지라도 재판상 자백한 사실과 같이 당사자 간에 다툼이 없는 사실, 법률상 추정되는 사실 또는 법원에 현저한 사실도 증명할 필요가 없다(288조). 왜냐하면 전자는 변론주의의 요청 때문에, 후자는 그 인정에 객관성이 담보되기 때문이다.

가. 당사자가 주장하지 않은 사실 등

변론주의에서는 당사자의 주장이 없는 한, 주요사실을 판결의 기초로 채용할 수 없다(변론주의의 제1명제). 따라서 증명할 필요조차 없다. 또한, 간접사실 또는 보조사실은 그것이 주요사실의 존부를 명확하게 하는 범위 내에서만 증명의 대상으로 되는 것에 불과하다.

나. 당사자 간에 다툼이 없는 사실

변론주의에서는 소송자료의 수집은 당사자의 권능과 책임이기 때문에 자백한 사실과 같이 당사자 사이에 다툼이 없는 사실은 증거조사 없이 재판의 기초로 하여야 한다(변론주의의 제2명제). 즉, 다툼이 없는 사실은 증명할 필요가 없다(288조).

본래 변론주의가 타당한 사실은 주요사실로 한정되고 자백도 주요사실에 대해서만 인정된다. 간접사실·보조사실에도 자백을 인정하여 불요증사실로 받아들이면 자유심증주의(202조)가 손상당할 수 있기 때문이다. 따라서 간접사실·보조사실은 당사자 사이에 다툼이 없더라도 주요사실의 존부를 명확하게 하기 위하여 필요한 범위 내에서 증명의 대상으로 된다.

다. 현저한 사실

현저한 사실, 즉 공지의 사실 및 직무상 현저한 사실은 증명할 필요가 없다

---

8) 대판 2003.1.10. 2000다70064.

(288조). 현저한 사실은 증거조사 없이 인정하여도 그 사실의 인정에 객관성이 담보되고 재판의 적정·공평이 손상당하지 않기 때문이다. 공지의 사실이란 통상적인 지식경험을 가진 일반인이 믿어 의심하지 않을 정도로 알려져 있는 사실이다. 구체적으로는 역사상 유명한 사건, 대재해의 발생사실 등이 있다. 공지인지 여부의 판단은 때와 장소에 따라 다르다. 공지인지 여부가 다투어지는 경우에는 공지인 사실에 해당한다는 점은 증명을 필요로 한다.

직무상 현저한 사실이란 법관이 그 직무수행을 통해 경험상 알 수 있게 된 사실을 말한다. 공평한 제3자로서 절차를 주재한 법관이 그 직무에 관하여 알게 된 것이 필요하다. 따라서 법관이 직무수행을 벗어난 사적인 상황에서 알 수 있었던 사실은 포함되지 않는다. 왜냐하면 그렇게 하여야 객관적이고 공평한 재판을 보장할 수 있기 때문이다. 구체적으로는 법관이 다른 사건의 재판을 통해 알게 된 사실, 다른 법관이 한 강제집행·파산사건 등 특정사건의 판결을 선고한 사실 등이다. 다만, 판결을 선고한 사실 자체를 넘어 그 판결에 나타난 사실관계까지 법원에 현저한 사실로 볼 수는 없다.[9]

즉, 당사자와 제3자 사이의 확정판결의 존재를 넘어서 그 판결의 이유를 구성하는 구체적인 사실관계들까지 법원에 현저한 사실로 볼 수는 없다. 민사재판에서 이미 확정된 관련 민사사건의 판결에서 인정된 사실은 특별한 사정이 없는 한, 유력증거가 되지만, 당해 민사재판에서 제출된 다른 증거 내용에 비추어 확정된 관련 민사사건 판결의 사실인정을 그대로 채용하기 어려운 경우에는 합리적인 이유를 설시하여 이를 배척할 수 있다. 이는 이미 확정된 민사판결 이유 중의 사실관계가 현저한 사실에 해당하지 않음을 전제로 한 것이기 때문이다.[10]

Ⅲ. 재판상 자백

1. 의의

일반적으로 자백이란 상대방이 주장하는 자기에게 불리한 사실을 인정하는 진술을 말한다. 특히 재판상 자백이란 변론기일 또는 변론준비기일에 상대방이

---

9) 대판 2010.1.14. 2009다69531.
10) 대판 2019.8.9. 2019다222140.

주장하는 자기에게 불리한 사실을 인정하는 진술을 말한다(통설).[11] 재판상 자백
이 성립하면 후술하는 구속력이 생긴다(288조). 반면 재판 외에서 한 자백은 단순
한 간접사실에 불과하기 때문에 자백의 구속력은 발생하지 않는다.

2. 구별개념

가. 선행자백

선행자백이란 당사자가 스스로 나서서 자기에게 불리한 사실을 인정하는 진
술을 하고 그 후 상대방이 이를 원용하여 당사자 쌍방의 주장이 일치되는 경우를
말한다. 이 경우에도 재판상 자백이 성립한다. 따라서 일단 자기에게 불리한 사
실을 진술한 당사자도 그 후 상대방 상대방의 원용이 있기 전에는 자인한 진술을
철회하고 이와 모순되는 진술을 자유로이 할 수 있으며 이 경우 앞의 자인진술은
소송자료에서 제거된다.[12]

나. 이유부 부인·제한부 자백

이유부 부인이나 제한부 자백을 하는 경우 주요사실의 일부에 관하여 자백
이 성립할 수 있다.

다. 권리자백

권리자백이란 상대방이 주장하는 소송물의 전제가 되는 권리관계나 법률효
과, 사실에 대한 법적 판단·평가(예: 과실, 정당한 사유, 선량한 풍속위반 등) 또는 적
용할 법률을 인정하는 취지의 진술이다.[13] 예컨대, 소유권에 기한 건물명도청구
또는 등기말소청구의 소에서 피고가 원고의 소유권을 인정하는 취지의 진술 등
이 이에 해당한다. 이러한 권리자백에 자백의 구속력을 인정할 수 있는지가 문제
인데 권리자백은 법률상 주장에 대한 것이고 법적 구성은 법원의 직책인 이상,
권리자백은 법원을 구속하는 것도 아니고 상대방의 동의 없이 자유로이 철회할
수 있다[14]고 생각할 수 있다. 판례는 기본적으로 법률 적용의 전제가 되는 주요

---

11) 김홍규·강태원, 앞의 책, 510면; 이시윤, 앞의 책, 466면.
12) 대판 1986.7.22. 85다카944; 대판 2016.6.9. 2014다64752. 한편 대판 2018.8.1. 2018다229564에 의
    하면, 당사자 일방이 한 진술에 잘못된 계산이나 기재, 기타 이와 비슷한 표현상의 잘못이 있고
    잘못이 분명한 경우에는 상대방이 이를 원용하였더라도 당사자 쌍방의 주장이 일치한다고 할
    수 없기 때문에 자백이 성립할 수 없다고 한다.
13) 대판 2007.8.23. 2005다65449; 대판 2016.3.24. 2013다81514.
14) 대판 1982.4.27. 80다851; 대판 2007.10.12. 2006다42566; 대판 2008.3.27. 2007다87061.

사실에 한정하여 재판상 자백이 성립되는 것이지, 사실에 대한 법적 판단이나 평가 또는 적용할 법률이나 법적 효과는 자백의 대상이 되지 않는다고 보아 그 구속력을 부정하는 입장이다.[15] 마찬가지 취지에서 소유권을 선결문제로 하는 소송, 예컨대 소유권에 기한 건물명도청구 또는 등기말소청구의 소에서 피고가 원고 주장의 소유권을 인정하는 진술은 '소유권' 자체에 대한 권리자백은 아니고, 그 소전제가 되는 '소유권의 내용을 이루는 사실'에 대한 진술로 볼 수 있다고 하여 재판상 자백을 인정하였다.[16]

이와 달리 소송물인 권리관계 자체를 인정하는 청구의 인낙·포기를 허용하고 있는 현행법에서는 소송물의 전제를 이루는 권리관계를 시인하는 권리자백에 관하여 구속력을 부정하는 것은 타당하지 않다고 생각할 수도 있다. 그러나 그렇다고 해서 그 구속력을 무제한적으로 인정하는 것은 법률관계의 내용을 정확하게 이해하지 못하는 자백자의 입장에서 부당한 결과로 될 가능성이 있다. 이러한 점들을 고려하면, 변호사소송인지, 아니면 본인소송인지(전자는 자백의 구속력을 인정하기 쉬울 것이다) 또는 일상적인 법률개념인지(소유권·매매 등의 개념은 자백의 구속력을 인정하기 쉬울 것이다) 등을 검토한 후 자백자가 자백한 권리관계의 내용을 충분하게 이해하고 있는 경우에만 권리자백에 자백의 구속력을 인정하는 것이 타당할 것이다.[17]

결국 권리자백에 구속력이 인정되는지는 당사자주의의 요청과 권리자백을 신뢰한 상대방의 보호를 중시할 것인지, 법규의 적용을 직책으로 하는 법원의 요청을 중시할 것인지 또는 잘못 판단할 가능성이 높은 자백자의 보호를 중시하여

---

15) 대판 1981.6.9. 79다62(법률상 혼외자라는 시인은 법률관계에 관한 주장); 대판 2001.9.14. 2000다66430(법률상 유언이라는 시인은 법률효과에 관한 주장); 대판 2009.4.9. 2008다93384(이행불능에 관한 주장은 법률효과에 관한 진술); 대판 2006.6.2. 2004다70789(특정인의 상품을 표시하는 것이라고 현저하게 인식되어 있는 상표와 동일 또는 유사한 상표라는 주장은 법적 판단에 관한 사항); 대판 2016.3.24. 2013다81514(몬트리올 협약이라는 적용할 법률에 관한 시인); 대판 1990.11.9. 90다카7262(변제충당의 순서를 지정하는 주장은 사실에 관한 진술이 아님); 대판 2014.8.28. 2013다74363(월급 금액으로 정한 통상임금을 시간급 금액으로 산정하는 방법에 관한 주장은 사실에 관한 진술이 아님) 등.

16) 대판 1989.5.9. 87다카749.

17) 이와 유사한 취지로 대판 2007.5.11. 2006다6836에 의하면, 소유권을 인정하는 진술을 소유권의 내용을 이루는 사실에 대한 진술로서 재판상 자백으로 인정되는 것은 사실에 대한 법적 추론의 결과에 대하여 의문의 여지가 없는 단순한 법개념에 대한 자백의 경우로 한정되며, 추론의 결과에 대한 다툼이 있을 수 있는 경우에는 권리자백으로 법원이 이에 기속을 받을 이유는 없다고 한다.

야 할 것인지 등을 종합적으로 검토해서 판단해야 할 문제라고 본다.

3. 요건

자백이 되기 위하여는 ① 구술변론 또는 준비적 구술변론절차에서 변론으로서의 진술일 것(당사자본인신문에서의 진술은 증거자료이어서 소송자료가 아니기 때문에 자백이 아니다), ② 상대방의 주장과 일치한 진술일 것, ③ 자기에게 불이익한 사실에 관한 진술일 것이 필요하다.

가. 구술변론 또는 준비적 구술변론절차에서 변론으로서의 진술일 것

자백은 상대방의 주장에 대한 사실상 진술이고 법률상의 진술이나 의견에 대해서는 자백이 성립하지 않는다. 구체적 사실은 권리주장으로 포장되어 있어도 무방하므로 이른바 법률적으로 윤색된 사실은 자백의 대상이 될 수 없다.

그리고 자백의 대상이 되는 사실은 주요사실에 한하고 간접사실,[18] 보조사실, 공지의 사실 그리고 권리자백[19]은 자백이 성립하지 않는다.

나. 상대방의 주장과 일치한 진술일 것

법정에서 구술로 진술한 경우뿐만 아니라 상대방의 주장사실을 자백하는 취지의 답변서나 준비서면이 변론기일·변론준비기일에 진술간주(148조)되는 경우에도 재판상 자백이 성립된다.[20] 소송 외에서 또는 다른 소송사건[21]에서 자기에게 불리한 진술을 한 경우 이는 재판 외의 자백에 불과하며 자백의 구속력이 인정되지 않는다.

자백의 통상적인 모습은 입증책임을 지는 당사자가 자신에게 유리한 주요사

---

18) 대판 2002.6.28. 2000다62254.
19) 단순히 건물의 소유권보존등기가 원고 명의로 되어 있는 사안의 경우에 소유권을 선결문제로 하는 소송에서 피고가 원고 주장의 소유권을 인정하는 진술은 그 소전제가 되는 소유권의 내용을 이루는 사실에 대한 진술로 볼 수 있으므로 '재판상 자백'이라 할 것이다(대판 1989.5.9. 87다카749 등). 그러나 이는 사실에 대한 법적 추론의 결과에 대하여 의문의 여지가 없는 단순한 법개념에 대한 자백의 경우에 한하여 인정되는 것이고, 추론의 결과에 대한 다툼이 있을 수 있는 경우에는 이른바 '권리자백'으로서 법원이 이에 기속되지 않는다(대판 1979.6.12. 78다1992 등). 따라서 시공업자의 건물의 원시취득이 문제가 되는 사안의 경우에 피고가 궁극적으로 이 사건 건물의 소유권은 시공업자로서 원시취득자인 소외인에게 있다고 주장함으로써 그 소유권이 원고에게 있다는 원고의 주장에 대항하고 있다면, 이 사건 건물의 소유권의 귀속에 관한 피고의 자백은 이른바 권리자백으로 법원은 이에 기속되지 않는다고 할 것이다(대판 2007.5.11. 2006다6836).
20) 대판 2015.2.12. 2014다229870.
21) 대판 1992.11.10. 92다22121; 대판 1996.12.20. 95다37988.

실을 주장한 것에 대하여 상대방 당사자가 이를 시인하는 형태로 드러난다. 예컨대, 원고가 매매사실을 주장한 것에 대하여 피고가 이를 인정하는 경우, 피고가 변제항변을 주장하였는데 이를 원고가 인정하는 경우 등이다.

위와 같은 요건에 부합한다면, 선행자백과 같이 진술자의 순서가 바뀌어도 자백의 성립에 지장이 없다.

다. 자기에게 불이익한 사실에 관한 진술일 것

어떤 사실이 자기에게 불리한 사실인지와 관련하여 상대방이 증명책임을 지는 사실이라는 견해(증명책임설)[22]와 패소판결을 가능하게 하는 모든 사실이라고 하는 견해(패소가능성설)[23]의 대립이 있다. 입증책임설은 상대방이 증명책임을 부담하는 사실이면 자기에게 불리한 사실이라고 한다. 자신의 자백에 의해 상대방의 증명책임이 면제되어 자기에게는 불리한 것이 되기 때문이라고 한다. 반면, 패소가능성설은 그 사실에 기한 판단이 자기에게 전부 또는 일부 패소의 위험이 자기에게 불리한 사실이라고 한다. 관련사실을 인정하는 취지의 진술이 있으면 상대방의 신뢰를 보호할 필요가 있고 이것을 번복하는 것은 소송경제에도 반하기 때문이라고 한다.

패소가능성설에 따르면 자백의 범위가 넓어지게 되는데, 자백의 구속력으로 인해 그 취소를 못하게 함은 법률적 약자가 문제될 것이기 때문에 자백이 아님을 전제로 당사자에게 쉽게 정정할 기회를 주는 것이 바람직하며 이를 변론 전체의 취지로 참작하는 증명책임설이 타당하다고 생각한다.

4. 자백의 구속력

재판상 자백이 성립하면 그에 대한 증명을 필요로 하지 않으므로(불요증사실, 288조) 상대방의 증명책임이 배제된다. 또한, 자백은 법원에 대한 구속력과 당사자 간에 구속력이 발생하고 자백의 철회는 원칙적으로 허용되지 않는다.

가. 법원에 대한 구속력

변론주의는 소송자료의 수집·제출을 당사자의 권능과 책임으로 하는 원칙

---

22) 이시윤, 앞의 책, 468~469면; 전병서, 앞의 책, 353면.
23) 김홍규·강태원, 471면; 정동윤·유병현·김경욱, 앞의 책, 543면; 강현중, 앞의 책, 328면. 대판 1993.9.14. 92다24899.

으로 그 원칙이 적용되는 민사소송에서 법원은 당사자 간에 다툼이 없는 사실에 관하여는 그대로 판결의 기초로 하여야 하고(적극적 구속력), 자백한 사실과 배치되는 사실을 증거에 의해 인정할 수 없다(소극적 구속력)(변론주의의 제2명제).[24]

나. 당사자에 대한 구속력

당사자는 자신이 자백한 사실에 관하여는 금반언 때문에 이것과 모순되는 사실을 주장하는 것은 허용되지 않는다. 즉, 소송에서 상대방에게 유리한 입장을 부여한 이상, 임의로 그 지위를 빼앗는 것을 허용해서는 안 되고, 또한 자백을 전제로 심리가 진행된 단계에서는 모순된 주장을 하여 심리를 혼란·지연시키는 것도 허용할 수 없다는 자기책임 내지 금반언의 원칙이 적용된다.

5. 자백 철회의 요건

재판상 자백은 임의로 철회할 수 없지만, 예외적으로 자백의 철회가 허용되는 경우가 있다. 즉, 자백의 철회가 인정되는 사유 및 그 이유는 다음과 같다.

첫째, 상대방의 동의가 있는 경우이다. 상대방의 소송상 이익을 고려할 필요가 없기 때문에 철회를 허용한다. 묵시적으로 동의한 것으로 볼 수 있다. 자백의 취소는 명시적으로 할 수 있을 뿐만 아니라 종전의 자백과 배치되는 사실을 주장함으로써 묵시적으로도 할 수 있으며,[25] 이에 대한 상대방의 동의도 명시적·묵시적으로 할 수 있다. 따라서 자백을 한 당사자가 종전의 자백과 배치되는 내용의 주장을 하고 이에 대해 상대방이 이의를 제기함이 없이 그 주장내용을 인정한 때에는 종전의 자백은 취소되고 새로운 자백이 성립된 것으로 볼 수 있다.[26] 다만 자백취소에 대해 단순히 이의를 제기하지 않았다는 것만으로는 취소에 동의했다고 할 수는 없다.[27]

둘째, 자백이 형사상 처벌받을 타인의 행위에 의해 이루어진 경우이다. 이때는 상소·재심(451조 1항 5호 참조)을 기다릴 필요도 없이 조기에 자백의 철회를 인정하는 편이 경제적이고 상대방에게 주는 불이익도 적기 때문이다. 이 경우의 자백의 철회는 재심과 마찬가지로 유죄판결의 확정을 필요로 한다.[28]

---

24) 대판 1988.10.24. 87다카804; 대판 2013.6.27. 2012다86048; 대판 2018.10.4. 2016다41869.
25) 대판 1994.9.27. 94다22897.
26) 대판 1990.11.27. 90다카20548.
27) 대판 1987.7.7. 87다카69; 위의 판결(94다22897).

셋째, 자백이 진실에 반하고 동시에 착오에 기하여 이루어진 경우이다(288조 단서). 이때에는 될 수 있는 한, 진실에 따라 재판을 하여야 한다는 진실주의의 요청에 비추어 자백자의 철회이익과 상대방의 이익을 형량하여 철회를 인정한 것이다(ZPO 290조 참조). 판례에 따르면, 이 경우 자백을 한 당사자는 자백이 진실에 반한다는 것과 착오에 의한 것임을 증명해야 한다.[29] 특히, 진실에 반하는 것임이 증명되었다고 하여 착오로 인한 자백으로 추정되는 것은 아니다.[30] 다만, 반진실이 증명된 경우라면 변론 전체의 취지만으로 착오로 인한 것임을 인정할 수 있다고 한다.[31]

6. 자백의 대상

가. 주요사실

통상적으로 법률효과를 발생시키는 법규의 구성요건해당사실이다. 이는 자백의 대상이 되는 것은 당연하다.

나. 간접사실

간접사실에 관하여 자백이 성립하는지 여부에 관하여 다툼이 있다. 간접사실은 증거와 같은 기능을 하는데 법원에 구속력을 인정하면 자유심증주의(202조)에 반하고 법원의 구속력을 부정하는 이상, 자백의 임의적 철회를 허용하여야 할 뿐만 아니라 당사자에게 구속력을 인정하여도 의미가 없다고 하여 간접사실에 대해서는 자백이 성립하지 않는다고 보는 부정설이 통설·판례이다.[32] 이에 대하여 긍정설은 간접사실에 관하여 자백의 구속력을 인정하여도 법원은 다른 간접사실로부터 자유롭게 심증형성을 할 수 있어 202조에 반하지 않고 당사자에 대한 구속력은 금반언에 따른 것이므로 간접사실에도 재판상 자백이 성립하고 법원에 대한 그리고 당사자에 대한 구속력을 인정할 수 있다고 한다.[33]

---

28) 대판 2001.1.30. 2000다42939·42946.
29) 대판 1963.2.28. 62다876; 대판 1977.12.27. 77다1968·1969; ㅊ.
30) 대판 1994.9.27. 94다22897; 대판 2010.2.11. 2009다84288·84295.
31) 대판 2000.9.8. 2000다23013; 대판 2004.6.11. 2004다13533.
32) 김홍규·강태원, 앞의 책, 512면; 이시윤, 앞의 책, 468면; 정동윤·유병현·김경욱, 앞의 책, 542면; 한충수, 앞의 책, 459면. 대판 1992.11.10. 92다22121; 대판 2000.1.28. 99다35737; 대판 2014. 3.13. 2013다213823·213830.
33) 피정현, "재판상 자백의 성립요건으로서의 자백의 대상 — 간접사실·보조사실의 자백을 중심으로 —", 비교사법 14권 3호, 152면 이하.

다. 보조사실

보조사실에 관하여 자백이 성립하는지, 특히 문서 성립의 진정에 관하여 자백이 성립하는지가 문제된다. 원칙적으로 보조사실에는 자백이 성립하지 않는다고 보는 부정설이 통설·판례이다. 증거력의 평가는 법관의 자유심증에 위임되어 있는데(202조), 보조사실에 관하여 자백의 성립을 인정하면 법관의 증거력 평가를 구속하여 실질적으로는 자유심증주의에 반하기 때문이다. 마찬가지로 문서 성립의 진정에 관하여도 자백은 성립하지 않는다고 본다. 문서의 진정성립은 문서의 실질적 증거력을 판단하는 전제이고 실질적 증거력의 평가가 법관의 자유 심증에 위임되어 있는 이상, 전면적으로 자유심증주의에 의존하여야 하기 때문이다. 판례는 이처럼 문서의 진정성립에 관한 자백을 보조사실에 관한 자백으로 보지만, 그 자백의 취소에 관하여는 다른 간접사실에 관한 자백취소와 달리 주요사실의 자백취소와 동일하게 처리해야 한다는 입장이다. 따라서 문서의 진정성립을 인정한 당사자는 자유롭게 이를 철회할 수 없으며, 문서에 찍힌 인영의 진정함을 인정하였다가 나중에 이를 철회하는 경우에도 마찬가지라고 한다.[34]

라. 공지의 사실

공지의 사실에 반하는 자백은 성립하지 않는다. 공지의 사실에 반하는 자백을 재판의 기초로 하게 되면 진실한 재판에 대한 일반인의 신용을 상실케 할 우려가 있기 때문이다. 공권적 제도를 이용하고 있는 이상, 변론주의가 적용된다고 하여도 공지의 사실에 반하는 자료를 판결의 기초로 해서는 안 된다.

[표 4-7] 청구의 인낙과 자백의 비교

	청구의 인낙	권리자백	재판상 자백
대 상	소송물(청구)인 권리관계	소송물의 전제로 되는 법률관계	청구를 이유 있게 하는 사실
이 념	처분권주의	법원의 직책	변론주의
효 력	소송종료효, 확정판결과 동일효	다툼이 있음	증명 불필요, 법원 및 당사자 구속력

---

34) 대판 2001.4.24. 2001다5654.

Ⅳ. 자백간주

당사자가 변론기일 또는 변론준비기일에 상대방이 주장하는 사실을 명백히 다투지 않는 경우에는 그 사실을 자백한 것으로 간주하게 되는데(150조 1·3항, 257조 1항), 이는 다툴 의사가 없다고 볼 수 있기 때문이다. 또한, 당사자가 기일통지서를 공시송달이 아닌 방법으로 송달받고 변론기일에 결석한 경우에도 출석한 상대방의 소장·준비서면에 의해 기재되고 예고된 사실에 관하여 자백한 것으로 간주되는데(150조 3항 본문),[35] 이는 다툴 기회가 부여되었음에도 다투지 않았기 때문이다.

자백간주가 성립되는지는 변론의 일체성 때문에 사실심의 변론종결시를 기준으로 판단한다. 변론 전체의 취지에 비추어 그 사실을 다툰 것으로 인정할 수 있는 때에는 자백간주는 성립하지 않는다(150조 1항 단서).[36] 따라서 당사자는 변론이 종결될 때까지 어느 때라도 상대방의 주장사실을 다툼으로써 자백간주를 배제시킬 수 있으므로 상대방의 주장사실을 다투었다고 인정할 것인지는 사실심 변론종결 당시에 변론의 전체를 살펴서 구체적으로 결정하여야 한다.[37]

이처럼 자백간주는 법원에 대한 구속력이 있지만 당사자는 사실심의 구술변론종결 시까지 언제라도 다툴 수 있기 때문에 당사자에 대한 구속력은 없다.

---

35) 대판 2018.7.12. 2015다36167은 1심에서 피고에 대해 공시송달로 재판이 진행되어 청구가 기각되자 원고가 항소한 항소심에서 피고가 공시송달이 아닌 방법으로 송달받고도 다투지 아니한 경우에는 자백간주가 성립된다고 한다.
36) 대판 2012.5.24. 2012다19758에 의하면, 변론 전체의 취지로 보아 당사자가 상대방이 주장하는 사실에 대하여 다툰 것으로 인정되는 경우에는 자백간주가 성립하지 않고(법 150조 1항 참조) 명백히 다투었는지는 변론종결 당시의 상태에서 당사자의 변론을 일체로 하여 종합적으로 판단해야 한다고 한다.
37) 대판 2004.9.24. 2004다21305; 대판 2012.10.11. 2011다12842.

제2절 자유심증주의

I. 의의

1. 개념

자유심증주의란 소송에서 사실인정을 법관의 자유로운 평가에 위임하는 원칙을 말한다. 자유심증주의에서 법원은 증거조사의 결과와 변론 전체의 취지를 심증형성을 위하여 사용할 수 있다(202조). 이는 법정증거주의에 대한 반대개념이다. 법정증거주의란 증거방법을 제한하고 증거력을 법정하여 법관의 판단을 구속하는 원칙을 말한다.

2. 근거

현행법이 자유심증주의를 채용하는 근거는 전문적인 지식과 경험이 있는 법관이 복잡하고 동시에 다양하게 변화하는 사회생활의 현실을 인식할 수 있고 탄력적으로 공평하며 동시에 적정한 판단을 기대할 수 있기 때문이다. 반면, 법정증거주의는 증거방법 또는 증거력을 법정하여 법관의 판단을 구속하는 원칙으로 법관의 소질이 불충분·미완성인 경우에는 무책임한 독단을 억제하는 효과를 가진다고 할 수 있다.

II. 내용

자유심증주의에서 법관은 증거조사의 결과와 변론 전체의 취지를 참작하여 자유로운 심증에 의해 사실인정을 할 수 있다(202조).

1. 증거방법의 무제한

자유심증주의에서는 법관이 사실인정을 하기 위하여 증거조사의 결과를 참작할 수 있다. 증거조사의 결과란 법관이 증거조사를 한 결과 얻은 증거자료를 말한다. 그리고 자유심증주의에서는 법관이 사실인정을 위하여 조사할 수 있는 증거방법에는 제한이 없다. 따라서 전문증거도 증거능력이 인정된다.

2. 변론 전체의 취지

자유심증주의에서 법관은 사실인정을 위하여 '변론 전체의 취지'도 참작할 수 있다. '변론 전체의 취지'란 구술변론에서 나타난 증거자료 이외에 일체의 자료를 말한다. 즉, 여기에는 당사자의 변론내용, 석명처분에 의해 얻어진 자료, 당사자 또는 대리인의 진술태도 및 공격방어방법의 제출시기 등 일체를 포함한다. 변론 전체의 취지는 증거조사의 결과를 보충할 뿐만 아니라 이것만으로도 심증형성을 할 수 있다면 더 이상의 증거조사는 필요가 없고 증거조사를 하여도 그 결과에 따라 변론 전체의 취지를 중시하면서 사실인정을 하여야 할 것이다(독립적 증거원인설).[38] 이와 달리 판례는 원칙적으로 변론 전체의 취지에 대해 증거자료를 보충하는 효력만을 인정하고 변론 전체의 취지만으로 다툼 있는 사실을 인정하는 것을 부정하는 입장이다(보충적 증거원인설).[39]

3. 증거력의 자유평가

자유심증주의에서는 증거의 증거력은 법관의 자유로운 평가(자유로운 심증)에 위임된다(202조). 증거로부터 주요사실·간접사실을 인정하거나 간접사실로부터 다른 간접사실 또는 주요사실을 인정하는 것도 법관의 자유로운 평가에 위임된다. 한편, 자유로운 평가라고 하여도 그것은 경험칙에 따라 이루어져야 한다. 왜냐하면 자유심증주의를 채택했더라도 경험칙을 무시한 자의적인 사실인정이 허락되는 것은 아니기 때문이다. 자유심증주의의 귀결로서 경험칙의 자유 사용과 증거공통의 원칙이 유도된다.

가. 경험칙의 자유사용

자유심증주의에서는 법관이 심증을 형성하기 위하여 자유롭게 경험칙을 취사선택할 수 있다. 경험칙이란 경험에서 얻어진 지식·법칙을 말한다. 증거로부터

---

38) 김홍규·강태원, 앞의 책, 530~531면.

39) 보충적 증거원인설: 이시윤, 앞의 책, 532면; 정동윤·유병현·김경욱, 앞의 책. 557면. 대판 1983.9.13. 83다카971; 대판 1995.2.3. 94누1470. 다만 문서의 진정성립(대판 1982.3.23. 80다1857) 및 자백의 철회요건으로서의 착오(대판 1991.12.24. 91다21145·21152)에 한하여 예외적으로 변론 전체의 취지만으로 이를 인정할 수 있다고 한다.

간접사실 또는 주요사실을 인정하고 또한, 증거와 마찬가지의 기능을 하는 간접
사실로부터 간접사실 또는 주요사실을 인정하는 경우에는 반드시 경험칙이 사용
된다.

나. 사실인정에 대한 불복신청

자유심증주의에서는 법관의 자유로운 판단에 의해 증거력을 평가하여 사실
인정을 하기 때문에 자유심증의 범위 내에서는 위법한 문제가 발생하지 않는다.
그러나 법원이 위법한 변론 또는 증거조사의 결과를 채용하여 사실인정을 한다
든지, 적법한 변론 또는 증거조사의 결과를 합리적인 이유 없이 배척하고 사실인
정을 하면 이는 위법한 것으로 그 판결은 법령 위반으로 상고이유가 된다(423조).

또한, 사실인정의 판단과정이 전혀 상식적으로 있을 수 없는 추론에 의한 경
우에도 202조의 자유심증주의의 원칙에 위반하여 상고이유로 될 수 있다. 자유심
증주의는 법원의 자의적인 심증형성을 허락하는 것이 아니라 경험칙을 사용하여
적정한 사실인정을 요구하는 것이기 때문이다.

그렇다면 어떠한 경험칙 위반이 상고이유로 되는지가 문제되는데, 사실인정
과정에서 경험칙 위배의 사실인정이 비상식적이라고 할 수 있는 경우에만 202조
의 위반으로 상고이유로 된다고 본다. 사실인정 과정에서 사용되는 경험칙의 취
사선택은 사실심 법관의 자유심증에 맡겨져 있으므로 경험칙과 다른 사실인정
또는 경험칙 적용의 오류를 바로 법령 위반으로 보아서는 안 되고, 다만 자유심
증주의라고 할지라도 비상식적인 사실인정을 허용하는 것이 아니고 경험칙의 취
사선택도 자유심증주의(202조)의 내재적 제약을 받는다고 해야 하기 때문이다(통
설·판례).[40]

경험칙 위배를 모두 상고이유로 인정한다면 사실인정의 불복이 모두 법률심
으로 가게 되어, 즉 상고를 하게 되어 사실심과 법률심을 구별하는 취지에 반하

---

40) 김홍규·강태원, 앞의 책, 535면; 이시윤, 앞의 책, 537면. 대판 2016.3.24. 2014두779; 대판
2017.6.19. 2015다237830에 의하면, 사실인정이 사실심의 재량에 속한다고 하더라도 그 한도를
벗어나서는 안 된다고 한다. 대판 2023.11.16. 2020다292671에 의하면, 노동능력상실률을 정하기
위한 보조자료의 하나인 의학적 신체기능장애율 및 그에 대한 감정인의 감정결과 등은 사실인
정에 관하여 특별한 지식과 경험, 통계치 등을 요하는 경우에 법관이 이용하는 참고자료에 불
과한 것으로, 궁극적으로는 피해자의 모든 조건과 경험칙에 비추어 규범적으로 결정할 수밖에
없으므로 동일한 사실에 관하여 일치하지 않는 수 개의 자료가 있을 때 법관이 그 하나에 의거
하여 사실을 인정하거나 이를 종합하여 사실을 인정하는 것은 경험칙 또는 논리법칙에 위배되
지 않는 한 적법하다고 한다.

게 된다. 따라서 법령 위반으로서 상고이유로 되는 것은 사실인정이 상식적인 경험칙에 위반한 경우에 한정된다고 하여야 할 것이다. 왜냐하면 전문적인 경험칙에 관하여는 상고심의 법관도 문외한이기 때문에 그의 사실심의 인정을 비판하는 것은 의미가 없기 때문이다.

Ⅲ. 주장공통의 원칙, 증거공통의 원칙

1. 주장공통의 원칙

주장공통의 원칙이란 주장책임을 부담하지 않는 당사자의 주장일지라도 법원은 이를 판결의 기초로 채용할 수 있다고 하는 원칙이다. 이것은 변론주의에 반하지 않는다. 왜냐하면 변론주의는 소송자료의 수집·제출에 관한 당사자·법원의 역할분담문제이고 당사자의 어느 쪽이 주장한 사실이 있다고 한다면 공통의 소송자료로 참작하여도 관계가 없기 때문이다. 또한, 불의타의 방지라고 하는 관점에서도 당사자의 어느 쪽이 주장해 두면 충분한 것이다.

2. 증거공통의 원칙

가. 의의

증거공통의 원칙이란 법원이 당사자 일방의 제출증거를 다른 당사자의 유리한 사실인정을 위하여 사용할 수 있다는 원칙을 말한다.[41] 이것은 자유심증주의의 한 내용으로 인정된다. 전술한 것처럼 자유심증주의의 한 내용으로서 증거의 증거력도 법관의 자유로운 평가에 위임되어 있기 때문이다(증거력의 자유평가).

이와 관련하여 변론주의와의 관계가 문제인 바, 증거공통의 원칙은 변론주의에도 반하지 않는다. 왜냐하면 변론주의가 소송자료의 수집·제출이 당사자의 권능과 책임으로 되고 이미 입증책임의 여하에 따라와 증거가 제출된 이상, 그것을 어떻게 평가할 것인지는 변론주의의 적용범위 외에 있기 때문이다.

나. 증거조사 신청의 철회 등

증거조사 신청의 철회와 관련해서는 다음과 같이 이해해야 한다. 증거조사 개시 전에는 변론주의가 타당하기 때문에 자유롭게 철회할 수 있지만 증거조사

---

41) 대판 2004.5.14. 2003다57697; 대판 2014.3.13. 2013다213823·213830.

개시 후에는 증거공통의 원칙에 의해 상대방이 유리한 증거자료를 얻을 수 있을 가능성이 있기 때문에 상대방의 동의가 없으면 철회할 수 없고 증거조사 종료 후에는 이미 법원의 심증이 형성되어 있어 철회를 인정하면 법관의 자유로운 심증형성을 방해함으로써 자유심증주의에 반하기 때문에 상대방의 동의가 있더라도 철회를 허용하지 않는다고 보아야 할 것이다.

Ⅳ. 증명의 정도

어느 정도 증명되어야 법원이 어떤 사실의 존재를 판단할 수 있는지에 관해서는 통설·판례는 고도의 개연성설을 취하고 있다.[42] 여기에서 고도의 개연성이란 증거를 고려할 때 요증사실이 진실일 확률이 80~90% 정도인 상태를 의미한다. 다만, 판례는 예외적으로 일정한 경우 상당한 개연성으로도 증명이 되었다고 볼 수 있는 있다는 입장을 취하고 있다. 즉, 고도의 개연성이 아닌 상당한 개연성으로 증명이 이루어졌다고 해석함으로써 증명도의 완화를 인정하고 있는 있다. 예컨대, 불법행위로 인한 손해배상청구소송에서 재산적 손해의 발생사실은 인정되지만 구체적인 손해액수를 증명하는 것이 사안의 성질상 곤란한 경우 법원은 증거조사의 결과와 변론 전체의 취지에 의하여 밝혀진 당사자들 사이의 관계, 불법행위와 그로 인하여 재산적 손해가 발생하게 된 경위, 손해의 성격 또는 손해가 발생한 이후 여러 정황 등 관련된 모든 간접사실을 종합하여 손해의 액수를 판단할 수 있다고 한다.[43] 이러한 법리는 자유심증주의에서 손해의 발생사실은 증명되었으나 사안의 성질상 손해액에 대한 증명이 곤란한 경우 증명의 정도를 경감함으로써 손해의 공평·타당한 분담을 지도원리로 하는 손해배상제도의 이상과 기능을 실현하는 데 그 취지가 있다고 할 것이다. 따라서 법원이 위와 같은 방법으로 구체적인 손해액을 판단할 때에는 손해액 산정의 근거가 되는 간접사실의 탐색에 최선의 노력을 다하여야 하고 그와 같이 탐색해 낸 간접사실을 합리적으로 평가하여 객관적으로 수긍할 수 있는 손해액을 산정하여야 한다.[44]

---

42) 이시윤, 앞의 책, 535면; 김홍엽, 앞의 책, 737면. 대판 2009.3.26. 2008다72578; 대판 2012.4.13. 2011다1828.

43) 대판 2004.6.24. 2002다6951·6968.

44) 대판 2009.9.10. 2006다64627; 대판 2007.11.29. 2006다3561; 대판 2014.7.10. 2013다65710.

이러한 판례의 취지를 반영하여 2016년 개정법은 손해 발생이 인정되는 경우에 명문의 규정으로 손해액수의 증명도를 완화하였다. 즉, 손해가 발생한 사실은 인정되나 구체적인 손해의 액수를 증명하는 것이 사안의 성질상 매우 어려운 경우에 법원은 변론 전체의 취지와 증거조사의 결과에 의하여 인정되는 모든 사정을 종합하여 상당하다고 인정되는 금액을 손해배상 액수로 정할 수 있다고 규정하였다(202조의2).

V. 자유심증주의의 예외

자유심증주의는 증거방법의 무제한과 증거력의 자유평가가 그 핵심적인 내용이다. 그러나 자유심증주의에서도 법관의 심증형성을 명확화할 필요가 있고 절차의 신속 또는 공평의 요청 때문에 진정 성립이 인정된 처분문서와 민사·형사를 불문하고 확정된 판결서의 기재에 강력한 증거력을 인정하여[45] 법원의 자유심증주의를 제한하고 있다. 그 이외에도 다음과 같은 자유심증주의의 예외를 인정하고 있다.

1. 증거방법의 제한

가. 절차의 명확성, 신속성에 기한 제한

절차의 명확성·안정화의 요청 때문에 구술변론의 방식에 관한 증명은 조서로 제한된다(158조). 또한, 절차의 신속성 요청 때문에 소명사항은 즉시 조사할 수 있는 증거로 제한된다(299조 1항). 그리고 대리권 또는 선정당사자의 증명은 서면에 의한다(58조·89조·61조).

나. 위법수집증거

증거능력이란 증거가 증거조사의 대상으로 될 수 있는 자격을 말한다('증거적격'이라고도 한다). 그런데 절취한 일기장·무단녹음테이프 등과 같이 위법수집증거에 증거능력을 인정할지 여부가 문제로 되는 바 민사소송은 진실발견의 요청 때문에 자유심증주의를 채택하여 사실인정을 법원의 자유로운 심증에 위임하고 증거방법의 증거능력에는 어떠한 제한도 설정되어 있지 않다. 따라서 당사자가 입

---

45) 대판 1971.10.25. 71다1976·1977.

증을 위하여 제출한 증거는 원칙적으로 증거능력을 긍정하여야 하므로 민사소송
절차에서는 형사소송법의 법리에 따른 위법수집증거의 증거능력 배제법칙이 적
용되지 않는다.[46]

그러나 민사소송에서도 절차적 정의 또는 법질서의 유지라는 요청이 작용한
다. 또한, 변론주의·처분권주의를 채택하고 있기 때문에 절대적 진실의 발견을
요청하고 있는 것도 아니다. 그렇다면 위법한 수단으로 수집된 증거(위법수집증거)
는 일정한 경우에는 증거능력이 부정되어야 할 것이다. 그리고 어떠한 경우에 증
거능력을 부정하여야 하는지에 관하여는 진실발견의 요청과 절차적 정의의 요청
사이에 조화를 이루어야 한다는 관점에서 증거수집행위의 태양, 피침해이익의 중
요성 또는 증거의 필요성 등 구체적 사정을 종합적으로 비교·형량하여 결정하는
것이 타당할 것이다.

이에 관하여는 긍정적 요소(진실발견의 요청, 자유심증주의에서는 법관이 증거력을
평가한다)와 부정적 요소[절차적 정의(공평)의 요청(due process), 법질서 유지의 요청 또
는 인격권 침해 등 위법행위 유발의 위험]가 있다. 증거수집의 위법성에 의해 별도의
손해배상청구 문제를 발생시킨다고 하여도 증거평가는 법관의 자유로운 판단에
의하여야 한다고 하는 전면 긍정설,[47] 증거수집이 신의칙에 위반한 때에는 증거
능력을 결여한다고 하는 견해, 헌법상 인격권의 침해는 정형적으로 증거능력을
부정하여야 한다고 하는 견해, 헌법상 인격권을 침해하고 반사회적인 수단으로
수집·사용된 증거방법에 관하여 증거능력을 부정하여야 한다고 하는 견해, 당사
자의 항쟁수준 등에 비추어 구체적 사정에 비추어 당해수집행위를 할 수 없는 경
우에는 예외적으로 증거능력을 긍정한다고 하는 견해 또는 수집행위의 태양, 피
침해이익의 중요성, 증거의 필요성 등 구체적 사정을 종합적으로 비교·형량한다
고 하는 견해 등이 있다.

기본적으로 증거를 위법수집한 경우에 불법행위가 되어 실체법상 손해배상
책임을 면치 못한다고 하는 측면에서는 소송상의 제재로 그 증거능력을 부인하
는 것이 타당할 것이다(소극설).[48] 다만, 정당방위 그 밖의 위법성조각사유가 있거

---

46) 서울중앙지판 2017.3.8. 2014가단5354441.
47) 대판 2009.9.10. 2009다37138; 대판 1999.5.25. 99다1789 등
48) 대판 2006.10.13. 2004다16280.

나 상대방이 증거방법으로 동의하거나 이의가 없는 때만은 증거능력을 인정하여
도 좋을 것이다.[49]

다. 증거계약

증거계약이란 특정소송에 관하여 판결의 기초로 되는 사실의 확정방법에 관
한 당사자의 합의를 말한다. 자백계약, 소송계약 및 증명책임계약[50]도 증거계약
의 한 가지이다. 유효한 증거계약이 있다면 증거방법이 제한되는 경우가 있다.
이 이외에도 중재감정계약도 유효하다. 다만, 중재감정계약에 대하여 법원은 지
명된 전문가의 판단을 채택하지 않을 수 있다.[51] 예컨대, 당사자의 약정에 의하
여 지명된 감정인의 감정의견에 따라 기성공사대금을 지급하기로 한 경우라도
그에 따른 감정의견이 신빙성이 없다고 판단하는 것이 타당하기 때문에 자유심
증주의의 원칙에 따라 법원은 다른 합리성이 있는 전문적 의견을 보충자료로 삼
아 분쟁사안을 판단할 수밖에 없다고 판시하여 다른 전문가의 판단을 채택할 수
있을 것이다. 다만, 그러나 증거력 계약은 법관의 자유로운 증거력 판단을 제약
하는 것이므로 무효라고 보아야 할 것이다.

2. 증거력의 자유평가에 대한 제한

가. 문서의 형식적 증거력의 추정

문서의 형식적 증거력에 관해서는 추정규정이 있다(356조 1항·358조). 이는
경험칙을 법으로 정한 일종의 법정증거법칙이고 자유심증주의의 예외라고 할
수 있다. 문서의 형식적 증거력에 관한 추정은 다른 증거에 의해 이를 복멸할 수
있다.

나. 증명방해

당사자 일방이 고의 또는 과실로 상대방의 증명활동을 방해한 경우(증명방해)
그것만으로 그 방해자에게 불이익하게 사실을 인정하여도 된다는 명문의 규정은
없다. 증명방해란 당사자 일방이 어떤 증거방법에 대하여 고의·과실, 작위·부작
위에 의하여 한쪽 당사자의 증거의 사용을 곤란하게 하거나 불가능하게 만드는

---

49) 이시윤, 앞의 책, 458면. 다만, 459면에서는 형사소송법 등의 개정에 비추어 판례 변경을 검토
   할 때가 되었다는 입장을 보이고 있다.
50) 대판 1977.10.28. 97다33089.
51) 대판 1994.4.29. 94다1142; 대판 2007.4.12. 2004다39467; 대판 2011.11.24. 2011다9426.

것을 말한다.[52] 법은 증명방해에 관한 일반적인 규정을 두고 있지 않으며, 다만 당사자의 문서부제출(349조), 당사자의 문서사용방해(350조), 대조용문서의 제출거부(360조) 등에 대해서 개별적으로 이를 규정하고 있다. 이처럼 개별적으로 법률상 명문규정이 있는 증명방해의 경우에는 그 효과는 각 규정에 따라 해결하면 된다. 이와 달리 개별 규정이 적용되지 않는 증명방해의 경우에는 그 효과(제재방법)를 어떻게 규율할지가 문제된다.

일반적으로 증명방해는 당사자간의 공평의 원칙 또는 신의칙(1조)에 위배하는 것으로, 이 경우 법원은 방해의 태양, 귀책의 정도, 방해받은 증거의 중요성 등을 고려하여 그 자유심증으로 방해자에게 불이익한 사실인정을 할 수 있다고 보아야 할 것이다(자유심증설).[53] 이와 달리 증명방해가 있으면 방해자에게 불이익한 사실의 부존재를 입증하도록 증명책임을 전환해야 한다는 견해(증명책임전환설), 요증사실 자체를 진실한 것으로 인정할 수 있다는 견해(법정증거설)[54] 등은 다양한 증명방해의 태양이나 귀책의 정도를 반영하지 않고 획일적으로 처리하는 것으로 타당하지 않다고 본다.[55] 판례는 증명방해 행위를 하나의 자료로 하여 자유로운 심증에 따라 방해자에게 불리한 평가를 할 수 있음에 그칠 뿐 증명책임이 전환되거나 곧바로 상대방의 주장사실이 증명되었다고 보아야 하는 것은 아니라고 자유심증설의 입장을 취하고 있다.[56]

---

52) 대판 1996.4.23. 95다23835에 의하면, 증거자료에의 접근이 훨씬 용이한 한쪽 당사자가 상대방의 증명활동에 협력하지 않는다고 하여 이를 곧 증명방해라고 할 수는 없다고 한다.
53) 김홍규·강태원, 앞의 책, 533면; 이시윤, 앞의 책, 539면.
54) 강현중, 앞의 책, 339면.
55) 김홍엽, 앞의 책, 745면.
56) 대판 1995.3.10. 94다39567; 대판 2010.5.27. 2007다25971; 대판 2010.9.30. 2010다12241·12258에 의하면, 유족의 반대로 부검이 이루어지지 않은 경우 그로 인한 불이익은 사망 원인을 밝히려는 증명책임을 다하지 못한 유족들이 감수해야 한다고 한다.

제3절　증명책임

Ⅰ. 의의

1. 개념

증명책임이란 어떤 사실이 진위불명인 경우에 그 사실을 요건으로 한 법률효과가 발생하지 않는 당사자 일방의 위험 또는 불이익을 말한다.[57] 당사자의 어느 쪽 일방에게 증명책임을 부담시키는 것은 재판 거부의 방지를 위한 법 기술이다. 이를 입증책임 또는 거증책임이라고도 한다.

2. 존재근거(취지)

법원은 사실의 진위불명을 이유로 재판을 거부해서는 안 된다(재판거부의 금지). 왜냐하면 자력구제를 금지하는 대신에 국가구제를 위해 소송제도가 만들어진 점, 재판을 거부할 수 있다고 하면 당사자의 분쟁이 영구히 해결될 수 없어 결국 헌법상 당사자의 재판을 받을 권리(헌법 27조)를 침해당할 우려가 있기 때문이다. 그러나 법관도 인간이므로 증거조사를 한다고 할지라도 주요사실의 존부에 관하여 심증을 형성할 수 없는 경우가 있다. 이러한 진위불명의 상황에서도 재판을 하기 위해서는 어떤 사실의 존부에 대한 증명책임을 당사자 중 어느 한쪽에게 부담시켜 그 사실이 진위불명인 때 그에게 불리한 재판을 할 수 있도록 하는 법 기술이 필요하기 때문에 증명책임이 인정된 것이다.

---

[57] 박재완, 앞의 책, 328면. 법원은 원고가 주장 및 증명책임을 지는 청구원인사실에 대하여 심증형성이 되지 않는 경우 판결서에 "원고는 이 사건 청구원인에서 … 라고 주장하지만 이를 인정할 증거가 없어 이를 기각하기로 하여 주문과 같이 판결한다"라고 하는 식으로 기재한다. 반면, 원고가 주장 및 입증책임을 모두 완수하여 그 사실이 인정될 경우에는 "갑 제1호증의 기재, 증언 홍길동의 증언 및 변론 전체의 취지에 의하면 … 라는 사실을 인정할 수 있어 원고의 청구를 인정할 수 있어 주문과 같이 판결한다"고 하는 방식으로 판결서를 작성한다.

[표 4-8] 주요사실과 법률효과의 관계

주요사실의 주장	주요사실의 주장 → 법률효과의 발생	
	진위가 명백한 경우	존재(명백 ○) → 법률효과 발생
		부존재(명백 ○) → 법률효과 불발생
	진위가 불명한 경우	법률효과 불발생 (이유) 주장자에게 증명책임이 있음에도 이를 증명하지 못하였기 때문

3. 내용·대상

가. 증명책임의 대상이 되는 사실은 주요사실이다. 법원은 소송물인 권리관계의 유무를 판단할 수 없으면 재판을 할 수 없다. 따라서 소송물인 권리관계의 존부를 판단하는데 직접 필요한 사실, 즉 주요사실에 관해서 증명책임이 인정된다.

나. 객관적 증명책임이란 증거조사를 다 마친 단계에서 진위불명인 때에 문제가 되기 때문에 증명하지 않은 경우와 같은 불이익을 받는 결과책임을 의미한다(통설).[58] 증명책임의 대상이 되는 사실은 주요사실이다. 왜냐하면 증명책임은 상술한 바와 같이 재판 거부를 방지하기 위한 법 기술이고 재판을 하는데 필요불가결한 사실, 즉 소송물인 권리관계의 존부와 직결하는 주요사실만 확정할 수 있으면 재판을 할 수 있으며 증명책임을 미리 당사자 일방에게만 부담시키면 객관적으로 재판하는 것이 가능하기 때문이다. 그리고 증명책임은 법관의 자유심증에 의해 사실 존부를 확정할 수 있다고 한다면 등장하지 않는다. 즉, 증명책임은 자유심증주의의 기능이 더 이상 작동할 수 없을 경우 비로소 기능을 한다. 증명책임은 변론주의·직권탐지주의 어느 쪽에서도 필요하다.

다. 주관적 증명책임이란 당사자가 승소하기 위해서는 소송진행단계에서 자신이 증명책임을 부담하는 주요사실을 증명하도록 증거를 제출해야 하는 당사자 일방의 행위책임을 말한다. 이를 증거제출책임이라고 한다. 이러한 주관적 증명책임은 변론주의에서만 나타난다. 원래 증거는 당사자 쌍방에게 공통적으로 이용되기 때문에 당사자 일방에게 증거제출의 책임 또는 의무가 있는 것은 아니다. 그러나 증거가 불충분하면 일방이 불이익을 당한다는 의미에서는 이러한 불이익

---

58) 김홍규·강태원, 앞의 책, 481면; 이시윤, 앞의 책, 543면; 정동윤·유병현·김경욱, 앞의 책, 570면.

을 면하기 위해서 주요사실에 관하여 증명책임을 부담하는 자가 증거를 제출해야 할 행위책임이 인정된다. 다만, 자백이 이루어진 사실에 관하여는 증거를 제출할 필요는 없다(288조).

라. 증명책임의 분배는 본래 소송종료단계에서 기능하지만(결과책임) 소송을 진행하는 과정에서 당사자·법원의 소송활동을 규율하는 기준으로 되는 경우가 많다. 즉, 주장책임의 분배는 증명책임의 분배에 따르고 주관적 증명책임은 이 개념을 긍정할 경우 증명책임의 분배에 따른다. 그리고 석명권 행사의 기준으로 법원은 증명책임을 부담하는 자에게 충분한 주장·입증을 시키고 그러하지 못할 경우에는 증명책임의 분배가 기준으로 작용하여 판단한다. 부인과 항변의 구별에서 증명책임의 소재로 양자를 구별하는 기준으로 활용하고 청구원인사실과 항변사실의 구별은 원·피고의 증명책임의 소재에 의한다. 자백은 증명책임이 있는 자의 상대방이 이를 인정하는 것이고(증명책임설[59]), 본증과 반증의 구별은 증명책임의 소재로 구별한다.

4. 분배기준

가. 법률요건분류설

주장책임 및 증명책임의 분배를 어떠한 기준으로 결정하는지는 기준의 명확성 및 사고경제 상의 관점에서 실체법규의 구성요건이 정한 방식에 따라 결정한다는 법률요건분류설이 통설·판례이다.[60] 각 당사자는 자기에게 유리한 법규의 요건사실에 대해 증명책임을 진다는 입장으로, 원고·피고는 각각 다음과 같은 사실에 대해 증명책임을 진다. ① 매매와 같이 유효한 법률효과의 발생을 정한 법규(권리근거규정)의 요건사실에 관하여는 그 권리의 발생을 주장하는 자가, ② 불공정한 법률행위(민법 104조), 통정허위표시(동법 108조)와 같이 무효사유에 해당하는 것으로 권리근거규정에 기한 법률효과의 발생을 애초부터 막는 법규(권리장애규정)의 요건사실에 관하여는 그 권리가 발생하지 않았음을 주장하는 자가, ③ 변제, 사기·강박과 같이 일단 발생한 법률효과의 소멸을 규정한 법규(권리소멸규정)의 요건사실에 관하여는 그 권리의 소멸을 주장하는 자가, ④ 정지조건·동시

---

59) 이시윤, 앞의 책, 469면; 전병서, 앞의 책, 353면.
60) 김홍규·강태원, 앞의 책, 485면; 이시윤, 앞의 책, 544면; 김홍엽, 앞의 책, 751면.

이행항변권과 같이 권리 자체를 소멸시키는 것은 아니지만 그 행사를 제한하는 법규(권리저지규정)의 요건사실에 관하여는 그 권리행사의 제한을 주장하는 자가 각각 증명책임을 부담한다. 즉, ①은 권리주장자인 원고에게, ②~④는 항변사유로 피고에게 증명책임이 분배된다.[61] 그리고 ⑤ 실체법규가 전단과 후단으로 규정되어 있는 경우에 전단은 권리근거규정으로 원고가, 후단은 항변사유로 피고가 각각 주장·증명책임을 지게 된다. 또한 ⑥ 소송요건 중 직권조사사항인 경우에는 원고가, 항변사항에 관하여는 피고가 부담한다.

나. 검토

(1) 손해배상청구의 소에서 고의 . 과실

법률요건분류설에 따라 손해배상청구를 할 수 있는 실체법적 근거인 채무불이행과 불법행위를 검토하면 주장·입증책임과 관련하여 소송상 유의미한 내용을 알 수 있다. 즉, 채무불이행에 의한 손해배상청구의 권리근거사실은 민법 390조가 "채무자가 채무의 내용에 좇은 이행을 하지 아니한 때에는 채권자는 손해배상을 청구할 수 있다. 그러나 채무자의 고의나 과실 없이 이행할 수 없게 된 때에는 그러하지 아니하다"고 규정하고 있으므로, 원고가 채무불이행에 따른 손해배상청구를 하기 위한 요건사실(주요사실)은 "피고인 채무자가 채무의 내용에 좇은 이행을 하지 아니한 사실"이므로 원고의 입증책임의 대상은 위 요건사실(주요사실)만 주장·입증하면 되고 오히려 피고가 "자신의 고의나 과실 없이 이행할 수 없게 된 경우"를 항변으로 입증책임을 부담한다.

반면 민법 750조는 "고의 또는 과실로 인한 위법행위로 타인에게 손해를 가한 자는 그 손해를 배상할 책임이 있다"고 규정하고 있으므로, 위 논리에 따라 원고가 불법행위를 원인으로 한 손해배상청구를 하기 위한 요건사실(주요사실)은 "고의 또는 과실이 있을 것, 위법성, 인과관계, 손해(액)"이고 원고가 불법행위에 따른 손해배상을 청구하기 위해서는 입증책임의 대상인 위 요건사실 전부를 주

---

61) 대판 2023.11.30. 2022다280283에 의하면, 사실을 적시함으로써 타인의 명예를 훼손하는 경우 원고가 청구원인으로 적시된 사실이 허위사실이라고 주장하며 손해배상을 구하는 때에는 허위성에 대한 증명책임은 원고에게 있으며, 피고가 적시된 사실에 대하여 그 목적이 오로지 공공의 이익을 위한 것이고 그 내용이 진실한 사실이거나 진실이라고 믿을 만한 상당한 이유가 있어 위법성이 없다고 항변할 경우 위법성을 조각시키는 사유에 대한 증명책임은 피고에게 있다고 한다.

장·입증하여야 하므로 오히려 채무불이행인 경우에는 피고인 가해자에게 고의나 과실이 있는 것을 주장·입증하여야 하는 것과 달리 불법행위에서는 원고가 그것을 주장·입증하여야 한다. 즉, 법률요건분류설에 따라 주장할 경우 그 법조문의 구조의 차이에 따라 위와 같이 다른 요건사실을 기재할 필요가 있다.

(2) 소극적 확인의 소에서 권리의 요건사실

채권채무관계가 없다는 확인을 구하는 소극적 확인의 소의 경우에도 주장책임과 입증책임의 소재가 일치한다. 그러나 소극적 확인의 소의 경우 원고가 어떠한 권리 또는 법률관계의 부존재를 소송물로 삼고 있는지는 특정하여야 하므로 그 한도에서 필요한 법률관계의 주장은 채무자인 원고가 하여야 한다. 예컨대, 매매대금채무부존재확인의 소에서 그 청구원인은 적어도 "피고가 2024.3.10. 매매계약에 따라 별지목록 기재와 같은 매매계약을 체결하였다고 하면서 원고에게 1억원의 매매대금채권이 있다고 주장하지만 원고는 위와 같은 매매계약을 체결한 사실이 없으므로 매매대금채무를 지급할 아무런 이유가 없다"고 주장하여야 하므로 청구원인에는 적어도 2024.3.10.자 원·피고 간의 매매계약이 없다고 하는 사실을 기재할 필요가 있다. 이처럼 원고가 먼저 청구를 특정하여 채무발생원인을 부정하는 주장을 하면 피고(채권자)는 권리관계의 요건사실에 관하여 주장·입증책임을 진다.[62]

(3) 준소비대차에 있어서 구채무의 존재

민법 605조, 즉 "당사자 쌍방이 소비대차에 의하지 아니하고 금전 기타의 대체물을 지급할 의무가 있는 경우에 당사자가 그 목적물을 소비대차의 목적으로 할 것을 약정한 때에는 소비대차의 효력이 생긴다"고 규정하고 있으므로 채권자에게 구채무의 존재에 대해 증명책임이 있다고 볼 수도 있다. 그러나 준소비대차에서는 채권자가 채무자에게 구채권증서를 반환한다든지, 파기한 경우가 많아 구채무의 입증이 곤란할 우려가 많을 것이다. 또한, 종래의 법률관계를 정리하여 채권자의 청구를 쉽게 하기 위하여 준소비대차로 고친 것인데 오히려 채권자의 증명책임을 가중하는 것은 공평하지 않다. 따라서 구채무에 관한 부존재의 증명책임을 채무자가 부담한다고 보아야 할 것이다.

---

62) 대판 2016.3.10. 2013다99409.

Ⅱ. 추정

1. 추정

가. 의의

추정이란 어떤 사실(A사실, 간접사실)에서 다른 사실(B사실, 즉 주요사실)을 추인하는 것이다. 이러한 추정은 실무에서 사실인정을 할 때 주요사실을 뒷받침하는 직접증거가 없는 경우 활용된다. 간접사실로부터 주요사실을 추정하는 과정에 경험칙이 적용된다.[63]

민사소송에서는 사실인정에 관하여 자유심증주의가 채용되어 있기 때문에 그 추정은 법관이 발견하거나 선택한 경험칙을 적용하여 이루어진다. 이것을 "사실상 추정"이라고 한다.

나. 법률상 추정

(1) 의의

경험칙에는 고도의 개연성을 가지는 것부터 그렇지 않은 것까지 다양하고 그 가운데 특히 고도의 개연성을 가지는 것을 법규화하여 추정이 그 법규의 적용에 의해 이루어지는 것을 특히 "법률상 추정"이라고 한다. 즉, 법률상 추정이란 경험칙이 법규화되어 법규의 적용이라는 형태로 추정이 이루어지는 것을 말한다. 이것에 의해 사실인정의 일반성을 확보할 수 있다. 여기에는 법률상 사실의 추정과 법률상 권리의 추정이 있다.

(2) 법률상 사실의 추정

(가) 의의

법률상 사실추정이란 A사실이 있는 때에는 B사실이 있는 것으로 추정한다고 법규에 규정되어 있는 경우이다. B사실이 권리근거규정의 요건사실인 때에는 추정규정에 의해 B사실의 존재를 쉽게 증명할 수 있다. 예컨대, 민법 198조에 의해서 최초의 점유개시와 현재 점유사실(A사실)이 증명되면 그 기간 동안의 점유가 계속되는 것으로 추정되기 때문에, 민법 245조 1항의 시효취득의 요건인 20년간 점유사실(B사실)을 쉽게 증명할 수 있게 된다.

---

63) 이시윤, 앞의 책, 549면; 박재완, 앞의 책, 331면.

(나) 기능(효과)

법률상 사실추정은 증명이 곤란한 사실에 대하여 증명책임을 완화하고 더 나아가 증명책임을 전환시키는 법 기술이다. 즉, 증명책임을 부담하는 당사자는 증명주제의 선택을 자유롭게 할 수 있을 뿐만 아니라(증명주제의 선택) 상대방에게 반대사실에 대한 증명책임을 전환시키는 기능(증명책임의 전환)을 가진다. 예컨대, 갑이 B사실에 관하여 증명책임을 부담하고 있지만 그 증명이 통상적으로 곤란할 경우 법률상 사실추정의 규정이 있으면 갑은 전제사실인 A사실만 입증하면 B사실이 추정될 수 있다. 이 경우 상대방 을은 A사실에 관하여 진위불명으로 만드는 반증을 제출한다든지, B사실의 부존재에 관하여 본증을 제출하지 않는 한, B사실의 존재를 인정할 수 있게 된다. 그리고 A사실의 입증은 통상적으로 용이하기 때문에 을로서는 B사실의 부존재를 증명하지 않을 수 없게 되어 결국 B사실의 부존재에 관한 증명책임이 을에게 전환된다.

(3) 법률상 권리추정

(가) 의의

법률상 권리추정이란 A사실이 있는 때에는 B권리가 있는 것으로 추정된다고 법규에 규정되어 있을 때의 추정을 말한다. 여기에서 A사실은 B라는 권리의 발생원인과는 다른 사실이다. 예컨대, 민법 200조는 점유사실 때문에 점유물을 지배하면서 행사하는 권리, 즉 점유권이 있는 것으로 추정된다고 규정하고 있는 경우이다.

(나) 기능(효과)

법률상 권리추정도 증명이 곤란한 사실에 관하여 증명책임을 완화하고 또 이를 전환하는 법 기술이다. 갑이 B라는 권리의 발생원인사실에 관하여 증명책임을 부담하지만 그 증명이 통상 곤란한 경우 법률상 권리추정규정이 있으면 갑은 전제사실인 A사실만 입증하면 B라는 권리의 존재를 추정받게 된다. 이 경우 상대방 을은 A사실에 관하여 반증을 제출한다든지, B라는 권리의 발생을 방해하는 모든 사실에 관하여 본증을 제출하지 않는 한, B라는 권리가 인정되어 버린다. A사실의 입증은 통상적으로 용이하기 때문에 을은 후자의 방법에 의하지 않을 수 없어 결국 B권리의 부존재에 관한 증명책임이 전환된다.

(4) 기타

법률상 추정에 유사한 개념으로서 다음과 같은 것이 있다.

㈎ 잠정사실이란 전제사실의 증명이 필요한 것이 아니라 조건 없이 일정한 사실을 추정한다고 하는 규정(무조건적인 추정규정)이 있는 경우에 추정되는 사실을 말한다. 예컨대, 민법 197조 1항이 여기에 해당한다. 이 규정에 의해 점유자의 소유의사·선의·평온·공연을 무조건적으로 추정한다. 이것은 시효취득의 요건사실(민법 245조 1항)이므로 부동산에 관한 시효취득을 주장하는 자는 해당 부동산의 점유자로 인정되면 소유의사 등이 있는 것으로 추정되어 더 이상의 증명을 요하지 않게 된다. 또한, 잠정사실이란 실체법규의 요건사실 B를 법률요건 이외의 사실로부터 추정하지 않고 다른 요건사실 A로부터 추정한다(요건사실 간의 추정). 그 결과 요건사실 B의 부존재의 증명책임을 그 효과를 다투는 상대방에게 부담시킨다(증명책임을 전환하는 법 기술이다).

㈏ 의사추정이란 구체적인 사실로부터 사람의 내심의 의사를 추정하는 것이 아니라 법규가 의사표시의 내용을 추정하는 것을 말한다. 이는 법률행위의 해석규정에 해당한다. 예컨대, 기한은 채무자의 이익을 위한 것으로 추정하는 민법 153조 1항 등이 있다.

㈐ 증거법칙의 추정이란 법률상 추정이 요건사실을 대상으로 하는 것과 달리 실체법의 요건사실과는 관계없는 추정으로 문서의 진정 성립의 추정이 이에 해당한다(356조·358조). 증거법칙의 추정인 경우 주요사실의 차원에서는 증명책임의 전환효과가 발생하지 않는다.

다. 사실상 추정

(1) 의의

사실상 추정이란 경험칙을 사용하여 어떤 사실로부터 다른 사실을 추정하는 것을 말한다. 자유심증주의에 비추어 사실상 추정이 인정되는 것은 당연하여 이를 자유롭게 허용한다.

(2) 일응의 추정(표현증명)

일응의 추정이란 고도의 개연성을 가지고 있는 경험칙을 이용하여 간접사실(전제사실)로부터 주요사실(추정사실)을 추정하는 경우를 말한다. 이러한 일응의 추정을 표현증명이라고도 한다.[64] 예컨대, 수질오염으로 인한 공해소송에서 인과관계의 증명에 관하여 피고 공장 등에서 배출된 원인물질이 원고의 피해물건에 도달하여 피해가 발생하였다는 사실, 즉 폐수의 배출·도달 그리고 피해의 발생을 원고가 증명하면 일응의 추정에 의해 인과관계가 증명된 것으로 취급할 수 있게 된다. 따라서 이 경우 원인물질이 무해하다는 사실, 즉 원인물질의 무해성 등을 피고가 증명하지 않으면 손해배상책임을 면하지 못하게 된다.[65] 판례는 공해소송에서 이러한 표현증명의 법리를 받아들였다. 즉, 공장에서 배출된 폐수로 인해 김양식장의 폐업을 이유로 한 손해배상청구의 소에서 피고 공장에서 김의 생육에 악영향을 줄 수 있는 폐수가 배출되고 그 폐수 중 일부가 유류를 통하여 김양식장에 도달하였으며 그 이후 김에 피해가 있었다는 사실이 각 모순 없이 증명된 이상, 피고 공장의 폐수 배출과 양식 김에 병해가 발생함으로 인한 손해 간의 인과관계가 일응 증명되었다고 할 것이다. 따라서 피고가 구체적으로 피고 공장폐수 중에는 김의 생육에 악영향을 끼칠 수 있는 원인물질이 들어 있지 않고 원인물질이 들어 있다고 하더라도 그 해수혼합률이 안전농도 범위 내에 속한다는 사실을 반증으로 인과관계를 부정하지 못하는 한, 그 불이익은 피고에게 돌려야 마땅할 것이라고 하였다.[66] 이러한 판례의 견해에 비추어 보면 일응의 추정이론은 주요사실에 관하여 증명책임의 전환까지는 인정하지 않으며 이 이론이 적용되는 주된 영역은 과실·인과관계 등 불확정개념인 경우로 보고 있다는 점에서, 법률에 과실·인과관계 등 불확정개념이 요건으로 규정된 경우에 과실·인과관계 그 자체가 주요사실이 된다고 보는 전통적 견해에 입각하고 있다고 할 수 있다.[67]

(3) 간접반증

㈎ 의의

간접반증이란 어떤 간접사실의 증명에 의해 어떤 주요사실의 존재에 대한 일응의 추정이 성립된 경우 증명책임을 부담하지 않는 상대방이 다른 간접사실

---

64) 김홍규·강태원, 앞의 책, 494면; 호문혁, 앞의 책, 497~498면; 손한기, 앞의 책, 293면; 전병서, 앞의 책, 427면; 박재완, 앞의 책, 332면.

65) 대판 1991.7.23. 89다카1275.

66) 대판 1984.6.12. 81다558; 대판 1991.7.23. 89다카1275; 대판 2002.10.22. 2000다65666·65673; 대판 2004.11.26. 2003다2123.

67) 박재완, 앞의 책, 333면. 대판 2023.10.12. 2021다213316에 의하면, 환자에게 발생한 손해에 관하여 의료상의 과실 이외의 다른 원인이 있다고 보기 어려운 간접사실들을 증명하는 방법으로 그와 같은 손해가 의료상의 과실에 기한 것이라고 추정하는 것은 가능하지만, 이로써 의사에게 무과실의 증명책임을 지울 수는 없다고 한다.

을 증명하여 주요사실의 추인을 방해하는 증명활동, 즉 일응의 추정에 의해 인정된 주요사실을 복멸하기 위한 상대방의 증명활동을 말한다.

즉, 어떤 주요사실 A에 관하여 증명책임을 부담하는 갑이 어떤 간접사실 ⓐ, ⓑ를 증명하여 주요사실 A의 존재가 일응 추정된 경우(즉, 표현증명이 이루어진 경우), 증명책임을 부담하지 않는 상대방 을이 ⓐ, ⓑ와 양립할 수 있는 다른 간접사실 ⓒ를 증명하여 주요사실 A의 추인을 방해하는 증명활동을 간접반증이라고 한다.

(나) 유효성

이러한 간접반증의 유효성을 살펴보면 간접사실 ⓒ를 개입시켜 주요사실 A의 존재를 동요시키기 때문에 '간접'이라는 용어와 주요사실에 관하여는 '반증'이 되기 때문에 두 용어를 합하여 간접반증이라고 한다. 주요사실 A의 증명책임을 부담하지 않는 상대방 을의 입장에서 주요사실에 관하여 진위불명의 상태로 만들면 충분하기 때문에 그 증명은 어디까지나 반증이다. 그러나 간접사실 ⓒ의 존재에 관하여는 법관에게 확신이 생기지 않으면 주요사실 A의 추정을 방해할 수 없기 때문에 이러한 의미에서는 본증에 해당한다. 따라서 주요사실 A의 증명책임은 갑에게 있는 반면, 간접반증의 대상인 간접사실 ⓒ의 증명책임은 상대방 을에게 있다.

(다) 구체적 사례

1) 자의 부에 대한 인지의 소(민법 863조)

원고가 주장·입증하여야 할 주요사실은 원고·피고 간의 부자관계의 존재이다. 원고는 간접사실로서 원고의 모가 원고를 임신하였을 당시 피고와 동거하고 있었던 사실, 원·피고의 혈액형이 양자 간에 부자관계를 인정하는데 배치되지 않는 사실, 얼굴 기타 신체적 여러 가지 점에서 유사점이 많다고 하는 사실 그리고 피고가 원고의 부친으로서 상응한 태도를 취해왔다고 하는 사실을 주장·입증하면 위와 같은 주요사실은 일응 증명되었다고 할 수 있다. 이에 대하여 피고가 주요사실의 존재를 진위불명으로 하기 위하여 이러한 간접사실과 양립할 수 있는 사실로서 원고의 모가 피고와의 동거기간 중에 다른 남성과 성적 교섭이 있었던 사실(부정의 항변)을 주장·입증하면 그것이 간접반증으로서 역할을 하게 된다.

2) 공해에 따른 손해배상청구의 소(민법 750조)

원고가 주장·입증하여야 할 주요사실로서 가해행위와 피해발생 간의 인과관계의 존재가 있다. 원고가 간접사실로서 ① 피해를 발생시킨 원인물질의 특정, ② 원인물질이 피해자에게 도착한 오염경로를 주장·입증하면 위와 같은 인과관계의 존재는 일응 증명되었다고 할 수 있다. 이 경우 피고는 주요사실의 존재를 진위불명으로 하기 위하여 이러한 간접사실과 양립할 수 있는 사실로서 ③ 기업에 의한 원인물질의 생성, 유출사실의 부존재, 구체적으로는 피고 공장이 오염원으로 될 수 없다고 하는 것을 주장·입증하면 충분할 것이다.

특히, ③ 원인물질의 생성·유출의 존재에 대해서는 기업비밀의 벽에 부딪쳐 원고(피해자)가 증명이 곤란한데 그 때문에 인과관계가 증명되지 않은 것으로 평가하면 현저하게 가혹한 결과로 된다. 그래서 원고가 ①, ②를 입증하면 ③은 경험칙상으로 추인된다고 하여 불합리를 회피하는 한편, ③의 부존재를 피고가 증명하도록 한 것이 간접반증이다.

일반적으로 불법행위로 인한 손해배상청구의 소에서 가해행위와 손해발생 간의 인과관계의 입증책임은 원고인 피해자에게 있다. 그런데 대기오염이나 수질오염에 의한 공해로 인한 손해배상청구의 소에서는 인과관계의 존재에 관한 원고의 입증부담을 완화할 필요가 있는데 이때 간접반증이론을 활용할 수 있다고 한다. 예컨대, 공장폐수로 인한 손해배상청구의 소에서는 ① 피해를 발생시킨 원인물질의 특정, ② 원인물질이 피해자에게 도착한 오염경로 및 손해발생, ③ 기업에서 생성·배출된 원인물질이 손해발생에의 유해성 등 세 가지 간접사실이 증명되면 인과관계의 존재를 인정할 수 있게 된다. 그런데 ③의 존재에 대해서는 기업비밀의 벽에 부딪쳐 원고가 증명하기 곤란한 것이 현실인데 그 때문에 인과관계가 증명되지 않은 것으로 평가하면 원고에게 현저하게 가혹한 결과가 된다. 그래서 원고가 ①과 ②를 입증하면 ③은 경험칙상 추인되는 것으로 하여 인과관계의 존재가 일단 증명된 것으로 보고, 이 경우 피고는 ③의 부존재, 즉 원인물질의 무해함(예: 유출과정에서 희석, 다른 원인의 존재 등)을 증명하면 인과관계에 관한 일응의 추정을 벗어날 수 있게 된다. 여기에서 간접사실 ③의 부존재를 증명하여 일응의 추정을 번복하게 되므로 간접반증이라고 할 수 있다.[68] 한편, 판례도 원

---

68) 이시윤, 앞의 책, 553면; 정동윤·유병현·김경욱, 앞의 책, 588면.

고의 입증부담을 완화하기 위해 이와 유사한 입장을 취하고 있다. 즉, 공해로 인한 손해배상을 청구하는 소송에서는 가해행위와 손해의 발생 사이의 인과관계를 구성하는 하나하나의 고리를 자연과학적으로 증명한다는 것은 극히 곤란하거나 불가능한 경우가 대부분인 것을 고려하여, 가해기업이 어떠한 유해한 원인물질을 배출하고 그것이 피해물건에 도달하여 손해가 발생하였다면 가해자 측에서 그것이 무해하다는 것을 입증하지 못하는 한 책임을 면할 수 없다고 보는 것이 사회형평의 관념에 적합하다고 한다.[69] 그리고 이때 가해자가 어떠한 유해한 원인물질을 배출한 사실, 그 유해의 정도가 사회생활상 통상의 수인한도를 넘는다는 사실, 그것이 피해물건에 도달한 사실, 그 후 피해자에게 손해가 발생한 사실에 관해서는 피해자가 증명해야 한다는 점을 분명히 하고 있다.[70] 이처럼 판례는 원고의 권리구제를 위해 전술한 인과관계의 연결고리 중 ③에 대해서는 피고가 그 무해함을 증명하도록 한 점에서 타당하다고 생각한다.

㈑ 평가

간접반증이론은 실무상 일반적으로 사용되고 있고 판결서에서는 통상적으로 "ⓐ, ⓑ의 사실이 인정되는 이 사건에서는 특별한 사정이 없는 한, A의 사실을 인정하는 것이 상당하다"고 하는 형태 등으로 표현된다. 이때 ⓒ의 사실이 특별한 사정에 해당하는 것이다.

Ⅲ. 증명책임의 경감

1. 증명 곤란을 구제하는 법 기술

증명곤란을 구제하는 법기술로는 민법 750조에 대하여 민법 756조(사용자책임) 1항 단서와 같이 통상적인 증명책임의 분배와 달리 명문규정으로 반대사실에 관하여 상대방에게 증명책임을 부담시키는 것으로 여기에는 증명책임의 전환, 법률상 추정 또는 잠정사실 등이 있다.

---

69) 대판 1984.6.12. 81다558; 대판 1991.7.23. 89다카1257; 대판 1997.6.27. 95다2689; 대판 2002.10.22. 2000다65666·65673; 대판 2012.1.12. 2009다84608·84615·84622·84639.
70) 대판 2013.10.24. 2013다10383; 대판 2019.11.28. 2016다233538·233545.

2. 증명 곤란을 구제하는 이론·해석

가. 법률요건분류설에 대한 비판·보충

이에 대한 비판·보충에 관한 이론은 상술한 바와 같이 이익형량설 또는 간 접반증이론 등이 있다.

나. 자유심증 범위 내의 이론 ~ 본래적으로 확신을 가질 정도의 역사적 증명

(1) 역학적 증명

공해소송이나 약해소송과 같이 현대형 소송에서 인과관계의 증명을 위하여 역학적 증명을 이용한다. 즉, 여기에서는 간접반증 등을 통하여 인자 발병의 일 정한 기간 전의 작용, 인자의 작용과 질병의 나환율과의 관련, 인자의 분포와 질 병발생과의 관련, 인자를 질병의 원인으로 생물학적인 설명에 모순되지 않을 정 도로 증명한 경우에는 인과관계의 증명을 인정할 수 있을 것이다. 예컨대, 대한 민국의 베트남전 참전군인들의 질병이 지난 수십 년간 시행된 다양한 역학조사 의 연구 결과들 중 가장 신뢰할 만한 보고서 등에 비추어 볼 때 각종 질병이 고 엽제에 함유된 유해물질의 노출과의 사이에 역학적 인과관계가 인정된다고 하는 것 등이 있다.[71]

(2) 인과관계의 심증도에 의한 비율적 인정

공동불법행위가 성립하지 않으나 수개의 불법행위가 결과 발생에 기여하여 각 불법행위와 인과관계 있는 손해의 범위를 구분해 내는 것이 현실적으로 어려 운 경우 인과관계의 존재에 관하여 확신에 도달하고 있는 방법으로 최종적으로 발생한 손해 전부를 확정한 후 그 결과에 관련된 정도를 비율적으로 평가하여 책 임비율을 정할 수 있다.[72] 또한, 이와 같은 논리는 복수의 원인이 경합하는 경우 에 피해자의 지병·체질 등의 기여도를 비율적으로 인정하고 그에 따라 손해액을 결정할 수도 있을 것이다(민법 763조, 396조 유추적용).

다만, 불법행위로 인한 손해배상청구 소송에서 가해행위와 손해 발생 사이 의 인과관계는 존재하거나 부존재하는지를 판단하는 것이고, 이를 비율적으로 인 정할 수는 없다. 따라서 인과관계의 존재 또는 부존재에 관한 판단에서 이른바

---

71) 서울고판 2006.1.26. 2002나32662.
72) 대구지판 1994.11.25. 94가단4995.

비율적 인과관계론은 받아들일 수 없다.[73]

다. 모색적 증명의 이론(증거수집의 방법론)

입증자가 증거수집에서 격리되어 있을 경우 증거신청(또는 문서제출명령)을 할 때 입증사항의 표시는 추상적·불특정 기재로 충분하다고 한다. 이 이론은 증거 편재(偏在)가 현저한 현대형 소송에서 실질적인 공평을 도모하고자 하는 이론으로 일방적으로 이를 허용하는 것이 아니라 일정한 제한범위 내에서 이를 허용하여야 당사자 간에 정당한 방어이익을 보호받을 수 있을 것이다. 예컨대, 갑이 을의 기망사실을 증명한다는 이유로 위 증거신청을 하면서 당사자가 증명할 사실을 특정하지 아니한 채 증거조사를 통하여 새로운 주장사항을 만들어 내려는 모색적인 증거신청인 경우,[74] 주장 자체로 보더라도 열람·등사의 구체적 이유의 기재가 없이 단순한 추측에 기한 모색적 조사를 하기 위한 경우[75]에는 상대방의 방어이익을 보호하기 위하여 열람·등사 등의 모색적인 증거신청을 허용할 수 없을 것이다.

제4절 증거조사절차

I. 증거조사절차

증거조사의 절차는 ① 증거신청, ② 증거채부, ③ 증거조사, ④ 사실인정 및 ⑤ 심증형성이라고 하는 흐름으로 진행한다. 그런데 이러한 절차를 지배하는 원리는 각각 다른 바, ①은 변론주의의, ②④⑤는 자유심증주의의, ③은 직권진행주의의 각 지배를 받는다.

---

73) 대판 2013.7.12. 2006다17539; 대판 2013.7.12. 2006다17546; 대판 2013.7.12. 2006다17553.
74) 춘천지판 2015.6.3. 2014가단32802.
75) 서울고판 2019.8.23. 2019나2010079.

Ⅱ. 증거신청

1. 의의

증거신청이란 당사자가 법원에 특정증거의 조사를 요구하는 것을 말한다. 변론주의의 제3명제 때문에 법원이 증거조사를 하기 위해서는 당사자의 신청이 있어야 한다. 민사소송은 소송자료의 수집·제출을 당사자의 권능·책임으로 하는 변론주의를 채용하고 있다. 따라서 법원은 변론주의에 따라 당사자 신청의 증거방법에 관하여 증거조사를 개시하는 것이 원칙이다. 다만, 예외적·보충적으로 직권증거조사가 이루어지는 경우가 있다(292조). 예컨대, 관할에 관한 사항(32조), 조사의 촉탁(294조), 공문서의 진부 조회(356조 2항), 당사자신문(367조), 검증할 때의 감정명령(365조), 증거보전(379조) 등이 있다. 또한, 손해배상청구권이 인정되는데 손해액에 관한 당사자의 증명이 부족한 경우에는 직권증거조사를 하여야 한다.[76]

당사자의 증거신청은 증명하여야 할 사실, 특정증거방법 그리고 양자의 관계(입증취지) 등을 구체적으로 표시해야 한다(289조 1항 등, 별표 참조). 법원심리의 대상을 명확하게 하고 상대방의 방어권을 보장하기 위함이다. 증거신청은 증거조사가 개시되기 전에는 철회가 가능한 반면,[77] 개시 이후 종료 이전단계에서는 상대방의 동의가 없으면 철회할 수 없다.[78]

---

76) 대판 1986.8.19. 84다카503·504.
77) 대판 1971.3.25. 70다3013.
78) 김홍규·강태원, 앞의 책, 538면; 이시윤, 앞의 책, 481면; 정동윤·유병현·김경욱, 앞의 책, 596면; 손한기, 앞의 책, 258면.

[서식 4-1] 증인신청서 양식

증인신청서

1. 사건: 2023가합1224 손해배상(자)
2. 증인의 표시

이 름	김 희 연				
생년월일	1964. 1. 1.				
주 소	서울 ○○구 ○○동 123 4통 5반				
전화번호	자택	(02)555-777×	사무실	(02)777-999×	휴대폰	(010)123-456×
원·피고와의 관계	원고 처의 친구(고등학교 동창)				

3. 증인이 이 사건에 관여하거나 그 내용을 알게 된 경위

이 사건 임대차계약을 체결할 당시 원고, 원고의 처와 함께 계약현장에 있었음

4. 신문할 사항의 개요

① 이 사건 임대차계약 당시의 정황

② 임대차 계약서를 이중으로 작성한 이유

③ 기타 ①, ②와 관련된 사항

5. 희망하는 증인신문방식(해당란에 "v" 표시하고 희망하는 이유를 간략히 기재)

☑증인진술서 제출방식 □증인신문사항 제출방식 □서면에 의한 증언방식

이유: 원고 측과 연락이 쉽게 되고 증인진술서 작성 의사를 밝혔음

6. 그 밖에 필요한 사항

2023. . .

원고 소송대리인 ○○○ ㊞

○○지방법원 제○부 귀중

◇ 유의 사항 ◇

1. 증인이 이 사건에 관여하거나 그 내용을 알게 된 경위는 구체적이고 자세하게 적어야 합니다.
2. 여러 명의 증인을 신청할 때에는 증인마다 증인신청서를 따로 작성하여야 합니다.
3. 신청한 증인이 채택된 경우에는 법원이 명하는 바에 따라 증인진술서나 증인신문사항을 미리 제출하여야 하고, 지정된 신문기일에 증인이 반드시 출석할 수 있도록 필요한 조치를 취하시기 바랍니다.
4. 증인이 법정에 직접 출석하기 어렵거나 당사자 등과 대면하여 진술하면 심리적인 부담으로 정신의 평온을 현저하게 잃을 우려가 있는 경우 거주지 근처에 있는 법원으로 출석하여 영상신문(비디오 등 중계장치에 의한 증인신문)을 할 수 있습니다(민사소송법 제327조의2). 영상신문을 실시할 것인지 여부는 법원이 당사자의 의견을 들어 직권으로 결정합니다.

2. 증거의 채부

가. 원칙

증거신청이 적식인 경우 원칙적으로 이것을 채택하여 조사할 것인지는 법원의 판단에 위임되어 있다(290조). 왜냐하면 민사소송은 증거의 평가를 법관의 자유로운 판단에 위임하는 자유심증주의를 채용하고 있기 때문이다(202조). 즉, 자유심증주의에서는 증거신청의 채부는 원칙적으로 법원의 자유로운 재량에 위임되어 있는 것이다. 본래 변론주의에서 당사자의 증거신청권 보장이라는 견지에서 당사자가 신청한 증거는 모두 조사하는 것이 바람직하다고 할 수 있지만 이는 자유심증주의에 의해 제약을 받는다고 할 수 있다. 또한, 쌍방신문주의로 인하여 공평한 증거조사도 요구된다.

한편, 법원이 당사자가 신청한 증거를 각하하기 위해서는 자유심증주의 때문에 법원의 재량에 해당하더라도 거기에는 합리적인 이유가 필요하다(통설).[79] 즉, 증거신청이 방식을 어겼거나 시기에 늦은 신청인 경우, 비용을 예납하지 않는 경우, 위법하게 수집한 증거방법인 경우 등이 있어야 한다. 그리고 증인의 행방불명, 서증의 분실 또는 당사자신문의 호출에 응하지 않는 경우 등과 같이 부정기간의 장해가 있는 경우에도 그 증거를 조사하지 않을 수 있다(291조). 또한

---

79) 김홍규·강태원, 앞의 책, 539면; 이시윤, 앞의 책, 482면.

적법한 증거신청이라도 필요하지 않다고 인정한 때에는 증거신청을 각하할 수
있는데, 예컨대 입증사항이 불요증인 경우, 주요사실과 무관계한 경우, 법원이
이미 심증을 얻은 상태인 경우 등과 같이 증거조사의 필요성이 없는 사유가 필
요하다.[80]

나. 유일한 증거법리

당사자의 증거신청 채부는 법원의 재량에 위임되어 있지만 당사자의 증거신
청권을 보장하고 실질적 공평을 도모하기 위해서 당사자 신청의 증거가 유일한
경우에는 이것을 각하해서는 안 된다(290조 단서). 이를 유일한 증거의 법리라고
하고 판례를 통해 확립되었다. 여기에서 유일이란 각 쟁점에 관하여 본증이어야
하고 주요사실에 대한 직접증거임을 필요로 하며 유일한지 여부에 관하여는 심
급을 통틀어 판단하여야 한다.[81] 왜냐하면 증거조사는 당사자 간에 다툼이 있는
사실에 관하여 심증을 획득하는 것을 목적으로 하는 것이기 때문이다(유일한 증거
법리 긍정설).

유일한 증거의 법리에 따르면 증명책임을 부담하는 당사자가 요건사실에 관
하여 증거신청을 하였는데 그에 관하여 다른 증거신청이 없고 그것이 유일한 경
우 그 증거를 조사하지 않고 배척(각하)하는 것은 허용되지 않는다(위법하다). 법원
이 심증을 갖고 있다고 하여도 유일한 증거방법을 거부하는 것은 입증의 길을 차
단하여 입증이 없음을 질책하는 것으로 되어 당사자에 대한 실질적인 공정성을
해할 수 있기 때문이다.

다. 증거결정

당사자의 증거신청에 대하여 법원은 그 채부를 결정하여야 한다. 법원의 이
러한 증거결정에는 증거조사결정과 증거각하결정이 있다. 실무에서는 증거결정
을 명시하지 않고(묵시적으로) 그대로 증거조사를 하는 경우가 있다. 즉, 증거결정
은 묵시적으로도 가능하다.[82] 본래 증거조사를 하기 위해서는 신기일을 정한다
든지, 수명법관이 증거조사를 하는 경우 등에는 증거결정을 명시하여 한다. 한
편, 증거신청을 배척할 때는 증거각하결정으로 이를 명확히 해주는 것이 바람직

---

80) 이시윤, 앞의 책, 482면; 정동윤·유병현·김경욱, 앞의 책, 597면.
81) 이시윤, 앞의 책, 483면.
82) 대판 1989.9.7. 89마694; 대판 1992.9.25. 92누5096.

하지만,[83] 증거의 채택 여부는 법원에 위임되어 있기 때문에 각하이유를 기재할 필요는 없다.[84]

라. 증거결정에 대한 불복

증거결정은 소송지휘의 재판이므로 어느 때나 취소변경할 수 있다(222조). 증거결정에 대하여 불만이 있는 경우에는 종국판결에 대하여 상소를 제기하여 다툴 수밖에 없고 독립된 불복신청은 허용되지 않는다.[85] 필요적 변론을 거쳐서 한 결정이기 때문에 항고의 대상이 되지 않는 것이다. 그리고 합의사건에서 합의부가 아니라 재판장이나 수명법관이 증거조사결정·증거각하결정을 한 경우에는 합의부 판단을 받기 위해 이의신청(151조, 286조)을 할 수는 있지만, 이에 대한 합의부의 결정에 대해 독립하여 불복하는 것도 마찬가지로 허용되지 않는다.[86]

3. 증거조사

가. 직권진행주의

법원이 채용한 증거에 대하여 증거조사절차가 진행되는데 그 절차는 법원이 주재하여 진행한다. 민사소송에서는 절차진행에 관하여 직권진행주의가 적용되고 재판장이 소송지휘권을 가지고 있기 때문에(135조 1항) 증거조사절차의 진행도 법원에 위임되어 있는데 구체적인 내용으로는 증거조사기일의 결정, 서류 송달, 석명권 행사, 증거조사의 제한·분리·병합, 석명에 따르지 않는 증거의 각하 등이 있다.

나. 집중증거조사

법은 심리의 충실과 촉진을 도모하기 위하여 변론준비절차에서 쟁점과 증거를 전부 제출하여 조사한 다음 증인신문과 당사자신문은 변론준비절차를 종료한 이후의 기일에 집중적으로 하도록 규정하고 있다(293조).

법은 구술변론과 증거조사절차에 명확한 구별을 두지 않고 구술변론기일에 필요에 따라 증거조사를 할 수 있다는 원칙을 취하고 있다(증거결합주의). 그렇기 때문에 개정 전의 법에서는 특히 수시제출주의로 인하여 심리의 혼란·지연을 초

---

83) 이시윤, 앞의 책, 484면.
84) 박재완, 앞의 책, 295면.
85) 대결 1989.9.7. 89마694.
86) 이시윤, 앞의 책, 484면.

래하는 폐해가 발생하였다. 그래서 2002년 개정법은 293조에 심리의 충실과 촉진을 도모하기 위하여 집중증거조사를 규정하였는데 이는 법이 도입한 변론준비절차를 전제로 한다.

다. 직접주의의 요청

직접주의의 요청 때문에 증거조사는 수소법원이 법원 내(법정)에서 하는 것이 원칙이다. 특히 증인신문과 같은 증거조사는 직접주의의 요청이 강하다(예컨대 303조 내지 332조). 그러나 예외적으로 수소법원 밖에서 하는 증거조사(297조 1항), 수명법관·수탁판사에 의한 증거조사(297조 2항·313조), 외국에서 하는 증거조사(296조) 등이 가능한데 이때는 간접주의를 취한 것이다.

라. 당사자의 입회권

당사자는 증거조사에 입회하여 스스로 증거조사를 하고 증거에 관한 주장을 할 권리가 있다. 따라서 법원은 당사자에게 증거조사의 기일·장소를 고지하여야 한다. 다만, 증거조사는 당사자가 기일에 결석한 경우에도 할 수 있는데(295조) 이는 증거조사의 주체가 법원이고 당사자에게 입회의 기회를 보장해 주면 충분하며 진술의 기회를 주었음에도 의견의 제출이 없으면 소송절차에 관한 이의권의 포기·상실(151조)로 위법한 증거조사라도 적법한 것이 될 수 있기 때문이다.

Ⅱ. 각종의 증거조사절차

각종 증거조사절차로서 당사자신문·증인신문·서증·검증·감정·문서송부촉탁·사실조회 또는 기타 증거방법에 관한 조사 등이 있다.

1. 당사자신문

가. 의의

당사자신문은 당사자 본인에게 구술로 질문하여 진술하게 하고 이를 증거자료로 하기 위한 증거조사이다. 소송무능력자를 보호하기 위한 법정대리인은 소송에서 당사자 본인을 대표하기 때문에 당사자신문절차에 의한다(372조). 그리고 당사자신문의 보충성을 완화하여 증인 및 당사자신문을 하는 때에는 원칙적으로 증인신문을 먼저 하지만 법원이 적당하다고 인정하는 경우에는 당사자의 의견을 들어서 당사자신문을 선행할 수 있다.

개정 전의 법에서는 법원이 다른 증거방법에 의해 심증을 얻을 수 없는 경우에 한하여, 즉 보충적으로만 당사자신문을 허용하였는데(당사자신문의 보충성) 이는 당사자에게 객관적인 진술을 기대할 수 없기 때문이었다. 그러나 당사자도 중요한 증거방법일 뿐만 아니라 당사자신문은 쟁점을 조기에 파악하기 위해서도 도움을 준다. 따라서 실무에서는 당사자신문을 선행하는 경우도 많다. 그래서 2002년 법은 당사자신문의 보충성을 완화하고 신문순서의 원칙형만 유지하고 있다.

나. 절차

당사자신문은 당사자의 신청 또는 직권에 의한다(367조). 출석을 명받은 당사자는 출석·선서 및 진술의무를 부담한다. 정당한 이유 없이 이에 출석하지 않거나 선서·진술 등을 거부할 때에는 법원이 신문사항에 관한 상대방의 주장을 진실한 것으로 인정할 수 있다(369조). 신문절차는 증인신문에 준한다(373조). 당사자본인이 선서하고도 거짓말을 하는 경우 위증죄로 처벌되는 것은 아니지만 과태료 부과의 제재를 받는다(370조).

2. 증인신문

가. 의의

증인신문은 증인에게 구술로 질문하여 증인이 과거에 경험한 사실을 진술(증언)하게 하여 이를 증거자료로 하기 위한 증거조사이다. 증인이란 과거에 알았던 사실을 법원에 보고하도록 명받은 제3자를 말한다. 특별한 학식·경험에 의해 과거에 알았던 사실을 보고하는 감정증인도 여기에 포함한다. 당사자와 법정대리인(법인의 대표자[87]도 포함) 이외의 제3자는 모두 증인능력을 가진다. 따라서 선정자·소송대리인 또는 보조참가인도 증인이 될 수 있다. 공동소송인의 경우에는 공동소송인 사이에 사건의 관련성이 있는지 여부에 따라 증인능력을 결정한다. 판사의 경우 기본적으로 제3자이지만 일단 판사가 증인으로서 증언을 하면 제척사유에 해당한다(41조 3호).

---

87) 대판 2012.12.13. 2010도14360에 의하면, 법인이 민사소송의 당사자인 경우에 법인의 대표자는 증인능력이 없으므로 위증죄의 주체가 될 수 없다고 한다.

나. 증인의무

우리나라 재판권에 복종하는 자는 모두 증인의무가 있다(303조). 구체적으로는 출석의무(311조)·선서의무(319조) 및 진술의무(303조)가 있다. 다만, 예외적으로 다음에 해당하는 사람을 증인으로 하여 직무상 비밀에 관한 사항을 신문할 경우에 법원은 동의를 받아야 한다. 즉, ① 대통령·국회의장·대법원장·헌법재판소장 또는 그 직책에 있었던 사람의 경우에는 그의 동의를(304조), ② 국회의원 또는 그 직책에 있었던 사람의 경우에는 국회의 동의를, ③ 국무총리·국무위원 또는 그 직책에 있었던 사람의 경우에는 국무회의의 동의를 받아야 한다(305조). 그리고 ④ 그 밖의 공무원 또는 공무원이었던 사람의 경우에는 그 소속 관청 또는 감독 관청의 동의를 받아야 한다(304조 이하).

증인의 증언의무와 관련하여 기술·직무상 비밀과 증언거부가 문제된다. 우리나라에서 재판권에 따르는 자에게는 모두 일반적으로 증인의무가 있고(303조) 누구라도 증언을 거절할 수 없는 것이 원칙이다. 그러나 재판의 공개원칙 때문에 증인신문도 공개법정에서 이루어지는데 증인 등의 비밀에 관한 신문사항까지 증언거부가 허용되지 않는다고 하면 증인 등에게 부당한 불이익을 주게 된다. 그래서 314조는 증언이 ① 증인, 증인의 친족 또는 이러한 관계에 있었던 사람, 증인의 후견인 또는 증인의 후견을 받는 사람이 공소가 제기되거나 유죄판결을 받을 염려가 있는 사항인 경우 또는 ② 증인이나 위 사람들에게 치욕이 될 사항에 관한 것인 경우에는 증언을 거부할 수 있게 하였다. 또한, 315조는 ③ 변호사·변리사·공증인 등 법령에 따라 비밀을 지킬 의무가 있는 직책 또는 종교의 직책에 있거나 이러한 직책에 있었던 사람이 증인이 된 경우에 직무상 비밀에 속하는 사항에 대해 신문을 받을 때(동조 1항 1호) 또는 ④ 증인이 기술·직업의 비밀에 속하는 사항에 대해 신문을 받을 때에는(동조 1항 2호) 증언을 거절할 수 있도록 하였다. 다만, ③, ④의 경우에 증인이 비밀을 지킬 의무가 면제된 때에는 증언을 거부할 수 없다(동조 2항).

한편, 증인 자신의 비밀에 한정되지 않고 증인이 비밀준수의무를 부담하는 제3자의 비밀도 포함된다고 말할 수 있다. 따라서 회사의 종업원은 회사의 기술, 직업의 비밀에 관하여 비밀준수의무를 부담하는 경우에는 증언거절권을 가진다.

구체적으로 어떠한 경우에 315조 1항 1·2호에 기한 증언을 거절할 수 있는가? 민사소송에서는 재판의 공정이 강하게 요청되고 모든 기술·직업의 비밀이 항상 증언거절권의 대상이 되는 것은 아니다. 오히려 해당비밀이 재판의 공정을 희생할 정도로 보호할 필요가 있다고 인정되는 경우에 한하여 증언을 거부할 수 있다고 하여야 한다. 따라서 이러한 예외를 넓게 해석해서는 안 될 것이다.

다. 절차

증인신문은 당사자의 신청에 의하고 당사자는 증인을 지정하여 신청하여야 한다(308조). 법원이 신청을 채택한 경우 증인을 기일에 소환한다(308조). 증인이 출석하면 법원은 인정신문(소환된 증인과 동일인인지 여부의 확인)을 하고 선서를 시킨 다음(319조) 교호신문방식으로 신문을 한다. 그 경우 주신문·반대신문·보충신문의 순으로 진행한다(327조).

또한, 법원이 상당하다고 인정하고 동시에 당사자에게 이의가 없는 때에는 출석·증언에 갈음하여 증언할 사항을 적은 서면을 제출할 수 있게 하였다(증언에 갈음하는 서면의 제출, 310조).

3. 감정

가. 의의

감정이란 특별한 학식·경험이 있는 제3자(감정인)에게 그 전문지식과 경험을 이용해서 일정한 판단을 하게 한 후 이를 법원에 보고하도록 하는 증거조사이다. 법관의 지식, 판단능력을 보충하기 위함이다. 여기에서 감정인은 감정의 증거방법이다. 증인과는 달리 대체성이 있다. 또한, 당사자·친족 등 일정한 관계에 있는 자는 감정인이 될 수 없다(334조 2항).

나. 증인과 감정인의 비교

증인의 경우 그 진술대상 등은 자기가 과거에 알았던 사실을 보고하는 자로 대체성이 없다. 그러나 증인능력에 대해서는 특별한 제한이 없고 증인의 지정 등은 당사자가 하며 증인이 불출석할 경우 감치·구인 등을 할 수 있을 뿐만 아니라 자연인만 증인이 될 수 있다. 반면, 감정인은 전문지식·의견을 보고하는 자로 증인과 달리 대체성이 있다. 감정인에 대해서는 결격사유(334조 2항)·기피사유(336조)가 있다. 감정인은 법원이 지정하고 증인과 달리 감치·구인이 불가능하지만 소송비용의 부담 또는 과태료의 부과 등 제재를 할 수 있으며 법인·단체도 감정인이 될 수 있다.

다. 절차

감정은 당사자의 신청에 의한다(333조). 다만, 대체성이 있기 때문에 법원이 감정인을 지정한다(335조). 감정에 필요한 학식·경험을 가진 자는 감정의무가 있다(334조 1항). 감정절차는 원칙적으로 증인신문에 준하므로(333조) ① 당사자의 감정 신청·채택 → ② 감정인 지정·출석·선서 → ③ 감정명령 → ④ 감정 시행 및 감정서 제출의 순서에 따라 진행된다. 또한, 법원은 통상적으로 감정인을 지정할 수 있고 필요하다고 인정하는 경우에는 공신력 있는 기관이나 단체에 감정을 촉탁할 수도 있다(341조). 위와 같이 법원에 감정서가 제출되면 법관에 따라서는 당사자에게 이를 서증으로 다시 제출해 줄 것을 요청하거나 감정결과의 내용을 원용할 것인지를 묻는 경우가 있다. 이미 감정서가 법원에 제출되어 있으므로 당사자의 감정결과에 대한 원용이 없더라도 법원은 감정결과를 증거로 쓸 수 있다고 하여 위와 같은 법원의 실무를 무익한 행위라고 보는 견해[88]가 있다.

라. 감정결과의 채택 여부

감정인의 감정결과는 증거방법의 하나로 이를 증거로 채택할지는 법관의 자유심증에 의한다(202조). 즉, 법관은 당해 사건에서 모든 증거를 종합하여 특정의 감정결과와 다르게 판단할 수 있으며, 또한 당사자도 주장·입증을 통해 그 감정결과의 당부를 다툴 수 있다.[89] 한편, 판례는 감정방법 등이 경험칙에 반하거나 합리성이 없는 등 현저한 잘못이 없는 한 존중되어야 한다고 보며,[90] 따라서 법원은 감정결과 일부에 오류가 있는 경우에는 그로 인하여 감정사항에 대한 감정결과가 전체적으로 서로 모순되거나 매우 불명료한 것이 아닌 이상, 감정결과 전부를 배척할 것이 아니라 해당되는 부분만을 배척하고 나머지 부분에 관한 감정결과는 증거로 채택하여 사용할 수 있다고 한다.[91] 또한 동일한 사항에 관하여 상이한 여러 개의 감정결과가 있을 때에도 위와 같은 현저한 잘못이 없는 한 그 중 어느 감정결과를 채택할 것인지는 원칙적으로 사실심 법관이 전권에 속한다고 한다.[92]

---

88) 박재완, 앞의 책, 317면.
89) 대판 2002.6.28. 2001다27777.
90) 대판 2007.2.22. 2004다70420·70437; 대판 2009.7.9. 2006다67602·67619.
91) 대판 2012.1.12. 2009다84608·84615·84622·84639.

4. 서증

가. 의의

서증이란 문서에 기재된 의미·내용을 증거자료로 하기 위한 증거조사이다. 여기에서 문서는 작성자가 문자 등의 기호를 사용하여 의미를 표현한 종이 등의 유체물이다. 문서에 대한 조사 중에서 그 의미·내용을 증거조사의 대상으로 하는 경우에는 서증이고 그 외형·형상을 증거조사의 대상으로 하는 경우에는 검증으로 된다. 자유심증주의에서 문서에는 증거능력이 제한되지 않는다.

나. 종류

서증을 이해하기 위해서는 문서의 의미 내지 종류를 파악할 필요가 있다.

문서에는 작성자에 따라 공무원이 직무상 작성한 문서를 공문서라고 하고 그 이외의 문서를 사문서라고 하며 확정일자를 받은 임대차계약서와 같이 사문서에 공무원이 직무상 어떤 사항을 부기한 경우 그 문서를 공사병존문서라고 한다.

또한, 매매계약서 등과 같이 법률행위가 문서 자체에 의하여 행하여진 경우를 처분문서[93]라고 하고 처분문서 이외의 문서를 보고문서라고 한다.

또한, 본래의 문서를 원본이라고 하고, 공증된 원본을 복사한 것을 정본이라고 하며, 원본 전부를 복사한 사본을 등본이라고 한다. 또한, 원본 일부의 사본을 초본이라고 한다.

그 밖에도 입증자의 이익을 증명하거나 이유 있게 할 것을 목적으로 작성된 이익문서와 법률관계 자체를 기재한 문서로 그 법률관계에 관계하는 사항 또는 일부의 구성요건을 기재한 법률관계문서(344조 1항 3호), 국방부 조달본부 기획조정부장이 지출심사과장에게 보낸 문서인 '납품대금 지급보류 요청'[94]과 같이 내

---

92) 대판 2018.10.12. 2016다243115.

93) 대판 2018.6.15. 2016다229478에 의하면, "당사자 사이에 계약의 해석을 둘러싸고 다툼이 있어 처분문서에 나타난 당사자의 의사해석이 문제 되는 경우에는 문언의 내용, 약정이 이루어진 동기와 경위, 약정으로 달성하려는 목적, 당사자의 진정한 의사 등을 종합적으로 고찰하여 논리와 경험칙에 따라 합리적으로 해석하여야 한다. 예컨대, 발주자가 하도급대금을 직접 하수급인에게 지급하기로 발주자, 수급인, 하수급인 사이에 합의하는 경우에도 같은 법리가 적용된다. 이때 발주자, 수급인, 하수급인 사이의 직접 지급합의 후에 수급인과 하수급인의 별개 계약에 따라 추가적인 공사대금이 발생한 경우 그 부분에 대해서도 직접 지급합의의 효력이 미치는지는 신중하게 판단하여야 한다."고 한다.

부의 업무 등과 관련하여 판단 등을 위하여 작성된 문서로 외부에 교부될 것이
예정되어 있지 않은 내부문서,[95] 은행의 대출품의서와 같이 오로지 문서 소지자
가 이용하기 위한 자기사용문서(344조 2항 2호) 등이 있다.

다. 문서의 증거력

(1) 문서의 형식적 증거력

문서의 증거력은 형식적 증거력(문서 성립의 진정)과 실질적 증거력으로 구분
된다. 전자는 입증자가 주장하는 특정인의 의사에 의해 문서가 작성된 경우를 뜻
한다. 작성된 문서가 증거로 사용하기 위해서는 우선 성립의 진정을 증명하여야
한다(357조). 왜냐하면 입증자가 주장하는 문서란 특정인의 의사에 의해 작성된
것이 아니라면 문서의 기재내용을 바탕으로 요증사실을 증명할 수 없기 때문이
다. 후자는 문서의 기재내용이 진실한 것인지(요증사실의 증명에 어느 만큼 도움이 되
는지) 여부에 관한 것이다. 문서의 진정성립이 되면 다음으로 실질적 증거력이 문
제가 된다.

이와 같이 법원에 제출된 문서를 우선 증거로 사용하기 위해서는 상대방이
형식적 증거력의 유무를 인정할 필요가 있다. 상대방은 ① 성립 인정(진정 성립을
인정하는 것),[96] ② 부인(진정 성립을 부인하는 경우), ③ 침묵(진정 성립 여부에 대하여
아무런 언급을 하지 않는 경우) 또는 ④ 부지(진정 성립 여부에 대하여 모른다고 하는 경
우) 등을 하고, 그 이외에도 인영[97]부분 인정·날인부분 인정 등 진정 성립에 대
한 일종의 일부 자백에 해당하는 진술을 한다. ①의 경우에는 실질적 증거력을

---

94) 서울고판 2004.5.12. 2003나72988; 대판 2006.9.14. 2004다28825.

95) 대판 1995.9.26. 95누665.

96) 대판 2014.9.26. 2014다29667에 의하면, "처분문서는 진정성립이 인정되면 그 문서의 기재 내용
에 따른 의사표시의 존재와 내용을 인정하여야 하므로 작성명의인의 인영으로 처분문서의 진정
성립을 추정할 때에는 신중하여야 하고 특히 처분문서의 소지자가 업무 또는 친족관계 등에 의
하여 문서명의자의 위임을 받아 그의 인장을 사용한 사실이 밝혀진 경우에는 더욱 그러하다."고
판시하여, 처분문서의 진정성립에 있어서 원본이라도 쉽게 진정성립이 추정된다고 단정해서는
안 된다고 한다.

97) 문서의 인영과 관련하여 대판 1989.4.25. 88다카6815에 의하면, 문서에 날인된 작성명의인의 인
영이 그의 인장에 의하여 현출된 것이라면 그 인영의 진정성립, 즉 날인행위가 작성명의인의 의
사에 기한 것임이 추정되고 일단 인영의 진정 성립이 추정되면 그 문서 전체의 진정 성립이 추
정되지만, 이와 같은 추정은 날인행위가 작성명의인 이외의 자에 의하여 작성명의인의 의사에
기하지 않고 이루어진 것임이 밝혀진 경우에는 더 이상 유지될 수 없어 깨어지는 것이므로 문
서제출자는 그 날인행위가 작성명의인으로부터 위임받은 정당한 권원에 의한 것이라는 사실까
지 입증할 책임이 있다고 한다.

법원이 판단하는데 아무런 문제가 없으나, ②③④의 경우에는 문서성립이 진정한 것임을 증명하여야 한다(357조). 이를 위해서는 증인신청·감정 또는 검증 등이 이용된다. 또한, 변론 전체의 취지로도 진정성립을 인정할 수 있다. 특히 진정성립은 증거와 관련된 사항이므로 보조사실에 해당한다고 볼 수 있는데 있는데, 판례는 ①을 주요사실에 대한 자백과 같이 취급하여 문서의 성립에 관한 자백은 보조사실에 관한 자백이기는 하지만 그 취소에 관하여서는 다른 간접사실에 관한 자백의 취소와는 달리 주요사실의 자백 취소와 동일하게 처리해야 한다고 한다.[98] 따라서 ①의 방식으로 문서의 진정 성립을 인정한 당사자는 자유롭게 이를 철회할 수 없다. 판례가 이렇게 취급하는 이유는 민사소송에서 증거와 관련하여 서증의 중요성을 강조한 것이라고 할 수 있다.

(2) 형식적 증거력과 추정규정

한편, 서증의 형식적 증거력에 관해서는, ① 본래 공문서는 공무원이 직무상 작성한 것으로 위조의 가능성이 크지 않기 때문에 그 진정이 추정되고(356조 1항), ② 사문서도 본인 또는 대리인의 의사에 따른 서명·날인이 있으면 그 진정이 추정된다(358조). 한편, ②와 관련하여 판례는 사문서에 날인된 작성명의인의 인영이 그의 인장에 의해 현출된 것이라면, 특단의 사정이 없는 한, 그 인영의 진정성립, 즉 날인행위가 작성명의인의 의사에 기한 것임이 추정(1단계 추정)되고, 일단 인영의 진정성립이 추정되면, 법 358조에 의하여 그 문서 전체의 진정성립이 추정(2단계 추정)된다고 한다. 그리고 이러한 추정은 다음과 같은 경우에는 복멸된다고 한다. 즉, 1단계 추정(인영의 진정성립의 추정)은 사실상의 추정이므로 이에 대해서는 인영의 진정성립을 다투는 자가 반증을 들어 인영의 진정성립(날인행위가 작성명의인의 의사에 기한 것)에 관하여 법원이 의심을 품게 할 수 있는 사정을 입증하면 문서의 진정성립의 추정이 깨지고 2단계 추정(인영의 진정성립에 따른 법 358조에 의한 추정)에 대해서는 날인행위가 작성명의인 이외의 자에 의하여 이루어진 것임이 밝혀지거나 작성명의인의 의사에 반하여 혹은 작성명의인의 의사에 기하지 않고 이루어진 것임이 밝혀진 경우에는 문서의 진정 성립의 추정은 깨진다고 한다.[99] 이때 날인행위가 작성명의인 이외의 자에 의해 이루어진 것 등에 대해서

98) 대판 1988.12.20. 88다카3083.
99) 대판 2010.4.29. 2009다38049.

는 그것을 주장하는 자가 적극적으로 입증하여야 한다고 한다.[100]

이상의 추정규정 이외에 진정성립의 증명방법에 관하여는 특별한 제한이 없다. 따라서 부지로 다투는 서증에 관하여 입증자가 진정성립을 증명하지 못한 경우라도 법원은 변론 전체의 취지[101]를 참작하여 그 성립을 인정할 수도 있다. 그리고 법원이 어떤 서증을 채택하였다는 것은 당연히 그 문서가 형식적 증거력을 구비하였다는 것을 전제로 한 것이므로 상대방이 문서에 대한 위조항변, 부인 또는 부지로 다툰다고 하여도 문서의 진정 성립에 석연치 않은 점이 있는 경우가 아니면 진정 성립의 근거를 판결이유에 밝힘이 없이 그 문서를 사실인정의 자료로 삼아도 무방하다.[102]

(3) 기타 특수한 경우

(가) 매매계약서를 원·피고 간에 작성한 이후 피고가 이를 부인할 경우 법원은 인영사실까지 부인하는지를 석명을 통해 확인하여 그 인영의 진정을 인정하면 진정 성립을 추정하고 그 이후에 문서의 변조 유무에 관하여 피고가 입증을 하여야 한다.[103]

(나) 일반적으로 문서 일부가 미완성인 상태로 서명날인을 하여 교부된 경우 그 문서의 교부 당시에는 백지상태인 공란 부분이 있었는데 그것이 사후에 보충되었다는 점은 작성명의인이 증명하여야 하는 반면, 그 백지부분이 정당하게 위임받은 권한에 의하여 보충되었다는 사실은 그 백지부분의 기재에 따른 효과를 주장하는 당사자가 이를 증명할 책임이 있다고 할 것이다.[104]

이와 관련하여 위임장 등의 경우 거기에 기재된 내용 중 일부가 백지인 상태로 교부된 후 수임인이 그 위임사항의 내용을 보충하여 기재한 경우라면 그것이 정당하게 위임받은 권한에 의해 보충된 것이라는 점을 수임인이 증명할 책임이 있다. 따라서 채권자가 본인 겸 채무자의 대리인으로서 금전소비대차계약 공정증서의 작성을 촉탁할 경우 백지 보충된 부분이 정당한 보충권한에 의하여 기재된

---

100) 대판 2008.11.13. 2007다82158.
101) 대판 2013.8.22. 2012다94728에 따르면, 여기서 변론 전체의 취지는 변론의 과정에 현출된 모든 상황과 소송자료로서 증거조사의 결과를 제외한 것이고, 변론종결 후에 제출된 자료는 포함되지 않는다고 한다.
102) 대판 1993.4.13. 92다12070.
103) 대판 1995.11.10. 95다4674.
104) 대판 2003.4.11. 2001다11406.

것이라는 점은 채권자가 별도로 증명하여야 하여야 한다.[105] 이와 달리 백지어음
(어음법 10조, 수표법 13조)의 경우 발행인이 수취인 또는 그 소지인에게 백지부분에
대한 보충권을 줄 의사로서 발행하였는지에 대하여는 보충권을 줄 의사로 발행
한 것이 아니라는 점, 즉 백지어음이 아니고 불완전어음으로서 무효라는 점에 관
한 입증책임은 발행인에게 있다고 할 것이다.[106] 따라서 위임장의 보충에 관한
것은 수임자가, 백지어음의 보충에 관한 것은 발행인이 입증책임을 부담한다고
할 것이다.

라. 문서의 실질적 증거력

문서의 실질적 증거력은 문서의 신빙성 여부에 관한 것으로 일단 형식적 증
거력을 통과하면 원칙적으로 법관의 자유심증에 맡겨져 있다고 할 것이다. 다만,
처분문서의 형식적 증거력이 인정되면 처분문서의 기재 내용에 따른 법률행위의
존재 및 내용을 인정하여야 하는 반면, 법원이 처분문서의 기재를 신뢰할 수 없
다면 그 이유를 판결서에 설시하여야 한다. 즉, 처분문서의 진정 성립이 인정되
면 반증에 의하여 그 기재 내용과 다른 특별한 명시적 또는 묵시적 약정이 있었
다는 사실이 인정되지 아니하는 한, 법원은 그 문서의 기재 내용에 따른 의사표
시의 존재와 내용을 인정하여야 하고 합리적인 이유 설시도 없이 이를 배척하여
서는 안 된다.[107]

마. 절차

서증은 당사자의 신청에 의한다. 그리고 당사자(입증자)는 다음과 같은 방법
으로 문서를 제출할 수 있다. 즉, 자기가 소지한 문서라면 이것을 제출하는 방법
으로(344조 1항), 상대방 당사자 또는 제3자가 소지한 문서로서 문서제출명령에 응
할 의무가 있는 경우에는 문서제출명령을 신청하는 방법으로(344조 2항) 또한, 문
서제출의무가 없어도 협력을 얻을 수 있다면 문서의 소지자에게 그 문서의 송부
를 촉탁할 것을 신청하는 방법(352조)으로 문서를 법원에 제출할 수 있다(352조).

위와 같은 방법으로 문서가 법원에 제출되면 그에 대한 증거조사는 법원이
상대방에게 성립의 인부 및 증거항변 등을 하게 함으로써 실시된다. 성립의 인부

---

105) 대판 2013.8.22. 2011다100923.
106) 대판 1984.5.22. 83다카1585.
107) 대판 2000.1.21. 97다1013; 대판 2010.11.11. 2010다56616.

는 전술한 것처럼 제출된 문서의 형식적 증거력을 인정하는지에 대한 상대방의 답변이다. 다만, 최근의 실무 경향은 모든 서증에 대한 인부를 하게 하는 것이 아니라 소위 필요적 인부문서만 인부를 하도록 하고 있다. 여기에서 필요적 인부문서란 존부나 내용에 대하여 당사자 사이에 다툼이 있는 법률행위에 대한 처분문서와 같이 사건의 쟁점과 관련된 문서로서 인부가 필요하다고 판단되는 문서를 말한다.[108]

또한, 문서의 제출은 원본으로 하여야 한다. 왜냐하면 원본이 아니고 단순히 사본만으로 한 증거의 제출은 정확성의 보증이 없어 원칙적으로 부적법하고 원본의 존재 및 원본 성립의 진정에 관하여 다툼이 있을 수 있으며 사본을 원본의 대용으로 하는 것에 대하여 상대방으로부터 이의가 있는 경우에는 사본으로써 원본을 대신할 수 없기 때문이다. 다만, 사본을 원본으로서 제출하는 경우에는 그 사본이 독립한 서증이 되는 것이지만 원본이 제출된 것은 아니기 때문에 이때에는 별도로 증거에 의하여 사본과 같은 원본이 존재하고 그 원본이 진정하게 성립하였음이 인정되지 않는 한, 그와 같은 내용의 사본이 존재한다는 것 이상의 증거가치는 없다. 그러나 사본만 증거로 제출한 이유가 당사자의 문서 원본을 분실이라든지, 선의로 이를 훼손하였다든지, 문서제출명령에 응할 의무가 없는 제3자가 해당 문서의 원본을 소지하고 있다든지, 원본문서의 양이 방대하다든지, 원본문서의 제출이 불가능하거나 곤란한 상황에서 해당 서증의 신청당사자는 원본 제출이 불가능한 것을 정당화할 수 있는 구체적 사유를 주장·증명하여야 한다.[109]

바. 문서제출명령

(1) 요건

문서제출명령의 신청은 문서의 표시·취지·소지자·입증사실 및 제출의무의 원인을 명확하게 하여 신청해야 한다(345조 1호 내지 5호, 형식적 요건).

그리고 이 이외에도 문서가 신청서에 기재되어 있는 소지자의 지배 하에 있는 사실, 소지자에게 문서제출의무가 있는 사실 및 문서제출명령에 의할 필요가 있는 사실 등이 요구된다(344조 1항 1호 내지 3호, 실질적 요건).

---

108) 박재완, 앞의 책, 305~306면.
109) 대판 2010.2.25. 2009다96403; 대판 2023.6.1. 2023다217534.

(2) 모색적 증명

345조 1항 4호의 '증명할 사실'(입증사실)을 어느 만큼 구체적으로 표시하여야 하는지가 문제이다. 이에 관하여 일정한 요건을 만족시키면 입증사실의 표시는 추상적·불특정적인 것으로도 충분하다는 것이 최근의 유력한 견해이다.[110] 입증자가 입증사실에서 구체적인 표시가 곤란한 반면, 입증사항의 표시는 법원에 심리대상을 명확하게 하여 상대방에게 정당한 방어권을 보장하기 위함이므로 그 입증사실의 취지가 명확하게 될 정도의 '단서'를 표시하는 것으로 충분하기 때문이라고 한다.

증명하여야 할 사실에 관한 요건으로는 거증자와 상대방의 이익조정이라는 관점에서 입증자가 입증사실로부터 격리되어 있기 때문에 구체적인 사실주장의 기재가 곤란한 점, 입증자의 주장이 자의적이지 않은 점 또는 상대방 당사자가 보다 구체적인 주장을 할 수 있는 점이 통상 거론되고 있다.

(3) 절차

당사자가 문서제출명령을 신청하면 법원은 이유의 유무(문서제출의무의 유무)를 심리하고 그 결과에 따라 결정으로 신청의 각하 또는 문서제출명령을 한다(347조). 이와 관련하여 문서제출명령제도의 활성화를 위하여 문서제출명령신청을 할 때 문서의 표시, 취지의 특정이 현저하게 곤란한 경우에는 문서의 특정성을 완화하고 동시에 소지인에게 문서를 특정하는 데 필요한 정보를 개시하도록 요구하는 제도를 만들 필요가 있을 것이다. 이것은 문서의 표시·취지(345조 1·2호)를 구체적으로 명확하게 할 수 없는 경우에 문서수집에 있어서 공평을 도모하기 위한 취지이다. 그리고 문서제출의무의 유무에 관한 증명책임은 신청인에게 있고 제3자에 대해 문서의 제출을 명하는 경우에는 제3자 또는 그가 지정하는 자를 심문하여야 한다(347조 3항). 한편, 법원은 문서가 제출의무 있는 문서(344조)에 해당하는지를 판단하기 위하여 필요하다고 인정한 경우에는 소지인에게 문서의 제시를 명할 수 있다. 그 제시문서를 다른 사람이 보지 못하도록 법원의 공개법정이 아닌 집무실에서 비밀로 심리하여야 한다(In Camera절차, 347조 4항. 즉, 이러한 경우 문서의 개시는 요구받지 않는다).[111]

---

110) 김홍규·강태원, 앞의 책, 489면; 이시윤, 앞의 책, 479면.
111) 이시윤, 앞의 책, 519면.

(4) 문서제출의무

문서제출의무는 다음과 같은 경우에 인정된다. 즉, ① 당사자가 소송에서 인용한 문서를 가지고 있는 때(344조 1항 1호), ② 신청자가 문서를 가지고 있는 사람에게 그것을 넘겨 달라고 하거나 보겠다고 요구할 수 있는 사법상의 권리를 가지고 있는 때(같은 항 2호), ③ 문서가 신청자의 이익을 위하여 작성되었거나 신청자와 문서를 가지고 있는 사람 사이의 법률관계에 관하여 작성된 것인 때(그러나 ⓐ 304조 내지 306조에 규정된 직무상 비밀이 적혀 있는 문서로서 같은 조문에 규정된 동의를 받지 아니한 문서, ⓑ 문서를 가진 사람 또는 그와 증언거부의 대상이 되는 사람에 관하여 314조에서 규정된 증언거부사유가 적혀 있는 문서 또는 ⓒ 315조 1항 각 호에 규정된 사항 중 어느 하나에 규정된 사항이 적혀 있고 비밀을 지킬 의무가 면제되지 아니한 문서에 해당하는 경우에는 제출의무가 없다. 같은 항 3호), ④ 문서(공무원 또는 공무원이었던 사람이 그 직무와 관련하여 보관하거나 가지고 있는 문서[112]를 제외한다)가 위 ⓑ 및 ⓒ에 규정된 문서에 해당하지 않거나 또는 오로지 문서를 가진 사람이 이용하기 위한 문서[113]에 해당하지 않은 경우(문서제출의 일반의무, 같은 조 2항)에 문서제출의무가 인정되며, 이 경우에 문서를 가지고 있는 사람은 그 제출을 거부하지 못한다.

법은 문서제출의무를 부담하는 문서의 범위를 ① 인용문서, ② 인도·열람청구권이 있는 문서, ③ 이익문서 및 법률관계문서로 한정하지 않고, 증거편재가 현저한 현대형 소송에서 충분한 증거수집이 가능하도록 ④ 일정한 예외사유에 해당하지 않는 한, 일반적으로 문서제출의무가 있다는 규정을 둔 것이다.[114]

(5) 문서제출명령 위반의 효과

당사자가 문서제출명령·문서제시명령에 불응하여 문서를 제출하지 아니한 때(349조), 당사자가 상대방의 사용을 방해할 목적으로 제출의무가 있는 문서를 훼손하여 버리거나 이를 사용할 수 없게 한 때(350조)에는 법원은 그 문서의 기재

---

112) 대결 2010.1.19. 2008마546은 공무원 또는 공무원이었던 사람이 그 직무와 관련하여 보관하거나 가지고 있는 문서는 국가기관이 보유·관리하는 공문서를 의미한다고 한다.

113) 대결 2016.7.1. 2014마2239은 344조 2항 2호에서 정한 자기이용문서란 오로지 문서를 가진 사람이 이용할 목적으로 작성되고 외부자에게 개시하는 것이 예정되어 있지 않으며 개시할 경우 문서를 가진 사람에게 심각한 불이익이 생길 염려가 있는 문서를 말한다고 한다.

114) 이시윤, 앞의 책, 516면.

에 대한 상대방의 주장을 진실한 것으로 인정할 수 있다. 이를 통하여 법은 증명하여야 할 사실(입증사실)을 진실로 인정할 수 있는 경우를 명문화하여 문서제출명령의 효과에 대한 강화를 도모하였다.

또한, 제3자가 문서제출명령·문서제시명령에 따르지 않는 때에는 문서의 제출·제시를 거부함에 있어서 정당한 이유가 없는 경우 법원은 결정으로 제3자에게 이로 말미암은 소송비용을 부담하도록 명하고 500만원 이하의 과태료에 처하며(311조 1항) 이에 대하여 제3자는 즉시항고를 할 수 있다(311조 8항).

5. 검증

가. 의의

검증이란 법관이 직접 오관의 작용에 의해 물건(검증물)의 성상(사물의 성질과 상태)을 검사하여 하는 증거조사이다. 이것을 인정하는 것은 법관의 지식·판단능력을 보충하기 위함이다. 예컨대, 현장검증, 녹음테이프 또는 영상물의 검증 등이 있다.

나. 절차

검증을 신청하고자 하는 때에는 검증의 목적물을 표시하여 신청하여야 한다(364조). 검증절차는 서증절차를 준용하기 때문에 검증물제출명령을 신청하거나 검증물의 제출을 촉탁할 수 있다(366조 1항). 검증을 할 때 필요하다고 인정하면 검증을 명하거나 증인을 신문할 수 있다(365조). 검증물의 소지자에게는 일반적으로 협력(제출·수인)의무가 있다(통설).[115] 왜냐하면 검증물 제출의 경우에는 문서제출의무(344조)를 준용하고 있지 않지만 당사자에게 검증물제출신청권이 인정되고 있기 때문이다(347조·366조 1항). 당사자가 검증물제출명령에 불응하여 검증물을 제출하지 않거나(신체를 대상으로 할 때는 출석하지 않을 경우) 검증물의 사용을 방해한 경우에는 상대방의 주장을 진실한 것으로 인정할 수 있고(366조 1항) 제3자가 그 명령에 불응한 경우에는 과태료에 처해진다(동조 2항).

다. 기술·직업상 비밀과 검증의무

검증물의 소지자에게는 증인의무와 마찬가지로 일반적으로 협력의무가 있다. 검증에 관하여는 증언거부권에 관한 314조와 같은 규정이 존재하지 않은 이

---

115) 김홍규·강태원, 앞의 책, 573면; 이시윤, 앞의 책, 523면; 정동윤·유병현·김경욱, 앞의 책, 640면.

상, 검증물 소지자는 검증에 대한 협력을 거절할 수 없다고도 볼 수 있지만 그렇게 해석하면 검증물 소지자의 이익을 지나치게 해할 가능성이 있게 된다. 따라서 검증협력의무를 증인의무와 마찬가지로 증언거부권에 관한 314조의 규정을 검증에 관하여도 유추적용하는 것이 타당하다. 따라서 자기의 기술 또는 직업상 비밀이 재판의 공정을 희생하여도 보호할 가치가 있다고 인정되는 경우에는 검증에 대한 협력을 거절할 수 있다고 본다(통설).[116]

6. 사실조회 및 송부촉탁

법원은 공공기관, 학교, 그 밖의 단체, 개인 또는 외국의 공공기관에게 그 업무에 속하는 사항에 관하여 필요한 조사를 촉탁하거나(이를 실무상 '사실조회'라고 한다) 또는 보관 중인 문서의 등본·사본의 송부를 촉탁할 수 있다(294조). 예컨대, 서울시가 보관 중인 토지조사부를 조사하고자 그곳을 방문하여 열람 내지 복사하거나 또는 그것을 공공기관의 노력으로 복사 등을 하여 법원에 송부해 줄 것을 촉탁하는 경우가 그것이다. 사실조회는 개인에 대해서도 할 수 있으므로 이를 통해 문서의 송부를 촉탁할 수 있다. 한편, 이러한 사실조회는 자유로운 증명에 해당하기 때문에 서증, 증인신문 또는 감정 등 원칙적인 증거조사방법과는 다르다고 할 수 있다.[117]

그러나 전화 등 통신자료·금융거래자료 및 과세자료 등의 정보에 대한 사실조회 등을 통하여 개인정보유출에 대한 책임을 우려한 제출 거부 등의 사례가 있어서 위 정보에 대한 사실조회에 대하여는 개별법에 근거규정이 마련되었다(통신비밀보호법 13조의2, 금융실명거래 및 비밀보장에 관한 법률 4조 1호, 국세기본법 81조의13 3호).

7. 기타 증거방법

도면·사진·녹음테이프·비디오테이프·컴퓨터용 자기디스크 또는 그밖에 정보를 담기 위하여 만들어진 물건으로서 문서가 아닌 증거조사에 관한 사항은 감정·서증·검증의 규정에 준하여 적절한 방법으로 조사한다는 취지(374조)에서 이

---

116) 이시윤, 앞의 책, 523면; 정동윤·유병현·김경욱, 앞의 책, 640면.
117) 박재완, 앞의 책, 320~321면.

조항의 위임에 따라 규칙 120조 내지 122조를 규정하였다.

가. 컴퓨터용 자기디스크, 광디스크, 그 밖에 이와 비슷한 정보저장매체("자기디스크 등")에 기억된 문자정보인 사진·도면을 증거자료로 하는 경우에는 출력문서를 제출할 수 있다(규칙 120조 1항·3항). 이 경우 증거조사의 대상은 자기디스크 등에 기록된 문자정보 등이므로 출력문서에 대한 증거조사는 검증절차에 의한다.[118] 그리고 자기디스크 등에 기억된 문자정보인 사진·도면을 증거로 하는 경우에 증거조사를 신청한 당사자는 법원이 명하거나 상대방이 요구한 때에는 자기디스크 등에 입력한 사람과 입력한 일시, 출력한 사람과 출력한 일시를 밝혀야 한다(규칙 120조 2항·3항).

나. 녹음·녹화테이프, 컴퓨터용 자기디스크·광디스크, 그 밖에 이와 비슷한 방법으로 음성이나 영상에 녹음 또는 녹화("녹음 등")하여 재생할 수 있는 매체에 대한 증거조사를 신청하는 때에는 음성이나 영상에 녹음 등이 된 사람, 녹음 등을 한 사람 및 녹음 등을 한 일시·장소를 밝혀야 하고 녹음테이프 등에 대한 증거조사는 녹음테이프 등을 재생하여 검증하는 방법으로 한다. 그리고 녹음테이프 등에 대한 증거조사를 신청한 당사자는 법원이 명하거나 상대방이 요구한 때에는 녹음테이프 등의 녹취서, 그 밖에 그 내용을 설명하는 서면을 제출하여야 한다(121조).

다. 도면·사진, 그 밖에 정보를 담기 위하여 만들어진 물건으로서 문서가 아닌 증거의 조사에 관하여는 특별한 규정이 없으면 서증·감정 등의 규정을 준용한다(122조).

Ⅲ. 증거보전

1. 의의

증거보전이란 소송절차 내에서 증거조사를 행할 기일까지 기다리면 그 증거방법의 조사가 불가능하거나 또는 곤란하게 될 사정이 있는 경우에 본안의 소송절차와는 별도로 미리 증거조사를 하여 그 결과를 확보하여 두는 것으로 판결절차의 부수절차이다(375조).

---

[118] 한충수, 앞의 책, 521면.

2. 필요성

가. 증거보전의 필요성

우리나라는 미국의 증거개시제도(Discovery)와 비교되지 않을 정도로 증거개시방법이 빈약하다. 이러한 이유 때문에 제조물책임·공해 또는 의료과오라는 현대형 소송에서는 증거편재가 현저하기 때문에 당사자 사이에 실질적 공평을 도모하기 위해서는 증거의 개시적인 운용이 필요하다고 하는 지적을 받고 있다. 그래서 실무에서는 증거보전에 증거개시의 기능을 수행할 수 있도록 증거에 개작의 우려가 있다고 하는 추상적 이유만으로도 증거보전결정이 이루어지고 있다(적극설).

나. 요건·절차

증거보전을 신청하기 위해서는 미리 증거조사를 해두지 않으면 증거사용이 곤란하게 되는 사정이 있는 사실(증거보전의 필요성)이 필요하다(375조). 증거보전은 당사자의 신청 또는 법원의 직권에 의해 보전의 필요성이 있는 경우에 소 제기 이전 또는 소송계속 중에도 실시될 수 있다(375조·379조). 증거보전의 결정에는 불복신청이 허용되지 않는다(380조). 그러나 신청기각의 결정에 대해서는 통상항고를 할 수 있다(439조). 증거보전을 위한 증거조사의 기일에는 신청인·상대방에게 통지하여야 하지만 급속을 요하는 경우에는 소환을 요하지 않는다(381조).

다. 효과

증거조사의 결과는 변론에 제출됨으로써 본래의 소송절차에서 진행하는 증거조사와 마찬가지의 효력을 가진다. 한편, 증거보전절차에서 신문한 증인을 당사자가 변론에서 다시 신문하고자 신청한 때에는 법원은 그 증인을 신문하여야 한다(384조). 직접주의를 구현하고자 하는 법규정이므로 법원은 절차지연을 이유로 증인신청을 배척해서는 안 된다.[119]

---

119) 한충수, 앞의 책, 525면.

제 5 편 소송의 종료

제1장 당사자에 의한 종료

I. 처분권주의와 소송의 종료

1. 소송의 종료

소송이 종료하는 태양으로는 종국판결이 확정된 경우, 당사자의 의사로 종료하는 경우 또는 기타에 의한 종료로 구분할 수 있다.

2. 당사자의 의사에 의한 종료

처분권주의에 따라 당사자는 소송을 개시할 것인지, 어떠한 범위의 청구를 구할 것인지 또는 판결에 의하지 않고 소송을 종료시킬 수 것인지 여부를 자유롭게 결정할 수 있다(203조). 이것은 실체법상 사적 자치의 원칙을 소송법상으로도 존중하는 것이다. 소의 취하, 청구의 포기·인낙, 소송상 화해는 이러한 처분권주의의 한 가지 내용으로 당사자의 의사에 의해 종국판결에 이르지 않은 상태에서 소송을 종료시키는 제도이다.

3. 기타

민사소송은 이당사자대립구조를 전제로 하기 때문에 원·피고의 지위가 동일인에게 속하여 혼동이 되면 소송은 종료한다. 예컨대, 일방 당사자가 사망하고 상대방이 단독으로 상속한 경우, 당사자인 양 법인이 합병된 경우 등이다. 또한, 소송 중에 당사자가 사망하거나 또는 당사자적격을 상실하였는데 소송물인 권리의무가 일신전속적이기 때문에 이것을 승계할 자가 없는 경우에도 소송은 종료한다. 예컨대, 이혼소송의 당사자가 사망한 경우이다. 그리고 소송 중에 당사자가 사망하고 상속인이 한 명도 없는 경우에도 소송은 종료한다.

II. 소취하

1. 의의

소의 취하란 법원에 대하여 심판의 신청을 철회하는 원고의 단독적 의사표시(소송행위)를 말한다. 소의 취하는 원고의 의사에 의해 소송을 종료시키는 점에서 청구의 포기와 공통적이다. 그러나 소의 취하는 소송계속의 소급적 소멸만 발생시키고 분쟁을 해결하지 않는 반면, 청구의 포기는 확정판결과 동일한 효력을 발생시켜 분쟁을 해결한다는 점에서 다르다. 그리고 소의 취하의 법적 성질은 소송행위이다.

2. 요건

원고는 종국판결이 확정되기 전까지 원칙적으로 자유롭게 소의 전부 또는 일부를 취하할 수 있다(266조 1항). 직권탐지주의의 사건에서도 소의 제기가 원고의 의사에 의하는 이상, 소의 취하 역시 자유롭다.

다만, 피고가 본안에 관하여 준비서면을 제출하거나, 변론준비절차에서 진술하거나, 변론을 한 뒤에는 피고의 동의를 얻어야 그 효력이 발생한다(266조 2항). 피고가 본안에 관해 대응한 이상, 피고에게도 판결에 의한 실체적인 분쟁해결을 얻을 이익이 있기 때문에 피고의 동의를 얻도록 한 것이다.

소의 취하는 소송행위이기 때문에 원고가 소송능력을 가질 필요가 있다. 또한, 소송대리인이 소를 취하하기 위해서는 당사자 본인으로부터 특별한 권한을 따로 받아야 한다(특별수권사항, 90조 2항 2호). 이와 달리 소의 취하에 대한 피고측 소송대리인의 동의는 법에 규정된 특별수권사항이 아니고, 또한 피고가 소송대리인을 선임할 때 특별수권사항까지 포함된 일체의 소송행위를 할 수 있는 대리권을 부여한 상태라면 원고의 소의 취하에 대한 동의권도 포함되어 있다고 봄이 상당할 것이므로 소송대리인의 소 취하에 대한 동의는 소송대리권의 범위 내의 사항으로서 피고에게 그 효력이 미친다.[1]

소의 취하는 소송행위이므로 조건에 친하지 않고 원고가 피고측의 사기·강박에 의해 소를 취하한 경우에 소 취하를 무효로 하기 위해서는 원고가 피고측의

---

1) 이시윤, 앞의 책, 189면; 박재완, 앞의 책, 404면. 대판 1984.3.13. 82므40.

사기·강박에 의해 소를 취하한 경우에 소취하를 무효로 하기 위해서는 민법의 의사표시의 하자에 관한 규정이 유추적용되지 않으며 오히려 법의 재심규정(451 조 1항 5호)을 유추적용하여 해결하여야 한다. 따라서 제척기간의 적용(456조)이 있고 또한, 유죄의 확정판결(451조 2항)이 있어야 한다.[2]

3. 절차

소를 취하하기 위해서는 원칙적으로 법원에 소취하의 서면을 제출하지만 변론 또는 변론준비기일에 구술로 취하할 수도 있다(266조 3항). 피고의 동의도 법원에 대하여 서면 또는 구술로 할 수 있다. 피고가 취하서의 서면을 송달받은 후 2주일 이내에 이의를 진술하지 않으면 동의한 것으로 본다(266조 6항). 피고가 일단 부동의의 의사표시를 하면 그것을 철회할 수 없다.

4. 효과

가. 소송계속의 소급적 소멸

소가 취하되면 소송계속은 소급적으로 소멸한다(267조 1항). 따라서 소의 취하로 인하여 분쟁해결기준을 만들 수가 없다. 상급심에서 소가 취하된 경우 취하된 부분에 대한 하급심의 판결도 실효가 된다. 소송 중에 행해진 개별적인 소송행위도 소의 취하에 의해 모두 실효된다. 그러나 소가 취하되어도 조서는 다른 사건의 서증으로 이용되는 경우가 있고 다른 사건의 관련재판적은 소멸하지 않으며 소송행위 중 독립된 소의 제기에 해당하는 신청은 실효되지 않는다. 소의 취하에 의해 소 제기에 따른 시효중단과 기간준수의 효과도 소멸된다(민법 170조 1항). 다만, 소의 취하가 있은 이후 6개월 내에 재판상의 청구, 피산절차참가, 압류·가압류 또는 가처분을 한 경우에는 시효는 최초의 재판상 청구(소 제기)로 인하여 중단된 것으로 본다(민법 170조 2항).

나. 재소금지

소의 취하 후에 다시 동일한 청구에 관하여 소를 제기하는 것은 원칙적으로 허용된다. 그러나 본안의 종국판결(청구기각 또는 청구인용판결)이 있은 후에 소를 취하한 경우에는 같은 소를 다시 제기할 수 없다(267조 2항). 이는 법원이 본안판

---

2) 대판 1984.5.29. 82다카963.

결을 통해 분쟁해결기준을 제시하였는데 그것을 쓸데없게 하는 것은 소송경제상 바람직하지 않으므로 이에 대한 일종의 제재와 동시에 소를 취하한 원고의 재소 남용을 방지하는 것에 그 취지가 있다.[3] 따라서 소각하판결이나 소송종료선언판결이 선고된 후에 소를 취하한 경우, 이들 판결에는 본안에 관한 판단이 없기 때문에 재소금지의 효과가 발생하지 않는다. 청구의 교환적 변경은 구소의 취하와 신소의 제기가 병합된 것인바, 1심에서 본안판결이 선고된 뒤에 항소심에서 청구를 교환적으로 변경하면 구청구는 취하한 것이 되므로 이후 구청구로 재차 청구변경을 하거나 별소를 제기하면 재소금지의 효과 때문에 부적법하게 된다.[4] 한편, 재소금지의 효과는 동일한 당사자 사이에 같은 소송물에 관하여 다시 소를 제기하지 못하게 하는 것일 뿐 실체상의 권리가 소멸하는 것은 아니다.

다. '같은 소'의 의의

'같은 소'(267조 2항)란 취하된 소와 새로이 제기된 소 사이에 당사자 및 소송물이 동일할 뿐만 아니라 재소금지의 취지상 권리보호의 이익이 동일할 필요가 있다. 여기에서 권리보호의 이익이란 소의 이익과는 다른 것으로 소권이 부당하게 박탈당하는 것을 방지하기 위하여 사정변경이 있는 경우에는 재소를 허용하기 위하여 고안된 개념을 말한다.[5]

그러한 개념을 사용한 판례를 살펴보면 피고가 전소 취하의 전제조건인 약정사항을 지키지 아니함으로써 위 약정이 해제 또는 실효되는 사정변경이 발생하였다면 이 사건 지상권이전등기 말소등기청구와 전소가 소송물이 서로 동일하더라도 소제기를 필요로 하는 사정이 같지 아니하여 권리보호의 이익이 다르다고 할 것이라고 한 경우,[6] 매수인이 매도인을 상대로 부동산에 관하여 매매를 원인으로 한 소유권이전등기절차 이행의 소를 제기하여 승소판결을 받았지만 항소심에서 매매에 따른 토지거래허가신청절차의 이행을 구하는 소로 변경하여 당초의 소는 종국판결 선고 후 취하된 것으로 되었다고 하더라도 그 후 토지거래허가를 받고 나서 다시 소유권이전등기절차의 이행을 구하는 것은 취하된 소와 권리보호의 이익이 다르므로 재소금지원칙이 적용되지 않는다고 한 것[7] 등이 있다.[8]

---

3) 대판 2023.1.12. 2022다266874.
4) 대판 1987.6.9. 86다카2600; 대판 1987.11.10. 87다카1405.
5) 박재완, 앞의 책, 408면.
6) 대판 1993.8.24. 93다22074.

전소 원고의 일반승계인 및 특정승계인 모두에게 원칙적으로 재소금지의 효과가 미치지만 특정승계인의 경우에는 필요한 경우 권리보호의 이익 측면에서 구제를 한다. 예컨대, 240조 2항의 '소를 취하한 자'에는 변론종결 후의 특정승계인을 당연히 포함하지만 '같은 소'라 함은 권리보호의 이익도 같아야 하므로 예컨대, 토지의 전소유자가 피고를 상대로 한 전소와 후소는 소송물인 권리관계가 동일하다고 할지라도 위 전소의 취하 후에 위 토지를 양수한 원고는 그 소유권을 침해하고 있는 피고에 대하여 그 배제를 구할 새로운 권리보호의 이익이 있다고 할 경우에는 위 전소와 후소는 동일한 소라고 할 수 없다고 하여 재소를 인정하고 있다.[9]

또한, 선정당사자가 소를 취하하면 선정자에게 재소금지의 효과가 미치고 대위소송이 제기된 사실을 채무자가 어떤 경위로든 알게 된 경우에는 채무자에게 재소금지의 효과가 미친다.[10]

반면, 판례는 대여금청구를 취하한 이후 이자지급청구의 소가 제기된 경우와 같이 후소가 전소의 소송물을 선결적 법률관계 내지 전제로 하고 있는 것일 경우에는 비록 소송물은 다르지만, 본안의 종국판결 이후에 전소를 취하한 자는 전소의 목적이었던 권리 내지 법률관계의 존부에 대하여는 다시 법원의 판단을 구할 수 없는 관계상, 위 제도의 취지와 목적에 비추어 후소에 대하여도 같은 소로서 판결을 구할 수 없다고 풀이함이 상당하다고 한다.[11] 그러나 이에 대하여는 소를 취하한 경우가 청구기각의 판결이 확정된 경우보다 더 불리하게 취급하는 것이 되어 부당하다고 반대하는 견해가 유력하다.[12]

라. 소 취하에 있어서 의사표시의 하자

소 취하의 의사표시에 하자가 있는 경우 민법의 규정을 유추적용할 수 있는지 여부에 대하여 견해의 대립이 있다. 판례[13]는 이를 부정하면서 대신 재심규정

---

7) 대판 1997.12.23. 97다45341.
8) 대판 2021.5.7. 2018다259213(추심채권자의 소취하 후 다른 추심채권자의 재소는 새로운 권리보호이익이 발생한 것으로 재소금지에 반하지 않음); 대판 2022.6.30. 2021다239301(구분소유자의 소취하 후 관리단의 재소는 새로운 권리보호이익이 발생한 것으로 재소금지에 반하지 않음).
9) 대판 1981.7.14. 81다64·65.
10) 대판 1981.1.27. 79다1618·1619; 대판 1995.7.28. 95다18406; 대판 1996.9.20. 93다20177·20184.
11) 대판 1989.10.10. 88다카18023.
12) 박재완, 앞의 책, 407면.

의 유추를 인정한다고 한다. 이 경우 상술한 바와 같이 확정판결이 필요하다는 입장이다.

그러나 소의 취하가 원고의 의사에 따른 소송종료행위이고 소취하의 효과(267조)는 원고의 의사에 하자가 없는 경우에 비로소 정당화될 수 있으며 그 이후에 절차가 거듭되지 않기 때문에 무효·취소를 인정하여도 절차의 안정을 손상시키지는 않을 것으로 생각할 수 있기 때문에 반드시 부정할 필요는 없고 유추적용 등을 통해 해결하는 것도 한 가지 방법으로 생각할 수 있을 것이다.

5. 소의 취하계약

가. 의의 및 유효성

소의 취하계약이란 소송 외에서 당사자 사이에 소를 취하하기로 하는 합의를 말한다. 처분권주의에서는 소의 취하계약은 유효하다.

나. 법적 성질

소의 취하계약은 사법상 작위의무 내지 부작위의무의 발생을 목적으로 하는 사법계약이고 당사자가 이 의무에 위반한 경우 상대방은 소송에서 합의의 존재를 항변으로 주장할 수 있으며 법원은 위와 같은 항변에 대하여 원고의 소를 권리보호의 이익이 흠결된 부적법한 것으로 보아 각하함으로써 피고를 구제할 수 있다. 왜냐하면 소송에 관한 합의라고 하여도 어디까지나 소송 외에서 이루어진 것이지만 항변의 형태로 간접적으로 소송상 효과가 인정되어 그 목적을 달성할 수 있기 때문이다(사법계약설). 이에 반하여 순수한 소송계약이라고 하는 견해가 있지만 의무 위반에 대한 손해배상청구를 할 수 없어 타당하지 않다.

6. 소 취하의 간주

당사자 쌍방이 2회 이상 불출석한 이후 1월 이내에 기일지정신청이 없거나 그 이후 기일에 다시 불출석한 경우, 피고경정신청이 허가된 경우(261조 4항) 등에는 소가 취하된 것으로 간주된다.

---

13) 대판 2001.1.30. 2000다42939·42949 등.

7. 소의 취하와 구별되는 소송행위

소의 취하, 항소의 취하, 청구의 포기 및 재판상 자백에 관하여 그 차이를 분명하게 이해할 필요가 있다.

첫째, 소의 취하는 처분권주의가 지배하여 일정한 조건에 따라 상대방의 동의를 얻어 원고의 신청에 의해 이루어지고 소송계속이 소급적으로 소멸하기 때문에 분쟁해결기준을 제시하지 못하는 점이 있다.

둘째, 항소의 취하는 소의 취하와 마찬가지로 처분권주의가 지배하여 항소인의 신청에 의해 이루어지고 항소심을 소급적으로 소멸시키는 것으로 소의 취하와 달리 상대방의 동의 없이 할 수 있지만 소의 취하와 달리 1심판결 확정의 효력이 있기 때문에 분쟁해결기준이 만들어 진다.

셋째, 청구의 포기란 처분권주의가 지배하여 원고가 소송물(청구)을 판결이 확정되기 전까지 상대방의 동의 없이 포기하는 것으로 청구의 포기는 기판력이 발생한다.

넷째, 재판상 자백은 변론주의가 지배하여 당사자는 주요사실에 관하여 상대방의 자신에 대한 불이익한 사실의 주장(진술)을 인정하는 태도로 자백의 구속력이라는 효과 때문에 특별한 사정이 없는 한, 이를 번복할 수 없다. 여기에서 상대방의 동의는 필요가 없다.

[표 5-1] 비교표

	소의 취하	항소의 취하	청구의 포기	재판상 자백
인정근거	처분권주의	처분권주의	처분권주의	변론주의
주체 대상	원고 심판의 신청	항소인 불복신청	원고 소송물(청구)	당사자 주요사실
효력 상대방의 동의 유무	분쟁해결기준 없음 상대방의 조건에 따라 동의 필요 재소금지효	분쟁해결기준 있음 (∵일심판결확정) 상대방의 동의 불요	기준 있음 (기판력 있음) 상대방의 동의 불요	자백의 구속력 있음 상대방의 동의 불요
시기	판결 확정 전 까지	항소심 종국판결 전까지	판결 확정 전까지	사실심 종결 전까지

Ⅲ. 청구의 포기·인낙

1. 의의

청구의 포기는 원고가 변론기일 또는 변론준비기일에 청구가 이유 없음을 인정하는 취지의 법원에 대한 의사표시를, 청구의 인낙은 피고가 변론기일 또는 변론준비기일에 청구가 이유 있음을 인정하는 취지의 법원에 대한 의사표시를 말한다. 청구의 포기·인낙은 당사자의 일방적인 의사에 의해 조서가 작성됨으로써 소송을 종료시키는 점에서 소의 취하와 공통적이다. 그러나 당사자의 의사에 따라 확정판결과 동일한 효력을 발생시키는 점에서 소송상 화해와 공통적이지만 소 제기의 효과를 소급적으로 소멸시키는 소의 취하와는 다르다.

2. 법적 성질

청구의 포기·인낙은 소송행위이다. 소송절차 내에서 이루어지는 행위이고 동시에 직접적으로 소송상 효과의 발생을 목적으로 하고 있기 때문이다(소송행위설). 그 법적 성질에 관하여는 사법행위설, 소송행위설, 및 사법행위와 소송행위의 성질을 겸유한다고 하는 양성설의 다툼이 있지만, 소송행위설이 통설·판례[14]의 입장이다.

3. 요건

소송행위이기 때문에 당사자의 경우 당사자능력·소송능력을 갖추어야 하고 대리인의 경우 당사자 본인으로부터 청구의 포기·인낙에 관한 특별한 권한의 수여가 있어야 한다(90조 2항 2호). 또한, 의사능력이 없는 사람이 포기·인낙을 하는 경우 특별대리인을 선임하여야 한다. 그런데 그 특별대리인이 청구의 포기·인낙을 하는 과정에서 본인의 이익을 명백히 침해한다고 인정할 때에는 법원은 그 행위가 있는 날부터 14일 이내에 결정으로 이를 허가하지 아니할 수 있다(62조의2). 청구의 포기·인낙에 따라 계쟁이익을 처분한 것과 마찬가지의 중대한 효과를 발생시키는 행위이기 때문에 법원의 허가를 받도록 한 것이다.

---

14) 김홍규·강태원, 앞의 책, 614면; 이시윤, 앞의 책, 583면; 정동윤·유병현·김경욱, 앞의 책, 716면. 대판 1957.3.14. 4289민상439.

또한, 당사자가 자유롭게 소송물을 처분할 수 있는 것(소송물의 처분가능성)이 필요하다. 한편, 혼인·입양사건 등은 직권탐지주의를 취하고 있기 때문에 청구의 인낙은 허용되지 않는다(가사소송법 12조 단서). 친자관계사건은 직권탐지주의를 취하고 있기 때문에 청구의 포기도, 인낙도 허용되지 않는다. 청구의 인낙을 위해서는 소송물이 법률상 허용되는 권리관계이고 공서양속·강행법규 위반이 아닐 것이 필요하다. 따라서 청구가 강행법규 등에 위반한 경우에는 청구를 인낙할 수 없다. 강행법규 위반의 권리행사는 사법상 허용되지 않는 이상, 소송상으로도 당사자에게 자유롭게 처분을 인정해서는 안 되고 국가도 이를 조서에 기재하는 형태로 협력해서는 안 되기 때문이다. 반면, 공서양속 또는 강행법규 위반을 원인으로 하는 청구는 포기를 인정할 수 있다(다툼이 없다).

한편, 판례는 예비적 청구병합소송에서 예비적 청구만을 대상으로 한 피고의 청구인낙은 무효라고 한다. 주위적 청구의 당부를 먼저 판단하여 그 이유가 없을 때에만 예비적 청구에 관해 심리판단할 수 있고, 예비적 청구만을 분리하여 심리하거나 일부판결을 할 수 없다는 것을 근거로 한다.[15]

4. 소송요건의 구비 여부

청구의 포기·인낙이 인정되기 위해서는 해당소송이 소송요건을 구비하여 적법한 것이어야 하는지 문제된다. 청구의 포기·인낙은 "확정판결과 동일한 효력"(220조)이 발생하는 이상, 소송요건이 전혀 필요가 없다고 해서는 안 된다. 예컨대, 당사자의 실재(實在), 소송능력 또는 전속관할이 필요하다. 그러나 피고의 이익보호 또는 분쟁해결의 실효성을 확보하기 위한 소송요건은 필요없다고 할 것이다. 왜냐하면 청구의 포기·인낙은 당사자의 의사에 따른 자주적 분쟁해결방식이고 포기·인낙의 의사가 명확한 이상, 그 자의 이익을 고려할 필요는 없고 또한, 당사자 간에는 청구에 관한 분쟁이 해결된 상태인데 소송요건 구비 여부를 판단하기 위해서 소송을 속행하는 것은 쓸모없기 때문이다. 그러나 이에 반대하여 청구의 포기·인낙은 본안판결의 대용물로 본안판결에 의한 분쟁해결과 동일시되는 것이므로 소송요건의 구비가 필요하다는 견해(필요설)가 있다. 이 견해에 따르면 청구의 포기·인낙이 있어도 소송요건이 구비되지 않으면 소를 각하하여

---

15) 대판 1995.7.25. 94다62017.

야 한다.[16]

5. 절차

청구의 포기·인낙은 변론기일 또는 변론준비기일에 구술로 한다(220조). 또한, 소송계속 중이라고 한다면 청구의 포기·인낙을 상고심에서도 할 수 있다. 다만, 불출석한 원고·피고가 청구의 포기·인낙의 서면을 작성하여 공증사무소의 인증까지 받아 제출한 경우에는 그 취지와 같이 청구의 포기·인낙의 진술을 한 것으로 간주된다(서면에 의한 포기·인낙제도, 148조 2항). 이것은 기일에 당사자가 출석해서 청구의 포기·인낙을 구술로 진술해야 하는 부담을 경감한 것이다. 법원은 청구의 포기·인낙이 있으면 직권으로 요건을 조사하여 구비한 경우에는 법원사무관 등에게 조서에 기재를 하도록 한다(154조·155조).

6. 효과

가. 소송종료효

청구의 포기·인낙을 변론조서 또는 변론준비기일조서에 기재하면 소송은 종료한다. 그 때문에 청구의 포기·인낙은 무조건적이어야 하고 조건부 포기·인낙은 무효이다. 가분적 청구에 대해서는 명시적 일부청구 긍정설에 따르면 일부의 포기나 인낙도 가능하다고 할 것이다.[17] 조서가 작성되기 전에는 재판상 자백에 준하여 상대방의 동의를 얻거나 착오를 이유로 철회할 수도 있다.[18]

나. 확정판결과 동일한 효력

청구의 포기·인낙을 조서에 기재할 경우 그 기재가 포기라면 청구기각의, 인낙이면 청구인용의 확정판결과 동일한 효력이 발생한다(220조). 따라서 포기조서와 인낙조서에는 기판력이 발생한다. 그리고 인낙조서는 이행청구인 경우에는 집행력을, 형성청구인 경우에는 형성력이 인정된다.[19] 그러나 후술하는 바와 같

---

16) 이시윤, 앞의 책, 585.

17) 김홍규·강태원, 앞의 책, 556면; 한충수, 앞의 책, 561면.

18) 정동윤·유병현·김경욱, 앞의 책, 720면; 박재완, 앞의 책, 412면.

19) 대판 2022.3.31. 2020다271919에 따르면, 청구의 인낙은 피고가 원고의 주장을 승인하는 소위 관념의 표시에 불과한 소송상 행위로서 이를 조서에 기재한 때에는 확정판결과 동일한 효력이 발생되어 그로써 소송을 종료시키는 효력이 있을 뿐이고, 실체법상 채권·채무의 발생 또는 소멸의 원인이 되는 법률행위라 볼 수 없다고 한다. 따라서 주채무자(갑)와 연대보증인(을)이 원고

이 기판력만은 인정할 수 없다는 견해가 있다.

다. 하자를 다투는 방법

(1) 기판력 부정설

포기·인낙조서의 기판력은 부정되어야 한다는 견해가 있다. 왜냐하면 청구의 포기·인낙은 당사자의 의사에 따른 자주적 분쟁해결방식이고 그 효과(220조)는 당사자의 의사에 하자가 없는 것을 통해 비로소 정당화되기 때문이다. 또한, 법원도 당사자의 의사에 착오 등 하자가 없는 것을 충분히 확정하여 조서의 기재를 한 것은 아니기 때문에 착오에 의한 취소 등의 주장(민법 109조)이 인정되어야 하기 때문이라고 한다.

(2) 기판력 긍정설

이에 대하여 통설·판례는 포기조서·인낙조서에는 확정판결과 같은 효력이 있으므로, 판결에 있어서와 같은 당연무효 사유가 없는 한 기판력이 생긴다고 본다.[20] 포기·인낙조서는 본안판결의 대용물이고 조문의 문언·연혁에 충실하여야 하기 때문에 긍정설이 타당하다. 따라서 특정사안에 대하여 포기·인낙조서를 작성한 이후에, 즉 그 사안에 대하여 기판력이 발생된 이후에 소를 제기하면 그 소는 부적법 각하된다. 예컨대, 원고가 대여금청구와 함께 그 지연손해금의 지급을 구하였다가 소송상 지연손해금청구부분을 포기함으로써 그 뜻이 변론조서에 기재되었다면 이는 확정한 결과 같은 효력이 있는 것이므로 그 이후에 원고가 제기한 지연손해금청구에 관한 부대항소는 기판력에 저촉되어 권리보호의 이익이 없어 부적법하다.[21]

한편, 청구의 포기·인낙에 대한 구제수단으로는 소송상 화해와 마찬가지로 준재심(461조, 220조)이 인정되고 있다. 따라서 포기조서·인낙조서가 작성된 이후에는 당연무효 사유가 없는 한, 준재심에 의하여 구제받아야 하고 인낙조서상의 의무가 불이행되었다고 하여 해제를 이유로 인낙 자체를 실효시키거나 손해배상

가 되어 채권자(병)를 피고로 주채무 및 연대보증채무부존재확인의 소를 제기하였고 병이 갑의 청구를 인낙한 사안에서, 병의 청구인낙으로 주채무가 소멸된 것이 아닌데도 원심법원이 주채무가 소멸되었고 그에 따라 을의 연대보증채무도 함께 소멸되었다는 이유로 을의 청구를 인용한 판결을 파기하였다.

20) 김홍규·강태원, 앞의 책, 618면; 이시윤, 앞의 책, 587면; 전병서, 앞의 책, 450면. 대판 1991.12.13. 91다8159에 의하면 기판력의 범위는 판결과 같다고 한다.

21) 서울고판 1973.7.6. 72나2540.

을 청구하는 것은 불가능하다.[22]

Ⅳ. 소송상 화해

1. 의의

소송상 화해란 소송계속 중 변론 또는 변론준비기일에 당사자가 소송물에 관한 주장을 서로 양보하여 소송을 종료시키는 취지의 합의를 말한다. 따라서 소송계속 전의 화해(소제기 전의 화해, 385조), 기일 외에서 이루어지는 재판 외의 화해(화해계약, 민법 731조)와 다르다. 그리고 제소 전 화해와 소송상 화해를 가리켜 재판상 화해라고도 한다.

소송상 화해는 소송물에 관하여 당사자 쌍방이 서로 양보하는 것이 필요하나. 낭사자 일방만 하는 양보는 청구의 포기·인낙이다. 다만, 상호양보의 정도는 불문이고 화해내용에 소송물 이외의 권리관계를 포함하여도 무방하다. 당사자는 당해소송의 소송물인 권리관계에 그 이외의 소송물인 권리관계를 병합하여 한 개의 화해로 할 수 있고(병합화해) 또한 소송이 계속되고 있지 않은 다른 권리관계에 관하여도 병합하여 한 개로 화해할 수도 있다(준병합화해).

2. 법적 성질

소송상 화해의 법적 성질에 관하여는 의사표시의 흠에 대해 재심에 의하지 않고도 소송상 화해의 무효 또는 취소를 주장할 수 있는지와 관련하여 학설의 대립이 있다.

가. 사법행위설

소송상 화해는 기일에 당사자 사이에 체결된 사법상 화해계약이고, 화해조서는 이것을 공증하기 위한 증서라고 할 수 있다고 한다. 소송상 화해도 사인 간에 분쟁처리과정의 일환으로 소송에서 이루어진 합의로 사법과 다른 가치에 의해 규율되어야 할 필요는 없고 화해에 의해 사법상 권리관계의 변동이 발생하게 되는 것(즉, 창설적 효력)은 부정할 수 없다는 것을 근거로 한다. 화해에 의사표시의 흠이 있는 경우 민법의 규정을 적용하여 무효 또는 취소의 주장이 허

---

22) 대판 1957.3.14. 4289민상439.

용되며, 무효·취소를 주장하는 방법으로는 기일지정신청 또는 무효확인의 소를 인정한다.

나. 소송행위설

소송상 화해는 민법상의 화해계약과는 다른 전혀 다른 순전한 소송행위라고 본다. 즉, 양쪽 당사자가 소송물에 관하여 서로 양보한 결과를 법원에 진술한 소송행위라고 본다. 화해에 사법상의 화해를 포함시키지 않으므로, 화해에 의사표시의 흠이 있더라도 민법의 규정을 적용하여 무효 또는 취소를 주장할 수 없고, 재심사유에 해당할 때 준재심(461조)에 의해서 다툴 수 있을 뿐이다.[23] 판례의 입장이다.[24]

다. 양성설(양행위경합설)

소송상 화해는 하나의 행위인데, 당사자 사이에는 사법행위로서 민법상 화해계약의 성질을 가지고, 당사자와 법원 사이에는 소송행위로서 소송종료행위의 성질을 가진다고 본다. 그리하여 민법상의 화해계약으로서는 사법행위이므로 민법이 적용되고 소송행위로서는 소송법이 적용된다고 한다. 이러한 사법행위 또는 소송행위 중 어느 하나의 요건이 흠결되면 소송상 화해는 무효가 된다고 해석한다.[25]

생각건대, 소송상 화해의 법적 성질론과 효과론의 관계를 살펴보면 소송행위설은 기판력 긍정에, 사법행위설은 기판력 부정에 결부되기 쉽다고 할 수 있지만, 소송상 화해의 법적 성질에 관하여는 사법상 화해임과 동시에 소송행위이고 하나의 행위로 양자가 경합하고 있다고 보는 것이 타당할 것이다.

[표 5-2] 소송행위설과 양성설의 비교[26]

	소송행위설	양성설
조건, 기한	붙일 수 없다.	붙일 수 있다.
실체법적 사유로 인한 무효·취소	인정되지 아니한다.	인정된다.

---

23) 김홍규·강태원, 앞의 책, 597~600면; 한충수, 앞의 책, 568면.
24) 대판 1962.2.15. 4294민상914; 대판 1979.3.15. 78다1094.
25) 이시윤, 앞의 책, 591면; 정동윤·유병현·김경욱, 앞의 책, 726면.
26) 박재완, 앞의 책, 415면; 전원열, 앞의 책, 579면.

다투는 방법	실체법적 사유	다툴 수 없다.	다툴 수 있다. → 무효확인의 소 또는 기일지정신청
	재심사유가 있는 경우	다툴 수 있다. → 준재심	좌동
기판력		무제한 기판력 (* 당연무효의 경우 예외)	제한적 기판력 (* 실체법적 하자가 있는 경우에는 예외)

3. 요건

소송상 화해의 요건은 일방적인 의사표시에 의해 이루어지는 청구의 포기·인낙과 달리 소송물에 관하여 당사자 쌍방이 서로 양보하는 것이 필요하다.

가. 재판상 화해의 대상인 권리관계는 사적 이익에 관한 것으로서 당사자가 자유롭게 처분할 수 있는 것이어야 하며, 성질성 당사자가 임의로 처분할 수 없는 사항을 대상으로 한 화해는 허용될 수 없다.[27] 한편, 처분이 가능한 것이라면 소송물 이외의 권리관계에 대한 것도 포함할 수 있는데 이 경우 그 부분은 성질상 제소전 화해에 해당한다. 그리고 해당 소송절차가 소송요건을 구비하고 있지 못하여도 소송상 화해는 가능하다.

나. 화해의 대상인 소송물은 법률상 허용되는 권리관계이어야 한다. 따라서 청구원인이 공서양속·강행법규 위반인 경우에는 화해조서의 청구표시에 기재된 청구원인도 마찬가지일 것인데 소송상 화해의 법적 성질에 관하여 소송행위설은 이를 유효라고 보지만 양성설은 무효라고 본다. 판례[28]는 "제소전 화해조서는 확정판결과 동일한 효력이 있어 당사자 사이에 기판력이 생기는 것이므로 거기에 확정판결의 당연무효사유와 같은 사유가 없는 한, 설령 그 내용이 강행법규에 위반된다고 할지라도 그것은 단지 제소전 화해에 하자가 있음에 지나지 아니하여 준재심절차에 의하여 구제받는 것은 별문제로 하고 그 화해조서의 무효를 주장할 수는 없다"고 판시하여 강행법규 등을 위반하는 내용의 화해조서가 성립된 경우이어도 그 화해는 원칙적으로 유효하다고 본다.

---

27) 대판 2012.9.13. 2010다97846에 의하면, 재심대상판결을 취소하는 내용의 조정 또는 재판상 화해는 성질상 당사자가 임의로 처분할 수 없는 사항을 대상으로 한 것으로 무효라고 한다.
28) 대판 2002.12.6. 2002다44014; 대판 1987.10.13. 86다카2275.

　다. 화해조항에 "나머지 청구는 포기한다"고 정하는 경우가 많은데 여기에 소송물 이외의 다른 권리가 포함되는지 여부가 문제된다. 조정조서에 이러한 조항이 기재된 것과 관련하여 판례[29]는 동업관계해지를 원인으로 한 공유물분할의 소에서 조정이 성립된 사안에서 "조정은 당사자 사이에 합의된 사항을 조서에 기재함으로써 성립되고 조정조서는 재판상의 화해조서와 같이 확정판결과 동일한 효력이 있으며 창설적 효력을 가지는 것이어서 당사자 사이에 조정이 성립하면 종전에 다툼이 있는 법률관계를 바탕으로 한 권리·의무관계는 소멸하고 조정의 내용에 따른 새로운 권리·의무관계가 성립한다. 이러한 조정조서에 인정되는 확정판결과 동일한 효력은 소송물인 권리관계의 존부에 관한 판단에만 미친다고 할 것이므로 소송절차의 진행 중에 사건이 조정에 회부되어 조정이 성립한 경우 소송물 이외의 권리관계에 관하여도 조정의 효력을 미치게 하려면 특별한 사정이 없는 한, 그 권리관계가 조정조항에 특정되거나 조정조서 중 청구의 표시 다음에 부가적으로 기재됨으로써 조정조서의 기재 내용에 의하여 소송물인 권리관계가 되었다고 인정할 수 있어야 한다. … 나머지 청구는 포기한다"는 조정조항에 피고의 횡령으로 인한 손해배상채권은 포함된 것으로 볼 수 없다고 판시하였다.

　라. 화해조서에 기재된 효력을 취소 내지 변경하려면 준재심의 소에 의하여 할 수 있는 것이지만 화해조항 자체에서 실효조건을 정한 경우에는 그 조건 성취로서 화해의 효력은 당연히 소멸된다고 할 것이므로 그 실효의 효력은 언제나 소송 외에서도 주장할 수 있다.[30]

　마. 당사자는 소송능력이 있어야 하고 대리인이 소송상 화해를 하는 경우에는 당사자 본인으로부터 특별수권이 있어야 한다. 의사무능력자를 위한 소송법상의 특별대리인의 화해가 본인의 이익을 명백히 침해하는 경우에는 법원은 불허가결정을 할 수 있다(62조의2). 필수적 공동소송의 경우에는 공동소송인 전원이 일치하여 소송상 화해를 하여야 한다(67조 1항).

　바. 2002년 법 개정에 따라 실질적으로 민사조정법이 규정하고 있는 조정에 갈음한 결정(민사조정법 30조)과 같은 화해권고결정제도가 도입되었다. 즉, 법원은

---

29) 대판 2007.4.26. 2006다78732.
30) 대판 1965.3.2. 64다1514.

소송의 정도와 관계없이 화해를 권고할 수 있고(145조), 직권으로 화해권고결정도 할 수 있다(225조 1항). 그 결정이 확정되면 재판상 화해와 같은 효력을 가진다(231 조).31) 당사자가 자발적으로 화해를 하지 않을지라도 화해로 사건을 마무리하는 것이 적절한 경우 재판부에서는 이 결정을 하도록 한 것이다.

　　법원은 화해권고결정을 당사자에게 송달해야 하는데 결정서를 작성한 경우에는 그 정본을, 그렇지 않은 경우에는 결정내용을 적은 조서의 정본을 송달하여야 한다(225조 2항). 화해권고결정에 대하여 당사자는 송달일로부터 2주 이내에 이의신청을 할 수 있고(불변기간) 이의신청이 있으면 법원은 다시 소송절차를 진행하여야 하며 판결이 선고되면 화해권고결정은 그 효력을 잃는다(232조 1항·2항). 반면, 이의신청이 제기되지 않으면 화해권고결정은 확정되어 화해와 같은 효력을 가진다(231조 1호).32) 또한 이의신청에 대한 각하결정이 확정된 때 또는 당사자가 이의신청을 취하하거나 이의신청권을 포기한 때에도 화해권고결정은 확정된다 (231조 2·3호).

　　이의신청을 한 당사자는 해당 심급의 판결이 선고될 때까지는 상대방의 동의를 받아 이의신청을 취하할 수 있고 있으며, 이 경우 소취하에 관한 규정이 준용된다(228조 1·2항, 266조 3항 내지 6항).

4. 절차

　　당사자는 소송계속 중이면 상고심을 포함하여 언제라도 소송상 화해를 구술로 할 수 있다(145조). 특히, 2005년 법 개정에 의해 청구의 포기·인낙과 마찬가지로 서면에 의한 진술간주로도 화해가 가능하게 되었다(148조 3항). 즉, 기일에 결석한 당사자가 진술한 것으로 간주되는 답변서, 그 밖의 준비서면에 화해의 의사표시가 적혀 있고 공증사무소의 인증을 받은 경우에는 상대방 당사자가 변론기일에 출석하여 그 화해의 의사표시를 받아들인 때에는 화해가 성립된 것으로 본다(148조 3항). 당사자의 화해 진술이 있으면 법원은 직권으로 요건을 조사하여 그

---

31) 대판 2014.4.10. 2012다29557.
32) 대판 2010.10.28. 2010다53754는 화해권고결정에 대해 공동원고 중 1인(갑)만 이의신청을 한 경우, 원고 갑과 피고 사이의 화해권고결정은 적법한 이의신청에 의해 화해권고결정 이전의 상태로 돌아가지만 나머지 원고와 피고 사이의 화해권고결정은 이의신청 제기기한을 도과함으로써 확정되어 그 소송은 종료되었다고 한다.

요건이 구비되어 있으면 법원사무관 등에게 조서에 기재토록 한다(규칙 57조 1항 본문). 또한, 법은 화해의 성립을 촉진하기 위하여 원격지 거주 등으로 당사자가 출석하기 곤란한 경우 법원은 화해조항안을 제시하고 해당 당사자가 수락서면을 제출하면 상대방 당사자가 기일 등에 화해조항안을 수락할 경우 화해가 성립한 것으로 간주하도록 하고 있다(220조).

5. 제소전 화해

가. 법 385조 내지 389조에 규정된 것으로 제소전 화해신청은 소를 제기하기 이전에 화해를 성립시켜 화해조서를 작성해달라고 하는 신청을 말한다.[33] 제소전 화해는 청구의 취지·원인과 다투는 사정을 밝혀 상대방의 보통재판적이 있는 곳의 지방법원에 신청할 수 있다(385조 1항).

나. 제소전 화해절차는 단독판사의 관할이다. 담당재판부는 화해기일을 열어 화해의 성립 여부를 확인한다. 화해가 성립되면 화해조서가 작성되는데(386조) 이 조서는 확정판결과 같은 효력이 있다.

다. 이 제도의 활용 측면에서 살펴보면, 건물임대차계약을 체결할 때 임대인이 임차인에게 제소전 화해를 하여야 임대를 한다고 요구하면 임차인이 임차를 위하여 이를 승낙하여 제소전 화해를 신청하고 재판부는 특별한 사정이 없는 한 임대차계약서를 바탕으로 작성한 화해계약서의 내용에 따라 화해조서를 작성해 주는 경우가 많다.

그런데 이는 탈법행위에 이용되거나 경제적 약자인 임차인의 법적 지위를 약화시키는데 이용될 우려가 있다. 따라서 입법론적으로 폐지론이 주장되기도 하지만 오히려 그 효력을 제한적으로 해석하거나 보완책을 마련하는 방향으로 해석하는 것이 타당할 것이다.

6. 효과

가. 소송종료효

소송상 화해의 내용을 조서에 기재하면 소송은 종료한다.

---

33) 박재완, 앞의 책, 420면.

나. 확정판결과 동일한 효력

(1) 기판력

화해의 내용을 조서에 기재하면 그 기재에 확정판결과 동일한 효력이 발생한다(220조). 따라서 당사자 사이에 기판력이 생기므로,[34] 그 조서에 대하여 재심의 소에 의한 취소 또는 변경이 없는 한 당사자는 조서에 기재된 화해의 내용에 반하는 주장을 할 수 없음이 원칙이다.[35] 왜냐하면 화해조서를 본안판결의 대용물로 보는 220조의 문언·연혁에 충실하고 소송행위의 내용에 비추어 합당하기 때문이다. 다만, 화해조서에 기재된 내용이 특정되지 아니하여 강제집행을 할 수 없는 경우에는 동일한 청구를 다시 제기할 소의 이익은 긍정된다. 한편, 다수설은 소송상의 화해에 실체법상의 무효·취소원인이 없는 경우에만 기판력을 인정하는 입장이다(제한적 기판력설). 즉, 실체법상의 흠으로 인하여 사법상의 화해가 무효·취소되면 이와 결합된 소송행위도 무효가 되므로 이 경우 화해의 내용에 기판력이 발생하지 않는다고 한다. 법 461조의 준재심의 소는 실체법상 하자가 없는 소송상 화해의 경우의 구제책이고, 실체법상 하자가 있는 경우에는 무효임을 전제로 기일지정신청이나 화해무효확인청구로 구제되어야 한다고 본다.[36]

이에 대하여 소송상 화해의 기판력은 부정하여야 한다고 하는 견해가 있다 (부정설). 왜냐하면 소송상 화해는 당사자의 의사에 따른 자주적 분쟁해결방식이고 그 효과(220조)는 당사자의 의사에 하자가 없을 때 비로소 정당화될 수 있으며 소송상 화해에서는 판결주문에 대응하는 부분이 명확하지 않을 뿐만 아니라 법원도 당사자의 의사에 착오 등 하자가 없는 것을 충분히 확정하여 조서에 기재하는 것이 아니기 때문에 착오에 의한 취소 등의 주장(민법 109조)이 인정되어야 한다는 것을 근거로 한다.[37]

(2) 기타의 효력에 관하여

화해조서에 구체적인 이행의무를 담고 있다면 집행력이 인정될 뿐만 아니라

---

34) 대판 2023.11.9. 2023다256577에 따르면, 재판상 화해는 확정판결과 같은 효력이 있어 기판력이 생기지만, 그 기판력은 재판상 화해의 당사자가 아닌 제3자에 대하여까지 미친다고 할 수는 없다고 한다.

35) 대판 1995.5.12. 94다25216.

36) 이시윤, 앞의 책, 596면; 강현중, 앞의 책, 434면; 전병서, 앞의 책, 455면.

37) 정동윤·유병현·김경욱, 앞의 책, 732면.

법률관계의 창설을 내용으로 하고 있다면 형성력도 인정된다.[38] 판례 역시 재판상 화해에 대해서 창설적 효력(민법 732조)을 인정하고 있다. 즉, 화해가 이루어지면 종전의 법률관계를 바탕으로 한 권리의무관계는 소멸함과 동시에 재판상 화해에 따른 새로운 법률관계가 유효하게 형성된다고 한다. 그리고 이러한 창설적 효력이 미치는 범위는 당사자가 서로 양보를 하여 확정하기로 합의한 사항에 한하며, 당사자가 다툰 사실이 없었던 사항은 물론 화해의 전제로서 서로 양해하고 있는데 지나지 않은 사항에 관하여는 그러한 효력이 생기지 않는다고 한다.[39] 판례는 또한 재판상 화해와 동일한 효력을 갖는 민사조정법상의 조정[40] 및 화해권고결정[41]에 대해서도 창설적 효력을 인정한다.

다. 화해의 무효·취소 또는 해제

(1) 화해의 의사표시의 하자

소송상 화해에 의사표시의 하자가 있는 경우 어떠한 주장을 할 수 있는지 여부는 화해조서에 기판력을 인정하여야 하는지에 따라 다르다. 이에 관하여 소송상 화해는 당사자의 의사에 의한 자주적 분쟁해결방식이고 그 효과(220조)는 당사자의 의사에 하자가 없는 것에 의해 비로소 정당화된다고 보는 제한적 기판력설 또는 기판력부정설에 따르면, 소송상 화해의 의사표시에 하자가 있는 경우에는 재심사유에 해당하지 않더라도 화해의 무효·취소를 주장할 수 있게 된다.

(2) 화해 무효의 주장방법

소송상 화해에 관하여 의사표시의 하자에 기한 무효·취소의 주장을 인정할 수 있다면 다음으로 그 주장방법이 문제가 된다. 그 방법으로는 ① 기일지정신청을 하여 전소를 속행하는 방법, ② 새로운 별소를 제기하는 방법 모두 가능하다는 견해가 있다. 왜냐하면 본래 소송상 화해의 효력에 관한 다툼은 전소의 소송계속에 관련된 측면과 상호양보에 의해 실체법상 권리관계에 변동을 가져오는 측면이 있고 어느 것이 우선한다고 말할 수 없기 때문이라고 한다. 또한, 신소 제기에는 전소의 소송자료를 이용할 수 없다는 단점이 있고 기일지정신청에 의하

---

38) 김홍규·강태원, 앞의 책, 572면.
39) 대판 1997.1.24. 95다32273; 대판 2001.4.27. 99다17319; 대판 2017.4.7. 2016다251727; 대판 2022. 1.27. 2019다299058.
40) 대판 2019.4.25. 2017다21176.
41) 대판 2008.2.1. 2005다42880; 대판 2014.4.10. 2012다29557.

면 상급심에서 화해를 한 경우 화해의 효력을 다투는 때에는 심급의 이익이 박탈
되는 단점이 있다. 이처럼 어떤 방법이 최선이라고 할 수 없으므로 오히려 당사
자의 편의를 도모하기 위하여 두 가지 방법 모두를 인정하여야 할 것이다.[42]

그러나 판례는 재판상의 화해조서는 확정판결과 동일한 효력이 있고 당사자
간에 기판력이 생기는 것이므로 확정판결의 당연무효 사유와 같은 사유가 없는
한 재심의 소에 의해서만 다툴 수 있고 별도로 무효확인이나 취소의 소는 허용되
지 않는다고 한다.[43] 즉, 220조의 규정에 의하면 화해조서는 확정판결과 동일한
효력이 인정되고 있으므로 그 명문규정에 의하여 인정되는 기판력의 효력을 부
정할 수는 없고, 화해가 법원의 관여 하에 판결에 대신한 분쟁해결을 하였음에도
후에 이르러 화해의 무효나 취소를 인정하는 것은 불필요한 법적 불안정을 초래
하는 소라는 것을 이유로 한다. 마찬가지로 화해조서를 다투기 위한 기일지정신
청도 허용하지 않는다.[44]

(3) 화해 해제에 의한 주장방법

화해조서의 내용대로 이행되지 않았음을 이유로, 즉 채무불이행을 이유로
소송상 화해를 해제할 수 있는지 문제된다. 판례의 입장에 따르면 이러한 해제는
화해조서의 기판력에 반하기 때문에 허용되지 않을 것이다.[45] 이에 반해 제한적
기판력설 또는 기판력부정설의 입장에서는 해제를 허용할 수 있는데, 이때 그 주
장방법에 관해서는 견해가 대립된다. 이는 구소송절차가 부활하는지 여부와 관련
된 문제이다.

소송상 화해에 의해 종료한 소송은 화해의 해제에 의해서도 부활하지 않는
다는 견해(비부활설, 별소제기설)는 당사자가 별소를 제기하여야 한다고 한다. 화해
의 해제인 경우 화해의 무효·취소와 같이 화해가 성립한 당초부터 하자가 있는
경우와는 다르고 성립 이후에 채무불이행이라는 사유에 기한 것으로 새로운 별
개의 분쟁이 발생한 것으로 볼 수 있기 때문이다. 또한, 해결을 하여야 할 분쟁도
화해의 해제문제이고 구소송절차에서 소송자료를 이용할 이익은 당사자에게도,

---

42) 정동윤·유병현·김경욱, 앞의 책, 735면.
43) 대판 1962.10.18. 62다490.
44) 대결 1990.3.17.자 90그3. 판례의 취지에 찬성하는 견해로, 김홍규·강태원, 앞의 책, 607면.
45) 대판 2012.4.12. 2011다109357에 의하면, 조정조항에서 정한 의무를 이행하지 않았음을 이유로
조정의 무효 또는 해제를 주장할 수 없다고 한다.

법원에게도 없기 때문이라고 한다.

반면, 해제에는 소급효가 있어서 화해 이전의 권리관계가 부활하므로 무효·취소와 마찬가지로 기일지정신청이 가능하다는 기일지정신청설(부활설), 종전의 법률관계를 기초로 한 통상형의 화해에서는 종전의 권리관계가 부활하기 때문에 구소송의 소송자료를 이용할 수 있는 기일지정신청에 의하고 종전의 권리관계와는 다른 권리관계를 창설하는 경개형의 화해에서는 새로운 별개의 분쟁으로 보아 별소 제기에 의한다고 하는 절충설 등이 있다.

생각건대 종전 소송자료를 활용하여 신속한 분쟁해결을 도모할 것인지, 별소를 제기하여 심급의 이익을 보장받을 것인지 여부는 당사자의 선택에 맡기는 것이 가장 유리하므로 절충설이 타당할 것이다.

V. 기일지정신청과 소송종료선언

1. 기일지정신청

가. 의의 등
(1) 원칙

기일지정신청은 당사자가 심리를 계속하여 달라고 하는 신청을 말한다. 예컨대, 소를 제기하였는데 법원이 별다른 이유 없이 기일을 지정하여 심리를 하지 않는 경우, 법원이 감정결과를 보기 위하여 기일을 추후에 지정하기(실무에서는 이를 "추정"이라는 표현한다)로 한 이후 감정결과가 도착하고 상당한 기일이 경과하였음에도 다시 심리를 진행하지 않는 경우 등에 기일지정신청을 할 수 있다. 기일지정은 원칙적으로 법원의 직권에 속하는 것이므로 소송절차 중에 당사자가 하는 기일지정신청은 법원의 직권발동을 촉구하는 정도의 의미밖에 없고 법원이 이에 대하여 반드시 대답할 필요는 없다.[46]

(2) 신청권이 인정되는 경우

위와 달리 당사자에게 기일지정신청권이 인정되는 경우가 있다. 여기에는 2회 불출석 후 1개월 내에 하는 기일지정신청(268조 2항), 소의 취하가 부존재 또는 무효임을 주장하거나 취하 간주의 효력을 다투는 기일지정신청(규칙 67조, 68조)[47]

---

46) 박재완, 앞의 책, 421~422면.

등이 있다. 전자의 경우에는 신청에 따라 절차를 속행하면 되는 반면, 후자의 경
우 당사자가 그 소송종료의 효력을 다투면서 기일지정신청을 하는 것으로(268조
3항, 규칙 67조 1항) 법원은 반드시 기일을 지정하여 변론을 열어 소송이 유효하게
종료되었는지를 심리하여야 하므로(규칙 67조 2항, 68조), 결국 당사자에게 기일지
정신청권이 있다고 보아야 하고 이 점에서 법원의 응답의무가 인정된다.

소취하(규칙 67조) 또는 소취하 간주(규칙 68조)의 효력을 다투는 경우 그 취하
또는 취하 간주가 부존재하거나 무효임을 주장하는 자가 이를 입증하여야 한다
(규 67조 1항). 무권대리인이 소취하를 한 경우, 취하서가 위조되었거나 의사에 반
하여 제출된 경우 등이 여기에 해당할 것이다.

한편, 청구의 포기·인낙 또는 화해의 효력을 다투면서 기일지정신청을 하는
경우가 있는데 판례는 청구의 포기·인낙, 특히 재판상 화해의 법적 성질에 관하
여 소송행위설을 취하고 있어 이들에 흠이 있다고 하여도 그것이 재심사유에 해
당할 때에 한하여 준재심의 방법에 의해서만 다툴 수 있음을 원칙으로 하고 있
다. 따라서 이때의 기일지정신청은 신청 자체로서 부적법하여 각하를 면할 수 없
다고 한다.[48] 화해조서의 내용이 강행법규에 위반된다고 할지라도 그것은 단지
화해에 흠이 있음에 지나지 아니하여 준재심절차에 의하여 구제받을 수밖에 없
다고 한다.[49] 다만, 예외적으로 판결의 당연무효사유[50]와 같은 중대한 흠이 있는
경우에는 준재심에 의하지 않고도 그 무효사유를 주장할 수 있을 것이다.[51] 따라
서 당사자 일방이 화해조서의 당연무효사유를 주장하면서 기일지정신청을 한 때
에는 법원은 그 무효사유의 존재 여부를 가리기 위하여 기일을 지정하여 심리를
한 다음 무효사유가 존재한다고 인정되지 아니한 때에는 판결로써 소송종료선언

---

47) 대판 2019.8.30. 2018다259541에 의하면, 항소취하 간주의 효력을 다투려면 규칙 67조, 68조에서
　　정한 절차에 따라 항소심 법원에 기일지정신청을 해야 한다고 한다.
48) 대결 1990.3.17. 90그3.
49) 대판 2002.12.6. 2002다44014.
50) 판결의 무효사유에는 예컨대, ① 치외법권자에 대한 판결, ② 허무인 또는 사망자에 대한 판결
　　그리고 당사자적격이 없는 자에 대한 판결, ③ 존재하지 않는 법률관계의 형성을 목적으로 하는
　　경우, ④ 소 제기가 없음에도 판결이 내려진 경우로 예컨대, 취하된 이후에 이루어진 판결인 경
　　우, ⑤ 기판력이 미치는 법률효과(판결이유에 포함되는 판단은 제외한다)가 강행규정에 위반되
　　거나 반사회질서에 해당하는 경우, ⑥ 판결의 내용이 명확하지 않은 경우(다만 이때에는 일부무
　　효의 법리에 따라야 한다), ⑦ 묵시적 해제조건이 있는데 조건이 성취된 경우에 이루어진 판결
　　은 각각 무효로 보아야 한다.
51) 대판 1963.4.25. 63다135.

을 하여야 한다.[52]

　이러한 논리는 재판상 화해와 동일한 효력이 있는 조정조서에 대해서도 마찬가지이고 비록 당사자 일방이 조정조서에 대하여 불복하면서 제출한 서면의 제목이 '이의신청서'라고 하더라도 그 서면에 기재된 불복사유가 조정 자체가 성립된 바가 없는데도 마치 조정이 성립된 것처럼 조정조서가 작성되어 있어 조정조서가 무효라고 하는 취지라면 그 서면은 조정조서의 당연무효사유를 주장하면서 한 기일지정신청으로 보아 처리함이 상당하다고 한다.[53]

나. 재판 등

　기일지정신청은 서면 또는 말로 할 수 있으나(161조, 규칙 67·68조) 실무에서는 대부분 서면으로 하고 있다. 소·항소의 취하, 취하간주에 의해 소송이 종료된 후 당사자가 그 효력을 다투기 위하여 기일지정신청을 한 경우에는 법원은 반드시 변론을 열어 신청사유에 관하여 심리하여야 한다(규칙 67조 2항·68조). 그러나 이에 관한 법원의 심판은 소송이 과연 소 취하 등에 의해 유효하게 종료되었는지 여부를 심리·판단하는 것이기 때문에 기일지정신청 그 자체에 대해 어떤 판단을 내리는 것은 아니다. 따라서 그 신청에 이유가 없으면 결정으로 신청을 각하할 것이 아니라 판결로써 소송이 종료되었음을 선언하여야 한다(규칙 67조 3항). 신청이 이유 있을 때에는 소 취하 또는 소 취하 간주의 효력을 부정하는 것이 되므로 취하 당시의 소송 정도에 따라 필요한 절차를 계속하여 진행하고 이에 관하여 중간판결로 그 취지를 선언하거나 중간판결을 하지 않은 때에는 종국판결의 이유 중에 반드시 소 취하의 부존재 또는 무효의 판단을 표시하여야 한다(규칙 67조 3항, 68조).

다. 종국판결 선고 후 소 취하에 관한 기일지정신청의 처리

　종국판결이 선고된 후 상소가 있기 전(즉, 상소기간 중) 또는 상소가 있은 후 소송기록이 아직 상소심으로 송부되기 전에 소가 취하된 경우 그 소 취하의 부존재 또는 무효를 주장하는 기일지정신청에 관하여는 별도의 처리규정이 마련되어 있다(규칙 67조 4·5항).

　첫째, 상소이익이 있는 당사자 모두가 상소를 한 후(예컨대, 원고 승소판결에 대

---

52) 대판 2000.3.10. 99다677.
53) 대판 2001.3.9. 2000다58668.

하여 피고가, 원고 패소판결에 대하여 원고가, 또는 원고 일부승소 판결에 대해서 원·피고 양쪽이 각각 상소한 후) 또는 상소이익이 있는 당사자 일부만 상소하고 나머지 당사자의 상소권이 소멸된 후(예컨대, 원고 일부승소판결에 대해여 원고만 상소하고 피고는 상소기간을 도과한 후)에 소의 취하가 있고 이어서 기일지정신청이 있게 되면 그에 대한 심리는 판결법원이 하는 것이 아니라 상소법원에서 한다(규칙 67조 4항 1호). 이 경우에는 취하가 무효로 확정되더라도 새로운 상소가 있을 여지가 없기 때문에 구태여 판결법원에서 심리할 필요가 없고 상소법원에서 심리하는 것이 타당하기 때문이다. 따라서 판결법원의 법원사무관 등은 소송기록을 상소법원으로 송부하여야 하고 상소법원은 기일지정신청에 이유가 없으면 판결로써 소송종료선언을 하고 그 신청에 이유가 있는 경우에는 취하 당시의 소송 정도에 따라 필요한 절차를 속행하고 본안판결에 그 판단을 표시하여야 한다.

둘째, 상소이익이 있는 당사자 어느 쪽도 아직 상소를 제기하기 전(상소기간 중)이거나 또는 그 중 일부만 상소를 제기하고 나머지 당사자의 상소권이 소멸 전(예컨대, 원고 일부 승소판결에 대하여 원고만 상소하고 피고는 아직 상소기간 도과 전)에 소의 취하가 있고 이어서 기일지정신청이 있게 되면 그에 대한 심리는 상소법원이 하는 것이 아니라 판결법원에서 하여야 한다(규칙 67조 4항 2호). 왜냐하면 이 경우에는 소취하가 무효로 확정되면 그 취하 때문에 상소권을 행사하지 못한 당사자에게 상소할 기회를 주어야 하기 때문이다. 판결법원이 신청에 이유가 없다고 인정할 때에는 판결로 소송종료를 선언하여야 하고 신청에 이유가 있다고 인정할 때에는 위 일반의 경우(3항 후단)와 달리 판결로 그 소 취하가 무효임을 선언하여야 한다(규칙 67조 4항 2호). 왜냐하면 판결법원에서의 소송절차는 이미 모두 종료되어 있기 때문이다.

소송종료선언의 판결이나 소취하무효선언의 판결에 대하여는 본안판결에 대한 상소와는 별도로 상소가 허용되고 소취하의 무효선언판결이 확정에 이른 때에 비로소 소의 취하가 무효로 확정된다. 이 경우에는 판결법원은 종국판결 후에 하였어야 할 절차를 속행(예컨대, 상소심에 소송기록 송부)하여야 하고 당사자는 종국판결 후에 할 수 있었던 소송행위(예컨대, 상소 제기)를 할 수 있다. 따라서 그 소 취하 때문에 상소하지 아니한 당사자에게 상소의 길이 열려야 하는데 그 상소기간에 관하여는 특례가 정해져 있다. 즉, 상소기간은 소취하의 무효선언 판결이 확정된 다음날부터 전체기간이 다시 기산되도록 하고 있다(규칙 67조 5항). 이것은 소취하라는 외부적 사정 때문에(자신이 책임질 수 없는 사정으로) 상소권을 행사하지 못한 당사자에 대하여 소취하일까지 이미 경과한 일수를 뺀 기간으로 상소기간을 제한하는 것은 상당하지 아니하기 때문이다(173조).

라. 상소취하서를 원심법원에서 접수처리한 경우 기일지정신청

종국판결이 있은 후 상소기록을 상소법원으로 송부하기 전에 상소취하서가 원심법원에 접수된 때에는 원심법원에서 사건을 완결처리하게 되는데 이 경우 상소취하의 효력을 다투는 기일지정신청을 처리할 법원과 처리절차에 관하여 복잡한 문제가 생길 수 있어 '민사상소사건에 관한 상소취하서가 원심법원에 제출된 경우의 업무처리요령([재판예규 제871−49호, 시행 2002.7.1.](재민 86−1))'에서 상세한 처리지침을 정하고 있다. 즉, 이러한 기일지정신청은 상소법원이 처리하여야 하고 기일지정신청서가 원심법원에 제출된 때에는 소송기록에 기일지정신청서를 첨부하여 상소법원으로 송부한다. 기일지정신청서가 상소심에 제출된 때에는 원심법원에 기록송부촉탁을 한다. 상소심에서는 원칙적으로 독립된 사건번호를 부여하여 심리하고 다른 상소권자에 의하여 이미 사건번호가 부여된 경우에는 별도의 사건번호를 붙이지 않는다.

2. 소송종료선언

가. 의의

소송종료선언은 종국판결로 계속 중이던 소송이 유효하게 종료됨을 선언하는 것이다.[54] 예컨대, 재판상의 화해를 조서에 기재한 때에는 그 조서는 확정판결과 동일한 효력이 있고 당사자 간에 기판력이 생기는 것이므로 확정판결의 당연무효사유 등과 같은 사유가 없는 한, 재심의 소에 의해서만 효력을 다툴 수 있다. 이러한 경우 당사자 일방이 화해조서의 당연무효사유를 주장하고 기일지정신청을 한 때에는 법원은 무효사유 등의 존재 여부를 가리기 위하여 기일을 지정하여 심리를 한 다음 무효사유가 존재한다고 인정되지 않는 때에는 판결로 소송종료선언을 하는 경우이다.[55] 이처럼 소송종료선언은 법률에 규정되어 있지 않지

---

54) 이시윤, 앞의 책, 562면.
55) 대판 2000.3.10. 99다67703.

만 판례를 통하여 발전되어 온 것을 규칙에 반영하여 규칙 67조에 규정하기에 이르렀다. 소송종료선언판결은 소송판결에 해당하고 상소로 불복을 할 수 있다.[56]

나. 사유

소송종료선언을 할 수 있는 사유로는 ① 소송의 종료를 다투면서 기일지정을 신청한 경우, 예컨대, 소 또는 상소의 취하로 소송이 종료된 후 그 부존재 또는 무효를 주장하면서 기일지정신청을 하는 경우,[57] 청구의 포기·인낙 또는 재판상 화해로 소송이 종료된 후 그 무효를 주장하면서 기일지정을 신청하는 경우, ② 소송이 종료되었는데도 이를 간과하고 심리를 진행하는 경우, 예컨대, 소송계속 중 당사자 일방의 지위를 상속 등에 의하여 다른 일방이 승계하거나 이혼소송에서 당사자 일방이 사망한 경우 또는 확정판결, 청구의 포기·인낙, 재판상 화해, 소 취하 등으로 소송이 종료된 것을 간과한 경우에 소송종료선언을 할 수 있다.

---

56) 이시윤, 앞의 책, 565면.

57) 대판 2019.8.30. 2018다259541에 의하면, 268조 4항에서 정한 항소취하 간주는 그 규정상 요건의 성취로 법률에 의해 당연히 발생하는 효과이고 법원의 재판이 아니므로 상고의 대상이 되는 종국판결에 해당하지 아니하며, 따라서 항소취하 간주의 효력을 다투려면 민사소송규칙 67조(소취하를 다투는 방법), 68조(준용규정)에서 정한 절차에 따라 항소심 법원에 기일지정신청을 할수는 있으나 상고를 제기할 수는 없다고 한다.

제2장 종국판결에 의한 종료

제1절 총설

Ⅰ. 의의

1. 개념

재판이란 재판기관이 소송법상 일정한 효과를 발생시키기 위하여 자신의 판단 또는 의사를 법정의 형식으로 표시하는 소송행위를 말한다. 법원이 하는 소송행위에는 재판(판결·결정 및 명령)과 그 이외의 것(송달, 조서의 작성, 변론의 청취 또는 증거조사의 실시 등)이 있다.

2. 종류

가. 판결·결정·명령

재판은 판결·결정·명령을 포함하는 개념으로 이는 재판의 주체 및 성립절차에 따른 구분인데 심리방식, 고지방식, 불복방법, 기속력의 유무 또는 집행력의 발생시기 등에서 차이가 있다. 판결이란 법원이 하는 재판으로 판결의 형태로 재판하기 위해서는 필요적 구술변론 등 엄격한 절차를 거쳐야 한다. 판결은 당사자의 신청 중 소·항소 및 상고 등 중요한 사항에 관하여 사용된다. 그리고 결정이란 법원이 하는 재판으로 임의적 구술변론 등 간이·신속한 절차에 의한 것으로 당사자의 신청 중 소송지휘 또는 절차상 부수적 사항 등에 관하여 사용된다. 반면, 명령이란 재판장·수명법관 및 수탁판사가 하는 재판으로 임의적 구술변론 등 간이·신속한 절차에 의한 것이다. 명령은 당사자의 신청 중 소송지휘 또는 절차상 부수적 사항에 관하여도 사용된다.

나. 기타

재판의 종류로는 재판의 내용에 의한 것(명령적 재판·확인적 재판·형성적 재판),

종국성에 의한 것(종국적 재판·중간적 재판)도 있다.

[표 5-3] 판결·결정·명령의 구체적 차이[1]

	판　　결	결　　정	명　　령
재판의 주체	법　원		법　관
재판사항	중요사항	파생적·부수적 사항	
재판의 절차	① 심리방식: 필요적 구술 변론 ② 성립 및 효력 발생: 판결 문 판결서에 의한 선고 로 성립 및 효력발생 ③ 재판서의 요건: 판결 이 유 기재·서명 날인 ④ 고지방식: 송달 ⑤ 불복: 항소·상고 ⑥ 대상: 주요사항(소송의 종국적, 중간적 판단 사항) ⑦ 기속력: 있음 ⑧ 집행력: 확정되어야 발 생, 가집행의 경우 예외	① 심리방식: 임의적 구술변론(134조 1항), 변론을 거치는 경우에도 결정과 명령의 형식으로 재판 ② 성립 및 효력발생: 재판서의 작성 없이 기일에 조 서 기재로 대용 가능 ③ 재판서의 요건: 작성하는 경우에도 이유 생략 가 능(222조 1항 단서) ④ 고지방식: 송달이 아닌 적절한 방식으로 고지 ⑤ 불복방법: 최초의 항고·재항고(439조, 432조) 또 는 이의신청 ⑥ 대상: 항고소송절차의 부수적·파생적 사항, 집 행·보전사건, 비송사건 등 ⑦ 기속력: 재도의 고안(446조)으로 기속력 배제, 소 송지휘에 관한 결정·명령은 언제든지 취소 가능 (222조) ⑧ 집행력: 고지 즉시 집행력 발생(222조 1항), 예외 적으로 확정되어야 집행력이 발생하는 경우도 있다.	

3. 판결의 의의·성립

가. 의의

판결이란 법원이 하는 재판의 일종으로 필요적 구술변론 등 엄격한 절차에 의하여 법원의 판단 또는 의사표시로서 소송법상 일정한 효과가 발생하는 법원 의 소송행위를 말한다.

나. 종류(1) ― 절차의 종결 및 심리범위에 따른 구별

판결의 종류는 어떤 심급의 심리를 종료할 것인지에 따라 종국판결·중간 판결로 구분할 수 있고 다시 종국판결은 심리를 종결시키는 범위에 의해 전부 판결·일부판결 또는 추가판결로 구분할 수 있다.

(1) 종국판결

종국판결이란 계속 중인 사건의 전부 또는 일부에 관하여 그 심급의 심리를

---

1) 박재완, 앞의 책, 340면.

완결시키는 판결(198조)로 후술하는 소송판결과 본안판결은 모두 종국판결에 해당한다. 종국판결은 완결의 범위에 따라서 전부·일부·추가판결이 있다.

㈎ 전부판결

전부판결이란 동일소송절차 내에서 심리하고 있는 사건의 전부를 동시에 완결시키는 종국판결이다. 법원은 사건의 전부가 재판을 하는데 성숙한 때에는 전부판결을 한다(198조).

㈏ 일부판결

1) 의의

일부판결이란 동일소송절차 내에서 심리하고 있는 사건의 일부를 완결하는 종국판결이다. 법원은 사건의 일부를 재판하는데 성숙한 때에는 일부판결을 할수 있다(200조). 일부판결의 허용취지는 일부에 관하여 소송의 심리를 정리하고 당사자를 위하여 일찍 사건을 해결하기 위한 것이다. 따라서 일부판결에 의해 오히려 소송 불경제나 불편한 사태 등을 발생시키지 않도록 또한, 충분한 변론을 다하도록 하기 위해서 일부판결을 할 것인지는 법원의 재량에 일임되어 있다(200조 2항).

2) 허용성

일부판결은 종국판결이고 독립된 상소의 대상으로 되기 때문에 일부와 잔부가 개별적인 심급의 법원에 속할 경우에는 판결의 모순이 발생할 우려가 있다. 따라서 일부판결은 심급의 성질상 개별적으로 분리할 수 없는 경우(필요적 공동소송·독립당사자)뿐만 아니라 일부판결과 잔부판결 간에 종국판결의 모순을 발생케할 우려가 있는 경우에는 허용되지 않는다(통설).[2] 예컨대, 청구의 예비적 병합소송에서 주위적 청구만을 기각하는 일부판결은 허용되지 않는다.[3] 상소가 제기되면 원고가 붙인 주위적(1차적)·예비적(2차적)인 순서에 따른 심급 진행을 할 수 없고 양청구가 모두 인용되는 모순이 발생할 가능성이 있기 때문이다.

가분적인 1개 청구의 일부판결은 일부청구론과 결부되어 논의가 이루어진다. 또한, 쟁점효를 인정하는 학설은 주요한 쟁점을 공통적으로 하는 경우에는

---

2) 이시윤, 앞의 책, 612면. 한편, 김홍규·강태원, 앞의 책, 628면에서는, 단순병합의 경우에도 공통된 사실이 여러 개의 청구에 중요한 쟁점이 되고 있을 때에도 일부판결을 불허한다.

3) 대판(전합) 2000.11.16. 98다22253.

일부판결이 허용되지 않는다고 한다.

(대) 추가판결

추가판결이란 법원이 무의식적으로 일부판결을 한 경우(재판의 누락이 있는 경우) 그 누락부분을 완결하는 종국판결이다(212조). 추가판결은, 소송물이 아니라 이를 뒷받침하는 공격방어방법에 대한 판단을 하지 않은 것을 의미하는 판단누락과는 구별하여야 한다. 원칙적으로 재판의 누락에 대한 구제수단은 추가판결이고 판단누락에 대한 구제수단은 상소이다. 그러나 일부판결이 불가능한데 재판의 누락이 있는 경우에는 상소에 의하여 구제되어야 한다. 그리고 재판의 누락은 판결주문의 기재에 의해 판단하여야 하는바, 판결의 주문에도 그리고 이유에도 누락되어 있다면 당연히 재판누락이고,[4] 주문에는 기재되어 있지만 이유에 없는 경우에는 재판누락이 아니다. 반면, 주문에는 없지만 이유에 있는 경우에는 재판누락이 된다.[5] 그리고 주문에 청구의 전부에 대한 판단이 기재되어 있으나 이유 중에 청구의 일부에 대한 판단이 빠져 있는 경우에는 재판누락이 아니며, 청구를 기각하는 판결의 경우에는 주문에 청구 전부에 대한 판단이 기재되어 있는지 여부는 청구취지와 판결이유의 기재를 참작하여 판단하여야 한다.[6] 그러나 청구에 대하여 판단을 누락한 것이 아니라 착오로 표현을 잘못한 경우, 예컨대 항소심 법원이 판결주문에 '원고의 청구를 기각한다'고 해야 할 것을 '원고의 항소를 기각한다'고 잘못 표현한 것이 명백한 경우에는 후술하는 판결경정의 대상이 된다.[7]

(2) 중간판결

(개) 의의

중간판결이란 심리 중에 문제가 되었던 사항에 관하여 종국판결을 하기에 앞서 미리 정리·판단하여 종국판결을 쉽게 하기 위하여 이를 준비하는 판결을 말한다(201조).[8] 이 판결의 허용취지는 소송의 심리를 정리하고 당사자에게 조속

---

4) 대결 2015.6.23. 2013므2397에 의하면, 법원이 이혼판결을 하면서 미성년 자녀에 대한 친권자 및 양육자를 정하지 않은 것은 재판의 누락이라고 한다.
5) 대판 2004.8.30. 2004다24083; 대판 2005.5.27. 2004다43824; 대판 2007.8.23. 2006다28256; 대판 2008.11.27. 2007다69834·69841; 대판 2009.5.28. 2007다354; 대판 2013.6.14. 2013다8830·8847.
6) 대판 2002.5.14. 2001다73572; 대판 2003.5.30. 2003다13604.
7) 대판 1999.10.22. 98다21953; 대판 2000.5.12. 98다49142; 대판 2011.9.8. 2011다17090.
8) 대판 1994.12.27. 94다38366.

히 사건의 해결을 표시하는 점에 있다. 중간판결을 할 것인지는 법원의 재량에 맡겨져 있다.

(나) **중간판결사항(201조)**

1) 독립적인 공격방어방법

공격방어방법은 본안에 관한 주장·항변을 뜻하고 독립적이란 의미가 다른 주장·항변과 관계없이 본안에 관한 판단을 할 수 있는 것을 뜻한다. 예컨대, 소유권침해에 기한 손해배상청구에서 소유권 취득원인으로 매매와 시효취득의 주장, 대여금청구의 소에서 채권소멸사유인 변제와 소멸시효 완성의 항변은 각각 독립적인 공격·방어방법이다. 이때 법원은 먼저 판단할 수 있게 된 사항에 대해 중간판결을 할 수 있다. 예컨대, 전자의 경우 매매의 주장을 배척하는 중간판결을, 후자의 경우 변제항변을 배척하는 중간판결을 할 수 있다.

2) 중간의 다툼

이는 절차상의 사항에 관한 다툼으로 구술변론을 통해 판단하여야 할 것을 의미한다. 각종 소송요건의 유무, 소송승계의 유무 등이다.

3) 청구의 원인과 액수에 다툼이 있는 경우 그 원인

금액의 심리가 쓸모없게 되지 않도록 그 원인에 관하여 선행적으로 판단을 하는 중간판결을 할 수 있다. 예컨대, 불법행위에 기한 손해배상청구의 소에서 불법행위의 원인에 관해 먼저 판결하는 것이다. 이러한 중간판결은 원인판결이라고도 한다.

(다) **효력**

중간판결이 이루어지면 법원은 스스로 한 중간판결의 주문에 구속되고 그 판단을 전제로 종국판결을 하여야 하며, 설령 중간판결의 판단이 그릇된 것이라 하더라도 이에 저촉되는 판단을 할 수 없다(자기 구속력). 당사자도 중간판결 이후에는 그 판단을 다투기 위한 공격방어방법을 제출할 수 없게 된다. 중간판결에는 기판력·집행력이 발생하지 않는다. 중간판결에 대해서는 독립적인 상소가 인정되지 않고 종국판결과 함께 상소하여 상소심의 판단을 받는다(392조 본문).[9]

다. 종류(2) ― 판결내용에 따른 구별

종국판결은 그 판단의 내용에 따라 소송판결과 본안판결로 구분할 수 있다.

---

9) 대판 2011.9.29. 2010다65818.

(1) 소송판결

소송판결이란 소송요건 또는 상소요건의 흠결을 이유로 소 또는 상소를 부적법하다고 하여 각하하는 종국판결이다. 소송요건은 본안판결을 하기 위한 전제요건이다. 소송요건을 흠결한 때에는 소를 각하하도록 한 이유는 공권적인 분쟁해결제도인 민사소송의 효율적인 운영을 도모하기 위함이다.

(2) 본안판결

본안판결이란 소에 의한 청구에 이유가 있는지 또는 상소에 의한 불복신청에 이유가 있는지를 판단하는 종국판결이다. 소에 관한 본안판결은 다시 청구에 이유가 있는 청구인용판결, 청구에 이유가 없는 청구기각판결로 구분할 수 있다.

(3) 양자의 차이

본안판결은 심리의 절차 면에서 필요적 구술변론(134조)으로, 심리 및 조사의 개시는 처분권주의로, 자료의 수집은 변론주의로 운영된다. 증명방법은 엄격한 증명(288조 이하)이 요구되고 판결에는 기판력이 있다.

반면, 소송판결은 심리의 절차 면에서 보정의 예상이 없으면 바로 소를 각하하는 것이 가능하고(257조) 심리 및 조사의 개시는 대부분의 경우 직권탐지주의에 의해, 증명방법은 자유로운 증명으로 충분하고 판결에 기판력이 있는지 유무에 관하여는 후술하는 바와 같이 다툼이 있다.

라. 판결의 성립과정

판결은 변론을 종결하고 판결내용을 확정한 후에 판결서를 작성하여 판결을 선고한 다음 송달하여야 판결이 성립한다.

(1) 판결내용의 확정

판결의 내용은 변론에 관여한 법관으로 구성된 법원이 확정한다(204조, 직접주의).

(2) 판결서의 작성

판결내용이 확정되면 법원은 이를 서면으로 작성하고 서명날인해야 하는데, 이 서면을 판결서, 판결문 또는 판결원본(206조)이라고 한다. 판결이 확정되면 판결원본의 기재를 기준으로 판결의 효력이 결정된다. 그리고 판결서에는 ① 당사자(법정대리인, 소송대리인이 있는 경우에는 포함), ② 변론종결일, ③ 주문, ④ 청구취지, ⑤ 이유, ⑥ 판결선고일, ⑦ 판결한 법관, ⑧ 법원을 기재하여야 한다(208조 1

항).

(가) 당사자 및 법정대리인

소장의 청구취지(249조 1항)와 마찬가지로 판결서의 필수적 기재사항이다. 어느 당사자 사이의 판결인가를 명확히 하기 위하여 당사자를 특정·식별할 수 있을 정도로 표시하여야 한다. 법정대리인은 당사자가 소송무능력자인 경우에 이를 대리하여 소송을 수행하기 때문에 필수적 기재사항으로 한 것이다. 법정대리인의 표시를 누락한 경우 경정결정에 의해 이를 보정할 수 있으며 판결의 효력에는 영향이 없다.[10]

(나) 변론종결일

변론종결일은 기판력의 기준시가 되기 때문에 법은 기재를 요구하고 있다.

(다) 주문

판결내용의 결론을 간결하게 나타내는 부분이다. 여기에 소(상소)의 적부, 청구의 이유 유무 등을 표시한다. 예컨대, "피고는 원고에게 금 5,000만원 및 2024.5.3.부터 이 판결 선고일까지는 연 5푼의, 그 다음날부터 다 갚는 날까지는 연 1할 2푼의 각 비율에 의한 금원을 지급하라.", "원고의 청구를 기각한다.", "원고의 청구를 각하한다." 등이다. 또한, 소송비용 및 가집행선언에 관하여도 주문에 기재한다.

(라) 사실

당사자가 변론에서 한 주장·증거를 요약한 부분이다. 법은 이러한 사실을 기재할 때에는 당사자의 청구를 명확하게 하고 주문이 정당하다는 것을 나타내는데 필요한 주장의 적시를 요구하고 있다(208조 2항). 즉, 개정 전의 법에서는 당사자의 변론에 따라 요건사실과 그 인부·증거를 모두 기재하는 것을 목표로 하고 있었지만 법 및 규칙에서는 청구원인사실과 주요한 간접사실 모두가 중심적인 쟁점과 그에 대한 판단을 목표로 하고 있어 요점의 기재로 충분한 것으로 하였다.

(마) 이유

주문의 결론에 이르는 판단과정을 나타낸 부분이다. 판결서의 이유에는 주문이 정당하다는 것을 인정할 수 있을 정도로 당사자의 주장, 그 밖의 공격·방어

---

10) 이시윤, 앞의 책, 615면. 대판 1995.4.14. 94다58148.

방법에 관한 판단을 표시하여야 한다. 이유부분은 당사자의 청구원인사실, 항변 사실 등의 유무를 인정하는 부분과 그 인정된 사실에 법률을 해석·적용하는 부분으로 구성된다. 판결의 이유를 밝히지 않거나 이유에 모순이 있는 때에는 상고이유가 된다(424조 1항 6호). 특히 판결에 영향을 미칠 중요한 사항에 관해 판단을 누락한 때는 재심사유가 된다(451조 1항 9호).

(바) 법원

판결서에 서명날인하는 법관이 소속한 법원을 가리키는데, 실무상 합의체의 경우 소속부까지 기재하는 것이 관행이다.[11]

(사) 판결의 선고(= 판결의 성립)

판결의 내용이 확정되고 판결서가 작성되면 법원은 판결원본에 따라 판결 내용을 선고한다(206조). 판결은 선고에 의해 효력을 발생한다(205조). 다만, 소액 사건에서는 특례를 두어 판결서에 이유 기재를 생략할 수 있는 대신에 이유의 요지에 관해 구술설명을 필수적인 것으로 하였다(소액사건심판법 11조의2 1·2항). 판결 선고는 내용이 이미 확정된 판결을 고지하는 것이기 때문에 그 기본인 변론에 관여하지 않은 법관이 선고하여도 무방하다.

(3) 판결서의 송달

판결의 선고가 있으면 재판장은 법원사무관 등에게 판결원본을 교부하고 (209조) 법원사무관 등은 판결 정본을 작성하여 판결원본을 받은 날로부터 2주일 내에 당사자에게 송달하여야 한다(210조). 판결정본을 송달하는 때에는 당사자에게 상소기간과 상소장을 제출할 법원을 고지해 주어야 한다(규칙 55조의2). 판결의 확정은 상소로 더 이상 다툴 수 없는 상태를 말하는데 통상적으로는 판결문을 판결서를 송달받고서 2주가 경과되면 그 기간만료시점에 판결이 확정된다 (396조·425조).

Ⅱ. 판결의 효력

1. 의의

민사소송은 사인 간의 사권에 관한 분쟁을 공권적으로 해결하는 절차로 판

---

11) 이시윤, 앞의 책, 618면.

결이 분쟁을 실효적으로 해결하기 위해서는 강제력이 필요하다. 그래서 판결에는 그것을 위한 일정한 효력(판결효)이 발생하는데 이를 절차적 효력과 실체적 효력으로 구분할 수 있다. 전자는 판결한 법원 스스로 구속하는 자기구속력(기속력, 불가철회성)이 있다. 후자에는 기판력·형성력·집행력 등이 있고(다툼이 없다), 또한 참가적 효력이 있다(통설). 그리고 쟁점효·반사효·법률요건적 효력 등을 인정하는 것이 유력한 견해이다.

[표 5-4] 판결의 효력

판결의 효력	절차적 효력	자기구속력(기속력 및 불가철회성)·형식적 확정력
	실체적 효력	기판력·형성력·집행력
		쟁점효·참가적 효력
		반사효·법률요건적 효력

2. 절차적 효력

가. 판결의 자기구속력

(1) 의의

판결의 자기구속력이란 판결이 선고되어 성립하면 그 판결을 한 법원은 그 판결을 철회 또는 변경할 수 없게 되는 것을 말한다. 판결의 자기구속력은 판결법원 스스로에 대한 효력으로 판결선고와 동시에 그 효력이 생긴다(205조). 판결의 자기구속력이 인정되는 것은 판결의 성립이 불안정할 경우에는 판결을 통해 분쟁을 해결하는 기능이 수행하고자 하는 목적을 달성할 수 없기 때문이다. 판결법원이 스스로 판결의 내용을 철회·변경할 수 있게 허용하면 법적 안정성을 해치고 재판에 대한 당사자의 신뢰를 저해할 수 있기 때문에 자기구속력이 인정된다. 따라서 판결의 내용을 철회·변경시키려면 당사자는 상소를 제기해야 한다. 다만, 자기구속력에 대한 예외로서 판결의 경정이 인정된다(211조).

(2) 판결의 경정

(가) 경정의 의의 및 취지

판결의 경정이란 판결에 잘못된 계산이나 기재, 그 밖에 이와 유사한 잘못이 있음이 분명한 때 판결의 내용을 실질적으로 변경하지 않는 범위 내에서 그 표현상의 잘못을 고치는 것이다(211조 1항). 판결의 경정은 강제집행이나 가족관계부 또는 등기의 기재 등 이른바 광의의 집행에 지장이 없도록 하기 위하여 마련된 것이다. 따라서 경정이 가능한 오류에는 그것이 법원의 과실로 인하여 생긴 경우뿐만 아니라 당사자의 청구에 잘못이 있어 생긴 경우도 포함된다. 그리고 경정결정을 할 때에는 그 소송의 모든 과정에서 나타난 자료는 물론 경정 대상인 판결 이후에 제출된 자료도 다른 당사자에게 아무런 불이익이 없는 경우 또는 이를 다툴 수 있는 기회가 있는 경우에는 소송경제상 이를 참작하여 그 오류가 명백한지를 판단하여 할 수 있다.[12] 즉, 이러한 경정은 법원 스스로 또는 당사자의 신청[13]으로 판결이 확정된 이후에도 결정[14]을 통하여(211조 1항) 정정 또는 보충하여 강제집행·가족관계등록부의 정정 또는 등기의 기재 등 이른바 광의의 집행에 지장이 없도록 하기 위하여 마련된 것이다.

따라서 판결의 경정이 가능한지는 잘못된 기재가 집행에 미치는 영향을 고려하여야 하고[15] 판결의 경정에 의하여 시정할 수 없는 집행의 장애가 있다면 결국 다시 소를 제기하는 수밖에 없다. 이는 확정판결과 동일한 효력을 가지는 조정조서 뿐만 아니라 이행권고결정의 경우에도 마찬가지이다.[16]

(나) 절차 등

판결의 경정은 판결법원이 직권으로 또는 당사자의 신청에 의해 결정의 형식으로 하는 것이 원칙이다.[17] 상소가 제기된 이후에는 물론 판결확정 이후에도 할 수 있다. 상소가 제기된 경우 상소심 법원은 판결법원의 판결을 경정할 수 있

---

12) 대결 2000.5.24. 98마1839; 대결 2021.9.30. 2021그633; 대결 2023.8.18. 2022그779.
13) 대판 1967.10.31. 67다982에 의하면, 판결 중 본조 결정사유가 있는 경우에는 판결을 한 법원이나 상급법원이 직권 또는 신청에 의하여 이를 경정할 수 있다고 한다.
14) 김홍규·강태원, 앞의 책, 639면, 이시윤, 앞의 책, 624면; 정동윤·유병현·김경욱, 앞의 책, 769면.
15) 대결 1996.5.30. 96카기54.
16) 대결 2012.2.10. 2011마2177(조정조서의 경정); 대결 2022.12.1. 2022그18(이행권고결정의 경정).
17) 대결 2018.11.21. 2018그636에 의하면, 경정결정을 신청한 당사자는 판결에 211조 1항의 잘못이 있음이 분명하다는 점을 소명해야 한다고 한다.

는데 이때 결정이 아니라 판결로써 경정을 하였다고 하여도 이는 위법이 아니다.[18] 상소가 제기된 이후는 물론 판결확정 이후에도 할 수 있다. 강제집행을 위해 집행권원인 원심판결을 경정할 때 당사자는 판결경정신청을 판결법원에 하여야 한다.

다만, 등기 등을 목적으로 상고심 판결 상의 주소 표시를 경정할 필요는 없다. 판결에 표시된 등기의무자의 주소가 등기부상의 주소와 다르거나 등기권리자의 주소가 판결 전후에 변경되었음에도 이를 정정신청하지 아니하여 판결상의 주소와 실제 주소가 다르게 되었다고 하더라도 주민등록표 등에 의하여 동일인임을 소명하면 등기가 가능하므로 그 주소가 다르다고 하여 경정을 할 필요는 없기 때문이다.[19]

⑷ 경정이 불가한 경우

예컨대, 피고의 토지점유부분과 그 면적이 감정인의 측량 잘못으로 피고의 실제 점유부분 및 면적과 다르게 감정되었음에도 원고 또는 법원이 이를 간과하고 그 감정결과에 따른 청구취지에 따라 판결을 선고한 것이라면 그와 같은 오류가 명백하다고 볼 수도 없을 뿐만 아니라 원고가 구하는 취지에 따라 판결경정에 의하여 피고의 점유면적을 증가시키는 내용으로 그 점유부분과 면적표시를 고치는 형태로 판결의 경정을 하였다고 하여도 상술한 광의의 집행을 할 수 없을 뿐만 아니라 판결 주문의 내용을 실질적으로 변경하는 경우에 해당하여 판결의 경정은 허용될 수 없다.[20]

⑷ 경정의 한계

경정의 한계는 실질적으로 판결의 내용을 변경하는 것이 아니라 그러한 내용의 변경 없이 경정을 할 수 있는 경우로 제한이 되어야 한다.[21] 판결서의 표현상의 잘못을 고치기 위해 당사자에게 상소를 요구하는 것은 소송경제에 반하므로 이러한 경우에는 간편한 정정·보충을 인정하는 것이 타당하기 때문이다.

절차적으로는 판결경정의 결정은 원칙적으로 해당 판결을 한 법원이 하는

---

18) 대판 1967.10.31. 67다982.
19) 대결 1996.5.30. 96카기54.
20) 대결 1999.4.12. 99마486.
21) 대결 2023.11.7. 2023그591은 판결경정으로 주문의 내용을 실질적으로 변경하는 것은 허용할 수 없다고 한다.

것이고 상소의 제기로 본안사건이 상소심에 계속된 경우에는 해당 판결의 원본
이 상소기록에 편철되어 상소심 법원으로 송부되기 때문에 이러한 경우에는 판
결원본과 소송기록이 있는 상소심법원도 경정결정을 할 수 있다.

　　그러나 판결의 일부에 대하여 상소를 하지 않고서 사건이 상소심에 계속되
지 아니한 부분은 상소심의 심판대상이 되지 않고 따라서 상소심법원은 그 부분
에 대해서는 경정할 수가 없다. 예컨대, 통상공동소송에서 공동소송인 중 일부만
상소를 제기하여 상소심에 계속된 결과, 상소를 하지 아니한 나머지 공동소송인
의 원심판결의 원본과 소송기록이 우연히 상소심법원에 있다고 하더라도 상소심
법원이 심판대상이 되지도 않는 부분에 관한 판결을 경정할 권한을 가지는 것은
아니고 이미 하급심에서 확정된 판결부분을 경정할 권한이 상급심에게는 없
다.[22] 따라서 상소하지 않은 공동소송인에 대한 판결부분은 원심법원이 이를 경
정하여야 한다.

　㈐ **불복방법 등**

　　직권 또는 당사자의 신청을 인용한 경정결정에 대해서는 즉시항고를 할 수
있다(211조 3항). 그러나 경정신청을 기각한 결정에 대하여는 즉시항고할 수 없고
420조의 특별항고가 허용될 뿐이므로 이에 대한 항고는 특별항고사건으로 보고
처리하여야 한다.[23]

　㈑ **효력**

　　판결의 경정결정은 원래의 판결과 일체가 되어 판결선고시로 소급하여 효력
이 발생한다. 따라서 경정결정이 있어도 상소기간은 영향을 받지 않는다. 즉, 원
래의 판결선고시부터 상소가 가능하고 원래의 판결정본 송달시부터 2주가 경과
하면 상소기간이 만료된다. 다만, 경정결정에 의하여 상소의 추후보완이 가능한
경우도 있을 수 있지만[24] 상소기간 경과 후에 이루어진 판결경정의 내용이 경정
이전에 비하여 불리하다는 사정만으로는 추완상소가 적법한 것으로 볼 수는 없
을 것이다.[25]

---

22) 대결 2008.10.21. 2008카기172; 대결 2007.5.10. 2007카기35; 대결 1992.1.29. 91마748; 대결 1987.9.2.
　　 87카55; 대판 1970.8.31. 70카25.
23) 대결 1991.3.29. 89그9.
24) 박재완, 앞의 책, 347면.
25) 대판 1997.1.24. 95므1413.

(3) 자기구속력의 배제

판결의 자기구속력(자박성)에 대한 예외로서 판결의 경정 이외에도 특히 소송지휘에 관한 결정·명령에는 자기구속력이 없고 언제라도 취소할 수 있어 기속력이 배제된다(222조). 결정·명령에 대하여 항고가 제기된 경우 원심법원에서 재도의 고안에 의한 취소·변경을 할 수 있다(446조).

나. 판결의 형식적 확정력

종국판결에 대해 당사자가 더 이상 상소로써 취소·변경을 구할 수 없게 된 상태를 판결이 형식적으로 확정되었다고 하고 이 취소불가능한 상태의 판결의 효력을 형식적 확정력이라고 한다. 형식적 확정력은 판결이 확정된 때 발생한다. 판결의 형식적 확정력은 판결의 자기구속력과 마찬가지로 판결법원의 절차 내의 효력이지만 확정판결의 효력이라는 점에서 다르다. 판결이 형식적으로 확정되면 판결의 내용적 효력인 기판력·집행력 또는 형성력이 발생한다.

예외적으로 확정된 승소판결에는 기판력이 있으므로 승소확정판결을 받은 당사자가 그 상대방을 상대로 다시 승소확정판결의 전소와 동일한 청구의 소를 제기하는 경우 그 후소는 권리보호의 이익이 없어 부적법하지만 예외적으로 확정판결에 의한 채권의 소멸시효기간인 10년의 경과가 임박한 경우에는 그 시효중단을 위한 소는 소의 이익이 있다고 할 것이다. 그리고 이러한 경우에 후소의 판결이 전소의 승소확정판결의 내용에 저촉되어서는 아니 되므로 후소법원은 그 확정된 권리를 주장할 수 있는 모든 요건이 구비되어 있는지 여부에 관하여 다시 심리할 수 없을 것이다. 이때에 확정판결에 의한 채무라고 하더라도 채무자가 파산이나 회생제도를 통해 이로부터 전부 또는 일부를 벗어날 수 있는 이상, 채권자에게는 시효중단을 위한 재소를 허용하는 것이 균형에 맞다고 할 것이다.[26)]

다. 기속력—다른 법원에 대한 구속력

기속력이란 판결이 당해사건에 관하여 판결을 한 법원뿐만 아니라 다른 법원을 구속하는 것을 말한다. 예컨대, 이송받은 법원을 구속하는 이송결정(38조), 사실심의 사실인정에 의한 상고심의 구속(432조) 또는 파기판결에 의한 하급심의 구속(436조 2항 후단) 등이 있다.

---

26) 대판(전합) 2018.7.19. 2018다22008.

3. 실체적인 효력 — 본래적인 효력

가. 기판력

기판력(실질적 확정력)이란 판결이 형식적으로 확정되면 판결주문에서의 판단, 즉, 소송물의 판단에 관하여 발생하는 확정판결의 내용적인 구속력을 말한다 (216조 1항). 판결의 기판력에 의해 이후 동일사항이 문제가 된 때에는 당사자가 전소의 판단과 모순되는 주장을 할 수 없고(불가쟁, 기판력의 소극적 작용) 후소법원도 전소의 판단과 모순하는 판단을 할 수 없다(불가반, 기판력의 적극적 작용).[27] 기판력은 판결에 의한 분쟁의 종국적 해결을 도모하기 위하여 인정되는 효력이다. 자세한 내용은 후술하기로 한다.

나. 형성력

형성력이란 형성판결의 확정에 의해 새로운 법률관계를 발생시키거나 과거 법률관계를 변경·소멸시키는 효력을 말한다. 원래 어떤 종류의 법률관계에서는 판결을 통해 법률관계를 변동시키는 것이 적당하다는 판단에 따라 형성의 소라는 유형이 만들어진 것이기 때문에 형성판결에 형성력이 인정되는 것은 당연하다.

다. 집행력

집행력은 확정판결 또는 가집행선고부 종국판결에 인정되는 것으로 좁은 의미로 이행판결에서 이행을 명한 이행의무를 강제집행수단으로 실현할 수 있는 효력을 말한다. 이행의 소의 목적은 현실적인 이행의 실현(집행)에 있기 때문에 이행판결에 집행력이 인정되는 것은 당연하다. 집행력은 이행판결의 확정에 의해 발생하는 것이 원칙이지만 가집행선고(213조 이하) 또는 인낙조서·화해조서(220조)도 집행력이 인정된다(민사집행법 24조).

그러나 등기절차의 이행을 명한 확정판결의 경우 강제집행기관의 개입이 없이도 단독으로 등기신청을 할 수 있다. 이와 같이 판결의 내용에 적합한 상태를 실현할 수 있는 효력을 광의의 집행력이라고 하고 이는 이행판결뿐만 아니라 확인판결, 형성판결에서도 인정된다.[28]

---

27) 대판 2020.5.14. 2019다261381.
28) 김홍규·강태원, 앞의 책, 652면; 이시윤, 앞의 책, 671면; 박재완, 앞의 책, 348면.

4. 부수적 효력

가. 쟁점효 및 반사효

다른 절에서 후술한다.

나. 참가적 효력

참가적 효력이란 제3자가 다른 사람 사이의 소송에 보조참가(71조)를 한 경우에 피참가인이 패소한 때 그 판결이 참가인을 구속하는 효력을 말한다(77조). 참가적 효력은 판결이유 중에 있는 것에도 참가인이 참가의 기회를 부여받고 있었다는 것만으로 발생하는 것이다. 그런데 이 효력과 관련하여 참가인과 피참가인 간에 구속력을 발생시키고 참가인과 상대방 간에도 구속력을 인정할 필요가 있다고 하는 견해가 있고 분쟁의 반복을 막기 위하여 절차보장이 된 범위 내에서는 기판력·쟁점효가 확장된다고 하는 견해가 있다.

다. 법률요건적 효력

법률요건적 효력이란 확정판결이 실체법에서 법률요건(구성요건)으로 구성되어 있기 때문에 확정판결에 의해 법률효과가 발생하는 경우 그 효력을 말한다. 예컨대, 단기소멸시효에 해당하는 채권이어도 판결이 확정되면 소멸시효는 10년으로 되고(민법 165조 1항), 재판상 청구로 인하여 중단한 시효는 재판이 확정된 때로부터 새로이 시효가 진행하며(동법 178조 2항), 공탁 유효의 판결이 확정되기까지는 변제자가 공탁물을 회수할 수 있다고 하는 것(동법 489조 1항) 등이 있다.

그러나 이것은 실체법의 규정에 의한 것이므로 판결에 통상적으로 발생하는 효력은 아니다. 법률요건적 효력은 반사효와 함께 판결의 실체법적 효과라고도 한다.

Ⅲ. 판결의 하자

1. 의의

판결이 확정되면 기판력·집행력 및 형성력 등의 효력이 발생하고 당사자에게 분쟁해결의 기준을 제시하게 된다. 따라서 특별한 사정이 없으면 판결이 무시된다든지, 취소되는 경우는 없어야 한다. 그러나 판결의 확정에 이르는 절차 또는 내용에 하자가 있는 경우가 있을 수 있는데 이를 어떻게 시정할 것인지 여부도 중요한 문제로 된다. 특히 판결은 변론을 거쳐서 재판부의 판결에 의해 엄격한 방식으로 성립하기 때문에 그 법적 안정성을 도모하기 위해 판결에 하자가 있는 경우에는 일반적으로는 판결은 무효가 아니고 위법할 뿐이다. 따라서 일반적인 경우 하자 있는 판결은 유효하고 다만 상소나 재심에 의하여 취소될 수 있을 뿐이다. 즉, 판결의 하자는 상소사유 또는 재심사유가 된다. 그러나 이와 다르게 취급해야 할 경우도 있는데 그것이 비판결·무효판결 또는 하자가 있는 판결 등이 있다.

2. 비판결(판결의 부존재)

비판결이란 판결의 기본요건을 흠결하였기 때문에 법률상 판결로 존재하고 있다고 할 수 없는 경우를 말한다. 예컨대, 법원사무관 등이 선고한 판결과 같이 법관이 아닌 자의 판결이거나, 정리되지 않은 초고상태에서 판결한 경우와 같이 선고되었다고 볼 수 없는 경우 등이다. 비판결은 판결이 존재하지 않는 것이기 때문에 판결의 효력이 전혀 발생하지 않고 심리의 종료효도 없으므로 상소의 대상이 되지 않으며 상소를 제기하여도 각하되어야 한다(통설).[29] 따라서 법원은 다시 판결을 하거나 절차를 속행할 필요가 있을 것이다.

3. 무효판결(판결의 무효)

가. 의의

무효판결이란 법률상 판결로서는 존재하고 있지만(즉 외관을 갖추고 있지만) 그 내용에 있어서 묵과할 수 없는 중대한 하자가 있어 판결의 내용상 효력이 발생하지 않는 것을 말한다.[30] 예컨대, 치외법권자와 같이 우리나라의 재판권에 따르지 않는 자에 대하여 내려진 판결, 소를 제기하기 이전에 사망한 자와 같이[31] 실재

---

29) 김홍규·강태원, 앞의 책, 642면. 한편 이시윤, 앞의 책, 676면에서는 마치 판결이 존재하는 것처럼 당사자에게 송달된 경우에는 외관의 제거를 위해 상소를 허용할 것이라고 한다.
30) 이시윤, 앞의 책, 676면; 정동윤·유병현·김경욱, 앞의 책, 842면.
31) 대판 2000.10.27. 2000다33775에 의하면, 당사자가 소제기 이전에 이미 사망하여 주민등록이 말소된 사실을 간과한 채 본안판단에 나아간 원심판결은 당연무효라 할 것이나, 민사소송이 당사자의 대립을 그 본질적 형태로 하는 것임에 비추어 사망한 자를 상대로 한 상고는 허용될 수 없다고 할 것이므로 이미 사망한 자를 상대방으로 하여 제기한 상고는 부적법하다고 한다.

하지 않는 당사자에게 내려진 판결, 판결로 선언된 사항이 공서양속에 위반한 경
우와 같이 법률상 인정되지 않는 법률효과를 내용으로 한 판결 등이 있다.

나. 효과

무효판결은 소송절차상 유효하고 소송종료효가 있어 판결법원을 구속하는
기속력도, 형식적 확정력도 인정된다(확정되면 소송종료효가 있다). 그러나 판결의
내용상 효력(기판력·집행력 및 형성력)이 발생하지 않는다. 판결의 자기구속력이 있
기 때문에 심판대상이 된 부분에 대해서는 상소의 대상이 되지만[32] 기판력이 발
생하지 않기 때문에 재심의 대상이 되지는 않는다.[33]

다만, 판례 간에도 소송수계 또는 당사자표시정정 등 절차를 밟지 않고 사망
한 사람을 당사자로 하여 선고된 판결은 당연무효로서 기판력이 없으므로 기판
력의 배제를 구하는 재심의 소의 대상이 될 수 없으며 이에 대한 재심의 소는 부
적법하다고 하다고 판시한 판례[34]와 소송계속 중 어느 일방 당사자의 사망에 의
한 소송절차 중단을 간과하고 변론이 종결되어 판결이 선고된 경우에는 그 판결
은 소송에 관여할 수 있는 적법한 수계인의 권한을 배제한 결과가 되는 절차상
위법은 있지만 그 판결이 당연무효라 할 수는 없다고 판시한 판례[35]가 있어 견
해의 대립을 보이고 있는데 법적 안정성과 구체적 타당성의 측면에서 검토가 이
루어져야 할 것이다.

무효판결에 대해서는 변경판결 또는 신소의 제기가 인정된다. 그러나 판결
자체의 무효확인의 소는 확인의 이익이 없어 허용되지 않는다. 한편, 무효판결이
라도 판결의 외형이 남아 이를 유효한 것으로 사실상 이용될 우려가 있기 때문에
상소·재심의 대상으로 된다고 하는 견해도 있다. 또한, 무효판결에는 기판력이
없기 때문에 그 판결에서 판단된 소송물에 관한 신소의 제기는 허용된다고 할 것

---

32) 대판 1995.1.24. 94다29065에 의하면, 제1심에서 주위적 청구를 기각하고 예비적 청구를 인용한
판결에 대하여 피고만이 항소한 때 이심의 효력은 사건 전체에 미치더라도 원고로부터 부대항
소가 없는 한 항소심의 심판대상으로 되는 것은 예비적 청구에 국한되는 것인데도 원심이 심판
의 대상으로 되지 않은 주위적 청구에 대하여 제1심과 마찬가지로 원고의 청구를 기각하는 판
결을 한 경우 이는 무의미한 판결이며, 원고가 그에 대하여 상고하더라도 주위적 청구부분이 상
고심의 심판대상으로 되는 것은 아니므로 원고의 주위적 청구부분에 관한 상고는 심판의 대상
이 되지 않은 부분에 대한 상고로서 불복의 이익이 없어 부적법하다고 한다.
33) 대판 1994.12.9. 94다16564.
34) 앞의 판결(94다16564).
35) 대판 1995.5.23. 94다28444.

이다.

4. 확정판결의 부당편취(사위판결)

확정판결의 부당편취란 법원을 고의로 기망하여 확정판결을 취득하는 것을 말하고[36] 이 판결을 사위판결이라고도 한다. 예컨대, 원고가 법정에 피고가 아닌 다른 사람을 출석하게 하여 그 사람이 자백 등 변론을 하여 승소판결을 받은 경우, 소취하의 합의를 하여 피고를 불출석하게 한 다음 원고가 소 취하를 하지 않고 승소판결을 받은 경우, 원고가 피고의 주소를 알고 있음에도 소재불명으로 속여 공시송달로 승소판결을 받은 경우, 피고의 주소를 허위로 적어 법원으로 하여금 그 주소로 송달하게 한은 다음 그 주소에서 피고로 가장한 제3자가 원고의 소장 등을 송달받아 결국 피고가 답변서를 제출하지 못하게 하여 무변론 판결을 받은 경우 등이 있다. 이러한 경우 판결이 당연무효의 판결로 되는지, 재심의 소에 의해 취소하여야 할 것인가가 문제로 된다. 그러나 소송종료선언을 할 수 있는 경우에는 소송종료선언을 하여야 할 것이다.[37]

[표 5-5] 판결의 부당편취(사위판결)와 관련한 쟁점정리

	일반론	기본적 논점 - 당연무효가 되는지 여부
사위판결의 구제방법·유형 등		
	당연무효설	정당한 재판을 받을 권리의 침해로 당연무효라고 하는 입장이다.
	구제 방법	재심설	재심(또는 상소의 추후보완)의 대상이 되는 위법한 판결일 뿐이다.
		- 기판력 긍정
		확정판결임을 전제로 확정되기 위해서는 판결정본 송달이 유효하여야 하고 상소기간 만료되어야 한다. 따라서 판결정본의 송달이 무효인 경우에는 사위판결이 확정되지

---

36) 김홍규·강태원, 앞의 책, 642면; 이시윤, 앞의 책, 677면; 정동윤·유병현·김경욱, 앞의 책, 844면; 박재완, 앞의 책, 378~385면.

37) 대판 1991.5.24. 90다18036에 의하면, "원고들의 패소부분만 상고되었으므로 상고심의 심리대상은 이 부분에 국한되고 환송되는 사건의 범위(환송 후 원심의 심판범위)도 환송 전 원심에서 원고가 패소한 부분과 환송 후 원심에서 확장된 청구부분에 한정되고 환송 전 원심판결 중 원고의 승소부분은 확정되었다고 할 것이므로 원심으로서는 이에 대하여 심리를 할 수 없는 것이다. 그럼에도 원심의 이러한 처사는 심판의 범위에 관한 법리오해의 위법을 저지른 것이라 할 것이다. 따라서 원심판결 중 환송 전 원심판결이 지급을 명한 원고의 청구부분은 이미 확정되었으므로 이 부분에 대하여 원심판결을 파기하고 소송이 종료된 바를 밝히는 바이다."라고 한다.

			않고 기판력도 발생하지 않아 재심청구도 불가능하고 오히려 항소를 제기할 수 있을 것이다.
			사위판결의 구제수단: 상소의 추후보완 판결정본의 송달이 유효한 경우 재심과 상소의 추후보완이 병존 가능[38]
	유형론	성명모용 소송	대리권의 흠결을 이유로 상소(424조 1항 5호) 또는 재심(451조 1항 3호)으로 구제를 받아야 한다.[39]
		취하 합의 후 불출석 유도	상동
		공시송달에 의한 판결편취	상소나 재심에 의해 구제받아야 하는데[40] 재심기간의 제한이 따른다.[41]
		자백간주에 의한 판결편취	판결정본의 송달이 무효이므로 상소에 의하여 구제받아야 하고[42] 상소의 추후 보완·재심으로 구제받을 수 없다.
	기타		예컨대, 원고가 피고의 주소를 허위로 기재하고 원고의 친구가 그 주소에서 소송서류를 송달받아 법정에 출석하여 변론한 경우와 같이 성명모용소송과 자백간주에 의한 판결의 편취의 유형이 중복된 경우 재심을 통해 구제받을 수 있는데 재심기간은 제한이 없다고 보아야 할 것이다.[43]
			대표자의 주소를 허위로 기재한 경우에는 재심을 통해 구제받을 수 있다.[44]
사위판결과 청구이의			확정판결에 의한 권리가 변론이 종결된 이후에 변경·소멸된 경우 또는 판결에 기한 집행이 권리남용이 되어 허용되지 않는 경우에는 집행채무자는 청구이의의 소로 그 집행의 배제를 구할 수 있다.[45]
부당이득반환청구와 불법행위에 기한 손해배상 청구			− 사위판결에 기하여 이미 집행이 이루어진 경우 부당이득반환청구 또는 불법행위에 기한 손해배상청구를 할 수 있다. 사위판결도 기판력이 인정되므로 재심이 필요한 반면,[46] 자백간주에 의한 판결편취의 경우 사위판결은 미확정판결이므로 재심이 불필요하다.[47] − 부당이득반환청구의 경우에는 재심이 필요하다.[48]

---

38) 대판 2011.12.22. 2011다73540에 의하면, 451조 1항 11호의 재심사유가 있는 경우 추완항소기간 내에 항소를 제기하지 아니하면 재심의 소를 제기할 수 없는지 문제된 사안에서, "당사자가 상대방의 주소 또는 거소를 알고 있었음에도 소재불명 또는 허위의 주소나 거소로 하여 소를 제기한 탓으로 공시송달의 방법에 의하여 판결(심판)정본이 송달된 때에는 451조 1항 11호에 의하여 재심을 제기할 수 있음은 물론이나 또한, 173조에 의한 소송행위 추완에 의하여도 상소를 제기할 수도 있다."고 하면서 "451조 1항 단서에 의하면 당사자가 상소에 의하여 재심사유를 주장하였거나 이를 알고 주장하지 아니한 때에는 재심의 소를 제기할 수 없는 것으로 규정되어 있는데, 여기에서 '이를 알고도 주장하지 아니한 때'란 재심사유가 있는 것을 알았음에도 상소를 제기하여 상소심에서 그 사유를 주장하지 아니한 경우뿐만 아니라 상소를 제기하지 아니하여 판결이 그대로 확정된 경우까지도 포함하는 것이라고 해석하여야 할 것이다. 그런데 위 단서 조항

은 재심의 보충성에 관한 규정으로서 당사자가 상소를 제기할 수 있는 시기에 재심사유의 존재를 안 경우에는 상소에 의하여 이를 주장하게 하고 상소로 주장할 수 없었던 경우에 한하여 재심의 소에 의한 비상구제를 인정하려는 취지인 점, 추완상소와 재심의 소는 독립된 별개의 제도이므로 추완상소의 방법을 택하는 경우에는 추완상소의 기간 내에, 재심의 방법을 택하는 경우에는 재심기간 내에 이를 제기하여야 하는 것으로 보이는 점을 고려하면, 공시송달에 의하여 판결이 선고되고 판결정본이 송달되어 확정된 이후에 추완항소의 방법이 아닌 재심의 방법을 택한 경우에는 추완상소기간이 도과하였다고 하더라도 재심기간 내에 재심의 소를 제기할 수 있다고 보아야 한다고 한다.

39) 대판 1964.3.31. 63다656에 의하면, 당사자의 이름을 모용하고 이루어진 결정이 확정된 경우에는 적법하게 소송관계의 기회가 부여되지 아니한 것이 될 것으로서 소송대리권의 흠결(현행 451조 1항 3호)을 사유로 하여 재심의 소를 제기할 수 있다고 한다.

40) 대판 1974.6.25. 73다1471에 의하면, 원고가 피고의 주소를 알고 있었음에도 불구하고 허위의 주소로 하여 소를 제기하고 판결을 받은 경우라도 그 판결이 재판장의 공시송달명령에 의하여 송달되고 항소기간이 도과되었다면 그 판결은 형식상 확정되었다 할 것이므로 원심이 재심의 대상이 된 판결에 대하여 재심의 요건을 구비한 확정판결로 본 조치는 정당하다고 한다.

41) 대판 1992.5.26. 92다4079에 의하면, 당사자가 상대방의 주소 또는 거소를 알고 있었음에도 불구하고 소재불명이라 하여 공시송달로 소송을 진행하여 그 판결이 확정되고 그 상대방 당사자가 책임질 수 없는 사유로 상소를 제기하지 못한 경우에는 선택에 따라 추완상소를 하거나 422조(현행 451조) 1항 11호의 재심사유가 있음을 이유로 재심의 소를 제기할 수 있다고 하더라도 재심의 소를 선택하여 제기하는 이상, 426조(현행 456조) 3항, 4항 소정의 제척기간 내에 제기하여야 하고 위 제척기간은 불변기간이 아니어서 그 기간을 지난 후에는 당사자가 책임질 수 없는 사유로 그 기간을 준수하지 못하였더라도 그 재심의 소제기가 적법히 추완될 수 없다고 한다.

42) 대판 1971.6.22. 71다771에 의하면, 소장에 피고 아닌 자의 주소를 피고의 주소로 기록한 후 그 피고 아닌 자가 피고인 양 가장하여 그 소송서류를 수령하고 변론기일에 불출석함으로써 내린 판결이 그 피고 아닌 자에게 송달된 것이라면 피고에게 송달의 효력이 발생할 수 없으므로 피고가 위 판결에 의하여 넘어간 이전등기의 말소청구를 하고 또 재심청구를 하였다가 각 취하하였으므로 그 각 제소 당시에 위 판결이 선고된 사실을 알고 있었다고 가정하여도 피고에게 그 판결의 송달이 없는 한, 그 항소기간은 진행할 수 없다 할 것이라고 하여, 상소로 구제받아야 한다고 한다.

43) 박재완, 앞의 책, 383면.

44) 대판 1999.2.26. 98다47290에 의하면, "법 422조(현행 451조) 1항 3호 소정의 재심사유는 무권대리인이 대리인으로서 본인을 위하여 실질적인 소송행위를 하였을 경우뿐만 아니라 대리권의 흠결로 인하여 본인이나 그의 소송대리인이 실질적인 소송행위를 할 수 없었던 경우에도 이에 해당한다."고 하면서 "참칭대표자를 대표자로 표시하여 소송을 제기한 결과, 그 앞으로 소장 부본 및 변론기일소환장이 송달되어 변론기일에 참칭대표자의 불출석으로 자백간주 판결이 선고된 경우 이는 적법한 대표자가 변론기일소환장을 송달받지 못하였기 때문에 실질적인 소송행위를 하지 못한 관계로 위 자백간주 판결이 선고된 것이므로 422조(현행 451조) 1항 3호 소정의 재심사유에 해당한다."고 한다.

45) 대판 1984.7.24. 84다카572에 의하면, 판결의 집행자체가 불법한 경우 집행채무자는 청구이의의 소를 제기할 수 있다고 한다. 또한 대판 1997.9.12. 96다4862, 대판 2001.11.13. 99다32899에 의하면, 확정판결의 내용이 실체적 권리관계에 배치되어 그 확정판결에 기한 집행이 현저히 부당하고 상대방으로 하여금 그 집행을 수인하도록 하는 것이 정의에 반함이 명백하여 사회생활상 용인할 수 없다고 인정되는 경우에는 그 집행은 권리남용으로서 허용되지 않는다고 할 것이므로 집행채무자는 청구이의의 소에 의하여 그 집행의 배제를 구할 수 있다고 한다.

5. 하자있는 판결

하자있는 판결이란 법률상 유효하지만 취소됨으로써 효력이 없게 되는 판결을 말한다. 하자있는 판결(취소사유가 있는 판결)은 당연무효로 인정할 수는 없고 시정수단도 완전히 유효한 판결과 마찬가지이므로 판결의 자기구속력의 예외로 판결을 경정(211조)하거나, 판결에 대한 불복신청방법으로 항소(390조)·상고(422조)를 하거나 또는 판결이 확정되면 재심(451조)을 활용할 수 있다.

6. 비판결·무효판결·하자있는 판결의 비교

첫째, 비판결은 심급 종료효가 없고 판결의 자기구속력이 없으며 상소를 제기하는 것도 불가능할 뿐만 아니라 판결이 확정되었다고 할지라도 판결의 형식적 확정력이 없고 확정판결의 내용적인 효력이 없다.

둘째, 무효판결은 판결이 성립할 경우 심급종료효 및 자기구속력이 있고 상

---

46) 대판 2001.11.13. 99다32905; 대판 1995.6.29. 94다41430; 대판 2000.5.16. 2000다11850에 의하면, 소송당사자가 허위의 주장으로 법원을 기망하고 상대방의 권리를 해할 의사로 상대방의 소송관여를 방해하는 등 부정한 방법으로 실체의 권리관계와 다른 내용의 확정판결을 취득하여 그 판결에 기하여 강제집행을 하는 것은 정의에 반하고 사회생활상 도저히 용인될 수 없는 것이어서 권리남용에 해당한다고 할 것이지만, 위 확정판결에 대한 재심의 소가 각하되어 확정되는 등으로 위 확정판결이 취소되지 아니한 이상, 위 확정판결에 기한 강제집행으로 취득한 채권을 법률상 원인 없는 이득이라고 하여 반환을 구하는 것은 위 확정판결의 기판력에 저촉되어 허용될 수 없다고 한다.
47) 대판(전합) 1978.5.9. 75다634에 의하면, 종국판결의 기판력은 판결의 형식적 확정을 전제로 하여 발생하는 것이므로 공시송달의 방법에 의하여 송달된 것이 아니고 허위로 표시한 주소로 송달하여 상대방 아닌 다른 사람이 그 소송서류를 받아 자백간주의 형식으로 판결이 선고되고 다른 사람이 판결정본을 수령하였을 때에는 상대방은 아직도 판결정본을 받지 않은 상태에 있는 것으로서 위 사위판결은 확정판결이 아니어서 기판력이 없을 뿐만 아니라 그 판결에 대한 항소기간은 진행을 개시하지 않은 것이라고 보아야 할 것이라고 하여 재심의 제기는 불가능하다고 한다.
48) 대판 1995.6.29. 94다41430에 의하면, 채권자가 소외인으로부터 대여금 중 일부를 변제받고도 채무자에게 위와 같은 사실을 속이고 위 대여금 전액에 대하여 소송을 제기하여 승소 확정판결을 받은 후 강제집행에 의하여 위 금원을 수령한 것을 이유로 채무자(원고)가 채권자(피고)를 상대로 위 일부 변제금 상당액은 법률상 원인 없는 이득으로서 반환하여야 하거나 또는 피고가 법원을 기망하여 원고로부터 편취한 금원이므로 위 금원 상당의 손해를 배상해야 한다고 주장한 사안에서, 그중 부당이득반환청구에 관하여 위 변제 주장은 위 대여금반환청구소송의 확정판결 전의 사유로서 위 판결이 재심의 소 등으로 취소되지 아니하는 한 위 판결의 기판력에 저촉되어 이를 주장할 수 없으므로 위 확정판결의 강제집행으로 교부받은 금원을 법률상 원인 없는 이득이라고 할 수 없다고 하여 원고의 청구를 배척하였다.

소를 제기하는 것도 가능하며 판결이 확정될 경우 판결의 형식적 내지 내용적인 효력이 있지만 일단 판결이 확정되면 재심의 소를 제기할 수 없다.

셋째, 하자 있는 판결이 성립할 경우 심급종료효 및 자기구속력 있고 상소를 제기할 수 있을 뿐만 아니라 판결이 확정될 경우 확정판결의 형식적 내지 내용적 효력을 가지고 재심의 소를 제기하는 것도 가능하다.

[표 5-6] 판결의 비교

비판결	판결 성립 ×, 심급 종료효 ×, 자기 구속력 ×, 상소 ×, 확정력 ×, 확정의 경우 내용적 효력 ×
무효판결	판결 성립 ○, 심급 종료효 ○, 자기 구속력 ○, 상소 ○, 확정력 ○, 형식적/ 내용적 효력 ○, 재심 ×
하자 있는 판결	판결 성립 ○, 심급 종료효 ○, 자기구속력 ○, 상소 ○, 확정의 경우 형식적/내용적 효력 ○, 재심 ○

7. 결정·명령의 하자

판결에는 법적 안정성의 요청이 강하게 요구되지만 결정·명령에는 신속의 요청이 중시된다. 그래서 하자를 시정하는 수단도 다르다. 즉, 소송지휘 등에 관한 결정·명령은 자기구속력이 없어 법원은 언제라도 취소할 수 있을 뿐만 아니라(222조) 재판을 경정할 수도 있다(211조). 결정·명령에 대한 불복신청방법으로 항고가 있다(439조). 항고가 제기된 경우일지라도 원법원에는 재도의 고안49)에 의한 경정(취소·변경을 포함한다)의 기회가 부여된다(446조). 또한, 즉시항고에 의해 불복신청을 할 수 있는 결정·명령이 확정되어도 준재심이 인정된다(461조).

---

49) 재도(再度)의 고안(考案)이란 원결정을 한 제1심법원이나 원명령을 한 재판장이 '항고를 이유 있다고 인정하는 때' 그 재판을 경정해야 하는 경우를 말한다(446조).

제2절 기판력

I. 의의

1. 개념

기판력(실질적 확정력)이란 판결이 확정된 경우 주문 중의 판단(소송물의 판단)에 관하여 발생하는 구속력을 말한다(216조 1항). 즉, 확정판결은 주문 중에 포함된 것에 한하여 기판력을 가진다. 다만, 예외적으로 상계를 위하여 주장된 청구의 성부 판단은 비록 판결이유 중에 기재되어 있다고 할지라도 상계를 가지고서 대항한 금액에 대하여 기판력을 가진다(216조 2항).

2. 기판력의 인정취지

확정판결에 기판력을 인정하는 취지는 동일사항이 재차 문제가 된 때에 당사자는 전소의 판단과 모순된 주장을 할 수 없고(불가쟁, 기판력의 소극적 작용), 후소법원도 전소의 판단과 모순된 판단을 할 수 없다(불가반, 기판력의 적극적 작용). 판결에 의해 분쟁의 종국적 해결을 도모하기 위해 인정되는 효력이다.

3. 기판력의 근거

불가반·불가쟁을 내용으로 하는 기판력을 인정하는 근거에 대해서는 학설의 대립이 있다.

[표 5-7] 기판력의 근거에 관한 학설

실체법적 효력으로 파악하는 견해	실체법설	확정판결에 의하여 당사자 사이에 실체법적 권리관계가 확인 내지 변경된다고 한다.
	법규설	추상적인 실체법적 권리관계가 확정판결에 의해 비로소 구체적으로 형성된다고 한다.
	채무부존재확인의 실체법적 근거는 무엇인가?	
소송법적 효력으로	모순금지설 (판례)[50]	재판의 통일을 위하여 후소법원은 전소법원의 판단과 모순되는 판단을 할 수 없다는 효력을 기판력이라고 파악한다.

파악하는 견해 (현재의 통설)	반복금지설 (다수설)51)	분쟁의 일회적인 해결의 요청 때문에 후소법원에 대하여 다시 변론·증거조사 또는 재판 등을 금지하는 구속력을 기판력이라고 한다.

모순금지설과 반복금지설의 차이는 ① 전소와 후소의 소송물이 동일한 경우 ⓐ 전소에서 청구인용판결을 받은 원고가 판결확정 후 다시 제소하면, 두 견해 모두 각하하여야 한다는 점에서는 같지만 전자는 모순 없이 같은 결론을 내려야 하므로 청구인용판결을 선고하여야 하는데 이미 확정된 전소의 청구인용판결이 있어 다시 청구인용판결을 할 필요가 없다는 점(권리보호의 이익이 없다는 점)에서, 후자는 어떤 소송물에 기판력이 있는 판단이 있다는 것 자체가 소극적 소송요건이기 때문에 후소법원은 소를 각하하여야 한다는 점에서 각기 다른 이유를 제시하고 있다. ⓑ 청구기각판결을 받은 원고가 판결확정 이후 같은 소를 제기하면 전자는 후소법원이 전소법원과 모순없이 같은 판단을 하여야 하므로 청구기각판결을 하는 반면, 후자는 소송물에 대하여 기판력이 있는 판단이 있으므로 소를 각하하여야 한다고 한다. 이와 달리 ② 전소의 소송물이 후소의 선결관계이거나 전소와 후소의 소송물이 모순관계인 경우, 두 견해 모두 후소법원은 전소법원의 판단에 반하는 판단을 할 수 없다.52)

4. 기판력의 작용

가. 기판력의 적극적·소극적 작용

기판력에는 적극적 작용과 소극적 작용이 있다. 전자는 후소법원이 전소판결에서 기판력으로 확정된 사항을 전제로 판단하여야 하는 것을 말한다. 후자는 후소법원이 전소 판결에서 기판력으로 확정된 사항과 반하는 당사자의 주장·입증을 배척하여야 되는 것을 말하는 것이므로 일사부재리(동일사건에 관한 재차의 심판 금지)와 같은 취지이다.

전소판결의 승소자가 후소를 제기한 경우 민사소송의 대상인 법률관계는 시간의 경과와 함께 변동한다는 점에서 엄밀하게 동일사건이라고 할 수는 없다. 그

---

50) 대판 1979.9.11. 79다1275; 대판 1989.6.27. 87다카2478.
51) 김홍규·강태원, 앞의 책, 669면; 이시윤, 앞의 책, 629면; 정동윤·유병현·김경욱, 앞의 책, 780 면; 정영환, 앞의 책, 1137면.
52) 박재완, 앞의 책, 351~353면.

래서 소극적 작용만 중시하여 일사부재리로 기판력을 설명하는 것은 타당하지 않고 적극적 작용도 중시하여 기판력은 전소판결의 판단이 후소법원에 대한 내용적인 구속력이라고 보아야 할 것이라고 한다. 따라서 승소의 확정판결을 얻은 자가 동일 소송물에 관하여 다시 소 제기를 한 경우 후소는 통상적으로 소의 이익이 인정되지 않아 법원은 부적법한 소로 각하하여야 한다. 다만, 예외적으로 시효중단의 필요가 있는 경우, 판결원본의 분실에 의해 집행권원의 정본을 얻을 수 없는 경우에는 소의 이익을 인정할 수 있다.

나. 기판력의 작용상황

기판력이 작용하는 상황은 전소청구와 후소청구가 동일관계·선결관계 또는 모순관계에서 나타날 수 있다. 그리고 이러한 관계는 독자적으로 또는 복합적으로 작용을 하게 된다.

(1) 동일관계

승패와 관계없이 전·후소의 소송물이 동일한 경우 기판력이 작용한다. 예컨대, 갑이 을을 상대로 대여금청구의 소를 제기하여 승소확정이 된 후에 다시 같은 내용의 소를 제기하는 것으로 이 경우 후소는 전소판결의 기판력에 저촉되어 소각하된다. 그러나 동일관계이어도 판결원본이 멸실된 경우, 판결경정의 대상이 되지 않지만 판결내용이 불특정하여 강제집행이 불가능한 경우 및 시효중단이 필요한 경우에는 예외적으로 신소 제기가 허용된다.

(2) 선결관계

전·후소의 소송물이 동일하지 않아도 전소의 소송물이 후소의 선결문제인 경우 전소판결의 기판력이 작용한다. 이 경우 후소법원은 전소 확정판결의 기판력에 구속되어 선결적 법률관계에 대하여 전소법원과 모순된 판단을 할 수 없다. 예컨대, 갑이 을을 상대로 토지에 관한 소유권확인의 소를 제기하여 확정된 후에 후소에서 갑이 을을 상대로 동일토지에 관해 소유권을 원인으로 한 인도청구의 소를 제기한 경우 전소의 소송물은 해당 토지의 소유권이고 후소의 소송물은 해당 토지의 인도청구권으로 양자의 소송물은 서로 다르지만 후소의 소송물은 전소의 소송물을 전제로 하고 있기 때문에 전소판결의 기판력이 후소에 작용하여 후소법원은 갑에게 소유권이 있음을 전제로 판단을 하여야 한다.

(3) 모순관계

전·후소의 소송물이 동일하지 않더라도 후소의 소송물이 전소에서 확정된 법률관계와 모순되는 정반대의 사항인 경우에는 전소판결의 기판력이 작용한다. 예컨대, 갑이 을을 상대로 토지에 관한 소유권확인의 소를 제기하여 승소확정판결을 받은 이후 후소에서 을이 갑을 상대로 동일 토지에 관한 소유권확인의 소를 제기하는 경우이다. 이 경우 전소의 소송물은 "갑의 소유권 존부"이고 후소의 소송물은 "을의 소유권 존부"이어서 소송물은 상이하지만 후소법원이 을의 소유권을 인정하는 것은 전소의 확정판결이 갑을 소유권자로 인정하고 있기 때문에 일물일권주의에 반하는 것으로 후소의 소송물은 전소의 소송물과 모순관계에 있고 따라서 전소판결의 기판력이 후소에 작용하므로 후소법원은 청구를 기각해야 한다. 또한, 예컨대, 또한, 갑이 을을 상대로 한 소유권이전등기청구의 소에서 승소확정판결로 갑에게 소유권이전등기가 경료된 후 을이 갑을 상대로 위 소유권이전등기가 원인무효라고 주장하면서 소유권이전등기의 말소를 청구하는 것도 모순관계가 성립한다.[53] 다만, 다른 등기원인, 예컨대, 을이 갑으로부터 해당 토지를 매수하였거나 시효취득 등을 근거로 소유권이전등기청구를 하는 경우에는 모순관계가 성립하지 않아서 전소판결의 기판력이 후소에 작용하지 않는다.[54]

다. 기판력의 쌍면성

기판력의 본질로부터 기판력 있는 판단은 소송당사자에게 이익으로도, 불이익으로도 작용하는 것을 기판력의 쌍면성이라고 한다.

라. 기판력의 조사

기판력은 법원이 직권으로 조사하여야 한다(직권조사사항).[55]

---

53) 대판 1969.4.22. 69다195.
54) 대판 1995.6.13. 93다43491; 대판 1997.11.14. 97다32239에 의하면, 부동산에 관한 소유권이전등기가 원인무효라는 이유로 그 등기의 말소를 명하는 판결이 확정되었다고 하더라도 그 확정판결의 기판력은 그 소송물이었던 말소등기청구권의 존부에만 미치는 것이므로 그 소송에서 패소한 당사자도 전소에서 문제된 것과는 전혀 다른 청구원인에 기하여 상대방에 대하여 소유권이전등기청구를 할 수 있다고 한다.
55) 대판 1992.5.22. 92다3892에 의하면, 소송에서 다투어지고 있는 권리 또는 법률관계의 존부가 동일한 당사자 사이의 전소에서 이미 다루어져 이에 관한 확정판결이 있는 경우에 당사자는 이에 저촉되는 주장을 할 수 없고(불가쟁) 법원도 이에 저촉되는 판단을 할 수 없음(불가반)은 물론 위와 같은 확정판결의 존부는 당사자의 주장이 없더라도 법원이 이를 직권으로 조사하여 판단하지 않으면 안 된다고 한다.

5. 본질(정당화 근거)

기판력의 정당화 근거를 살펴보면, 그것은 판결에 의한 분쟁의 종국적 해결을 도모하기 위하여 인정되는 효력이다. 그러나 이것만으로는 기판력에 의해 불이익을 받는 당사자에 대해서는 정당화의 근거로는 될 수 없다.

가. 필요성

기판력은 분쟁의 종국적인 해결이라는 민사소송의 목적을 위해 필요하다. 즉, 종국판결은 법원이 당사자 간의 분쟁해결기준을 나타내는 것인데 그 이후에도 당사자 및 법원이 그 판단을 분쟁해결기준으로 존중하고 동일한 분쟁의 반복을 허용하지 않아야만 분쟁의 종국적인 해결이 도모될 수 있다. 따라서 기판력은 분쟁의 종국적·강제적 해결을 제도적으로 확보하기 위하여 필요불가결하다고 할 수 있다.

나. 정당화 근거

당사자가 기판력에 의해 불이익을 받는 것에 대한 정당화의 근거는 소송물에 관하여 당사자로서 충분한 절차보장을 부여받고 있는 점에서 구할 수 있다. 즉, 당사자라는 지위를 갖고 절차상 대등하게 소송물인 권리관계의 존부에 관하여 변론하고 소송수행을 하며 불복신청을 할 권능과 기회(절차보장)를 부여받은 이상, 법원의 판단에 구속되는 것은 불가피한 일이다(결과에 관한 자기책임). 또한, 동일한 분쟁의 반복을 허용하지 않는 것이 공평하다고 할 수 있다.

기판력에 관한 이론은 일찍이 판결의 실체법적 법률관계에 대한 영향, 판결효력(상대효)의 이해를 둘러싸고 다투어졌다(실체법설·소송법설 등의 대립). 그러나 오늘날 기판력에 관한 이론은 그 실질적인 근거의 해명을 중심으로 전개되고 있다. 기판력에 의한 불이익의 근거를 명확하게 하는 것은 재판을 받을 권리를 박탈하는 효과를 정당화하고 또한, 기판력의 객관적·주관적 범위를 생각할 때 기준을 제공할 수 있는 것이다.

6. 기판력 있는 재판 등

가. 종국판결

기판력은 판결에 의한 분쟁의 종국적 해결을 도모하기 위해 인정된 효력이다. 따라서 확정된 종국판결에는 기판력이 인정된다. 반면, 중간판결은 종국판결이 아니기 때문에 기판력을 인정할 수 없다. 확정된 종국판결에는 본안판결과 소송판결이 있다.

(1) 본안판결

여기에는 이행판결, 확인판결 및 형성판결이 있다. 이행판결과 확인판결에 기판력이 인정되는 것은 당연하고, 형성판결도 분쟁의 반복금지가 필요하기 때문에 기판력을 가진다(통설).[56]

(2) 소송판결

소송판결이란 소송요건의 흠결에 대한 판단을 한 판결로 이것도 개개의 소송요건의 흠결에 의해 소가 부적법하다고 하는 판단에 기판력을 인정된다(통설). 그렇지 않으면, 동일청구에 관한 동일한 소송요건을 둘러싼 분쟁의 반복을 방지할 수 없고 또한, 216조 1항의 주문에 포함된 것이라는 문언을 특별히 본안판결의 주문으로만 한정하는 취지로 읽어서는 안 되기 때문이다. 이처럼 소송판결의 기판력은 그 판결에서 확정한 소송요건의 흠결에 관하여 미치는 것이지만, 당사자가 그러한 소송요건의 흠결이 보완된 상태에서 다시 소를 제기한 경우에는 그 기판력의 제한을 받지 않는다.[57]

나. 결정·명령

(1) 실체법상 권리의무관계에 대한 종국적인 판단을 내리는 결정 역시 분쟁의 반복을 방지할 필요가 있기 때문에 기판력이 인정된다. 예컨대, 소송비용에 관한 결정(107조), 간접강제의 수단으로 명하는 손해배상금지급결정(민사집행법 261조) 등이 있다.

(2) 절차적인 사항에 관하여 판단을 내린 결정 또는 명령에는 기판력이 인정되지 않는다. 예컨대, 소송지휘에 관한 결정·명령이다.

다. 확정판결과 동일한 효력의 재판·조서

청구의 포기·인낙조서(220조), 중재판정(중재법 35조), 화해조서(220조), 각종의 조정조서(가사소송법 59조, 민사조정법 29조) 등에는 기판력이 있다.

라. 외국법원의 확정재판

외국법원의 확정재판이 우리나라에서 승인될 수 있으면 기판력이 생긴다.

---

56) 김홍규·강태원, 앞의 책, 671면; 이시윤, 앞의 책, 634면; 정동윤·유병현·김경욱, 앞의 책, 789면.
57) 대판 2003.4.8. 2002다70181; 대판 2023.2.2. 2020다270633.

따라서 외국법원의 소송과 동일한 소송을 우리나라에서 다시 제기하면 기판력에 저촉하게 된다.[58]

II. 기판력의 시적 한계(시적 범위)

기판력은 법원이 소송물에 관하여 일정 시점(시적 범위)에 행한 판단에 발생하는 효력으로서 일정한 사항(물적 범위)에 대하여 그리고 일정한 사람(인적 범위)에 대하여 미치도록 하고 있다. 우선 여기에서는 시적 범위를 살펴보기로 한다.

1. 기판력의 기준시

가. 사실심의 변론종결시

기판력은 어떤 시점(기준시)에 소송물인 권리관계의 존부를 확정하는 효력이다. 이때 기판력의 기준시는 사실심의 구술변론종결시이다. 당사자는 사실심의 구술변론 종결시까지 소송자료(공격방어방법)를 제출할 수 있고 법원의 종국판결도 그때까지 제출된 자료를 기초로 이루어지기 때문에 이 시점에 법원이 판단한 권리관계의 존부에 기판력을 인정하는 것이 타당하기 때문이다.

나. 기판력의 시적한계

기판력은 기준시에 소송물인 법률관계(권리의무관계)의 존부를 확정하는 효력이 있다. 기판력은 기준시 이전에 있던 소송물인 권리관계의 존부를 확정하는 것은 아니다. 원래 기준시 이전의 소송물을 다투는 것은 기판력에 의해 차단되지만(차단효 내지 실권효), 기준시 이후의 소송물인 권리관계의 존부를 확정하는 것도 아니므로 기준시 이후에 소송물의 상태를 다투는 것은 차단되지 않는다. 다만, 기준시 이후에 새롭게 권리관계의 변동에 결부된 사실이 없으면 기각될 뿐이다. 기판력에 의한 차단효의 대상은 공격방어방법이고 청구가 아니다. 다만, 청구와 공격방어방법인 주장의 경계는 소송물이론에 따라 달라진다.

또한, 변론종결시를 기준으로 이행기가 장래에 도래하는 청구권이어도 미리 청구할 필요가 있는 경우에는 장래이행의 소를 제기할 수 있다. 후술하는 것처럼 확정판결은 주문에 포함된 것에 대하여 기판력이 있는데, 장래이행의 소의 경우

---

58) 이시윤, 앞의 책, 635면. 대판 1987.4.14. 86므57·58.

이행판결의 주문에서 변론종결 이후 기간까지 급부의무의 이행을 명한 이상, 그 확정판결의 기판력은 주문에 포함된 기간까지의 청구권의 존부에 대하여 미친다.

한편, 확정판결의 기판력에 의하여 당사자는 확정판결과 동일한 소송물에 기하여 신소를 제기할 수 없는 것이 원칙이다. 다만, 시효중단 등 특별한 사정이 있는 경우에는 예외적으로 신소가 허용된다. 하지만 이러한 경우에도 신소의 판결이 전소의 승소확정판결의 내용에 저촉되어서는 아니되므로 후소법원는 그 확정된 권리를 주장할 수 있는 모든 요건이 구비되어 있는지에 관하여 다시 심리할 수 없고, 전소의 변론종결 후에 새로 발생한 변제·상계·면제 등과 같은 채권소멸사유는 후소의 심리대상이 되어 채무자인 피고는 후소절차에서 위와 같은 사유를 들어 항변할 수 있다.

2. 구체적 효과

가. 차단효(실권효·배제효)

기판력의 차단효란 후소에서 전소의 기준시 이전에 존재하고 있던 사유(공격방어방법)로 기준시의 소송물인 권리관계의 존부를 다툴 수 없게 되는 것을 말한다. 기판력은 기준시에 소송물인 권리관계의 존재를 확정하는 효력이 있고 이것이 부정되어서는 안 되기 때문에 당사자가 후소에서 전소의 기준시 이전에 존재하고 있던 사유(공격방어방법)로 다투는 것을 허용하지 않는다. 후소에서 위와 같은 공격방어방법의 제출이 차단(실권)되는 것을 기판력의 차단효라고 한다.

그리고 전소에서 당사자가 그 공격방어방법을 알지 못하여 주장하지 못하였는지 또는 그와 같이 알지 못한 데 과실이 있는지는 묻지 않고 모두 기판력에 의해 배척 내지 차단된다.[59] 조문상 근거는 민사집행법 44조 2항에서 청구이의의 소의 이의사유를 변론종결 후의 사유로 제한하고 있는 것은, 반대해석상 변론종결 전의 사유를 들어 확정판결에 따른 집행을 저지할 수 없다는 점을 들 수 있다.

나. 기준시 이후의 사유

기준시 이후, 즉 사실심 변론종결 이후에 발생한 새로운 사유에 대해서는 차단효가 발생하지 않는다. 여기에서 새로운 사유란 사실자료만을 뜻한다. 따라서 새로운 증거 등 증거자료의 변경은 포함되지 않고,[60] 기존의 사실관계에 대한

---

59) 대판 1980.5.13. 80다473; 대판 1992.10.27. 91다24854; 대판 2014.3.27. 2011다49981.

새로운 법적 평가 또는 그와 같은 법적 평가가 담긴 다른 판결의 존재 등의 사정[61]도 여기에 해당하지 않는다. 또한, 법률이나 판례의 변경은 전소 변론종결 후에 발생한 새로운 사유에 해당하지 않는다.[62] 조문상 근거로서는 민사집행법 44조 2항이 전소의 기준시 이후의 사유를 청구이의사유로 인정하고 있는 점, 이론상 근거로서는 기판력에 의해 기준시 이후의 소송물상태를 다투는 것을 방해할 수 없는 점 등을 들 수 있다. 예컨대, 소유권에 기한 토지명도소송에서 원고가 소유권취득사실로서 시효취득을 주장했지만 청구기각판결이 확정된 경우 전소의 기준시 이전의 사실인 원·피고 간에 매매가 있었다는 주장은 차단되지만 기준시 이후에 새롭게 원·피고 간에 매매가 있었다는 주장은 차단되지 않으며 전소의 기판력에 저촉되지 않는다.[63]

3. 형성권의 기준시 이후 행사

기준시 이전에 발생하여 행사가 가능하였던 예컨대, 취소권·상계권 등과 같은 형성권을 변론종결 이후에 비로소 후소인 청구이의의 소 또는 채무부존재확인의 소에서 행사하여 전소판결의 기판력 있는 판단을 다툴 수 있는 것인지 여부에 대하여 논란이 있다.

가. 취소권

기판력의 정당화 근거는 당사자에게 충분한 절차적 보장이 부여되어 있는 점에서 구하는데 취소권은 청구권 자체에 관한 하자이고 전소의 구술변론종결 이전에 취소원인이 발생한 이상, 취소권을 주장할 기회가 부여되어 있다고 할 수 있다. 또한, 보다 중대한 하자인 무효사유가 기판력에 의해 차단되는데 그것보다 경미한 하자인 취소사유가 기판력의 구속을 면하는 것은 균형을 상실한다고 볼 수도 있다. 따라서 취소권은 기준시 이전에 취소원인이 발생하였다면 기판력에

---

60) 대판 2001.1.16. 2000다41349; 대판 2016.8.30. 2016다222149.
61) 대판 2016.8.30. 2016다222149.
62) 대판 2019.8.29. 2019다215272는 승소판결 확정 후 '소송촉진 등에 관한 특례법'의 변경으로 지연 손해금 이율이 달라졌더라도 선행 승소확정판결의 효력이 달라지지 않으므로 변경된 이율을 적용하여 선행판결과 다른 금액을 채권액으로 인정할 수 없다고 한다.
63) 대판 2002.5.10. 2000다50909(정지조건 미성취를 이유로 대여금청구가 기각된 뒤 변론종결 후 정지조건 성취를 이유로 한 주장); 대판 2014.1.23. 2013다64793(피담보채무의 변제에 따른 양도담보권 소멸을 원인으로 한 소유권이전등기의 회복청구가 기각된 뒤 장래 잔존 피담보채무의 변제를 조건으로 한 주장).

의해 차단되어 후소에서는 이를 행사할 수 없다.[64]

나. 상계권·건물매수청구권 등의 경우

상계권은 청구권 그 자체에 부착된 하자가 아니고 상계를 할 것인지, 별개로 반대채권을 소로 청구할 것인지는 피고의 자유의지에 따른 것이기 때문에 전소에서 반대채권의 존부에 관하여 충분한 절차보장이 되었다고 할 수 없다. 또한, 상계권의 행사는 반대채권을 소멸시키는 점에서 최종수단이기 때문에 전소에서 그 제출을 기대하는 것이 곤란할 수도 있다. 따라서 상계권은 기준시 이전에 상계적상이 있었다고 할지라도 기판력에 의해 차단되지 않고 후소에서 이를 행사할 수 있다.[65]

또한, 임차인 또는 지상권자의 건물매수청구권에 대하여도[66] 변론종결 이후 위 형성권의 행사가 기판력에 의해 차단되지 않는다.

다. 한정승인

한정승인은 상속재산의 책임범위를 제한하기 때문에 이를 새로운 사유로 볼 수 있는지 문제가 된다. 즉, 피상속인의 채권자가 원고로 되어 상속인을 피고로 상속채무에 관한 이행의 소를 제기했는데 이미 한정승인을 한 피고가 이를 변론에서 주장하지 않으면 책임의 범위는 현실적인 심판대상으로 등장하지 않으므로

---

64) 대판 1979.8.14. 79다1105에 의하면, 확정된 법률관계에 있어 동 확정판결의 변론종결 전에 이미 발생하였던 취소권을 그 당시에 행사하지 않음으로 인하여 취소권자에게 불리하게 확정된 경우 그 확정 후 취소권을 뒤늦게 행사함으로써 동 확정의 효력을 부인할 수 없다고 한다.

65) 대판 1966.6.28. 66다780; 대판 1998.11.24. 98다25344; 대판 2005.11.10. 2005다41443에 의하면, 당사자 쌍방의 채무가 서로 상계적상에 있더라도 그 자체만으로 상계로 인한 채무소멸의 효력이 생기는 것은 아니고 상계의 의사표시를 기다려 비로소 상계로 인한 채무소멸의 효력이 생기는 것이므로 채무자가 채무명의인 확정판결의 변론종결 전에 상대방에 대하여 상계적상에 있는 채권을 가지고 있었더라도 채무명의인 확정판결의 변론종결 후에 이르러 비로소 상계의 의사표시를 한 때에는 구 민사소송법 505조 2항(현행 민사집행법 44조 2항)이 규정하는 '이의원인이 변론종결 후에 생긴 때'에 해당하는 것으로서 당사자가 채무명의인 확정판결의 변론종결 전에 자동채권의 존재를 알았는지 여부에 관계없이 적법한 청구이의 사유로 된다고 한다.

66) 대판 1994.9.23. 93다37267; 대판 1995.12.26. 95다42195에 의하면, 건물의 소유를 목적으로 하는 토지임대차에서 토지임차인의 지상물매수청구권은 기간의 정함이 없는 임대차에 있어서 임대인에 의한 해지통고에 의하여 그 임차권이 소멸한 경우에도 임차인의 계약갱신 청구의 유무에 불구하고 인정되며, 따라서 이와 같은 임대차에서 임대차가 종료함에 따라 토지의 임차인이 임대인에 대하여 건물매수청구권을 행사할 수 있음에도 불구하고 이를 행사하지 아니한 채 토지의 임대인이 임차인에 대하여 제기한 토지인도 및 건물철거청구 소송에서 패소하여 그 패소판결이 확정되었더라도 그 확정판결에 의해 건물철거가 집행되지 아니한 이상, 토지의 임차인으로서는 건물매수청구권을 행사하여 별소로써 임대인에 대하여 건물매매대금의 지급을 구할 수 있다고 한다.

그에 관해서는 기판력이 미치지 않는다. 따라서 상속인은 그 후 채권자의 강제집행에 대해 위 한정승인사실을 주장하여 청구이의의 소를 제기할 수 있다.[67]

그리고 피상속인에 대한 채권에 관하여 채권자와 상속인 사이에 전소에서 상속인의 한정승인이 인정되어 상속재산의 한도에서 지급을 명하는 판결이 확정된 때에는 그 채권자가 상속인에게 새로운 소로 위 판결의 기초가 된 전소의 사실심의 변론종결 이전에 존재한 단순승인 등 한정승인과 양립할 수 없는 사실을 주장하여 위 채권에 대해 책임범위에 관한 유보가 없는 판결을 구하는 것은 허용되지 아니한다. 왜냐하면 전소의 소송물은 직접적으로 채권(상속채무)의 존재 및 그 범위이지만 한정승인의 존재 및 효력도 이에 준하는 것으로서 심리·판단되었을 뿐만 아니라 한정승인이 인정된 때에는 주문에 책임의 범위에 관한 유보가 명시되므로[68] 한정승인의 존재 및 효력에 대한 전소의 판단에 기판력에 준하는 효력이 있다고 해야 하기 때문이다. 그리고 이러한 법리는 채권자의 급부청구에 대하여 상속인의 한정승인 주장이 받아들여져 상속재산의 한도 내에서 지급을 명하는 판결이 확정된 경우와 채권자 스스로 위와 같은 판결을 구하여 그에 따라 판결이 확정된 경우 모두에 마찬가지로 적용된다고 할 것이다.[69]

라. 정기금판결의 변경을 구하는 소

(1) 법은 정기금의 배상을 명령하는 판결을 한 후 정기금 지급을 명한 판결이 확정된 뒤에 그 액수산정의 기초가 된 사정이 현저하게 바뀜으로써 당사자 사이의 형평을 크게 침해할 특별한 사정이 생긴 때에는 그 확정판결의 변경을 구하는 소를 제기할 수 있다고 한다. 즉, 판결의 당사자는 장차 지급할 정기금 액수를 바꾸어 달라는 소를 제기할 수 있다(252조 1항). 이러한 변경의 소는 제1심 판결법원의 전속관할에 속한다(동조 2항).

이러한 변경의 소는 정기금판결의 확정 뒤에 발생한 현저한 사정변경을 이유로 확정된 정기금판결의 기판력을 예외적으로 배제하는 것을 목적으로 하므로, 확정된 정기금판결의 당사자 또는 218조 1항에 의하여 확정판결의 기판력이 미치는 제3자만이 제기할 수 있다.[70] 예컨대, 토지소유자가 소유권에 기하여 토지

---

67) 대판 2009.5.28. 2008다79876; 대판 2006.10.13. 2006다23138.
68) 위와 같은 경우 주문의 예를 살펴보면, "피고들은 망 소외 갑으로부터 상속받은 재산범위 내에서 원고에게 각 금 6,000,000원을 지급하라"고 하는 형태가 될 것이다.
69) 대판 2012.5.9. 2012다3197.

의 무단점유자를 상대로 차임상당의 부당이득반환을 구하는 소를 제기하여 정기
금판결이 확정된 경우, 이 소의 소송물은 채권적 청구권인 부당이득반환청구권이
므로 소송의 변론종결 후에 토지소유권을 취득한 사람은 법 218조 1항에 의하여
확정판결의 기판력이 미치는 변론을 종결한 뒤의 승계인에 해당한다고 볼 수 없
다.[71] 따라서 토지의 전 소유자가 제기한 부당이득반환청구소송의 변론종결 후
에 토지의 소유권을 취득한 사람에 대해서는 정기금 지급을 명하는 확정판결의
기판력이 미치지 아니하므로, 토지의 새로운 소유자가 토지의 무단점유자를 상대
로 위 정기금판결에 대하여 변경의 소를 제기하는 것은 부적법하다.[72]

　　(2) 불법행위로 입은 상해의 후유장애로 인하여 장래에 계속적으로 치료비
나 개호비 등을 지출하여야 할 손해를 입은 피해자는 그 손해배상을 정기금에
의한 지급과 일시금에 의한 지급 중 어느 방식에 의하여 청구할 것인지는 원칙
적으로 피해자인 원고가 임의로 선택할 수 있지만 식물인간 등과 같이 그 후유
장애의 계속기간이나 잔존여명이 단축된 정도 등을 확정하기 곤란하여 일시금
지급방식에 의한 손해의 배상이 사회정의와 형평의 이념에 비추어 현저하게 불
합리한 결과를 초래할 우려가 있다고 인정될 때에는 원고가 일시금에 의한 지급
청구를 하였더라도 법원은 재량에 따라 정기금을 지급하도록 명하는 판결을 할
수 있을 것이다.[73]

Ⅲ. 기판력의 객관적 범위(물적 범위)

1. 주문 중의 판단

가. 216조 1항(원칙)

확정판결은 주문에 포함된 것에 한하여 기판력을 가진다(216조 1항). 주문에
는 소송물인 권리관계 존부의 판단이 표시되는데 그에 관한 판단에만 기판력이
발생하는 것이 원칙이다.[74] 왜냐하면 소송에 의한 분쟁해결을 위해서는 당사자

---

70) 대판 2016.6.28. 2014다31721.
71) 대판 1993.2.12. 92다25151.
72) 위 대판(2014다31721).
73) 대판 1995.6.9. 94다30515; 대판 1994.1.25. 93다48526; 대판 1994.1.25. 93다51874; 대판 1992.10.27.
　　91다39368; 대판 1995.6.9. 94다30515.

가 심판을 구한 사항(203조), 즉 소송물인 권리관계의 존부에 관한 해결기준을 나타내면 충분하기 때문이다. 또한, 기판력을 주문 중의 판단에 한정하면 소송물의 판단에 초점을 맞춘 당사자의 효과적인 소송활동이 보장되고 법원도 그 판단에 도달하는데 효율적이고 동시에 탄력적인 심리를 할 수 있기 때문이다.

나. 주문 중 판단에만 기판력이 발생하는 근거

판결주문에 표시된 소송물인 권리관계의 존부는 당사자가 심판을 요구한 사항이기 때문에 여기에 기판력을 인정하면 분쟁해결로 연결될 수 있다(당사자의 의사, 처분권주의). 판결주문의 판단은 당사자가 심판의 최종목표로서 공격방어방법을 다한 결과이다. 만일 그 전제로 되는 판결이유 중 판단에 기판력을 인정하면 당사자의 의사에 반하고 불의타의 결과를 초래할 수 있어서 절차보장의 관점에서도 타당하지 않다(당사자의 절차보장).

또한, 기판력이 발생하는 범위를 주문 중 판단에 한정함으로써 당사자는 그 결론만을 고려하면서 효과적인 소송활동을 하면 충분하다는 보장이 부여되고(수단성의 보장) 법원도 당사자의 신청순서 또는 실체상의 이론적 순서에 구애받지 않고서 그 결론에 도달하는데 효율적이고 동시에 탄력적인 심리를 할 수 있게 된다(심리의 효율성·탄력성). 그럼에도 불구하고 당사자가 판결이유 중 판단에 기판력에 의한 구속을 바라는 경우라면 중간확인의 소(264조)를 제기하면 충분할 것이다.

---

74) 대판 1970.9.29. 70다17590에 의하면, "기판력의 객관적 범위는 주문에 포함된 소송물인 법률관계의 존부에 관한 판단의 결론에 대하여서만이 발생한다. 따라서 그 전제가 되는 것에 불과한 법규의 해석 적용이나 법률사실의 인정 등이 법률관계의 존부에 관한 것이라고 할지라도 이 부분까지는 기판력이 미치지 아니한다고 하여야 할 것이다. 따라서 원고가 피고에게 공유지분에 관한 소유권이전등기의 말소등기를 명한 판결이 확정되었다 하더라도 이 판결의 기판력은 그 판단의 전제가 되는 부분, 즉, 피고는 이 사건 임야를 대리할 권한이 없는 원고의 부 소외 송영훈으로부터 매수한 것이라는 사실인정이나 피고가 이 사건 임야에 대한 공유지분권(소유권)을 취득한 것이 아니라는 법률적 판단 부분에까지 그 기판력이 미친다고는 할 수 없는 것이다."라고 한다. 대판 2002.9.24. 2002다11847도 마찬가지로 "계쟁 부동산에 관한 피고 명의의 소유권이전등기가 원인무효라는 이유로 원고가 그 등기의 말소를 구하는 소송을 제기하였다가 청구기각의 판결을 선고받아 확정되었다고 하더라도 그 확정판결의 기판력은 소송물로 주장된 말소등기청구권이나 이전등기청구권의 존부에만 미치는 것이지 그 기본이 된 소유권 자체의 존부에는 미치지 아니하므로 원고는 그의 소유권을 부인하는 피고에 대하여 계쟁 부동산이 원고의 소유라는 확인을 구할 법률상 이익이 있으며, 소유권확인청구의 소제기 자체가 신의칙에 반하는 것이라고 단정할 수 없다."고 한다.

2. 판결이유 중의 판단

(1) 상계항변(216조 2항)

㈎ 원칙

법은 판결이유 중 판단에는 기판력이 발생하지 않는 것을 원칙으로 하고 있지만(216조 1항), 예외적으로 상계를 주장한 청구가 성립되는지 여부의 판단은 상계하자고 대항한 액수에 한하여 기판력을 가진다고 규정하고 있다(동조 2항). 상계하자고 대항한 액수란, 소구채권의 소멸효과를 인정하는데 필요한 금액을 뜻하며 그 금액에 한하여 기판력이 발생한다. 실무적으로 상계항변에 이유가 있는지 여부에 관한 판단은 판결이유에서 이루어지지만 실효성 있는 분쟁해결을 위해 예외적으로 기판력을 인정한다. 즉, 상계는 소구채권과 무관계한 반대채권을 모두 대등액으로 소멸시키는 효과를 항변으로 하는 것이기 때문에 그 판단에 기판력을 인정하지 않으면 소구채권의 존부에 관한 분쟁이 반대채권의 존부를 소송물로 하는 후소에 의해 반복되어 판결에 의한 분쟁해결의 실효성을 상실케 할 우려가 있으므로 마찬가지로 기판력을 인정할 필요가 있는 것이다(통설·판례).[75] 한편, 소구채권과는 별개인 반대채권으로 상계를 주장하는 것은 본래 별소로 소구할 수 있는 것을 동일절차 내에서 항변한 것을 심리하는 것이므로, 반소에 준한 성격을 가진다고 볼 수 있다.

그리고 상계주장에 관한 판단에 기판력이 인정되는 경우에는 상계주장의 대상이 된 수동채권이 소송물로서 심판되는 소구채권이거나 그와 실질적으로 동일하다고 보이는 경우(가령 원고가 상계를 주장하면서 청구이의의 소를 제기하는 경우 등)로서 상계를 주장한 반대채권(자동채권)과 그 수동채권을 기판력의 관점에서 동일하게 취급하여야 할 필요성이 인정되는 경우이어야 한다. 그렇지 않고 상계 주장의 대상이 된 수동채권이 동시이행의 항변을 행사한 채권일 경우에는 그러한 상계주장에 대한 판단에는 기판력이 발생하지 않는다고 보아야 할 것이다. 왜냐하면 그렇게 해석하지 않을 경우 동시이행의 항변이 상대방의 상계의 재항변에 의하여 배척된 경우에 그 동시이행의 항변에 행사된 채권을 나중에 소송상 행사할 수 없게 되어 216조가 예정하고 있는 것과는 달리 동시이행의 항변에 행사된 채

75) 김홍규·강태원, 앞의 책, 688면; 이시윤, 앞의 책, 657면. 대판 2005.7.22. 2004다17207.

권의 존부나 범위에 관한 판결 이유 중 판단에 기판력이 미치는 결과로 되기 때
문이다.[76]

(나) **상계항변과 기판력의 범위**

상계항변을 인정하고 원고의 청구가 그 한도에서 기각된 경우 어떠한 범위
에서 기판력이 발생하는가? 원고의 소구채권과 피고의 반대채권이 모두 존재하
고 그것이 상계에 의해 소멸된 것에 관하여 기판력이 발생한다고 보아야 한다.
왜냐하면 만약 피고의 반대채권의 부존재만 기판력이 발생한다면 원고가 처음부
터 피고의 반대채권이 존재하지 않았다고 주장하여 부당이득반환청구 또는 손해
배상청구를 할 여지가 있고, 반대로 피고가 소구채권이 다른 원인으로 부존재한
다고 하여 마찬가지의 청구를 할 여지가 있어 이것으로는 분쟁의 반복을 방지하
는데 충분하지 않기 때문이다. 구체적으로 살펴보면 반대채권의 부존재를 이유로
상계항변이 배척된 경우에는 상계를 배척시켜 패소한 피고가 다시 반대채권으로
소구하는 것을 방지할 필요가 있으므로 반대채권의 부존재에 관하여 기판력이
발생한다. 상계항변을 인정하여 원고의 청구가 그 한도에서 기각된 경우에는 분
쟁의 반복 방지를 위하여 원고의 소구채권과 피고의 반대채권이 함께 존재하고
그것이 상계에 의해 소멸된 것에 관하여 기판력이 발생한다. 그러나 반대채권과
관계없이 소구채권의 존재가 부정된 경우, 상계항변이 시기에 늦었다고 하여 각
하된 경우(149조) 또는 상계가 부적법하다고 하여 각하된 경우와 같이 반대채권의
존부를 실질적으로 판단할 필요가 없는 경우에는 상계로 주장한 반대채권에 관
해서는 기판력은 발생하지 않는다.[77]

(다) **상계항변의 특수성**

상계항변에 관한 판단은 판결이유 중 판단임에도 불구하고 기판력이 발생한
다. 그리고 상계항변은 반대채권의 소멸효과를 수반하기 때문에 당사자는 다른
방어방법으로 승소하는 쪽이 유리한다. 이와 같은 상계항변의 특수성 때문에 다
음과 같은 고려가 필요하다.

즉, 당사자가 우선 변제의 항변을, 다음에 상계항변을 제출하고 있는 경우

---

76) 대판 2005.7.22. 2004다17207.
77) 대판 2018.8.30. 3016다46338·46345는, 여러 개의 반대채권을 자동채권으로 하여 상계를 주장한
    경우에 법원이 판단을 하지 않은 반대채권에 대하여는 기판력이 발생하지 않는다고 한다.

법원은 이러한 순서에 구속되어 심리 및 판단을 하여야 하고 상계항변이 인정되어 원고의 청구가 그 한도에서 기각된 경우에도 승소한 피고에게는 불복의 이익을 인정하여 항소 제기를 허용하여야 한다.

또한, 소송상 상계항변에 대하여 원고가 상계의 재항변을 하는 것은 허용되지 않는다. 왜냐하면 소송상 상계의 의사표시는 그 의사표시에 의해 확정적으로 효과를 발생시키는 것이 아니라 법원이 상계의 판단을 하는 것을 조건으로 실체법상 상계의 효과를 발생시키려는 것이 피고의 의사인데 상계항변에 대하여 다시 상계의 재항변을 허가하면 가정 위에 가정이 누적되어 법률관계가 불안정하게 되고 쓸데없이 심리의 복잡함을 초래하는 것으로 되기 때문이다. 또한, 216조 2항의 규정은 판결이유 중 판단에 기판력을 발생시키는 유일한 예외를 정한 것인 점에 비추어 보면 동조항의 적용범위를 무제한으로 확대하는 것은 상당하지 않기 때문이다.[78]

(2) 한정승인에 있어서 판결의 기판력

'상속재산의 범위 내에서'라는 의미는 단순히 책임을 제한하는 것에 지나지 않고 채무액을 제한하는 것은 아니다. 그래서 판결주문에서 '상속재산의 범위 내에서'라는 판단에 기판력이 인정되는지 여부가 문제로 된다. 이행소송의 소송물은 직접적으로는 이행청구권의 존재·범위를 말한다. 그렇다면 단순히 책임을 제한하는 것에 지나지 않는 한정승인의 사실에 대한 판단에 기판력은 발생하지 않는다고도 생각할 수 있다. 그러나 이행판결은 집행권원으로서 강제집행의 기초로 되기 때문에 채무자의 재산에 대한 집행가능성으로서 책임의 존부·범위도 이행소송의 소송물에 준하는 것으로 이해하여야 한다. 따라서 판결주문에서 '상속재산의 범위 내에서'라고 하는 판단에도 기판력이 발생한다고 보아야 한다.

(3) 판결이유 중 판단에 구속력을 발생시키는 이론

이에 관하여는 쟁점효이론, 신의칙 적용설, 참가적 효력확장설 또는 기판력 확장설 등이 있는바, 이는 후술하기로 한다.

---

78) 대판 2014.6.12. 2013다95964; 대판 2015.3.20. 2012다107662.

Ⅳ. 기판력의 주관적 범위(인적 범위)

1. 상대효의 원칙

가. 218조 1항(원칙)

확정판결의 기판력은 소송당사자에게 미치는 것이 원칙이다(218조 1항). 이를 기판력의 상대적 효력이라고 한다. 민사소송에서 판결은 당사자 간의 분쟁을 해결하기 위하여 이루어진 것이기 때문에 그 효과는 당사자 간에만 상대적으로 구속하면 충분하고(분쟁해결의 실효성) 처분권주의·변론주의에서는 스스로 소송수행을 한 소송당사자만 판결의 기판력에 구속되어야 하고 그 소송에 관여할 기회를 부여받지 못한 제3자까지 구속력을 미치게 하는 것은 그 자의 재판을 받을 권리(헌법 27조)를 실질적으로 박탈하는 결과로 되기 때문이다(절차보장의 관점).

나. 기판력의 확장

기판력은 원칙적으로 당사자에게만 미친다. 그러나 분쟁을 실효적으로 해결하기 위하여 예외적으로 소송당사자 이외의 제3자에 대하여도 기판력을 미치게 하는 것이 필요한 경우가 있다. 그 경우 기판력의 확장을 받는 제3자에게 절차보장 내지 대체적 절차보장이 확보되어 있는지, 그 자의 재판을 받을 권리를 손상시키는지 여부 등과 관련하여 기판력 확장의 정당성이 검토되어야 한다. 이와 관련하여 판결효의 정당화 근거로서 분쟁해결의 실효성(법적 안정)뿐만 아니라 절차보장의 관점을 받아들이는 유력설(절차보장설) 등이 주장되고 있다.

2. 소송담당의 경우 피담당자

가. 218조 3항

제3자소송담당이란 제3자(소송담당자)가 실체법상 이익의 귀속주체(피담당자)에 갈음하여 당사자적격이 인정되는 경우를 말한다. 소송담당자가 받는 판결의 기판력은 피담당자에게 미친다(218조 3항). 기판력이 피담당자에게 확장되지 않으면 피담당자가 전소판결의 판단을 다툴 수 있게 되어 소송담당을 인정한 취지를 달성할 수 없기 때문이다. 이 경우 피담당자의 절차보장은 소송담당자에 의한 소송수행에 의해 대체적으로 보장된다고 할 수 있고 소송담당자의 소송에 피담당자가 참가하는 길을 만들어 둠으로써 도모되고 있다고 할 수 있다.

나. 대항형의 소송담당

예컨대, 채권자대위소송에서 소송담당자인 채권자에 대한 판결의 효력은 피담당자인 채무자에게 미치는지 여부가 문제로 된다. 이에 관하여는 전술한 바와 같다.

3. 변론종결 뒤의 승계인

가. 218조 1항

사실심 변론종결(기판력의 기준시) 이후에 소송물인 권리관계에 관한 법적 지위를 당사자로부터 승계한 제3자는 당사자 간에 미치는 기판력의 확장을 받는다(218조 1항). 이는 패소한 당사자가 소송물을 제3자(승계인)에게 양도한 경우에 승계인에게 기판력이 미치지 않으면 승계인에 대하여 다시 제소하는 것을 차단하지 못하게 되어 판결에 의한 분쟁해결의 실효성이 상실되는 결과가 발생하지 않도록 하기 위함이다. 또한, 이 경우 승계인의 절차보장은 전주인 당사자에 의하여 충실한 소송수행을 기대할 수 있기 때문에 그것으로 대체되었다고 할 수 있다.

여기에서 승계의 태양은 일반승계인지, 특별승계인지, 당연승계인지 또는 임의처분인지, 강제처분인지 여부를 불문한다.

나. 승계인의 범위

'승계인'(218조 1항)이란 계쟁물에 관한 당사자적격을 변론종결시 이후에 승계한 자를 말한다(적격승계설). 이렇게 당사자적격의 승계자에게 기판력을 미치게 하면 분쟁해결의 실효성이 도모되기 때문이다.

변론종결 뒤의 승계인지가 다투어지는 사례를 살펴본다. 등기말소청구소송에서 변론종결 전에 가등기를 마친 다음 변론종결 뒤에 소유권이전의 본등기를 마친 경우에 승계인 여부에 관한 기준은 등기명의의 이전시기가 기준이 되기 때문에 그러한 자는 변론종결 뒤의 승계인에 해당하지 않는다.[79] 건물철거소송에서 변론종결 전 건물에 대하여 가등기를 마친 다음 변론종결 뒤에 소유권이전의 본등기를 마친 자는 변론종결 뒤의 승계인에 해당한다고 한다.[80] 위 두 판례에

---

79) 대판 1970.7.28. 69다2227.
80) 대판 1992.10.27. 92다10883.

서 모두 가등기는 변론종결 전에 그리고 본등기는 전자의 경우 변론종결 뒤에 이루어졌는데 전자는 가등기의 순위보전적 효력으로 인하여 변론종결 전에 그 순위에 의해 소유권을 취득하였다고 이해할 수 있지만 후자는 사실상 건물철거소송에서 철거의무자는 현실적인 소유권자로서 권리행사 등을 할 수 있는 지위를 가지고 있어야 한다는 것에 초점을 맞추어 변론종결 뒤에 건물에 대한 소유권을 취득한 승계인으로 본 것이라고 할 수 있다.[81] 또한, 변론종결 전에 1차 승계가 있은 후 변론종결 뒤 다시 2차 승계가 있는 경우 2차 승계인은 1차 승계인을 승계한 것이기 때문에 변론종결 뒤의 승계인에 해당하지 않는다.[82]

또한, 판례는 토지소유권에 기한 물권적 청구권을 원인으로 하는 토지인도소송의 소송물은 토지소유권이 아니라 물권적 청구권인 토지인도청구권이므로 소송에서 청구 기각된 확정판결의 기판력은 토지인도청구권의 존부 그 자체에만 미치는 것이고 소송물이 아닌 토지소유권의 존부에 관하여는 미치지 않는다고 판단한 다음 그 토지인도소송의 사실심 변론종결 뒤에 패소자인 토지소유자로부터 토지를 매수하고 소유권이전등기를 마침으로써 소유권을 승계한 제3자의 토지소유권의 존부에 관하여는 위 확정판결의 기판력이 미치지 않는다고 한다. 따라서 이 경우 위 제3자가 가지게 되는 물권적 청구권인 토지인도청구권은 적법하게 승계한 토지소유권의 일반적 효력으로서 발생된 것이고 위 토지인도소송의 소송물인 패소자의 토지인도청구권을 승계함으로써 가지게 된 것이라고는 할 수 없으므로 제3자는 위 확정판결의 변론종결 뒤의 승계인에 해당한다고 할 수도 없다고 판시하였다.[83]

그런데 '승계인'(218조 1항)이 전주인 당사자로부터 무엇을 승계한 자인지에 관하여 다툼이 있다(승계의 대상). 즉, ① 소송물인 권리의무를 취득함으로써 실체법상 의존(종속)관계가 있는 경우에는 승계인에 해당한다는 의존관계설, ② 예컨대, 목적물의 점유·등기를 취득한 자도 포함하여 소송물인 권리의무의 취득뿐만

---

81) 박재완, 앞의 책, 371면.
82) 대결 1967.2.23. 67마55에 의하면, 확정판결의 피고 측의 제1차 승계가 이미 그 변론종결 이전에 있었다면 비록 그 제2차 승계가 그 변론 종결 이후에 있었다 할지라도 이 제2차 승계인은 204조(현행 218조 1항), 481조(현행 민사집행법 31조)에서 말하는 변론종결 뒤의 승계인으로 볼 수 없다. 따라서 이러한 제2차 승계인에 대하여서는 승계집행문이 부여될 수 없다고 보는 것이 상당하다고 한다.
83) 대판 1984.9.25. 84다카148.

아니라 당사자적격을 취득한 경우에도 승계인에 해당한다는 적격승계설, ③ 분쟁의 주체인 지위를 제3자가 취득한 경우에도 승계인으로 기판력이 확장된다고 하는 분쟁주체 지위설, ④ 절차보장의 중시라고 하는 측면에서 실체법적 지위의 의존관계에 대한 소송법적 평가에 의해 승계인의 범위가 판단된다는 법적 지위 의존관계설 등이 있다.

다. 승계인 여부에 대한 판단방법

(1) 청구의 성질을 고려할 필요성이 있는지 여부

㈎ 신소송물이론의 입장에서 부정설

승계인 여부를 판단할 때 전소 청구의 성질, 즉 물권적 청구권인지, 채권적 청구권인지를 고려할 필요가 없다고 한다. 분쟁의 일회적 해결요청 및 당사자의 합리적 의사를 고려하면 경합하는 실체권을 포함한 상위개념으로 소송물을 파악하여야 하기 때문이다. 그렇다면 이행소송의 소송물은 실체법적 성질과 분리되어 이행을 구하는 1개의 법적 지위로 이해되고 전소 청구의 성질은 문제로 되지 않을 것이다.

㈏ 구소송물이론의 입장에서 절충설

구소송물이론에서는 소송물 특정기준의 명확성 및 실체법과의 조화를 이룬다는 관점에서 소송물을 실체법상 권리 그 자체라고 한다. 그렇다면, 승계인의 범위도 전소청구의 실체법상의 성질에 의해 좌우되고 소송물이 채권이면 대인적 효력을 가지는 것에 지나지 않고 제3자에 대하여 기판력은 확장되지 않는다고도 생각할 수 있다. 그러나 그러한 입장을 고수하면 기판력의 확장에 의해 분쟁해결을 도모할 수 없기 때문에 소송물인 채권의 배후에 대세효를 가지는 물권적 청구권이 인정되는 경우에는 기판력의 확장을 인정한다. 따라서 건물명도소송에서 소송물인 청구가 물권적 청구 등과 같이 대세적인 효력을 가지는 경우에는 그 판결의 기판력이나 집행력이 변론종결 뒤에 피고로부터 그 건물의 점유를 취득한 자에게도 미치지만 그 청구가 대인적인 효력밖에 없는 채권적 청구인 때에는 위와 같은 점유승계인에게 위의 효력이 미치지 않는다고 한다. 즉, 원고가 갑으로부터 을에 대한 점포의 전차권을 양도받고 다시 을과 전대차계약을 맺은 다음, 그 점포를 점유하고 있는 병을 상대로 갑으로부터 양수한 전차권을 보전하기 위하여 갑을 대위하여 점포의 명도청구소송을 제기하여 승소판결을 받았으나 병이 그 사건의 변론종결 뒤에 마음대로 피고에게 위 점포를 양도함으로써 피고가 이를 점유하고 있는 경우 원고의 위 소송에서의 청구는 채권적 청구이므로 피고에 대하여는 그 판결의 기판력과 집행력이 미치지 아니하고 따라서 그 승소판결만으로 피고에 대하여 명도집행을 할 수 없고 오히려 원고는 피고를 상대로 필요한 경우 다시 위 점포의 명도를 구할 소송상의 이익이 있으므로 재소를 하여야 할 것이라고 한다.84)

(다) 정리

승계인 여부를 판단할 때 전소 청구의 성질을 고려하는지 여부는 소송물이론과 연결되는 문제로서 이를 정리하면 다음과 같다. 구소송물이론에 의하면, 물권적 청구권인 경우에는 기판력이 확장되지만 채권적 청구권인 경우에는 대인적 효력을 가지는 것에 불과하기 때문에 기판력은 확장되지 않는다고 한다. 반면 신소송물이론에 의하면, 소송상으로는 이행을 구하는 1개의 법적 지위로 되기 때문에 실체법상 청구의 성질은 고려하지 않는다고 한다. 구소송물이론 중 절충설의 입장에 따르면 소송물이 채권이라도 배후에 물권적 청구권을 가지는 것은 기판력이 확장되고 그렇지 않으면 기판력은 확장되지 않는다고 한다.

라. 제3자에게 고유한 방어방법이 있는 경우

동산인도판결의 변론종결 뒤에 승계인이 선의의 취득자인 경우, 통정허위표시를 원인으로 한 등기말소청구소송의 변론종결 뒤 승계인이 선의인 경우와 같이 승계인이 고유한 방어방법을 가지고 있는 경우(전자의 경우 민법 249조, 후자의 경우 민법 108조 2항)에는 다음과 같은 학설의 대립이 있다.

(1) 실질설

제3자가 고유한 방어방법을 가지는 경우에는 승계인에 해당하지 않고 기판력의 확장은 인정되지 않는다고 한다. 왜냐하면 제3자가 관련 방어방법을 전소에서 주장할 수 없었던 이상, 기판력의 확장이 정당화될 수 없기 때문이다.

이에 대하여 이 경우 승계인에게는 해당 제3자에게 집행력의 확장은 부정하여야 한다는 견해가 있다. 그러나 민집법 31조와 1항이 변론종결 뒤의 승계인과 동일한 의미로 사용하고 있는 것과 다른 해석으로 되어 타당하지 않다고 한다.

---

84) 대판 1991.1.15. 90다9964.

(2) 형식설

제3자가 고유한 방어방법을 가지는 경우에도 승계인에 포함되고 기판력의 확장을 인정하여도 좋다고 한다. 기판력이 승계인에게 확장된다고 하는 의미는 승계인이 전주인 당사자와 상대방 간의 판결주문의 내용을 다툴 수 없는 것에 국한되고 승계인이 자기 고유의 방어방법을 제출하는 것까지 방해하는 것은 아니다. 따라서 기준시 이후에 당사자적격을 승계하였다고 하는 것만으로 승계인이라고 한 다음에 그 후의 절차에서 승계인이 전주의 상대방에게 자기 고유의 방어방법을 제출하는 것을 인정하면 충분하다고 한다.

(3) 정리

제3자에게 고유한 방어방법이 있는 것, 즉 실체법상 지위를 승계한 것인지 여부를 판단할 때 고려해야 하는지, 아니면 이를 고려하지 않고 승계인으로 일단 판단한 후 그 이후의 소송절차 등에서 주장하도록 허용할 것인지에 관한 다툼이다.

마. 제3자의 고유한 항변과 집행문부여절차

승계집행문의 부여절차(민집법 31조 1항)에서는 집행의 신속한 요청과 제3자 보호의 요청과의 조화가 필요하다. 그래서 사법보좌관에 의한 승계집행문의 간이부여는 제3자의 고유한 방어방법이 있다고 예측할 수 있는 경우에는 인정할 수 없다. 이 경우 채권자는 제3자를 상대로 집행문부여의 소(동법 33조)를 제기해야 하며 그 소송에서 제3자의 고유한 방어방법의 유무를 심리하게 된다(권리확인설).

상술한 실질설·형식설 중 어느 견해를 취하더라도 제3자에게 고유한 방어방법이 있는 경우에는 민사집행법 25조 1항의 변론종결 뒤 승계인에 해당하지 않는다(집행문의 확장은 부정한다). 그런데 집행단계에서 제3자가 고유한 방어방법을 제출하는 방식에 관해서는 다툼이 있다. 제3자의 고유한 방어방법이 있다고 예측되는 경우에는 승계집행문의 간이부여(민집법 31조 1항)는 인정되지 않고 채권자가 제3자를 상대로 집행문부여의 소(동법 33조)를 제기해야 하며 그 소송에서 제3자가 고유한 방어방법을 주장하면 이를 심리한다는 권리확인설과 제3자의 고유한 방어방법이 있더라도 승계집행문의 간이부여는 인정되므로 집행의 배제를 구하는 집행의 배제를 구하는 제3자(승계인)가 청구이의의 소(44조)를 제기하고 그 소송에서 제3자가 방어방법을 이의사유로 주장해야 한다는 제소책임설의 대립이 있다.

4. 청구의 목적물의 소지인

가. 218조 1항

특정물의 이행청구소송에서 그 목적물을 소지한 제3자는 당사자에 대한 판결의 기판력을 받는다(218조 1항). 왜냐하면 오직 당사자를 위하여 특정물을 소지하고 자기 고유의 이익을 갖지 못한 제3자에 대하여도 기판력을 확장하여 특정물 인도를 구하는 집행을 허용할 필요가 있기 때문이다. 여기의 제3자는 특정물에 관하여 고유의 실체적 이익을 가지지 않는 자를 말하기 때문에 당사자와는 달리 절차보장을 필요로 하지 않는다. 예컨대, 당사자의 동거인이 여기에 해당한다. 그러나 임차인 또는 질권자는 특정물에 고유한 이익을 가지므로 여기에 해당하지 않는다.

나. 변론이 종결된 뒤의 가장양수인

변론종결 전의 가장양수인에게 기판력이 미치는가? 피고가 원고의 청구인용판결을 예상하고 그 판결에 기초한 강제집행을 면탈할 목적으로 제3자에게 특정물을 가장양도한 경우 청구인용판결이 확정된 뒤에 제3자(양수인)에게 전소와 모순되는 주장을 허용하면 당사자 간의 공평에 반하고 종국적인 분쟁해결도 도모할 수 없다.

이 경우 218조 1항(청구의 목적물의 소지자)을 유추적용하여 이러한 자에게 기판력을 확장해야 할 것이다. 왜냐하면 목적물의 소지자에게 기판력이 확장되는 것은 자기 고유의 실체적 이익이 없어 당사자와는 달리 절차보장을 할 필요가 없기 때문인데 가장양수인에게도 마찬가지로 자기 고유의 실체적 이익을 인정할 수 없기 때문이다. 이와 같이 이해하여도 가장양수인의 고유한 방어방법은 집행단계에서 주장할 수 있기 때문에 불합리가 없다고 할 수 있을 것이다. 예컨대, 토지의 소유권이전등기청구소송에서 변론이 종결되기 전에 피고가 제3자에게 소유권이전등기를 이전하였는데 그것이 가장양도(민법 108조 1항)인 경우이다. 원고가 이것을 소송승계(인수승계, 82조)로 대응할 수 있겠지만 원고가 이것을 알지 못한 채 변론이 종결하고 승소판결이 이루어진 경우 청구목적물의 소지인에 관한 그 판결의 기판력은 가장양수인에게도 미친다고 할 것이다.

다. 추정승계인

당사자가 변론을 종결할 때까지 승계사실을 진술하지 않으면 변론을 종결한 뒤에 승계한 것으로 추정한다(218조 2항). 다만, 위 규정의 효과가 추정이므로 변론종결 전의 승계라는 점을 주장·입증하여 기판력을 배제시키는 것은 당연히 가능하고 이때 변론종결 전의 승계사실에 대해서는 피승계인이 이를 진술하여야 한다(다수설).

라. 법인격 부인의 법리에 의한 기판력의 확장

소송절차·집행절차에서는 절차의 안정성·명확성의 요청을 중시하여야 한다. 이러한 점에 비추어 법인격 부인의 법리는 특정 상황마다 상대적인 것이기 때문에 어떠한 책임주체도 자기의 권리를 옹호하기 위한 소송수행상의 절차는 보장되어야 한다. 따라서 이러한 절차보장이 없는 상황에서 법인격 부인의 법리를 적용하여 법인격을 남용한 자를 실질적 당사자로 하여 기판력 또는 집행력을 확장하는 것은 인정되지 않는다. 판례는 법인격 부인의 법리에 의한 기판력의 확장을 부정한다. 즉, 갑회사가 을회사의 채무를 면탈할 목적으로 설립되어 갑회사가 을회사의 채권자에 대해 을회사와 별개의 법인격을 가지는 회사라는 주장은 신의성실의 원칙에 반하거나 법인격을 남용하는 것으로 인정되는 경우에도, 절차의 명확·안정을 중시하는 소송절차·강제집행절차에서는 을회사에 대한 판결의 기판력·집행력을 갑회사에게 확장할 수 없다고 한다.[85] 따라서 판례에 따르면, 갑회사에게 기판력을 미치기 위해서는 을회사를 피고로 한 소송에서 임의적 당사자변경에 의해 갑회사를 피고로 추가하는 것이 필요하다. 그러나 통설은 법인격이 형해화된 사례에서 회사의 실질적인 배후자 또는 신설회사에게 판결효(기판력)를 확장하고 있다.[86]

5. 소송탈퇴자

독립당사자참가(79조), 참가승계·인수승계(81조, 82조)에 의해 제3자가 소송에 참가하고 그 후 당사자 일방이 소송에서 탈퇴한 경우 판결의 기판력은 탈퇴자에게 미친다(80조·81조·82조 3항).

---

85) 대판 1995.5.12. 93다44531.
86) 김홍규·강태원, 앞의 책, 196면; 이시윤, 앞의 책, 661면. 반대: 한충수, 앞의 책, 629면.

6. 일반 제3자

신분관계사건 또는 이해관계인이 다수인 회사관계사건에서는 법률관계의 획일적 처리의 요청이 있기 때문에 일반 제3자에게 기판력의 확장(대세효)을 인정할 수 있다(가사소송법 21조, 상법 190조 등). 또한, 파산·회생절차에서 채권확정소송도 배당처리의 획일적인 확정의 요청 때문에 일정한 이해관계인에게 기판력이 확장된다(채무자 회생 및 파산에 관한 법률 176조·468조).

제3절 쟁점효·반사효

Ⅰ. 쟁점효

1. 의의

쟁점효란 당사자가 주요한 쟁점으로 다투고 동시에 법원이 심리하여 판단을 내린 쟁점에 관하여 발생하는 효력을 말한다. 이것은 소송물이 아닐지라도 당사자가 전소에서 주요한 쟁점으로 다투고 동시에 법원이 심리하여 판단을 내린 경우 그 쟁점에 관하여 발생하는 효력을 말한다. 쟁점효를 긍정함으로써 동일한 쟁점을 주요한 선결문제로 한 별개의 후소청구의 심리에서 당사자는 판결에 반하는 주장이 허용되지 않고 후소법원도 이것과 모순하는 판단도 금지된다.

2. 기판력과의 관계

기판력은 확정판결의 주문 중의 판단에만 원칙적으로 발생한다(216조 1항). 이는 분쟁의 반복을 방지하기 위하여 인정되는 개념이지만 기판력만으로는 분쟁의 반복을 방지하기 위해서는 한계가 있다. 기판력은 전소의 소송물과 후소의 소송물이 동일관계·선결관계·모순관계에 있는 경우에 원칙적으로 확정판결의 주문 중 판단에만 발생하기 때문이다. 반면, 쟁점효는 주문에 한정하지 않고 이유를 포함한 쟁점에 관하여 분쟁의 반복을 방지하고 당사자 간의 공평·절차보장을 고려하여 등장한 개념이 쟁점효이다. 쟁점효는 기판력을 보완하는 기판력 유사의 통용력이라고 말할 수 있다.

3. 쟁점효의 긍정 여부

가. 긍정설

당사자가 전소에서 주요쟁점으로 다투고 동시에 법원이 심리하여 판단을 내린 이상, 그 주요한 쟁점에 관하여는 당사자 간에 공평을 도모하고 분쟁의 통일적·일회적 해결을 도모할 필요가 있기 때문에 쟁점효를 인정하여야 한다고 한다.

이에 대하여 쟁점효 부정설의 입장에서 다음과 같은 비판이 있다.

첫째, 216조 1항이 기판력을 판결주문의 판단에 한정하여 당사자에게 효과적인 소송활동을 보장하고 법원도 효율적이며 동시에 탄력적인 심리를 할 수 있도록 하는 취지에 반한다고 하는 비판이다.

그러나 이러한 비판에 대하여 다시 216조 1항의 취지는 당사자가 소송물에 초점을 맞추어서 다투도록 한 것에 지나지 않는다. 당사자가 소송물에 관해 주요한 쟁점으로 다툰 이상, 그것에 대한 법원의 판단은 존중되어야 하고 쟁점효를 인정하는 것이 주요한 쟁점에 관하여는 해결이 되었다고 생각하는 당사자의 기대를 보호하며 당사자 간의 공평을 도모하게 될 것이라고 주장한다.

둘째, 판결이유 중의 판단에 구속력을 인정하면 이유 중의 판단에 불복하여 상소하는 것도 허용해야 하는데 그 경우 상소남용이 우려된다는 비판도 있다.

셋째, 당사자간이 공평을 도모하기 위해서라면 신의칙을 적용하면 된다는 비판도 있다.

그러나 상소의 남용을 방지하기 위하여 이유 중 판단에만 불복이 있는 자에게는 오히려 상소의 이익을 인정해서는 안 되고 상소심의 판단을 받을 수 없었던 판단에 관하여는 쟁점효의 발생을 부정하면 그것으로 충분하다는 반론이 있다. 일반조항인 신의칙의 안이한 적용을 피하여야 한다는 반론이 있다.

나. 부정설

쟁점효는 인정되지 않는다고 한다. 왜냐하면 판결의 효력을 인정하기 위해서는 그 요건이 명확하지 않으면 법적 안정성을 해할 수 있는데 쟁점효에서 말하는 바와 같이 주요한 쟁점으로 다투어졌다는 것만으로는 주요한 쟁점에 관한 요건 등이 명확하지 않기 때문이다. 또한, 216조 1항은 기판력을 판결 주문의 판단에 한정하여 당사자에게 효과적인 소송활동을 보장하고 법원도 효율적이고 동시에 탄력적인 심리를 할 수 있도록 하고 있는데 쟁점효를 인정하면 관련취지에 반하기 때문이다. 쟁점효를 인정하면 이유 중 판단도 불복으로 상소할 수 있어 상소의 남발을 초래할 우려가 있으므로 개별·구체적인 사건에 따라 당사자 간의 공평을 도모하기 위해서는 신의칙(1조)을 이용하면 충분하다고 한다. 또한, 판결이유 중의 판단에 관한 분쟁의 반복방지를 위해서는 중간확인의 소(264조)에 의해 대처할 수 있어 특별히 명문이 없는 쟁점효를 인정할 필요는 없다고 한다.

다. 검토

쟁점효를 인정할 수 있는가? 예컨대, 매매계약에 기한 가옥명도청구의 소에서 피고가 사기에 의한 취소의 의사표시를 주장하면서 가옥소유권의 존부가 주요한 쟁점으로 되었는데 피고가 패소하였다고 하자. 여기에서 피고가 소유권이전등기의 말소를 구하고자 후소를 제기하면서 가옥의 소유권을 주요한 쟁점으로 다툴 수 있는가? 쟁점효 긍정설에서는 이를 다툴 수 없다고 한다. 하지만 판례[87]는 일관하여 쟁점효를 부정한다. 이와 관련하여 신의칙설의 주장을 살펴본다. 신의칙은 본래 사법(민법 2조)상의 원칙이지만 민사소송에서도 사인 간의 사권에 관한 분쟁을 대상으로 하기 때문에 신의칙이 적용된다(1조). 그렇다면 전소에서 당사자가 쟁점으로 다투고 법원이 심리하여 판단을 내린 문제에 관하여 이미 해결이 되었다고 상대방이 신뢰하는 것이 합리적인 경우에는 판결이유 중 판단과 다른 주장을 후소에서 하는 것은 신의칙에 반하기 때문에 허용되지 않아 권리가 실효되었다고 보는 것이 타당하다. 따라서 굳이 새로운 개념으로 쟁점효를 거론할 필요까지는 없다고 할 것이다.

4. 쟁점효 긍정설에 의한 요건·효과

가. 요건

쟁점효를 인정하기 위한 요건으로는 주요 쟁점으로 된 사항에 관한 전소의 판단일 것, 당사자가 전소에서 그 쟁점에 관하여 주장·입증을 다했을 것(따라서 그 쟁점에 관하여 자백 또는 증거계약을 한 경우에는 제외된다), 법원이 그 쟁점에 관하여 실질적인 판단을 하였을 것, 전소와 후소의 계쟁이익이 거의 동등할 것 및 불

---

87) 대판 2002.9.24. 2002다11847.

복신청의 가능성이 있을 것이다. 그런데 위와 같은 요건은 신의칙, 즉 권리 실효에 의해 해결하는 경우와 거의 같다고 할 수 있다.

나. 쟁점효의 조사

쟁점효는 기판력과 같이 직권조사사항이 아니라 당사자의 주장이 필요한 항변사항이다. 왜냐하면 쟁점효가 당사자 간의 공평을 도모하는 것이 목적이기 때문이다. 그러나 쟁점효가 발생하였는지 여부의 조사는 직권탐지가 가능할 것이다.

다. 효과

위와 같은 요건을 구비한 경우 당사자는 쟁점효가 발생한 전소의 판단에 반하는 주장·입증을 할 수 없고 법원은 쟁점효가 발생한 전소의 판단에 반하는 판단을 할 수 없다.

Ⅱ. 반사효

1. 의의

반사효란 제3자가 직접적으로 기판력을 받는 것은 아니지만 당사자에게 구속력이 있는 것이 당사자와 특수한 관계에 있는 제3자에게 반사적으로 이익 또는 불이익의 방향으로 영향을 미치게 하는 효력을 말한다. 이것을 긍정하는 것에 의해 보증인은 주채무자와 채권자 간의 판결의 기판력은 받지 않지만 채무자가 승소하고 주채무의 부존재가 확인되면 보증채무의 부종성 때문에 보증인도 이것을 원용할 수 있어 이익의 방향으로 영향을 미치게 할 수 있을 것이다.

2. 기판력과의 관계

확정판결의 기판력은 원칙적으로 당사자 간에만 인정된다(218조 1항). 그러나 실체법상 주된 채무가 소멸되면 보증채무의 부종성 때문에 보증채무도 소멸한다. 따라서 실체법의 법리와 조화를 도모할 필요가 있다. 반사효는 기판력의 확장과는 별개이고 제3자에게도 판결의 효력을 인정하는 것이다(주관적 범위). 반사효는 판결이유 중 판단에도 인정된다(객관적 범위). 반면, 기판력은 소송법상 효과이지만 실체법상 처분행위와 같이 볼 수 있다. 거기에서 나오게 되는 실체법상의 효과를 소송법의 측면에서 보아 반사효로 설명된다(실체법의 효과).

한편, 기판력은 직권조사사항이지만 반사효는 이익을 받고자 하는 당사자가 전소판결을 원용하여야 하며, 기판력은 판결의 내용이 청구의 승패와 관계없이 적용되지만 반사적 효력은 청구인용의 경우에만(또는 반대의 경우에만) 발생하는 점에서 차이가 있다.[88]

3. 반사효의 긍정 인부

가. 긍정설

실체법의 법리와 조화를 도모하고 분쟁을 통일적·일회적으로 해결할 필요가 있기 때문에 소송당사자 간에 확정판결이 있으면 실체법상 그 기판력의 기준시에 당사자 간의 계약에 의한 것처럼 판결내용과 같은 처분이 된 것과 마찬가지의 결과가 된다. 또한, 실체법과 모순없이 해결하는 것이 바람직하다(분쟁의 통일적·일회적 해결을 도모할 필요가 있다). 그렇다면 제3자가 실체법상 당사자의 처분효과를 자기의 이익 또는 불이익으로 받아야 할 의존적 지위에 있는 경우에는 그 판결의 효과도 제3자에게 유리 또는 불리하게 미친다고 생각할 수 있다는 것이다.

나. 부정설

판례는 반사효를 부정한다.[89] 명문의 규정이 없는데 판결의 효력으로 새로운 개념을 등장시켜 판결효를 제3자에게 확장하는 것은 법적 안정성을 해하기 때문이다. 또한, 실체법과의 조화라는 목적은 이해할 수 있지만 반사효 긍정설은 실체법상 의존관계에 있을 때 긍정한다고 하지만 실질적으로는 기판력의 확장과 마찬가지 결론을 유도하고 있고 소송법상 관점, 즉 당사자의 절차보장이 이루어졌는지 여부의 검토가 충분히 되어 있지 않기 때문에 타당하지 않다. 반사효가 문제로 되는 상황에서는 기판력의 확장으로 설명하면 충분하고 그 정당화 근거인 절차보장이 충분히 이루어졌는지, 재판을 받을 권리를 해하지 않았는지 여부를 개별적으로 검토하여야 한다고 한다.

---

88) 김홍규·강태원, 앞의 책, 662면; 박재완, 앞의 책, 350면.
89) 박재완, 앞의 책, 349면.

다. 구체적 문제

(1) 채무자·채권자 간의 확정판결의 보증인에 대한 효력

(가) 반사효 긍정설을 전제할 경우

주채무자가 승소한 경우에는 보증인은 반사효로서 판결의 효력을 원용할 수 있을 것이다. 이러한 경우에는 실체법상 보증채무의 부종성에 의해 보증채무는 소멸하고 그 한도에서 의존관계가 인정되기 때문이다. 반면, 주채무자가 패소한 경우에는 보증인은 판결의 영향을 받지 않는다고 한다.

왜냐하면 보증인은 보증 당시 채무를 보증한 것뿐이고 그 이후에 상황의 변화 등에 따라 주채무자의 패소에 의한 채무를 보증한 것이 아닐 수 있고 이 경우 보증인은 주채무자와 의존관계에 있다고는 말할 수 없기 때문이다.

(나) 기판력 확장설을 전제할 경우

확정판결의 기판력 정당화의 근거는 분쟁의 일회적 해결의 합리적 필요성에 있고 기판력이 불이익하게 미치는 자에 대하여 충분한 절차보장이 되어 있다는 점에 있다. 따라서 주채무자가 승소한 경우 보증인에게도 주채무의 부존재에 관하여 기판력이 미친다고 한다. 이러한 경우 기판력의 확장에 의해 불이익을 받는 자는 채권자이므로 보증인의 절차보장을 문제로 할 필요가 없기 때문이다. 그리고 채권자에게는 전소에서 주채무의 존부를 다투는 기회가 충분하게 부여되어 있기 때문에 기판력을 확장해도 된다고 한다. 반면, 채무자가 패소한 경우 주채무의 존재에 기판력이 발생한다. 그러나 보증인에게는 기판력이 미치지 않는다고 한다. 왜냐하면 이러한 경우 확장에 의해 불이익을 받는 것은 보증인임에도 불구하고 보증인에게는 전소에서 어떠한 절차보장도 부여되어 있지 않기 때문이다.

(2) 합명회사가 받은 판결의 사원에 대한 효력

(가) 반사효 긍정설을 전제할 경우

합명회사가 받은 판결은 그 승패와 관계없이 반사효로서 사원에게도 미친다고 한다. 합명회사의 사원은 실체법상 회사의 채무에 관하여 직접 무한책임을 부담하는 관계에 있기 때문이다(상법 212조·213조).

(나) 기판력 확장설을 전제할 경우

합명회사가 받은 판결의 기판력은 그 승패와 관계없이 사원에게도 미친다고 한다. 왜냐하면 합명회사의 사원은 회사와 실질적인 일체관계에 있고 그 자의 절차보장은 사원의 이익을 대표하는 합명회사의 소송수행에 의해 대체되어 있었다고 할 수 있기 때문이다.

㈐ 검토

합명회사의 사원에게도 218조 1항(청구 목적물의 소지인)을 유추 적용하여 기판력이 미친다고 할 것이다. 왜냐하면 합명회사의 사원은 회사와는 실질적인 일체관계에 있으므로 회사의 재산과 사원의 재산은 일체인 것이어서 사원은 합명회사의 재산에 관한 소송에서 합명회사와 별개의 고유한 실체적 이익을 갖지 못하기 때문이다. 따라서 고유한 실체적 이익을 가지지 않는 청구목적물의 소지자와 동일시할 수 있을 것이다.

제6편 복잡소송형태

제1장 복수의 청구

Ⅰ. 복수청구소송

1. 의의

복잡소송형태로는 복수의 청구를 심판하는 소송(복수청구소송)과 다수의 당사자가 관여하는 소송(공동소송 및 소송참가)이 있다. 당사자가 복수이면 당연히 청구도 복수가 되므로 복수청구소송에서는 통상적으로 동일한 당사자 간에 복수의 청구(즉 심판대상이 복수인 경우)를 취급하게 된다. 따라서 복수청구소송이란 동일당사자 간에 복수의 청구가 동일절차 내에서 심판되는 소송을 말하는데 이를 병합청구라고도 한다. 예컨대, 임대인이 임차인에게 임대차목적물 인도청구권과 차임 상당의 부당이득반환청구권을 가지는 경우 이 두 개의 청구가 동일절차 내에서 병합되어 심판되는 소송이다.

동일당사자 간의 민사분쟁에서 다투어지는 권리관계는 반드시 하나만이 아니다. 그래서 복수의 청구를 동일절차 내에서 동시에 심판하면 심리의 중복·재판의 모순을 회피할 수 있고 당사자에게도 편리하며 소송경제에도 도움을 준다. 반면, 전혀 관계가 없는 청구를 병합하여 심리하는 것을 인정하면 소송의 혼란을 가중시켜 지연을 초래할 가능성이 있다. 그래서 위와 같은 복수청구소송의 특수성 때문에 민사소송법은 일정한 요건을 만족시키는 경우에 한하여 복수의 청구를 병합하여 심리하는 것을 인정한다.

2. 소송물이론과의 관계

청구가 1개인지, 아니면 복수인지는 소송물의 동일성을 어떻게 식별하는지 여부로 결정하기 때문에 소송물이론이 영향을 미친다. 구소송물이론에서는 청구가 복수라고 평가되는 경우일지라도 신소송물이론에서는 이를 공격방법이 복수인 것에 불과하다고 평가하는 경우가 있다. 예컨대, 택시승객이 운전자의 졸음운

전으로 교통사고를 당한 경우 동일한 역사적 사실에 관하여 채무불이행을 원인
으로 하는 손해배상청구권(민법 390조)과 불법행위를 원인으로 하는 손해배상청구
권(동법 750조)이 복수로 존재하게 되는데 신소송물이론에 의하면 소송물은 손해
배상을 구하는 법적 지위로서 소송물은 1개이고 양 청구권은 공격방법의 복수로
이해하는 반면, 구소송물이론에 의하면 개개의 실체법상 권리마다 소송물로 보기
때문에, 즉 복수의 심판대상이 존재한다고 평가한다.

3. 청구병합의 일반적 요건

청구의 병합요건은 다음과 같다.

가. 수개의 청구가 동종의 소송절차에 의해 심판되는 경우일 것

우선 수개의 청구가 같은 종류의 절차에서 심판될 수 있는 경우에만 청구의
병합이 가능하다. 다른 종류의 절차의 예로서 민사소송에 행정소송사건·가사소
송사건 등은 원칙적으로 병합을 할 수 없다. 소송심리의 기본원리가 다르기 때문
이다. 또한, 민사본안사건과 가압류·가처분사건이나 비송사건도 병합할 수 없다.
그러나 명문의 규정 또는 해석에 의해 이러한 원칙의 예외가 인정되는 경우가 있
다.[1] 예컨대, 부대체적 작위채무의 이행을 구하는 소송에서 원고의 신청에 따라
강제집행법상의 간접강제결정(민집법 261조 1항)을 하는 것이다. 즉, 채무의 이행을
명하는 판결의 실효성 있는 집행을 보장하기 위하여 판결절차의 변론종결 당시
에 집행권원(청구인용판결)이 성립하더라도 피고(채무자)가 그 채무를 임의로 이행
할 가능성이 없음이 명백하고 그 판결절차에서 피고(채무자)에게 간접강제결정의
당부에 관하여 충분히 변론할 기회가 부여되었으며 민사집행법 261조에 의하여
명할 적정한 배상액을 산정할 수 있는 경우에는 그 판결절차에서도 민사집행법
261조에 따라 채무자가 장차 그 채무를 불이행할 경우에 일정한 배상을 하도록
명하는 간접강제결정을 할 수 있다.

한편, 판례에 따르면 형성의 소는 그 판결이 확정됨으로써 비로소 권리변동
의 효력이 발생하게 되므로 이에 의해 형성되는 법률관계를 전제로 하는 이행소
송 등을 병합하여 제기할 수 없는 것이 원칙이라고 한다. 예컨대, 공유물분할청
구의 판결이 확정되기 전에는 분할물의 급부를 청구할 권리가 없기 때문에 공유

---

1) 대판 1996.4.12. 93다40614; 대판 2013.11.28. 2013다50367; 대판 2014.5.29. 2011다31225.

물분할청구의 소에 분할물의 급부를 청구하는 이행의 소를 병합할 수 없다고 한다.[2] 그리고 제권판결불복의 소에 수표금 청구와 같은 민사상의 이행청구를 병합하는 것도 원칙적으로 허용될 수 없다고 한다. 즉, 제권판결에 대한 취소판결의 확정 여부가 불확실한 상황에서 그 확정을 조건으로 한 수표금 청구는 장래이행의 소의 요건을 갖추었다고 보기 어려울 뿐만 아니라 제권판결 불복의 소의 결과에 따라서는 수표금 청구소송의 심리가 무위에 그칠 우려가 있고 제권판결 불복의 소가 인용될 경우를 대비하여 방어하여야 하는 수표금청구소송의 피고에게도 지나친 부담을 지우게 된다는 점에서 이를 쉽게 허용할 수 없다고 한다.[3] 또한 형성의 소인 재심사건에도 통상의 민사사건을 병합할 수 없다는 입장이다.[4] 예컨대, 갑이 을을 상대로 취득시효의 완성을 원인으로 한 소유권이전등기청구의 소에서 청구인용판결(A판결)에 기하여 소유권이전등기를 경료한 후, 을이 갑을 상대로 A판결의 취소를 구하는 재심의 소에 갑 명의의 소유권이전말소등기청구를 병합하여 제기하는 것은 허용되지 않는다는 입장이다. 그러나 하나의 소송절차로 분쟁을 일거에 해결하는 것이 소송경제를 도모하고 서로 관련 있는 사건에 대한 판결의 모순 저촉을 피할 수 있다는 점에서, 형성의 소에 다른 민사상의 청구를 병합하여 심리판단할 수 있게 하는 것이 타당하다고 생각한다.[5] 다만, 상대방 당사자의 심급의 이익을 침해하지 않도록 하기 위해 재심의 소의 경우 1심판결에 대한 재심청구와 관련 민사상의 청구병합만을 허용하는 것이 타당할 것이다.[6]

나. 법률상 병합이 금지되어 있지 않을 것

여러 개의 가사소송사건 또는 가사소송사건과 가사비송사건의 청구원인이 동일한 사실관계에 기초하거나 1개 청구의 당부가 다른 청구의 당부의 전제가 되는 경우에는 이를 1개의 소로 제기할 수 있다. 이렇게 수소법원이 직권으로 또는 당사자의 신청에 의하여 결정으로 가사소송사건 또는 가사비송사건을 병합한 경우에는 위와 같이 병합된 여러 개의 청구에 관하여는 1개의 판결로 재판하는 것

---

2) 대판 1969.12.29. 68다2425.
3) 대판 2013.9.13. 2012다36661.
4) 대판 1997.5.28. 96다41649.
5) 이러한 취지에서 대판 1989.6.13. 88다카7962는, 피고가 수표를 분실했다는 허위의 주장을 하여 공시최고신청에 따른 제권판결을 받은 것에 대해 수표소지인인 원고가 제권판결 불복의 소를 제기하면서 피고의 불법행위로 인한 손해배상청구를 병합한 것을 인정하였다.
6) 김홍규·강태원, 앞의 책, 736면; 이시윤, 앞의 책, 701면.

으로 하고 있다(가사소송법 14조 등).

다. 각 청구에 관하여 수소법원에 관할권이 있을 것

소가 제기된 법원에 병합된 청구 모두에 대한 관할권이 있어야 한다. 그런데 25조 1항에 따라 청구병합의 경우에 어느 하나의 청구에 대해 관할권이 있는 법원은 다른 청구에 대해서도 관할권을 가지므로 어느 한 청구가 전속관할(제31조)에 해당하지 않는 한, 관할권은 문제되지 않는다. 따라서 다른 법원에 전속관할이 있으면 병합할 수 없지만(31조) 그 이외의 경우에는 병합청구에 의해 관할권을 발생시킬 수 있다(25조).

라. 각 청구 간의 관련성은 원칙적으로 불요

청구가 처음부터 병합(고유한 소의 객관적 병합)된 경우, 특히 후술하는 단순병합의 경우에는 청구 상호간에 관련성은 요구되지 않는다. 피고로서도 응소의 괴로움이 없고 소송지연의 우려는 변론의 분리 등으로 대처할 수 있기 때문이다. 하지만 후발적 병합에 해당하는 청구의 변경(262조), 중간확인의 소(264조), 반소(269조)의 경우에는 청구 상호간에 일정한 관련성이 필요하다.

4. 종류

[표 6-1] 병합소송의 유형

처음부터 청구가 복수인 경우 (원시적 복수)	(고유한) 소의 객관적 병합
도중부터 청구가 복수인 경우 (후발적 복수)	① 소의 변경(262조)
	② 반소(269조)
	③ 중간확인의 소(264조)
기타	① 변론의 병합(253조)
	② 판결의 병합

5. 병합청구의 심판절차

[표 6-2] 병합청구의 심판절차

소가산정		단순병합→병합된 각 청구의 각 소가를 합산하는 것이 원칙
		선택적 내지 예비적 병합 → 중복청구의 흡수법리 적용
병합요건의	일반론	·각 청구의 일반적 소송요건과 별개의 소송요건은 법원의 직권조

심사		사사항에 해당한다. · 병합요건을 흠결한 경우 변론을 분리하여 별개의 소송절차로 심판한다. · 병합된 청구 중 일부가 다른 법원의 전속관할인 경우 단순병합에서는 해당청구만을, 선택적 내지 예비적 병합에서는 병합된 전부를 그 다른 법원에 이송하여야 한다.
	병합형태의 착오	· 청구 상호간의 관계에 있어서 객관적 성질에 따른다. · 병합형태를 잘못한 경우 원칙적으로 각하한다는 입장이지만 예외를 인정한다. · 예컨대, 예비적 병합을 단순 또는 선택병합으로, 단순병합을 선택적 또는 예비적 병합으로 한 경우 심판을 할 수 없다고 한다.7)8)9)
변론분리와 일부판결		· 통상적으로 일체로 심판한다. · 변론분리와 일부판결은 단순병합의 경우에는 가능하지만 선택적 또는 예비적 병합의 경우에는 불가능하다.
판단의 요부·순서 및 누락		· 단순병합: 병합된 청구 전부에 대하여 판단한다. 다만, 의도적으로 일부판결을 한 경우 나머지에 대하여는 잔부판결을 할 수 있는 반면, 착오로 일부판결을 한 경우 나머지에 대하여는 추가판결이 필요하다. · 선택적 병합: 하나에 이유가 있으면 나머지는 판단하지 않지만10) 모든 청구가 이유 없으면 이 모두를 기각한다. 다만, 선택적 청구 중 하나의 일부만 기각하고 다른 선택적 청구에 대하여 아무런 판단 없으면 위법하다.11) · 예비적 병합: 주위적 청구가 이유 있으면 이를 인용하고 예비적 청구를 판단하지 않지만 주위적 청구가 이유 없고 예비적 청구가 이유 있으면 반드시 주위적 청구를 기각하고 예비적 청구를 인용한다. 그러나 주위적·예비적 청구 모두 이유 없으면 두 청구 모두 기각한다. · 선택적 병합이나 예비적 병합에서 위 기준에 따라 판단이 필요한 청구에 대하여 법원이 판단하지 않은 경우 상소로 구제받아야 한다.12) 이 경우 엄밀하게 재판누락이지만 청구 등이 불가분적으로 결합되어 있으므로 예외적으로 처리하기 때문이다. · 상소로 다투지 않아 예비적 청구에 대한 판단을 누락한 판결이 확정되면 이후 예비적 청구에 대하여 다시 소를 제기하는 것은 소의 이익의 흠결로 부적법하다.13)
상소심	단순 병합	· 수개의 청구에 대하여 하나의 판결이 선고된 경우 - 상소 불가분의 원칙 적용, 불복범위 내에서 상소심 심판을 한다. · 단순병합을 예비적 병합으로 하는 것을 불허한다. · 법원이 단순병합으로 보고 두 청구 모두 기각한 경우 피고만 상소한 경우 피고의 불복부분만 상소심의 심판범위에 해당한다.14)
	선택적 병합 — 1심에서 원고 승소인 경우	· 피고만 항소이익이 있다. · 피고의 항소시 인용된 청구와 다른 청구 모두 이심되어 심판대상이 된다. · 1심판결이 정당한 경우 항소를 기각한다. · 이유 있는 청구가 있는 경우 이를 인용하고 나머지 판단은 불필요하다. 모두 이유 없는 경우 모든 청구를 기각하고 1심이 인용한 청구를 먼저 판단할 필요가 없다.15)

		1심에서 원고 패소 인 경우	· 원고의 항소 제기로 모든 청구가 이심, 원고의 불복청 구에 대해서만 항소심의 심판대상이 된다.16)
예비적 병합		주위적 청구인용	· 피고만 항소이익이 있는 경우 주위적·예비적 모두 이 심되어 심판대상이 된다.17) · 1심 인용의 주위적 청구에 이유가 있는 경우 항소기각 한다. 그러나 예비적 청구에 이유가 있으면 1심판결을 취소하여 주위적 청구를 기각하고 예비적 청구를 인 용한다. · 주위적·예비적 청구 모두 이유가 없으면 1심 판결을 취소하고 주위적·예비적 청구를 기각한다.
	주위적 청구기각 예비적 청구인용	피고만 항소한 경우	· 모든 청구가 이심되지만 예비적 청구만 심 판대상이 된다. — 예비적 청구가 이유 있으면 항소를 기각 한다. — 예비적 청구가 이유 없으면 1심 판결 중 예비적 청구를 취소하고 기각한다. — 주위적 청구에 이유가 있어도 예비적 청 구만 판단하여야 하고 1심 부분 예비적 청구를 취소하고 기각한다.18) — 주위적 청구는 심판대상이 아니므로 항 소 이후 원고의 상소 제기는 각하한다 (∵주위적 청구≠심판대상,19) 주위적 청구에 대한 항소심판결이 분리하여 확 정된다.20)) — 부진정 예비적 병합21)인 경우 1심법원이 주위적 청구 기각, 예비적 청구 인용하여 피고만 항소한 경우 두 청구 모두 항소심 의 심판대상이 된다.22)
		원고만 항소한 경우	· 모든 청구가 항소심으로 이심되고 주위적 청구가 이유 있으면 주위적 청구부분을 취소하고 인용한다. 1심판결 중 예비적 부 분은 당연히 실효된다.23) · 주위적 청구가 이유 없으면 항소기각, 예 비적 청구 취소하여 청구기각을 하지 않 는다.24)
		주위적 청구 기각, 예비적 청구 기각	· 원고만 항소이익이 있다. · 원고의 항소제기로 모든 청구 이심하지만 불복한 부 분만 심판 대상이 된다.25)

---

7) 대판 1999.8.20. 97누6889에 의하면, 행정처분에 대한 무효확인과 취소청구는 서로 양립할 수 없 는 청구로서 주위적·예비적 청구로서만 병합이 가능하고 선택적 청구로서의 병합이나 단순병합 은 허용되지 않는다고 한다.

8) 대판 2008.12.11. 2005다51495에 의하면, 논리적으로 전혀 관계가 없어 순수하게 단순병합으로

구하여야 할 수개의 청구를 선택적 또는 예비적 청구로 병합하여 청구하는 것은 부적법하여 허용되지 않는다. 따라서 원고가 그와 같은 형태로 소를 제기한 경우 제1심법원이 본안에 관하여 심리·판단하기 위해서는 소송지휘권을 적절히 행사하여 이를 단순병합 청구로 보정하게 하는 등의 조치를 취하여야 한다. 그럼에도 불구하고 법원이 이러한 조치를 취함이 없이 본안판결을 하면서 그중 하나의 청구에 대하여만 심리·판단하여 이를 인용하고 나머지 청구에 대한 심리·판단을 모두 생략하는 내용의 판결을 하였더라도 그로 인하여 청구의 병합 형태가 선택적 또는 예비적 병합관계로 바뀔 수는 없으므로 이러한 판결에 대하여 피고만이 항소한 경우 제1심법원이 심리·판단하여 인용한 청구만이 항소심으로 이심될 뿐, 나머지 심리·판단하지 않은 청구는 여전히 제1심에 남아 있게 된다고 한다.

9) 대판 2008.12.11. 2005다51471에 의하면, "단순병합으로 구하여야 할 수개의 청구를 선택적 또는 예비적 청구로 병합하여 청구하는 것은 부적법하여 허용되지 않는다. 원고가 그와 같은 형태로 소를 제기한 경우 제1심법원이 그 모든 청구의 본안에 대하여 심리를 한 다음 그 중 하나의 청구만을 인용하고 나머지 청구를 기각하는 내용의 판결을 하였다면, 이는 법원이 위 청구의 병합관계를 본래의 성질에 맞게 단순병합으로서 판단한 것이라고 보아야 할 것이고, 따라서 피고만이 위 인용된 청구에 대하여 항소를 제기한 때에는 일단 단순병합관계에 있는 모든 청구가 전체적으로 항소심으로 이심되기는 하나 항소심의 심판범위는 이심된 청구 중 피고가 불복한 청구에 한정된다."고 한다.

10) 대판 1998.7.24. 96다99에 의하면, 선택적 청구병합의 경우에는 수개의 청구가 하나의 소송절차에 불가분적으로 결합되어 있기 때문에 선택적 청구 중 하나만을 기각하는 일부판결은 선택적 병합의 성질에 반하는 것으로서 법률상 허용되지 않으며, 따라서 제1심법원이 선택적 청구 중 하나만을 판단하여 기각하고 나머지 청구에 대하여는 아무런 판단을 하지 아니한 조치는 위법한 것이므로 원고가 이와 같이 위법한 제1심판결에 대하여 항소한 이상, 선택적 청구 전부가 항소심으로 이심되었다고 할 것이므로 선택적 청구 중 판단되지 않은 청구부분이 재판의 탈루로서 제1심법원에 그대로 계속되어 있다고 볼 것은 아니라고 한다. 대판(전합) 2016.5.19. 2009다66549도 같은 취지이다.

11) 대판(전합) 2016.5.19. 2009다66549.

12) 대판(전합) 2000.11.16. 98다22253; 대판 2023.12.7. 2023다273206에 의하면, 예비적 병합의 경우에 주위적 청구만을 배척하고 예비적 청구에 대해 판단하지 않는 등의 일부판결은 법률상 허용되지 아니하며, 그럼에도 불구하고 주위적 청구를 배척하면서 예비적 청구에 대하여 판단하지 아니하는 판결을 한 경우에는 그 판결에 대한 상소가 제기되면 판단이 누락된 예비적 청구 부분도 상소심으로 이심이 되고 그 부분이 재판의 탈루에 해당하여 원심에 계속 중이라고 볼 것은 아니라고 한다.

13) 대판 2002.9.4. 98다17145.

14) 대판 2008.12.11. 2005다51471; 대판 2015.12.10. 2015다207679.

15) 대판 2006.4.27. 2006다7587·2594.

16) 대판 1998.7.24. 96다99.

17) 대판(전합) 2000.11.16. 98다22253.

18) 대판 1995.2.10. 94다31624; 대판 2002.12.26. 2002므852; 대판 2001.12.24. 2001다62213.

19) 대판 2002.12.26. 2002므852에 의하면, "제1심법원이 주위적 청구인 ① 입양무효확인청구와 예비적 청구인 ② 파양 및 위자료청구를 병합하여 심리한 끝에 주위적 청구는 기각하고 예비적 청구만 인용하는 판결을 선고한 데 대하여 피고만이 항소한 경우, 항소제기에 의한 이심의 효력은 당연히 사건 전체에 미쳐 주위적 청구에 관한 부분도 항소심에 이심되지만, 항소심의 심판범위는 피고가 불복신청한 범위, 즉 예비적 청구를 인용한 제1심판결의 당부에 한정되는 것이므로 원고의 부대항소가 없는 한, 주위적 청구는 심판대상이 될 수 없고 그 판결에 대한 상고심의 심

Ⅱ. 고유한 소의 객관적 병합

1. 의의

고유한 소의 객관적 병합이란 원고가 소제기를 한 때부터 하나의 소로 복수의 청구를 병합하는 경우를 말한다. 이것을 청구의 병합, 소의 객관적 병합 또는 원시적·객관적 병합이라고도 한다.

2. 병합의 태양

병합의 태양으로 단순병합·선택적 병합 또는 예비적 병합이 있다.

가. 단순병합

단순병합은 복수의 청구를 각각 단순하게 병합하는 경우이다. 즉, 수개의 청구 사이에 관계가 독립적이고 각 청구에 대하여 판결을 구하는 것이다. 병합되는 수개의 청구가 서로 관련성이 있는지는 문제되지 않는다. 예컨대, 원고가 피고에

판대상도 예비적 청구 부분에 한정된다. 따라서 항소심이 심판의 대상이 아닌 주위적 청구인 입양무효확인청구에 대하여도 판단하여 이 부분을 배척하는 취지의 판결을 하였다고 하더라도, 원고가 그에 대하여 상고함으로써 입양무효확인청구 부분이 상고심의 심판대상이 되는 것은 아니므로 이 부분에 관한 원고의 상고는 심판대상이 되지 않은 부분에 대한 상고로서 불복의 이익이 없어 부적법하다."고 한다.

20) 대판 2001.12.24. 2001다62213에 의하면, "원고의 주위적 청구를 기각하면서 예비적 청구를 일부 인용한 환송 전 항소심판결에 대하여 피고만이 상고하고 원고는 상고도 부대상고도 하지 않은 경우에, 주위적 청구에 대한 항소심판단의 적부는 상고심의 조사대상으로 되지 아니하고 환송 전 항소심판결의 예비적 청구 중 피고 패소 부분만이 상고심의 심판대상이 되는 것이므로 피고의 상고에 이유가 있는 때에는 상고심은 환송 전 항소심판결 중 예비적 청구에 관한 피고 패소 부분만 파기하여야 하고, 파기환송의 대상이 되지 아니한 주위적 청구부분은 예비적 청구에 관한 파기환송판결의 선고와 동시에 확정되며 그 결과 환송 후 원심에서의 심판범위는 예비적 청구 중 피고 패소 부분에 한정된다."고 한다.

21) 부진정 예비적 병합이란 원고가 실제로 선택적 병합의 관계에 있는 청구에 대하여 예비적 병합을 한 경우를 말한다.

22) 대판 2014.5.29. 2013다96868에 의하면, 병합의 형태가 선택적 병합인지, 예비적 병합인지는 당사자의 의사가 아닌 병합청구의 성질을 기준으로 판단하여야 하고, 항소심에서의 심판 범위도 그러한 병합청구의 성질을 기준으로 결정하여야 하며, 따라서 실질적으로 선택적 병합 관계에 있는 두 청구에 관하여 당사자가 주위적·예비적으로 순위를 붙여 청구하였고 그에 대하여 제1심법원이 주위적 청구를 기각하고 예비적 청구만을 인용하는 판결을 선고하여 피고만이 항소를 제기한 경우에도 항소심으로서는 두 청구 모두를 심판의 대상으로 삼아 판단해야 한다고 한다.

23) 박재완, 앞의 책, 531면.

24) 박재완, 앞의 책, 532면.

25) 대판 1967.9.5. 67다1323.

게 서로 관련이 없는 청구인 소유권이전등기이행청구와 대여금반환청구를 하나의 소로써 구하는 경우이다. 또한, 대여금반환청구소송에서 통상 대여금의 반환과 아울러 이자와 지연손해금도 같이 청구하는데 이 경우 대여금청구·이자청구·지연손해금청구처럼 서로 관련성이 있는 청구가 병합될 수도 있는데 이는 단순병합에 해당한다.

나. 선택적 병합

(1) 의의

선택적 병합(택일적 병합)은 택일적 관계에 있는 수개의 청구에 대하여 어느 하나가 인용될 것을 해제조건으로 하여 다른 청구에 대하여 심판을 구하는 병합형태를 말한다. 즉, 어느 한 청구를 인용하면 병합된 다른 청구에 관해서는 심판을 요하지 않는 것이다. 이러한 선택적 병합은 양립할 수 있는 여러 개의 청구권에 기초해서 같은 내용의 이행을 구하거나 양립할 수 있는 여러 개의 형성권에 기하여 같은 형성적 효과를 구하는 경우에 어느 한 청구가 인용될 것을 해제조건으로 여러 개의 청구에 관한 심판을 구하는 병합 형태이다. 이와 같은 선택적 병합의 경우에는 여러 개의 청구가 하나의 소송절차에서 불가분적으로 결합되어 있기 때문에 선택적 청구 중 하나만을 기각하고 다른 선택적 청구에 대하여 아무런 판단을 하지 않는 것은 위법하다.[26] 또한, 해제조건부이기 때문에 모든 청구에 대하여 유효한 심판청구가 있는 것이므로 시효중단 등의 효력은 모든 청구에 대하여 바로 발생한다고 말할 수 있다.[27]

(2) 인정 여부

선택적 병합을 인정할 것인지가 문제이다. 선택적 병합은 구소송물이론에서 청구권 또는 형성권이 경합하는 경우에 이중판결을 회피하기 위하여 필요한 개념으로 만들어졌기 때문이다. 반면 신소송물이론에서는 이러한 경우 소송물은 1개이고 공격방법이 복수인 것에 지나지 않기 때문에 선택적 병합의 개념을 인정할 필요가 없다고 한다. 구소송물이론을 취하는 판례는 선택적 병합을 인정하고 있다. 즉, 원고가 채무불이행 및 불법행위를 원인으로 하는 손해배상청구와 같이 양립할 수 있는 수개의 청구가 병합을 하는 경합적 청구권에 기하여 동일취지의

---

26) 대판 2018.6.15. 2016다229478.
27) 박재완, 앞의 책, 525면.

급부를 구하는 경우 또는 재판상 이혼사유와 같이 각 사유가 양립할 수 있는 수 개의 형성권에 기하여 동일한 형성적 효과를 구하는 경우에 이를 인정하고 있다. 그러나 논리적으로 양립할 수 없는 수 개의 청구는 선택적 병합이 허용되지 않는다. 예컨대 매매를 원인으로 하는 소유권이전등기청구의 소와 매매계약의 취소를 원인으로 하는 매매대금반환청구의 소와 같이 논리적으로 양립할 수 없는 수개의 청구는 성질상 선택적 병합으로 동일소송절차 내에서 동시에 심판될 수 없다.[28] 이러한 청구가 동일 소송절차내에서 모순없이 심리되기 위해서는 후술하는 것처럼 예비적 청구병합의 형태를 취하여야 할 것이다.

다. 예비적 병합

예비적 병합은 양립할 수 없는 복수의 청구에 관하여 순위를 정하여 주위적 청구가 인용되는 것을 해제조건으로 예비적 청구를 병합하는 경우를 말한다. 즉, 상호 배타적인 관계에 있는 수개의 청구에 대하여 순위를 붙여서 선순위 청구가 인용되는 것을 해제조건으로 하여 후순위 청구의 심판을 구하는 병합형태이다.[29] 예컨대, 원고가 피고에게 첫째로 매매계약에 기한 대금지급청구를, 둘째로 매매계약이 무효인 경우에는 인도한 목적물의 반환청구를 예비적으로 병합하는 것이다. 두 개의 청구가 동시에 만족되는 것은 법률상 불가능한 것으로서 이러한 병합의 형태는 처분권주의의 관점에서 허용된다.

이와 같이 서로 양립할 수 없는 청구를 병합할 때에는 주위적·예비적 청구로서만 병합이 가능하고 선택적 청구병합이나 단순병합은 허용되지 않는다.[30] 한편, 택일적 관계에 있는 수개의 청구에 순위를 붙여서 하는 예비적 병합을 '부진정 예비적 병합'이라고 한다. 판례는 논리적으로 양립할 수 있는 청구라 하더라도 수 개의 청구 사이에 논리적 관계가 밀접하고 심판의 순서를 붙여 청구할 합리적인 필요성이 있는 경우에는 이를 인정 허용하고 있다. 예컨대, 불법행위로

---

28) 대판 1982.7.13. 81다카1120(등기가 원인무효임을 이유로 그 말소를 구하는 청구와 그 등기가 유효한 명의신탁등기임을 이유로 신탁해지를 원인으로 한 소유권이전등기청구는 서로 양립할 수 없는 청구); 대판 2014.4.24. 2012두6773(공익사업법상의 사업시행자를 상대로 한 토지에 대한 수용청구와 토지의 가격감소로 인한 손실보상청구는 서로 양립할 수 없는 청구).
29) 박재완, 앞의 책, 525면.
30) 대판 1966.7.26. 66다933; 대판 2002.2.8. 2001다17633; 대판 2002.9.4. 98다17145; 대판 2002.10.25. 2002다23598; 대판 2007.6.29. 2005다48888; 대판 2014.5.29. 2013다96868; 대판 2017.2.21. 2016다225353.

인한 손해배상청구의 소에서 주위적으로 재산상 손해배상을 청구하면서 그 손해가 인정되지 않을 경우에 예비적으로 같은 액수의 정신적 손해배상을 청구하는 것이다.[31]

라. 대상청구의 문제

대상청구란 본래적인 급부청구권이 현존함을 전제로 하여 이것이 판결확정 전에 이행불능이 되거나 또는 판결확정 후에 집행불능이 되는 경우에 대비하여 전보배상을 미리 청구하는 것을 말한다. 이때 본래적 급부청구와 대상청구를 병합하여 제기할 때 청구병합의 유형이 문제된다. 예컨대, 물건의 인도청구와 함께 그 이행불능 또는 집행불능을 조건으로 한 가액 상당의 전보배상 지급을 청구하는 경우이다.[32] 이는 현재 이행의 소와 장래 이행의 소의 단순병합에 속한다고 보아야 한다. 이 경우 대상청구는 장래에 물건의 이행불능 또는 집행불능이 된 경우 전보배상청구에 관하여 미리 승소판결을 받아 두는 것이어서 현재이행청구(물건의 인도청구)와 장래이행청구(이행불능 또는 집행불능을 조건으로 하는 배상청구)가 양립할 수 있는 관계에 있고 어느 청구도 동시에 심판을 요구할 수 있기 때문이다.

이처럼 본래적인 급부청구와 대상청구의 관계는 단순병합의 관계에 있음에도 불구하고 원고가 주위적으로 본래적인 급부청구를, 예비적으로 대상청구를 병합한 경우에도 법원은 청구의 단순병합으로 심판하여야 한다. 예컨대, 갑이 을을 상대로 주위적으로 근저당권설정등기의 회복등기절차이행을 구하면서 예비적으로 을이 병과 공모하여 등기를 불법적으로 말소한 것에 대한 손해배상금과 그 지연손해금의 지급을 청구한 경우, 위 예비적 청구는 주위적 청구인 근저당권설정등기회복의무가 이행불능 또는 집행불능이 될 경우를 대비한 전보배상을 미리 청구하는 것, 즉 대상청구로서 이러한 주위적·예비적 병합은 현재 급부청구와 장래 급부청구의 단순병합에 속한다. 따라서 법원은 회복등기이행청구와 손해배상청구 양자에 대해 모두 판결하여야 한다. 그런데 이를 예비적 청구병합으로 보고 법원이 회복등기이행청구가 인용되었다고 해서 손해배상청구를 판단하지 않

---

31) 대판 2021.5.7. 2020다292411.
32) 대판 2011.1.27. 2010다77781(소유권이전등기청구와 함께 소유권이전등기의무가 이행불능 또는 집행불능이 될 가능성이 있어 이를 대비하여 전보배상을 청구한 사안).

은 것은 허용되지 않는다.[33]

한편, 대상청구의 인용, 즉 변론을 종결할 당시에 본래적 급부의 가격에 상당한 배상을 명하는 판결 이후에 집행이 불능으로 된 시점에 목적물 가격이 하락한 경우 채무자는 청구이의의 소(민집 44조)에 의해 차액에 관하여 집행력의 배제를 구할 수 있다.

3. 병합사건의 심판

가. 병합요건의 조사

병합요건은 소송요건이므로 직권조사·직권탐지사항이다. 그러나 병합요건을 흠결한 때에는 바로 소를 각하시킬 것이 아니라 변론을 분리하여 별개의 소제기가 있는 것으로 취급하는 것이 타당할 것이다. 또한, 어느 한 청구가 전속관할에 속하면 관할을 가지는 법원으로 이송하면 된다(34조).

나. 본안의 심리·판결

(1) 단순병합

(가) 단순 병합소송에서는 심리가 모든 청구에 관하여 공통적으로 이루어지고 제출된 사실자료·증거자료는 모든 청구의 판단의 기초가 된다. 따라서 단순병합된 각 청구가 동시에 재판을 할 수 있을 정도로 성숙되면 한 개의 전부판결을 한다(198조). 또한 변론분리 및 그에 따른 일부판결도 허용된다. 단순병합은 당사자의 편의상 법률상 독립한 복수의 청구가 동일절차에 의해 심리되는 것에 지나지 않는 것이기 때문에 변론을 분리한 이후에 각 청구에 별개의 판결이 이루어져도 무방하다. 그리고 여러 개의 청구 중 판결하기에 충분한 어느 한 청구에 관해 일부판결도 가능하다. 그 경우 나머지 청구는 1심에 계속 중이고 판결한 청구에 대해서는 상소심으로 이심되어 별개의 심급으로 분리되어도 재판의 모순·저촉이 발생하지 않기 때문이다(통설).[34]

(나) 논리적으로 전혀 관계가 없어 순수하게 단순병합으로 구하여야 할 수개의 청구를 선택적 또는 예비적 청구로 병합하여 청구하는 것은 부적법하여 허용

---

33) 대판 2011.8.18. 2011다30666.

34) 김홍규·강태원, 앞의 책, 738면에서는 병합된 청구가 고도의 관련성이 있는 경우(예: 원금청구의 확인청구와 이자채권의 청구, 소유권에 터잡은 인도청구와 소유권침해에 터잡은 배상청구 등)에는 재판의 모순방지를 위해 변론분리·일부판결을 하는 것은 적절하지 않다고 한다.

되지 않는다. 따라서 원고가 그와 같은 형태로 소를 제기한 경우 1심법원이 본안에 관하여 심리·판단하기 위해서는 석명권 등을 적절히 행사하여 이를 단순병합의 청구로 보정하게 하는 등의 조치를 취하여야 한다. 그럼에도 불구하고 법원이 이러한 조치를 취함이 없이 본안판결을 하면서 그 중 하나의 청구에 대하여만 심리·판단하여 이를 인용하고 나머지 청구에 대해서는 판결하지 않는 경우 그로 인하여 청구의 병합 형태가 선택적 또는 예비적 병합 관계로 바뀔 수는 없다. 그러므로 이러한 판결에 대하여 피고만 항소한 경우 1심법원이 인용한 청구만 항소심으로 이심될 뿐, 나머지 청구는 여전히 제1심에 남아 있게 되고 1심법원이 추가판결을 하여야 한다.[35)

(2) 선택적 병합

⑺ 선택적 병합의 경우에는 수개의 청구가 하나의 소송절차에 불가분적으로 결합되어 있어 심리가 모든 청구에 관하여 공통적으로 이루어지기 때문에 선택적 청구 중 하나만을 기각하고 다른 청구에 대하여 아무런 판단을 하지 않는 일부판결은 선택적 병합의 성질에 반하는 것으로서 법률상 허용되지 않는다.[36)

따라서 1심법원이 원고의 선택적 청구 중 하나만을 판단하여 기각하고 나머지 청구에 대하여는 아무런 판단을 하지 아니한 조치는 위법한 것이어서 원고가 이와 같이 위법한 1심판결에 대하여 항소한 이상, 원고의 선택적 청구 전부가 항소심으로 이심되었다고 할 것이므로 선택적 청구 중 판단되지 않은 청구부분이 재판의 탈루로서 1심법원에 그대로 계속되어 있다고 볼 것은 아니다.[37)

선택적 병합소송에서는 어느 하나의 청구를 인용하면 다른 청구는 심판할 필요가 없는데, 이중의 판결을 방지하기 위함이다. 그러나 어느 한 청구에 대하여 일부만 인용하는 경우에는 어느 한 청구를 택일하여 청구를 인용해 줄 것을 구하는 원고의 의사를 고려하여 다른 청구에 대해서도 심판해야 할 것이다.[38) 또한, 원고를 패소시키기 위해서는 모든 청구를 기각해야만 한다.

---

35) 대판 2008.12.11. 2005다51495.
36) 대판 2017.10.26. 2015다42599; 대판 2018.6.15. 2016다229478; 대판 2022.7.14. 2022다220748.
37) 대판 1998.7.24. 96다99.
38) 대판(전합) 2016.5.19. 2009다66549는, ① 불법행위에 의한 손해배상청구, ② 채무불이행에 의한 손해배상청구, ③ 부당이득반환청구가 선택적으로 병합된 소송에서 원심법원이 ①청구와 ②청구 각 일부를 인용하고 ③청구에 대해서는 판단하지 않은 것은 위법하다고 한다.

(내) 선택적 병합소송에서 변론의 제한은 할 수 있지만, 변론의 분리와 일부판결은 허용되지 않는다. 변론의 분리를 허용하면 어느 한 청구를 인용하는 판결이 선고되고 또 다른 청구도 인용하는 판결이 선고될 수 있게 되는데 이는 이중의 판결을 회피하기 위한 선택적 청구병합의 취지를 달성할 수 없게 되기 때문이다. 마찬가지 이유로 어느 한 청구에 대해서 일부판결을 하고 나머지 청구에 대해서 잔부판결하는 것도 허용되지 않는다. 또한, 선택적으로 병합된 수개의 청구를 모두 기각한 항소심판결에 대하여 원고가 상고한 경우에 상고법원이 선택적 청구 중 어느 하나의 청구에 관한 상고가 이유 있다고 인정할 때에는 원심판결을 전부 파기하고 사건을 다시 심리·판단하게 하기 위하여 원심법원에 환송하여야 한다.[39] 선택적으로 병합된 각 청구가 해제조건부이고 심리의 중복·재판의 모순을 발생케 할 우려가 있기 때문이다

(다) 특히, 병합의 형태가 선택적 병합인지, 예비적 병합인지는 당사자의 의사가 아닌 병합청구의 성질을 기준으로 판단하여야 하고 항소심에서의 심판범위도 그러한 병합청구의 성질을 기준으로 결정하여야 한다. 따라서 실질적으로 선택적 병합관계에 있는 두 청구에 관하여 당사자가 주위적·예비적으로 순위를 붙여 청구하였고 그에 대하여 제1심법원이 주위적 청구를 기각하고 예비적 청구만 인용하는 판결을 선고하여 피고만 항소를 제기한 경우에도, 항소심은 이를 선택적 병합으로 보고 병합된 두 청구 모두를 심판의 대상으로 삼아 판단하여야 한다.[40]

한편, 전술한 것처럼 판례는 성질상 선택적 관계에 있는 양청구에 대해 예외적으로 부진정 예비적 병합을 허용하며, 이때는 예비적 병합소송으로 심리·판단하여야 한다고 한다.[41]

(3) 예비적 병합

(가) 예비적 병합소송에서는 원고가 붙인 순위에 따라 심판하여야 한다. 주위적 청구를 배척할 때에는 예비적 청구에 대하여 심판하여야 하지만 주위적 청구를 인용할 때에는 예비적 청구에 대하여 심판할 필요가 없다. 그러나 주위적 청구를 인용하는 판결은 전부판결로서 이러한 판결에 대하여 피고가 항소하면 1심

---

39) 대판(전합) 2012.1.19. 2010다95390; 대판(전합) 1993.12.21. 92다46226; 대판 2017.10.26. 2015다42599; 대판 2021.6.10. 2019다226005; 대판 2023.4.27. 2021다262905.
40) 대판 2014.5.29. 2013다96868.
41) 대판 2002.9.4. 98다17145, 앞의 판결(2020다292411).

에서 심판을 받지 않은 예비적 청구도 모두 이심되고 항소심이 1심에서 인용되었던 주위적 청구를 배척할 때에는 예비적 청구에 관하여 판결을 하여야 한다.[42]

(나) 예비적 병합은 수개의 청구가 하나의 소송절차에 불가분적으로 결합되어 있기 때문에 주위적 청구를 먼저 판단하지 않고 예비적 청구만을 인용하거나 또는 주위적 청구만 배척하고 예비적 청구에 대하여 판단하지 않는 등의 일부판결은 양립할 수 없는 모순된 판결이 성립될 수 있기 때문에 예비적 병합의 성질에 반하는 것으로서 이는 허용되지 아니한다. 그럼에도 주위적 청구를 배척하면서 예비적 청구에 대하여 판단하지 아니하는 판결은 위법한 것으로서 그 판결에 대한 상소가 제기되면 판단이 누락된 예비적 청구부분도 주위적 청구와 불가분적으로 결합되어 있기 때문에 상소심으로 이심되어 심판대상이 된다. 따라서 예비적 청구부분이 재판의 탈루에 해당하여 원심에 계속 중이라고 보고 추가판결을 해서는 안 된다. 또한, 원고는 주위적 청구가 전부 인용되지 않을 경우에는 주위적 청구에서 인용되지 아니한 금액 범위 내에서 예비적 청구에 대해서도 판단하여 주기를 바라는 취지로 불가분적으로 결합시켜 제소할 수도 있다. 이러한 경우에 법원이 주위적 청구를 일부만 인용하고서도 예비적 청구에 관하여 전혀 판단하지 않는다면 이는 예비적 청구의 성격에 반하여 위법한 것이다. 따라서 이 판결에 대해 상소가 제기되면 그 예비적 청구부분도 이심되어 항소심 심판의 대상이 된다.[43]

(다) 예비적 병합소송에서의 심리는 모든 청구에 관하여 공통적으로 이루어져야 하므로 변론의 제한은 할 수 있지만 변론의 분리·일부판결은 허용되지 않는다(통설).[44] 예비적 청구가 해제조건부이고 심리의 중복·재판의 모순을 발생케 할 우려가 있기 때문이다.

다. 항소심의 취급

(1) 단순병합

(가) 논리적으로 전혀 관계가 없어 순수하게 단순병합으로 구하여야 할 수개의 청구를 선택적 또는 예비적 청구로 병합하여 청구하는 것은 부적법하여 허용

---

42) 대판(전합) 2000.11.16. 98다22253.
43) 앞의 판결(98다22253).
44) 김홍규·강태원, 앞의 책, 740면; 이시윤, 앞의 책, 707면.

되지 않는다. 따라서 원고가 항소심에서 기존의 청구와 논리적으로 관련성이 없
는 청구를 선택적 또는 예비적으로 병합하여 추가하는 내용의 청구원인변경신청
을 한 경우 원심법원이 소송지휘권을 적절히 행사하여 이를 단순병합청구로 보
정하게 하는 등의 조치를 취함이 없이 이와 같은 청구원인변경신청을 받아들였
다고 하더라도 그로 인하여 청구의 병합형태가 적법한 선택적 또는 예비적 병합
관계로 바뀔 수는 없다.[45]

(나) 항소심에 이르러 새로운 청구가 추가된 경우 항소심은 추가된 청구에 대
하여는 실질상 제1심으로서 재판하여야 하므로 제1심이 기존의 청구를 일부 인
용한 데 대하여 원고·피고가 항소하였고 항소심이 기존의 청구에 관하여는 제1
심에서 인용된 부분을 넘어 추가로 일부를 더 인용하고 항소심에서 추가된 청구
는 배척할 경우 단순히 제1심판결 중 항소심이 추가로 인용하는 부분에 해당하는
원고 패소 부분을 취소하고 원고의 나머지 항소와 피고의 항소를 각 기각한다는
주문표시만 하여서는 안 되고 이와 함께 항소심에서 추가된 청구에 대하여 "원고
의 청구를 기각한다"는 주문 표시를 하여야 한다.[46]

(다) 판결에는 법원의 판단을 분명하게 하기 위하여 결론을 주문에 기재하도
록 되어 있어 재판의 누락이 있는지 여부는 주문의 기재에 의하여 판정하여야 한
다. 따라서 판결이유에 청구가 이유 없다고 설시되어 있더라도 주문에 그 설시가
없으면 특별한 사정이 없는 한, 재판의 누락이 있다고 보아야 한다. 그리고 이러
한 재판의 누락이 있으면 그 부분의 소송은 아직 원심에 계속 중이다. 따라서 단
순병합에서 재판의 누락부분은 상소의 대상이 되지 아니하므로 그 부분에 대한
상소는 부적법하다.[47]

또한, 단순병합에서 어느 한 청구에 대해서만 판결한 것은 일부판결이며, 일
부판결에 대해 항소하면 그 판결부분만 항소심으로 이심되고 나머지 청구는 1심
에 계속하게 된다. 이와 달리 청구 전부에 대한 판결은 전부판결이며, 전부판결
에 대해 항소하면 상소불가분의 원칙 때문에 청구전부가 항소심으로 이심한다.
다만, 항소심의 심판대상은 불복신청부분에 한정된다. 예컨대, 건물명도청구와

45) 대판 2008.12.11. 2005다51495; 대판 2009.5.28. 2007다354.
46) 대판 2021.5.7. 2020다292411.
47) 대판 2004.8.30. 2004다24083; 대판 2007.8.23. 2006다28256; 대판 2009.5.28. 2007다354.

대여금청구가 병합된 단순 병합소송에서 청구 모두 인용판결이 선고되었고 피고
가 대여금청구 인용판결에 대해서만 항소한 경우에, 항소하지 않은 건물명도청구
인용부분도 항소심으로 이심되지만 피고가 불복을 하지 않아 항소심의 심판대상
이 되지 않는다. 이 경우 피고가 항소심변론종결시까지 건물명도청구 인용부분에
대해 항소취지를 확장하면 항소심 심판대상이 될 수 있다. 만일 피고가 항소심
변론종결시까지 항소취지를 확장하지 않으면 건물명도청구 인용판결은 항소심의
판결선고와 동시에 확정되어 그 부분은 소송이 종료된다.[48]

(2) 선택적 병합

(가) 병합된 어느 한 청구의 인용판결을 에 대해 항소하면 판단하지 않은 나머
지 청구를 포함하여 모든 청구가 항소심에 이심되며 심판의 대상이 된다. 따라서
항소심은 원판결을 취소하고 원심에서 판단되지 않은 나머지 청구에 관하여 심
판하는 것도 가능하다. 선택적 병합에서는 여러 개의 청구가 하나의 소송절차에
서 불가분적으로 결합되어 있기 때문에 각 청구에 관한 자료에 공통부분이 많고
원심에서 실질적으로 당사자에게 절차보장이 부여되어 있는 점, 항소심에서도 소
의 변경에 의한 청구의 추가가 가능한 점 때문이다. 또한, 피고만 항소한 경우에
원판결을 취소하고 원심에서 판결되지 않는 나머지 청구에 관하여 인용판결을
내리는 것은 불이익변경의 원칙에 반하지 않는다. 선택적 병합은 전심급을 통하
여 선택적인 청구를 유지하는 취지, 즉 청구를 택일적으로 인용하면 되기 때문이
다. 한편, 병합된 A청구와 B청구 중 1심법원이 A청구 인용판결을 선고한 경우에
항소심이 심리한 결과 제1심에서 심판되지 않은 B청구가 이유 있다고 인정되고
결론이 1심판결의 주문과 동일한 경우에도 피고의 항소를 기각하여서는 안 되고
1심판결을 취소한 다음 새로이 B청구를 인용하는 주문을 선고하여야 한다. A청
구와 B청구의 소송물이 다르기 때문에 B청구에 대한 판단을 하여야 하며, A청구
인용의 1심판결을 취소하지 않으면 이중의 집행권원이 성립되어 강제집행이 가
능한 듯한 오해를 줄 수 있기 때문이다.

그러나 심리한 결과, 제1심에서 심판되지 않은 청구가 이유 있다고 인정되고
결론이 1심판결의 주문과 동일한 경우에도 피고의 항소를 기각하여서는 안 되며
1심판결을 취소한 다음 새로이 청구를 인용하는 주문을 선고하여야 한다.[49]

---

48) 대판 1994.12.23. 94다44644; 대판 2011.7.28. 2009다35842; 대판 2014.12.24. 2012다116864.

(나) 병합된 청구 모두를 기각한 판결에 대한 항소에서는 모든 청구가 항소심으로 이심되고 심판대상이 된다. 또한, 어느 하나의 청구에 대한 인용판결이 선고되어 피고가 항소를 제기한 때에는 제1심이 판단하지 아니한 나머지 청구까지도 항소심으로 이심되어 항소심의 심판범위가 된다. 따라서 항소심이 원고의 청구를 인용할 경우에는 선택적으로 병합된 수개의 청구 중 어느 하나를 임의로 선택하여 심판할 수 있지만 원고의 청구를 기각할 경우에는 병합된 청구 전부에 대하여 판단하여야 한다.50)

(다) 수개의 청구가 제1심에서 처음부터 선택적으로 병합되고 그 중 어느 하나의 청구에 대한 인용판결이 선고되어 피고가 항소를 제기한 경우뿐만 아니라 원고의 청구를 인용한 판결에 대하여 피고가 항소를 제기하여 항소심에 이심된 이후에 청구가 선택적으로 병합된 경우(후발적인 선택적 청구병합)에도 항소심은 제1심에서 인용된 청구를 먼저 심리하여 판단할 필요는 없고 선택적으로 병합된 수개의 청구 중 제1심에서 심판되지 아니한 청구를 임의로 선택하여 심판할 수 있다. 또한, 수개의 청구가 제1심에서 처음부터 선택적으로 병합되고 그 중 어느 하나의 청구에 대한 인용판결이 선고되어 피고가 항소를 제기한 경우뿐만 아니라 원고의 청구를 인용한 판결에 대하여 피고가 항소를 제기하여 항소심에 이심된 이후에 청구가 선택적으로 병합된 경우(후발적인 선택적 청구병합)에도 항소심은 제1심에서 인용된 청구를 먼저 심리하여 판단할 필요는 없고 선택적으로 병합된 수개의 청구 중 제1심에서 심판되지 아니한 청구를 임의로 선택하여 심판할 수 있다. 따라서 제1심판결 선고 전의 명예훼손행위에 관하여 손해배상청구를 하였으나 피고가 그 내용이 진실이라고 믿을 만한 상당한 이유가 있다는 이유로 청구를 기각당한 원고가 항소심에서 청구취지를 변경하지 아니한 채 피고가 제1심판결의 선고 후에 행한 새로운 명예훼손행위를 청구원인으로 추가하였다면 이는 피고의 새로운 명예훼손행위를 원인으로 하는 손해배상청구를 선택적으로 병합하는 취지라고 볼 것이다. 그러므로 항소심이 새로운 명예훼손행위를 원인으로 한 선택적 병합청구에 관하여 아무런 판단도 하지 아니한 채 원고의 청구를 기각하는 것은 판단누락에 해당하여 위법하다.51)

---

49) 대판 1993.10.26. 93다6669; 대판 2006.4.27. 2006다7587.
50) 대판 2010.5.27. 2009다12580.

(3) 예비적 병합

㈎ 주위적 청구인용판결에 대해 항소하면 법원이 판단하지 아니한 예비적 청구를 포함하여 모든 청구가 항소심으로 이심되고 심판대상이 된다. 예비적 병합의 성질상 주위적 청구가 배척되면 당연히 예비적 청구에 대해 심판하여야 하기 때문이다. 이 경우 항소심이 원심에서 판단되지 않은 예비적 청구를 심판하는 것은 심급이익을 해하는 것은 아닌지 문제될 수 있지만, 예비적 병합은 주위적 청구와 예비적 청구가 소송절차에서 불가분적으로 결합되어 있어서 예비적 청구에 대해 원심에서 실질적으로 당사자에게 절차보장이 부여되어 있다고 볼 수 있고, 항소심에서도 소의 변경에 의한 청구의 추가(262조·408조)가 가능하기 때문이다.

예비적 청구소송에서 양청구의 기각판결에 대해 원고가 항소하면 상소불가분의 원칙 때문에 모든 청구가 항소심으로 이심한다. 다만, 항소심의 심판대상은 불복신청부분에 한정된다.

㈏ 주위적 청구기각·예비적 청구인용판결에 대해 원고가 항소하면 모든 청구가 항소심으로 이심되고 심판대상이 된다. 그런데 항소심 법원이 주위적 청구의 인용판결을 하기 위해서는 예비적 청구도 포함하여 제1심 판결을 전부 취소해야 한다. 1심 판결을 취소하지 않으면 1심의 예비적 청구인용판결과 항소심의 주위적 청구인용판결이라는 이중의 집행권원 취득이라는 외관이 발생하게 되기 때문이다. 만일 항소심법원이 주위적 청구에도, 예비적 청구에도 이유가 없다는 심증을 얻은 경우 1심법원이 인용한 예비적 청구에 관하여도 청구기각판결을 할 수 있는지 문제된다. 항소심의 판단은 항소인의 불복을 인용한다든가, 최악의 상황에서는 그것이 배척되어 1심판결이 유지되는 것에 국한되고 불복의 범위를 넘어서 항소인에게 불이익한 판결을 할 수 없다(불이익변경금지의 원칙, 407조 1항·415조). 따라서 항소심법원은 예비적 청구에 관하여 기각판결을 할 수 없다.

그리고 주위적 청구기각·예비적 청구인용판결에 대해 피고가 항소하면 상소불가분의 원칙 때문에 모든 청구가 항소심으로 이심한다. 그런데 피고가 불복신청하지 않은 주위적 청구도 항소심의 심판대상이 되어 항소심이 주위적 청구를 인용하는 것은 불이익변경금지의 원칙(407조)에 반하는지 여부가 문제이다. 항

---

51) 대판 2010.5.13. 2010다8365.

소심 법원은 예비적 청구에 이유가 없다고 하는 심증을 얻었기 때문에 예비적 청구에 관하여는 기각해야 하지만 주위적 청구를 인용하는 것은 항소심 피고에게 1심판결보다 불이익한 것이 되어 불이익변경금지의 원칙에 위배된다. 따라서 원고가 주위적 청구기각 부분에 불복을 신청하고 있지 않은 이상, 불이익변경금지의 원칙에 따라 주위적 청구는 상소심의 심판대상으로는 되지 않고 항소심법원은 주위적 청구의 인용판결을 할 수 없다고 보아야 한다.

　　(다) 한편, 항소심에서도 후발적 예비적 청구병합이 가능하다. 예컨대, 채무불이행을 이유로 한 손해배상청구의 소에서 1심법원이 계약의 무효를 근거로 청구기각판결을 선고하고 이에 원고가 항소한 후에 위 손해배상청구를 주위적 청구로 하고 계약이 무효인 경우에 대비하여 계약금 반환청구를 예비적 청구로 병합하는 청구변경을 한 경우이다. 항소심은 주위적 청구에 대한 항소가 이유없다고 판단한 경우에는 예비적 청구에 대하여 제1심으로 판단하여야 한다. 이때 항소심이 예비적 청구를 판단하지 않은 것은 판단누락으로 위법하며 항소심판결에 대해 상고가 제기되면 판단이 누락된 예비적 청구부분도 상고심으로 이심되며 심판의 대상이 된다.[52] 또한 보험회사를 기망하여 과다한 보험금을 수령했음을 이유로 한 불법행위를 원인으로 한 손해배상청구(A청구)와 부당이득반환청구(B청구)의 선택적 병합소송에서 1심이 A청구 인용판결을 선고하고 이에 피고가 항소하자 원고가 1심에서 판단하지 아니한 B청구를 주위적 청구로 하고 A청구를 예비적 청구로 청구변경한 경우, 항소심이 이를 예비적 청구병합으로 받아들여 B청구를 먼저 심리하여 이유 있다고 인정하는 경우에는 비록 결론이 1심판결의 주문과 동일하더라도 피고의 항소를 기각해서는 안 되고 새로이 B청구를 인용하는 주문을 선고해야 한다.[53] A청구와 B청구는 소송물이 다르기 때문이다.

Ⅲ. 소의 변경

1. 의의

소의 변경이란 소송계속 중에 신청사항, 즉 청구(소송물)를 변경하는 것을 말

---

52) 대판(전합) 2000.11.16. 98다22253; 대판 2017.3.30. 2016다253297.
53) 대판 2020.10.15. 2018다229625.

한다(262조).[54] 이는 소송계속 중에 소장 상의 청구취지 또는 청구원인을 변경하는 것으로 신청사항(심판의 대상·소송물)을 변경하는 것을 말한다. 본소 청구와 관련한 청구가 있는 경우 원고가 항상 별소를 제기하도록 하는 것은 가혹하고 또한, 심리가 중복되어 소송경제에도 반한다. 따라서 변경 후의 청구를 위하여 종전의 소송자료를 이용하여 원고에게 소송수행의 편리함을 주는 것과 함께 소송경제를 도모하고 재판의 모순을 회피하기 위하여 인정되었다.

2. 소송물이론과의 관계

소의 변경은 소송물의 변경이기 때문에 소송물이론이 영향을 미친다. 즉, 구소송물이론에서는 소의 변경으로 평가할 수 있는 경우이어도 신소송물이론에서는 공격방법의 변경에 불과하다고 평가할 수 있는 경우가 있다. 또한, 소의 변경은 구소송물이론에서는 청구원인의 변경도 필요한 경우가 많지만 신소송물이론에서는 청구취지의 변경으로 충분한 경우가 많다. 예컨대, 택시 운행 중에 발생한 교통사고인 경우 승객인 피해자는 이를 채무불이행 또는 불법행위에 의한 손해배상을 청구할 수 있는데 구소송물이론에서는 채무불이행에서 불법행위로 청구원인을 변경할 경우 이를 소의 변경으로 이해하는 반면, 신소송물이론에서는 공격방법의 변경에 불과하다고 한다.

3. 변경의 태양

가. 추가적 변경과 교환적 변경

추가적 변경이란 종래의 청구를 유지하면서 새롭게 청구를 추가하는 것이고 교환적 변경이란 종래의 청구에 갈음하여 새로운 청구를 심판하여 달라는 형태의 변경이다. 추가적 변경에 의해 청구의 병합이 이루어진다. 소의 변경이 교환적인지, 추가적인지 또는 선택적인지 여부는 기본적으로 당사자의 의사해석에 의할 것이다. 따라서 당사자가 구청구를 취하한다는 명백한 표시없이 새로운 청구취지를 항소장에 기재하는 등으로 그 변경형태가 불명할 경우에는 사실심 법원으로서는 과연 청구변경의 취지가 교환적인지, 추가적인지 또는 선택적인지 여부의 점에 대하여 석명으로 이를 밝혀 볼 의무가 있을 것이다.[55]

---

54) 김홍규·강태원, 앞의 책, 742면; 이시윤, 앞의 책, 716면.

한편, 교환적 변경의 성질에 관하여는 견해가 나누어진다. 즉, 교환적 변경이란 신청구의 추가적 변경과 구청구의 소의 취하라고 하는 조합에 지나지 않는다고 하는 견해(복합행위설)가 있는 반면(통설·판례[56]), 이를 소 변경의 한 태양, 즉 법이 인정하는 별개의 소송행위라고 하여야 한다고 하는 견해(독자유형설)가 있다. 양자의 차이는 교환적 변경에 피고의 동의가 요구되는지 여부에 있다. 독자유형설은 교환적 변경에는 소의 취하가 포함되어 있지 않으므로 피고의 동의가 요구되지 않는다고 보는 반면, 복합행위설은 다시 교환적 변경이 복합행위라고 하는 논리를 그대로 유지하여 피고의 동의가 필요하다는 견해와 구청구와 신청구 사이에 청구기초의 동일성이 인정되기 때문에 피고의 동의가 필요 없다고 하는 견해(판례)[57]의 대립이 있다.

나. 당사자소송을 민사소송으로 변경할 수 있는지 여부[58]

(1) 공법상 당사자소송의 소 변경에 관하여 행정소송법은 공법상 당사자소송을 항고소송으로 변경하는 경우(행정소송법 42조, 21조) 또는 처분변경으로 인하여 소를 변경하는 경우(동법 44조 1항, 22조)에 관하여만 규정하고 있을 뿐, 공법상 당사자소송을 민사소송으로 변경할 수 있는지에 관하여 명문의 규정을 두고 있지 않다.

(2) 그러나 공법상 당사자소송에서 민사소송으로 소의 변경을 하는 것이 금지된다고 볼 수 없다. 왜냐하면 ① 동법 8조 2항은 행정소송에 관하여 민사소송법을 준용하도록 하고 있으므로 행정소송의 성질에 비추어 적절하지 않다고 인정되는 경우가 아닌 이상, 공법상 당사자소송의 경우도 법 262조에 따라 청구의 기초가 바뀌지 아니하는 한도 안에서 변론을 종결할 때까지 청구의 취지를 변경할 수 있고, ② 대법원은 여러 차례에 걸쳐 행정소송법상 항고소송으로 제기해야 할 사건을 민사소송으로 잘못 제기한 경우 수소법원은 원고로 하여금 항고소송으로 소의 변경을 하도록 석명권을 행사하여 행정소송법이 정하는 절차에 따라 심리·판단해야 한다고 판시해 왔기 때문에 민사소송에서 항고소송으로의 소의 변경이 허용되는 이상, 공법상 당사자소송과 민사소송이 서로 다른 소송절차에

55) 대판 1987.6.9. 86다카2600.
56) 김홍규·강태원, 앞의 책, 744면; 이시윤, 앞의 책, 712면. 위의 대판(86다카2600).
57) 대판 1962.1.13. 4294민상310.
58) 대판 2023.6.29. 2022두44262.

해당한다는 이유만으로 청구기초의 동일성이 없다고 해석하여 양자 간의 소의 변경을 허용하지 않을 이유가 없으며, ③ 일반 국민은 공법상 당사자소송의 대상과 민사소송의 대상을 구분하기가 쉽지 않고 소송 진행 도중의 사정변경 등으로 인해 공법상 당사자소송으로 제기된 소를 민사소송으로 변경할 필요가 발생하는 경우도 있기 때문에 소 변경의 필요성이 인정됨에도 단지 소의 변경에 따라 소송절차가 달라진다는 이유만으로 이미 제기한 소를 취하하고 새로 민사상의 소를 제기하도록 하는 것은 당사자의 권리구제나 소송경제의 측면에서도 바람직하지 않다고 할 수 있다.

(3) 따라서 공법상 당사자소송에 대하여도 청구의 기초가 바뀌지 아니하는 한도 내에서 민사소송으로 소의 변경이 가능하다고 해석하는 것이 타당할 것이다.

다. 변경의 방법

소의 변경은 소장의 청구부분, 즉 청구취지와 청구원인을 변경함으로써 하게 된다. 이하 청구취지 및 원인의 변경에 대하여 살펴본다.

[표 6-3] 청구의 취지 및 원인 변경에 관한 정리

청구취지의 변경	일반론	·청구취지가 변경되면 원칙적으로 소의 (추가적, 교환적) 변경이 발생한다. ·청구의 목적물을 바꾸는 경우 소의 변경에 해당한다. ·구제형식(심판형식)만 바꾸는 경우에도 청구의 변경에 해당한다. ·청구취지의 보충 및 정정은 소의 변경이 아니다.
	청구의 확장과 감축	확장: 양적·질적 확정 모두 소의 변경에 해당한다.
		감축: ·청구의 양적 감축 → 소의 취하 또는 청구의 포기로 볼 수 있다. 다만, 원고의 의사가 분명하지 않으면 소의 취하라고 보아야 한다.[59)] ·소의 취하로 보면 피고의 동의가 필요하다. ·상고심에서도 청구의 양적 감축은 가능하다. ·단순이행청구에서 상환이행청구 또는 조건부 이행청구로 바꾸는 것도 청구의 질적 감축에 해당한다. 다만, 이를 소의 취하라고 볼 수 있는지 의문이라는 견해[60)]가 있다.
청구원인의 변경	일반론	·이는 청구취지의 변경없이 청구원인만 변경하는 것을 의미한다. ·사실상의 주장 또는 법률상의 주장을 변경하는 것이 청구원인의 변경에 해당하지만 애매하거나 빠진 부분을 명확하게 하는 것은 청구원인의 변경에 해당하지 않는다.
	청구권경합	·구소송물이론의 경우 청구취지가 동일하여도 청구원인에 실체법적 권리의 변경이 있으면 소의 변경에 해당한다.

		·신소송물의 경우 일지설에서는 청구취지가 동일하게 유지되는 이상, 실체법적 권리의 변경은 언제나 소의 변경이 아니다. 그러나 이지설에서는 청구취지가 동일하게 유지되어도 기재된 사실관계의 변경이 있으면 소의 변경에 해당한다.
	등기 청구	·말소등기청구 또는 이전등기청구의 소송의 동일 여부에 관한 견해의 대립은 소의 변경 여부의 판단 시에도 마찬가지로 적용된다.
	기타	·소유권확인소송의 경우 취득원인을 변경하면 일관설을 제외한 나머지 견해에서는 소의 변경이 아니지만 이지설 중 일관설에 의하면 소의 변경에 해당한다. ·사해행위취소소송에서 피보전권리의 변경, 가등기에 기한 본등기청구에서 피담보채권의 변경은 공격방어방법의 변경에 불과하다고 한다.[61]

4. 청구취지의 수량 확장·감축

가. 일부청구 부정설을 전제로 할 경우

분쟁의 일회적 해결의 요청 때문에 일부청구의 경우 소송물은 채권 전체라고 한다. 따라서 청구취지 중 수량의 감축은 청구의 일부 포기와 마찬가지의 효과를 발생케 하고 또한, 수량의 확장은 단순히 청구범위의 변경에 지나지 않는다고 한다.

나. 일부청구 긍정설을 전제로 할 경우

처분권주의 때문에 당사자의 의사를 존중하여야 하고 일부청구의 소송물은 소로써 구하고 있는 채권의 일부라고 한다. 그렇다면 청구취지 중 수량의 확장은 소의 변경이고 또한, 수량의 감축은 소의 일부 취하라고 한다. 따라서 수량의 확장을 위해서는 소의 변경요건(262조)을, 그리고 수량의 감축을 위해서는 소의 일부 취하의 요건(266조)을 각각 충족할 필요가 있다.

---

59) 대판 1983.8.23. 83다카450에 의하면, 압류채권에 대한 추심명령을 받아 추심금청구소송 진행 중 청구금액을 감축한 것은 소의 일부취하를 뜻하는 것이고 취하된 부분의 청구를 포기하였다고는 볼 수 없으며 위 채권압류는 추심하고 남은 잔여채권에 대하여 그 효력을 지속하는 것이라고 한다.

60) 박재완, 앞의 책, 537면.

61) 대판 1992.6.12. 92다11848에 의하면, 가등기에 기한 본등기청구를 하면서 그 등기원인을 매매예약완결이라고 주장하는 한편, 위 가등기의 피담보채권을 처음에는 대여금채권이라고 주장하였다가 나중에는 손해배상채권이라고 주장한 경우 가등기에 기한 본등기청구의 등기원인은 위 주장의 변경에 관계없이 매매예약완결이므로 등기원인에 변경이 없어 청구의 변경에 해당하지 아니하고, 위 가등기로 담보되는 채권이 무엇인지는 공격방어방법에 불과하다고 한다.

5. 변경의 요건

우선 청구병합의 일반적 요건을 충족하는 것이 필요하다. 그리고 피고의 방어권 확보, 소송지연 방지의 요청 때문에 다음과 같은 요건이 필요하다(262조 1항).

가. 청구의 기초에 변경이 없을 것(청구기초의 동일성)

여기에서 청구의 기초(262조 1항 본문)란 신·구 양청구의 주요한 쟁점이 공통적이어서 구청구의 소송자료를 이용할 수 있는 관계에 있고 동시에 각 청구의 이익 주장이 사회생활상의 동일 또는 일련의 분쟁에 관한 것으로 볼 수 있는 경우이어야 한다고 한다.

즉, 변경된 청구와 종전 청구가 실질적인 쟁점이 동일하여 청구의 기초에 변경이 없으면 그와 같은 청구의 변경도 허용된다. 한편, 소의 변경은 소송절차를 지연함이 현저한 경우가 아닌 한, 소의 기초에 변경이 없는 한도에서 사실심의 변론종결시까지 할 수 있고 동일한 생활사실 또는 동일한 경제적 이익에 관한 분쟁에서 해결방법에 차이가 있음에 불과한 청구취지 및 청구원인의 변경은 청구의 기초에 변경이 없다. 그리고 종전의 소송자료를 대부분 이용할 수 있는 경우에는 소송절차를 지연케 함이 현저하다고 할 수 없다. 예컨대, 부동산의 인도청구, 와인 등 동산의 인도청구, 갑 회사가 입은 영업손실액 상당의 손해배상청구 등을 하였다가 원심에 이르러 '영업손실액 상당의 손해배상청구'를 '와인 손상에 따른 손해배상청구'로 교환적으로 변경한 사안에서 변경 전후의 청구를 비교하여 보면 종전의 청구와 새로운 청구는 모두 을 등이 부동산 및 동산을 무단 점유한 상태에서 갑 회사가 입은 손해의 배상을 구하는 것으로서 동일한 생활사실 또는 동일한 경제적 이익에 관한 분쟁에서 해결 방법을 달리하고 있을 뿐이므로 청구의 기초에 변경이 있다고 볼 수 없으므로 교환적으로 변경된 청구를 허용할 수 있다.[62] 왜냐하면 청구기초의 동일성 요건은 피고의 방어권을 보호하는 것과 함께 종전 소송자료의 이용을 기대하고자 만들어진 것이기 때문이다(병용설).[63]

---

62) 대판 1977.4.25. 96다32133; 대판 1998.4.24. 97다44416; 대판 2001.3.13. 99다11328; 대판 2012. 3.29. 2010다28338·29345.

63) 대판 1998.4.24. 97다44416; 대판 2009.3.12. 2007다56524.

그리고 판례는 청구기초의 동일성을 넓은 범위에서 인정하고 있다. 예컨대, 동일한 매매계약에 따라 계약의 유효를 전제로 한 이전등기청구에 계약의 실효를 전제로 한 계약금반환청구를 추가하여도 청구기초의 동일성이 유지된다고 한다.[64] 청구의 기초의 동일성은 피고의 방어권을 보호하기 위한 사익적 요건에 해당하므로 청구의 기초의 변경에 대하여 피고가 지체 없이 이의를 진술하지 아니하고 변경된 청구에 관한 본안의 변론을 한 때에는 피고는 이의권을 상실하여 이의를 제기하지 못한다.[65] 또한, 청구의 변경에 피고가 동의한 때에는 이 요건을 갖추지 않아도 된다. 왜냐하면 청구기초의 동일성은 피고의 방어권 보호를 주안으로 하는 요건이고 피고가 감수하는 이상, 필요가 없기 때문이다.

나. 현저하게 소송절차를 지연시키지 않을 것

예컨대, 2회에 걸쳐 상고심으로부터 환송된 후 항소심변론종결 당시 청구를 변경한 것은 소송절차를 지연케 함이 현저한 경우에 해당한다고 할 것이어서 소의 변경을 불허하여야 할 것이다.[66]

다. 사실심의 구술변론종결 전일 것

소의 변경은 소장부본 송달일부터 사실심 변론종결일 이전까지 가능하다. 따라서 항소심의 변론에서도 소의 변경을 할 수 있다. 왜냐하면 청구의 기초가 동일한 이상, 심급의 이익을 해하지 않기 때문이다. 다만, 실제로 항소심에서도 청구의 변경이 거의 아무런 제한 없이 행해지고 있는데 현저한 지연이 없을 것이라는 요건을 적절히 활용하여 항소심에서는 원칙적으로 청구의 변경을 허용하지 않는 것이 바람직할 것이다.[67]

라. 청구병합의 요건이 갖추어질 것

교환적 변경뿐만 아니라 추가적 변경에서도 청구병합의 요건을 갖추어야 한다. 특히, 교환적 변경의 경우 신청구가 추가됨과 동시에 구청구가 취하되는 형태로 이해하면 일시적이라도 청구병합이 이루어지기 때문이다. 따라서 신청구와 구청구가 같은 종류의 소송절차에 의하여 심판될 수 있어야 가능하며 관할의 공통도 요구된다. 또한, 추가적 병합의 경우 청구 상호간의 성격에 맞추어 병합형

---

64) 대판 1972.6.27. 72다546.
65) 대판 1982.1.26. 81다546.
66) 대판 1964.12.29. 64다1025.
67) 박재완, 앞의 책, 539면.

태를 취하여야, 즉 단순병합·선택적 병합 혹은 예비적 병합 중 하나를 특정하여
야 한다. 이를 그르치면 청구의 변경이 불허된다.[68]

6. 변경의 절차 · 효과

가. 청구취지의 변경은 서면으로 신청하여야 한다(262조 2항). 이와 달리 청구
원인의 변경은 구술로도 가능하다.[69] 그리고 청구취지 또는 원인을 변경할 경우
통상적으로 법원에 "청구취지변경신청서" 또는 "청구취지 및 원인 변경신청서"
등의 제목을 붙인 서면을 법원에 제출하지만 제목은 중요하지 않고 그 내용이 중
요하다고 할 수 있다. 따라서 청구취지를 변경하기 위하여 반드시 '청구취지 변경
신청서'라는 제목 내지 형식을 갖춘 서면이 필요한 것은 아니고 준비서면의 형식
에 따른 서면이라도 그 때까지 이루어진 소송의 경과 등에 비추어 그 내용이 청
구취지를 변경하는 뜻을 포함하고 있다면 서면에 의한 청구취지의 변경이 있는
것으로 볼 수 있을 것이다.[70] 소의 변경서는 신청구에 관하여 소장에 해당하기
때문에 피고에 대한 송달이 필요하다(동조 3항). 한편 청구의 변경에 대해 상대방
이 지체 없이 이의하지 아니하고 변경된 청구에 관한 본안의 변론을 한 때에는
상대방은 더 이상 그 청구변경의 적법 여부에 대하여 다투지 못한다.[71]

나. 소의 변경 또는 그 적법성의 유무에 관하여는 직권으로 조사한다. 소의
변경이 없다고 인정할 수 있으면 구청구에 관하여 심판한다. 소의 변경이 있고
적법하다고 인정할 수 있으면 신청구에 관하여 심판한다. 그리고 소의 변경이 이
루어져 부당하다고 인정할 때에는 상대방의 신청 또는 직권으로 변경을 허가하
지 않는다는 취지의 결정을 하여야 할 것이다.

다. 구청구의 심리에서 수집된 소송자료는 모두 신청구의 소송자료로 이용
할 수 있다. 따라서 구청구에서 한 자백도 그 효력이 유지된다. 그러나 당사자가
구청구에 국한하여 소송자료를 제출(자백)하였다고 인정할 수 있는 경우 소송자
료의 유용을 인정하지 않는 것이 당사자의 공평에 도움을 준다. 그래서 소의 변
경에 의한 자백 철회의 여지를 인정하는 견해도 있다.

---

68) 박재완, 앞의 책, 539면.
69) 대판 1965.4.6. 65다170.
70) 대판 2009.5.28. 2008다86232.
71) 대판 1982.1.26. 81다546; 대판 1990.12.26. 90다4686; 대판 2011.2.24. 2009다33655.

[표 6-4] 심판절차의 정리

일반론		· 소의 변경 및 적법성 여부에 대해 법원이 직권으로 조사하여야 한다. · 불허가결정은 종국 또는 중간판결로 할 수 있다. 불허가결정은 중간적 재판으로 독립하여 항고할 수 없고 종국판결에 대한 상소로만 다툴 수 있다.[72)] · 소변경이 허가된 경우에는 이를 다툴 수 없다.[73)] · 소 변경이 적법하면 추가적 변경인 경우 신·구청구 모두가, 교환적 변경인 경우에는 신청구가 심판의 대상이 된다. · 추가적 병합의 경우 병합형태에 따라 심판방법이 달라진다.
청구의 변경과 간과	추가적 변경을 간과하여 신청구를 판단하지 않은 경우	추가적 변경에 의하여 단순병합이 이루어진 경우에는 재판부의 추가판결이, 선택적·예비적 병합이 이루어진 경우에는 상소가 구제수단이 된다.[74)]
	교환적 변경을 간과하여 구청구를 판단한 경우	· 법원이 구청구만 심판한 경우 취하되었으므로 이는 무효의 판결이고 신청구에 대하여 추가판결을 하여야 한다. · 소의 교환적 변경으로 구청구가 취하되고 신청구가 심판대상임에도 원심이 신청구에 대하여는 아무런 판단도 하지 아니한 채(신청구에 대하여는 재판의 탈루에 해당되어 원심에 그대로 계속) 구청구에 대하여 심리·판단한 경우에는 소의 변경의 효력에 관한 법리를 오해한 위법이 있으므로 원고의 피고에 대한 구청구는 원고의 소의 변경으로 종료되었음을 선언하여야 한다.[75)]
항소심과 청구의 변경	항소심에서의 가능성	· 항소심에서도 소 변경은 가능하다(408조, 262조). · 변경된 청구가 항소심의 심판범위에 해당하고 1심으로서 최초로 판단하게 된다.
	항소의 이익, 부대항소와의 관련성	항소인 원고의 청구변경 · 항소이익 있는 경우 원고는 항소심에서 청구변경이 가능하다. → 1심 전부승소인 경우 항소이익이 없으므로 항소심에서 청구변경을 할 수 없다. 다만, 묵시적 일부청구인 경우에는 전부 승소한 경우에도 항소이익이 있다.[76)]
		피항소인 원고의 청구변경 ① 피항소인의 추가적 변경을 위해서는 부대항소 제기가 필요하다.→ 피고만 항소한 항소심에서 원고가 청구취지를 확장·변경한 경우 피고에게 불리한 범위 내에서 부대항소를 한 취지라고 보아야 한다. → 항소심이 1심판결의 인용금액을 초과하여 원고청구를 인용하여도 불이익변경금지 원칙에 위배되지 않는다.[77)] · 피항소인 원고의 소의 추가적 변경은 부대항소이므로 항소인의 불복청구가 아닌 청구에 대해서도 부대항소가 가능하다.[78)] · 항소가 취하되거나 각하되면 부대항소에 해당하는 추가적 청구의 변경·반소의 제기도 원칙적으로 실효된다.[79)] ② 피항소인 원고가 교환적 변경을 한 경우 구청구는 소취하로 실효되고 신청구가 심판대상이 되기 때문에 부대항소와 관련한 문제는 제기되지 않는다.[80)]

심판방법	추가적 변경(청구 확장 포함)	·항소심에서 추가적 변경이 있는 경우 －청구의 병합과 원칙적으로 동일하다. 다만, 추가적으로 변경된 부분은 항소심이 1심으로서 1심 판결과 같은 방식으로 판단하여야 한다.	
	청구의 감축	·원칙적으로 소의 취하에 해당 －그 부분에 대한 1심 판결은 당연히 실효, 잔존부분에 대해만 항소심으로서 판단	
	교환적 변경	·피고의 동의없이 효력이 발생한다. 구청구에 대해서는 재소금지의 효과가 발생한다. ·원고의 의사가 명확하지 않은 경우 추가적 변경으로 보아야 한다.[81]	
항소 취하		·(일반론) 항소의 취하로 1심판결이 확정되어 항소심절차가 종료된다. ① 추가적 변경 이후 항소를 취하한 경우 구청구에 대한 1심판결이 확정되고 신청구는 부대항소인지 여부에 따라 달라진다. ·피고가 항소인인 경우 신청구의 추가는 부대항소에 해당하므로 항소의 취하는 신청구도 실효되어 항소심절차가 종료된다. ·원고가 항소인인 경우 신청구의 추가는 부대항소가 아니다. → 항소 취하에 영향이 없고 항소심은 신청구를 심판한다. 따라서 항소심절차가 종료되지 않는다. ② 교환적 변경 후 항소의 취하는 불가능하다. → 구청구에 대해서는 소 취하로 소송계속이 소멸하고(항소심 판단 불가), 1심 판결은 실효된다. ·피고가 항소한 경우[82]와 원고가 항소한 경우[83] 구별이 없다.	

---

72) 대판 1992.9.25. 92누5096에 의하면, 청구취지변경을 불허한 결정에 대하여는 독립하여 항고할 수 없고 종국판결에 대한 상소로써만 다툴 수 있다고 한다.

73) 대판 1982.1.26. 81다546; 대판 1982.7.13. 81다카1120; 대판 1988.12.27. 87다카2851; 대판 1992.12.22. 92다33831; 대판 2014.4.24. 2012두6773.

74) 대판 1989.9.12. 88다카16270에 의하면, 불법행위로 인한 손해배상청구소송사건의 변론기일에서 원고가 피고의 채무를 모두 대위변제하였으니 그 변제금원에 대하여 피고에게 구상한다고 기재된 준비서면을 진술한 경우에는 원고가 청구원인을 변경하여 ① 불법행위로 인한 손해배상청구와 ② 대위변제로 인한 구상금청구를 선택적으로 병합한 취지로 보여 지므로 청구의 변경에 대하여 불허재판을 함이 없이 대위변제로 인한 구상금청구에 대하여 아무런 판단도 하지 않고 원고의 청구를 모두 기각한 것은 잘못이라고 한다.

75) 대판 2003.1.24. 2002다56987.

76) 대판 1997.10.24. 96다12276에 의하면, 가분채권에 대한 이행청구의 소를 제기하면서 그것이 나머지 부분을 유보하고 일부만 청구하는 것이라는 취지를 명시하지 아니한 경우(묵시적 일부청구인 경우)에는 그 확정판결의 기판력은 나머지 부분에까지 미치는 것이어서 별소로써 나머지 부분에 관하여 다시 청구할 수는 없으므로 일부청구에 관하여 전부 승소한 채권자는 나머지 부분에 관하여 청구를 확장하기 위한 항소가 허용되지 아니한다면 나머지 부분을 소구할 기회를 상실하는 불이익을 입게 되고, 따라서 이러한 경우에는 예외적으로 전부 승소한 판결에 대해서도 나머지 부분에 관하여 청구를 확장하기 위한 항소의 이익을 인정함이 상당하다고 한다.

77) 대판 1991.9.24. 91다21688.

78) 대판 2003.9.26. 2001다68914에 의하면, "부대항소란 피항소인의 항소권이 소멸하여 독립하여 항

Ⅳ. 반소

1. 의의

반소란 소송계속 중에 피고가 그 소송절차를 이용하여 원고에게 제기하는 소를 말한다(269조). 이를 인정하는 이유는 원고에게는 소의 병합 또는 변경을 인정하는 것에 대응하여 피고에게도 원고에 대한 청구의 심판을 위하여 본소절차를 이용하도록 허용하는 것이 당사자 입장에서 공평하고 소송경제를 달성할 수 있으며 관련분쟁에 관한 재판의 모순을 회피할 수 있기 때문이다.

2. 반소의 태양

(1) 예비적 반소

반소의 태양에는 본소청구의 인용 여부와 관계없이 반소청구에 대한 심판을 구하는(따라서 본소의 결론과 무관계하게 반소청구에 대하여 심판하여야 하는) 단순반소(통상반소)와 본소청구가 인용되거나 배척(각하·기각 등)되는 것을 해제조건으로 하여 반소청구에 대하여 심판을 구하는 예비적 반소가 있다. 예컨대, 소유권을 이유로 한 건물명도청구의 소에서 피고가 원고에게 건물의 소유권이 없다고 하

소를 할 수 없게 된 후에도 상대방이 제기한 항소의 존재를 전제로 이에 부대하여 원판결을 자기에게 유리하게 변경을 구하는 제도로서 피항소인이 부대항소를 할 수 있는 범위는 항소인이 주된 항소에 의하여 불복을 제기한 범위에 의하여 제한을 받지 아니한다. 원고의 청구가 모두 인용된 제1심판결에 대하여 피고가 지연손해금 부분에 대하여만 항소를 제기하고 원금 부분에 대하여는 항소를 제기하지 아니하였다고 하더라도 제1심에서 전부 승소한 원고가 항소심 계속 중 부대항소로서 청구취지를 확장할 수 있는 것이므로 항소심이 원고의 부대항소를 받아들여 제1심판결의 인용금액을 초과하여 원고 청구를 인용하였더라도 거기에 불이익변경금지의 원칙이나 항소심의 심판범위에 관한 법리오해의 위법이 없다."고 한다.

79) 대판 1992.12.8. 91다43015에 의하면, 제1심에서 원고가 전부 승소하여 피고만이 항소한 경우에 원고는 항소심에서도 청구취지를 확장할 수 있고 이는 부대항소를 한 것으로 간주된다고 한다.

80) 대판 1995.1.24. 93다25875에 의하면, 피고의 항소로 인한 항소심에서 소의 교환적 변경이 적법하게 이루어졌다면 제1심판결은 소의 교환적 변경에 의한 소취하로 실효되고 항소심의 심판대상은 새로운 소송으로 바뀌어지고 항소심이 사실상 제1심으로 재판하는 것이 되므로 그 뒤에 피고가 항소를 취하한다고 하더라도 항소취하는 그 대상이 없어 아무런 효력을 발생할 수 없다고 하여, 부대항소와 관련한 문제는 전혀 제기되지 않는다고 본다.

81) 대판 1975.5.13. 73다1449에 의하면, 구청구를 취하한다는 명백한 표시가 없이 신청구를 한 경우에 신청구가 부적법하여 법원의 판단을 받을 수 없는 청구인 경우까지도 구청구가 취하되는 교환적 변경이라고 볼 수는 없다고 한다.

82) 앞의 판결(93다25875).

83) 대판 2008.5.28. 2008두2606.

여 소유권이전등기말소의 반소를 구하는 것이 단순반소이다. 이 경우 법원은 본소청구가 인용되거나 배척되는 것에 관계 없이 반소청구에 대한 판단해야 한다. 이와 달리 매매잔대금지급 청구의 소에서 피고가 매매계약의 성립을 다투어 청구기각판결을 구하면서, 청구가 인용될 것에 대비하여 매매목적물의 인도를 구하는 반소를 제기(본소청구 인용조건)[84]하거나 청구가 기각될 것에 대비하여 부당이득으로서 이미 지급한 대금의 반환을 구하는 반소를 제기(본소청구 배척조건)하는 것이 예비적 반소이다. 인용조건인 경우에 본소청구가 배척되면 예비적 반소청구를 판단할 필요가 없으며,[85] 이와 같이 심판대상이 될 수 없는 소에 대해 1심이 판단하였더라도 그 효력은 없다.[86] 마찬가지로 배척조건인 경우에 본소청구가 인용되면 예비적 반소청구를 판단할 필요가 없다.[87]

(2) 재반소

피고의 반소에 대하여 다시 원고가 재반소를 제기하는 것을 판례는 긍정하고 있다.[88] 예컨대, 원고가 본소의 이혼청구에 병합하여 재산분할청구를 제기한 후 피고가 반소로서 이혼청구를 한 경우 원칙적으로 원고의 재산분할청구 중에는 본소의 이혼청구가 받아들여지지 않고 피고의 반소청구에 의하여 이혼이 명하여지는 경우에도 재산을 분할해 달라는 취지의 청구가 포함된 것으로 봄이 상당하다고 할 것이므로(이때 원고의 재산분할청구는 피고의 반소청구에 대한 재반소로서의 실질을 가지게 된다) 이러한 경우 원고의 본소인 이혼청구를 기각하고 피고의 반소청구를 받아들여 원·피고의 이혼을 명하게 되었다고 하더라도 마땅히 원고의 재산분할청구에 대한 심리에 들어가 원고에게 재산분할을 할 액수와 방법을 정하여야 할 것이다.

---

84) 대판 2021.2.4. 2019다202795·202801은, 점유회수의 본소청구가 인용될 것에 대비하여 피고인 본권자가 소유권에 기한 인도를 구하는 예비적 반소를 제기한 경우에 양 청구 모두 이유가 있으면 양 청구 모두를 인용해야 한다고 판시하였다.

85) 대판 1991.6.25. 91다1615·1622.

86) 대판 2006.6.29. 2006다19061·19078.

87) 한충수, 앞의 책, 700면. 대판 1996.5.10. 96다5001에 의하면, 가지급물 반환 신청(215조 2·3항)은 예비적 반소라 할 것이므로 본안에 관한 환송 후 원심판결을 파기하는 이상, 환송 후 원심의 가지급물 반환명령 부분도 그 당부를 판단할 필요도 없이 당연히 파기를 면할 수 없다고 하여 가지급물반환신청을 본소청구 배척조건의 예비적 반소로 보고 있다.

88) 대판 2001.6.15. 2001므626·633; 대결 2013.5.31. 2013마198.

(3) 제3자 반소

제3자 반소란 소송의 당사자가 아닌 소외 제3자가 반소의 당사자가 되는 것을 말한다. 즉, 피고가 제3자를 상대로 반소를 제기하거나 또는 제3자가 원고를 상대로 반소를 제기하는 것이다. 예컨대, 매매대금청구의 소에서 피고가 원고 이외의 제3자의 사기를 이유로 원고와 제3자를 상대로 손해배상청구의 반소를 제기하는 경우 또는 원고가 채권의 일부에 대한 이행을 청구하면서 채권의 잔부는 제3자에게 양도했다고 주장할 때 피고가 원고와 제3자를 상대로 채권의 일부와 잔부에 대해 부존재확인의 반소를 제기하는 것이다. 제3자 반소를 허용하면 본소청구와 관련된 분쟁을 하나의 소송절차에서 일거에 해결할 수 있어서 소송경제를 달성할 수 있고 관련 판결의 모순·저촉을 회피할 수 있게 된다.[89] 판례는 반소의 당사자는 본소의 당사자인 원고·피고임을 전제로 피고가 원고 이외의 제3자를 추가하여 반소피고로 하는 것은 원칙적으로 허용되지 않지만, 다만 피고가 제기하려는 반소가 필수적 공동소송이 될 때는 법 68조의 필수적 공동소송인의 추가의 요건을 갖추면 허용될 수 있다고 한다.[90]

(4) 반소의 강제 여부

피고는 원고에 대한 청구를 반소로 제기할 것인지, 아니면 별소로 제기할 것인지를 자유롭게 선택할 수 있다. 그러나 별소가 허용되지 않기 때문에 반소를 제기하지 않을 수 없는 경우도 있다(강제반소). 예컨대, 별소가 중복제소의 금지에 저촉하는 경우인데, 대여금청구의 소에서 피고가 매매대금채권으로 상계항변을 한 다음 그 매대대금채권에 관한 지급의 소를 제기하는 것은 중복소송으로 부적법하므로 반소의 제기가 강제될 수 있다는 것이다. 그 밖에도 분쟁의 1회적 해결과 소송경제를 위해 반소를 강제하는 것이 필요한 경우로서, 임대인의 건물인도청구에 대해 피고가 보증금반환채권으로 동시이행항변을 하는 경우에 피고로 하여금 강제로 반소를 제기하도록 하는 것이다. 동시이행항변만으로는 보증금에 관해 집행권원이 발생하지 않기 때문에 임대인이 보증금을 반환하지 않을 때 별도의 소를 제기하는 것은 소송경제에 반한다는 것을 이유로 한다.[91] 관련 분쟁의

---

89) 전병서, 앞의 책, 518면.
90) 대판 2015.5.29. 2014다235042·235059·235066.
91) 한충수, 앞의 책, 701면.

일회적 해결을 위해서 강제반소가 필요할 수는 있지만, 현행법상 명문규정이 없고 피고가 반소를 제기하지 않았을 때 그 제재로서 별소제기를 불허하게 되면 피고의 재판청구권을 침해할 가능성도 있으므로, 이는 입법을 통해 해결해야 할 문제라고 생각한다.

3. 반소의 요건

우선 소의 병합의 일반적 요건을 충족하는 것이 필요하다. 그리고 반소청구의 상대방인 원고의 방어권 확보, 소송지연 방지의 요청 때문에 다음과 같은 요건이 필요하다(269조 1항).

가. 반소청구가 본소청구 또는 방어방법과 관련이 있을 것(관련성)

이는 소의 변경에 관하여 청구기초의 동일성이 요구되는 것에 대응한다. 여기에서 반소청구와 본소청구의 관련성이란 양자가 소송물 또는 그 대상·발생원인에 있어서 사실상·법률상 공통성이 있는 것을 말한다. 그리고 반소청구가 본소의 방어방법과의 관련성이란 반소청구가 본소청구의 항변사유와 그 대상·발생원인에 있어서 사실상·법률상 공통성이 있는 경우를 말한다. 이러한 관련성이 인정되기 위해서는 방어방법이 반소제기 당시에 현실적으로, 또한 적법하게 제출되어 있어야 한다. 실기한 방어방법으로 각하된 것에 근거한 반소는 허용되지 않으며, 또한 방어방법은 실체법상 허용되는 것이어야 한다(통설).[92] 관련성은 청구기초의 동일성과 마찬가지로 사익적 요건이기 때문에[93] 반소 피고(본소 원고)의 동의가 있으면 관련성의 요건은 필요가 없다.

나. 현저하게 소송절차를 지연시키지 않을 것

이 요건은 공익적 요건으로 이의권의 포기나 상실의 대상이 되지 않는다고 보아야 할 것이다.

다. 본소가 사실심의 변론종결 전일 것

(1) 사실심 변론종결 이전일 것

본래 항소심에서 하는 반소는 반소 피고(본소 원고)의 심급의 이익을 보호하

---

92) 이시윤, 앞의 책, 728면; 박재완, 앞의 책, 552면.
93) 대판 1968.11.26. 68다1886·1887에 의하면, 피고의 반소청구에 대하여 원고는 1심 변론에서 이에 대한 이의를 제기함이 없이 변론을 하였음이 분명함으로 원고는 반소청구의 적법 여부에 대한 책문권(이의권)을 포기한 것으로 보아야 할 것이라고 한다.

기 위해서 그의 동의가 있거나 또는 심급의 이익을 해할 우려가 없는 경우에 반
소를 제기할 수 있다(412조 1항). 여기서 '상대방의 심급의 이익을 해할 우려가 없
는 경우'란 반소청구의 기초를 이루는 실질적인 쟁점이 제1심에서 본소의 청구원
인 또는 방어방법과 관련하여 충분히 심리되어 상대방에게 제1심에서의 심급의
이익을 잃게 할 염려가 없는 경우를 말한다.[94]

그리고 상대방(원고)이 이의를 제기하지 아니하고 반소의 본안에 대하여 변
론을 한 때에는 반소제기에 동의한 것으로 본다(412조).

반소는 소의 변경보다도 그 요건을 완화하고 있기 때문에 반소피고의 심급
의 이익을 보호해야 할 필요성은 크다. 그래서 412조는 소의 변경과 다르게 항소
심에서 하는 반소는 반소피고의 동의 등이 필요한 것으로 규정하였다. 이는 반소
가 본소청구뿐만 아니라 방어방법과 관련성이 있는 경우에도 제기할 수 있으므
로 청구변경의 허용범위보다 반소의 허용범위가 넓기 때문이다. 다만, 상대방의
심급의 이익을 해할 우려가 없는 경우, 즉 중간확인의 반소, 본소와 청구원인을
같이 하는 반소 또는 제1심에서 충분히 심리한 쟁점과 관련된 반소를 제기하는
경우에는 원고의 동의는 필요가 없다.[95] 이것은 심급의 이익을 손상시키지 않기
때문이다. 그리고 상대방의 동의가 없다고 하여도 그가 이의를 진술하지 않은 상
태에서 반소의 본안에 관해 변론을 한 경우에는 동의한 것으로 간주한다(412조 2
항). 그러나 반소청구기각의 답변취지만 진술한 경우에는 이의없이 변론한 것에
포함되지 않는다.[96]

---

94) 대판 2005.11.24. 2005다20064·20071.
95) 대판 2005.11.24. 2005다20064·20071; 대판 2013.1.10. 2010다75044·75051에 의하면, "형식적으
로 확정된 제1심판결에 대한 피고의 항소추완신청이 적법하여 해당 사건이 항소심에 계속된 경
우 그 항소심은 다른 일반적인 항소심과 다를 바 없다. 따라서 원고와 피고는 형식적으로 확정
된 제1심판결에도 불구하고 실기한 공격·방어방법에 해당하지 아니하는 한, 자유로이 공격 또
는 방어방법을 행사할 수 있고, 나아가 피고는 상대방의 심급의 이익을 해할 우려가 없는 경우
또는 상대방의 동의를 받은 경우에는 반소를 제기할 수도 있다. 여기서 '상대방의 심급의 이익
을 해할 우려가 없는 경우'라고 함은 반소청구의 기초를 이루는 실질적인 쟁점이 제1심에서 본
소의 청구원인 또는 방어방법과 관련하여 충분히 심리되어 상대방에게 제1심에서의 심급의 이
익을 잃게 할 염려가 없는 경우를 말한다."고 한다.
96) 대판 1991.3.27. 91다1783·1790에 의하면, 항소심에서 피고가 반소장을 진술한 데 대하여 원고
가 '반소기각 답변'을 한 것만으로는 법 382조 2항 소정의 '이의 없이 반소의 본안에 관하여 변
론을 한 때'에 해당한다고 볼 수 없다고 한다.

(2) 본소의 소송계속 여부

반소가 제기된 이후에 본소가 취하되거나 각하되어도 통상적인 반소, 즉 단순반소의 심판청구는 실효되지 않으므로 법원은 이를 심판하여야 한다. 그러나 피고가 본소에 대한 추완 항소를 하면서 항소심에서 비로소 반소를 제기한 경우 항소가 부적법 각하되면 반소도 소멸한다.[97] 또한, 반소로 인하여 청구의 후발적 병합이 발생하기 때문에 청구병합의 일반적 요건이 충족되어야 반소 제기가 가능하다. 따라서 반소는 본소와 같은 종류의 소송절차에 의하여 심판될 수 있어야 하고 반소가 다른 법원의 전속관할에 속하여서는 안 된다(269조 1항 단서).[98]

4. 관련문제 — 점유의 소와 본권에 기한 반소

점유의 소에 대하여 본권에 기하여 반소를 제기할 수 있다. 왜냐하면 양청구의 내용 또는 발생원인이 법률상·사실상 공통이고 반소청구와 본소청구의 관련성(269조 1항)을 인정할 수 있기 때문이다. 민법 208조 2항은 점유의 소에 대하여 방어방법으로 본권의 주장을 하는 것이 금지되었을 뿐이므로 본권에 기한 반소를 제기하는 것까지 금하고 있는 것은 아니다.

5. 반소의 절차·효과

반소의 제기는 소의 제기와 같이 취급되므로 반소장을 제출하여 제기하여야 하고(270조 2항) 그 기재는 소장의 그것과 같다. 반소의 제기가 적법한지 여부, 즉 반소요건은 직권으로 조사한다. 반소요건을 구비하지 못한 경우에는 반소를 각하하여야 한다. 따라서 항소심에서 상대방의 동의 없이 제기한 반소는 그 반소 자체가 부적법한 것이어서 단순히 관할 위반의 소 제기와는 다른 것으로 이를 각하하여야 한다.[99] 반소를 제기한 이후 본소와 단순반소는 단순병합관계에 해당하여 본소가 취하·각하되어도 반소에는 영향이 없다. 또한, 본소와 예비적 반소는 반소에 붙은 해제조건의 내용에 따라 반소에 대한 심판방법이 달라진다고 할 수 있다. 한편, 원고가 본소를 취하한 경우에는 피고는 원고의 동의 없이 반소를 취

---

97) 대판 2003.6.13. 2003다16962·16979.
98) 김홍규·강태원, 앞의 책, 761면; 이시윤, 앞의 책, 731면.
99) 대판 1965.12.7. 65다2034·2035.

하할 수 있다(271조). 이는 당사자의 공평 때문이다.

반소도 소의 이익이 필요하므로 본소청구의 기각만 구하는 내용의 반소는 소의 이익이 없어 각하되어야 한다. 본소의 심리에서 수집된 소송자료는 모두 반소의 소송자료로 이용할 수 있다.

6. 요건을 흠결한 반소의 취급

요건을 흠결한 반소일지라도 독립적인 소로서 요건을 갖춘 경우에는 독립적인 소로 평가하여 본소와 분리하여 심판하여야 한다. 왜냐하면 반소의 요건을 흠결했다고 해서 바로 별소로 취급하는 것까지 금지하지 않고 피고가 반소청구에 관하여 심판을 구하고 있는 이상, 가능한 한 피고의 의사를 존중하는 처리를 하여야 하기 때문이다. 따라서 반소청구에 관한 시효중단·기간준수의 효력은 반소 제기 시에 발생한다.

7. 항소의 효력

본소와 단순반소의 경우 단순병합으로 보고 본소나 반소 중 어느 일방에 불복하는 항소가 제기된 경우에는 본소와 반소 전체가 확정이 차단되고 이심이 되며 다만, 항소심 심판대상은 불복신청한 부분으로 한정된다.[100] 예비적 반소의 경우 항소의 효력에 관하여는 예비적 병합에 준하여 처리하는 것이 타당할 것이다.[101] 따라서 예비적 반소의 경우에는 본소청구를 인용하는 판결은 전부판결로서 이러한 판결에 대하여 피고가 항소하면 제1심에서 심판을 받지 않은 다음 순위의 예비적 반소도 모두 이심되는 반면, 항소심이 제1심에서 인용되었던 주위적 본소를 배척할 때에는 예비적 반소에 관하여 심판을 하여야 한다. 주위적 본소를 배척하면서 예비적 반소에 대하여 판단하지 아니하는 판결을 한 경우에는 그 판결에 대한 상소가 제기되면 판단이 누락된 예비적 반소부분도 상소심으로 이심이 되는 것이고 그 부분이 재판의 탈루에 해당하여 원심에 계속 중이라고 보아서는 안 된다. 예컨대, 본소청구 인용을 조건으로 한 예비적 반소의 경우에 본소청구가 기각되면 예비적 청구를 판단할 필요가 없지만, 이는 전부판결이므로 원고

---

100) 대판 2008.6.26. 2008다24791·24807.
101) 대판 2006.6.29. 2006다19061·19078.

가 항소하면 예비적 반소청구의 성질상 예비적 반소 부분도 당연히 이심되고 심판의 대상이 된다. 따라서 항소심이 1심판결을 취소하고 본소청구를 인용할 때에는 예비적 반소청구에 대해 심판을 하여야 한다.[102] 또한, 1심법원이 본소청구를 인용하면서 예비적 반소청구에 대해 판단을 하지 않은 경우에 피고가 항소하면 예비적 반소청구도 항소심으로 이심되고 심판의 대상이 되는 것이고 그 부분이 재판의 탈루에 해당하여 1심에 계속중이라고 보아서는 안 된다. 한편, 1심법원이 본소청구를 각하하면서 심판할 필요가 없는 본소청구 인용조건의 예비적 청구도 함께 각하하였고 이에 원고만 항소한 경우에, 판례는 예비적 반소청구에 대한 1심판결은 효력이 없는 것이며 피고가 각하된 반소에 대해 항소하지 않았다는 사유만으로 예비적 반소청구가 항소심의 심판대상이 될 수 없는 것은 아니라는 점을 이유로, 항소심에서 원고의 항소를 받아들여 본소청구를 인용하는 이상 예비적 반소청구도 심판대상이 된다고 판시하였다.[103] 관련 분쟁을 일거에 해결하기 위해 예비적 반소를 제기한 피고의 의사를 고려할 때 타당하다고 생각한다.

V. 중간확인의 소

1. 의의

중간확인의 소란 소송계속 중에 본래의 청구를 판단할 때 선결관계에 있는 법률관계의 존부에 관하여 원고 또는 피고가 추가적으로 확인을 구할 수 있는 소를 말한다(264조). 중간확인의 소는 연혁적으로 판결이유 중 판단에는 기판력이 발생하지 않기(216조 1항) 때문에 인정되었다.

2. 성질

원고가 제기하는 경우에는 소의 추가적 변경의 일종이고 피고가 제기하는 경우에는 반소의 일종이다. 그러나 본래의 청구에 선결관계의 청구를 추가하고 확인판결을 구하는 점에서는 공통점이 있다. 중간확인의 소는 통상적인 확인의

---

102) 한충수, 앞의 책, 700면.
103) 대판 2006.6.29. 2006다19061·19078.

소와의 관계에서 기존의 소송절차와 별도로 선결적 법률관계에 대한 확인의 소를 제기하는 것이 가능한 반면, 이행의 소를 제기할 때 애초부터 선결적 법률관계에 대한 확인의 소를 병합하여 제기할 수 있는데 이는 통상적인 확인의 소에 불과하다.[104]

3. 요건

우선 청구병합의 일반요건을 충족하는 것이 필요하다. 그리고 상대방 당사자의 방어권 보장의 확보 요청 때문에 다음과 같은 요건이 필요하다(265조 1항).

가. 본래적인 청구의 선결관계에 있는 법률관계에 관하여 당사자 간에 다툼이 있을 것(선결관계의 다툼)

중간확인의 소의 대상인 선결관계(선결성)는 법리상 일반적으로 선결적인 경우이면 충분한 것으로 계쟁성과 선결성이 있는 법률관계이면 충분하다. 예컨대, 소유권에 기한 인도청구소송에서 소유권의 확인을 구하는 경우이다. 요건으로 선결관계가 요구되는 것이므로 청구기초의 동일성 등은 필요가 없다. 그리고 확인의 소이기 때문에 확인의 이익이 요구된다. 또한, 본소 청구가 취하·각하되거나 확인대상인 법률관계에 대한 판단을 하지 않고서 본소청구의 결론이 내려지는 경우에는 그에 대한 판단이 소송의 결과를 좌우하는 것이 아니므로 중간확인의 소를 각하하여야 한다. 따라서 재심의 소송절차에서 중간확인의 소를 제기하는 것은 재심청구가 인용될 것을 전제로 하여 재심대상소송의 본안청구에 대하여 선결관계에 있는 법률관계의 존부의 확인을 구하는 것이므로 재심사유가 인정되지 않아서 재심청구를 기각하는 경우에는 중간확인의 소의 심판대상인 선결적 법률관계의 존부에 관하여 나아가 심리할 필요가 없다. 다만, 중간확인의 소는 단순한 공격방어방법이 아니라 독립된 소이므로 이에 대한 판단은 판결의 이유에 기재할 것이 아니라 종국판결의 주문에 기재하여야 할 것이므로 재심사유가 인정되지 않아서 재심청구를 기각하는 경우에는 중간확인의 소를 각하하고 이를 판결주문에 기재하여야 한다.[105] 또한, 중간확인의 대상은 법률관계로 한정되어 있기 때문에 서증의 진부는 중간확인의 소의 대상이 될 수 없다.[106]

---

104) 박재완, 앞의 책, 546면.
105) 대판 2008.11.27. 2007다69834·69841.

나. 사실심의 변론종결 전일 것

중간확인의 소를 상고심에서 제기할 수는 없다. 한편, 통상의 반소의 경우에 항소심에서 반소를 제기하기 위해서는 심급의 이익 때문에 상대방의 동의가 필요하지만(412조), 원고는 상대방의 동의 없이 항소심에서도 중간확인의 소를 제기할 수 있다. 마찬가지로 반소가 중간확인의 소의 형태로 제기되는 경우에도 상대방의 동의가 필요 없다고 보는 것이 통설이다.[107] 이 경우에는 제1심이 생략되지만 선결문제로서 제1심에서 심리되었으므로 심급의 이익을 해하지 않기 때문이다.

다. 확인청구에 관하여 다른 법원의 전속관할에 속하지 않을 것

토지관할의 경우 일반적인 관련재판적의 규정이 본래의 청구와 중간확인의 소 사이에도 인정될 수 있다. 그리고 본래의 소가 단독사건인데 합의부사건인 중간확인의 소가 제기된 경우 변론관할이 성립하지 않는 한 사건 전부를 합의부에 이송하는 것이 원칙이다. 그러나 본래의 소가 합의부 사건인데 단독사건인 중간확인의 소가 제기된 경우 중간확인의 소는 견련청구이므로 합의부가 심판을 할 수 있다. 다만, 중간확인의 소가 다른 법원의 전속관할에 속하는 경우에는 중간확인의 소를 전속관할인 법원에 이송하여야 한다(31조·34조 1항).[108]

라. 같은 종류의 절차에 의할 것

본래의 소가 민사사건인데 중간확인의 소가 가사사건 또는 행정사건인 경우에는 중간확인의 소를 제기할 수 없다. 민사소송에서 행정처분의 무효확인을 구하는 중간확인의 소를 제기할 수 있는지 여부와 관련하여 이는 항고소송이고 피고적격을 가지는 행정청 역시 민사소송의 당사자가 아니므로 불가능하다고 보아야 할 것이다.[109]

---

106) 이시윤, 앞의 책, 721면; 박재완, 앞의 책, 548면.

107) 김홍규·강태원, 앞의 책, 754면; 박재완, 앞의 책, 548면.

108) 이시윤, 앞의 책, 722면; 박재완, 앞의 책, 548~549면.

109) 이시윤, 앞의 책, 722면; 박재완, 앞의 책, 549면. 한편, 대판 1966.11.29. 66다1619는 "무효한 행정처분은 형식상 행정처분으로서는 존재하나 그 처분내용에 적응한 법률상 결과는 전혀 발생할 수 없는 것이므로 권한 있는 기관으로부터의 취소선언이 없다고 하여도 누구나 언제든지 그 무효를 주장할 수 있고 법원은 그 행정처분을 민사사건의 선결문제로서 심리하여 그 무효를 인정할 수 있는 것이다."고 판시하였으나, 이는 민사사건을 담당하는 법원이 선결문제로서 그 무효를 판단하고 나아가 이를 전제로 민사사건의 결론을 내릴 수 있다는 것을 의미할 뿐이고 '같은 종류의 절차에 의할 것'이라는 요건에 비추어 볼 때 행정처분에 대한 무효확인소송은 항고소송이고 피고적격을 가지는 행정청 역시 민사소송의 당사자가 아니기 때문에 같은 종류의 절차에 의할 수가 없으므로 이를 중간확인의 소로 정리할 수는 없을 것이다.

4. 절차·효과

가. 중간확인의 소는 서면으로 하여야 하고 상대방에 대한 송달이 필요하다 (264조 2항·3항). 이것도 소의 제기에 해당하기 때문에 서면주의가 적용된다. 원고의 소송대리인이 중간확인의 소를 제기하기 위해서는 특별수권을 받을 필요가 없다.

소제기로 인한 시효중단·기간준수의 효과는 중간확인의 소를 제기한 때 발생한다고 규정되어 있지만(265조) 시효중단의 효력은 소송물뿐만 아니라 선결적 법률관계나 파생적 법률관계에도 미치므로 이미 본래의 소에 의해 선결적 법률관계에 대한 시효가 중단되어 있는 경우가 대부분일 것이다.[110]

나. 중간확인의 소가 적법한지 여부는 직권으로 조사한다. 중간확인의 소의 심판은 청구의 추가적 변경 내지 반소의 제기에 준한다. 따라서 병합요건을 심리하여 흠결된 경우에는 독립한 소로 취급할 수 없는 한, 중간확인의 소를 각하하여야 한다. 병합요건이 구비된 경우 원칙적으로 단순병합이 이루어진다. 본래의 청구가 각하·취하로 된 경우에는 선결관계를 판단할 필요가 없기 때문에 원칙적으로 중간확인의 소는 각하되어야 한다.[111]

중간확인의 소와 본래의 소는 변론의 분리 또는 일부판결이 허용되지 않는다. 왜냐하면 선결관계에 있고 심리의 중복 또는 재판의 모순을 회피하기 위함 때문이다.

---

110) 박재완, 앞의 책, 550면.
111) 이시윤, 앞의 책, 722면.

제2장 다수의 당사자

제1절 공동소송

I. 의의

1. 개념

공동소송이란 하나의 소송절차에 원고 또는 피고가 1명이 아니라 2명 이상 관여하는 소송을 말한다.[1] 이를 소의 주관적 병합이라고도 한다. 여기에는 소를 제기할 때부터 공동소송인 경우와 소송참가에 의해 후발적으로 공동소송이 되는 경우가 있다. 공동소송이란 하나의 소송절차에 복수의 원고 또는 복수의 피고가 관여하는 소송을 말한다. 민사소송은 사적 분쟁을 상대적으로 해결하는 수단이기 때문에 한 명의 원고와 한 명의 피고가 대립하는 것이 일반적인 유형이겠지만 다수당사자와 관련된 분쟁을 동일 소송절차에서 동시에 심판하면 심리의 중복·재판의 모순을 회피할 수 있어 당사자 입장에서도 편리하고 소송경제에도 도움을 준다. 따라서 법은 소송지연과 당사자의 절차보장에 관한 점도 고려하면서 다수당사자소송을 인정하고 있다. 공동소송에는 통상공동소송과 필수적 공동소송이 있다.

2. 종류(발생원인에 의한 분류)

가. 합일확정의 요건에 의한 분류

[표 6-5] 공동소송의 종류 I

	통상공동소송
필수적 공동소송	고유필수적 공동소송
	유사필수적 공동소송
	예비적·선택적 공동소송[2]

---

1) 김홍규·강태원, 앞의 책, 763면; 이시윤, 앞의 책, 734면.

나. 발생원인에 의한 분류

[표 6-6] 공동소송의 종류 Ⅱ

처음부터 당사자가 복수인 경우		(고유한) 소의 주관적 병합
소송 중 당사자가 복수로 되는 경우	제3자에게 주도권이 있는 경우	소의 주관적·추가적 병합
		공동소송참가
		참가승계
	당사자에게 주도권이 있는 경우	소의 주관적·추가적 병합
		인수승계
	법원에 주도권이 있는 경우	변론의 병합
		당연승계

3. 공동소송의 일반적 요건

공동소송은 아래와 같은 주관적·객관적 요건을 기본적으로 구비하여야 하고 그 다음에 필수적 공동소송과 예비적·선택적 공동소송은 추가적으로 별개의 요건을 구비하여야 한다.

가. 주관적 요건

공동소송인으로 될 실체법적 권리자 또는 의무자 상호간에 하나의 소송절차에서 공동으로 심판을 받기에 적합한 관계가 있어야 한다(공동소송의 주관적 요건). 공동심판을 받기에 적합한 관계란 실체법적 권리 또는 의무의 상호관계에 의하여 결정된다. 즉, ① 연대채무자 상호간과 같이 실체법적 권리나 의무가 공통되는 경우, ② 동일한 교통사고로 인하여 피해를 입은 수인의 피해자 상호간과 같이 실체법적 권리나 의무의 발생원인이 공통되는 경우, ③ 동일 건물의 임대인이 수인의 임차인을 상대로 소를 제기하는 경우와 같이 실체법적 권리나 의무가 동종이거나 동종원인에 의해 발생한 경우 등이 있다.

나. 객관적 요건

공동소송인 상호간의 청구가 병합되기 때문에 청구병합의 요건을 구비하여야 한다. 따라서 공동소송인들의 또는 그들에 대한 청구가 같은 종류의 소송절차에 의하여 심판될 수 있어야 하고 또한, 관할도 공통되어야 한다.

---

2) 이 형태는 2002년 법 개정 때 새롭게 규정된 제도이다.

Ⅱ. 통상공동소송

1. 의의

통상공동소송이란 공동소송인 사이에 소송결과의 합일확정이 요청되지 않는 공동소송을 말한다. 원래 별개의 소송절차로 심판되어도 지장이 없는 성질의 복수의 원고 또는 피고의 소송이 65조의 요건을 충족한 경우 편의상 공동소송으로 되는 것을 인정한 것으로 법률상 합일확정의 필요성이 없는 것이다.[3] 대부분의 공동소송은 이 형태이다. 다만, 공동소송으로 진행할 경우 변론 또는 증거조사 등이 공통기일에 이루어지기 때문에 심리의 중복을 피할 수 있고 사실상 합일확정을 기대할 수 있으며 재판의 모순도 회피할 수 있는 장점이 있다.

2. 요건

통상공동소송이 인정되기 위해서는 다음과 같은 요건을 충족할 필요가 있다.

가. 주관적 병합의 요건

주관적 병합요건으로는 수인의 연대채무자에 대한 대여금지급청구와 같이 각 청구의 내용인 권리 또는 의무가 공통일 것(권리·의무의 공통), 주채무자에 대한 대여금지급청구와 보증인에 대한 보증금지급청구와 같이 각 청구의 내용인 권리 또는 의무가 동일한 사실상 및 법률상 원인에 기할 것(원인의 동일), 복수인에 대한 각각의 대여금지급청구와 같이 각 청구의 내용인 권리 또는 의무가 동종이고 동시에 사실상 및 법률상 동종의 원인에 기할 것(권리의무·원인의 동종)이 요구된다.

나. 객관적 병합의 요건

당사자가 복수이면 당연히 청구도 복수가 되므로 청구 병합의 일반적 요건 (253조·관할의 공통 등)을 충족할 필요가 있다. 그리고 복수의 피고에 대한 관할이 서로 다르면 병합청구의 재판적(25조 2항)이 인정될 필요가 있다.

---

3) 김홍규·강태원, 앞의 책, 764~765면; 이시윤, 앞의 책, 738면.

3. 절차·효과

가. 공동소송인 독립의 원칙

공동소송인 독립의 원칙이란 각 공동소송인은 다른 공동소송인으로부터 제약받음이 없이 각각 독립하여 소송을 수행할 수 있는 것을 말한다. 통상공동소송에서는 필수적 공동소송의 경우(67조)와 달리 공동소송인 독립의 원칙이 작용한다(66조). 따라서 어떤 공동소송인의 소송행위는 그 소송행위가 다른 공동소송인에게 유리한지, 불리한지 여부를 묻지 않고 자신에게만 유효하고 다른 공동소송인에게는 아무런 효력을 미치지 않는 것이 원칙이므로 각 공동소송인의 소송자료의 제출은 자신에게만 유효하고 다른 공동소송인에게 영향을 미치지 않는다.[4] 또한, 각 공동소송인은 소의 취하, 청구의 포기·인낙, 화해, 자백 또는 상소를 각자 할 수 있고 그 효과는 다른 공동소송인에게 영향을 미치지 않는다. 그리고 공동소송인의 일부에 관하여 소송절차의 중단·중지의 효과도 다른 공동소송인에게 영향을 미치지 않는다. 그리고 법원도 공동소송인의 일부에 관하여 변론의 분리 또는 일부판결을 하여도 된다. 통상공동소송은 원래 개별적으로 별개의 소송절차로 심판이 되어도 지장이 없는 성질의 복수당사자 간의 소송을 편의상 공동소송으로 하는 것을 허용하는 것인데 개별적으로 소송을 진행한다면 서로 간에 영향을 미칠 수 없는 상황을 반영한 것이기 때문이다.

나. 공동소송인 독립의 원칙의 수정

공동소송인 독립의 원칙을 관철할 때에는 통일적인 심판이 확보되지 않을 뿐만 아니라 판결 결과가 공동소송인 상호간에 모순될 수도 있기 때문에 당사자 간의 실효적인 분쟁해결이 저해될 우려가 있다. 이러한 것은 재판제도에 대한 신뢰성을 크게 훼손한다고 볼 수 있기 때문에 공동소송인 독립의 원칙을 제한하거나 혹은 다른 방법을 동원하여 판결 결과가 일치되도록 할 필요가 있다.[5] 이러한 필요성 때문에 심증형성 및 쟁점의 공통성을 인정하고자 증거공통의 원칙을 적용하려는 견해가 있다.

---

4) 이시윤, 앞의 책, 738면; 박재완, 앞의 책, 566면.
5) 박재완, 앞의 책, 568면.

(1) 증거공통의 원칙

증거공통의 원칙이란 당사자 일방이 제출한 증거는 상대방 당사자가 원용하지 않아도 그에게 유리한 사실인정의 자료로 삼을 수 있다는 원칙을 말한다.[6] 위와 같은 원칙을 통상공동소송과 관련하여 한 사람의 공동소송인이 제출한 증거를 다른 공동소송인이 원용을 하지 않아도 그를 위하여 유리한 사실인정의 자료로 삼을 수 있을지, 즉, 공동소송인 간에도 증거공통의 원칙을 인정할 수 있을지 문제된다. 통설은 공동소송인 간에도 증거공통의 원칙이 인정된다고 본다. 사실인정을 법원의 자유로운 판단에 위임하는 자유심증주의(202조)에서는 역사적으로 하나밖에 없는 사실에 관한 법원의 심증은 하나 밖에 없기 때문이다. 따라서 증거공통의 원칙에 의해 공동소송인 독립의 원칙(66조)은 수정된다. 다만, 증거공통의 원칙이 적용되지 않는 예외적인 경우로서, ① 공동소송인 사이에 이해관계가 상반된 경우에는 다른 공동소송인의 방어권을 보장하기 위해서 명시적인 원용이 있어야 한다. 또한 ② 공동소송인 중 한 사람이 자백한 경우(자백간주 포함)에는 자백한 공동소송인에 대해서는 자백한 대로 사실을 확정해야 한다.[7] 이때 다른 공동소송인에 대해서는 변론 전체의 취지로 영향을 미칠 수 있다.[8] 통설의 견해가 타당하다.

(2) 주장공통의 원칙

주장공통의 원칙이란, 주요사실은 반드시 주장책임을 지는 당사자가 주장하여야 하는 것은 아니기 때문에 어느 한 당사자가 주장한 주요사실이 상대방 당사자에게 불의의 타격을 줄 우려가 없으면 이를 재판의 기초로 삼을 수 있다는 것을 말한다.[9] 이러한 주장공통의 원칙이 공동소송인 상호간에도 인정될 수 있는지, 즉 공동소송인 중 한 사람이 주장한 주요사실은 다른 공동소송인이 원용하지 않아도 그에게 유리하게 이를 재판의 기초로 삼을 수 있는지 문제된다.

(가) 부정설·판례

통상공동소송은 본래적으로 개별적인 소송절차에서 심판이 되어도 지장이 없는 복수당사자의 소송이 편의상 공동소송으로 되었을 뿐이므로 공동소송인 간

---

6) 대판 1978.5.23. 78다358; 대판 2004.5.14. 2003다57697.
7) 이시윤, 앞의 책, 740면; 김홍엽, 앞의 책, 1037면.
8) 대판 1976.8.24. 75다2152.
9) 김홍엽, 앞의 책, 442면,

에 소송행위의 공통을 인정할 필요성은 없으며, 또한 주장공통의 원칙을 인정하는 것은 당사자의 주장에 나타난 소송자료만을 재판의 기초로 하는 변론주의에 반한다고 볼 수 있기 때문이라고 한다.[10]

(나) 긍정설

공동소송인 독립의 원칙(66조)은 각자가 다른 쪽으로부터 제약받지 않고서 적극적으로 소송수행을 할 수 있는 것을 의미할 뿐이고 다른 공동소송인이 적극적으로 소송행위를 하지 않은 때에는 이러한 원칙과는 관계가 없다. 이 경우에는 공동소송의 효용 또는 당사자의 공평이라는 관점에서 검토해야 한다고 한다. 즉, 어떤 공동소송인의 주장에 관하여 다른 공동소송인이 적극적으로 이것과 저촉하는 행위를 하지 않을 경우 그러한 주장이 다른 공동소송인에게 이익이 되는 한, 그 주장의 효과가 미친다고 한다. 따라서 공동소송인 중 한 사람이 상대방의 주장사실을 다투며 항변하는 등 다른 공동소송인에게 유리한 행위를 할 때 다른 공동소송인의 원용이 없어도 그에 대하여 효력이 미치게 된다.

(다) 검토

법 62조의 명문규정과 변론주의의 소송구조 등에 비추어 볼 때 통상의 공동소송에 있어서 이른바 주장공통의 원칙은 일반적으로 적용될 수 없을 것이다. 다만 소송의 결론이 당사자마다 구구해지는 것을 되도록 방지하는 것이 바람직하기 때문에 어느 공동소송인의 주장이 다른 공동소송인에게 이익이 되는 경우에 그 공동소송인이 그와 저촉되는 행위를 적극적으로 하지 않는 한, 공통주장을 하였다고 인정할 수 있으므로 이때에는 공동소송인 상호간에도 주장공통의 원칙이 적용된다고 보는 것이 타당할 것이다(제한적 긍정설).[11]

(3) 당연보조참가의 이론

공동소송인 간에 보조참가의 이익이 있는 경우 보조참가의 신청이 없다고 하여도 당연히 보조참가관계를 인정할 수 있는지 문제된다.

당연보조참가의 이론이란 공동소송인 간에 보조참가의 이익이 존재하는 경우 보조참가의 신청이 없다고 하여도 당연히 보조참가관계를 인정할 수 있고 보

---

10) 한충수, 앞의 책, 710면; 전원열, 앞의 책, 634면. 대판 1994.5.10. 93다47196.
11) 이시윤, 앞의 책, 741면; 강현중, 앞의 책, 556면; 손한기, 앞의 책, 389면. 춘천지판 1991.10.30. 91가단400.

조참가인으로서 공동소송인 1인의 주장은 다른 공동소송인의 주장으로도 된다고
하는 이론이다. 이에 관하여는 보조참가인의 주장이 다른 쪽에 영향을 미치는 것
(76조)과의 균형을 위해 긍정하여야 한다는 견해(긍정설), 어떠한 경우에 당연한
보조참가관계로 되는 것인지, 어느 정도의 참가적 효력이 있는 것인지 여부가 불
명확하기 때문에 부정하여야 한다는 견해(부정설, 통설)[12]의 대립이 있는바, 후자
가 타당하다고 생각한다.

Ⅲ. 필수적 공동소송

1. 의의

필수적 공동소송이란 소송목적이 공동소송인 모두에게 합일적으로 확정되어
야 할 공동소송을 말하고 합일확정소송이라고도 한다. 공동소송인으로 될 수 있
는 권리자 또는 의무자가 모두 원고 또는 피고로 되어야 하는지, 즉 소송공동이
강제되는지 여부에 따라 고유필수적 공동소송과 유사필수적 공동소송으로 구분
할 수 있다. 이러한 형태의 소송은 재판의 모순을 회피하는 것을 목적으로 한다.

2. 종류

가. 고유필수적 공동소송
(1) 의의

고유필수적 공동소송이란 합일확정이 요청되는 공동소송 중 전원이 당사자
로 되어야 비로소 당사자적격이 인정되는 경우를 말한다. 합일확정이 요청되는
공동소송(필수적 공동소송) 중 개별적인 소송은 허용되지 않고 공동소송인 전원이
당사자로 되지 않으면 당사자적격이 인정되지 않는 소송형태, 즉, 소송공동이 강
제되는 형태를 말한다. 이는 실체법상 관리처분권이 공동으로 귀속되는 경우에
인정된다는 점에서 실체법적 이유에 의한 필수적 공동소송이라고도 한다. 여기에
서 "필수적"이란 합일확정의 필요성과 공동소송인 전원이 당사자가 될 필요성을
의미한다.

---

12) 김홍엽, 앞의 책, 1039면.

(2) 유형

실체법상 관리처분권의 공동귀속과 관련하여 고유필수적 공동소송의 구체적 사례로 거론될 수 있는 실체법적 규정으로서는 우선 민법의 채권편 중에서 다수당사자의 채권관계에 관한 규정과 조합계약에 관한 규정, 물권편 중에서 공동소유(공유·합유·총유)에 관한 규정 등이 있다. 또한 형성권이 공동으로 귀속되는 경우에도 문제될 수 있다. 이를 구체적으로 살펴보면 다음과 같다.

㈎ 다수당사자의 채권관계

민법 채권편의 수인의 채권자 및 채무자와 관련된 규정(민법 408조 내지 448조)은 고유필수적 공동소송과 무관하다. 즉, 분할채권관계인 경우에는 각자가 일정한 비율로 권리를 갖고 의무를 부담한다는 점에서(동법 408조), 불가분채권의 경우에는 각 채권자는 단독으로 모든 채권자를 위해 이행을 청구할 수 있다는 점에서(동법 409조), 불가분채무나 연대채무의 경우에는 채권자는 어느 채무자를 상대로 하여 이행을 청구할 수 있다는 점에서(동법 411조·414조), 이들은 소송공동이 강제되지 않는다. 주채무자와 보증채무자도 마찬가지이며 채권자는 양자 모두를 공동피고로 삼을 필요가 없다.

㈏ 조합계약

민법 채권편의 조합계약에 관련한 규정은 고유필수적 공동소송이 성립하는 주요한 근거가 된다. 민법상 조합재산은 조합원의 합유이고(민법 704조) 후술하는 것처럼 조합재산에 관한 관리처분권은 조합원 전원에게 공동으로 귀속되기 때문에 조합재산이 적극재산이든, 소극재산이든 그에 관한 소송이 능동소송이든, 수동소송이든 모두 고유필수적 공동소송이 된다. 다만, 채권자는 채권발생 당시에 조합원의 손실부담 비율에 따라 각 조합원에 대해 권리를 행사할 수 있기 때문에(동법 712조), 조합채무에 관해 조합원을 상대로 소구하는 소송은 고유필수적 공동소송이 아니다.[13]

㈐ 공동소유

공유·합유 및 총유 모두에서 대상물 전체의 처분에 해당하는 행위, 합유지분권의 처분에는 구성원 모두의 의사결정이 필요하기 때문에(민법 264조·272조·276조) 고유필수적 공동소송이 성립한다. 그러나 공유지분권의 처분 및 공유와 합

---

13) 한충수, 앞의 책, 712면.

유에 있어서 보존행위는 공유자 또는 합유자가 각자 단독으로 할 수 있으므로 이에 해당하는 소송은 고유필수적 공동소송이 성립하지 않는다. 다만, 총유의 경우에는 보존행위에 관한 명문규정이 없으므로 보존행위에 관해서도 고유필수적 공동소송이 성립한다고 보아야 할 것이다.[14) 각종 공동소유에 관하여 개별적으로 살펴보면, 다음과 같다.

1) 공유의 경우

(i) 공유는 소유권이 지분의 형식으로 공존할 뿐이고 각 공유자는 자신의 지분을 자유로이 처분할 수 있기 때문에(민법 263조), 지분처분의 의미를 갖는 공유관계 소송은 소송공동이 강제되지 않는다. 따라서 공유자는 각자 자기 지분의 이전등기청구의 소를 제기할 수 있다. 그리고 공유자는 공유물에 대한 침해행위로 인한 손해배상청구권을 각자의 지분비율에 따라 행사할 수 있기 때문에,[15) 손해배상청구의 소도 고유필수적 공동소송이 아니다.[16) 한편, 공유자는 자신의 지분을 부인하는 제3자에 대하여 지분의 확인을 소구할 수 있지만, 다른 공유자의 지분확인을 구하는 것은 타인간의 권리관계의 확인을 구하는 것으로 원칙적으로 확인의 이익이 인정될 수 없다. 따라서 제3자가 공유물 전체에 대한 소유관계를 다투는 경우에는 공유자 전원이 확인의 소를 제기해야 하며, 일부 공유자만이 소를 제기하면서 다른 공유자의 지분의 확인을 구하는 것은 확인의 이익이 부정되는 것이므로 이때는 고유필수적 공동소송에 해당한다.[17)

또한 공유자를 상대로 소를 제기할 때도 소송공동이 강제되지 않는다. 예컨대, 공유자를 상대로 한 지분이전등기청구,[18) 소유권확인, 등기말소청구는 공유자 전원을 피고로 하여야 하는 고유필수적 공동소송이 아니다. 공동점유물의 인도청구, 공유건물의 철거청구[19)도 마찬가지이며, 이들 청구는 각 공유자에 대해서 지분권의 한도 내에서 인도나 철거를 구하는 것으로 볼 수 있기 때문이다.[20)

---

14) 박재완, 앞의 책, 573~574면.
15) 대판 1970.4.14. 70다171.
16) 대판 2012.9.13. 2009다23160에 의하면, 아파트에 발생한 하자와 관련된 손해배상청구는 구분소유자들 전원이 원고가 되어 소를 제기해야 하는 고유필수적 공동소송이 아니라고 한다.
17) 대판 1994.11.11. 94다35008.
18) 대판 1965.7.20. 64다412; 대판 1994.12.27. 93다32880·32897.
19) 대판 1993.2.23. 92다49218.
20) 이시윤, 앞의 책, 746면.

건축주 명의가 여러 명으로 되어 있을 때도 건축주명의변경청구는 건축주별로 동의의 의사를 표시하는 방식이 허용되기 때문에 건축주 전원을 공동피고로 해야 하는 것은 아니며, 동의하지 않는 건축주별로 피고로 삼으면 된다.[21]

(ii) 공유자는 각자 공유물에 관한 보존행위를 할 수 있다(민법 265조 단서). 보존행위는 공유물의 멸실·훼손을 방지하고 공유물의 현상을 유지하는 사실적·법률적 행위를 말하며,[22] 이와 관련된 공유관계소송은 고유필수적 공동소송이 아니다. 따라서 공유자는 각자 공유물에 대한 보존행위로서 목적물 전체에 대한 철거청구[23] 또는 등기 전부의 말소청구[24]를 할 수 있다.[25] 최근 판례에 따르면 공유물의 소수지분권자(A)가 다른 공유자와의 협의 없이 공유물의 전부 또는 일부를 독점적으로 점유·사용하고 있는 경우에 다른 소수지분권자(B)는 A를 상대로 공유물의 보존행위로서 공유물의 인도를 청구할 수 없다고 한다. 원래 보존행위는 다른 공유자에게도 이익이 되는 행위인데 이러한 공유물의 인도청구는 A와 B의 이해가 충돌하는 것으로 보존행위라고 볼 수 없고, 인도청구를 허용하면 A의 지분비율에 따른 사용·수익권까지 박탈하는 결과가 되기 때문이다. 다만 B는 자신의 지분권에 기초하여 공유물에 대한 방해 상태를 제거하거나 공동 점유를 방해한 행위의 금지 등을 청구할 수는 있다고 한다.[26]

(iii) 이와 달리 공유물분할청구의 소는 공유자가 다른 공유자 전원을 상대로 소를 제기해야 하는 고유필수적 공동소송이다.[27] 공유물분할청구권이라는 형성권을 바탕으로 하고 법원의 재량에 의해 분할방법을 정할 수 있는 형식적 형성의 소로서 형성판결은 대세효가 있으므로 법률관계의 당사자인 공유자 모두를 공동피고로 하여야 한다. 또한 토지경계확정의 소도 고유필수적 공동소송이다. 토지

---

21) 대판 2015.9.10. 2012다23863.
22) 위의 대판(94다35008).
23) 대판 1969.7.22. 69다609; 대판 1980.6.24. 80다756; 대판 1993.2.23. 92다49218.
24) 대판 1993.5.11. 92다52870. 한편, 대판 1990.12.21. 88다카20026은, 공유자가 보존행위로 등기전부의 말소를 청구하는 것이 아니라 진정명의회복을 원인으로 한 소유권이전등기를 청구하는 경우 자신의 지분을 초과하여 부동산 전부에 관한 소유권이전등기를 구할 수 없다고 한다.
25) 대결 2013.5.31. 2013마198에 의하면, 공유자가 다른 공유자의 지분권을 대외적으로 주장하는 것은 공유물의 보존행위가 아니므로 자신의 소유지분을 초과하는 부분에 대한 등기의 말소를 구할 수 없다고 한다.
26) 대판(전합) 2020.5.21. 2018다287522.
27) 대판 2012.6.14. 2010다105310; 대판 2014.1.29. 2013다78556; 대판 2022.6.30. 2020다210686·210693; 대판 2022.6.30. 2022다217506.

의 경계는 토지소유권의 범위와 한계를 정하는 중요한 사항으로서 그 경계와 관련되는 인접 토지의 소유자 전원 사이에서 합일적으로 확정될 필요가 있으므로, 인접하는 토지의 한편 또는 양편이 여러 사람의 공유에 속하는 경우에는 관련된 공유자 전원이 공동원고로 제소하고 상대방도 관련된 공유자 전원을 공동피고로 제소해야 하기 때문이다.[28] 공동상속인 사이에 어떤 재산이 피상속인의 상속재산에 속하는지 여부에 대해 다툼이 있어 일부 공동상속인 이 다른 공동상속인들을 상대로 상속재산확인의 소를 제기한 경우에도 그 재산이 상속재산에 속하고 상속재산분할의 대상이라는 점에 관하여 공동상속인 간에 합일확정이 필요하기 때문에 고유필수적 공동소송으로 보아야 할 것이다.[29]

　(iv) 복수의 채권자가 1개의 매매예약을 체결하고 그에 따라 자신들의 공동명의로 가등기를 마친 경우에 가등기에 기한 소유권이전등기의 이행을 구하는 소는 고유필수적 공동소송인지 문제된다. 판례는 매매예약의 내용에 따라 달리 판단한다. 즉, 복수의 채권자가 공동으로 매매예약완결권을 가지는 경우에는 형성권이 공동으로 귀속하는 것으로 고유필수적 공동소송이지만, 채권자 각자의 지분별로 별개의 독립적인 매매예약완결권을 가지는 경우에는 단독으로 자신의 지분에 관하여 가등기에 기한 본등기절차의 이행을 구할 수 있다고 한다.[30] 공동명의 예금자들이 예금인출을 함께 행사하기로 한 경우에도 판례는 다음과 같이 구별한다. 즉, 동업자금을 공동명의로 예금한 것이라면 예금반환채권을 준합유하는 것으로서 고유필수적 공동소송이지만, 동업 이외의 목적을 위한 것이라면 예금채권이 분량적으로 분할되어 각자에게 귀속되기 때문에 자신의 지분에 따라 예금반환청구가 가능하다. 다만 은행과 공동명의 예금자들 사이에 공동반환의 특약이 있다면 공동명의자들 모두가 공동으로 은행에 대해 지급청구를 해야 하는 부담이 있다고 한다.[31]

---

28) 대판 2001.6.26. 2000다24207.
29) 대판 2007.8.24. 2006다40980.
30) 대판(전합) 2012.2.16. 2010다82530.
31) 대판 2008.10.9. 2005다72430. 자신의 지분에 해당하는 예금반환을 구하는 당사자는 다른 공동명의자와 은행을 공동피고로 하여 공동명의자에게는 예금인출의 동의를 구하고, 은행에 대해서는 예금반환을 구하는 소를 병합할 수 있다는 견해로, 한충수, 앞의 책, 716면 각주 4).

2) 합유의 경우

합유물의 처분·변경 및 지분권의 처분은 합유자 전원의 동의가 필요하기 때문에(민법 272조·273조) 합유물에 관한 실체법상 관리처분권은 합유자 전원에게 귀속되므로 조합재산에 관한 소송은 능동소송도, 수동소송도 보존행위에 해당하는 경우가 아니면 고유필수적 공동소송에 해당한다. 예컨대, 신탁관계에서 수탁자가 수인인 경우, 공동명의로 된 무체재산권·허가권 및 면허권 등의 경우 등이다. 동일한 선정자단에서 수인의 선정당사자가 선정된 경우 및 도산절차에서 파산관재인이나 관리인이 수인인 경우에는 소송수행권이 합유적으로 귀속되며, 이들 상호간에는 고유필수적 공동소송관계가 성립된다.[32]

이와 달리 합유물에 대한 보존행위는 각 합유자가 단독으로 할 수 있다(민법 272조 단서). 합유재산의 보존행위는 합유재산의 멸실·훼손을 방지하고 그 현상을 유지하기 위해 하는 사실적·법률적 행위로서 합유자가 단독으로 할 수 있도록 한 취지는 그 보존행위가 긴급을 요하는 경우가 많고 다른 합유자에게도 이익이 되는 것이 통상적이기 때문이다. 예컨대, 경쟁입찰에 참가하기 위해 구성된 컨소시엄은 공동수급체로서 민법상 조합이며 다른 경쟁업체가 낙찰자로 선정된 경우, 낙찰자선정 무효확인의 소를 제기하는 것은 경쟁입찰과 관련하여 공동수급체가 갖는 법적 지위 내지 법률상 보호받는 이익이 침해될 우려가 있어 그 현상을 유지하기 위한 소송행위로 이는 합유재산의 보존행위이기 때문에 공동수급체의 구성원 중 1인이 소를 제기할 수 있다.[33]

3) 총유의 경우

총유형태로 재산을 소유하는 경우 예컨대, 비법인사단의 경우에는 법인 자체가 단독으로 소송을 수행할 수 있다(52조). 따라서 총유재산에 관한 소송은 법인 아닌 사단이 사원총회의 결의를 거쳐 그 명의로 할 수 있으며, 또한 그 구성원 전원이 당사자가 되어 고유필수적 공동소송의 형태로도 할 수 있다.

그러나 사단의 구성원은 설령 그가 사단의 대표자라고 하거나 사원총회의 결의를 거쳤다고 하더라도 단독으로 소송의 당사자가 될 수 없다. 이러한 법리는 총유재산의 보존행위로서 소를 제기하는 경우에도 마찬가지이다. 공유나 합유와

---

32) 한충수, 앞의 책, 713면.
33) 대판 2013.11.28. 2011다80449.

달리 총유재산에 대해서는 보존행위를 구성원 각자가 할 수 있다는 규정이 없기
때문이다.[34)]

㈐ 기타

이외에도 생존하고 있는 부모 및 자를 공동피고로 하여 제기하는 친자관계
부존재확인소송[35)] 또는 제3자가 원고가 되어 부부를 공동피고로 하는 혼인무효
확인과 같은 가사소송, 회사와 청산인을 공동피고로 하여 제기하는 상법상 청산
인의 해임소송과 같은 형성의 소,[36)] 수인의 재산관리인이 있는 파산재단에 관한
소송[37)]과 같이 재산의 관리처분권이 수인에게 귀속하는 경우에 그 재산에 관한
소송은 고유필수적 공동소송이다.[38)]

나. 유사필수적 공동소송

유사필수적 공동소송이란 합일확정이 요청되는 공동소송 중 전원이 당사자
가 되지 않아도 당사자적격이 인정되는 것을 말한다. 합일확정이 요청되는 공동
소송(필수적 공동소송) 중에서 전원이 당사자가 되지 않는 개별적인 소송이어도 무
방하지만 공동소송으로 된 경우에는 합일확정이 요청되는 소송형태를 말한다. 여
기서 '필수적'이란 합일확정의 필요성만을 의미한다.

이러한 유사필수적 공동소송의 구체적 사례로는 수인의 채권자가 공동원고
가 되어 대위소송을 제기한 경우,[39)] 동일한 특허권에 관하여 2인 이상의 자가
공동으로 특허의 무효심판을 청구한 경우,[40)] 복수의 주주가 주주총회결의 부존
재확인의 소 또는 무효확인의 소를 제기한 경우[41)] 등이 있다. 이러한 공동소송
의 형태는 판결의 효력이 당사자 이외의 제3자에게 확장될 때 인정된다. 즉, 이
들이 공동으로 소를 제기한 경우 당사자 1인이 받은 판결의 효력이 다른 공동소

---

34) 대판(전합) 2005.9.15. 2004다44971.
35) 대판 1970.3.10. 70므1.
36) 대결 1976.2.11. 75마533; 대판 2011.6.24. 2011다1323에 의하면, 집합건물의 소유 및 관리에 관한
    법률 24조 3항에서 정한 관리인 해임의 소는 관리단과 관리인 사이의 법률관계 해소를 목적으
    로 하는 형성의 소이므로 법률관계의 당사자인 관리단과 관리인 모두를 공동피고로 하여야 하
    는 고유필수적 공동소송이라고 한다.
37) 대판 2008.4.24. 2006다14363.
38) 이시윤, 앞의 책, 744면.
39) 대판 1991.12.27. 91다23486.
40) 대판 2009.5.28. 2007후1510.
41) 대판 2021.7.22. 2020다284977.

송인에게 미치므로 공동소송인 사이에 소송법상 합일확정의 필요성이 있으며, 따라서 이를 소송법상 이유에 의한 필수적 공동소송이라고도 한다.[42]

3. 공동소송형태의 선별기준

통상공동소송인지, 고유필수적 공동소송인지의 구별기준에 관한 논의가 있다. 실체법상 소송물인 권리·이익의 관리처분권이 수인에게 공동으로 귀속하고 있는지에 의한다고 하는 관리권설, 분쟁해결의 실효성·소송경제·재판의 모순회피라는 이익, 분쟁관계자의 이해득실을 비교형량하고 절차의 진행상황에 따른 대처를 해야 한다는 소송정책설, 실체법적 관점뿐만 아니라 소송법적 관점도 병행하여 판단한다고 하는 절충설의 다툼이 있는바, 판례는 관리권설을 기본으로 하면서 소송법적인 고려도 추가하고 있다고 할 수 있다.

생각건대 실체법과의 조화라는 관점에서 실체법상 단독으로 처분할 수 있는 경우에는 소송법상으로도 개별소송을 허용하여야 하고 실체법상 권리자 전원의 동의가 없으면 처분할 수 없는 경우에는 소송법상으로도 필수적 공동소송으로 취급해야 할 것이다. 나아가 소송법적인 고려를 추가하여 개별소송을 허용하면 판결의 모순·저촉에 의해 분쟁의 통일적 해결을 이루지 못하는 것이 문제시될 때에는 필수적 공동소송으로 취급하고, 필수적 공동소송을 요구하면 원고 측에서 소 제기를 거절하는 자가 있거나 피고 측에서는 일부를 탈루하여 당사자적격의 흠결로 소가 각하되어 본안판결을 통한 분쟁해결이 극히 곤란하게 될 경우에는 통상공동소송으로 취급하는 방향이 타당할 것이다.

4. 필수적 공동소송의 심판

[표 6-7] 필수적 공동소송의 심판절차

	통상공동소송	공동소송인 사이에는 공동소송인 독립의 원칙이 적용된다.
연합관계	고유필수적·유사필수적 공동소송	상호연합관계에 있지만 양자 사이에 약간의 차이가 있다.

---

42) 박재완, 앞의 책, 578면.
43) 대결 2002.1.23. 99스49.

소송자료의 통일	공동소송인 중 1인의 소송행위	·모두의 이익을 위해서만 효력을 가진다. 유리한 것이면 모두에게 효력이 있고, 불리한 것이면 모두에게 효력이 없다(67조 1항). ·공동소송인 1명의 출석하면 다른 공동소송인이 결석해도 기일불출석 효과(자백간주, 취하간주)는 발생하지 않는다. ·공동소송인 1명이 기간(상소·재심기간)을 지켰으면 다른 사람이 기간을 지키지 못해도 기간을 어긴 효과가 생기지 않는다. ·불리한 소송행위도 공동소송인 전원이 하면 효력이 있다. 고유필수적 공동소송 1인이 취하하여도 그 효력은 발생하지 않는 반면,[43] 유사필수적 공동소송의 공동소송인은 각자 자신의 소를 취하할 수 있다.
	공동소송인 중 1인에 대한 소송행위	·모든 공동소송인에 대하여 유효하지만(67조), 법원의 통지·송달 등에는 그 적용이 없다.
소송진행의 통일		·필수적 공동소송에서 공동소송인 가운데 한 사람에게 소송절차의 중단 또는 중지 사유가 있는 경우 그 중단 또는 중지는 모두에게 효력이 미친다(67조 3항). ·공동소송인별 변론분리는 허용되지 않는다.
판결		·판결의 결론은 단일하여야 한다. ·유사필수적 공동소송에서는 일부 공동소송인에 관련된 소는 각하될 수 있다. ·일부판결은 허용되지 않는다. ·일부 공동소송인에 대한 판결이 누락된 경우 상소에 의해 구제받아야 한다. ·소송요건의 경우 공동소송인별로 조사하여야 한다. 일부 공동소송인에 대한 소송요건의 흠결이 있는 때에는 고유필수적 공동소송의 경우 소 전체를 각하하여야 하고, 유사필수적 공동소송의 경우 해당 공동소송인이 관련된 부분만 각하한다. ·고유필수적 공동소송에서 당사자 누락이 있는 경우 당사자적격이 흠결되어 소가 각하된다. 이 경우 치유방법으로는 필수적 공동소송인의 추가(68조), (누락된 당사자에 대한) 별소제기 후 변론병합 등이 있다. 또한 공동소송참가도 가능하다(다수설).[44]
상소		·공동소송인별로 각자 판결정본을 송달받은 때 상소기간이 각자 진행한다. ·공동소송인 중 1명이 적법하게 제기한 상소는 모든 공동소송인에게 유효하고 판결은 모든 공동소송인에 대하여 차단되어 사건 전부가 상소심으로 이심된다. ·공동소송인 중 1인에 대하여 상대방이 적법하게 제기한 상소도 모든 공동소송인에 대하여 유효하다. 다만, 상소를 제기하지 않은 공동소송인의 지위는 단순한 상소심당사자에 불과하다(통설·판례). 따라서 필수적 공동소송에서 당사자표시 중 상고하지 않은 피고에 대해서는 '피고, 상고인'으로 표시하지 않고 단순히 '피고'라고만 표시하며 그에 대해서는 불복범위를 정하거나 상소취하를 할 수 없고,[45] 주문 중 상고비용을 상고한 피고에게만 부담시킨다.[46]

---

44) 이시윤, 앞의 책, 750면; 박재완, 앞의 책, 581면.

45) 이시윤, 앞의 책, 752면.

46) 대판 1993.4.23. 92누17297; 대판 1995.1.12. 94다33002.

5. 준필수적 공동소송(이론적 합일확정소송)

실체법상 혹은 소송법상으로 합일확정이 요구되는 경우는 아니지만 합일확정이 실천적으로 요청되는 경우를 준필수적 공동소송(또는 이론상 합일확정소송)이라고 하고 이러한 경우 소송결과를 일치시키기 위하여 필수적 공동소송의 심판방식을 적용하자는 견해가 있다. 이것은 통상공동소송 중 권리·의무 자체나 그 발생원인이 공통되거나 상호 밀접한 관련성이 있는 경우에 성립한다고 하면서 예컨대, 수인에 대한 소유권확인청구, 수인의 연대채무자에 대한 청구 등을 그 예로 들고 있지만 통설·판례는 위와 같은 준필수적 공동소송의 주장에 동조하고 있지 않다.[47]

6. 고유필수적 공동소송의 피고를 탈루한 경우의 처리

피고로 되어야 할 공동소송인의 일부를 탈루한 경우 당사자적격을 흠결하게 된다. 따라서 원칙적으로 부적법하게 되는데 그렇게 될 경우 원고 입장에서는 가혹하고 소송경제에 반한다. 그래서 필수적 공동소송인의 추가(68조), 공동소송참가(83조) 등이 있으면 하자는 치유되고, 또한 법원 입장에서도 보정을 명하여야 한다(통설).

7. 공동소송의 비교

[표 6-8] 공동소송의 비교

	통상공동소송	유사필수적 공동소송	고유필수적 공동소송
공동소송의 제기	강제 없음		강제 있음
합일확정의 요청	없음	있음	
심판의 방식	공동소송인 독립의 원칙(66조)	필수적 공동소송의 특칙이 있음(67조)	
변론의 분리, 일부판결	할 수 있다.	할 수 없다.	

---

47) 김홍규·강태원, 앞의 책, 773면; 이시윤, 앞의 책, 749면; 박재완, 앞의 책, 582면. 대판 1991.4.12. 90다9872.

Ⅳ. 공동소송의 형태

1. 고유한 소의 주관적 병합

고유한 소의 주관적 병합이란 복수의 원고 또는 복수의 피고가 소제기를 할 때부터 한 가지 형태의 소로 청구하는 소송을 말한다. 이것을 소의 주관적 병합, 원시적·주관적 병합이라고도 한다. 고유한 소의 주관적 병합에도 병합의 형태에 따라 ① 단순병합, ② 선택적 병합, ③ 예비적 병합이 있을 수 있다. ①이 인정되는 것은 당연하지만 ②, ③은 다툼이 있다.

2. 소의 주관적·예비적 병합 및 주관적·선택적 병합

가. 의의

소의 주관적·예비적 병합이란 양립할 수 없는 복수의 원고 또는 복수의 피고의 청구에 순위를 부여하여 주위적 청구가 인용되는 것을 해제조건으로 하여 예비적 원고 또는 예비적 피고에 대한 청구를 병합하는 소송을 말한다. 예컨대, 주위적으로 유권대리를 전제로 본인에게 소구하고 이것이 기각되는 경우를 대비하여 예비적으로 무권대리를 이유로 대리인에게도 무권대리인의 책임을 추궁하는 것이 피고 측의 예비적 병합이다. 또한, 주위적으로 채권양수인이 채무자에게 이행을 소구하고 채권양도의 효력이 다투어지는 경우를 대비하여 예비적으로 채권양도인도 소구하는 것이 원고 측의 예비적 병합이다.

소의 주관적·선택적 병합이란 양립할 수 없는 복수의 원고 또는 복수의 피고의 청구에 순위를 붙이지 않고 어느 한 청구가 선택되어 인용되는 것을 해제조건으로 하여 다른 청구를 병합하는 소송이다. 예컨대, 위 사례에서 유권대리 또는 무권대리 중 어느 한 청구가 택일적으로 인용되면 나머지 청구는 기각되는 유형의 공동소송이다.[48]

나. 인정 여부

종래에는 소의 주관적·예비적 병합을 인정하여도 좋은 것인지 여부에 대하여 다툼이 있었다. 판례는 이것을 부정한 반면, 통설은 이것을 긍정하고 있었다. 그러나 2002년 법개정 때 예비적·선택적 공동소송(70조)이 인정됨에 따라 인정

---

48) 김홍규·강태원, 앞의 책, 773~774면 참조.

여부에 관한 논쟁은 해결되었다. 70조는 공동소송인 가운데 일부의 청구가 다른 공동소송인의 청구와 법률상 양립할 수 없거나 공동소송인 가운데 일부에 대한 청구가 다른 공동소송인에 대한 청구와 법률상 양립할 수 없는 경우에는 필수적 공동소송(67조 내지 69조)을 준용하고(70조 1항) 법원은 모든 공동소송인에 관한 청구에 대하여 판결을 하여야 한다(동조 2항).

다. 성립범위

(1) 형태

예비적·선택적 공동소송은 피고가 여러 명인 경우뿐만 아니라 원고가 여러 명인 경우도 있다. 또한, 공동소송인의 청구 또는 공동소송인에 대한 청구의 관계가 주위적·예비적일 수도 있고 선택적일 수도 있다. 예비적·선택적 병합은 원시적으로도, 후발적으로도 발생할 수 있다.

한편, 70조 1항 본문이 규정하는 '공동소송인 가운데 일부에 대한 청구'를 반드시 '공동소송인 가운데 일부에 대한 모든 청구'라고 해석할 근거는 없으므로 주위적 피고에 대한 주위적·예비적 청구 중 주위적 청구부분이 인용되지 아니할 경우 그와 법률상 양립할 수 없는 관계에 있는 예비적 피고에 대한 청구를 인용하여 달라는 취지로 결합하여 소를 제기하는 것도 가능하고 이 경우 주위적 피고에 대한 예비적 청구와 예비적 피고에 대한 청구가 서로 법률상 양립할 수 있는 관계에 있으면 양 청구를 병합하여 통상의 공동소송으로 보아 심리·판단할 수 있다.[49] 예컨대, 원고가 갑을 주위적 피고로 하고 을을 예비적 피고로 하여 소를 제기하면서, ① 갑에 대해서는 주위적으로 보증계약에 따른 약정금의 지급(A청구)을 구하고, ② 만일 갑의 불법행위로 인한 보증계약의 무효로 A청구가 기각될 때를 대비하여 예비적으로 불법행위로 인한 손해배상의 지급(B청구)을 구하고, ③ 을의 공동불법행위자인 병에 대해서도 불법행위로 인한 손해배상의 지급(C청구)을 구하는 것이다. 이때 A청구와 C청구는 법률상 양립할 수 없으므로 을과 병은 주관적·예비적 공동소송관계에 있으며, B청구와 C청구는 법률상 양립할 수 있으므로 을과 병은 통상 공동소송관계에 있게 된다.

(2) 법률상 양립가능성

㈎ 기본적으로 판례는 양립가능성을 넓게 파악하고 있다. 즉, 70조 1항에 있

---

49) 대판 2009.3.26. 2006다47677; 대판 2014.3.27. 2009다104960·104977.

어서 '법률상 양립할 수 없다'는 것은 동일한 사실관계에 대한 법률적인 평가를 달리하여 두 청구 중 어느 한 쪽에 대한 법률효과가 인정되면 다른 쪽에 대한 법률효과가 부정됨으로써 두 청구가 모두 인용될 수는 없는 관계에 있는 경우이거나 당사자들 사이의 사실관계 여하에 의하여 또는 청구원인을 구성하는 택일적 사실인정에 의하여 어느 일방의 법률효과를 긍정하거나 부정하고 이로써 다른 일방의 법률효과를 부정하거나 긍정하는 반대의 결과가 되는 경우로서 두 청구들 사이에서 한 쪽 청구에 대한 판단이유가 다른 쪽 청구에 대한 판단이유에 영향을 주어 각 청구에 대한 판단과정이 필연적으로 상호 결합되어 있는 관계를 의미한다. 예컨대, 대리인의 대리권 유무가 다투어질 때 본인을 주위적 피고로 하여 계약상 채무의 이행을 구하고 대리인을 예비적 피고로 하여 무권대리인으로서 책임의 이행을 구하거나,50) 주위적 피고를 상대로 이전등기청구를 구하고 예비적 피고를 상대로 주위적 피고의 이전등기 불능을 원인으로 한 손해배상청구를 구하거나,51) 주위적 피고인 법인을 상대로 계약상 채무의 이행청구를 하고 예비적 피고인 대표이사를 상대로 한 불법행위에 기한 손해배상청구를 하거나,52) 채권자가 채무자를 대위하여 주위적 피고인 제3채무자에게 소유권이전등기의 말소를 구하고 예비적 피고인 채무자에게 자신에 대한 소유권이전등기의무의 이행불능으로 인한 손해배상을 구하는 경우53)가 예비적 공동소송에 해당된다. 그러나 예컨대, 부진정연대채무 관계에 있는 채무자들을 공동피고로 하여 이행의 소가 제기된 경우 공동피고에 대한 각 청구는 법률상 양립할 수 없는 것이 아니므로 법 70조 1항에 규정된 예비적·선택적 공동소송이 아니다.54) 또한, 대리인의 대리권 유무가 다투어질 때 본인을 주위적 피고로 하여 계약상 채무의 이행을 구하고 대리인을 예비적 피고로 하여 무권대리인으로서 책임의 이행을 구하거나, 주위적 피고를 상대로 이전등기청구를 구하고 예비적 피고를 상대로 주위적 피고의 이전등기 불능을 원인으로 한 손해배상청구를 구하거나, 주위적 피고인 법인을 상대로 계약상 채무의 이행청구를 하고 예비적 피고인 대표이사를

---

50) 김홍규·강태원, 앞의 책, 774면; 이시윤, 앞의 책, 753면.
51) 대판 2011.9.29. 2009다7076.
52) 대판 2009.3.26. 2006다47677.
53) 대판 2008.3.27. 2005다49430.
54) 대판 2012.9.27. 2011다76747.

상대로 한 불법행위에 기한 손해배상청구를 하거나, 채권자가 채무자를 대위하여 주위적 피고인 제3채무자에게 소유권이전등기의 말소를 구하고 예비적 피고인 채무자에게 자신에 대한 소유권이전등기의무의 이행불능으로 인한 손해배상을 구하는 경우가 예비적 공동소송에 해당된다.

(나) 실체법적으로 서로 양립할 수 없는 경우뿐만 아니라 예컨대, 당사자적격이 어떤 공동소송인에게 인정되면 다른 공동소송인에게는 부정될 수밖에 없는 경우와 같이 소송법상으로 서로 양립할 수 없는 경우를 포함한다. 예컨대, 법인 또는 비법인 등 당사자능력이 있는 단체의 대표자 또는 구성원의 지위에 관한 확인소송에서 그 대표자 또는 구성원 개인뿐만 아니라 그가 소속된 단체를 공동피고로 하여 소가 제기된 경우에는 누가 피고적격을 가지는지에 관한 법률적 평가에 따라 어느 한 쪽에 대한 청구는 부적법하고 다른 쪽의 청구만이 적법하게 될수 있으므로 이는 70조 1항의 예비적·선택적 공동소송의 요건인 각 청구가 서로 법률상 양립할 수 없는 관계에 해당한다. 또한, 아파트 입주자대표회의 구성원개인을 피고로 삼아 제기한 동대표지위부존재확인의 소의 계속 중에 아파트 입주자대표회의를 피고로 추가하는 주관적·예비적 추가가의 경우에도 누가 피고적격자인지에 따라 어느 한 쪽에 대한 청구만 적법하게 되므로 허용된다.[55]

(다) 한편, 실체법상 양립할 수 없는 각 청구에 순위를 붙이지 않고 어느 한 청구를 택일하여 인용할 것을 구하면 주관적·선택적 공동소송이 된다.

라. 심판방법

[표 6-9] 주관적 예비적·선택적 공동소송의 심판방법

개요	·70조는 예비적·선택적 병합이 성립한 경우 공동소송인 사이에 소송결과가 모순되지 않도록 하고 있지만 동조 단서는 필수적 공동소송의 심판방식의 적용을 부정하고 있다.	
소송자료의 통일	70조 1항 본문	·예비적·선택적 공동소송에 67조를 준용한다. ·준용범위에 대해서는 전면적 준용설, 불준용설, 제한적 준용설의 대립이 있으나 67조 전부가 준용된다고 보아야 명문의 규정에 부합한다.
	70조 1항 단서	·소의 취하, 청구의 포기·인낙, 화해의 경우 전체적으로 조문의 문언에 충실하게 이들 소송행위가 언제나 유효하고 나머지 소송에 아무런 영향을 미치지 않는다는 견해가 있는 반면, 조문의 문언에 불구하고 예비적·선택적 공동소송의 특성상 통상공동소송과 다를 수 있다고 하는 견해가 있다.

---

55) 대결 2007.6.26. 2007마515.

	· 위 견해의 대립 중 전자의 견해를 일응 지지한다.
소송진행의 통일	· 공동소송에서 1인의 공동소송인에게 발생한 소송중단사유는 다른 공동소송인에게 영향을 미치고 공동소송인 별로 변론의 분리는 허용되지 않는다.
판결	· 공동소송인별로 일부판결을 할 수 없다. 일부공동소송인에 대한 판결 누락의 경우 상소에 의해 구제받아야 한다.[56] · 주위적 피고에 대한 청구를 인용하는 경우 예비적 피고에 대한 청구를 기각하고 선택적 피고 중 1인에 대한 청구를 인용하는 경우에는 나머지 피고에 대한 청구를 기각하는 것이 원칙이다. 다만, 모든 피고들에게 청구를 기각하는 것이 불가능한 것은 아니지만 모든 공동소송인에 관하여 청구인용판결이 선고되는 것은 불가능하다.[57]
상소	· 공동소송인 1인에 대한 상소가 제기되면 모든 공동소송인에 관한 청구가 확정차단되어 상소심으로 이심되어 심판대상이 된다. · 상소가 제기되지 않은 공동소송인에 관한 청구에는 불이익변경금지의 원칙이 작용하지 않는다.[58] 따라서 예비적 병합의 경우 주위적 청구가 기각되고 예비적 청구가 인용되어 피고가 항소한 경우 주위적 청구는 심판대상이 되지 않지만 예비적·선택적 공동소송에서는 주위적 피고에 대한 청구가 기각되고 예비적 피고에 대한 청구가 인용되어 예비적 피고가 항소한 경우 항소심은 주위적 피고에 대한 청구까지 모두 판단하여야 한다. 이때 항소심에서 주위적 피고에 대한 청구가 인용되고 예비적 피고에 대한 청구가 기각되는 경우도 발생할 수 있다. · 부진정연대채무관계에 있는 채무자를 공동피고로 하여 이행의 소가 제기된 경우 공동피고에 대한 각 청구는 법률상 양립할 수 없는 것이 아니므로 그 소송은 본래 의미의 예비적·선택적 공동소송이라고 할 수 없어 거기에 필수적 공동소송에 관한 67조는 준용되지 않는다고 할 것이어서 상소로 인한 확정차단의 효력도 상소인과 그 상대방에 대해서만 생기고 다른 공동소송인에 대한 관계에는 미치지 않는다.[59]

3. 소의 주관적·추가적 병합

가. 의의

(1) 주관적·추가적 병합이란 소송계속 중에 당사자 또는 제3자가 자신의 의사에 따라 후발적으로 공동소송을 성립시키는 경우를 말한다. 이것은 당사자 및 제3자에게도 추가적으로 병합심판을 구하는 권리를 보장하는 것이다. 구체적으로 보면 이는 소송계속 중에 종래의 당사자가 자신의 의사에 따라 제3자에 대한 청구를 종래의 소송에 추가하거나 또는 제3자가 자신의 의사에 따라 당사자와 대립하는 청구를 종래의 당사자 간의 소송에 추가하여 후발적으로 공동소송을 성립시키는 경우를 말한다.

---

56) 대판 2011.2.24. 2009다43355.
57) 박재완, 앞의 책, 589면.
58) 대판 2008.3.27. 2006두17765.
59) 대판 2012.9.27. 2011다76747.

(2) 당사자를 소송계속 중에 추가시키는 방법으로서는 별소를 제기하여 종래 소송과의 변론병합(141조)을 구하는 경우도 생각할 수 있다. 그러나 변론병합을 할 것인지는 법관의 재량에 위임되어 있으므로 당사자 또는 제3자가 주도권을 가지고서 병합심판을 구할 수 있는 주관적·추가적 병합이 필요하다.

명문규정이 있는 경우로서 필수적 공동소송인의 추가(68조), 예비적·선택적 공동소송인의 추가(70조), 공동소송참가(83조), 참가승계(81조), 인수승계(82조)가 있다.

명문이 없는 경우로서 예컨대, 제3자에 의한 주관적·추가적 병합(참가형)으로는 불법행위에 기한 손해배상청구에서 동일사고의 다른 피해자가 가해자에 대한 손해배상청구를 제기하여 병합심판을 구하는 것이다. 그리고 당사자에 의한 주관적·추가적 병합으로는 불법행위에 기한 손해배상청구에서 원고가 가해자의 사용인을 피고로 하여 병합심판을 구하거나, 공동권리자의 일부로부터 소구된 피고가 스스로 원고가 되어 다른 공동권리자를 피고로 하여 소극적 확인청구를 제기하여 병합심판을 구하거나, 보증채무의 이행에 대한 청구를 제소당한 피고(보증인)가 패소에 대비하여 주채무자를 피고로 하여 구상청구를 제기하여 병합심판을 구하는 경우 등이 있다.

(3) 법은 선정당사자를 확대하는 방법으로 계속 중인 소송의 원고 또는 피고와 공동이익을 가지는 제3자는 그 원고 또는 피고를 선정당사자로 하여 선임할 수 있게 하였다(53조 2항). 이 경우에는 구술변론종결에 이르기까지 선정자에게 관련청구의 추가가 필요하다. 또한, 항소심에서 선정자에게 이러한 청구를 추가할 때에는 상대방의 동의 또는 상대방이 이의를 진술하지 않고서 변론한 사실이 필요할 것이다. 이것은 임의적 소송담당이 허용되는 경우의 한 가지이지만 제3자의 의사에 의한 주관적·추가적 병합과 같은 목적을 달성할 수 있다.

나. 적부

주관적·추가적 병합은 명문이 있는 경우(81조 이하) 이외에도 인정할 수 있는가? 소의 주관적·추가적 병합은 65조의 병합요건을 충족하는 한, 원칙적으로 인정된다. 왜냐하면 변론의 병합에서 법원의 재량을 부정하고 당사자 또는 제3자에게 병합심판을 구할 권리를 보장할 수 있는 점, 법원도 심리의 중복을 피할 수 있어 소송경제에 도움을 주고 재판의 모순을 회피할 수 있는 점 때문이다. 원래 당사자에게 소송자료의 유용을 기대할 수 있는지, 제3자의 심급이익을 해하지 않는지, 소송의 복잡화 또는 지연이 발생하지 않는지 등도 고려하여 인정할 수 있는 범위를 한정하여야 한다(긍정설).

이와 달리 부정설(실무)는 별소를 제기시키고 법원이 변론을 병합하는 것으로 대처하면 충분하기 때문에 소의 주관적 추가적 병합을 인정할 실익이 없다고 한다.

제2절 소송참가

I. 의의

1. 개념

소송참가란 소송계속 중에 제3자가 그 소송에 가입하는 것을 말한다. 민사소송은 당사자 간의 분쟁해결을 목적으로 하는 것이지만 사회가 복잡하게 되면서 당사자 간의 소송결과가 제3자의 법률상 지위에 영향을 미치는 경우가 발생할 수 있다. 그래서 타인 간에 계속 중인 소송에 제3자가 자신의 법률상 지위를 지키기 위해서 참가하는 것을 인정하였다.

2. 종류

소송참가는 당사자로서 참가하는 경우(당사자참가), 당사자에 준하는 지위로 참가하는 경우(비당사자참가)가 있다. 전자에는 공동소송참가(83조), 독립당사자참가(79조), 후자에는 보조참가(71조)와 공동소송적 보조참가(78조)가 있다.

[표 6-10] 소송참가의 종류 I

당사자참가	공동소송참가	판결효의 확장 및 당사자적격이 있다.
	독립당사자참가	판결효의 확장 및 당사자적격이 있다. 종류: 사해방지 참가, 권리주장 참가
비당사자참가	보조참가	판결의 결과에 대한 이해관계가 있다.
	공동소송적 보조참가	판결효의 확장이 있지만 당사자적격은 없다.

[표 6-11] 소송참가의 종류 II

	보조참가 (71조)	공동소송적 보조참가(78조)	공동소송참가 (83조)	독립당사자참가 (79조)
지위	보조참가인		당사자	
구조	2당사자대립구조		3당사자소송	
적격	당사자적격 없음		당사자적격 있음	
판결효	참가적 효력만	판결효 있음		

Ⅱ. 보조참가

1. 의의

보조참가란 타인 간에 소송계속 중 그 소송결과에 관하여 이해관계가 있는 제3자(보조참가인)가 당사자 일방(피참가인)을 승소시켜 자기의 이익을 지키기 위하여 당사자의 승소보조자로서 그 소송에 참가하는 것을 말한다(71조).

2. 요건

보조참가의 요건으로 제3자가 타인 간의 소송결과에 관하여 이해관계를 가지는 것이 필요하다(71조).

가. 타인 간의 소송이 계속 중일 것

자기가 당사자인 소송의 상대방을 위하여 보조참가를 하는 것은 무의미하기 때문에 허용되지 않는다. 다만, 통상공동소송에서는 자기의 공동소송인이나 그 상대방을 위하여 보조참가를 할 수 있다. 예컨대, 공동불법행위의 공동피고로 된 통상공동소송인의 일인이 같은 피고에 대한 구상권을 확보하기 위하여 원고 측에 보조참가를 하는 것은 인정된다. 왜냐하면 통상공동소송에서는 공동소송인 독립의 원칙(66조)이 타당하고 상대방 당사자와 다른 공동소송인 간의 소송은 타인 간의 소송이라고 할 수 있기 때문이다.

그리고 독촉절차와 같이 판결절차로 전환할 수 있는 경우에도 보조참가가 가능하다. 당사자대립주의가 나타날 것이 예정되어 있는 보전절차(가압류·가처분 명령절차)에서도 보조참가는 가능하지만[60] 이러한 구조를 갖지 못한, 예컨대 강제

---

60) 대판 2002.4.26. 2000다30578; 대판 2004.12.10. 2004다38921·38938에 의하면, 보전소송도 민사소

집행절차에서 매각허가결정(민사집행법 128조·130조)과 같은 결정절차에서는 보조참가를 할 수 없다.[61] 즉, 대립하는 당사자구조를 갖지 못한 결정절차에서는 보조참가를 할 수 없다.

한편, 보조참가는 상고심에서도 가능하다. 판결선고 이후 상소를 하기 위한 보조참가 및 판결확정 이후 재심청구를 위한 보조참가도 가능하다. 즉, 이 경우 보조참가와 동시에 상소 또는 재심청구를 할 수 있다(72조 3항). 이처럼 소송 계속 이외에 종국판결이 확정된 이후에도 보조참가가 가능하다.

나. 제3자가 소송결과에 관하여 이해관계를 가지는 경우(=보조참가의 이익)

무의미한 소송참가를 방지하기 위하여 제3자에게는 소송에 참가할 이익이 있어야 한다. 이를 참가의 이익 또는 참가이유라고 하며, 보조참가의 경우에는 제3자가 소송결과에 관하여 이해관계를 가질 때 참가의 이익이 긍정된다.

(1) 이해관계

여기에서의 이해관계는 법률상 이해관계를 뜻한다. 법률상 이해관계가 있는 사건이라면 동일사건이 아니라 동종사건에 관련되어 있다는 것을 이유로 한 보조참가도 허용된다. 그러나 단순히 감정적·경제적 이해 또는 사실적 이해만으로는 충분하지 않다. 예컨대, 대학입시 합격자인 원고의 피고에 대한 등록금환불청구가 인용되면 피고와 마찬가지로 사립대학을 경영하고 있는 제3자에게도 위 소송의 간접적 영향으로서 파급효가 미치게 되어 교육재정의 대부분을 차지하는 등록금제도 운영에 차질이 생기게 된다는 것은 위 소송의 결과에 사실상·경제상의 이해관계에 불과한 것이다.[62] 반면에 원고가 건물소유권에 기한 방해배제청구로서 피고에 대해 건축주명의변경절차의 이행을 구하는 소송에서 원고가 패소할 경우 매매계약이 해지되는 것을 조건으로 하여 해당 건물을 매수한 제3자는 위 소송의 결과에 대하여 법률상 이해관계를 갖는다.[63]

송절차의 일환으로서 대립당사자의 존재를 전제로 하는 것이다. 따라서 이미 사망한 자를 채무자로 한 처분금지가처분신청은 부적법하고 그 신청에 따른 처분금지가처분결정이 있었다고 해도 그 결정은 당연무효로서 그 효력이 상속인에게 미치지 않는다고 한다.

61) 대결 1973.11.15. 73마849; 대결 1994.1.20. 93마1701.
62) 대판 1997.12.26. 96다51714; 대판 2018.7.26. 2016다242440.
63) 대결 2014.5.29. 2014마4009.

(2) 소송결과

소송결과에 이해관계가 있다는 것은 당해 소송의 판결을 전제로 하여 보조참가를 하려는 자의 법률상의 지위가 결정되는 관계에 있는 경우를 의미한다.[64] 즉, 판결주문에서 판단되는 소송물인 권리관계의 존부가 참가인의 법적 지위에 영향을 미치는 경우로서, 피참가인이 승소하면 참가인의 법률상 지위가 유리해지고 패소하면 그 지위가 불리하게 될 때를 말한다. 따라서 피참가인이 패소하면 그로부터 구상청구나 손해배상청구를 당하게 되는 등 불리한 영향을 받을 제3자는 소송결과에 법률상 이해관계를 갖는다고 할 수 있다.[65] 예컨대, 채권자가 보증인을 상대로 한 보증채무이행의 소에서 보증인이 패소하면 구상청구를 당할 주채무자는 보증인측의 승소를 위해 보조참가를 할 수 있다. 또한 피참가인이 패소하면 참가인의 권리확보에 지장이 있는 경우로서, 예컨대 부동산 이중양도의 경우에 어느 한 매수인이 매도인을 상대로 한 소유권이전등기청구의 소에서 매도인이 패소하면 이전등기를 받을 수 없는 다른 매수인은 매도인측의 승소를 위해 보조참가를 할 수 있다.

소수설은 소송의 결과(71조)라고 하는 것의 의미에 관하여는 여기에서 "소송결과"의 의미에 관하여 다툼이 있다. 소송결과(71조)의 의미에 관하여는 판결주문 중 판단에 국한된다고 한다. 왜냐하면, 이렇게 이해하는 것이 조문에 솔직하고 판결이유 중 판단이 제3자의 지위에 영향을 미친다고 하여도 통상적으로는 사실상의 것에 지나지 않기 때문이다. 한편, 소송결과를 판결주문 중의 판단뿐만 아니라 판결이유 중 주요한 쟁점에 관한 판단도 포함된다고 이해하는 견해가 있다. 당사자가 어떠한 이유로 패소한 것인지 여부는 제3자의 법률상 지위에 결정적으로 영향을 미치는 경우가 많고 피참가인 패소의 경우에는 참가적 효력(77조)이 발생하는데 참가의 범위를 확대함으로써 참가적 효력에 대한 분쟁의 일회적 해결의 요청에도 합치하기 때문이라고 한다. 그러나 소송결과에 대한 이해관계는 판결주문 중의 판단에 국한하여 영향을 받는 것으로 보아야 할 것이다. 이렇게 이해하는 것이 법조문에 솔직하고 판결이유 중의 판단이 제3자의 지위에 영향을 미친다고 하여도 통상적으로는 사실상의 것에 지나지 않기 때문이다. 따라

---

64) 대판 1979.8.28. 79누74; 대판 2010.2.11. 2009다70395; 대판(전합) 2017.6.22. 2014다225809.
65) 김홍규·강태원, 앞의 책, 807면; 이시윤, 앞의 책, 785~786면.

서 예컨대 동일한 교통사고의 피해자 A와 B중 A가 가해자를 상대로 한 손해배상청구의 소에서 다른 피해자 B는 A의 소송결과에 이해관계를 갖는다고 볼 수 없다.[66] 판결이유 중에 나타난 가해자의 불법행위에 관한 판단은 B의 법률상 지위에 어떠한 영향을 주는 것이 아니며, 설혹 A가 소송에서 패소하더라도 B는 가해자를 상대로 소를 제기하여 승소할 수도 있기 때문에 보조참가의 이익을 인정할 수 없다. 더구나 B가 집행권원을 얻기 위해서는 보조참가를 할 것이 아니라 가해자를 상대로 소를 제기해야 하기 때문이다. 반면에 교통사고를 원인으로 한 손해배상청구소송의 사실심에서 공동피고 A·B·C 중 A에 대한 청구만 인용되자 A가 상고하지 않은 원고를 위해 보조참가신청을 함과 동시에 B·C를 상대로 상고를 제기한 사안에서, 판례는 손해배상책임을 지는 불법행위자는 피해자가 다른 공동불법행위자들을 상대로 제기한 손해배상청구소송의 결과에 대하여 법률상 이해관계를 갖는다고 하여 C는 원고를 위하여 보조참가를 할 수 있다고 하였다.[67] 원고가 B·C에 대해 패소하면 A는 B·C에 대해 전혀 구상금 청구를 할 수 없게 되어 소송결과인 판결주문에 대하여 이해관계를 갖기 때문이다.[68] 이와 같이 참가인이 누구를 위해 참가하느냐에 따라 보조참가의 이익에 관한 판단이 달라질 수 있다.

3. 절차

판례[69]는 불법행위로 인한 손해배상책임을 지는 자는 피해자가 다른 공동불법행위자들을 상대로 제기한 손해배상청구소송의 결과에 대하여 법률상 이해관계를 갖는다고 할 것이므로 위 소송에 원고를 위하여 보조참가를 할 수 있다고 한다. 보조참가의 신청은 참가의 취지 및 이유를 명확하게 하여 계속 중인 법원에 하여야 한다(72조). 그런데 공동소송인 간에 보조참가의 이익이 존재하는 경우에는 보조참가의 신청이 없다고 하여도 당연히 보조참가관계를 인정할 것인지 여부가 다투어지고 있는데 이를 인정하기 위한 요건·효과가 명확하지 않기 때문에 부정하여야 할 것이다.

---

66) 위의 책, 787면.
67) 대판 1999.7.9. 99다12796.
68) 한충수, 앞의 책, 754면.
69) 위의 판결(99다12796).

그리고 제3자가 소송의 양당사자 모두에 대해서 보조참가의 이익을 가지는 경우에는 피참가인을 한정하지 않고 쟁점마다 양당사자 중 어느 한쪽에 대하여 보조참가를 할 수 있다. 이러한 경우에도 참가인의 절차보장을 위해서는 양자에 대한 보조참가를 인정하는 것이 타당하며, 쟁점마다 보조참가의 신청 및 취하를 반복하게 하는 것은 번잡하기 때문이다.

당사자는 보조참가신청에 대하여 이의를 신청할 수 있고 이 경우 법원은 허부 결정을 하여야 한다. 허부결정은 종국판결에서 하여도 무방하고 법원의 허부 결정에 대하여 당사자는 즉시항고를 할 수 있다(73조). 다만, 상대방이 이의신청 없이 변론하면 이의신청권을 상실한다(74조).

4. 보조참가인의 지위

가. 지위

보조참가인은 자기의 이익을 도모하기 위하여 소송에 참가하기 때문에 독립하여 소송수행을 하도록 하게 할 필요가 있다(독립성). 반면, 보조참가인은 피참가인을 보조하기 위하여 참가하는 것이 때문에 피참가인의 이익을 위하여 그의 소송행위는 제한을 받으므로 청구의 변경, 반소 또는 중간확인의 소를 제기할 수는 없다(종속성). 이와 같이 보조참가인의 지위는 독립성과 종속성을 가진다. 생각건대, 종속성을 중시하고 독립성은 종속성의 범위 내에서만 인정되는 것에 불과하다고 하여야 할 것이다.[70]

나. 독립성

보조참가인은 당사자의 대리인이 아니므로 독자적으로 소송에 관여한다. 이를 위하여 법원은 보조참가인에게 기일통지·송달 등을 피참가인과 별도로 하는 등 독자적인 소송관여를 보장하여야 한다. 또한, 원칙적으로 피참가인의 승소를 위하여 필요한 일체의 소송행위를 할 수 있다(76조 1항 본문). 예컨대, 공격방어방법의 제출, 이의신청, 상소의 제기 또는 재심의 소 등이다. 또한, 보조참가에 관하여 당사자능력·소송능력이 필요할 뿐만 아니라 소송비용은 피참가인과는 별도로

---

[70] 한충수, 앞의 책, 758면. 반대: 정동윤·유병현·김경욱, 앞의 책, 1067면(보조참가제도의 활성화를 위하여 참가인은 원칙적으로 독립적인 지위를 가지고 다만 피참가인과 상대방의 이익을 위하여 그 독립성이 제한받는 것으로 이해한다).

정해진다. 그리고 보조참가인은 언제라도 참가신청을 취하할 수 있다.

다. 종속성

(1) 보조참가인은 판결을 받는 당사자가 아니라 제3자에 불과하다. 따라서 판결의 명의인으로 되지 않는다. 당사자신문의 대상으로도 되지 않고 오히려 증인·감정인적격이 있다. 그리고 보조참가인에게 사망 등의 중단사유가 발생하여도 소송은 중단되지 않는다.

또한, 보조참가인이 보조참가를 할 때 소송의 정도에 따라 피참가인이 할 수 없는 것은 할 수 없다(76조 1항 단서). 예컨대, 피참가인이 제출하면 시기에 늦어서 각하되는 공격방어방법의 제출은 허용되지 않는다.

피참가인의 상소기간 경과 이후에 보조참가인은 자신의 상소기간이 경과되지 않았다고 하여 상소할 수 있는지에 관하여 다툼이 있지만 보조참가인의 상소기간은 피참가인의 상소기간에 한정된다(통설·판례).[71] 왜냐하면 당사자인 피참가인의 경우 상소기간의 경과에 의해 상소제기를 할 수 없게 되었음에도 당사자에 종속해서만 소송수행이 허용되고 있는 참가인에게 상소제기를 인정하는 것은 76조 1항 단서에 반하기 때문이다. 이에 반하여 보조참가인은 기일소환, 판결문 판결서의 송달을 받기 때문에 그의 절차보장을 중시하여 독자적으로 상소기간을 산정하는 견해도 있다.

한편, 보조참가인의 행위가 피참가인의 행위와 저촉하는 때에는 피참가인의 의사가 우선하므로 보조참가인의 행위의 효력은 발생하지 않는다(76조 2항). 예컨대, 피참가인이 자백하면 보조참가인이 이것을 다투어도 부인의 효과는 발생하지 않는다. 또한, 피참가인은 보조참가인이 제기한 항소를 취하하거나 항소권을 포기할 수 있다.[72]

보조참가인은 피참가인이 상소를 포기한 후에 상소제기 등과 같이 76조 1항 단서, 2항이 규정한 행위, 소송을 처분·변경하는 행위 또는 피참가인에게 불리한 행위는 할 수 없다. 왜냐하면 보조참가는 피참가인을 승소시키고자 참가하는 것을 인정하는 제도이기 때문이다. 따라서 보조참가인은 소송을 처분하는 행위, 즉

---

71) 김홍규·강태원, 앞의 책, 811면; 이시윤, 앞의 책, 790면. 대판 1968.8.19. 69다949; 대판 2007.9.6. 2007다41966.
72) 대판 2010.10.14. 2010다38168.

소취하, 소변경, 청구의 포기·인낙, 화해, 상소권의 포기 등도 불가능하다.

마찬가지로 보조참가인은 재판상 자백을 할 수 없다. 왜냐하면 보조참가인은 피참가인을 승소로 이끌기 위하여 참가가 허용된 이상, 당사자의 지위를 불리하게 하는 행위는 할 수 없고 특히, 대등한 관계에 있는 필수적 공동소송인일지라도 자백을 할 수 없는 점(67조 1항)과의 균형 때문에 그러하다. 이에 관하여 재판상 자백은 사후적 사실보고라는 성격을 가지고 있으므로 재판상 자백을 긍정하면서 피참가인이 이의를 진술하면 자백의 효력을 부정하는 견해도 있다.

(2) 보조참가인은 피참가인의 사법상 권리행사를 할 수 있는지에 관하여는 학설상 대립이 있다.

(가) 부정설(다수설)

보조참가인에게 피참가인의 사법상 권리행사가 인정되는 경우(민법 404조 등)를 제외하고 당연히 권리행사를 할 수 없다고 한다. 왜냐하면 그 권리행사가 사법행위이고 소송수행상 필요하고 적절하다고 할지라도 보조참가인은 행사할 권한을 가지고 있지 못하기 때문이다.[73] 다만, 보조참가인이 피참가인의 권리를 행사하여 소송상 상정된 경우 피참가인이 지체없이 그 권리 행사에 대한 의사가 없는 것을 명시하지 않으면 무권대리행위를 묵시적으로 추인하였다고 평가할 수 있다. 왜냐하면 피참가인도 자신의 승소를 원하는 것이 통상적이고 참가인의 행위를 부정할 기회가 부여되어 있는 이상, 묵시적 추인을 인정하여도 피참가인에게 불이익이 될 가능성이 적기 때문이다.[74]

(나) 긍정설(소수설)

보조참가인은 피참가인의 사법상 권리를 행사할 수 있다고 한다. 왜냐하면 보조참가인은 참가를 인정받은 이상, 모든 수단을 이용하여 피참가인의 승소를 도모하여야 할 독자적인 이익이 있다고 보아야 하고 피참가인이 행사하지 않는 실체법상 권리가 아무리 유력한 공격방어방법이라고 할지라도 이를 사용하지 못하는 점에서 보면 참가인의 지위는 매우 약한 것으로 되어 버리기 때문이다. 다만, 형성권 행사에 의해 피참가인이 불이익을 받는 경우(예: 상계권)에는 피참가인의 이의를 인정하고 이의를 하면, 76조 2항에 의해 참가인의 권리행사를 배제할

---

73) 이시윤, 앞의 책, 791면; 정동윤·유병현·김경욱, 앞의 책, 1069면; 전병서, 앞의 책, 564면.
74) 강현중, 앞의 책, 591면.

수 있다고 한다.[75]

5. 보조참가인에 대한 판결의 효력

가. 원칙적으로 보조참가인에 대하여도 유효

보조참가인이 관여한 소송의 재판은 원칙적으로 보조참가인에게도 그 효력이 미친다(77조). 다만, 이러한 재판의 효력의 성질·범위에 관하여는 다툼이 있지만 소송의 정도에 따라 피참가인이 소송행위를 할 수 없거나 그 소송행위가 효력을 가지지 아니하는 때(77조 1호), 피참가인이 참가인의 소송행위를 방해한 때(77조 2호), 피참가인이 참가인이 할 수 없는 소송행위를 고의 또는 과실로 하지 아니한 때에는 보조참가인에 대하여 재판의 효력이 미치지 않는다(77조). 이는 보조참가인에 대한 절차보장이 결여되어 있기 때문이다.

나. 보조참가인에 대한 판결효의 성질

보조참가인에 대한 판결효(77조)의 성질에 관하여는 다음과 같은 다툼이 있다.

(1) 참가적 효력설(통설·판례)

보조참가인에게 미치는 판결효는 기판력과는 달리 신의칙상 인정되는 특수한 효력으로 피참가인이 패소한 이후에 피참가인이 참가인을 상대로 소송을 하는 경우 그 소송에서 참가인이 피참가인에 대하여 원래의 소송내용이 부당하다고 주장할 수 없는 구속력을 말한다(패소책임의 분배).[76] 따라서 판례는 전소 확정판결의 결론의 기초가 된 사실상 및 법률상의 판단으로서 보조참가인이 피참가인과 공동이익으로 주장하거나 다툴 수 있었던 사항에 한하여 참가적 효력이 미친다고 한다.[77] 이러한 패소책임의 분배 때문에 참가적 효력은 참가인과 피참가인 사이에서만 발생하는 것으로 파악한다.

그러나 이 견해에 대하여 단순히 소송고지를 한 때에도 참가적 효력이 발생

---

75) 김홍규·강태원, 앞의 책, 810면; 손한기, 앞의 책, 416면.
76) 김홍규·강태원, 앞의 책, 812면; 이시윤, 앞의 책, 792면; 정동윤·유병현·김경욱, 앞의 책, 1070면; 호문혁, 앞의 책, 889면; 손한기, 앞의 책, 417면; 정영환, 앞의 책, 947면; 전병서, 앞의 책, 565면; 전원열, 앞의 책, 674면.
77) 대판 1997.9.5. 95다42133. 한편, 대판 2015.5.28. 2012다78184에 따르면, 전소가 확정판결이 아닌 '화해권고결정'에 의해 종료된 경우에는 확정판결에서와 같은 법원의 사실상 및 법률상의 판단이 이루어졌다고 할 수 없기 때문에 참가적 효력이 인정되지 않는다고 한다. 그리고 대판 2019.6.13. 2016다221085는, 마찬가지 이유로 '조정에 갈음하는 결정'에 대해서도 참가적 효력을 인정하지 않는다.

하고(86조) 77조에는 제외사유가 있다고 하는 비판이 있다.

(2) 기판력설

보조참가인에 대한 판결효의 성질은 기판력이라고 한다. 이는 77조의 문언상 당연하다고 한다.

(3) 신기판력설

보조참가인에 대한 판결의 효력을 참가인과 피참가인 사이 및 참가인과 상대방 사이로 구분하여, 전자에서 발생하는 효력은 참가적 효력이고 후자에서 발생하는 효력은 기판력이라고 본다.[78] 기판력설이나 신기판력설에 대해서는 기판력은 당사자의 승패나 주관적 책임과 관계없이 발생하는데, 77조의 효력은 그렇지 않다는 점에서 비판을 받는다.[79]

다. 참가적 효력과 기판력의 차이

참가적 효력은 피참가인이 패소한 경우에만 피참가인과 보조참가인 사이에 발생하는 효력으로 판결이유 중 사실상 및 법률상 판단에도 발생한다. 그리고 참가적 효력은 소송고지로도 발생할 뿐만 아니라(86조) 보조참가인에게 다툴 기회가 부여되면 충분하고 참가적 효력에는 법정제외사유가 있으며(77조) 이를 당사자가 원용하여야 법원은 비로소 이를 고려한다.

[표 6-12] 기판력과 참가적 효력의 비교표[80]

	기판력	참가적 효력
직권조사 여부	직권조사사항	항변사항
주관적 범위	소송당사자	참가인－피참가인
객관적 범위	주문에만 한정	판결이유 중 사실인정, 법률판단에도 미침
주관적 사정 고려 여부	없음	있음(참가효의 배제)

라. 보조참가인에 대한 판결효의 범위

77조의 효력은 피참가인이 패소한 경우에만 피참가인·보조참가인과의 사이

---

78) 강현중, 앞의 책, 592면.
79) 정동윤·유병현·김경욱, 앞의 책, 1070면.
80) 박재완, 앞의 책, 622면.

에 발생하는 참가적 효력이기 때문에 보조참가인과 상대방 당사자간에는 아무런 효력도 발생하지 않는다. 보조참가인이 피참가인과 함께 주장·입증을 다하였음에도 불구하고 소송의 결과에 관하여 자기의 책임을 면제받는 것은 불합리하다. 당사자 간에 분쟁의 반복을 방지하기 위해서는 보조참가인에게 충분한 절차보장의 기회가 부여된 이상, 기판력 또는 쟁점효의 확장을 인정하는 것이 바람직하다는 견해도 있다. 이에 따르면, 보조참가인과 상대방 당사자간에는 청구 자체의 판단이 보조참가인의 권리관계의 선결문제로 되어 있는 때에는 기판력의 확장을, 주요한 쟁점에 관하여 직접적인 이해를 가지는 때에는 77조의 제한 하에서 쟁점효의 확장을 인정하여야 한다고 한다. 그러나 신기판력설에서는 보조참가인·상대방 당사자간의 구속력을 긍정하지만 충분한 절차보장이 되어 있는 것이 전제로 되어야 한다.

Ⅲ. 공동소송적 보조참가

1. 의의

공동소송적 보조참가란 판결의 효력이 제3자에게 미치는 경우 그 제3자가 보조참가하는 것을 말한다. 공동소송적 보조참가인에게는 필수적 공동소송인에 준하는 소송수행권이 부여된다(78조). 공동소송적 보조참가에서는 판결의 효력을 받는 제3자가 당사자적격이 없지만 자기의 이익을 지키기 위하여 그 소송에 참가하는 것을 말한다. 예컨대, 파산관재인이 수행하는 소송에 판결효를 받지만 당사자적격이 없는 파산자 본인이 참가하는 경우이다(218조 3항·채무자 회생 및 파산에 관한 법률 359조). 제3자에게는 판결의 효력이 미치기 때문에 통상적인 보조참가와는 달리 공동소송인에 준하는 지위를 부여할 필요가 있을 것이다. 그리고 재판의 효력이 참가인에게 미치는 경우에는 유사필수적 공동소송과 공동소송참가의 성립범위와 동일하다.[81] 따라서 당사자적격이 인정되어 공동소송참가가 가능한 경우에 참가인은 공동소송참가를 할 것인지 또는 보조참가를 할 것인지를 선택할 수 있고 보조참가를 선택하면 그 성격은 공동소송적 보조참가가 된다.

---

81) 박재완, 앞의 책, 622~623면.

2. 요건

공동소송적 보조참가의 요건으로 당사자의 판결효력이 제3자에게 미칠 것, 제3자가 당사자의 청구에 관하여 당사자적격이 없을 것이 필요하다.

3. 공동소송적 보조참가인의 지위

(1) 공동소송적 보조참가인은 판결효를 받기 때문에 통상적인 보조참가인보다도 강한 지위가 부여되고 필수적 공동소송인의 입장에 가깝게 된다(독립성의 강화). 다만, 당사자적격을 갖지 않기 때문에 보조참가인으로서 종속성이 남는다.

(2) 통상적인 보조참가인과의 차이 — 독립적인 지위

참가인은 피참가인의 행위와 저촉되는 소송행위를 할 수 있지만 양자 모두에게 이익이 있는 경우에만 효력이 있다(78조·67조 1항). 보조참가인의 상소제기는 참가인과 피참가인 모두에게 이익이 되므로 보조참가인이 상소를 제기한 다음 피참가인의 상소의 포기·취하는 효력이 없다.[82] 참가인의 상소기간은 피참가인과는 달리 독립하여 계산된다.[83] 그러나 소의 취하,[84] 청구의 포기·인낙, 화해를 할 수 없으며, 자백은 피참가인에게 불이익한 것이므로 참가인은 이를 할 수 없다. 재심의 소에 공동소송적 보조참가인이 참가한 후 피참가인이 공동소송적 보조참가인의 동의없이 한, 재심의 소 취하는 무효이다. 재심의 소를 취하하는 것은 재판의 효력과 직접적인 관련이 있는 소송행위로서 확정판결의 효력이 미치는 공동소송적 보조참가인에 대하여는 불리한 행위이다. 따라서 재심의 소에 공동소송적 보조참가인이 참가한 후에는 피참가인이 재심의 소를 취하하더라도 공동소송적 보조참가인의 동의가 없는 한 효력이 없다.[85]

보조참가인에게 사망 등 중단사유가 발생한 경우에는 참가인을 제외한 소송진행이 참가인의 이익을 해하는 경우에는 소송절차를 중단하여야 한다(66조 3항 유추).

---

82) 대판 1970.7.28. 70누35.
83) 대판 2012.11.29. 2011두30069.
84) 대결 2013.3.28. 2012아43에 의하면, 피참가인은 공동소송적 보조참가인의 동의 없이 소를 취하할 수 있다고 한다. 공동소송적 보조참가는 유사필수적 공동소송에 준하는 것인데 원고들 일부가 소를 취하할 때 다른 공동소송인의 동의를 받을 필요가 없는 것을 근거로 한다. 같은 취지, 대판 2013.3.28. 2011두13729.
85) 대판 2015.10.29. 2014다13044.

(3) 종속적인 지위

법 67조 1항이 준용되는 것을 제외하고 공동소송적 보조참가인은 당사자가 아니므로 피참가인에 대해 종속적인 지위를 갖는다. 통상의 보조참가인과 마찬가지로 공동소송적 보조참가인도 참가 당시의 소송상태를 전제로 피참가인을 보조하기 위해 참가하는 것이므로, 참가할 때의 소송 진행정도에 따라 피참가인이 할 수 없는 행위는 할 수 없다(76조 1항 단서). 예컨대 재심의 소를 제기할 피참가인이 이미 사망하여 재심의 소가 허용되지 않을 때는 공동소송적 보조참가인도 재심의 소를 제기할 수 없게 된다.[86] 또한 피참가인이 이미 자백한 사항을 단독으로 취소할 수 없으며 시기에 늦은 공격방어방법도 제출할 수 없다.[87] 당사자만이 할 수 있는 청구변경이나 반소제기도 할 수 없다.

4. 소송고지

가. 의의

소송고지란 소송계속 중 당사자가 소송참가를 할 수 있는 이해관계가 있는 제3자에 대하여 법정방식에 따른 소송계속의 사실을 통지하는 것을 말한다(84조 1항). 고지자의 입장에서 자기가 패소한 경우에 피고지자에게 참가적 효력을 미친다는 실익이 있다(86조). 또한, 보조참가인이 될 수 있는 자에게 보조참가의 기회를 보장하는 것이기도 하다.

나. 요건

소송계속 중이어야 한다. 다만, 심급을 묻지 않는다(통설).[88] 이에 대하여 피고지인의 변론기회를 보장하기 위하여 사실심의 구술변론종결 전에 한한다고 하는 견해도 있다. 고지권자는 소송당사자 이외에 보조참가인, 고지를 받은 자도 포함된다(84조 2항). 소송고지의 방식은 고지의 이유, 소송의 정도를 기재한 서면을 법원에 제출하는 방식으로 한다(85조 1항). 피고지인은 소송에 참가할 수 있는 제3자이고(84조 1항) 보조참가·공동소송참가·독립당사자참가 중 어떠한 유형의 소참가를 하든 묻지 않는다.

---

86) 대판 2018.11.29. 2018므14210.
87) 한충수, 앞의 책, 766면.
88) 김홍규·강태원, 앞의 책, 818면; 이시윤, 앞의 책, 799면.

다. 효과

피고지자가 소송고지를 받은 이후에 소송참가를 할 것인지, 그리고 참가의 형식을 어떠한 방식으로 할 것인지 여부는 그의 자유이다. 당사자참가의 경우에는 판결의 기판력을 받고 보조참가의 경우에는 참가적 효력을 받게 된다.[89] 다만, 참가하지 않아도 그가 보조참가할 수 있었을 때 보조참가한 것과 마찬가지의 효력, 즉 고지자와 피고지자 간에는 참가적 효력(77조)이 발생하게 된다(86조). 이때 보조참가를 실제로 한 경우와 균형을 맞추기 위하여 피고지자가 고지자와 공동이익으로 주장하거나 다툴 수 있는 사항에 한하여 참가적 효력을 인정한다.[90] 또한, 77조가 정한 참가적 효력이 배제되는 사유들도 적용된다.

소송고지의 의의는 피고지자에게 실질적으로 절차보장의 기회를 주는 것에 있기 때문에 피고지자가 고지자의 상대방 측에 참가하는 것을 인정하여도 무방할 것이다. 이와 관련하여 이러한 소송고지의 효과가 항상 발생하는 것인지 여부가 다투어진다. 즉, 예컨대, A·B 간의 소유권확인청구소송에서 매도인 A는 제3자 C가 자기의 대리인이 아니었다고 주장하면서 C에게 소송고지를 하였기 때문에 C가 매수인 B에게 보조참가를 하였던 바, 표현대리가 인정되어 A가 패소하였다. 이후 A가 C에게 무권대리를 이유로 손해배상청구를 제기하였는데 C가 대리권의 존재를 주장할 수 있는가? 소송고지의 효과로서 A·C 사이에 참가적 효력이 발생하여 C는 대리권의 존재를 주장할 수 없게 된다는 견해가 있다.[91]

그러나 고지자와 피고지자 사이에 이해의 대립이 있고 피고지자가 참가할 수 없는 경우에는 참가적 효력은 발생하지 않는다는 견해가 있다. 왜냐하면 고지에 의해 77조의 효력이 인정되는 근거는 피고지자에게 절차보장의 기회가 부여되기 때문이다. 따라서 고지자와 피고지자의 이해가 일치되지 않고 그 때문에 피고지자가 참가할 수 없는 경우에는 참가적 효력을 미치게 할 근거가 없다. 따라서 C는 대리권의 존재를 주장할 수 있다고 보아야 할 것이다.

그리고 소송고지에 채무이행을 청구하는 의사가 담겨있는 경우에는 시효중단과 관련하여 최고로서의 효력이 있다.[92] 이러한 소송고지로 인한 시효중단의

---

89) 박재완, 앞의 책, 624면.
90) 대판 1986.2.25. 85다카2091.
91) 한충수, 앞의 책, 770면.
92) 대판 2009.7.9. 2009다14340.

효력은 소송고지서를 제출한 때에 발생한다.[93]

Ⅳ. 공동소송참가

가. 의의

공동소송참가란 소송계속 중에 제3자가 원고 또는 피고의 공동소송인으로 참가하는 것으로 참가하면 합일확정이 요청되는 경우를 말한다(83조). 참가의 결과 합일확정이 요청되는 경우, 즉 필수적 공동소송으로 되는 경우에 인정할 수 있다(83조 1항).

나. 요건

공동소송참가의 요건은 제3자에게 판결효가 미치는 경우이고 동시에 제3자가 당사자적격을 가지는 경우이어야 한다.

(1) 소송계속 중일 것

공동소송참가는 당사자적격을 갖고 있는 제3자가 참가하는 것이므로 신소 제기의 실질을 갖는다. 판례는 항소심에서의 참가[94]를 허용하지만 법률심인 상고심에서는 신소 제기가 불가능하기 때문에 공동소송참가를 허용하지 않는다. 그러나 통설은 참가를 하지 않더라도 어차피 기판력을 받게 되므로 방어의 기회를 부여하기 위해서라도 상고심에서의 공동소송참가를 허용한다.[95]

(2) 합일확정이 요청될 것(83조 1항)

소송목적이 한쪽 당사자와 제3자에게 합일적으로 확정되어야 할 경우(83조), 즉 제3자에게 판결효가 미치는 경우이어야 한다. 제3자가 공동소송참가에 의해 원고측 또는 피고측 어느 한쪽과 공동소송인이 되는데 판결효가 확장되므로 유사필수적 공동소송이 된다. 이와 같이 공동소송참가는 유사필수적 공동소송을 전제로 만들어진 제도로써 원칙적으로 유사필수적 공동소송이 성립하는 범위와 같다. 특히 반사적 효력을 인정하는 입장에 설 때 반사적 효력이 당사자 이외의 자에게 확장되는 경우에도 공동소송참가를 할 수 있다고 한다.[96]

---

93) 대판 2015.5.14. 2014다16494.
94) 대판 2002.3.15. 2000다9086.
95) 김홍규·강태원, 앞의 책, 745면; 이시윤, 앞의 책, 820면.
96) 이시윤, 앞의 책, 821면; 박재완, 앞의 책, 614면.

(3) 제3자는 당사자적격을 가질 것

공동소송참가를 하는 제3자는 스스로 적법하게 소를 제기할 수 있어야 한다. 별소 제기에 갈음하는 당사자의 참가이기 때문이다. 이러한 의미에서 당사자적격이 흠결된 경우 공동소송참가는 불가능하고 보조참가만 가능한데 이때의 보조참가는 판결효가 미치는 공동소송적 보조참가가 된다. 고유필수적 공동소송으로 공동당사자로 되어야 할 자를 탈루한 경우에도 공동소송참가를 인정하여 보정시켜야 할 것이다(통설).[97] 참가신청은 참가취지(원·피고 중 누구에게 참가하는지 여부) 및 이유(합일확정의 요청)를 명확하게 하여 소송이 계속된 법원에 제기하여야 한다(83조 2항, 72조).

이와 관련하여 제3자 소송담당이 주로 문제되는바, 특히 채권자대위소송에서 본인, 즉 채무자가 공동소송참가를 할 수 있는지 여부이다. 채권자대위소송을 법정소송담당이라고 보는 통설·판례의 입장에서는 채권자대위소송의 계속 중 채무자가 공동소송참가를 하는 것은 중복제소에 해당된다고 볼 수 있고 따라서 공동소송적 보조참가만이 가능하다. 반면, 채권자대위소송 중 다른 채권자는 공동소송참가를 할 수 있다고 본다. 즉, 채권자대위소송이 계속 중인 상황에서 다른 채권자가 동일한 채무자를 대위하여 채권자대위권을 행사하면서 공동소송참가신청을 할 경우 양 청구의 소송물이 동일하다면 83조 1항이 요구하는 '소송목적이 한쪽 당사자와 제3자에게 합일적으로 확정되어야 할 경우'에 해당하므로 그 참가신청은 적법하다.[98] 한편, 회사의 주주대표소송에서는 공동소송참가를 인정하는 명문의 규정을 두고 있다(상법 404조 1항).

다. 절차

공동소송참가는 신소 제기의 실질을 가지므로 서면으로 신청하여야 한다. 또한, 법은 공동소송참가에 보조참가의 신청방법에 관한 규정(72조)을 준용하고 있다. 그러나 73조에 의한 이의신청은 보조참가와 달리 불가능하다(통설).[99] 참가신청은 일종의 소의 제기이기 때문이다.

---

97) 김홍규·강태원, 앞의 책, 821면; 이시윤, 앞의 책, 821면; 정동윤·유병현·김경욱, 앞의 책, 1083면.
98) 대판 2015.7.23. 2013다30301·30325.
99) 김홍규·강태원, 앞의 책, 822면; 이시윤, 앞의 책, 822면; 정동윤·유병현·김경욱, 앞의 책, 1084면.

라. 효과

법원은 참가신청에 대해 직권으로 참가요건을 심사하여 흠결이 있는 경우에는 판결로 각하한다. 참가신청이 적법한 경우 소송은 필수적 공동소송(67조)으로 되어 당연히 필수적 공동소송의 심판방식이 적용되고 참가인은 당사자로서 판결을 받는다. 판결에는 합일확정이 요청된다.

Ⅴ. 독립당사자참가

1. 의의

독립당사자참가란 소송계속 중에 제3자가 소송의 당사자 쌍방 또는 일방에 대하여 자기의 청구를 제시하여 동시에 판결을 구하는 참가를 말한다(79조 1항). 즉, 이미 2당사자 간에 소송이 계속 중인 상황에서 제3자가 독립적인 당사자로서 소송의 원·피고의 쌍방 또는 일방에 대하여 자기의 청구에 근거하여 소를 제기하고 동시에 모순 없는 판결을 구하는 참가를 말한다. 이 때문에 원고·피고·참가인 사이의 3면소송(다면소송)이 형성된다.

통상적인 소송은 2당사자대립의 원칙을 취하고 있다. 그러나 3명 이상의 자가 서로 대립할 수 있는 형태의 분쟁이 발생한 경우 2당사자대립의 소송으로 분해하여 처리하여야 한다면 심리가 중복되고 소송이 비경제적이며 재판의 모순이 발생할 우려가 있다. 그래서 이미 계속 중인 2당사자 간의 소송에 제3자가 참가하는 형태의 독립당사자참가가 인정되었다.

여기에는 '소송목적의 전부나 일부가 자기의 권리라고 주장'하는 권리주장참가와 '소송결과에 따라 권리가 침해된다고 주장'하는 사해방지참가가 있다.

2. 소송구조

독립당사자참가에 따른 소송은 3명 이상의 자가 독립적인 지위에서 대립하는 3면소송이다. 즉, 이는 3명 이상의 자가 대립하는 분쟁을 2당사자대립의 소송으로 처리하는 경우 심리의 중복·재판의 모순이 발생하기 때문에 분쟁의 실태를 그대로 소송형태에 반영시켜 각 당사자의 독립적인 지위를 확보하면서 합일확정을 요청하는 소송형태라고 할 수 있다(3면소송설, 통설·판례).[100]

종전에 판례는 3면소송설을 관철하여, 참가인은 우선 참가하려는 소송의 원고 또는 피고에 대하여 본소청구와 양립할 수 없는 별개의 청구를 하여야 하고 또 비록 형식상 별개의 청구가 있다고 하더라도 그 어느 한 편에 대하여 소가 부적법한 때에는 법이 개정되기 전에는 독립당사자참가를 할 수 없다고 하였다.[101] 그러나 2002년 법 개정을 통해 편면적 독립당사자참가를 인정함에 따라 위와 같은 판례의 논리는 더 이상 유지될 수 없게 되었다. 그밖에 독립당사자참가의 소송구조에 관하여는 공동소송설, 3개소송병합설[102] 등이 주장되고 있다.

다만, 후술하는 편면적 독립당사자참가의 경우에는 2인 간의 소송절차가 수개 병존하는 것을 전제로 하는 3개 소송병합설이나 2개 소송병합설이 현행법의 조문에 더 적합하고 둘 이상의 독립당사자참가신청이 있는 경우에 적용하기도 더 적합할 것이다.[103]

3. 편면적 독립당사자참가

편면적 독립당사자참가란 참가인이 당사자의 일방(원고 또는 피고)에게만 청구를 하는 참가형태인바, 2002년 법 개정에 따라 인정되었다(79조 1항). 당사자 일방과 실질적인 다툼이 없는 경우에도 본소청구와 참가인의 청구 사이에 판결의 합일확정을 보장하고 분쟁의 일회적 해결을 도모할 필요가 있기 때문이다. 이러한 편면적 참가형태가 인정되는지에 관하여 개정 전의 법에서는 다툼이 있었지만, 현실적인 분쟁은 3명 이상의 자가 상대하는 분쟁에 한정되지 않고 당사자 일방이 참가인의 주장을 다투지 않는 경우도 있다. 이러한 경우 다투지 않는 당사자에 대하여 청구를 제기하지 않더라도 소송절차가 혼란스럽게 되지 않을 것이고 오히려 무리하게 당사자 양쪽에 대하여 청구를 제기하도록 하는 것이 오히려 불합리할 수 있다. 또한, 다투는 당사자를 상대로 별소를 제기하여도 종전의 원·피고간의 소와 별소에 관한 변론의 병합은 법원의 재량에 의하기 때문에 합일확정이 보장되지 않는다. 그래서 79조 1항은 당사자의 양쪽 또는 한쪽을 상대

100) 김홍규·강태원, 앞의 책, 824면. 대판 1974.6.11. 73다374·375; 대판 1980.7.22. 80다362·363; 대판 1991.12.24. 91다21145·21152.
101) 대판 1982.12.14. 80다1872·1873.
102) 이시윤, 앞의 책, 805면.
103) 박재완, 앞의 책, 606면.

방으로 하여 소송에 참가할 수 있도록 규정하여 위와 같은 편면적 참가형태를 인정한 것이다.

4. 요건

독립당사자참가가 인정되는 것은 소송목적의 전부 또는 일부가 제3자의 권리인 경우(권리주장참가)와 판결에 의해 제3자의 권리가 침해되는 경우(사해방지참가)이다(79조 1항).

가. 권리주장참가

권리주장참가(79조 1항 전단)는 참가인이 '소송의 목적 전부나 일부가 자기의 권리임을 주장'하는 것으로 여기에서 자기의 권리는 본소 원고의 권리와 양립할 수 없는 것이어야 한다. 양립 불가능한지 여부는 참가인의 주장 자체에 의하여 판단하여야 한다.[104] 따라서 권리주장참가는 소송목적의 전부나 일부가 자기의 권리임을 주장하면 되는 것이므로 참가하려는 소송에 수개의 청구가 병합된 경우 그 중 어느 하나의 청구라도 독립당사자참가인의 주장과 양립하지 않는 관계에 있으면 그 본소청구에 대한 참가가 허용된다고 할 것이고 양립할 수 없는 본소청구에 관하여 본안에 들어가 심리한 결과, 이유가 없는 것으로 판단되더라도 참가신청이 부적법하게 되는 것은 아니다. 예컨대, 원고가 물권적 권리를 주장하는데 참가인이 충돌하거나 우선하는 물권적 권리를 주장하는 경우에는 양립불가능성이 인정되므로 원고가 피고에게 소유권확인이나 소유권에 기한 방해배제청구를 하고 있는데 참가인이 자기가 진정한 소유자라고 하면서 소유권 확인이나 소유권에 기한 방해배제청구권을 행사하는 경우에는 권리주장참가가 인정된다.[105]

원고가 본소에서 채권적 권리를 주장하고 참가인도 채권적 권리를 주장하는 경우에는 참가인의 주장내용과 채권자 평등의 원칙을 아울러 고려하여 양립불가능성 여부를 판단하여야 한다.[106] 예컨대, 이중매매에 의해 각 매수인이 이전등기청구권을 주장하는 경우,[107] 매매계약에 기한 소유권이전등기청구를 하였는

104) 대판 2007.6.15. 2006다80322·80339; 대판 2001.9.28. 99다35331·35348.
105) 이시윤, 앞의 책, 806면; 박재완, 앞의 책, 607면.
106) 박재완, 앞의 책, 607면.
107) 대판 1967.7.19. 66다896에 의하면, 부동산이 이중으로 양도되어 제2양수인이 매도인을 피고로

데 참가인이 취득시효를 원인으로 한 소유권이전등기청구를 한 경우[108])에는 각 양립불가능성이 없다. 반면, 참가인이 원고가 주장하는 매매계약의 매수인은 자신이라고 주장하는 경우,[109] 참가인이 원고의 채권을 양수하였다고 주장하는 경우에는[110] 각 양립불가능성이 있다고 한다.

나. 사해방지참가

사해방지참가란 소송결과에 따라 권리가 침해된다고 주장하는 제3자가 참가하는 것을 말한다(79조 1항 후단). 당사자가 소송을 통하여 참가인을 해할 의사를 가진다고 객관적으로 인정되는 경우를 의미한다. 즉, 원·피고 간의 소송이 참가인의 권리를 침해하는 사해소송임을 인정할 수 있는 것이어야 한다. 왜냐하면 사해방지참가는 프랑스법에서 유래한 사해재심을 반영하고자 한 연혁에 기인하여 제3자에게 사해소송을 방지할 수단을 주는 취지가 있기 때문이다.

이에 대하여 권리침해란 제3자에게 판결의 기판력 내지 반사효가 미치는 경우로 한정한다는 견해도 있지만(판결효설) 그 경우 판결효를 받는 공동소송참가 이외에 독립당사자참가를 만든 의의가 적어지기 때문에 타당하지 않다. 제3자에게 판결효가 미치지 않는 경우일지라도 그 법적 지위가 본소송의 주요한 쟁점에 대한 판단을 논리적 전제로 하고 있기 때문에 일방의 패소에 의해 법률상 내지 사실상 불이익을 받을 염려가 있으면 사해소송의 방지를 위하여 참가를 인정하여야 한다(사해방지설·다수설).

판례는 사해방지참가란 다른 사람 사이의 소송결과에 따라 권리가 침해된다고 주장하여 참가하는 것으로서 본소의 원고와 피고가 소송을 통하여 참가인의 권리를 침해할 의사가 있다고 객관적으로 인정되고 소송의 결과 참가인의 권리 또는 법률상 지위가 침해될 우려가 있다고 인정되는 경우에 허용될 수 있다고 한

소유권이전등기청구의 소를 제기하고 제1양수인이 자기가 원고보다 먼저 매수했으므로 원고는 자기에게 소유권이 있음을 확인하고 피고는 자기에게 소유권이전등기절차를 이행하라는 독립당사자참가신청에 대해서, 참가인이 자기 앞으로 등기를 경유하지 못한 이상 원고에게 소유권을 주장할 수 없다는 것을 이유로 그 참가는 부적법하다고 한다.

108) 대판 1982.12.14. 80다1872·1873에 의하면, 원고의 피고에 대한 본소청구인 1975.7.4. 매매를 원인으로 한 소유권이전등기절차 이행청구와 참가인의 피고에 대한 청구인 1977.9.10. 취득시효 완성을 원인으로 한 소유권이전등기절차 이행청구는 합일확정을 필요로 하는 동일한 권리관계에 관한 것이 아니어서 서로 양립될 수 있으므로 독립당사자참가는 부적법하다고 한다.

109) 대판 1988.3.8. 86다148(본소)·149(반소)·150(참가), 86다카762(본소)·763(반소)·764(참가).

110) 대판 1992.8.18. 90다9452·9469(반소).

다.[111] 따라서 사해의사와 권리침해의 염려가 있으면 원고의 청구와 참가인의 청구가 논리상 서로 양립할 수 있는 관계에 있더라도 사해방지참가를 할 수 있다.[112] 제3자인 참가인의 청구와 원고의 청구가 논리상 서로 양립할 수 있는 관계에 있다고 하더라도 72조 1항 후단의 독립당사자참가를 할 수 있다고 사해의사와 권리침해의 염려가 객관적으로 증명되어야 한다는 입장으로 양립불가능성은 요구하지 않는다.

한편, 갑이 을을 피고로 대물변제약정을 이유로 건물에 대한 소유권이전등기청구의 소를 제기하여 소송계속 중 병이 갑·을 사이의 위 약정은 사해행위에 해당한다는 이유로 갑에 대해 사해행위 취소를 청구하면서 사해방지참가를 신청한 사안에서 판례는 사해소송의 방지라는 사해방지참가라는 요건을 흠결한 것으로 참가신청을 부적법 각하하였다.[113] 즉, 채권자가 사해행위의 취소와 함께 수익자 또는 전득자로부터 책임재산의 회복을 명하는 사해행위취소의 판결을 받은 경우 취소의 효과는 채권자와 수익자 또는 전득자 사이에만 미치므로 수익자 또는 전득자가 채권자에게 사해행위의 취소로 인한 원상회복의무를 부담하게 될 뿐이고 채권자와 채무자 사이에서 취소로 인한 법률관계가 형성되거나 취소의 효력이 소급하여 채무자의 책임재산으로 복구되는 것은 아니다. 따라서 이러한 사해행위취소의 상대적 효력에 따라 원고의 피고에 대한 청구의 원인행위가 사해행위라는 이유로 원고에 대하여 사해행위취소를 청구하면서 독립당사자참가신청을 하는 경우 참가인의 청구가 그대로 받아들여진다고 하더라도 원고와 피고 사이의 법률관계에는 아무런 영향이 없고 따라서 그러한 참가신청은 사해방지참가의 목적을 달성할 수 없으므로 부적법하다고 한다.

다. 소송계속 중일 것

(1) 상고심에서의 참가

상고심에서의 독립당사자참가는 인정되지 않는다. 왜냐하면 독립당사자참가는 소송상 청구를 수반하는데 변론이 열리지 않는 법률심에서는 참가인의 청구의 당부를 심리할 수 없기 때문이다. 판례[114]에 따르면, 독립당사자참가는 실질

---

111) 대판 1996.3.8. 95다22795·22801; 대판 1999.5.28. 98다48552·48569; 대판 2017.4.26. 2014다 221777·221784.
112) 대판 1990.4.27. 88다카25274,25281(참가).
113) 대판 2014.6.12. 2012다47548·47555.

에 있어서 소 제기의 성질을 가지고 있으므로 상고심에서는 독립당사자참가를
할 수 없다고 한다. 이에 대하여 상고심에서도 환송을 하면 사실심인 원심법원에
서 참가인의 청구를 심리할 수 있기 때문에 상고심에서의 참가를 인정할 필요가
있다는 견해가 있다(긍정설).

(2) 방식

법은 독립당사자참가에 보조참가의 신청방법에 관한 규정(72조)를 준용하고
있으므로 73조에 따른 이의신청은 할 수 없다(다수설). 또한, 제3자가 독립당사자
참가를 한 후 다른 제3자도 독립당사자참가를 할 수 있는데 3면소송이 아닌 4면
소송이나 그 이상의 다면소송이 성립될 수 있는지 여부에 관하여 판례는 부정적
이다.[115] 즉, 권리주장참가가 복수인 경우에 상호간에는 아무런 소송관계도 성립
하지 않으므로 참가인 갑의 참가인 을에 대한 청구는 부적법한 것으로 각하되어
야 한다고 하였다. 그러나 쌍면참가만 허용되던 개정 전의 법을 전제로 참가인들
상호간에 청구가 없었던 사안에 대한 판결이므로 법 개정에 따라 판례의 내용이
재검토가 되어야 할 것이다.[116]

또한, 독립당사자참가는 신소 제기의 실질을 갖고 그로 인하여 청구병합이
발생하므로 소송요건과 청구병합의 요건이 갖추어져야 한다.[117]

5. 독립당사자참가인의 지위

가. 당사자와 동일한 지위

독립당사자참가는 당사자로서 참가하는 것이기 때문에 당사자와 동일한 지
위에 있다. 그리고 합일확정의 요청이 있기 때문에 필수적 공동소송의 규정이 준
용된다(79조 2항). 따라서 어느 한 당사자에게 불리한 소송행위는 효력이 발생하
지 않는다. 원고가 청구를 포기하는 것, 피고가 원고 또는 참가인의 청구를 인낙
하는 것, 한 당사자를 배제한 채 두당사자 사이에 화해를 하는 것, 소의 취하 등
은 효력이 발생하지 않는다.[118] 1인이 한 상대방에 대한 소송행위는 다른 당사자

---

114) 대판 1961.11.23. 4293민상717; 대판 1977.7.12. 76다2251·77다218; 대판 1994.2.22. 93다43682·
    51309.
115) 대판 1958.11.20. 4290민상308·309·310·311; 대판 1963.10.22. 62다29.
116) 박재완, 앞의 책, 609면.
117) 이시윤, 앞의 책, 811면; 박재완, 앞의 책, 609면.

에게 불리하지 않으면 효력이 발생한다. 1인에게 소송의 중단·중지사유가 발생하면 전원에 관하여 중단·중지한다. 또한, 변론의 분리 또는 일부판결은 허용되지 않는다.

나. 패소자 1인의 상소

패소자 1인만 상소를 한 경우 상소를 하지 않은 패소자의 지위는 어떻게 되는가? 이에 관해서는 다음과 같은 학설 대립이 있다.[119]

(1) 상소인설

독립당사자참가소송에서는 어느 한 쪽이 승소자가 되면 다른 두 당사자는 다 같이 패소자가 되지 않을 수 없게 된다. 이때 패소자 한 쪽이 상소하는 경우에는 다른 패소자에게도 유리한 소송행위가 되어 79조 2항에 따라 67조 1항이 준용되어 다른 패소자에게도 효력이 미쳐서 다같이 상소인이 된다고 한다.

(2) 피상소인설

독립당사자참가소송에서 3당사자간에는 대립·견제관계가 있을 뿐이므로 패소자 한 쪽만 상소한 경우 이는 다른 패소자에게 유리한 행위로 볼 것이 아니라 공동소송인 가운데 한 사람에 대하여 한 소송행위로 평가해야 하므로, 79조 2항에 따라 67조 2항이 준용되어 다른 패소자는 피상소인이 된다고 한다. 따라서 상소한 패소자는 단독으로 상소의 취하를 할 수 있고 또한, 상소심에서 패소한 경우 소송비용은 상소한 패소자만 부담하는 것이 된다.

(3) 상소심당사자설

독립당사자참가소송에서는 판결이 3당사자 사이에 모순 없이 통일적으로 이루어져야 한다. 따라서 상소하지 않은 패소자는 비록 그가 상소하지도 않았고 상소를 당하지 않았더라도 합일확정의 요청으로 불가피하게 상소심당사자가 되어야 하는 관계에 있다고 한다. 합일확정 때문에 상소심법원은 상소하지 않은 패소자에게 유리하게 판결을 변경할 수 있게 된다(통설).[120]

(4) 상대적 이중지위설

독립당사자참가소송에서 3당사자 사이의 대립·견제관계는 상소심에서도 그

---

118) 한충수, 앞의 책, 789면
119) 김홍규·강태원, 앞의 책, 832~833면.
120) 이시윤, 앞의 책, 816면.

대로 인정되어야 할 것이므로, 상소하지 않은 패소자는 1심에서의 다른 두 당사자에 대한 승패관계에 대응하여 필요에 따라 피상소인인 동시에 상소인이 된다고 한다. 즉, 1심에서 승소판결을 받은 사람에 대한 관계에서는 상소인이고, 패소판결을 받고 스스로 상소를 제기한 다른 한 쪽 패소자에 대하여는 피상소인으로 이해한다.[121]

다. 상소심의 심판범위

상소하지 않은 패소자의 패소판결을 변경할 수 있는가? 통설에 따르면, 우선 3면소송에서 합일확정의 요청 때문에 패소자 1인이 상소하면 전청구의 확정이 차단되어 이심된다. 그리고 다음으로 상소하지 않은 패소자의 패소판결을 변경할 수 있는지는 상소하지 않은 패소자의 지위를 어떻게 이해하는지와 관련되어 있다. 만일 그를 피상소인의 지위에 서는 것으로 본다면 상소심의 심판범위는 상소한 패소자의 불복신청사항에 한정되고(407조·415조, 불이익변경금지의 원칙), 상소하지 않은 패소자의 패소판결을 변경할 수 없다고 생각할 수도 있다.

그러나 독립당사자참가에 의한 3면소송은 분쟁을 일거에 통일적으로 해결하는 것이 목적이고 합일확정의 요청이 강하다. 따라서 이러한 3면소송의 특수성 때문에 합일확정의 요청이 불이익변경금지의 원칙에 우선한다고 생각할 수 있고 자동적으로 피상소인으로 된 자가 자신의 패소부분에 관하여 상소 또는 부대상소를 하지 않더라도 그 패소부분을 변경하는 것도 가능하다고 이해할 수도 있다. 그 결과, 상소한 패소자의 불복신청사항을 넘어서 판결하는 것도 무방할 것이다. 예컨대, A가 B에게 소유권에 기한 건물명도청구소송을 제기하고 C가 A·B 양쪽을 상대로 하여 건물의 소유권확인을 구하는 독립당사자참가를 신청하였는데 법원은 A의 B에 대한 청구를 인용하고, C의 청구(A에 대한 청구 및 B에 대한 청구)를 기각하였다고 하자. 이때 B만 항소한 경우 항소심법원은 C의 소유권을 인정하여 A의 청구를 기각하고 C의 청구를 인용할 수 있는가? 이에 대하여는 다음과 같은 사항을 검토하여야 한다.

첫째, 패소자의 일인이 상소하면 모든 청구의 확정이 차단되고 이심된다. 즉, B의 항소에 의해 A의 청구 및 C의 청구 모두가 확정이 차단되고 항소심으로 이심된다.

---

121) 김홍규·강태원, 앞의 책, 833면.

둘째, 상소하지 않은 패소자(즉, C)의 지위에 관해서 ① 상소인설에 따르면 A
의 청구와 C의 청구 모두가 심판대상이 되므로 항소심법원은 A의 청구기각, C의
청구인용판결을 할 수 있게 된다. ② 피상소인설에 따르면 C의 청구는 심판대상
이 되지 않으므로 C의 청구인용판결은 불가능하게 되겠지만 합일확정의 요청에
의해 상소심의 심판대상은 A청구 및 C청구 전체에 미치기 때문에 항소심법원은
A청구기각, C청구인용판결을 할 수 있게 된다. ③ 상소심당사자설에 따르면 항소
심법원이 A청구를 기각하는 경우 합일확정 때문에 C청구를 인용할 수 있게 된다.
④ 상대적 이중지위설에 따르는 경우 C는 상소인의 지위에도 서게 되므로 항소심
법원은 A청구기각, C청구인용판결을 할 수 있게 된다.

셋째, 상소심의 심판대상이 불복신청에 한정되는지 여부와 관련하여 상소심
에서 불이익변경의 원칙을 고수한다면 B의 신청사항에 한정되므로 A청구기각판
결만 가능하고 C청구인용판결은 불가능하게 될 것이지만, 합일확정의 요청 때문
에 상소심의 심판대상은 전체에 미치므로 이러한 판결은 가능하게 될 것이다(통
설·판례).[122] 결국 3면소송의 합일확정과 불이익변경금지의 원칙(신청주의) 중 어
느 것을 중시하는지 여부로 귀착되는데, 통설·판례는 합일확정의 요청을 중시하
고 있다고 할 수 있다.

6. 절차

가. 신청방법

서면에 의하여야 한다(72조 준용). 다만, 73조의 이의신청은 불가능하다(다수
설). 3면소송은 허용되고 4면소송은 불허하는 것이 판례의 입장이지만[123] 전술한
바와 같이 2002년 법개정에 따라 재검토되어야 할 것이다.

나. 본안심리

79조 2항에 따라 67조가 준용되는 실제범위는 원고·피고·참가인 3인 중 2인
간의 소송행위는 다른 1인에게 유리하면 모두에게 유효한 반면, 불리하면 무효이

---

122) 이시윤, 앞의 책, 816면. 대판 2007.10.26. 2006다86573; 대판 2022.7.28. 2020다231928. 한편, 대
    판 2007.12.14. 2007다37776·37783에 의하면, 원고승소판결, 참가인패소판결에 대해 참가인만
    항소한 경우에 원고승소판결이 피고에게 유리하게 원고패소판결로 변경되기 위해서는 참가인
    의 참가신청이 적법하고 합일확정의 요청상 필요한 경우로 한정된다고 한다.
123) 대판 1963.10.22. 62다29.

므로 원·피고의 화해, 포기·인낙, 자백, 상소취하는 무효라고 하는바, 이는 67조
의 준용 범위를 넓게 파악하는 입장이다.

또한, 본안에 대한 판단이 없는 본소만의 취하 내지 참가신청의 취하도 가능
하다. 본안에 대한 응소가 있는 경우 본소의 취하에는 피고와 참가인의 동의가
필요하다. 쌍면참가신청의 전부 취하에는 원·피고 모두의 동의가 필요하지만 편
면적 참가신청의 취하에는 그 상대방의 동의만 필요하다. 변론의 분리가 불가능
하고(67조 3항 준용) 1인의 소송중단사유가 발생하면 모든 소송절차가 중단된다.

다. 판결

참가요건·일반적인 소송요건을 구비하지 못한 경우 참가신청에 대하여는 각
하판결을 하고[124] 본소에 대한 판결과 독립당사자참가의 소에 대한 판결을 분리
하는 것은 불가능하고 착오로 일부에 대한 판결을 하지 않은 경우 상소로 구제받
아야 한다.[125]

라. 상소

상소기간은 개별적으로 진행한다. 본안판결이 원고 승소·피고/참가인 패소,
참가인 승소·원/피고 패소, 피고 승소·원고/참가인 패소로 선고될 수 있는데 패
소자 1인이 상소한 경우에는 상소의 효력은 나머지 패소자에게도 미쳐 모든 청

---

[124] 대판 1976.12.28. 76다797에 의하면, 재산상속인의 존재가 분명하지 아니한 상속재산에 관한 소
송에서 정당한 피고는 법원에서 선임된 상속재산관리인이라 할 것이고 동인은 재산상속인이
있다면 추상적으로 재산상속인의 법정대리인으로서 재산상속인이라고 주장하는 참가인을 위
하여 소송수행권을 행사하고 있다고 할 것이므로 재산상속으로 인한 소유권확인을 구하는 참
가인은 소위 제3자의 지위에 있다고 할 수 없을 뿐만 아니라 원고 역시 망인의 상속재산이라
는 전제에서 이 사건 소를 제기한 것이므로 참가인의 청구와 양립할 수 없는 것도 아니고 다만
참가인의 주장은 원고의 청구를 부인함에 불과하여 합일확정을 요하는 것도 아니어서 이 사건
독립당사자참가인의 청구는 참가의 요건을 구비하지 못한 부적법한 것이라고 하였다. 그러나
2002년 법개정 이후에는 편면적 독립당사자참가인지 여부까지 검토하여 부적법 여부를 판단
해야 할 것이다.
[125] 대판 1991.3.22. 90다19329·19336에 의하면, 독립당사자참가소송은 동일한 권리관계에 관하여
원고, 피고 및 참가인이 서로 간의 다툼을 하나의 소송절차로 한꺼번에 모순없이 해결하는 소
송형태로서 원·피고, 참가인간의 소송에 대하여 본안판결을 할 때에는 위 3당사자를 판결의
명의인으로 하는 하나의 종국판결을 내려야만 하는 것이지 위 당사자의 일부에 관하여만 판
결을 하거나 남겨진 자를 위한 추가판결을 하는 것들은 모두 허용되지 않는 것이므로 제1심
에서 원고 및 참가인 패소, 피고 승소의 본안판결이 선고된 데 대하여 원고만이 항소한 경우
원고와 참가인 그리고 피고간의 3개의 청구는 당연히 항소심의 심판대상이 되어야 하는 것이
므로 항소심으로서는 참가인의 원·피고에 대한 청구에 대하여도 같은 판결로 판단을 해야 한
다고 한다.

구의 확정이 차단되고 이심이 되어 불이익변경금지의 원칙이 적용되지 않는다.[126] 다만, 참가신청을 각하당한 독립당사자참가인만 상소한 경우 언제나 상소를 하지 않은 당사자에게 원심판결을 유리하게 변경할 수 있는 것은 아니다.[127] 독립당사자참가인의 참가신청이 각하되었는데도 상소하지 않은 경우에는 독립당사자참가부분의 분리확정을 인정한다.[128] 패소한 당사자 중 상소하지 않은 자의 상소심에서의 지위는 상소인도, 피상소인도 아닌 단순한 상소심 당사자에 불과하므로[129] 상소인 및 피상소인으로서의 행위를 할 수 없고 상소비용도 부담하지 않는다.

7. 독립당사자참가소송의 해소

가. 본소의 취하·각하

본소의 취하·각하가 있으면 독립당사자참가인이 종전당사자를 상대로 제기한 소송만 남게 되어 독립당사자참가소송은 해소된다.[130] 또한, 본소의 취하에는 피고는 물론 참가인의 동의도 있어야 한다.

나. 참가의 취하·각하

이 경우에는 본소의 소송절차만 남게 된다.

---

126) 대판 2007.10.26. 2006다86573·86589; 대판 1981.12.8. 80다577; 대판 1991.3.22. 90다19329·19336에 의하면, 독립당사자참가소송에서는 본안판결을 할 때 원고·피고·참가인을 판결명의인으로 하는 하나의 종국판결을 선고함으로써 3당사자간에 합일확정적인 결론을 내려야 하며, 이러한 본안판결에 대하여 일방이 항소한 경우에는 제1심판결 전체의 확정이 차단되고 사건 전부에 관해 이심의 효력이 생기며, 이 경우 항소심의 심판대상은 실제 항소를 제기한 자의 항소취지에 나타난 불복범위에 한정하되 위 세 당사자 사이의 결론의 합일확정의 필요성을 고려하여 그 심판의 범위를 판단하여야 하고, 이에 따라 항소심에서 심리·판단을 거쳐 결론을 내림에 있어 위 3당사자 사이의 결론의 합일확정을 위하여 필요한 경우에는 그 한도 내에서 항소 또는 부대항소를 제기한 바 없는 당사자에게 결과적으로 제1심판결보다 유리한 내용으로 판결이 변경되는 것도 배제할 수 없다고 한다.

127) 대판 2007.12.14. 2007다37776·37783에 의하면, 독립당사자참가소송은 법 79조 2항에 의해 67조가 준용되는 결과, 원고 승소의 판결에 대해 참가인만 상소를 한 경우에도 판결 전체의 확정이 차단되고 사건 전부에 관하여 이심되지만, 이 경우에 상소심에서 원고의 피고에 대한 청구인용부분을 원고에게 불리하게 변경할 수 있는 것은 참가인의 참가신청이 적법하고 합일확정의 요청상 필요한 경우로 한정된다고 한다.

128) 대판 1992.5.26. 91다4669·4676; 대판 1972.6.27. 72다320·321.

129) 대판 1981.12.8. 80다577.

130) 대판 19991.1.25. 90다4723; 대판 2007.2.8. 2006다62188(참가).

다. 소송탈퇴

본소의 원고 또는 피고는 참가 이유를 묻지 않고 소송절차에서 탈퇴할 수 있다(80조 본문). 탈퇴자는 참가인과 상대방 사이의 소송결과에 전면적으로 승복하는 경우에는 참가인과 상대방 사이의 판결의 효력(기판력 및 집행력)은 탈퇴자에게도 미친다(동조 단서).

Ⅵ. 소송탈퇴

1. 의의

소송탈퇴란 독립당사자참가가 이루어진 경우에 종래의 당사자(원고·피고)가 상대방 당사자의 동의를 얻어서 소송에서 탈퇴하는 것을 말한다(80조 본문). 즉, 이는 독립당사자참가, 특히 권리주장참가가 이루어진 경우에 종래의 당사자가 더 이상 소송을 진행할 필요가 없을 때 소송에서 탈퇴할 수 있도록 한 것이다. 예컨대, 권리의 양수인이 참가해 왔기 때문에 원고(양도인)가 자기의 청구에 관하여 소송을 수행할 필요가 없게 된 경우 또는 원고와 참가인 중 어느 쪽이 권리자로 판단되면 그에게 의무를 이행하고자 하는 피고로서는 권리주장을 하는 원고와 참가인이 다투어 소송을 진행하면 충분한 경우에 당사자는 소송탈퇴를 할 수 있다. 소송탈퇴의 결과, 2당사자소송(2면소송)으로 환원되지만 잔존하는 상대방 당사자와 참가인 사이에 이루어진 판결은 탈퇴한 당사자에게도 미치도록 하여(80조 단서) 합일확정의 요청을 관철한다.

2. 독립당사자소송에서 이당사자소송으로 환원

가. 원고에 의한 소의 취하

이는 원고가 피고 및 참가인의 동의를 얻어서 소를 취하하는 경우이다. 참가인의 동의는 필요가 없다고 하는 견해도 있지만 참가인에게도 소송을 유지하여 합일확정을 도모한다고 하는 이익이 있기 때문에 피고 이외에도 참가인의 동의가 별도로 필요하다(통설·판례).[131]

---

131) 김홍규·강태원, 앞의 책, 834면; 이시윤, 앞의 책, 817면; 정동윤·유병현·김경욱, 앞의 책, 1100면. 대결 1972.11.30. 72마787.

나. 참가인에 의해 참가를 취하하는 경우

참가인은 소의 취하에 준하여 참가신청을 취하할 수 있다. 참가의 취하를 본소의 당사자 쌍방에게 하는 경우에는 본소당사자 간의 소송이 잔존하게 된다. 당사자는 참가관계의 유지에 이익이 있기 때문에 당사자 쌍방의 동의가 필요하다.

다. 참가의 취하를 본소의 일방 당사자에게 하는 경우

이 경우에는 본소 당사자 간의 소송과 참가인의 상대방 당사자 간의 소송이 잔존하게 된다. 이 경우에도 당사자는 참가관계의 유지에 이익이 있기 때문에 당사자 쌍방의 동의가 필요하다. 특히, 법은 편면적 참가를 인정하고 있지만 당사자 쌍방의 동의가 필요할 것이다.

라. 소송대리인이 있는 경우

소송대리인이 있는 경우에는 당사자가 사망하더라도 소송대리인의 소송대리권이 소멸하지 않고 소송절차가 중단되지 않는다. 그런데 소송계속 중 사망한 원고 갑에게서 소송탈퇴에 관한 특별수권을 받은 소송대리인은 승계참가인 을이 승계참가신청을 하자 소송탈퇴를 신청하였고 상대방이 위 탈퇴에 동의하였으며 그 이후에 을은 승계참가신청취하서를 제출하여 상대방이 위 취하에 동의하였다면 갑의 상속인들과 피고 사이의 소송관계는 소송탈퇴로 적법하게 종료되었고 을과 피고 사이의 소송관계도 승계참가신청의 취하에 의해 소송이 종료되었으므로 소송종료선언을 하여야 한다.[132]

3. 요건

소송탈퇴를 위해서는 상대방 및 참가인의 동의를 얻어야 한다(82조). 왜냐하면 82조의 문리, 즉 소송탈퇴에 의해 탈퇴자의 상대방은 소의 변경 또는 반소를 하지 않을 수 없게 되기 때문이다.

이러한 견해에 대하여 당사자 일방이 탈퇴하였음에도 3면소송이 유지되는 것과 동일한 효과를 얻을 수 있는 이상, 소송탈퇴는 참가인 및 상대방 당사자에게 어떠한 불이익을 주지 않기 때문에 82조의 문언에는 반하지만 소송탈퇴의 요건으로서 원칙적으로 참가인 및 상대방 당사자의 동의는 필요가 없다는 소수설이 있다. 즉, 상대방 또는 참가인의 동의가 필요한지 여부는 소송탈퇴의 효과론

132) 대판 2011.4.28. 2010다103048.

과 결부되어 다툼이 있다.

4. 소송탈퇴의 효과(성질론)

판결은 탈퇴자에게도 그 효력이 미친다(80조 단서). 탈퇴자에게 미치는 판결의 효력에 대하여는 학설 등의 대립이 있다.

가. 조건부 포기·인낙설

탈퇴는 탈퇴자가 자기의 입장을 전면적으로 참가인과 상대방 간의 승패에 맡기고 이것을 조건으로 하여 참가인 및 상대방과 자기의 청구에 관하여 포기 또는 인낙하는 성질을 가지는 소송행위라고 한다. 탈퇴자에게는 참가인이 승소하면 참가인과의 사이에 청구인낙의 효과가, 상대방 당사자가 승소하면 상대방 당사자와 사이에 청구포기 또는 인낙의 효과가 발생한다. 이것이 탈퇴자의 의사를 존중하는 것이라고 한다(통설).[133]

그러나 이 견해에 대해서는 원고가 탈퇴하고 참가인이 승소한 때에 탈퇴 원고의 피고에 대한 효과, 참가인이 패소한 때 참가인의 탈퇴 원고에 대한 청구기각의 효과가 발생하지 않는다. 또한, 피고가 탈퇴하고 참가인이 승소한 때에 원고의 탈퇴 피고에 대한 청구기각의 효과, 참가인의 탈퇴피고에 대한 청구기각의 효과가 발생하지 않는다는 비판이 있다.

나. 논리적 확장설

잔존당사자 간에 소송의 판결주문이 판단한 사항으로 3자 간에 모순없이 합일확정을 하여야 할 사항에 관하여 그 판단의 논리적 확장의 결과로서 탈퇴자에 대하여도 위 판단의 기판력이 미친다고 한다. 왜냐하면 탈퇴자에 대한 효력은 독립당사자참가의 판결효를 유지하고자 하는 취지이기 때문이다.

그러나 이 견해에 대해서는 원고 탈퇴의 경우 참가인이 피고에게 패소한 때 탈퇴 원고의 피고에 대한 청구기각의 효과가 발생하지 않는 점, 피고 탈퇴의 경우 참가인이 원고에게 패소한 때에 청구기각의 탈퇴 피고에 대한 청구기각의 효과가 발생하지 않는다는 비판이 있다.

다. 병용설

탈퇴자에게는 상대방 당사자에 대한 조건부 인낙 또는 포기라고 하는 처분

---

133) 김홍규·강태원, 앞의 책, 836면; 이시윤, 앞의 책, 818면.

행위의 효과가 미치는 것과 함께 참가인과의 관계에서도 탈퇴 후 판결의 논리적 귀결인 법적 효과가 미친다고 한다. 왜냐하면 탈퇴자의 의사존중과 분쟁의 통일적 해결이 요청되기 때문이다.

그러나 이 견해에 대하여 소송탈퇴를 성질이 다른 두 가지의 이론으로 설명하기 때문에 왜 단일한 탈퇴행위로부터 이질적인 효과가 발생하는지 여부가 불분명하다는 비판이 있다.

5. 소송탈퇴자에 대한 효력

예컨대, 소유권의 귀속에 관한 소송을 예로 생각하면 다음과 같다.

가. 참가인이 승소한 경우

통설에서는 참가인이 승소한 경우 탈퇴자의 참가인의 청구에 대한 인낙으로 된다. 그러나 원고·피고 간에는 효과가 발생하지 않는다. 일부 학설에서는 참가인의 승소(참가인의 청구인용)에 의한 논리적 귀결로서 원고의 청구기각의 효과도 발생한다고 하는데 참가인에게 소유권이 있는 것이 긍정되기 때문이다.

나. 참가인이 패소한 경우

통설에서는 상대방이 승소한 경우 탈퇴자의 상대방에 대한 청구의 포기 또는 인낙으로 된다. 그러나 탈퇴자·참가인 간에 효과가 발생하지 않는다. 일부 견해에서는 참가인의 패소에 의한 논리적 귀결로서 참가인의 탈퇴자에 대한 청구기각의 효과가 발생한다고 한다. 그러나 원고·피고 간에는 효과가 발생하지 않는다. 참가인의 소유권이 부정될 뿐이므로 소유권이 원고에게 있는지, 피고에게 있는지를 알 수 없기 때문이다.

6. 기타 관련문제

가. 소송목적인 권리를 양도한 원고는 법원이 양수인에 대한 소송인수결정을 한 후 피고의 승낙을 받아 소송에서 탈퇴할 수 있는데(82조 3항, 80조), 그 이후에 법원이 인수참가인의 청구의 당부에 관하여 심리한 결과, 인수참가인의 청구를 기각하거나 소를 각하하는 판결을 선고하여 판결이 확정된 경우에는 원고가 제기한 최초의 재판상 청구로 인한 시효중단의 효력은 소멸한다. 다만, 탈퇴 후 잔존하는 소송에서 내린 판결은 탈퇴자에 대하여도 효력이 미치기 때문에(80조 단

서) 인수참가인이 소송목적을 양수한 효력이 부정되어 인수참가인에 대한 청구기
각 또는 소각하의 판결이 확정된 날부터 6개월 내에 탈퇴한 원고가 다시 탈퇴 전
과 같은 재판상의 청구 등을 한 때에는 탈퇴 전에 원고가 제기한 재판상의 청구
로 인하여 발생한 시효중단의 효력은 그대로 유지된다.[134]

　　나. 제3자가 소송 계속 중에 소송목적인 권리를 승계하였다고 주장하면서 소
송에 참가한 경우에 참가신청의 이유로 주장하는 사실관계 자체에서 승계적격의
흠이 명백하지 않는 한, 승계인에 해당하는지 여부는 승계참가인의 청구 당부와
관련하여 판단할 사항이므로 심리를 한 결과, 승계사실이 인정되지 않으면 승계
참가인의 청구를 기각하는 판결을 하여야지, 승계참가신청을 각하하는 판결을 할
것은 아니다.[135] 그리고 승계참가인의 참가신청이 적법한 이상, 피승계참가인과
상대방의 소송관계는 피승계참가인이 상대방의 승낙을 얻어 소송에서 탈퇴함으
로써 종료된다고 보아야 하므로 법원은 탈퇴한 피승계참가인의 청구에 관하여
심리·판단할 수 없다.[136]

제3절   당사자의 교체

Ⅰ. 의의

1. 개념

　　당사자의 교체란 소송계속 중에 제3자가 당사자로 가입하고 이와 동시에 종
래의 당사자 일방이 탈퇴하는 것을 말한다. 당사자의 교체와 유사한 제도로 당사
자표시정정이 있다. 그러나 표시정정은 교체하는 자 상호간에 당사자로서의 동일
성이 인정되는 경우인 반면, 당사자의 교체는 동일성이 인정되지 않는 경우이다.
그리고 광의로 당사자의 교체라는 개념도 사용되고 있는데 이는 소송참가와 당
사자의 교체를 합한 것이다.

---

134) 대판 2017.7.18. 2016다35789.
135) 대판 2003.3.14. 2002다70211·70228; 대판 2014.10.27. 2013다67105.
136) 대판 2011.4.28. 2010다103048; 대판 2014.10.27. 2013다67105.

2. 종류

당사자의 교체에는 실체관계에 변동이 없는데 당사자가 교체되는 경우(임의적 당사자변경)와 실체관계의 변동에 수반하여 당사자가 교체되는 경우(소송승계)가 있다.

Ⅱ. 임의적 당사자변경

1. 의의

임의적 당사자변경이란 소송계속 중에 실체법적 권리 또는 의무의 승계 등의 변동이 없는데 원고가 당초에 피고이었던 자 이외의 자에 대해 소의 방향을 바꾸게 하거나 당초에 원고이었던 자 이외의 자가 원고에 갈음하여 소를 제기하는 것을 말한다. 법이 예외적으로 일정한 경우 명문의 규정을 두어 이를 인정하고 있을 뿐 임의적 당사자변경의 일반에 대해서는 아무런 법률상 명문의 규정을 두고 있지 않은 당사자의 교체방법이다.

2. 필요성

통설은 임의적 당사자변경을 인정할 현실적인 필요성을 중시한다.[137] 즉, 법률지식이 결여되어 있어 고유필수적 공동소송에서 원고가 피고로 삼아야 할 자 중 일부를 누락한 경우라든지 또는 사실관계가 불명확하기 때문에 당사자가 되어야 할 자를 잘못 지정한 경우 이를 허용하지 않을 경우에는 원고가 누락된 자를 상대로 별소를 제기한 다음 기존의 소송절차에 변론을 병합하여야 하는데 이는 당사자 또는 법원 모두에게 소송불경제를 초래할 수도 있다. 그리고 법인을 피고로 하여야 하는데 법인의 대표자 개인을 피고로 삼은 경우처럼 당사자적격에 혼동을 일으켜 피고를 잘못 지정한 경우 등도 마찬가지이다. 그래서 임의적 당사자변경을 허용해야 한다고 한다.

---

137) 김홍규·강태원, 앞의 책, 840면; 박재완, 앞의 책, 600면.

3. 법적 성질

임의적 당사자변경에 관한 법적 성질에 관하여는 임의적 당사자 변경의 요
건·효과를 정하는 전제로 되는 문제와 관련하여 ① 당사자도 소의 요소이고 종
래의 소송자료를 이용할 수 있다고 하는 소변경설, ② 현행법에 명문이 없지만
신당사자의 재판을 받을 권리를 보장할 필요가 있다는 복합행위설 또는 ③ 당사
자의 변경을 목적으로 하는 것에 불과하므로 종래의 소송자료를 이용할 수 있다
고 하는 특수행위설의 대립이 있다. 통설은 복합행위설인바 이를 구체적으로 살
펴보면 종전의 소송수행 결과(특히 소송자료)를 신당사자와의 소송에서도 이용할
수 있는지 여부와 관련하여 임의적 당사자변경의 성질론과는 관계가 없다고 하
는 접근이 유력하다.[138] 그러나 판례는 기본적으로 임의적 당사자변경은 명문의
규정이 없는 한 인정할 수 없다고 한다.[139]

4. 법이 인정하는 임의적 당사자변경

가. 피고경정(260조)

피고를 교체하는 것으로는 ① 당사자능력이 없는 자를 피고로 삼은 경우, ②
당사자능력이 있는 자를 피고로 삼았으나 착오가 있는 경우와 같이 피고를 잘못
지정한 것이 분명한 경우를 생각할 수 있다. 그 중 ①의 경우에는 당사자능력자
로 당사자의 표시를 정정하는 것, 즉 당사자표시정정으로 구제할 수 있다. ②가
법리적 착오인 경우에는 피고경정이 인정되지만[140] 사실적 착오인 경우에는 피
고경정이 허용되지 않는다.[141]

피고의 경정은 1심 변론종결 전일 것[142]이 요구되지만(260조 1항) 가사소송

---

138) 김홍규·강태원, 앞의 책, 846면; 이시윤, 앞의 책, 825면.
139) 대판 1994.10.11. 94다19792.
140) 대결 1997.10.17. 97마1632에 의하면, 234조의2 1항 소정의 '피고를 잘못 지정한 것이 명백한
    때'라고 함은 청구취지나 청구원인의 기재 내용 자체로 보아 원고가 법률적 평가를 그르치는
    등의 이유로 피고의 지정이 잘못된 것이 명백하거나 법인격의 유무에 관하여 착오를 일으킨
    것이 명백한 경우 등을 말하고, 피고로 되어야 할 자가 누구인지를 증거조사를 거쳐 사실을 인
    정하고 그 인정사실에 터잡아 법률판단을 해야 인정할 수 있는 경우는 이에 해당하지 않는다
    고 한다.
141) 위의 판결(97마1632) 후단 참조.
142) 대판 1991.8.27. 91다19654; 대판 1996.3.22. 94다61243에 의하면, 원고가 당초 '삼척시교육장'을

또는 행정소송은 사실심 변론종결 시까지 가능하다(가사소송법 15조). 한편, 피고가 본안에 관하여 준비서면을 제출하거나 변론준비기일에 진술하거나 변론을 한 뒤에는 그의 동의를 받아야 한다(261조 1항 단서). 피고경정신청서를 송달받은 피고가 2주 이내에 이의를 제기하지 않으면 동의한 것으로 본다(261조 4항). 원고는 피고의 경정을 서면으로 신청하고(260조 2·3항) 법원은 이에 대하여 허부 결정을 하며 이를 피고에게 송달하여야 한다. 신청불허결정은 종전의 피고에게 송달하면 되지만 신청허가결정은 그 결정의 정본과 소장부본을 새로운 피고에게도 송달하여야 한다(261조 1항·2항). 또한, 신청허가결정에 대해서는 불복이 불가능하고 다만, 종전 피고의 동의가 없었던 경우에만 즉시항고를 할 수 있다(261조 3항). 반면, 신청을 불허하는 결정에 대해서는 통상항고를 할 수 있다.[143]

이렇게 피고경정을 허가하는 결정이 이루어지면 종전피고에 대한 소의 취하 (261조 4항)와 새로운 피고에 대한 소제기 및 시효중단 등의 효과가 발생하는데 그 시기는 피고경정신청서를 제출한 때이다.

나. 필수적 공동소송인의 추가

고유필수적 공동소송의 원고는 누락된 당사자(원고·피고)를 소송계속 중 추가할 수 있는데 이를 필수적 공동소송인의 추가(68조)라고 한다. 따라서 유사필수적 공동소송에서는 68조에 의한 추가는 부정된다.[144] 한편, 원고의 추가는 추가될 사람의 동의를 얻어야 하는데(68조 1항 단서) 추가되는 원고의 소제기에 관한 결정권을 보정하기 위함이다. 원고가 서면으로 신청하여야 하고 신청이 있으면 법원은 허부 결정을 한다. 허부 결정은 모든 당사자에게 송달하고 추가되는 당사자에게는 그와 함께 소장부본도 송달하여야 한다(68조 2항). 허가결정에 대해 불복은 불가능하지만 예외적으로 추가될 원고의 동의가 없었던 경우에는 즉시항고를 할 수 있고 기각결정에 대해서는 즉시항고를 할 수 있다.

허가결정이 이루어지면 추가된 당사자에 대해 처음부터 소가 제기된 것으로

피고로 표시하여 소를 제기한 후 당사자를 명확히 하라는 제1심법원의 석명에도 불구하고 '삼척시교육장'이 정당한 피고임을 거듭 밝힌 이상 피고는 삼척시교육장으로 확정되었다고 볼 수밖에 없어 항소심에 이르러 피고를 '삼척시'로 바꾸는 것은 당사자의 경정에 해당되어 허용될 수 없다고 한다.

143) 대결 1997.3.3. 97으1.
144) 대판 2009.5.28. 2007후1510; 대판 1993.9.28. 93다32095.

보고 공동소송인의 추가에 의해 필수적 공동소송관계가 여전히 유지되므로 기존의 소송상태도 유리한 범위 내에서 추가된 당사자에게 승계된다.

다. 예비적·선택적 공동소송인의 추가(70조 1항·68조)

원고가 기존 당사자와 예비적·선택적 공동소송인의 관계에 있는 자를 소송계속 중에 추가하는 것을 말한다. 이는 사실적 착오에 의해 피고를 잘못 지정한 경우 피고경정은 불가능하지만 예비적·선택적 공동소송의 성립을 인정하는 택일적 사실인정이 문제되는 경우에는 예비적·선택적 공동소송인의 추가를 할 수 있다.

5. 명문규정이 없는 임의적 당사자변경의 요건 및 효과

가. 요건

임의적 당사자변경에 있어서는 신소의 제기·구소의 취하에 대한 각각의 요건을 충족할 필요가 있다. 첫째, 신소의 제기는 소의 주관적·추가적 병합, 독립당사자참가에 의하기 때문에 소의 주관적·객관적 병합요건(65조, 253조)을 충족할 필요가 있다. 또한, 신당사자의 심급이익을 보호하기 위하여 제1심의 구술변론종결 전에 한하여 허용된다. 다만, 소송수행주체가 실질상 동일하면 항소심에서도 허용될 여지가 있다고 할 것이다. 둘째, 구당사자의 탈퇴가 소취하로 되면 상대방의 동의를 필요로 한다(266조 2항).

나. 효과

종래의 소송수행 결과(특히 소송자료)를 이용할 것을 인정할 것인지 여부는 구당사자와 신당사자의 관계상황에 따라 판단하면 충분하다. 원칙적으로 신당사자와의 관계에서 종래의 소송수행 결과를 이용할 수 없다고 한다. 왜냐하면 신당사자의 재판받을 권리를 뺏는 것으로 되기 때문이다. 원래 신소의 제기는 최초 소의 경제적 목적과 중복되기 때문에 그 소장에 인지를 첨용하는 것은 필요가 없다고 한다. 또한, 구당사자·신당사자의 소송수행이 실질적으로 동일시할 수 있는 경우에는 신당사자의 재판을 받을 권리를 고려할 필요는 없기 때문에 오히려 소송경제, 공평의 요청을 중시하여 신당사자는 구당사자의 소송수행의 결과를 다투는 것은 허용되지 않는다고 할 것이다(귀납적 접근).

Ⅲ. 소송승계

1. 의의

가. 개념

소송승계란 소송계속 중에 원고 또는 피고의 실체법적 권리 또는 의무의 승계에 의해 종래의 당사자가 분쟁주체인 지위를 상실한 경우에 새로운 분쟁주체가 종래의 소송상태를 승계하는 것을 말한다. 민사소송은 개시부터 종료까지 오랜 시간이 걸리는 경우가 많고 소송계속 중에 당사자의 사망으로 인한 상속·합병 등의 포괄승계와 채권양도·채무인수 등의 특정승계(이를 "소송물의 양도"라고도 한다)가 있는 경우에 처음부터 상속인 또는 양수인 등과 소송을 다시 시작하는 것은 소송경제에 반할 뿐만 아니라 분쟁해결의 실효성 요청, 당사자 간의 공평에도 반한다. 그래서 상속인·양수인 등 새로운 분쟁주체에게 종래의 소송수행상의 유리 또는 불리한 지위를 승계시키고 소송의 속행을 도모한 것이 소송승계제도이다.

한편, 소를 제기하기 전에 실체법적 권리나 의무의 승계가 있는 경우에는 소송승계가 인정되지 않는다. 그러나 소 제기 이후 피고에 대한 소장부본 송달일까지의 기간에 대해서는 엄밀하게는 소 제기 이전과 같이 취급하여야 하지만 소송을 위임한 자가 소제기 이전에 사망하였으나 소송대리인이 이를 모른 채 소를 제기한 경우에는 당사자가 소송계속 중 사망하였을 때 적용되는 소송수계에 관한 규정(233조)을 유추적용할 수 있을 것이다.[145] 그리고 피고가 소제기 후 소장부본이 송달되기 전에, 즉 소송계속이 되기 전에 사망한 경우 사망자인 피고의 상속인들에 의한 소송수계신청은 부적법하다.[146]

또한, 현행법은 218조 1항에서 기판력을 변론종결 뒤의 승계인에게 확장하고 있기 때문에 소송승계주의(계쟁물의 양도가 있는 경우에는 양수인을 소송에 가입시키고 종래의 소송상태를 승계시키는 원칙)를 채용하고 있는 것으로 이해할 수 있다.

나. 종류

소송승계에 여러 가지 종류가 있다. 당사자의 사망, 합병 등의 포괄승계인 경우에 법률상 당연하게 당사자의 교체가 발생하는 경우(당연승계)와 계쟁물의

---

145) 대판 2016.4.2. 2014다210499.
146) 대판 2015.1.29. 2014다34041.

양도 등 특정승계가 있는 경우에 당사자의 신청에 의해 당사자의 교체가 발생하는 경우(참가승계·인수승계)가 있다. 즉, 실체법적 포괄승계에 수반하는 당연승계와 실체법적 특정승계에 수반하는 특정승계(이를 '소송물의 양도'라고도 한다)가 있다. 전자의 경우에는 실체법적 승계가 있으면 아무런 조치 없이 소송법적으로 당사자가 변경되지만 후자의 경우에는 참가승계 또는 인수승계의 절차를 밟아야 당사자가 변경된다는 점에서 차이가 있다. 이와 같이 소송승계에는 당연승계(233조·234조·236조·237조 1항·2항·239조·240조, 증권관련 집단소송법 24조, 채무자 회생 및 파산에 관한 법률 59조 1항·4항 참조), 참가승계(81조), 인수승계(82조)가 있다.

2. 당연승계

가. 의의

당연승계란 일정한 승계원인이 발생하여 당연히 당사자의 교체가 이루어지는 소송승계를 말한다. 예컨대, 실체법적 포괄승계가 있는 경우 소송절차의 원고나 피고가 당연히 새로운 권리자 또는 의무자로 변경되는 것을 말한다. 수계에 관한 규정은 이를 전제로 한 것이라고 한다(통설).[147]

법은 당사자가 사망하거나(233조) 법인이 합병되어 소멸하거나(234조), 신탁법에 의한 신탁관계에서 수탁자의 임무가 종료하거나(236조), 일정한 자격에 기하여 당사자로 된 자가 자격을 상실하거나(237조 1항), 선정당사자 전원의 사망 또는 자격을 상실하거나(237조 2항) 또는 파산절차의 개시 내지 종료(239조·240조)도 실체법적 포괄승계가 있는 경우와 마찬가지로 취급한다.[148]

나. 승계원인

직접적으로 승계원인을 규정한 법조문은 없지만 소송절차의 중단·수계에 관한 규정(233조 내지 241조)에서 이를 추지할 수 있다. 한편, 사망자에게 소송대리인이 있는 경우에는 소송절차가 중단되지 않는다.

다. 절차

당사자의 사망과 같은 당연승계의 원인이 발생한 때 소송절차를 중단하는 경우와 중단하지 않는 경우가 있다. 그리고 당연승계에서 중단된 절차를 속행하

---

147) 김홍규·강태원, 앞의 책, 854면; 박재완, 앞의 책, 592면.
148) 박재완, 앞의 책, 593면.

기 위한 수계절차를 취하는 경우가 있는데(241조, 243조) 수계절차는 이미 발생한 당사자의 교체를 절차에 반영시키는 의미밖에 없다.

소송계속 중 당사자가 사망한 경우에 민사소송은 사인 간의 구체적인 쟁송 사건의 해결을 목적으로 하는 것이기 때문에 소송이 성립하고 존속하기 위해서는 특정한 권리관계를 서로 다투는 2당사자의 존재가 필요함에도(2당사자대립구조) 위와 같은 구조가 붕괴되었을 경우에는 법은 소송을 종료시키지 않고 이것을 속행시키는 절차를 만들어 둔 것이다(소송승계). 특히, 권리승계형 승계참가인 경우에는 원고가 원고승계참가인의 승계 여부에 대해 다투지 않으면서도 소송탈퇴·소취하 등을 하지 않아 소송에 남아있는 경우에는 승계로 인해 중첩된 원고와 승계참가인의 청구 사이에 필수적 공동소송에 관한 67조를 적용한다.[149] 반면, 당사자가 사망했는데 소송물인 권리관계가 일신전속적인 성격을 가지고 있고 그 성격상 이것을 승계할 수 있는 자가 없거나 또는 대립당사자의 지위가 동일인에게 귀속한 경우에는 더 이상 2당사자대립구조를 유지하는 것이 불가능하고 이때에는 소송은 승계되지 못하며 소송이 종료한다.

위와 같이 소송이 종료되는 경우를 제외하고 당사자의 사망으로 소송물인 권리관계는 상속인에게 승계되는데 그 경우 상대방 당사자가 항상 소송을 다시 하여야 한다고 하면 소송 불경제가 현저하고 상대방 당사자와의 공평에도 반한다. 그래서 당사자의 사망과 상속이라는 실체법상 변동이 발생한 경우 이것을 소송절차에 반영시켜 당사자를 교체시키고 상속인은 피상속인의 소송상 지위를 그대로 승계하도록 한 것이 당연승계이다. 소송절차 중단에 관한 규정은 법이 당연승계를 예정하고 있음을 보여주고 있고 당연승계의 원인이 발생하면 원칙적으로 소송절차는 중단한다(233조 1항). 왜냐하면 상속인은 그때까지 소송에 당사자로 관여하고 있지 않았으므로 절차보장을 위하여 준비 기회를 줄 필요가 있기 때문이다. 이에 대하여 피상속인에게 소송대리인이 있는 경우에는 소송절차는 중단하지 않는데(238조) 이때 소송대리인이 소송에 관여하고 있어서 상속인의 절차보장을 위하여 준비 기회를 줄 필요가 없기 때문이다.

---

149) 대판(전합) 2019.10.23. 2012다46170.

3. 특정승계

가. 의의

특정승계(참가승계, 인수승계 또는 소송물의 양도)란 실체법적인 권리 또는 의무의 특정승계에 수반하여 승계인의 소송참가신청 또는 종래의 당사자가 승계인에 대한 소송인수신청에 의해 당사자교체가 이루어지는 소송승계를 말한다. 여기에는 승계인이 신청에 의해 권리 또는 의무의 전부 또는 일부를 승계하였음을 이유로 하는 참가승계(81조)와 법원이 당사자의 신청에 따라 승계인에게 소송을 인수케 하는 인수승계(82조)가 있다.

나. 요건(원인)

어떠한 경우에 특정승계가 인정되는 것인가? 적격승계설에 따르면 당사자적격이 이전된 경우를 말한다고 한다. 소송승계제도는 분쟁해결의 실효성을 도모하기 위하여 인정되는 것인 이상, 분쟁을 해결하기 위해서는 누구를 당사자로 하는 것이 유효한지 여부를 음미하는 소송요건, 즉 당사자적격에 의해 판단하는 것이 적절하기 때문이라고 한다. 여기에서 실체법적 특정승계의 원인으로는 사인 간의 법률행위에 한하지 않고 법률의 규정, 행정처분 또는 집행절차일 수도 있다.[150) 그 태양을 살피면, 특정승계는 소송물인 실체법적 권리·의무가 승계된 경우와 계쟁물에 대한 당사자적격이 승계된 경우로 구분된다. 특정승계의 성립범위 내지 기준을 변론종결 뒤의 승계인의 성립범위 내지 기준과 같게 잡을 것인지 여부에 따라 동일설과 비동일설의 대립이 있는데 판례는 동일설의 입장에 있다.[151) 구체적으로 소송물인 실체법적 권리·의무가 승계된 경우로는 대여금청구소송에서 대여금채권이 소송계속 중 3자에게 양도된 경우 또는 소유자가 제기한 소유권확인청구의 소송계속 중 소유권이 3자에게 양도된 경우 등을 생각할 수 있고 계쟁물에 대한 당사자적격이 승계된 경우로는 변론종결 뒤의 승계인의 경우와 동일하지만 소송물이 물권적 청구권인 경우에만 특정승계를 인정하고 있다.[152)

---

150) 이시윤, 앞의 책, 834면; 박재완, 앞의 책, 594면.

151) 대결 1971.7.6. 71다726에 의하면, 소송당사자가 75조에 의하여 제3자로 하여금 그 소송을 인수하게 하기 위하여서는 제3자가 소송계속 중 소송의 목적된 채무를 승계하였음을 전제로 하여 제3자에 대하여 인수한 소송의 목적된 채무이행을 구하는 경우에 허용되고 그 소송의 목적된 채무와는 전혀 별개의 채무의 이행을 구하기 위한 경우에는 허용될 수 없다고 한다.

또한, 이전적 승계(양도 등) 이외에 설정적 승계(저당권 설정 등)도 포함된다. 변론종결 이후의 승계인(218조 1항)과 소송승계에 있어서 특정승계인에게 기판력을 승계시킬 것인지 또는 기판력의 생성과정인 소송상태를 승계시킬 것인지의 차이에 지나지 않으므로 양자를 통일적으로 이해하여야 하기 때문이다.

다. 절차 및 효과

[표 6-13] 특정승계의 절차 및 효과 등

개요		·기존 당사자는 실체법적인 특정승계에도 불구하고 여전히 당사자이다. ·승계인이 참가 내지 인수승계가 없으면 당사자가 아니다.
참가승계	요건	·실체법적인 특정승계가 있는 경우 승계인이 자발적으로 기존 소송절차에 참여하는 것이므로 권리가 승계된 경우뿐만 아니라 의무가 승계된 경우에도 할 수 있다. ·사실심변론종결시까지만 가능하고 상고심에서는 할 수 없다.[153]
	방식	·독립당사자참가방식에 따라 원칙적으로 서면으로 참가의 취지 및 이유를 명시하여 신청하여야 한다(81조, 79조 22항, 72조). ·피참가인이 승계사실을 다투지 않지만 소송에서 탈퇴하지 않은 경우에는 참가인과 피참가인은 필수적 공동소송에 관한 심리원칙이 준용된다.[154] 피참가인이 다투는 경우에는 독립당사자참가와 소송형태가 같아지므로 같은 심판방식이 적용된다.[155]
	판단	·참가승계신청이 있는 경우에 승계인에 해당하는지는 참가인의 주장만으로 판단하고 아닌 경우에는 참가신청을 판결로 각하한다.[156] ·주장에 의할 때에는 승계인에 해당하여 참가승계신청이 적법하지만 심리를 한 결과, 승계가 인정되지 않는 경우에는 참가승계인의 청구를 기각한다.
	기타	·참가승계인은 피승계인이 이미 수행한 소송상태를 그대로 인수하고 이에 구속된다. ·시효중단 등은 본소를 제기한 때로 소급한다.
인수승계	요건	·실체법적 특정승계가 있는 경우 원고 또는 피고가 승계인을 기존의 소송절차에 끌어들이는 경우를 인수승계라고 한다. ·피고가 권리승계자를, 원고가 의무승계자를 각 상대로 할 수 있다. ·피승계인의 상대방뿐만 아니라 피승계인도 할 수 있다(다수설). ·사실심변론종결시까지 가능하다.
	방식	·서면 또는 구술로 할 수 있다.

---

152) 대결 1983.3.22. 80마283에 의하면, 피고 회사에 대한 채권적 청구권에 기한 이 사건 부동산 소유권이전등기청구의 소송계속 중 그 소송목적이 된 피고 회사의 위 부동산에 대한 이전등기 이행 채무자체를 승계함이 없이 단순히 위 부동산에 대한 소유권이전등기(또는 근저당설정등기)가 피고 회사로부터 상대방들 앞으로 경료된 경우 이를 가지고 75조 1항 소정의 그 소송의 목적이 된 채무를 승계한 때에 해당한다고 할 수 없으므로 이와 같은 상대방들에 대하여 위와 같이 경료된 상대방 명의의 각 등기의 말소를 구하기 위한 소송의 인수는 허용되지 않는다고 한다.

	판단	· 인수승계신청에 대하여 법원은 결정으로 하여야 한다(82조 2항). – 기각결정에 대하여는 통상항고가 가능하지만 인용결정에 대해서는 독립된 불복이 불가능하다.[157] · 신청의 당부를 신청인의 주장만으로 판단한다. – 주장 자체에 대해 승계결정이 있었으나 심리결과 승계가 인정되지 않는 경우에는 인수승계인에 대하여 청구기각의 본안판결을 한다.[158]
	기타	· 인수승계인은 피승계인의 소송수행의 결과를 그대로 인수하고 이에 구속된다. · 시효중단 등의 효력도 본소를 제기 한 때로 소급한다.
기존 당사자 의 탈퇴		· 적법한 승계가 있는 경우 기존당사자의 탈퇴가 가능하지만 이때 기존 당사자의 승낙이 필요하다(80조). · 탈퇴당사자에 대하여 판결의 효력이 미친다. 이때 그 효력은 기판력 등을 의미한다. · 일부승계인 경우, 승계 여부에 다툼이 있는 경우, (참가 또는 인수)승계가 부적법한 경우에는 탈퇴가 불가능하다.[159]
소송승계 의 효과		· 승계인은 당사자로 되어 종전의 소송상태(소송수행 상의 유리 또는 불리한 지위)를 그대로 승계한다. – 승계 전의 변론·증거조사 또는 재판 등은 승계인에게도 미치고 종래 당사자의 자백에 반하는 주장, 시기에 늦은 공격방어방법의 제출 등은 승계인이 할 수 없고 소제기의 효과인 시효중단, 기간준수의 효과도 승계인에게 미친다.

---

153) 대판 1995.12.12. 94후487; 대판 1998.12.22. 97후2934; 대판 2001.3.9. 98다51169; 대판 2002.12.10. 2002다48399.
154) 종전 판례는 참가승계의 경우에 피참가인이 승계사실을 다투지 않으면 피참가인과 참가인 사이는 원칙적으로 통상공동소송관계가 성립된다고 하였으나(대판 2004.7.9. 2002다16729), 대판(전합) 2019.10.23. 2012다46170에 의해 필수적 공동소송에 관한 67조가 준용되는 것으로 변경되었다. 즉, 제3자가 소송목적인 권리의 전부나 일부를 승계하였다고 주장하면서 81조에 따라 소송에 참가한 경우, 원고(피참가인)가 승계참가인의 승계 여부에 대해 다투지 않으면서도 소송탈퇴나 소취하 등을 하지 않거나 이에 대하여 피고가 부동의하여 원고가 소송에 남아 있다면, 원고의 청구와 참가인의 중첩된 청구를 모순없이 합일적으로 확정할 필요성이 있기 때문에 양자의 청구 사이에는 필수적 공동소송에 관한 법 67조가 적용된다고 한다.
155) 이시윤, 앞의 책, 840면.
156) 대결 2007.8.23. 2006마1171; 대판 2012.4.26. 2011다85789에 의하면, 81조에 따른 승계참가신청은 일종의 소의 제기에 해당하고 참가요건은 소송요건에 해당하므로 참가요건에 흠이 있는 때에는 변론을 거쳐 판결로 참가신청을 각하하여야 하고 이때 승계참가인의 부적법한 참가신청을 각하하는 판결을 반드시 원래의 당사자 사이의 소송에 대한 판결과 함께 하여야 하는 것은 아니라고 한다.
157) 대결 1981.10.29. 81마357; 대결 1990.9.26. 90그30에 의하면, 소송인수를 명하는 결정은 일응 승계인의 적격을 인정하여 이를 당사자로서 취급하는 취지의 중간적 재판에 지나지 않기 때문에 이에 불복이 있으면 본안에 대한 종국판결과 함께 상소할 수 있을 뿐이고 승계인이 독립하여 위 결정에 대하여 재항고할 수 없다고 한다.
158) 대판 2005.10.27. 2003다66691에 의하면, 소송계속중에 소송목적인 의무의 승계가 있다는 이유로 하는 소송인수신청이 있는 경우 신청의 이유로서 주장하는 사실관계 자체에서 그 승계적격의 흠결이 명백하지 않는 한, 결정으로 그 신청을 인용하여야 하는 것이고 그 승계인에 해당하는가의 여부는 피인수신청인에 대한 청구의 당부와 관련하여 판단할 사항으로 심리결과 승계사실이 인정되지 않으면 청구기각의 본안판결을 하면 되는 것이지 인수참가신청 자체가 부적법하게 되는 것은 아니라고 한다.

159) 대판 2012.4.26. 2011다85789에 의하면, 80조에 따른 소송의 탈퇴는 승계참가가 적법한 경우에
만 허용되는 것이므로 승계참가가 부적법한 경우에는 피참가인의 소송탈퇴는 허용되지 않고
피참가인과 상대방 사이의 소송관계가 유효하게 존속하며, 따라서 승계참가인의 참가신청이
부적법함에도 불구하고 법원이 이를 간과하여 승계참가인의 참가신청과 피참가인의 소송탈퇴
가 적법함을 전제로 승계참가인과 상대방 사이의 소송에 대해서만 판결을 하였는데 상소심에
서 승계참가인의 참가신청이 부적법하다고 밝혀진 경우, 피참가인과 상대방 사이의 소송은 여
전히 탈퇴 당시의 심급에 계속되어 있으므로 상소심법원은 탈퇴한 피참가인의 청구에 관하여
심리·판단할 수 없다고 한다.

제 7 편 불복신청절차

제1장 상소

제1절 총설

Ⅰ. 의의

1. 개념

상소란 재판(판결·결정·명령)의 확정 전에 상급법원에 재판(원재판이라고 한다)의 취소 또는 변경을 구하는 불복신청을 말한다.[1]

2. 목적

상소는 적정한 재판을 확보하여 당사자의 권리보호를 도모하고 법령해석의 통일을 실현하는 것에 목적이 있다. 즉, 재판에 대한 국민의 신뢰를 얻기 위해서는 재판의 적정이 도모되어야 할 뿐만 아니라 당사자에게 불만이 있는 경우에는 상소에 의해 반복적으로 심판시켜 과오를 적게 하여 당사자를 구제할 필요가 있다. 또한, 상소를 기회로 법령해석이 통일되고 법적 안정성을 얻을 수 있게 된다.

3. 종류

상소에는 종국판결에 대한 불복신청인 항소(제2심), 상고(제3심), 결정·명령에 대한 불복신청인 항고(제2심), 항고법원의 재판에 다시 항고가 허용되는 재항고(제3심)가 있다. 이처럼 재판의 형식에 따라 상소의 종류가 결정된다.

그런데 법원이 본래 하여야 할 재판과 다른 형식의 재판으로 하는 경우 예컨대, 판결로 해야 할 것을 결정의 형식으로 하는 경우가 있다. 즉, 재판의 형식에 착오가 있는 것으로 이를 형식에 어긋난 재판이라고 하고 이러한 재판도 유효하다.[2] 이때 이에 대한 불복신청은 실제로 이루어진 재판의 형식을 기준으로 하여

---

1) 박재완, 앞의 책, 426면.

도 무방하다. 따라서 위 사례에서 결정에 대한 불복으로 항고를 제기하면 된다. 법원의 과오로 당사자에게 부담을 주지 않기 위함이다. 한편, 판결은 결정보다 신중한 절차이기 때문에 결정사항에 관하여 판결을 한 경우에는 원판결을 취소할 정도의 위법은 없다고 할 것이다. 판결은 결정보다 신중한 절차이기 때문이다.

[표 7-1] 법원에 대한 불복신청방법

상급법원에 대한 것	상소	판결에 대한 것	항소
			상고
		결정·명령에 대한 것	항고
			재항고
	특별상소	비약상고	
동일심급 내에서 하는 것		지급독촉에 대한 이의	
		수명법관 등에 대한 이의	
	재심	판결에 대한 것 — 재심의 소	
		결정·명령에 대한 것 — 준재심	
기타		서기관·집행관의 처분에 대한 이의	

4. 상소심에 있어서 심판의 범위

상소제기에 의한 원판결의 확정차단 및 이심의 효과는 원판결에서 판단된 모든 사항에 관하여 발생하는 것이 원칙이다. 이를 상소불가분의 원칙이라고 한다. 그러나 상소심에서 진행되는 심판범위(대상)는 상소 또는 부대상소에 의하여 상소를 한 범위에 한정되는 것이 원칙이다(415조·425조). 이것은 불복신청의 의사

---

2) 대판 1957.12.26. 4289민상346에 의하면, 결정 또는 명령으로써 재판을 할 수 없는 사항에 관하여 결정 또는 명령으로써 재판을 하였을지라도 이에 대하여 불복 있는 당사자는 항고를 할 수 있고 그 항고에 의해 법원은 재도의 고안에 의거하여 스스로 원판결을 취소하여 상당한 재판을 하거나 항고법원이 원판결을 취소하고 원법원에 환송하여 원법원이 상당한 재판을 할 수 있을 뿐이지만 그러한 위식의 재판 자체는 무효가 아니라고 한다. 따라서 채권자인 원고가 가처분결정을 얻어 가처분등기를 경료한 후에 채무자의 위 가처분취소의 신청에 대해 가처분법원이 결정으로써 위 가처분을 취소하고 그 촉탁에 의해 가처분등기가 말소되었다면, 원래 가처분의 취소는 판결로써 할 사항이므로 위 취소결정은 위식의 판결이기는 하지만 무효는 아니고 가처분등기의 말소는 적법하게 된 것이라고 한다.

에 따라 불복범위를 한정하는 것으로서 처분권주의가 상소심에서 발현된 것이라
고 말할 수 있다.

Ⅱ. 상소요건

1. 의의

상소제도의 목적 중 하나는 적정한 재판을 확보하여 당사자의 권리보호를
도모하는 것에 있다. 그러나 재판을 수차례 거듭하는 것이 반드시 재판의 시정
으로 연결된다는 보증은 없고 신속한 해결요청 또는 소송경제의 요청도 있다.
그래서 위와 같은 요청에 부응하기 위하여 상소심에서도 제1심의 소송요건에 상
응한 상소의 적법요건을 상소요건으로 설정하여 상소가 부적법하면 상소를 각
하하는 것으로 하였다. 상소요건도 원칙적으로 법원의 직권조사사항이다. 상소
심법원은 상소가 적법하면 상소심의 본안에 대하여 판단하는데 상소인의 상소
를 인용하거나 기각한다. 상소를 인용한다는 것은 원심재판을 취소하고 상소인
이 구하는 내용의 재판을 하는 것이다. 그러나 절대적 상고이유(424조)가 있는 때
에는 원심법원의 결론과 상소심법원의 결론이 같은 경우에도 원심재판을 취소
하여야 한다.[3]

소송요건과 상소요건은 별개의 것이다. 특히, 전자의 구비 여부가 상소심의
본안이 될 경우, 예컨대, 1심법원이 소송요건을 구비한 것으로 판단하고 원고의
청구인용판결을 한 반면, 이에 대하여 피고가 원고의 소가 소송요건을 구비하지
못하여 부적법한 것이라고 주장하면서 항소를 한 경우 상소(항소)요건이 구비되
었고 피고의 주장이 맞다면 항소심법원은 피고의 항소를 인용하여 1심판결을 취
소하고 (원고의) 소를 각하한다. 그러나 상소요건이 구비되어 있지 않다면 소가
아닌 항소가 각하하게 된다.

상소요건에는 적극적 요건과 소극적 요건으로 구분할 수 있는데 전자에는
방식의 준수, 기간의 준수, 대상적격, 상소당사자적격 또는 상소의 이익이 있고
후자에는 상소권의 포기와 불상소의 합의 등이 있다.

이러한 상소요건의 유무는 상소심의 심리종결시를 기준으로 하여 판단한다.

---

3) 박재완, 앞의 책, 431면.

이러한 상소요건에는 원판결이 불복을 신청할 수 있는 재판일 것(대상면), 상소 제기의 방식이 법정절차에 합치하고 있을 것(절차면), 상소장애사유가 없을 것(처분권주의), 상소이익이 있을 것(해석론) 및 대법원의 상소제한사유에 해당하지 않을 것(상고제한) 등이 있다. 다만, 상소 제기의 방식·절차는 상소시를 기준으로 판단한다.

2. 상소요건

(1) 대상적격 — 원판결이 불복신청을 할 수 있는 재판일 것

(가) 종국판결일 것

항소·상고는 종국판결을 대상으로 한다(390조, 422조) 그러나 중간판결(201조)은 불복신청의 대상이 되지 않으므로 중간판결에 대해 불복하기 위해서는 종국판결과 함께 상소하여야 한다(392조). 일부판결(200조), 환송·이송판결(418조)은 종국판결이기 때문에 상소의 대상이 된다.[4] 가집행선고와 소송비용 부담의 재판은 부수적 재판이기 때문에 본안재판과 독립하여 상소할 수 없다(391조, 425조, 443조). 항고는 결정 또는 명령을 대상으로 한다(439조).

(나) 무효인 판결

무효인 판결에 대해서는 판결의 외관을 제거하기 위한 상소는 허용된다고 볼 것이다.[5] 다만, 당사자가 소제기 이전에 이미 사망하여 주민등록이 말소된 사실을 간과한 채 본안의 판단에 나아간 원심판결은 당연무효라고 할 것이지만 민사소송이 당사자의 대립을 그 본질적 형태로 하는 것임에 비추어 사망한 자를 상대로 한 상고는 허용될 수 없다고 할 것이므로 이미 사망한 자를 상대방으로 하여 제기한 상고는 부적법하여 상고를 불허할 수밖에 없다.[6] 제1심에서 주위적 청구를 기각하고 예비적 청구를 인용한 판결에 대하여 피고만 항소한 때에는 비록 이심의 효력은 사건 전체에 미치더라도 원고로부터 부대항소가 없는 한, 항소심의 심판대상은 예비적 청구에 국한되는 것임에도 불구하고 원심은 심판의 대상으로 되지 않은 주위적 청구에 대하여도 제1심과 마찬가지로 원고의 청구를 기각

---

4) 대판(전합) 1981.9.8. 80다3271에 의하면, 항소심의 환송판결은 종국판결이므로 고등법원의 환송판결에 대하여는 대법원에 상고할 수 있다고 한다.

5) 이시윤, 앞의 책, 677면; 박재완, 앞의 책, 435면.

6) 대판 2000.10.27. 2000다33775.

하는 판결을 하였다고 한다면 이는 항소심이 무의미한 판결을 한 것에 불과하다. 또한, 원고가 그에 대하여 상고를 하였다고 하여도 주위적 청구부분이 상고심의 심판대상으로 되는 것은 아니기 때문에 원고의 주위적 청구부분에 관한 상고는 심판대상이 되지 않은 부분에 대한 상고로서 불복의 이익이 없어 부적법하여 상고를 각하하여야 한다.[7]

(다) 재판의 누락

법원이 모든 당사자의 모든 청구에 대하여 전부판결을 하고자 하였으나 일부 사항에 대하여 판결을 하지 않은 재판(판결)의 누락(또는 탈루)이 문제가 된다. 이는 판결의 주문에 어떤 청구에 대한 기재 여부에 관계없이 주문의 표시가 누락된 경우를 말한다.[8]

이러한 경우 일부판결이 가능한지 여부에 따라 구제방법이 달라진다. 즉, 일부판결이 가능한 경우에는 추가판결(212조)로 구제를 받아야 하고 누락된 부분에 대한 상소는 불가능하기 때문에 누락된 부분을 대상으로 한 상소는 대상적격 흠결로 각하된다. 이와 달리 필수적 공동소송처럼 일부판결을 하는 것이 불가능한 경우라면 당사자는 상소로 구제를 받아야 한다.[9]

재판의 누락을 판단하는 기준에 대해서는 법원의 판단을 분명하게 하기 위하여 결론을 주문에 기재하도록 되어 있으므로 우선 주문의 기재에 의하여 판정하여야 한다. 그리고 청구기각판결의 경우 주문에 청구 전부에 대한 판단이 기재되어 있는지 여부는 청구취지와 판결이유의 기재를 참작하여 판단하여야 한다.[10] 주문에 청구의 전부에 대한 판단이 기재되어 있으나 이유 중에 청구의 일부에 대한 판단이 빠져 있는 경우에는 이유를 붙이지 아니한 위법이 있다고 볼 수 있을지언정 재판의 누락이 있다고 볼 수는 없다.[11] 반면, 이유에 기재가 있어도 주문에 기재가 없으면 재판의 누락이 된다.[12] 다만, 주문의 표현에 착오가 있는 것으

---

7) 대판 1995.1.24. 94다29065.
8) 대판 1981.12.22. 80후25; 대결 1984.4.25. 84마118; 대결 1984.4.25. 84마148; 대판 2004.8.30. 2004다24083; 대판 2005.5.27. 2004다43824.
9) 박재완, 앞의 책, 435면.
10) 대판 1968.5.28. 68다508; 대판 2003.5.30. 2003다13604.
11) 대판 1968.5.28. 68다508; 대판 1991.10.11. 91다14604; 대판 2002.5.14. 2001다73571.
12) 대판 1981.12.22. 80후23; 대결 1981.4.25. 84마118; 대결 1984.4.25. 84마148; 대판 2004.8.30. 2004다24083; 대판 2005.5.27. 2004다43824.

로 볼 수 있는 경우에는 이를 선해하여 전부판결로 보고 이에 대한 판결경정도 인정한다.[13]

(2) 상소할 수 있는 당사자적격이 있을 것

원심의 당사자가 원칙적으로 상소당사자적격을 가진다. 즉, 1심의 원·피고에게 항소당사자적격이 있고 항소심의 항소인·피항소인에게 상고당사자적격이 있다. 또한, 소송승계가 있으면 승계인에게도 상소당사자적격이 있다. 당사자의 사망 등으로 소송절차가 중단된 경우 중단 중에 제기된 상소는 부적법하므로 상소를 제기하기 위하여 미리 또는 동시에 수계신청을 하는 것이 필요하다. 수계신청이 부적법한 경우 상소도 부적법하게 된다.[14] 다만, 수계신청은 상소심에서도 할 수 있고 수계신청이 받아들여지면 상소당사자적격의 하자가 치유된다.[15]

독립당사자참가인, 공동소송참가인 등도 상소당사자적격이 있고 이들은 참가와 동시에 상소를 제기할 수 있다. 보조참가인도 피참가인을 위하여 상소를 제기할 수 있지만 상소당사자가 되는 것은 아니다.[16]

(3) 상소제기 방식이 법정절차에 합치하고 있을 것

⑺ 상소기간의 준수

판결에 대한 항소·상고는 판결서를 송달받은 날로부터 2주간의 불변기간 내에 원심법원에 상소장을 제출하여야 한다(396조, 397조 1항, 425조, 445조). 상소제기 기간의 준수 여부는 상소장이 원심법원에 접수된 때를 기준으로 판단해야 하므로, 상소장을 원심법원에 제출하지 않는 경우 일정한 예외를 제외하고[17] 기간준

---

13) 대판 1999.10.22. 98다21953; 대판 1995.2.28. 94다32252·32269(반소); 대판 2000.5.12. 98다49142; 대판 2011.9.8. 2011다17090.
14) 대판 1971.2.9. 69다1741에 의하면, 소제기 전에 이미 사망한 자를 당사자로 한 제1심판결은 당연무효이며 망인의 재산상속인이 수계신청과 동시에 항소를 한 경우에는 수계신청을 할 수 없어 수계신청과 동시에 한 항소도 부적법하므로 이를 각하한 것은 정당하다고 한다.
15) 대판 1963.12.12. 63다703; 대판 1980.10.14. 80다623·624; 대판 1996.2.9. 94다61649.
16) 박재완, 앞의 책, 437면.
17) 대결 1996.10.25. 96마1590에 의하면, 상고인이 상고장에 불복대상 판결을 서울고등법원 판결로 명시하여 서울고등법원에 상고장을 제출하려는 의사를 분명히 가지고 있었으나 이를 현실로 제출함에 있어서 서울고등법원이 서울지방법원과 동일한 청사 내에 위치하고 있는 관계로 서울지방법원 종합접수과를 서울고등법원 종합접수실로 혼동, 착각하여 서울지방법원에 상고장을 접수시키고 접수담당 공무원도 이를 간과하여 접수한 경우에는 상고인이 원심법원인 서울고등법원의 종합접수실로 혼동, 착각하고 서울지방법원 종합접수과에 상고장을 제출한 날을 기준으로 하여 상고제기기간 준수 여부를 가려 보는 것이 상고인의 진정한 의사에도 부합하고 상고인에게 회복할 수 없는 손해도 방지할 수 있는 타당한 처리라고 한다.

수의 효력이 발생하지 않고 이송도 인정하지 않는다.[18] 한편, 결정·명령에 대한
즉시항고는 재판의 고지를 받은 날로부터 1주간의 불변기간 내에 하여야 한다
(444조). 이에 반하여 통상적인 항고는 재판의 취소를 구할 이익이 있는 한, 언제
라도 제기할 수 있다.

(나) 서면의 제출

상소는 서면에 의한다. 상소장에는 소장과 마찬가지로 필수적 기재사항이
있다. 즉, 당사자, 법정대리인, 원판결(상소대상인 재판)의 표시와 그 판결에 대한
상소의 취지를 기재하여야 한다(397조 2항, 425조, 443조). 이 기재사항은 원심 또는
상소심 재판장의 상소장 심사의 대상이 된다. 상소의 취지는 범위를 불문하고 원
심판결의 취소를 구한다는 취지로 이는 불복의 범위(415조)와도 다르다. 불복의
범위는 상소장 등의 상소취지에 구체적으로 기재된다. 다만, 판례에 따르면 항소
심 심판의 범위를 정하는 불복의 정도는 항소심의 변론종결시까지 진술하면 되
는 것이고 굳이 이를 항소장에 미리 특정하여 기재할 필요는 없다고 한다.[19] 그
리고 상소장 이외에 항소에서는 항소이유서의 제출이 요구되지 않지만 상고에서
는 상고이유서의 제출이 강제된다(408조·425조). 상고이유서를 정해진 기간 내에

---

18) 대판 1981.10.13. 81누230; 대결 1985.5.24. 85마178; 대결 1992.4.15. 92마146; 대판 2010.12.9.
2007다42907에 의하면, 상고장은 원심법원에 제출하도록 규정(425조, 397조 1항)되어 있으므로
상고제기기간의 준수 여부는 상고장이 원심법원에 접수된 때를 기준으로 판단하여야 하며, 따
라서 원심판결 정본이 피고에게 송달된 날은 2007.6.7.이고, 피고의 상고장이 2007.6.21. 원심법
원이 아닌 광주지방법원에 제출되었는데 같은 법원이 2007.6.22.에 원심법원인 광주고등법원에
송부하여 그 날짜로 광주고등법원에 접수된 사실이 기록상 명백하므로 피고의 상고는 상고제기
기간이 경과한 후에 원심법원에 접수된 것으로서 부적법하다고 한다. 반면, 대판(전합) 1984.
2.28. 83다카1981에 의하면, 재심의 소가 재심제기기간 내에 1심법원에 제기되었으나 재심사유
등에 비추어 항소심판결을 대상으로 한 것이라고 인정되어 위 소를 항소심법원에 이송한 경우
에 있어서 재심제기기간의 준수 여부는 36조 1항의 규정에 비추어 1심법원에 제기된 때를 기준
으로 할 것이지 항소법원에 이송된 때를 기준으로 할 것은 아니라고 판시한 것에 주의할 필요
가 있다.
19) 대판 1988.4.25. 87다카2819에 의하면, "항소장에는 당사자와 법정대리인 및 1심판결을 표시하고
그 판결에 대하여 항소하는 취지를 기재하면 그로써 족한 것이고 항소심에서의 심판의 범위를
정하게 될 불복의 정도는 항소심의 구두변론시에 진술하면 되는 것으로서 굳이 이를 항소장에
기재하지 않으면 안 될 이유는 없다. 또한, 원고가 제출한 항소장에 그 불복하는 1심판결을 표
시함에 있어 본소·반소에 관한 사건명과 번호 및 본소·반소 전체에 걸친 주문 내용을 명기하고
있으며 항소의 상대방 당사자표시에 있어서도 반소에 관계가 없는 당사자를 명기하여 위 1심판
결의 취소를 구하는 취지를 분명히 하고 있다면 원고는 그 패소부분 전부에 대하여 항소한 것이
라 보아야 할 것이고 그 항소취지란에 본소에 관한 부분이 누락되었다고 하여 원고가 반소에 관
하여만 불복한 것이라 할 수는 없다."고 한다.

제출하지 않으면 상고가 기각되지만(429조) 항소심에서는 그와 같은 제지가 없다. 그러나 실무에서는 항소이유서도 제출하는 것이 일반적이다. 이와 관련하여 항소심은 항소이유서에 기재된 사항에 국한하지 않고 심판범위에 해당하는 청구의 당부에 대하여 심리하지만 상고심은 상고이유서에 기재된 사항에 국한하여 심리하는(431조) 점도 항소심과 상고심의 차이점이다.[20] 한편, 상소장은 원법원에 제출하여야 한다(397조 1항, 425조).

(4) 상소장해사유가 없을 것

상소장해사유가 있다면 상소를 제기할 수 없는데 그 사유는 다음과 같다.

㈎ 상소권의 포기

특정 법률관계에 관하여 당사자는 상소권을 포기할 수 있다(394조·425조·443조). 상소권의 포기는 상소 이전에도, 이후에도 할 수 있다. 그러나 상소권의 포기는 상소권이 발생한 이후에만 가능하고 그 이전에는 할 수 없다(통설).[21] 다만, 판결이 선고되기 이전에 상대방으로부터 상소포기서를 교부받아 판결이 선고된 이후에 이를 제출하면 유효한 상소권의 포기로 유효하다.[22] 또한, 피참가인의 행위와 저촉되는 참가인의 행위가 서로 저촉될 때에는 피참가인의 의사가 우선하므로(70조 2항) 피참가인은 참가인의 행위와 저촉되는 행위를 할 수 있다. 따라서 피참가인은 참가인이 제기한 항소를 포기 또는 취하할 수 있다.[23] 항소권의 포기는 항소제기 이전에는 제1심법원에, 항소제기 이후에는 항소법원에 서면으로 하여야 하고(395조 1항) 항소제기 이후의 항소권의 포기는 항소 취하의 효력도 있다고 한다(동조 3항). 따라서 항소 제기 이후의 항소권 포기는 항소심 판결의 선고시까지는 언제든지 할 수 있고 항소권포기서를 제1심법원에 제출했더라도 그 서면이 기록에 편철되어 항소법원에 도착되면 그때 항소권 포기의 효력이 생김과 동시에 항소취하의 효력도 있다고 할 것이다. 예컨대, 피고 제출의 항소포기서가 2023.11.23. 항소법원에 접수되었다면 그때 이 사건의 항소가 취하되어 소송이 종료되었다고 할 것이다.[24]

---

20) 박재완, 앞의 책, 433면.
21) 김홍규·강태원, 앞의 책, 877면; 이시윤, 앞의 책, 848면.
22) 박재완, 앞의 책, 427면.
23) 대판 2010.10.14. 2010다38168.
24) 대판 1984.12.11. 84다카659.

상소권의 포기는 상대방의 동의 없이 할 수 있다. 다만, 판결의 효력이 제3자에게 미치는 경우에는 제3자의 소송참가를 보장하기 위하여 상소권의 포기는 허용되지 않는다. 상소권의 포기는 법정대리인과 소송대리인의 특별수권사항이고 증권관련 집단소송에서 상소권의 포기는 법원의 허가가 필요하다(증권관련 집단소송법 38조).

그리고 항소권 포기 등으로 제1심판결이 확정된 후에 항소장이 제출된 경우에는 원심재판장은 항소장에 대한 각하명령을 한다(399조 2항). 그리고 상대방이 전부 승소하여 항소이익이 없는데 항소권을 가진 패소자가 항소를 포기하면 그의 항소기간이 만료하지 않았더라도 제1심판결은 확정된다.[25] 상소권의 포기와 관련하여 판결의 확정시기는 상소기간 경과 전이라면 포기를 한 때이고 상소기간 경과 후라면 상소 취하의 효력도 가지므로 상소기간이 만료한 때이다.[26] 또한, 상소권의 포기는 법원에 대한 소송행위이지만 상소권 포기의 합의는 당사자 사이에 체결되는 사법행위인 소송상 합의(계약)이므로 민법의 규정이 적용된다.[27]

(나) 불상소의 합의

1심판결이 선고된 이후 당사자 간에 항소심절차만 생략하는 합의, 즉 비약상고의 합의를 할 수도 있고 항소심절차뿐만 아니라 상고심절차도 생략하기로 하는 합의, 즉 불상소의 합의를 할 수도 있다(390조). 이러한 불상소의 합의는 심급제도의 이용을 배제하여 간이·신속하게 분쟁을 해결하고자 하는 당사자의 의사를 존중하여 인정된 제도이기 때문에 당사자의 일방만 항소를 하지 않기로 약정하는 합의는 공평에 어긋나는 불항소의 합의로서 그 효력이 없다고 할 것이다.[28] 그리고 당사자 쌍방이 제1심판결선고 전에 미리 항소하지 않기로 합의하였다면 제1심 판결은 선고와 동시에 확정되는 것이므로 그 판결선고 이후에는 당사자의 합의에 의하더라도 그 불항소의 합의를 해제하고 소송계속을 부활시킬 수 없다. 또한, 당사자 쌍방이 소송계속 중 작성된 서면에 불상소의 합의가 포함되어 있는지 여부의 해석을 둘러싸고 이견이 있어 그 서면에 나타난 당사자의 의사해석이 문제로 되는 경우 이러한 불상소의 합의와 같은 소송행위의 해석은 일반 실체법

---

25) 대결 2006.5.2. 2005마933.
26) 이시윤, 앞의 책, 848면; 박재완, 앞의 책, 427~428면.
27) 대판 1987.6.23. 86다카2728.
28) 위 판결(86다카2728).

상의 법률행위와는 달리 내심의 의사가 아닌 철저한 표시주의와 외관주의에 따라 그 표시를 기준으로 하여야 하고 표시된 내용과 저촉되거나 모순되어서는 아니될 것이다. 다만, 불상소의 합의와 같이 그 합의의 존부 판단에 따라 당사자들 사이에 이해관계가 극명하게 갈리는 소송행위에 관한 당사자의 의사해석에 있어서는 표시된 문언의 내용이 불분명하여 당사자의 의사해석에 관한 주장이 대립할 소지가 있고 나아가 당사자의 의사를 참작한 객관적·합리적 의사해석과 외부로 표시된 행위에 의하여 추단되는 당사자의 의사조차도 불분명하다면 가급적 소극적 입장에서 그러한 합의의 존재를 부정할 수밖에 없을 것이다.[29]

그러나 항소권자가 약정에 따라 법원에 서면으로 그 권리를 포기하는 의사를 표시하는 단독행위, 즉 항소권 포기의 의사를 표시하는 서면을 법원에 제출하기 전에 그 약정을 해제하기로 다시 합의하고 항소를 제기하였다면 그 합의해제의 효력에 따라 위 항소는 적법하다고 할 것이다. 하지만 항소권의 포기를 표시하는 서면을 작성하였음에도 상소를 제기한 경우 상대방은 상소권 포기의 합의가 있었다는 사실을 항변으로 제출하여야 하고 상소심 법원은 이러한 경우에는 상소를 각하한다.[30] 이러한 불상소의 합의가 있는 때에는 상소할 수 없다. 제1심 종국판결의 선고와 함께 확정된다. 그리고 비약상고를 정한 390조 1항 단서는 불상소의 합의를 인정하지 않는 취지는 아니다.

(5) 상소의 이익이 있을 것

원재판에 대해 불복하는 것이므로 불복의 이익(상소의 이익)이 필요하다. 이는 소의 이익에 대응하는 것으로 명문의 근거는 없으나 통설·판례는 상소의 이익을 요구하고 있고 상소의 이익이 흠결되면 상소는 부적법하므로 각하되어야 한다.

상소이익의 판단기준에 대해서는 당사자의 신청과 판결의 주문을 비교하여 주문이 청구취지(신청)보다 양적이나 질적으로 불리한지 여부를 기준으로 하는 형식적 불복설, 당사자가 상급심에서 원재판보다 실체법상 유리한 판결을 받을 수 있는지 여부를 기준으로 하는 실질적(실체적) 불복설, 원고는 형식적 불복설, 피고는 실질적 불복설을 기준으로 하는 절충설, 판결의 기판력과 그 이외의 효력이 미치는지 여부를 기준으로 하는 신실질적 불복설의 대립이 있지만 형식적 불

---

29) 대판 2002.10.11. 2000다17803.
30) 박재완, 앞의 책, 428면.

복설이 통설·판례[31]이다. 다만, 통설·판례는 일정한 경우, 즉 하나의 소송물에 관하여 형식상 전부 승소한 당사자의 상소이익의 부정은 절대적 기준이라고 할 수 없고 예외적인 경우에는 전부 승소자에게 상소이익을 인정하고 있다.[32] 예컨 대, 원고가 재산상 손해(소극적 손해)에 대하여는 형식상 전부 승소하였으나 정신 상 손해(위자료)에 대하여는 일부 패소하였고 이에 대하여 원고가 패소부분에 불 복하는 형식으로 항소를 제기하여 사건 전부의 확정이 차단되고 소송물 전부가 항소심에 계속되게 된 경우에 불법행위로 인한 손해배상에 있어 재산상 손해나 위자료는 단일한 원인에 근거한 것인데 편의상 이를 별개의 소송물로 분류하고 있는 것에 지나지 아니한 것이므로 이를 실질적으로 파악하여 항소심에서 위자 료는 물론이고 재산상 손해(소극적 손해)에 관하여도 청구의 확장을 허용한다고 하거나,[33] 묵시적 일부청구인 경우에는 그 확정판결의 기판력은 나머지 부분까 지 미치므로 이후 별소로써 나머지 부분에 관하여 청구할 수 없기 때문에 일부청 구에 관하여 전부 승소한 채권자는 나머지 부분에 관하여 청구를 확장하기 위한 항소의 이익을 인정한다.[34] 이와 달리 명시적 일부청구의 경우에는 청구를 확장 하기 위한 항소의 이익이 인정되지 않는다.[35]

---

31) 김홍규·강태원, 앞의 책, 874면; 이시윤, 앞의 책, 851면. 대판 2004.7.9. 2003므2251·2268; 대판 1998.11.10. 98두11915; 대판 1992.3.27. 91다40696에 의하면, 상소는 자기에게 불이익한 재판에 대하여 유리하게 취소변경을 구하기 위하여 하는 것이므로 승소판결에 대한 불복상소는 허용할 수 없고 재판이 상소인에게 불이익한 것인지의 여부는 원칙적으로 재판의 주문을 표준으로 하 여 판단하여야 하는 것이어서, 청구가 인용된 바 있다면 비록 그 판결이유에 불만이 있더라도 그에 대하여는 상소의 이익이 없다고 한다. 따라서 예컨대, 원고가 을에 대하여 A를 대위하여 소유권이전등기의 말소청구를 하면서 대위소송의 피보전권리의 발생원인을 원고와 A 사이의 매매계약으로 주장하였으나 원심이 이를 양도담보약정으로 인정하여 원고 승소판결을 선고한 경우 위 청구에 관한 소송에 있어서 직접 심판대상이 되고 판결의 기판력이 미치는 것은 어디까 지나 A의 乙에 대한 소유권이전등기 말소등기청구권의 존부라 할 것이고, 이에 관한 원고의 청 구가 인용되어 승소한 이상 원심이 판결이유에서 A에 대한 원고의 피보전권리의 발생원인을 잘 못 인정하였다고 하더라도 그 사유만으로는 상소의 이익이 있다고 할 수 없다고 한다.
32) 대판 1997.10.24. 96다12276; 대판 1994.6.28. 94다3063.
33) 대판 1994.6.28. 94다3063.
34) 대판 1997.10.24. 96다12276.
35) 대판 2007.6.15. 2004다37904.

[표 7-2] 개별적 고찰

청구의 전부 인용 또는 기각	·전부 승소한 당사자에게는 원칙적으로 상소이익은 없다. ·전부 인용된 경우 피고만 상소할 수 있고 원고가 청구취지의 확장 또는 변경을 위한 상소를 할 수 없다. 다만, 원심판결의 확정으로 발생하는 기판력에 의해 별소의 제기가 차단되는 경우에는 예외가 인정된다. 예컨대, 묵시적 일부청구의 경우36)와 청구이의의 소 등이 그러하다. ·본안에 관하여 전부 승소를 하였지만 소송비용을 부담하라는 재판에 대해서는 상소의 이익이 없다.
청구의 일부 인용, 일부기각	·원·피고 모두 상소가 가능하다. ·원고의 단순이행청구에 대하여 피고의 동시이행의 항변이 인용된 경우 원고에게 상소이익이 있다.
소 각하	·원고에게 상소이익이 있다. ·청구기각판결을 구한 것에 대해 소각하판결을 한 경우 피고에게도 상소이익이 있다.
주문과 이유	·판결 이유 중 판단에 대한 불만으로는 상소이익이 없다. 다만, 상계항변의 경우에는 기판력 때문에 상소이익이 긍정된다. ·원고가 구하는 실체법적 권리가 아닌 다른 권리에 의해 판결한 경우 소송물 이론에 따라 달리 상소이익이 판단될 수 있다.
1심에서 불복하지 않은 당사자의 상고의 이익	·원고의 피고에 대한 청구가 일부 인용되어 원고만 항소를 제기한 경우 피고는 1심에서 청구 인용된 부분에 관하여 상고이익이 없다.37) ·피고만 항소를 제기하고 원고의 항소 또는 부대항소의 제기가 없는 경우에는 원고는 1심에서 청구기각된 부분에 관하여 상고이익이 없다.38) ·원고의 청구를 일부 기각하는 제1심판결에 대하여 피고는 항소하였으나 원고는 항소나 부대항소를 하지 아니한 경우 항소심이 피고의 항소를 일부 인용하여 제1심판결의 피고 패소부분 중 일부를 취소하고 그 부분에 대한 원고의 청구를 기각하였다면 이는 제1심에서의 피고 패소부분에 한정된 것이며 제1심판결 중 원고 패소 부분에 대하여는 항소심이 판결을 한 바가 없어 이 부분은 원고의 상고대상이 될 수 없다.39)

---

36) 대판 1997.10.24. 96다12276에 의하면, 가분채권에 대한 이행청구의 소를 제기하면서 그것이 나머지 부분을 유보하고 일부만 청구하는 것이라는 취지를 명시하지 아니한 경우에는 그 확정판결의 기판력은 나머지 부분에까지 미치는 것이어서 별소로써 나머지 부분에 관하여 다시 청구할 수는 없으므로 일부청구에 관하여 전부 승소한 채권자는 나머지 부분에 관하여 청구를 확장하기 위한 항소가 허용되지 아니한다면 나머지 부분을 소구할 기회를 상실하는 불이익을 입게 되고 따라서 이러한 경우에는 예외적으로 전부 승소한 판결에 대해서도 나머지 부분에 관하여 청구를 확장하기 위한 항소의 이익을 인정함이 상당하다고 한다.

37) 대판 1992.12.8. 92다24431에 의하면, 제1심에서 원고의 피고에 대한 청구가 일부 인용되자 패소 부분에 대하여 원고만 항소를 제기하고, 피고는 항소나 부대항소를 제기하지 않았다가 원고의 항소가 기각되자 피고가 상고한 경우 상고의 이익이 없어 부적법하다고 한다.

38) 대판 1992.11.27. 92다14892에 의하면, 원고의 청구 일부를 기각하는 1심판결에 대해 피고는 항소를 하였으나 원고는 항소나 부대항소를 하지 아니한 경우 1심판결에서의 원고 패소부분은 피고의 항소로 인하여 원심에 이심은 되었으나 원심의 심판대상은 되지 않았다 할 것이고, 따라서 원심이 피고의 항소를 인용하여 1심판결 중 피고 패소부분을 취소하고 그 부분에 대한 원고의

(6) 대법원의 상고제한에 해당하지 않을 것

대법원은 법률심이고, 또한 업무부담의 경감이라는 요청도 있기 때문에 ① 원심판결이 헌법에 위반되거나 헌법을 부당하게 해석한 경우, ② 원심판결이 명령·규칙 또는 처분의 법률위반 여부에 대하여 부당하게 판단한 경우, ③ 원심판결이 법률·명령·규칙 또는 처분에 대하여 대법원 판례와 상반되게 해석한 경우, ④ 법률·명령·규칙 또는 처분에 대한 해석에 관하여 대법원의 판례가 없거나 대법원의 판례를 변경할 필요가 있는 경우, ⑤ ①부터 ④까지의 내용 이외에 중대한 법령위반에 관한 사항이 있는 경우, ⑥ 절대적 상고이유(424조 1항 1호 내지 5호)가 있는 경우 중 어느 하나의 사유를 포함하지 아니한다고 인정하면 상고의 이익이 없는 것으로 보아 심리를 하지 아니하고 판결로 상고를 기각한다(상고심절차에 관한 특례법 4조 1항).

Ⅲ. 상소 남용에 대한 제재

소송의 완결을 지연시키는 것만을 목적으로 하는 상소의 제기에 대하여는 상소에서 신속처리의 요청을 실현하는 취지에서 위 Ⅱ. 2. (5) 상소의 이익이 있을 것 이외에도 다음과 같이 권리의 남용에 해당하는 것이 있다. 즉, 신의칙 등에 의해 대처할 수 있는 상소권의 남용,[40] 간이각하 등으로 대처할 수 있는 기피권의 남용, 소권의 남용,[41] 기일지정신청권의 남용 또는 관할선택권의 남용 등을 생각할 수 있을 것이다.

청구를 기각하였다면 이는 1심에서의 피고 패소부분에 한정된 것이며 1심판결 중 원고 패소부분에 대하여는 원심이 판결을 한 바 없어 이 부분은 원고의 상고대상이 될 수 없다고 한다.
39) 대판 1998.5.22. 98다5357.
40) 정덕장, "상소권의 남용", 사법논집, 법원행정처, 1975.
41) 소제기가 재판의 요구행위인 점과 함께 피고에 대한 권리주장행위인 점을 생각하면 당사자 간에 신의칙상 허용되지 않는 권리행사는 소라는 절차에 의해서도 허용되지 않기 때문에 소제기 자체를 권리의 남용이라고 하여 부적법으로 할 여지가 있을 수 있을 것이다(판례, 통설). 그러나 소권의 남용이라는 구성은 그렇다고 할지라도 재판을 받을 권리를 해할 우려가 있을 수 있으므로 신중한 운용이 필요하다. 또한, 특정사항에 관하여 특정한 당사자 간에만 소권의 행사는 허용되지 않는다고 하는 경우가 있을 수 있다.

Ⅳ. 상소의 효력

1. 확정차단과 이심의 효력

미확정판결에 대한 불복수단인 상소는 판결이 확정되는 것을 막는 효력이 있다. 상소를 제기할 수 있는 기간 이내에 적법한 상소제기가 있을 때에는 판결은 확정되지 않기 때문에(498조) 확정판결의 효력인 기판력·집행력 등이 발생하지 않는다. 즉, 상소를 제기하면 사건이 원심에서 상급심으로 옮겨짐으로써 기록이 상급심으로 송부되는바, 이를 이심의 효력이라고 한다. 이를 통하여 상소가 제기되어 기록이 송부되기 전까지는 사건을 처리할 권한은 근본적으로 원심법원에 있고 송부된 이후에는 상소심법원에 있다. 반면 결정 또는 명령은 원칙적으로 고지만 되면 확정되기 이전이라도 집행력을 갖고 그 집행력을 정지시키기 위해서는 즉시항고를 하여야 한다(447조).

상소 제기 이후에 상소가 취하되거나 상소가 부적법 각하되는 경우에는 상소기간 만료시에 소급하여 확정차단의 효력이 소멸한다.

2. 상소불가분의 원칙

가. 의의

상소불가분의 원칙이란 확정차단과 이심의 효력은 상소인의 불복(불복신청) 범위에 관계없이 하나의 원심판결 전부에 대하여 불가분적으로 발생하는 원칙을 말한다. 예컨대, 원고가 법원에 10억원의 대여금청구를 청구하였으나 "피고는 원고에게 7억원을 지급하라"고 하는 판결이 선고되어 원고가 패소한 3억원 부분에 대하여 상소를 하면 승소한 7억원 부분에 대하여도 확정차단 및 이심의 효력이 발생한다. 그러나 원고(상소인)의 불복범위인 3억원만 항소심의 심판대상이 되므로 상소불가분의 원칙이 있다고 하여 곧 상소의 효력이 미치는 범위와 상소심의 심판범위가 일치하는 것은 아니다.

상소불가분의 원칙은 명문의 규정이 없으나 상소장에 불복범위를 명시하지 않아도 되는 점, 불복이 없는 부분에 관하여도 상소법원이 가집행선고를 할 수 있다는 규정(406조, 435조) 등에 비추어 간접적으로 이 원칙을 취하고 있음을 알 수 있다.[42]

나. 적용범위

[표 7–3] 적용범위

개요			상소불가분의 원칙과 관련하여 적용범위는 한 개의 판결이 무엇인지, 심판대상이 아닌 부분은 분리 확정되는지, 확정된다면 그 시기는 언제인지 여부가 문제로 된다.	
한 개의 판결	범위	판결	·판결이 없는 경우 상소불가분의 원칙이 적용되지 않는다. ·판결에는 1심·항소심 및 상고심 판결도 포함된다.	
		한 개의 판결	개요	·한 개의 판결이기 위해서는 한 개의 판결서에 의해 판결이 선고되어야 한다. 다만, 예외는 있다.
			예외	·가분적 단일청구인 경우 상소불가분의 원칙의 적용이 있다.[43]
				객관적 병합이 있는 경우 — 단순병합의 경우에는 상소불가분의 원칙이 적용된다.[44]
				객관적 병합이 있는 경우 — 예비적·선택적 병합의 경우에는 마찬가지로 적용한다.
				객관적 병합이 있는 경우 — 본소와 반소가 있는 경우에는 반소가 단순반소인 경우 단순병합과 같이,[45] 예비적 반소라면 예비적 병합과 같이 취급한다.
				당사자가 복수인 경우 — 통상공동소송의 경우 공동소송인 독립의 원칙에 따라 상소불가분의 원칙이 적용되지 않는다.[46]
				당사자가 복수인 경우 — 통상공동소송 이외의 경우 원칙적으로 상소불가분의 원칙이 적용된다. 다만, 예외도 있다.
		심판대상이 아닌 부분의 분리확정		·항소심단계부터 분리확정되고 심급단계 내에서는 판결선고시, 즉 항소심의 경우에는 항소심판결 선고시에, 상고심은 상고심 판결의 선고시에 분리 확정된다.[47] ·분리확정되는 부분은 분리확정 시에 기판력·집행력 등의 효력이 발생하고 분리확정된 이후에는 그 부분에 대한 상소가 불가능하다.[48]
				·고유필수적 공동소송에서 공동소송인 중 일부가 제기한 상소는 다른 공동소송인에게도 그 효력이 미쳐 이 경우 공동소송인 전원에 대한 관계에서 판결의 확정이 차단되고 그 소송은 전체로서 상소심에 이심되며 상소심 판결의 효력은 상소를 하지 않은 공동소송인에게 미친다. 따라서 상소심은 공동소송인 전원에 대하여 심리·판단을 하여야 한다.[49]

---

42) 박재완, 앞의 책, 442면.

---

43) 대판 1998.4.10. 97다58200; 대판 2003.4.11. 2002다67321; 대판 2013.7.11. 2011다18864에 의하면, 1개의 청구의 일부를 기각하는 1심판결에 대해 일방 당사자만 항소한 경우 1심판결의 심판대상인 청구 전부가 불가분적으로 항소심에 이심되나 항소심의 심판범위는 이심된 부분 가운데 항소인이 불복신청한 한도로 제한되고 항소심은 당사자가 신청한 불복의 한도를 넘어서 1심판결을 불이익하게 변경할 수는 없고, 이 경우 변경이 금지되는지 여부는 원칙적으로 기판력이 생기는 판결의 주문을 표준으로 판단해야 한다고 한다. 이때 항소심의 심판대상이 되지 아니한 부분에 관해서는 항소심판결 선고와 동시에 확정되어 소송이 종료된다고 한다.

44) 대판 1966.6.28. 66다711에 의하면, 가옥명도와 손해배상을 병합청구하여 손해배상청구만 기각되어 그 패소부분만 항소하였다면 승소한 가옥명도청구 부분은 불복항소의 대상이 되어 있지 않으므로 항소심의 심판범위는 될 수 없으나 승소부분도 패소부분과 함께 항소심에 이심되고 그 확정이 차단되므로 일정한 제한하에서라면 항소심에서 그 청구부분에 대하여도 변경할 수 있다고 한다.

45) 대판 1989.10.10. 89누1308; 대판 2006.4.27. 2006두2091; 대판 2008.6.26. 2008다24791·24807에 의하면, 원고의 제1보험계약에 기한 보험금지급채무의 부존재확인 등의 청구를 기각한 본소청구 부분에 대하여 원고가 불복한 바가 없어 원심의 심판대상이 되지 아니한 이상, 그 부분에 관해서는 원심판결의 선고와 동시에 확정되어 소송이 종료되었으므로 그 확정판결의 기판력에 의하여 원고로서는 피고들에 대해 제1보험계약에 기한 보험금지급채무의 존재 그 자체에 대해서는 이에 저촉되는 주장을 할 수 없고 법원도 이에 저촉되는 판단을 할 수 없다고 한다.

46) 대판 2012.9.27. 2011다76747에 의하면, 부진정 연대채무의 관계에 있는 채무자들을 공동피고로 하여 이행의 소가 제기된 경우 공동피고에 대한 각 청구는 법률상 양립할 수 없는 것이 아니므로 그 소송은 70조 1항에 규정한 본래 의미의 예비적·선택적 공동소송이라고 할 수 없고, 따라서 거기에 필수적 공동소송에 관한 67조는 준용되지 않는다고 할 것이어서 상소로 인한 확정차단의 효력도 상소인과 그 상대방에 대해서만 생기고 다른 공동소송인에 대한 관계에는 미치지 않는다고 한다.

47) 대판 1994.12.23. 94다44644; 대판 2001.4.27. 99다30312; 대판 2004.6.10. 2004다2151·2168; 대판 2006.4.27. 2006두2091; 대판 2013.7.11. 2011다18864. 위 94다44644에 의하면, 원고의 1개 청구의 일부를 기각하는 1심판결에 대해 피고만 항소를 했더라도 1심판결의 심판대상이었던 청구 전부가 불가분적으로 항소심에 이심되나 항소심의 심판범위는 이심된 부분 중 피고가 불복신청한 한도로 제한되고 나머지 부분에 관해서는 원고가 불복한 바 없어 항소심의 심판대상이 되지 않으므로 항소심으로서는 원고의 1개의 청구 중 불복하지 아니한 부분을 인용할 수 없으며, 이와 같이 '항소심의 심판대상이 되지 않은 부분'에 관해서는 항소심판결 선고와 동시에 확정되어 소송이 종료된다고 한다.

48) 대판 1998.5.22. 98다5357에 의하면, 원고의 청구를 일부 기각하는 제1심판결에 대하여 피고는 항소하였으나 원고는 항소나 부대항소를 하지 아니한 경우 제1심판결의 원고 패소 부분은 피고의 항소로 인하여 항소심에 이심은 되었으나 항소심의 심판대상은 되지 않았다 할 것이므로 항소심이 피고의 항소를 일부 인용하여 제1심판결의 피고 패소부분 중 일부를 취소하고 그 부분에 대한 원고의 청구를 기각하였다면, 이는 제1심에서의 피고 패소 부분에 한정된 것이며 제1심판결 중 원고 패소 부분에 대하여는 항소심이 판결을 한 바 없어 이 부분은 원고의 상고대상이 될 수 없다 할 것이므로, 원고의 상고 중 상고의 대상이 되지 아니한 부분에 대한 상고는 부적법하여 이를 각하해야 한다고 한다.

49) 대판 2022.6.30. 2022다217506.

[서식 7-1] 항소장

서울중앙지방법원 2023 가합 제1234호과 관련하여

항 소 장

항소인(원고) 홍길동

피항소인(피고) 김갑동

소송물가액 00,000,000원

인지액 000,000원

송달료 00,000원

서울고등법원 귀중

서울중앙지방법원 2023 가합 제1234호과 관련하여

항 소 장

항소인(원고)　홍길동(주민등록번호 000000－0000000)
　　　　　　　주소 서울 서초구 서초동 1223(우편번호 06617)
　　　　　　　연락처 02－3452－1111, E－mail: gildong@hanmail.net

피항소인(피고) 김갑동(주민등록번호 000000－0000000)
　　　　　　　주소 서울 서초구 서초동 남부순환로 2405(우편번호 06757)

위 당사자 간의 서울중앙지방법원 2023 가합 1234 매매대금지급 등 사건에 관하여 위 법원은 2023.00.00.판결을 선고하였는 바, 위 항소인(원고)은 패소한 부분에 대하여 불복하기에 다음과 같이 항소장을 제출합니다.

다　　음

원판결의 표시
1. 항소인(원고)의 청구를 기각한다.
2. 소송비용은 항소인(원고)의 부담으로 한다.
(항소인(원고)은 위 판결 정본을 2023.00.00.에 송달받았습니다.)

항소취지
1. 원판결 중 항소인(원고)의 패소부분을 취소한다.
2. 피고는 원고에게 금1억원을 지급하라.
3. 제2항은 가집행할 수 있다.
4. 소송비용은 피고의 부담으로 한다.
라는 재판을 구합니다.

항소이유
추후 제출하도록 하겠습니다.

2023.00.00.

항소인(원고) 000 (인)
서울고등법원 귀중

[서식 7-2] 상고장

서울고등법원 2023 나 제2784호과 관련하여

<h1 align="center">상 고 장</h1>

상고인(원고) 홍길동
피상고인(피고) 김갑동

소송물가액 00,000,000원
인지액 000,000원
송달료 00,000원

대법원 귀중

서울고등법원 2023 나 제2784호과 관련하여

상 고 장

상고인(원고)   홍길동(주민등록번호 000000-0000000)
            주소 서울 서초구 서초동 1223(우편번호 06617)
            연락처 02-3452-1111, E-mail: gildong@hanmail.net

피상고인(피고) 김갑동(주민등록번호 000000-0000000)
            주소 서울 서초구 서초동 남부순환로 2405(우편번호 06757)

위 당사자 간의 서울고등법원 2016 가합 2784 매매대금지급 등 사건에 관하여 위 법원은 2023.00.00.판결을 선고하였는바, 위 상고인(원고)은 패소한 부분에 대하여 불복하기에 다음과 같이 상고장을 제출합니다.

다   음

제2심판결의 표시
1. 상소인(원고)의 청구를 기각한다.
2. 소송비용은 상고인(원고)의 부담으로 한다.
(항소인(원고)은 위 판결 정본을 2023.00.00.에 송달받았습니다.)

상고취지
1. 원판결 중 상고인(원고)의 패소부분을 취소한다.
2. 피고는 원고에게 금1억원을 지급하라.
3. 제2항은 가집행할 수 있다.
4. 소송비용은 피고의 부담으로 한다.
라는 재판을 구합니다.

상고이유
추후 제출하도록 하겠습니다.

첨부서류
1. 납부서
2. 상고장 부본

2023.00.00.

상고인(원고) 000 (인)
대법원 귀중

제2절 항소

Ⅰ. 의의

1. 개념

항소란 제1심의 종국판결에 대한 취소·변경을 위한 제2의 사실심인 상소를 말한다. 항소는 지방법원에서 선고한 제1심의 종국판결을 대상으로 하고(390조 1항) 제2의 사실심(항소심)을 개시하도록 하는 불복신청방법이다.

[표 7-4] 항소취지의 비교

항소취지	
원고가 전부 패소한 경우	원고가 일부 패소(승소)한 경우
1. 1심 판결을 취소한다. 2. 피고는 원고에게 1억원 및 2023.5. 4.부터 이 판결선고일까지는 연5푼의, 그 다음날부터 다갚는 날까지는 연1할2푼의 각 비율에 의한 금원을 지급하라. 3. 제2항은 가집행할 수 있다. 4. 소송비용은 1, 2심 모두 피고의 부담으로 한다.	1. 원심판결 중 원고의 패소부분을 취소한다. 2. 피고는 원고에게 5천만원 및 2023. 5.4.부터 이 판결선고일까지는 연5푼의, 그 다음날부터 다갚는 날까지는 연1할2푼의 각 비율에 의한 금원을 지급하라. 3. 제2항은 가집행할 수 있다. 4. 소송비용은 1,2심 모두 피고의 부담으로 한다.

항소심은 상고심과 달리 사실심이기 때문에 1심과 마찬가지로 법령 위반뿐만 아니라 사실오인도 불복의 대상(사유)으로 삼을 수 있다. 항소심의 구조는 새로운 소송자료를 무제한적으로 제출할 수 있는 복심제, 새로운 소송자료를 제출할 수 없는 사후심제, 일정한 제약 하에서 새로운 소송자료를 제출할 수 있는 속심제가 있다. 법은 절충적으로 항소심을 속심제로 하고 있는 반면, 상고심을 사후심으로 하고 있다. 항소심절차는 필요적 변론절차이므로 심리는 반드시 변론에 의하여 진행된다.

2. 항소의 제기

제1심판결의 당사자가 항소심의 당사자가 된다. 항소를 제기한 자가 항소인, 그 상대방이 피항소인이 된다. 다만, 변론종결 뒤의 승계인도 항소를 제기할 수 있다. 소송절차가 중단된 경우에는 적법한 상소제기를 위하여 수계신청이 필요하다. 당사자참가를 할 수 있는 제3자는 참가와 동시에 항소를 제기할 수 있다. 다만, 제3자가 항소심의 당사자인 항소인이 되는 것은 아니다.[50]

항소의 제기는 1심판결정본 송달일로부터 2주 이내에 1심법원에 항소장을 제출함으로써 한다. 항소장에는 필수적 기재사항으로 당사자, 법정대리인, 1심판결의 표시와 그 판결에 대한 항소의 취지를 기재하여야 한다(397조 2항). 다만, 여기에서 말하는 항소의 취지는 항소심 재판을 구한다는 취지 그 자체를 의미하고 불복범위인 항소취지와는 다르다.[51] 항소취지는 항소심 변론종결 시까지 명확하게 하면 되고 반드시 서면에 의할 필요도 없다고 하지만[52] 소송목적의 값(소가)이 1억원 초과, 2억원 이하인 민사단독사건의 항소심은 기존의 "고등법원"에서 "지방법원 항소부"로 변경되었으므로 사건분류를 위해 소송목적의 값을 기재하여 주는 것은 매우 중요하다고 말할 수 있다.

그리고 항소인은 사실상 항소취지를 분명하게 하기 위하여 ① 제1심 판결 중 사실을 잘못 인정한 부분 또는 법리를 잘못 적용한 부분, ② 항소심에서 새롭게 주장할 사항, ③ 항소심에서 새롭게 신청할 증거와 그 입증취지, ④ ②와 ③에 따른 주장과 증거를 제1심에서 제출하지 못한 이유 등을 항소장 또는 항소심에서 처음 제출하는 준비서면에 기재하도록 하여(규칙 126조의2) 사실상 항소이유서의 제출을 독려하고 있다.

위와 같이 항소장이 제출되면 우선 1차적으로 1심 재판장이 항소장을 심사하는데(399조) 여기에서 필수적 기재사항의 기재, 인지 첩부 및 항소기간의 도과 유무 등을 심사하고 항소권의 포기 등이 있는지도 심사를 하게 된다.[53] 심사를

---

50) 박재완, 앞의 책, 449면.

51) 대판 1994.11.25. 93다47400; 대판 2011.10.27. 2011마1595에 의하면, "상고의 제기는 상고장을 원심법원에 제출하여야 하고 상고장에는 당사자와 법정대리인 및 원심판결을 표시하고 그 판결에 대하여 상고하는 취지를 기재하면 족한 것이다. 한편, 상고장에 불복신청의 범위를 기재하지 아니한 때에는 상고법원의 심리범위 및 상고장에 붙일 인지액을 확정하기 위하여 불복신청의 범위를 명확히 할 필요가 있으므로 상고인에게 그 보정을 명하여야 할 것이다. 그러나 불복신청의 범위는 상고장의 필요적 기재사항이 아니므로, 상고인이 위 보정명령에 불응한다고 하더라도 이는 상고장 각하에 관한 425조, 399조 1항 소정의 사유에 해당하지 아니하여, 재판장은 불복신청의 범위를 보정하지 아니하였다는 이유로 상고장을 각하할 수 없다. 이러한 경우 재판장은 상고인이 패소한 부분 전부에 관하여 불복하는 것으로 처리하여 인지 등을 붙이도록 할 것이다." 라고 한다.

52) 박재완, 앞의 책, 449~450면.

한 결과, 하자가 있으면 1심 재판장이 보정을 명하고 항소인이 보정명령에 불응하는 경우에는 항소장각하명령을 할 수 있는데 이는 자신의 권한으로 위 명령을 하는 것이다.[54] 그리고 항소장이 각하되지 않고 항소장을 포함한 항소기록이 항소심법원에 송부되면 2차적으로 항소심 재판장이 항소장을 심사한다. 항소심 재판장의 보정명령과 항소장각하명령 등은 1심 재판장의 심사 때와 동일하지만 항소장 부본의 송달불능에 기한 주소보정명령의 불응은 항소장 각하명령의 사유가 된다는 점이 다르다(402조 1항·2항).[55]

항소심은 제1심에서 수집된 소송자료에(409조·410조) 항소심에서 새롭게 수집된 소송자료를 추가하여(408조) 항소심의 구술변론종결시를 기준으로 하여 불복신청에 관한 당부를 판단한다. 이것을 '속심주의'라고 한다. 이러한 속심주의에서 당사자는 항소심에서 제1심에 제출한 공격방어방법을 다시 제출할 수 있다. 이것을 '갱신권'이라고 한다.

3. 항소의 이익

가. 의의

항소(불복)의 이익이란 항소인이 1심판결에 의해 불이익을 받은 경우를 말하고 항소를 적법하게 하는 요건이다. 항소가 적법하기 위해서는 항소의 이익("불복의 이익"이라고 한다)이 있어야 한다. 왜냐하면 항소는 1심판결에 대한 취소·변경

---

53) 대결 2006.5.2. 2005마933에 의하면, '항소기간을 넘긴 것이 분명한 때'에는 원심재판장이 명령으로 항소장을 각하하도록 규정하고 있는 바(399조 2항), 그 취지에 비추어 볼 때 항소권의 포기 등으로 제1심판결이 확정된 후에 항소장이 제출되었음이 분명한 경우에도 원심재판장이 항소장 각하명령을 할 수 있다고 보는 것이 상당하다고 한다. 또한 항소를 한 뒤 소송기록이 1심법원에 있는 동안 1심법원에 항소권포기서를 제출한 경우에는 1심법원에 항소권포기서를 제출한 즉시 항소권포기의 효력이 발생하므로, 상대방이 전부 승소하여 항소의 이익이 없는 경우에는 항소권을 가진 패소자만 항소포기를 하면 비록 상대방의 항소기간이 만료하지 않았더라도 1심판결은 확정된다고 한다. 이를 전제로 1심에서 전부 패소한 당사자의 보조참가인이 1심판결에 대한 항소를 제기하였다가 그 당사자가 1심법원에 항소포기서와 함께 보조참가인이 제기한 항소를 취하하는 항소취하서를 제출하자, 보조참가인이 소외인들과 함께 독립당사자참가신청을 하면서 1심판결에 대한 항소장을 제출한 사안에서 위 항소장이 항소할 수 있는 기간을 넘겨 제출되었다면 위 항소장을 각하한 1심 재판장의 명령은 정당하다고 판시하였다.
54) 대결 2013.7.31. 2013마670은 판결과 같이 선고가 필요하지 않은 결정이나 명령과 같은 재판은 그 원본이 법원사무관등에게 교부되었을 때 성립한 것이므로 이미 항소장각하명령이 성립한 이상 그 명령정본이 당사자에게 고지되기 전에 부족한 인지를 보정하더라도 위 각하명령이 위법한 것으로 되거나 재도의 고안에 의하여 그 명령을 취소할 수 있는 것은 아니라고 한다.
55) 박재완, 앞의 책, 451면. 대결 2014.4.15. 2014마4026.

의 신청이고 항소심에서 심판하여야 할 대상에 대한 범위를 정할 필요가 있기 때문이다.

나. 소의 이익과 항소의 이익의 관계

소의 이익은 당해청구에 관하여 본안판결을 할 필요성 및 실효성을 판단하는 소송요건인 반면, 항소의 이익은 항소심이 본안판결을 할 필요성 및 실효성을 판단하는 요건이다(광의로는 항소의 요건이라고 하고 협의로는 불복의 이익을 말한다). 항소의 이익은 항소가 적법하기 위한 요건이고 소송요건과는 별개로 필요한 것이다. 항소의 이익을 흠결한 때에는 항소가 부적법한 것으로 되어 각하된다.

다. 항소이익의 기준

(1) 형식적 불복설(통설·판례)

원심에서 당사자의 신청과 원판결의 주문을 비교하여 후자가 전자에 미치지 못하는 경우, 즉 전부 승소가 아닌 경우에는 불복의 이익이 인정된다고 한다. 이렇게 이해하는 것이 기준이 명확하고 당사자도 스스로 신청사항을 정립하여 전부 승소한 이상 항소를 인정할 필요가 없기 때문이다. 반면에 판결이유 중 판단까지 불복을 인정하는 때에는 불복의 범위가 무제한적으로 넓어지고 불복의 이익을 요구하는 취지에 반하기 때문이다. 그러나 원래 형식적 불복이 없는 경우에도 예컨대, 일부청구 등과 같이 원판결의 확정에 의해 다른 유리한 신청을 할 기회를 상실하는 경우에는 예외적으로 항소의 이익을 인정하여도 좋을 것이다.

(2) 실질적 불복설

원판결보다도 실체법상 한층 유리한 판결을 구할 가능성이 있으면 불복의 이익을 인정한다. 이렇게 이해하면 판결이유 중 판단까지 불복을 인정하게 된다.

(3) 형식적 불복설에 입각한 경우의 처리

형식적 불복설에 의할 경우 사건은 다음과 같이 처리한다. 즉, 전부 승소의 경우에는 원칙적으로 불복의 이익이 없다. 그리고 판결이유 중 판단에 불복이 있어도 원칙적으로 불복의 이익이 없다.

다만, 예비적 상계로 승소한 경우에는 반대채권의 대등액의 소멸에 관하여 기판력이 발생하고(216조 2항) 반대채권의 후소 청구가 차단되기 때문에 실질적으로는 패소를 포함하고 있다. 상계항변이 없는 경우에 승소할 가능성이 있으므로 예외적으로 불복의 이익이 인정된다.

일부청구에 관하여 잔부청구를 구하고자 항소할 수 있는지 여부는 일부청구론이 전제문제로 된다. 무효인 판결에 관하여도 불복의 이익이 인정된다. 피고의 소의 기각신청에 대하여 법원이 소를 각하한 경우에는 피고에게 불복의 이익이 있다. 본안판결을 얻지 못한 불이익이 있기 때문이다. 부대항소(403조)에서는 불복의 이익은 필요하지 않다.

라. 항소장애사유

(1) 불항소 합의

불항소 합의가 있는 때에는 항소할 수 없다. 제1심 종국판결의 선고와 함께 확정되기 때문이다.

(2) 항소권의 소멸

항소권의 포기(394조), 항소기간의 도과(396조)에 의해 항소권은 소멸한다. 이러한 경우에는 제1심 종국판결이 확정된다.

Ⅱ. 항소의 개시·심리

1. 항소의 개시

항소의 개시는 제1심의 종국판결에 대하여 항소기간 내에 항소장을 제출하여야 한다. 항소는 제1심의 종국판결을 대상으로 한다(390조). 따라서 중간판결(201조)은 대상으로 되지 않지만 일부판결(202조)은 대상으로 된다. 또한, 소송비용의 재판은 부수적인 재판이기 때문에 대상으로 되지 않는다(391조).

항소는 판결서 등의 송달을 받은 날로부터 2주간의 불변기간 내에 하여야 한다. 다만, 송달을 받기 전에도 항소할 수 있다(396조). 항소의 제기는 항소장을 원법원에 제출하여야 한다(397조 1항). 항소장에는 당사자, 법정대리인, 원판결의 표시 및 항소를 하는 취지를 기재하여야 한다(동조 2항). 항소장의 심사·송달은 소장에 준한다(408조).

항소를 제기한 경우 원판결은 항소기간이 도과한 이후에도 확정되지 않고(확정방지의 효력) 당해사건은 상소법원에 계속된다(이심의 효과). 이러한 확정방지 및 이심의 효과는 항소인의 불복범위에 한정되지 않고 원판결에서 판단된 전부에 대하여 발생하는 것이 원칙이다(이것을 "상소불가분의 원칙"이라고 한다).

2. 심리방법

항소심의 소송절차는 제1심에 준한다(408조). 기타 특징적인 방식으로는 다음과 같다. 항소심은 원칙적으로 구술변론을 열어야 한다. 원래 항소요건이 흠결되어 있기 때문에 부적법한 항소에 대해서는 그 흠결을 보정할 수 없는 경우 구술변론을 열지 않고서 각하할 수 있다(402조). 구술변론은 제1심판결의 취소·변경을 구하는 한도에서 한다(407조). 다만, 항소가 부적법하고 보정이 불가능한 경우에는 변론을 열지 않고 판결로 항소를 각하할 수 있다(413조). 제1심의 소송자료를 항소심에서 이용하기 위하여 당사자는 제1심의 구술변론의 결과를 진술하여야 한다(동조 2항). 속심주의를 취하면서 직접주의의 요청을 형식적으로도 갖추기 위하여 변론의 갱신이 필요하다. 제1심에서의 소송행위는 항소심에서도 그 효력이 있다(409조). 항소심에서는 전속관할을 제외하고 제1심의 관할권을 다툴 수 없다(411조). 상대방의 동의 또는 상대방이 이의를 진술하지 않은 상태에서 반소를 제기할 수 있다(412조 1·2항). 재판장은 당사자의 의견을 듣고 공격방어방법 등의 제출기간을 설정할 수 있다(408조). 심리의 충실·신속의 요청 때문에 공격방어방법 등의 제출기간을 정할 수 있다. 지연된 당사자에게는 그 설명의무를 부과한다. 항소심 법원은 상고이유에 국한하여 심판하는 상고심과 달리 항소인이 주장하는 특정의 항소이유에 구속되지 않고 소의 적법 여부 또는 청구의 당부를 전면적으로 다시 심판한다. 따라서 제한적으로 새로운 주장과 입증이 가능하고 항소심이 사실심이기 때문에 원심의 소송자료와 항소심에서 제출된 소송자료를 토대로 새롭게 사실인정과 법률판단을 한다.[56]

3. 심리의 범위

항소심을 심리하기 위해서는 당해사건이 이심되고 동시에 불복을 진술할 대상이 있어야 한다. 따라서 확정 방지 및 이심의 효과가 원판결에서 판단된 전부에 관하여 발생하는 것이 원칙이지만(상소불가분의 원칙) 항소심에서 심판범위는 항소 또는 부대항소에 의한 불복의 범위에 한정되는 것이 원칙이다(407조, 상고는 425조). 이것은 불복을 신청한 자의 의사로 불복 범위의 한정을 인정하는 것으로

---

56) 이시윤, 앞의 책, 860면; 박재완, 앞의 책, 452면.

처분권주의의 상소심에 있어서의 표현이라고 할 수 있다.

이와 관련하여 유사필수적 공동소송에서 일부에 의한 상소가 이루어진 경우 일부 상소의 효과가 문제로 된다. 일부 상소에 의해 소송 전체에 관하여 확정판결의 차단·이심의 효과가 발생한다. 왜냐하면 유사필수적 공동소송에서는 합일확정이 요청되기 때문이다. 그러나 원래 상소를 하지 않은 자의 지위에 관하여는 소송의 성질(특히 소송물의 내용)을 생각하여 결정하여야 한다. 즉, 제소를 한 자가 각자 개별적 이익을 가지고 있는 경우가 아닌 한, 상소인의 지위에는 관련이 없다고 말할 수 있다. 왜냐하면 이러한 경우에는 확정차단·이심의 한도에서 전체에 효력을 미치게 하면 합일확정의 입장에서 충분하기 때문이다. 따라서 채권자 수명이 공동으로 채권자대위소송을 제기하여 패소하고 일부가 상소한 경우에는 각 채권자가 채무자의 소송물에 관하여 개별적인 이익을 가지는 것은 아니라고 생각할 수 있기 때문에 상소하지 않은 자는 상소인의 지위를 갖지 않는다고 볼 수도 있을 것이다.

4. 심판대상(범위)

가. 원칙

1심법원은 소의 적법 여부(본안 전 단계)와 소송물의 존부, 즉 청구의 당부(본안단계)를 심판한다. 전자는 소의 적법요건, 즉 소송요건이 구비되어 있는지를 심판하는 것으로서 그것을 구비하지 못하면 소각하 판결을 하는 반면, 후자는 전자를 전제로 소송물의 존부를 판단하여 청구를 인용하거나 기각하는 판결을 한다.

이와 달리 항소심 법원은 원칙적으로 항소의 적법 여부(본안 전 단계)와 항소심의 본안인 항소인의 불복범위에 한정하여 1심판결이 정당한지 여부(본안단계)를 심판한다(414조, 416조). 전자는 항소의 적법요건, 즉 항소요건이 구비되어 있는지를 심판하는 것으로서 그것을 구비하지 못하면 항소각하의 판결을 하는 반면, 후자는 전자를 전제로 본안, 즉 불복의 당부를 판단하여 항소를 인용하거나 기각하는 판결을 한다.

그러나 원고의 소송요건 흠결을 간과하고 본안에 대한 판단을 한 1심판결에 대하여 피고가 항소를 제기한 경우 항소심 법원이 소송요건의 흠결을 인정하여 항소를 인용하는 판결을 할 경우에는 소의 적법 여부가 항소심 본안이 된다고 말할 수 있다.

항소인은 변론종결 전까지 심판대상(불복범위)을 변경할 수 있다. 따라서 원고는 항소심에서 청구의 교환적 변경을 통해 심판대상을 변경할 수 있으며(408조), 이에 따라 항소심의 심판대상이었던 1심판결은 실효되고 항소심 법원은 사실상 제1심으로 새로운 청구에 대해 판단하게 된다.[57] 심판범위가 아닌 부분은 항소심 법원이 판결을 할 수 없고 판결을 하여도 무효가 된다. 다만, 심판범위가 아닌 부분에 대하여도 당사자의 신청에 의해 가집행선고를 할 수 있다(406조).

나. 부대항소

(1) 의의

피항소인은 항소인이 신청한 심판범위의 확장을 구하는 불복신청을 할 수 있는데 이를 부대항소라고 한다(403조). 이는 피항소인의 항소권이 소멸하여 독립적으로 항소를 할 수 없게 된 이후에도 상대방이 제기한 항소의 존재를 전제로 이에 부대하여 1심판결을 자기에게 유리하게 변경해 줄 것을 구하는 제도로[58] 항소인이 심판범위를 확장할 수 있는 것과의 공평을 위하여 인정된 것이다. 피항소인은 항소에 대하여 응소하여도 1심판결을 넘어서 자기에게 유리한 판결을 얻을 수 없다(불이익변경금지의 원칙). 그런데 항소인은 일단 항소를 제기한 이후에는 항소에 의해 한정된 심판범위(대상)를 항소심 변론종결시까지 언제라도 1심판결 전부에 대해 확장할 수 있다(상소불가분의 원칙으로부터 당연하다). 그래서 공평의 견지에서 피항소인에게도 불이익변경금지의 원칙에 의한 제한을 배제하여 심판범위의 확장을 인정한 것이 부대항소이다.

(2) 본질

부대항소의 본질은 항소가 아니고 항소인이 심판범위를 확장할 수 있는 것과의 공평 때문에 인정된 불복신청방법이다. 부대항소는 피항소인의 항소권이 소멸하여도 인정되는 점(403조), 항소의 취하·각하에 의해 그 효력을 상실하는 점(404조) 때문이다. 따라서 부대항소의 적법요건으로 항소의 이익은 필요가 없다(통설·판례).[59] 따라서 제1심에서 전부 승소한 원고도 항소심 계속 중 청구취지를

---

57) 대판 2018.5.30. 2017다21411.
58) 대판 2003.9.26. 2001다68914.
59) 김홍규·강태원, 앞의 책, 891면; 이시윤, 앞의 책, 869면; 정동윤·유병현·김경욱, 앞의 책, 881면. 대판 1967.9.19. 67나1709; 대판 1995.6.30. 94다58261; 대판 2003.9.26. 2001다68914.

확장하기 위하여 부대항소를 할 수 있다. 또한, 피항소인이 부대항소를 할 수 있는 범위는 항소인이 주된 항소에 의하여 불복을 제기한 범위에 의하여 제한을 받지 아니한다. 더 나아가 원고의 청구가 모두 인용된 제1심판결에 대하여 피고가 지연손해금 부분에 대하여만 항소를 제기하고 원금부분에 대하여는 항소를 제기하지 아니하였다고 하더라도 제1심에서 전부 승소한 원고가 항소심 계속 중 부대항소로서 청구취지를 확장할 수 있는 것이므로 항소심이 원고의 부대항소를 받아들여 제1심판결의 인용금액을 초과하여 원고청구를 인용하였더라도 거기에 불이익변경금지의 원칙이나 항소심의 심판범위에 관한 법리오해의 위법이 없다고 할 것이다. 따라서 제1심에서 전부 승소한 원고도 항소심 계속 중 그 청구취지를 확장·변경할 수 있고 그것이 피고에게 불리하게 되는 한도 내에서는 부대항소를 한 취지로 볼 수 있다.[60]

(3) 절차

㈎ 부대항소는 항소에 관한 규정이 준용되기 때문에 부대항소 취지가 기재된 '부대항소장'을 제출하는 방식으로 하는 것이 원칙이다(405조·397조 2항). 그러나 피항소인이 항소기간이 지난 뒤에 단순히 항소기각을 구하는 방어적 신청에 그치지 않고 제1심판결보다 자신에게 유리한 판결을 구하는 적극적·공격적 신청의 의미가 객관적으로 명백히 기재된 서면을 제출하고, 이에 대하여 상대방인 항소인에게 공격방어의 기회 등 절차적 권리가 보장된 경우에는 비록 그 서면에 '부대항소장'이나 '부대항소취지'라는 표현이 사용되지 않았더라도 이를 부대항소로 볼 수 있다. 피항소인이 항소기간이 지난 뒤에 실질적으로 제1심판결 중 자신이 패소한 부분에 대하여 불복하는 취지의 내용이 담긴 '항소장'을 제출한 경우에도 마찬가지이다.[61]

㈏ 피항소인은 항소기간의 도과, 항소권의 포기 등으로 자기의 항소권이 소멸된 이후에도 1심판결이 선고된 때부터 변론종결 전까지 부대항소를 할 수 있다(404조·405조). 따라서 항소기간의 도과 여부를 묻지 않고 항소기간 이전에 항소도, 부대항소도 가능하다. 특히 항소기간이 도과하기 이전에 제기된 부대항소는 항소의 이익이 있는 경우에는 항소에 종속되지 않고 항소의 취하·각하에 의해

---

60) 대판 1995.6.30. 94다58261.
61) 대판 2022.10.14. 2022다252387.

부대항소의 효력은 상실되지 않는데(404조 단서), 이것을 독립부대항소라고 한다. 한편, 부대항소는 독립부대항소와 달리 상대방의 항소에 편승하는 것이기 때문에 위와 같은 제한범위 내에서 상대방이 항소를 취하하거나 또는 부적법 각하된 때에는 그 효력을 상실한다(404조, 부대항소의 종속성).

(다) 항소심에서도 원고는 청구를 변경할 수 있고 피고는 반소를 제기할 수 있다(412조). 그런데 피항소인이 청구를 변경하거나 반소를 제기하기 위하여 부대항소를 하여야 하는지가 문제가 되고 이를 긍정하면 부대항소를 별도로 혹은 명시적으로 하는 것이 필요한지, 항소이익이 없는 1심의 전부 승소자도 청구변경 또는 반소제기를 할 수 있는지, 또한, 항소인이 항소를 취하하면 피항소인의 청구변경 또는 반소제기는 부대항소로서 실효됨에 따라 항소심이 판단할 필요가 없는 것인지 등이 문제된다. 이에 관해 판례는 다음과 같이 판단하고 있다.

(i) 항소심계속 중 피항소인인 원고가 청구의 확장을 포함한 추가적 변경을 위해서는 부대항소의 제기가 필요하고[62] 피항소인인 원고가 청구의 확장을 하면 부대항소를 한 것으로 간주된다 간주한다.[63] 또한, 피고의 항소로 인하여 항소심에서 소의 교환적 변경이 적법하게 이루어졌다면(262조 3항) 1심판결은 소의 교환적 변경에 의한 소취하로 실효되고 항소심의 심판대상은 새로운 소송으로 변경되어 항소심이 사실상 제1심으로 재판하는 것이 되기 때문에 그 뒤에 피고가 항소를 취하한다고 하여도 항소취하는 그 대상이 없어 아무런 효력을 발생할 수 없다고 하여[64] 이 경우 부대항소와 관련된 문제가 전혀 제기되지 않는다고 한다.[65] 그리고 피고만 항소한 항소심에서 원고가 청구취지를 확장·변경한 경우에는 그에 의하여 피고에게 불리하게 되는 한도에서 부대항소를 한 취지라고 볼 것이므로 항소심이 1심판결의 인용금액을 초과하여 원고 청구를 인용하더라도 불이익변경금지의 원칙에 위배되는 것은 아니라고 한다.[66]

(ii) 가집행선고는 당사자의 신청 유무에 관계없이 법원이 직권으로 판단할 사항으로 처분권주의를 근거로 하는 415조의 적용을 받지 아니하기 때문에 가집

---

62) 대판 2003.9.26. 2001다68914.
63) 대판 1963.1.24. 62다801; 대판 1980.7.22. 80다982.
64) 대판 1995.1.24. 93다25875.
65) 박재완, 앞의 책, 458면.
66) 대판 2000.2.25. 97다30066; 대판 1991.9.24. 91다21688.

행선고가 붙지 아니한 제1심판결에 대하여 피고만 항소한 항소심에서 항소를 기각함과 동시에 가집행선고를 붙였어도 불이익변경금지의 원칙에 위배되지 아니한다.[67]

(iii) 그리고 원고의 수 개의 청구 중 하나의 청구를 인용하고 나머지 청구를 기각한 1심판결에 대하여 원고만 항소를 제기하고 피고가 부대항소를 하지 아니하였다고 하더라도 원고의 승소부분은 원고의 항소로 인하여 항소심에 이심되는 것이고 1심판결의 변경은 불복신청의 한도에서 할 수 있다는 415조의 규정은 법원이 당사자의 신청과는 관계없이 직권으로 조사하여야 할 사항에는 그 적용이 없는 것이므로 항소심이 원고들이 불복하지 않은 청구에 대하여도 확인의 이익의 유무를 조사하여 원고들의 청구를 각하한 조치는 정당하고 불이익변경금지의 원칙에 반하지 않는다고 한다.[68]

또한, 원고가 제1심에서 금원의 수령과 동시에 소유권이전등기의 말소를 구하여 승소판결을 받았는데 이에 대하여 피고만 항소를 제기한 경우 항소심에서 원고가 금원 수령과 동시이행부분을 철회한 것을 부대항소로 보아 등기말소청구만 인용하는 변경판결을 한 것은 불이익변경금지의 원칙에 위배되지 아니한다고 한다.[69] 또한, 항소심은 쌍방의 불복범위 안에서 원고청구의 당부를 판단하여 항소가 이유 있는 범위 안에서 1심판결을 변경하는 판결을 하는 것도 허용되므로 원고와 피고가 1심판결의 일부에 관하여 불복을 하여 항소심에서 변경판결을 하는 경우 위 항소심은 당사자의 불복범위 안에서 원고 청구의 당부를 판단하면 되는 것이지, 그 주문이나 이유에서 반드시 항소의 당부에 관하여 별도로 판단을 하여야 하는 것이 아니라고 한다.[70]

(iv) 금전채무불이행의 경우에 발생하는 법정지연손해금채권은 그 원본채권의 일부가 아니라 전혀 별개의 채권으로 원본채권과는 별개의 소송물이고 불이익변경에 해당하는지는 각 소송물별로 원금부분과 지연손해금부분을 각각 따로 비교하여 판단하여야 할 것이다. 예컨대, 1심판결에 대해 피고만 항소했는데 1심판결 선고 후에 지연손해금의 법정이율에 대한 소송촉진 등에 관한 특례법의 규

---

67) 대판 1998.11.10. 98다42141; 대판 1991.11.8. 90다17804.
68) 대판 1995.7.25. 95다14817.
69) 대판 1979.8.31. 79다892.
70) 대판 1992.9.25. 91다37553; 대판 1983.2.22. 80다2566.

정에 대한 위헌결정과 그 개정으로 피고가 원고에게 지급하여야 할 지연손해금이 제1심에서 인용한 액수보다 적어졌다면 별개의 소송물인 원본채권에 대한 인용액이 늘어났다고 하더라도 원심으로서는 원본채권 부분에 대한 항소만을 불이익변경금지 원칙에 따라 기각하고 지연손해금채권에 대한 부분은 파기하여 바로 잡았어야 할 것이다. 따라서 원본채권에 대한 인용액이 늘었음을 이유로 지연손해금 부분을 포함하여 피고의 항소를 모두 기각한 경우에는 소송물에 대한 법리 및 불이익변경금지원칙에 대한 법리를 각 오해한 위법이 있다고 한다.[71]

5. 종료

가. 당사자에 의한 종료

(1) 사유

제1심과 마찬가지로 소의 취하, 청구의 포기·인낙 또는 화해가 있다. 그리고 항소심에 특유한 종료원인으로 항소취하가 있다.

(2) 항소취하

(가) 의의

항소취하란 법원에 대한 소송행위로 항소인이 항소 제기 자체를 철회하는 의사표시이다(393조). 항소 취하는 항소 제기 이후부터 항소심의 판결선고가 있을 때까지 할 수 있다(393조 1항). 항소취하방법은 원칙적으로 소 취하의 규정을 준용하지만 항소취하로 1심판결은 확정되어 피항소인에게 유리하게 되기 때문에 항소취하에는 상대방(피항소인)의 동의는 요하지 않는다(266조 3항 내지 5항 준용). 또한, 상소불가분의 원칙 때문에 항소의 일부취하는 허용되지 않는다. 실무상 일부취하를 하는 경우에도 항소취지 감축, 즉 불복범위 감축으로 처리한다.[72] 즉, 항소취하는 항소 전부에 대하여 하여야 하고 항소의 일부취하는 효력이 없으므로 병합된 수개의 청구 전부에 대하여 불복한 항소 중 그 일부에 대한 불복신청을 철회하였더라도 그것은 단지 불복범위를 감축하여 심판대상을 변경하는 효과를 가져오는 것에 불과하고 항소심의 변론종결 시까지 항소인이 언제든지 서면 또는 구두진술에 의하여 불복의 범위를 다시 확장할 수 있는 이상, 항소 자체의 효

---

71) 대판 2005.4.29. 2004다40160.
72) 이시윤, 앞의 책, 866면; 박재완, 앞의 책, 468.

력에는 아무런 영향이 없다.[73]

(나) 방식 및 효력

항소 취하는 서면으로 하는 것이 원칙이나 변론기일 또는 변론준비기일에 말로도 할 수 있다.[74] 항소 취하로 항소는 소급적으로 효력을 상실하고 항소심 절차가 종료된다. 따라서 1심판결에 영향을 미치지 않고 항소기간이 도과한 상태이면 그대로 제1심판결이 확정된다. 즉, 항소취하가 있으면 소송은 처음부터 항소심에 계속되지 아니한 것으로 보게 되지만(393조 2항, 267조 1항) 항소 취하는 소 취하와 달리 1심 종국판결이 유효하게 존재하므로 항소기간 경과 후에 항소취하가 있는 경우에는 항소기간 만료 시로 소급하여 1심판결이 확정된다.[75] 그러나 항소기간 경과 전에 항소취하가 있는 경우에는 판결은 아직 확정되지 아니하고 항소기간 내라고 한다면 항소인은 다시 항소를 제기할 수 있다.[76] 항소심에서 당사자 쌍방이 불출석한 경우 소 취하가 아니라 항소취하가 간주된다(268조 4항).

(다) 항소취하의 합의

당사자는 위와 같은 일방적 의사표시에 의한 항소취하 이외에 항소를 취하하기로 하는 합의도 할 수 있는데(항소취하의 합의) 이는 사법계약의 성질을 가진다. 따라서 당사자가 이와 같은 합의를 하였음에도 항소인이 항소를 취하하지 않는 경우에 피항소인은 항소취하의 합의가 있는 사실을 항변으로 주장·입증할 수 있고 이러한 사실이 인정되면 항소심법원은 항소를 각하하는 판결을 하게 된다.

(3) 소의 취하와 항소의 취하

소의 취하는 제1심의 시작부터 소송계속을 소멸시키는 반면, 항소취하는 제1심판결에 영향이 없고 단지 항소의 효력만 소멸시킨다. 그리고 전자는 상대방이 변론한 이후에는 상대방의 동의가 필요하고 판결이 확정될 때까지 할 수 있는 반면, 후자는 상대방에게 불이익을 주지 않기 때문에 상대방의 동의는 필요가 없고 항소심의 종국판결 전까지 할 수 있다. 또한, 268조 4항에서 정한 항소취하 간주는 그 규정상 요건의 성취로 법률에 의하여 당연히 발생하는 효과이고 법원의 재

---

73) 대판 2017.1.12. 2016다241249.
74) 대판 2018.5.30. 2017다21411.
75) 대판 2017.9.21. 2017다233931.
76) 대판 2016.1.14. 2015므3455.

판이 아니므로 상고의 대상이 되는 종국판결에 해당하지 아니한다. 따라서 항소취하 간주의 효력을 다투려면 규칙 67조·68조에서 정한 절차에 따라 항소심 법원에 기일지정신청을 하는 것이어야지, 상고를 제기하여야 하는 것은 아니다.

나. 종국판결에 의한 종료

항소심에서의 종국판결로는 다음과 같은 것이 있다.

(1) 항소각하

항소심법원은 항소요건이 흠결되어 있는 경우에는 부적법하다고 하여 판결로 항소를 각하한다(402조 2항). 다만, 1심 또는 항소심 재판장이 항소의 적식요건의 흠결로 하는 항소장 각하는 판결이 아닌 명령으로 행하여진다.

(2) 항소기각

항소를 기각할 것인지, 인용할 것인지는 1심 판결이 정당한지에 의존한다. 항소심법원은 1심판결이 정당하다고 인정할 때에는 항소를 기각하여야 한다(414조 1항). 또한, 1심판결의 이유가 정당하지 아니한 경우에도 다른 이유로 그 판결이 정당하다고 인정되는 때에는 항소를 기각하여야 한다(동조 2항). 판결이유 중 판단은 기판력이 발생하지 않기 때문이다. 항소심의 판단시기는 항소심의 변론종결시를 기준으로 한다.

(3) 항소인용

항소에 이유가 있고 1심판결이 부당하다고 인정할 때 또는 1심판결의 절차가 법률위반인 때에는 항소심 법원은 항소를 인용하고 1심판결을 취소하여야 한다(416조·417조). 그 이후의 처리는 자판·환송 또는 이송을 하게 된다. 항소심은 사실심이기 때문에 스스로 재판(자판)을 하는 것이 원칙이다. 다만, 소가 부적법하다고 각하한 1심판결을 취소하는 경우에는 항소심법원은 사건을 1심법원에 환송하여야 한다(418조 1항). 특히, 1심법원이 소각하 판결을 한 때에는 변론을 할 필요가 없는 때를 제외하고 1심에서 심리가 진행되지 않았기 때문에 심급이익을 확보하기 위하여 사건을 1심법원에 환송하여야 한다(필요적 환송). 다만, 항소심법원은 소가 부적법하다고 각하한 1심판결을 취소하는 경우에도 1심에서 본안판결을 할 수 있을 정도로 심리가 된 경우 또는 당사자의 동의가 있는 경우에는 항소심법원은 스스로 본안판결을 할 수 있도록 규정하고 있으므로(418조 단서) 항소심법원이 1심판결을 취소하는 경우 반드시 사건을 제1심법원에 환송하여야 하는 것은 아니다.[77] 또한, 전속관할 위반을 이유로 1심 판결을 취소하는 경우에는 사건을 관할법원에 이송하여야 한다(419조). 임의관할 위반은 항소심에서 주장할 수 없다(411조).

그리고 항소법원은 금전지급청구에 관한 판결에 대하여 신청이 있는 때에는 원칙적으로 담보 없이 가집행선고를 하여야 할 것이다.

[표 7-5] 1심판결을 취소하고 자판하는 경우의 기본적 주문례[78]

1심판결의 내용	항소인	항소심판결의 주문
청구의 전부인용	피고	1. 제1심판결을 취소한다. 2. 원고의 청구를 기각한다.
청구의 전부기각	원고	1. 제1심판결을 취소한다. 2. 피고는 원고에게 금1억원을 지급하라.
청구의 일부인용·기각	피고	제1심판결 중 피고의 패소부분을 취소한다. 위 취소부분에 대한 원고의 청구를 기각한다.
청구의 일부인용·기각	원고	1. 제1심판결 중 원고의 패소부분을 취소한다. 2. 피고는 원고에게 금5천만원을 지급하라.

6. 1심판결 변경의 한계(불이익변경금지의 원칙)

가. 개설

항소에 의한 확정차단 및 이심의 효과는 1심판결에서 판단된 전부에 관하여 발생하는 것이 원칙이다(상소불가분의 원칙). 그러나 항소심에서 심판의 범위는 항소 또는 부대항소에 의한 불복범위로 한정되는 것이 원칙이다(415조). 이것은 항소인의 의사에 의해 불복범위를 한정하는 것을 인정하는 것으로 처분권주의의 항소심에서의 표현이다.

나. 불이익(이익)변경금지의 원칙

(1) 의의

항소심법원은 항소인의 불복범위 내에서만 1심판결을 변경(취소)할 수 있고 1심판결 중 불복이 없는 부분은 항소인에게 이익으로도, 불이익으로도 변경할 수 없다(415조 본문). 즉, 항소인이 불복을 신청하고 있지 않은 패소부분은 1심판결이

---

77) 대판 2013.8.23. 2013다28971.
78) 박재완, 앞의 책, 460~461면.

부당하다고 인정하여도 항소인에게 유리하게 변경할 수 없고(이익변경금지의 원칙) 항소인에게 불이익하게 원판결을 변경하는 것은 상대방의 항소 또는 부대항소가 없는 한, 허용되지 않는다. 이를 불이익변경금지의 원칙이라고 한다.

(2) 이익과 불이익의 판단기준: 주문과 이유

불이익변경금지의 원칙을 적용할 때 항소인에 대한 이익과 불이익의 판단은 판결의 결론, 즉 주문을 기준으로 한다.[79] 판결의 이유를 변경하는 것은 불이익변경금지의 원칙과 아무런 상관이 없다. 다만, 상계항변의 경우 이유 중에서 판단되는 것이지만 기판력이 인정되므로 판결의 결론을 판단할 때에는 이유 중에 있는 상계항변의 기판력까지 고려하여야 한다.

(3) 소각하판결에 대하여 원고만 항소한 경우

1심법원이 소각하판결을 하고 원고만 항소하였는데 항소심법원이 심리한 결과 소는 적법하지만 청구가 기각되어야 한다고 판단한 경우 법원의 조치에 대하여 여러 가지 견해의 대립이 있지만 1심의 소각하판결을 취소하고 청구를 기각하는 것은 원고에게 불이익한 결과로 되기 때문에 1심 판결을 유지해야 한다.[80]

다. 객관적·예비적 병합

주위적 인용판결에 대한 항소에서는 예비적 청구를 포함한 모든 청구가 항소심으로 이심한다. 이 경우 항소심법원은 1심판결을 취소하고 1심에서 판단하지 않은 예비적 청구에 관하여 심판할 수 있다. 예비적 병합은 주위적 청구와 예비적 청구 간에 표리일체의 관계에 있기 때문이다. 그러나 주위적 청구기각, 예비적 청구인용의 판결에 대해 피고만 항소한 경우 모든 청구가 항소심으로 이심되지만 불복신청이 없는 주위적 청구에 관하여는 심판할 수 없다. 항소심법원이 피고가 불복하지 않은 주위적 청구를 인용하는 것은 불이익변경금지의 원칙에 반하기 때문이다.[81]

라. 독립당사자참가

항소하지 않은 패소자의 패소판결을 변경할 수 있는가? 우선 3면소송에서 합일확정의 요청 때문에 패소자 1인이 항소하면 모든 청구의 확정이 차단되고 이심

---

79) 대판 2022.8.25. 2022다211928에 의하면, 불이익하게 변경된 것인지 여부는 기판력의 범위를 기준으로 해야 한다고 한다.
80) 대판 1983.12.27. 82누491.
81) 대판 2007.1.11. 2005다67971.

이 된다. 그런데 항소하지 않은 패소자는 67조 2항을 준용하여 피항소인의 지위에 선다. 그렇다면, 항소심의 심판범위는 항소한 패소자의 불복신청사항에 한정되고(415조, 불이익변경금지의 원칙) 항소하지 않은 패소자의 패소판결을 변경할 수 없다. 그러나 독립당사자참가에 의한 삼면소송은 합일확정의 요청이 강하기 때문에 불이익변경금지의 원칙이 적용되지 않아 항소하지 않은 패소자의 패소부분에 관하여 변경을 하여 패소자에게 1심판결보다 유리한 판결이 선고될 수도 있다. 즉, 79조에 의한 소송은 동일한 권리관계에 관하여 원·피고, 참가인이 서로 간의 다툼을 하나의 소송절차로 한꺼번에 모순 없이 해결하는 소송형태로서 원·피고, 참가인 간의 소송에 대하여 본안판결을 할 때에는 위 3당사자를 판결의 명의인으로 하는 하나의 종국판결을 내려야만 하는 것이므로 제1심에서 원고 및 참가인 패소, 피고 승소의 본안판결이 선고된 것에 대하여 원고만 항소한 경우 원고와 참가인 그리고 피고 간의 세 개의 청구는 당연히 항소심의 심판대상이 되어야 한다. 항소심은 참가인의 원·피고에 대한 청구에 대하여도 판결로 같은 판단을 하여야 한다.[82]

제3절 상고

I. 의의

1. 개념

상고란 항소심판결의 취소·변경을 구하는 법률심으로 상소를 하는 신청을 말한다.[83] 즉, 고등법원이 선고한 종국판결과 지방법원 합의부가 제2심으로서 선고한 종국판결을 대상으로 하여(422조 1항) 법률심을 개시케 하는 불복신청방법이다. 비약상고의 합의가 있으면 제1심에 대해서 바로 상고할 수 있다(390조 1항 단서). 신청인을 상고인, 그 상대방을 피상고인이라고 한다. 상고와 상고심의 소송절차에는 특별한 규정이 없는 한, 항소심절차에 관한 규정이 준용된다(425조).

---

82) 대판 1991.3.22. 90다19329.
83) 김홍규·강태원, 앞의 책, 905면; 이시윤, 앞의 책, 889면; 박재완, 앞의 책, 469면.

2. 상고의 요건

우선 상고의 요건으로 상고가 허용되기 위해서는 상고(불복)의 이익과 상고이유가 필요하다.

가. 상고의 이익

상고의 이익은 항소의 이익과 동일하다. 따라서 전부 승소자에게는 상고이익이 인정되지 않으며, 승소한 자가 판결이유 중의 판단에 불만이 있는 경우에도 상고이익이 인정되지 않는다.

나. 상고이유

상고이유란 상고심이 원판결(항소심판결)을 파기하여야 할 불복이유를 말한다. 법은 일반적 상고이유(423조), 절대적 상고이유(424조), 재심사유를 상소이유(451조 1항 단서)로 정하고 있다. 또 소액사건심판법과 상고심절차특례법에서 상고이유를 제한하는 특례를 두고 있다.

(1) 일반적 상고이유

상고심은 법률심이기 때문에 상고이유는 적어도 판결에 영향을 미친 헌법·법률·명령 또는 규칙의 위반(즉, 법령위반)이 있다는 것을 이유로 드는 때에만 할수 있다(423조). 하지만 실제로는 상고심에서도 항소심판결의 사실인정의 당부가 다투어지고 사실인정이 잘못되었다는 이유로 항소심판결이 파기되는 경우가 비일비재하다고 한다.[84] 여기에서 '판결에 영향을 미친' 법령위반이란, '판결결과에 영향을 미친' 법령위반을 뜻한다. 즉, 법령위반으로 인해 판결주문의 결론이 변경될 것을 요한다.[85] 따라서 판결이유 중의 판단에 불복하는 것에 불과하다면 그것이 이유 있다고 하더라도 판결결과에 영향을 미치는 것으로 볼 수 없으며,[86] 가정적인 판단에 따른 법률해석에 오류가 있더라도 판결결과에 영향을 미친 것은 아니므로 상고이유가 될 수 없다.[87]

법령위반이 뜻하는 법령은 조문이 명시하고 있는 헌법·법률·명령·규칙뿐

---

84) 실제로는 상고심에서도 항소심판결의 사실인정의 당부가 다투어지고 사실인정이 잘못되었다는 이유로 항소심판결이 파기되는 경우가 비일비재하다고 한다(박재완, 앞의 책, 473면).
85) 한충수, 앞의 책, 860면.
86) 대판 2013.1.10. 2011두7854.
87) 대판 1984.3.13. 81누317.

만 아니라 조약·관습법 그리고 경험칙까지를 포함한다. 경험칙은 판단의 대전제가 되는 것으로 법규에 준하기 때문에 경험칙 위배는 상고이유가 된다는 것이 통설·판례이다.[88]

그리고 법령위반은 그 위반의 원인을 기준으로, 법령해석의 과오와 법령적용의 과오로 나누어진다. 전자는 법령의 효력의 시간적·장소적 제한의 오해 또는 법규의 취지·내용의 부정확한 이해가 있는 것을 뜻한다. 후자는 법령의 해석에는 잘못이 없지만 구체적인 사건이 법규의 구성요건에 해당하지 않는 데 이를 해당한다고 하거나 구성요건에 해당하는데도 법령을 적용하지 않는 것을 뜻한다.[89] 원심판결이 대법원의 판례에 저촉한다는 주장은, 이를 원심판결이 법령해석을 그르쳤다는 주장으로 해석될 수 있을 때는 법령위반을 주장하는 것이 되어 적법한 상고이유가 될 수 있다.[90]

(2) 절대적 상고이유

(가) 일반적 상고이유는 판결에 영향을 미치는 것을 조건으로 하는 것에 반해서 절대적 상고이유는 어느 하나의 사유가 존재하는 것만으로도 상고가 정당한 것으로 간주한다. 절대적 상고이유는, ① 법률에 따라 판결법원을 구성하지 아니한 때, ② 법률에 따라 판결에 관여할 수 없는 판사가 판결에 관여한 때, ③ 전속관할에 관한 규정에 어긋난 때, ④ 법정대리권·소송대리권 또는 대리인의 소송행위에 대한 특별한 권한의 수여에 흠이 있는 때, ⑤ 변론을 공개하는 규정에 어긋난 때, ⑥ 판결의 이유를 밝히지 아니하거나 이유에 모순이 있는 때이다(424조 1항). 특히 상고이유로 빈번하게 거론되는 것은 ④의 대리권 흠과 ⑥의 판결이유의 불비와 모순이다.

(나) 대리권의 흠은 대리권이 아예 없는 경우뿐만 아니라 기본적인 대리권이 있지만 특정한 소송행위를 하는데 특별수권이 없는 전형적인 무권대리의 경우를 포함한다. 판례는 대리권의 흠을 넓게 해석하여 직접 대리권의 흠결이 없더라도 당사자 본인이 정당한 소송수행권을 행사하지 못한 경우에까지 이를 유추적용하고 있다. 즉, 소송무능력자가 단독으로 소송을 수행한 경우, 법인 등을 대표할 권

---

88) 이시윤, 앞의 책, 893면; 정동윤·유병현·김경욱, 앞의 책. 898면.
89) 이시윤, 앞의 책, 893면.
90) 한충수, 앞의 책, 857면.

한이 흠결된 경우, 성명모용소송인 경우 또는 당사자의 사망으로 인한 소송중단을 간과하고 판결이 선고된 경우 등에도 위 조항을 유추적용한다.

㈐ 판결이유의 불비와 모순이란, 법원이 판결의 이유를 명시하지 않거나 명시하더라도 그 이유 설시에 모순이 있는 것을 말한다. 이는 판결서의 이유에는 주문이 정당하다는 것을 인정할 수 있을 정도로 당사자의 주장, 그 밖의 공격방어방법에 관한 판단을 표시해야 한다는 법 208조 2항의 위반을 의미한다.[91]

판결에 이유를 명시하지 않았다는 것은 판결에 이유를 전혀 기재하지 않거나 이유의 일부를 빠뜨리는 경우 또는 이유의 어느 부분이 명확하지 아니하여 법원이 어떻게 사실을 인정하고 법규를 해석·적용하여 주문에 이르렀는지가 불명확한 경우를 뜻한다.[92] 따라서 판결이유에 주문에 이르게 된 경위가 명확히 표시되어 있으면 당사자의 주장을 판단하지 않았더라도 이유불비에 해당하지 않으며,[93] 또한 당사자가 주장한 사항에 대한 구체적·직접적인 판단이 표시되어 있지 않지만 판결이유의 전반적인 취지에 비추어 주장의 인용 여부를 알 수 있거나 실제로 판단을 하지 않았지만 주장이 배척될 것이 분명한 경우에도 마찬가지이다.[94]

그리고 이유에 모순이 있다는 것은 판결이유가 충분히 기재되어 있지만 전후 문맥의 모순은 물론 논리적인 연결에 흠이 있어 판결주문의 정당성을 뒷받침하기에 부족한 경우를 말한다. 예컨대, 판결이유에서 손해배상책임을 부정하면서도 손해의 범위를 심리하고 판결주문에서 손해배상금의 지급을 명하는 것이다.[95]

상고이유 중 법령위반이 뜻하는 법령은 조문이 명시하고 있는 헌법·법률·명령·규칙뿐만 아니라 조약·관습법 그리고 경험칙까지를 포함한다. 그리고 항소심의 판단이 대법원의 판례에 저촉한다고 주장하는 경우에는 법령위반을 주장하는 것이 되어 적법한 상고이유가 된다.[96]

대리권이 아예 없거나 특별수권이 없는 전형적인 무권대리의 경우, 소송무

---

91) 한충수, 앞의 책, 861면; 박재완, 앞의 책, 474~475면.
92) 대판 1995.3.3. 92다55770; 대판 2004.5.28. 2001다81245.
93) 대판 2006.5.26. 2004다62597; 대판 2011.7.14. 2011다23323.
94) 대판 2012.8.23. 2011다40373; 대판 2014.10.30. 2012두25552; 대판 2022.9.29. 2019다2999065; 대판 2022.11.30. 2021다287171.
95) 한충수, 앞의 책, 863면.
96) 박재완, 앞의 책, 475면.

능력자가 단독으로 소송을 수행한 경우, 법인 등을 대표할 권한이 흠결된 경우, 성명모용소송인 경우 또는 당사자의 사망으로 인한 소송중단을 간과하고 판결이 선고된 경우 등에도 위 조항이 적용된다.

(3) 재심사유

법 451조 1항 단서에 의해 재심사유를 상소로써 주장할 수 있으므로 재심사유는 법령위반에 해당한다(통설·판례). 재심사유 중 법 451조 1항 1호 내지 3호는 절대적 상고이유와 중복되어(424조 1항 1호·2호·4호), 4호 이하의 재심사유가 또 다른 상고이유가 된다.[97] 그리고 4호 이하의 재심사유는 일반적 상고이유로 취급하여 그 사유로 인해 판결에 영향을 미칠 때 적법한 상고이유가 된다고 보아야 할 것이다.[98] 한편 판례는 법 451조 1항 4호 내지 7호의 재심사유를 상고이유로 할 때는 동조 2항의 유죄확정판결 사실도 함께 주장해야 한다는 입장이다.[99]

(4) 소액사건심판법상의 상고이유

소액사건에 대한 상고이유로는 ① 법률·명령·규칙 또는 처분의 헌법 위반 여부와 명령·규칙 또는 처분의 법률 위반 여부에 대한 판단이 부당한 경우, ② 대법원의 판례에 상반되는 판단을 한 경우로 한정된다(소액사건심판법 3조). 민사본안 사건 중 소액사건의 건수가 많아 그로 인한 상고심의 부담을 경감시키기 위해 상고이유를 제한한 것이다. 한편, 소액사건에서 구체적인 사건에 적용할 법령의 해석에 관한 대법원 판례가 아직 없어서 위 ②의 상고이유 요건을 갖추지 못한 상황에서 하급심 재판부에서 엇갈리는 판단이 이루어진 경우에 이를 상고심 심판대상으로 할 수 있는지 문제된다. 판례는 법령해석의 통일이라는 대법원의 본질적 기능을 수행하는 차원에서 이를 심판대상으로 삼아 실체법 해석적용의 잘못에 관하여 판단할 수 있다고 한다.[100]

3. 심리불속행제도

가. 제도의 취지

1년에 100건 내외를 처리하는 미국 연방대법원과 달리 대법원은 2021년을

---

97) 이시윤, 앞의 책, 899면; 한충수, 앞의 책, 863면.
98) 김홍규·강태원, 앞의 책, 844면; 한충수, 앞의 책, 863면.
99) 대판 1966.1.31. 65다2236; 대판 1977.6.28. 77다540; 대판 1988.2.9. 87다카1261.
100) 대판 2004.8.20. 2003다1878; 대판 2021.1.14. 2020다207444; 대판 2022.7.28. 2021다293831.

기준으로 민사관련사건으로 2만 건 내외를 처리해 왔다.[101] 1990년 9월 상고허가
제를 전면 폐지하고 대법원의 업무부담 경감 등을 목적으로 상고인이 제출한 상
고이유서와 상대방의 답변서 및 소송기록을 검토하여 대법원이 법률심으로서의
기능을 효율적으로 수행하고 법률관계를 신속하게 확정할 목적으로 제정된 상고
심절차에 관한 특례법에서 정한 심리불속행사유에 해당하는 경우, 즉 주장된 상
고이유가 중대하지 않은 경우에는 본안심리를 하지 않고 판결로 상고를 기각하
는 것을 제도화하였다. 즉, 대법원은 상고이유에 관한 주장이 ① 원심판결이 헌
법에 위반되거나 헌법을 부당하게 해석한 경우(동법 4조 1항 1호), ② 원심판결이
명령·규칙 또는 처분의 법률 위반 여부에 대하여 부당하게 판단한 경우(동항 2
호), ③ 원심판결이 법률·명령·규칙 또는 처분에 대하여 대법원의 판례와 상반되
게 해석한 경우(동항 3호), ④ 법률·명령·규칙 또는 처분에 대한 해석에 관하여
대법원의 판례가 없거나 대법원 판례를 변경할 필요가 있는 경우(동항 4호), ⑤ 1
호부터 4호까지의 규정 외에 중대한 법령 위반에 관한 사항이 있는 경우(동항 5

---

101) 법원행정처, 2022년 사법연감(2021.1.1.~2021.12.1.), 2022. 여기서 작성된 통계에 따라 사건의
개황을 살펴보면 다음과 같다. 즉, ① 2021년도에 전국법원에 접수된 사건은 총 17,884,639건이
다. 사건의 종류별 구성을 보면 소송사건은 6,291,467건이고, 비송사건은 11,593,172건으로 그
비율은 35대 65이다. 다음으로 소송사건을 사건별로 살펴보면 민사사건이 소송사건의 70.9%,
형사사건이 소송사건의 23.6%를 각 차지하고 있다. 전체사건의 64.8%를 차지하고 있는 비송사
건의 구성비를 보면 등기사건이 전체 비송사건의 96.0%를 차지하고 있다. 민사사건 중 대법원
은 본안사건으로 16,299건을, 본안 외로 5,984건을 고등법원은 본안으로 14,802건을, 본안 외로
7,384건을, 지방법원 항소부는 본안으로 46,842건을, 본안 외로 13,806건을, 지방법원은 본안
중 합의로 43,679건을, 단독으로 212,131건을, 소액으로 558,854건을, 조정으로 66,227건을, 독
촉으로 1,101,769건을, 집행으로 1,261,27 2건을, 비송으로 78,665건을, 신청으로 843,89 0건을,
도산으로 186,599건을 각 처리하였다.
　2021년도에 접수한 민사본안사건은 모두 892,607건이다. 그 중 제1심이 814,664건으로
91.3%, 항소심이 61,644건으로 6.9%, 상고심이 16,299건으로 1.8%의 비율을 차지하고 있다. 또
한, 제1심 민사본안사건을 합의·단독·소액사건으로 구분할 때 합의사건은 43,679건(5.4%), 단
독사건은 212,131건(26.0%), 소액사건은 558,854건(68.6%)이 접수되었다.
　이 중 전자소송의 접수건수는 제1심을 기준으로 볼 때 합의 43,272건, 단독 210,321건, 소액
539,109건이며, 이 중 대리인이 없는 경우가 합의 5,120건, 단독 67,837건, 소액 183,207건으로
(제1심 전자소송) 접수건수의 32.3%를 차지하고 있다.
　제1심 민사본안사건 종류별 처리결과는 합계 251,226(100%)건이고 이 가운데 부동산 소유권
사건이 12,957건을, 건물인도·철거사건이 31,355건을, 구상금사건이 8,186건을, 대여금사건이
20,269건을, 신용카드이용대금사건이 386건을, 매매대금사건이 11,384건을, 어음·수표금사건이
397건을, 임대차보증금사건이 3,881을, 손해배상사건이 31,323건을, 기타사건이 131,088건을 각
차지하고 있다. (https://www.scourt.go.kr/portal/justicesta/JusticestaListActionwork?gubun=10)
(2023.6.16. 방문)

호), ⑥ 법 424조 1항 1호부터 5호까지 규정된 절대적 상고이유가 있는 경우(동항 6호)와 같은 심리불속행사유 중 어느 하나의 사유를 포함하지 아니한다고 인정하면 심리를 속행하지 않고 판결로 상고를 기각할 수 있도록 하였다(동법 4조 1항). 이를 심리불속행기각판결이라고 하고 그 판결에는 이유를 적지 않아도 된다(동법 5조 1항).

나. 제도적 타당성

동법 4조 1항 및 5조 1항에 관한 부분은 국민의 재판청구권을 제약할 수 있다고 생각할 수도 있다. 그러나 심급제도와 대법원의 기능에 비추어 볼 때, 헌법이 요구하는 바와 같이 대법원이 최고법원임을 존중받으면서 민사·가사·행정 등 소송사건에 있어서 상고심재판을 받을 수 있는 객관적 기준을 정할 때 개별적 사건의 권리구제보다 법령해석의 통일을 더 우위에 둔 규정으로서 합리성이 있다고 할 것이다. 특히, 동법 4조 1항 각호에서는 심리속행의 예외사유를 객관적이고 구체적으로 규정하여 구체적 사건에서 상고이유와 관계없는 우연한 사정이나 법원의 자의에 의한 판단을 배제하고 있고 동법 5조 1항 중 판결이유의 기재를 생략할 수 있게 한 것은 단지 심리불속행기각판결의 보다 신속한 처리를 목적으로 한 것에 지나지 아니한 것이므로 동법 4조는 헌법에 위반되지 아니한다고 할 수 있다.[102]

다. 문제점

다만, 심리불속행으로 상고가 기각된 경우 판결이유를 기재하지 않아도 되고 판결선고도 필요가 없다는 점, 판결의 효력은 상고인에게 판결정본이 송달된 때 발생하는 점(동법 5조) 때문에 당사자 또는 소송대리인에게 극도의 반감을 사고 있다고 한다.[103]

라. 예외

이 제도는 민사·가사·행정소송의 상고사건에 적용되고(동법 2조) 재항고 및 특별항고사건에도 준용된다(동법 7조). 한편, 가압류 및 가처분에 관한 판결에 대해서는 심리속행사유를 제한해서 인정하고 있다(동법 4조 2항). 그리고 재심사건에 대한 상고사건에도 적용되지만 대법원 전원합의체에서 심리할 대상인 사건은 적

---

102) 헌법재판소 2001.2.22. 99헌마461 결정; 헌법재판소 2002.5.30. 2001헌마781 결정.
103) 박재완, 앞의 책, 477면.

용되지 않고(동법 6조 1항) 대법원의 소부에서 재판할 사건에 대해서만 적용이 된다. 또한, 소액사건의 상고사건에서는 상고이유를 더 제한적으로 규정하고 있으므로(소액사건심판법 3조) 이 제도를 적용할 필요는 없다.[104] 대법원 판결에 대한 재심사건에는 적용이 없다.

Ⅱ. 상고의 제기·심리 등

1. 상고의 제기

상고는 항소심의 종국판결에 대하여 상고기간 내에 상고장을 제출하여야 한다. 즉, 상고는 항소심의 종국판결을 대상으로 하고(422조), 상고의 당사자, 기간, 제기방식, 재판장의 상고장 심사, 상고 제기의 효과 등은 항소의 그것과 마찬가지(425조)이다. 예컨대, 상고도 상고장을 항소심법원에 제출하고 상고장에 대하여 항소심 재판장과 상고심 재판장이 각 심사를 하고 보정이 불가능한 흠이 있거나 보정명령에 불응하는 경우 상고장각하명령을 한다는 점도 같다. 항소심 재판장의 상고장심사를 통과하면 상고장을 포함한 재판기록이 상고심법원에 송부된다. 상고심법원에 재판기록이 접수되면 당사자에게 그 사유가 통지된다(426조).

2. 상고이유서의 제출

통상적으로 상고장에는 상고이유를 기재하지 않는데 당사자는 대법원으로부터 소송기록의 접수통지를 받은 날로부터 20일 이내에 상고이유서를 제출하여야 한다(427조). 이것이 없으면 직권으로 조사하여야 할 사유가 있는 때를 제외하고 판결로 상고를 기각하여야 하며(429조) 이 경우 이유를 기재하지 않아도 된다(상고심절차에 관한 특례법 5조 1항). 상고이유서의 제출기간은 불변기간이라고 할 수 없으므로 추완신청의 대상이 되지 아니한다.[105] 상고이유서를 기간 내에 제출한 경우 제출된 상고이유서에 기재된 상고이유만 조사·판단, 즉 심리의 대상이 된다. 따라서 상고이유서 제출기간이 지난 후에 제출된 상고이유보충서 기재의 상고이유는 그것이 기간 내에 제출된 상고이유서에서 이미 개진된 상고이유를 보

---

104) 한충수, 앞의 책, 864면.
105) 대결 1981.1.28. 81사2.

충한 것이거나 직권조사사항에 관한 것이 아닌 새로운 주장을 포함하고 있을 때
에는 그 새로운 주장은 적법한 상고이유로 삼을 수 없다.[106]

또한, 상고이유서를 제출받은 상고법원은 바로 그 부본이나 등본을 상대방
에게 송달하고 상대방은 위 서면을 송달받은 날로부터 10일 이내에 답변서를 제
출할 수 있다. 물론 답변서도 상고인에게 송달하여야 하고(428조) 이렇게 송달받
은 상고인은 그것에 대하여 답변서를 제출할 수 있다.

그리고 상고도 항소의 제기와 마찬가지로 상고제기의 효과로서 이심·확정
차단과 상소불가분의 원칙이 적용되고 상고이유서의 제출기간 내에 부대상고를
할 수 있다(425조).

3. 상고심의 심리범위

가. 상고심의 심판대상은 항소제기와 마찬가지로 직권조사사항을 제외하고
상고인이 불복신청을 한 범위 내로 한정된다(431조). 따라서 상고인은 위 상고이
유를 구체적으로 명시함을 요한다고 할 것이다. 당사자가 상고장에 상고이유로서
원심이 사실을 오인하고 법리해석을 잘못하여 판결에 영향을 미친 위법이 있다
고 기재한 것만으로는 상고이유가 구체적으로 명시되었다고 볼 수 없다.[107] 예컨
대, 원심판결이 대법원의 판례와 상반됨을 주장하는 때에는 그 판례를 구체적으
로 명시하여야 하고(규칙 131조),[108] 상고이유를 기재할 때에는 상고이유가 되는
법령위반 등의 사유를 직접 명시하여야 한다(규칙 129조·130조).

나. 상고심은 법률심으로 상고인이 불복신청을 한 범위 내에서 원심판결에서
적법하게 확정된 사실을 전제로 재판을 한다(431조 1항). 따라서 비약상고(390조 1항
단서)는 당사자가 사실인정에 관한 항소심의 판단을 배제하고 1심판결의 사실인정
에 만족하는 것을 전제로 1심판결에 대해 상고를 제기할 경우 상고인은 사실확정
이 법률에 어긋난다는 것을 주장할 수 없고 상고법원도 원칙적으로 이를 이유로
그 판결을 파기하지 못한다(433조). 다만, 직권조사사항에 대해서는 불복신청에 관
계없이 직권으로 조사해야 하고(434조), 또한 원심판결 중 불복신청이 없는 부분에

---

106) 대판 1996.2.9. 95재다229; 대판 1998.3.27. 97다55126; 대판 2006.12.8. 2005재다20.
107) 대판 1991.5.28. 91다9831.
108) 대판 1998.3.27. 97다55126.

대하여는 당사자의 신청에 따라 결정으로 가집행선고를 할 수 있다(435조).

다. 상고심은 법률심으로서 서면으로만 심리가 가능한 경우가 많다. 그래서 상고장·상고이유서 및 답변서 등에 상고이유가 없다고 판단되면 변론없이 판결로 상고를 기각할 수 있다(429조). 다만, 소송관계를 분명하게 하기 위하여 필요한 경우에는 특정한 사항에 관하여 변론을 열어 참고인의 진술을 들을 수 있다(430조 2항, 규칙 134조의2, 대법원에서의 변론에 관한 규칙 1조·4조·5조). 특히 상고심은 사후심이므로 여기에서는 새로운 주장을 하거나 증거를 제출하는 것은 허용되지 않고 청구의 변경, 별소의 제기 등을 할 수 없다.

라. 상고심사건의 거의 대부분은 대법관 4인으로 구성되는 소부에서 처리되고 기타 항소심의 규정을 준용할 수 있다(425조). 그러나 소부에서 먼저 사건을 심리하여 명령 또는 규칙이 헌법에 위반된다고 인정하는 경우, 명령 또는 규칙이 법률에 위반된다고 인정하는 경우, 종전에 대법원에서 판시한 헌법·법률·명령 또는 규칙의 해석적용에 관한 의견을 변경할 필요가 있다고 인정하는 경우, 부에서 재판하는 것이 적당하지 아니하다고 인정하는 경우에는 대법원의 전원합의체(대법관 전원의 3분의 2 이상의 합의체)에서 심판권을 행사한다(법원조직법 7조 1항).

마. 선택적으로 병합된 수개의 청구를 모두 기각한 항소심판결에 대하여 원고가 상고한 경우 상고심법원이 선택적 청구 중 어느 하나의 청구에 관하여 상고가 이유 있다고 인정할 때에는 원심판결을 전부 파기하여 원심법원에 환송해야한다.[109]

Ⅲ. 상고심의 종료

1. 당사자에 의한 종료

항소심과 마찬가지로 소의 취하, 청구의 포기·인낙, 화해, 상고의 취하가 있다.

2. 종국판결에 의한 종료

가. 상고를 배척하는 판결

상고법원은 상고요건이 구비되어 있지 않은 경우에는 상고각하판결을, 상고

---

109) 대판 2018.6.15. 2016다229478.

요건을 갖추었지만 상고이유가 정당하지 않은 경우에는 상고기각판결을 한다. 상
고기각판결의 주문은 "이 사건의 상고를 기각한다"와 같이 기재한다. 상고이유서
를 기간 내에 제출하지 않은 경우에도 판결로 상고를 기각한다(이는 실질적으로는
각하의 소송판결에 해당한다). 심리불속행인 경우에도 판결로 상고가 기각된다(상고
심절차에 관한 특례법 4조).

나. 상고를 인용하는 판결

상고에 정당한 이유가 있어 상고를 인용하는 경우 일단 원심판결을 파기한
다음 자판·환송·이송 중 하나의 조치를 취한다(436조, 437조). 이 가운데 환송이
가장 일반적이다.[110]

(1) 환송 또는 이송

㈎ 환송 후의 심리절차

사건을 환송하거나 이송하는 판결이 내려졌을 때에는 상고심 법원사무관 등
은 2주 이내에 그 판결의 정본을 소송기록에 붙여 사건을 환송하거나 이송받은
법원에 보내야 한다(438조). 환송 또는 이송을 받은 법원은 새롭게 변론을 열어 재
판을 하여야 한다. 이때 원심판결에 관여한 판사는 환송심에 관여하지 못한다(436
조 3항).

㈏ 환송(이송) 판결의 기속력

1) 의의

환송 또는 이송받은 법원이 변론을 거쳐 재판할 때는 상고법원이 파기의 이
유로 삼은 사실상 및 법률상 판단에 기속된다(436조 2항). 이를 환송판결의 기속력
이라고 한다.

사건을 환송받은 법원이 자신의 견해가 상고법원의 그것과 다르다는 이유로
이에 따르지 않아도 된다면 법령의 해석적용의 통일이라는 상고법원의 임무가
유명무실하게 되고, 사건이 하급심법원과 상고법원을 여러 차례 왕복할 수밖에
없게 되어 분쟁의 종국적 해결이 지연되거나 불가능하게 되며 심급제도 자체가
무의미하게 될 수도 있다. 따라서 환송판결의 기속력은 이를 방지함으로써 법령
의 해석·적용의 통일을 기하고 심급제도를 유지하며 당사자간의 법률관계의 안
정과 소송경제를 도모하고자 하는 데 그 목적이 있다고 할 수 있다.

---

110) 박재완, 앞의 책, 478면.

한편, 판례는 환송판결의 법적 성질에 대해서 중간판결의 특성을 가진 종국재판이라고 한다. 심급을 이탈시키는 점에서는 종국판결의 성격을 갖지만 사건을 최종적으로 종결시키는 효력은 없다는 점에서 중간판결의 특성을 갖는다는 것이다. 따라서 환송판결은 '확정된 종국판결'에 해당하지 않으므로 환송판결을 대상으로 재심의 소를 제기할 수 없다고 한다.[111]

2) 기속력의 내용

① 사실상의 판단

사실인정에 대해서는 사실심이 전권을 가지고 있다.[112] 따라서 기속력이 발생하는 사실상의 판단은 상고법원이 예외적으로 할 수 있는 사실인정, 즉 직권조사사항(434조) 또는 절차위배,[113] 재심사유에 관련된 사실상의 판단으로 제한된다.[114]

② 법률상의 판단

상고심의 법률상의 판단이란 법령해석·적용상의 견해를 뜻하며, 사실에 대한 평가적 판단(예: 사실인정 과정에 경험칙 위반이 있다는 판단, 의사표시·서증의 취지에 대한 해석)도 포함된다.[115] 그리고 상고법원이 명시적으로 설시한 법률상의 판단뿐만 아니라 명시적으로 설시하지 아니하였더라도 파기이유로 한 부분과 논리적·필연적 관계가 있어서 상고법원이 파기이유의 전제로서 당연히 판단하였다고 볼 수 있는 법률상의 판단도 포함된다.[116] 예컨대 상고심이 소송요건을 긍정하면서 본안판단의 위법을 들어 파기한 경우 소송요건의 존재를 긍정한 판단에는 기속력이 미친다. 그러나 환송 후 원심이 환송판결에서 파기이유로 하지 않은 부분에서 부수적으로 지적한 시효이익의 포기의 점에 대하여 환송 전 원심판결과 같은 판단을 한 것은 기속력에 반하지 않는다.[117] 이와 달리 환송 후 원심

---

111) 대판(전합) 1995.2.14. 93재다27·34.
112) 대판 2022.12.29. 2019다21069에 의하면, 손해배상책임에서 책임제한 사유에 관한 사실인정이나 그 비율을 정하는 것은 형평의 원칙에 비추어 현저히 불합리하지 않는 한 사실심의 전권사항이라고 한다. 같은 취지로 대판 2023.3.30. 2019다280481.
113) 대판 1964.6.20. 63다262; 대판 1964.6.30. 63다1193; 대판 1991.4.23. 90다13697.
114) 이시윤, 앞의 책, 913면.
115) 이시윤, 앞의 책, 914면; 한충수, 앞의 책, 876면.
116) 대판 1991.10.25. 90누7890.
117) 대판 1997.4.25. 97다904; 대판 2008.2.28. 2005다11954.

판결이 환송 전후를 통하여 사실관계에 아무런 변동이 없음에도 불구하고 환송 판결이 파기이유로 한 법률상의 판단에 반하는 판단을 하는 것은 기속력에 반하는 것이다.

다만, 환송판결 이후에 판례변경이나 법령변경이 있을 때는 기속력은 배제된다.[118] 예컨대, 환송 후 원심법원에 소송이 진행되던 중 헌법재판소가 환송판결의 기속적 판단의 전제가 된 법률조항을 위헌으로 선언하여 그 법률조항의 효력이 상실된 때에는 그 범위에서 기속력은 배제된다.[119]

3) 기속력의 범위

기속력은 당해 사건에 한해서만 효력이 미친다. 이러한 환송판결의 기속력을 절차적으로 담보하고 그 취지를 관철하기 위해서는 원칙적으로 하급심법원뿐만 아니라 동일사건의 재상고심도 환송판결의 사실상·법률상 판단에 기속되어야 한다. 그러나 대법원은 법령의 정당한 해석적용과 그 통일을 주된 임무로 하는 최고법원이고 대법원의 전원합의체는 종전에 대법원에서 판시한 법령의 해석적용에 관한 의견을 스스로 변경할 수 있는데(법원조직법 7조 1항 3호) 환송판결이 파기이유로 한 법률상 판단도 여기에서 말하는 '대법원에서 판시한 법령의 해석적용에 관한 의견'에 포함된다. 따라서 대법원의 전원합의체가 종전의 환송판결의 법률상 판단을 변경할 필요가 있다고 인정하는 경우에는 그에 기속되지 아니하고 통상적인 법령의 해석적용에 관한 의견의 변경절차에 따라 이를 변경할 수 있다고 보아야 한다. 환송판결에서 이루어진 법률상의 판단을 변경할 필요가 있음에도 불구하고 대법원의 전원합의체까지 이에 기속되어야 한다면 법령의 올바른 해석적용과 그 통일을 기하고 무엇이 정당한 법인가를 선언함으로써 사법적 정의를 실현하여야 할 임무가 있는 대법원이 자신의 책무를 포기하는 셈이 될 뿐만 아니라 그로 인하여 하급심법원을 비롯한 사법 전체가 심각한 혼란과 불안정에 빠질 수도 있어서 소송경제에도 반하게 될 것이기 때문이다. 이러한 환송판결의 자기기속력의 부정은 법령의 해석적용에 관한 의견변경의 권능을 가진 대법원의 전원합의체에게만 주어지는 것이므로 그로 인하여 사건이 대법원과 원심법원을 여러 차례 왕복함으로써 사건의 종국적 해결이 지연될 위

---

118) 이시윤, 앞의 책, 914면.
119) 대판 2020.3.26. 2018다221867.

험도 없다고 할 것이다.[120]

4) 기속력의 한계

환송판결의 기속력은 그 파기의 이유로서 원심판결의 판단이 정당치 못하다는 소극적인 면에서만 발생하는 것이다. 따라서 하급심은 파기의 이유로 된 잘못된 견해만 피하면 당사자가 새로이 주장·입증한 바에 따라 다른 견해에 의하여 환송 전의 판결과 동일한 결론을 내린다고 하여도 위법을 범한 것이라고 할 수 없다.[121] 즉, 상고법원으로부터 사건을 환송받은 법원이 사건을 재판할 때 상고법원이 파기이유로 한 사실상·법률상의 판단에 대하여 환송 후의 심리과정에서 새로운 주장과 입증이 제출되어 기속적 판단의 기초가 된 사실관계에 변동이 생기면 상고법원의 결론에 기속을 받지 않게 된다.[122] 따라서 환송 후 원심이 환송판결에서 파기이유로 하지 않은 부분에서 부수적으로 지적한 시효이익의 포기의 점에 대하여 환송 전 원심판결과 같은 판단을 하였다고 하더라도 위법하다고 할 수는 없다.[123]

(2) 자판

상고법원은 확정된 사실에 대하여 법령적용이 어긋난다고 하여 판결을 파기하는 경우에 사건이 그 사실을 바탕으로 재판하기 충분한 때(437조 1호), 사건이 법원의 권한에 속하지 아니한다고 하여 판결을 파기하는 때(437조 2호)에는 그 사건에 대하여 종국판결을 하여야 한다(파기자판).

제4절 항고

I. 의의

1. 개념

항고란 소송절차에 관한 신청을 기각한 결정이나 명령에 대하여 불복하는

---

120) 대판(전합) 2001.3.15. 98두15597.
121) 대판 1995.10.13. 95다33047.
122) 대판 1980.10.27. 79다1264; 대판 1983.11.8. 82누73; 대판 1982.12.14. 80다1072; 대판 1989.6.27. 87다카2542; 대판 1992.9.14. 92다4192; 대결 1987.1.30. 86프2.
123) 대판 1997.4.25. 97다904; 대판 2008.2.28. 2005다11954.

독립적인 상소를 말한다(439조). 즉, 항고는 판결 이외의 재판인 결정·명령에 대한 상소를 말한다.

소송절차와 관련한 사항에 대한 결정·명령은 본안과의 관련성도 희박하고 신속하게 해결하는 것이 요청된다. 그래서 이와 같은 결정·명령은 종국판결에 대한 항소와는 독립적으로 불복신청방법을 제도화한 것이 항고이다.

2. 종류

가. 일반항고(통상항고·즉시항고)

일반항고에는 통상항고·즉시항고가 있다. 전자는 항고를 하기 위해서는 원칙적으로 법률에 근거가 있어야 하는데 법이 439조에 이를 규정하고 있고 항고제기기간의 정함이 없고 항고이익이 있으면 언제라도 할 수 있는 반면, 항고제기에 따른 집행정지의 효과는 없다. 후자는 법이 개별적으로 규정하고 있고 재판의 고지를 받은 날로부터 1주 이내에만 제기할 수 있는데(444조 1항) 그 제기로 인하여 원재판의 집행정지의 효력이 발생한다(447조·448조).

나. 일반항고(최초의 항고·재항고)

일반항고는 심급을 기준으로 다시 최초의 항고·재항고로 구분된다. 전자는 결정·명령에 대한 항고로 이는 항소에 대응하는 것으로 항소에 관한 규정이 준용된다(443조). 후자는 항고법원·고등법원·항소법원의 결정·명령에 대한 항고로 이는 상고에 대응하는 것으로 재판에 영향을 미친 헌법·법령·명령 또는 규칙의 위반이 필요하고(442조) 상고에 관한 규정이 준용된다(443).

다. 특별항고

특별항고란 불복신청을 할 수 없는 결정·명령에 대하여 재판에 영향을 미친 헌법위반이 있거나 재판의 전제로 된 명령·규칙·처분의 헌법 또는 법률의 위반 여부에 대한 판단이 부당하다는 것을 이유로 하는 때에 대법원에 하는 항고이다(449조 1항). 재판의 고지를 받은 날로부터 1주 이내에 하여야 하고 이 기간은 불변기간이다(동조 2·3항). 이것은 대법원이 법령심사권을 가지는 종심법원이기 때문에 인정된다.

라. 일반항고와 특별항고의 비교

일반항고와 특별항고는 상급심법원에 원심재판의 취소·변경을 구하는 불복수단이라는 점에서는 공통점이 있지만 전자는 일반적인 불복수단인 반면, 후자는 일반적인 불복수단이 없거나 그러한 불복수단을 다 거친 경우에 인정되는 비상 구제수단인 점에서 서로 다르다.

3. 항고할 수 있는 재판

항고는 법률이 인정한 경우에 허용된다. 변론을 거치지 않은 상태에서 소송절차에 관한 신청을 기각한 결정이나 명령에 대하여 불복하면 항고를 할 수 있다(439조). 조문상 기각결정으로 표현되고 있으나 여기에는 각하결정도 포함된다.[124] 다만, 인용결정이 있는 경우, 개별적으로 불복신청을 금하고 있거나 또는 다른 구제방법을 정한 경우(예컨대 지급명령에 대한 이의가 있으면 소송절차로 이행된다)에는 항고할 수 없다. 기각된 신청이 "소송절차에 관한 것"이 아니라면 일반항고의 대상이 아니다.[125] 따라서 판결경정신청을 이유 없다고 기각한 결정에 대하여는 항고를 할 수 없고 이에 대하여는 420조의 특별항고만 허용될 뿐이다.[126]

또한, 법원, 즉 재판부의 결정이 아닌 재판장의 명령인 경우에는 독립한 재판기관으로서 한 것만 일반항고의 대상이 되고 합의부의 대표자로서 변론을 지휘하면서 한 것은 일반항고의 대상이 아니라 이의신청의 대상이다(138조).[127] 그리고 수소법원의 재판은 일반항고의 대상이 되지만 수명법관 또는 수탁판사의 재판은 먼저 수소법원에 이의신청(준항고, 441조 1항)을 거쳐야 하고 그 이의신청에 대한 재판에 대해서 항고할 수 있는 것이다(동조 2항).[128]

II. 최초 항고의 절차

1. 항고의 제기

항고심은 항소심에 관한 규정을 준용한다(443조 1항). 항고절차는 상대방이 없는 편면적 절차이므로 원심결정에 대하여 불이익을 당한 당사자 또는 제3자가

---

124) 이시윤, 앞의 책, 917면; 박재완, 앞의 책, 482면.
125) 대결 1983.4.19. 83그6.
126) 대결 2017.8.21. 2017그614; 대결 2022.6.8. 2022그554.
127) 박재완, 앞의 책, 483면.
128) 이시윤, 앞의 책, 919면.

항고인이 된다. 항고의 제기는 원심법원에 항고장을 제출하고(445조) 통상항고의 경우에는 제기기간이 없다. 다만, 즉시항고의 경우 제한(1주일 이내)이 있으나 불변기간으로 소송행위의 추완이 가능하다. 결정·명령의 원본이 법원사무관 등에게 교부되어 재판이 성립되면 당사자에게 고지를 하기 이전이라도 항고가 가능하다.[129] 항고이유서는 항소심의 규정을 준용하므로 항고에서는 항고이유서를 제출하는 것이 강제적인 것은 아니다. 항고가 제기되면 항고심으로 사건이 이심되지만 결정은 고지된 때 원칙적으로 집행력이 발생하고(다만, 예외가 있다) 통상항고인 경우 집행정지효가 없다(448조). 따라서 이러한 경우에는 집행정지신청을 통하여 결정·명령의 집행을 정지하는 재판 등이 필요한 반면, 즉시항고의 경우에는 집행정지의 효력이 있기 때문에(447조) 그러한 신청은 필요가 없다.

2. 원심법원의 경정결정 — 재도의 고안

원심법원은 항고에 정당한 이유가 있다고 인정하는 때 스스로 결정·명령을 경정결정하여 바로 잡을 수 있다(446조). 항고에 의해 원심법원이 스스로 경정결정을 하는 것을 재도의 고안이라고 하며, 원심법원에 반성의 기회를 부여하기 위한 것이다. 원심법원의 경정결정은 적법한 일반항고[130]에서만 가능하고 특별항고에서는 할 수 없다.[131] 즉, 항고가 부적법한 경우, 예컨대 항고기간이 지난 즉시항고가 제기된 때에는 대상이 된 결정은 이미 확정되었으므로 항고법원조차 항고를 각하할 수밖에 없는데 1심법원이 경정할 수 있도록 하는 것은 이치에 맞지 않기 때문이다. 또한 특별항고는 불복할 수 없는 결정이나 명령에 대해 대법원에 위헌이나 위법의 심사권을 부여하기 때문에 인정된 것인데 원심법원이 그 결정이나 명령을 경정할 수 있도록 허용하는 것은 특별항고의 인정취지에 반하기 때문이다.[132] 이처럼 경정결정이 이루어지면 항고의 목적이 달성되므로 항고

---

129) 대결(전합) 2014.10.8. 2014마667.
130) 대결 1967.3.22. 67마141에 의하면, 재항고기간이 도과된 이후 재항고가 제기된 경우 재도의 고안에 의한 결정은 위법하다고 한다.
131) 대결 2001.2.28. 2001그4.
132) 한편, 소송지휘에 관한 결정이나 명령과 같이 법원을 기속하지 아니하는 재판은 언제든지 취소할 수 있으므로(222조) 항고가 제기된 것을 계기로 하여 취소·변경할 수 있으나 이것은 446조에서 말하는 재도의 고안에 해당하는 것이 아니다. 대법원 법원행정처, 법원실무제요 민사소송 [Ⅲ], 법원행정처, 2014, 360면 이하.

절차는 종료된다. 재도의 고안으로 이루어진 새로운 결정이 항고의 대상이면 항고를 제기할 수 있고 새로운 결정이 취소되면 원래의 항고절차가 부활된다.[133]

항고심의 심판은 항소심의 규정을 준용하므로 항고심도 속심에 해당하여 제한적으로 주장과 입증을 할 수 있고 있다. 다만, 항고심절차는 결정으로 완결할 사건으로 변론의 개시 여부는 법원의 재량사항이다(134조 1항 단서). 또한, 심판범위는 불복범위에 한정하여 원칙적으로 원심결정의 당부를 판단한다. 항고법원이 항고를 인용하여 1심결정을 취소할 경우에는 자판이 원칙이다.[134]

Ⅲ. 재항고

재항고의 대상은 항고심 법원의 결정, 고등법원 또는 지방법원 항소부의 결정(442조), 항고각하 또는 항고기각결정인 경우가 있다. 그리고 항고인용결정에 대해서는 그 내용이 항고에 적합한 경우에만 허용한다.

그리고 재항고의 절차는 상고심에 관한 규정(443조 2항)과 상고심절차에 관한 특례법(동법 7조)을 준용한다. 이러한 재항고의 대상은 항고의 각하 또는 기각결정에 대하여 하는 것이고 항고인만 재항고를 할 수 있다. 다만, 즉시항고에 해당하는 경우 기간제한 있다. 또한, 상고와 마찬가지로 재항고이유서를 제출하여야 한다. 재상고심의 심판은 사후심으로 새로운 주장 또는 증명이 불가능하고 서면심리의 원칙이 지켜지며 재항고 이유에 따라 불복범위 내에서 심리를 하게 된다. 그리고 심리를 마치면 결정을 하게 되는데 그 내용에는 재항고각하·재항고기각·재항고인용 또는 심리불속행으로 인한 재항고기각결정 등이 있다.

Ⅳ. 특별항고

1. 대상

이는 불복신청을 할 수 없는 결정에 대한 항고로 대법원이 처리한다. 그 대상은 재심청구 또는 상소의 추완을 하면서 잠정처분신청에 대한 결정 이외에 관

---

133) 대결 1967.3.22. 67마141.
134) 대판 2008.4.14. 2008마277.

할지정결정·증거보전결정 또는 지급명령신청 각하결정 등과 같이 법이 명문으로 불복을 금지하는 경우, 청구이의 또는 제3자 이의의 소를 제기하면서 잠정처분신청에 대한 결정·판결이나 화해조서에 대한 경정신청 기각결정 등 해석상 불복이 금지되는 결정인 경우, 일반항고의 대상이 되지 않는 결정 중 당사자에게 신청권이 인정되지 않는 결정, 중간적 재판의 성질을 가지는 결정, 다른 불복수단이 인정되는 결정 또는 대법원의 결정 등과 같이 특별항고의 대상이 되지 않는 경우이다. 그러나 위헌제청신청기각결정은 특별항고의 대상이 아니다.

2. 절차

법의 상고심 규정을 준용한다(450조). 특별항고는 고지된 날로부터 1주일 이내에 제기되어야 하고 상고심규정이 준용되므로 특별항고이유서를 제출하여야 한다. 다만, 그 이유는 헌법 또는 법률 위반에 한정되고(449조 1항) 재도의 고안은 인정되지 않으며 집행정지효력도 마찬가지이다. 심판방법은 기본적으로 일반항고와 동일하고 심리불속행에 의한 특별항고기각도 가능하다.

V. 민사집행법상 항고

민사집행법상 민사집행 및 보전처분절차에는 법의 규정을 준용한다(민사집행법 23조). 따라서 민사집행법상 즉시항고에 관한 규정은 법의 특별규정에 해당한다. 집행절차에서는 특별한 규정이 있는 경우에만 즉시항고가 가능하고 통상항고는 인정되지 않는다.

또한, 민사집행법상 즉시항고에는 집행정지효가 인정되지 않는다. 다만, 항고법원(재판기록이 원심법원에 남아 있는 때에는 원심법원)은 즉시항고에 대한 결정이 있을 때까지 담보를 제공하게 하거나 담보를 제공하게 하지 아니하고 원심재판의 집행을 정지하거나 집행절차의 전부 또는 일부를 정지하도록 명할 수 있으며 담보를 제공하게 하고 그 집행을 계속하도록 명할 수 있다(민사집행법 15조 6항).

민사집행법의 즉시항고가 최초의 항고인 경우에도 항고이유서의 제출이 강제되고 제출처와 제출기간도 원심법원에 항고장 제출일로부터 10일 이내에 제출하여야 한다. 민사집행법의 즉시항고가 인정되는 경우 항고심의 결정에 대한 재항고에 대하여는 민사집행법이 적용되고 이를 민사집행규칙에 명문화하였다(동규칙 14조의2).

[표 7-6] 항고의 집행정지효 유무[135]

	민사소송법	민사집행법
통상항고	· 없음 · 집행정지처분(448조)	· 없음 · 즉시항고만 인정됨

즉시항고	· 있음
	· 447조
	  cf) 보전처분에 대한 민사집행법 286
	    조 7항에 유의
		· 없음
		· 민사집행법 15조 6항 본문
		· 집행정지처분: 15조 6항 단서

[표 7-7] 항고이유서 제출의 필요 여부 등[136]

	민사소송법	민사집행법
최초의 항고	· 필요 없음 · 443조 1항; 항소규정 준용	· 필요 없음 · 즉시항고만 인정됨
재항고	· 필요함 · 443조 2항; 상고규정 준용; 427조(기록접수통지서 수령일로부터 20일 이내에 상고법원에 제출)	· 필요함 · 민사집행규칙 14조의2 및 판례; 민사집행법 준용(재항고장 제출일로부터 10일 이내에 원심법원에 제출)

[표 7-8] 상소제도의 비교[137]

	대상·불복법원	제기기간	집행정지의 효력	이유서 제출강제	상고심절차에 관한 특례법
항소	제1심판결에 항소법원	송달 2주 이내	있음	사실상 제출강제	부적용
상고	제2심판결에 대법원	위와 같음	있음	통지 20일 내 이유서 제출강제	전면적용
항고 통상항고	신청기각의 결정명령에 항고법원	기간제한 없음	없음	항소에 준함	부적용
항고 즉시항고	명문규정이 있는 결정·	송달 1주 이내	있음	위와 같음*	부적용

---

135) 박재완, 앞의 책, 490면.
136) 박재완, 앞의 책, 490~491면.
137) 이시윤, 앞의 책, 929면.

		명령에 항고 법원				
	재항 고	제2심과 항소· 항고법원의 결정·명령에 대법원	즉시항고사항 이면 위와 같음	즉시항고 사항이면 있음	상고에 준함	적용되나 일부 배제
	특별 항고	불복할 수 없 는 결정·명령 에 대법원	송달 1주 이내	없음	상고에 준함	부적용

* 집행법상의 즉시항고에는 별도의 명문규정이 있다(민사집행법 15조).

제2장 재심

Ⅰ. 의의

1. 개념

재심이란 확정된 종국판결에 대하여 법정재심사유가 있는 경우 그 판결의 취소와 사건의 재심판을 구하는 비상불복신청을 말한다(451조). 이는 종국판결이 확정되어 더 이상 상소로 다툴 수 없는 경우 중대한 절차상의 하자 또는 판결의 기초인 자료의 흠결이 있는 것을 이유로 하여 확정판결의 취소와 재심판을 구하는 소에 의한 비상불복신청방법을 말한다.

종국판결이 확정되고 소송이 종료된 이상, 그 판결내용을 존중하지 않으면 법적 안정성은 도모할 수 없다. 그러나 그 판결에 중대한 하자·결함이 있고 그것에 대한 구제를 전혀 인정하지 않는다고 하면 당사자의 이익이 희생되고, 또한 재판의 적정과 신뢰가 상실된다. 그래서 법정재심사유가 있는 경우에 한하여 확정판결에 대하여 예외적으로 불복신청을 인정하였다.

재심은 확정판결을 취소하여 그 기판력·집행력 등을 제거·배제할 수 있는 수단이다. 이러한 점에서 재심은 소송법적인 법률관계의 변경을 구하는 소송상 형성의 소에 해당한다. 재심의 제기만으로 확정판결의 집행력이 정지되지 않으므로 이 소를 제기한 자는 별도로 집행정지신청을 하여 법원의 집행정지결정을 받아 이를 집행법원에 제출하여야 한다(500조).[1]

2. 구조

재심의 소는 확정판결의 취소를 구하는 것과 함께 만약 재심사유가 있는 경우에는 확정판결을 한 법원이 본안에 관하여 재심판을 하는 두 단계의 구조를 가지고 있다. 첫 단계에서는 재심의 소의 적법요건이 구비되어 있는지와 재심사유

---

1) 박재완, 앞의 책, 492면.

가 있는지 여부를 심판하고 둘째 단계에서는 재심대상판결의 대상을 다시 심판한다.

재심의 소가 부적법한 경우에는 재심의 소를 각하한다. 재심의 소가 적법하지만 재심사유가 인정되지 않는 경우 재심청구를 기각한다. 재심의 소가 적법하고 재심사유가 인정되는 경우 재심대상판결을 취소하고 재심판을 한다. 다만, 재심판의 결론이 원래의 결론과 동일한 경우에는 재심청구를 기각한다(460조).

3. 재심의 소송물

재심의 소송물에 관하여는 일원설과 이원설의 대립이 있는데 후자가 통설이다.[2] 이원설은 확정판결의 취소를 구하는 형성청구와 본안의 청구가 재심소송의 소송물이라고 한다. 그리고 형성청구에 관하여 재심사유마다 소송물로 파악할 것인지, 보다 높은 차원에서 소송물을 파악할 것인지 여부에 관하여 다툼도 있는데 이는 신구소송물이론의 영향에 기인한 것이다. 판례는 이원설을 취하고 있어 재심사유별로 별개의 소송물이 된다고 한다. 즉, 재심사유는 각각 별개의 청구원인 또는 재심청구를 이루는 것이므로 재심의 소가 불변기간인 제기기간의 준수 여부도 위 각호 소정의 재심사유별로 그 주장된 시기를 표준으로 가려보아야 한다고 한다.[3]

4. 재심의 소의 적법요건

가. 당사자적격

당사자적격은 재심대상인 확정판결의 당사자, 218조에 의해 기판력이 확장되어 당사자와 동일시할 수 있는 제3자, 즉 변론종결 후의 승계인, 목적물의 소지인 및 소송담당에서의 본인, 판결의 취소에 대하여 고유한 이익을 가지는 경우 기판력의 확장에 따른 제3자(다만, 이러한 경우 독립당사자참가방식에 따라 확정판결의 당사자를 공동피고로 삼아야 한다), 필수적 공동소송에서 일부가 재심의 소를 제기한 경우 나머지 당사자(상대방 측이 필수적 공동소송인 경우 그 모두를 상대로 제기하여야

---

2) 김홍규·강태원, 앞의 책, 949면; 이시윤, 앞의 책, 932면. 반대: 정동윤·유병현·김경욱, 앞의 책. 941~942면.
3) 대판 1982.12.28. 82무2; 대판 1992.10.9. 92므266; 대판 1993.9.28. 92다33930.

한다) 또는 재심 이전의 소송에 보조참가를 한 자(특히, 보조참가신청을 함과 동시에 재심의 소를 제기하는 것도 가능하다) 등이다.[4] 다만, 당사자의 채권자가 채권자대위권을 행사하여 재심의 소를 제기하는 것은 불가능하고[5] 전부승소자는 재심의 이익이 없어 재심의 소를 제기할 이익이 없다.[6]

나. 대상적격

(1) 확정된 종국판결

확정된 종국판결이 재심대상(451조 1항)이 된다.[7] 확정된 종국판결이면 그것이 전부이든지, 일부이든지, 본인이든지 또는 소송판결이든지 관계없이 모두 새심의 확정된 재심판결도 재심의 대상이 된다.[8] 그러나 중간·환송판결,[9] 당연무효판결은 재심의 대상이 아니다.[10]

(2) 심급을 달리하는 수개의 확정판결

1심판결에 대한 항소기각의 항소심판결과 상고기각의 상고심판결이 차례로 있는 경우 1심·항소심 및 상고심 판결이 모두 확정판결이지만 재심사유가 있다면 각각 재심대상이 될 수 있다. 다만, 항소심에서 사건에 대하여 본안판결을 한 경우 항소심만 재심의 대상이 된다(451조 3항). 항소인용판결인 경우 이것만 대상적격이 있고 또한, 항소각하판결인 경우 1심·항소심 모두 대상적격이 있다. 상고기각과 하급심 판결 사이에는 모두 재심의 대상이 되고 재심은 상급법원의 관할에 속하며 다만, 항소심과 상고심판결에 각각 독립된 재심사유가 있는 때에는 그

---

4) 대판 2018.11.29. 2018므14210에 의하면, 피참가인이 사망하고 재심청구인의 지위가 상속되지 않는 경우 보조참가의 종속성 때문에 보조참가인이 제기한 재심의 소는 부적법하다고 한다.

5) 대판 2012.12.27. 2012다75239에 의하면, 채권을 보전하기 위해 대위행사가 필요한 경우는 실체법상 권리뿐만 아니라 소송법상 권리에 대하여서도 대위가 허용되지만 채무자와 제3채무자 사이의 소송이 계속된 이후의 소송수행과 관련한 개개의 소송상 행위는 그 권리의 행사를 소송당사자인 채무자의 의사에 맡기는 것이 타당하므로 채권자대위가 허용될 수 없으며, 같은 취지에서 볼 때 상소의 제기와 마찬가지로 종전의 재심대상판결에 대하여 불복하여 종전 소송절차의 재개, 속행 및 재심판을 구하는 재심의 소 제기는 채권자대위권의 목적이 될 수 없다고 한다.

6) 대판 1993.4.27. 92다24608.

7) 대판 1980.7.8. 80다1132에 의하면, 재심대상 판결이 확정되기 전에 제기한 재심의 소가 부적법하다는 이유로 각하되지 않고 있는 동안에 재심대상 판결이 확정되었더라도 위 재심의 소가 적법한 것으로 되는 것이 아니라고 한다.

8) 대판 2005.12.23. 2013다17124; 대판 2016.1.14. 2013다40070.

9) 대판 1995.2.14. 93재다27·34(반소).

10) 대판 2016.12.27. 2016다35123에 의하면, 판결정본 송달이 무효인 경우 상소기간이 도과하지 않아 판결은 확정되지 않았음을 이유로 이에 대한 재심의 소는 부적법하다고 하였다.

러하지 않다(453조 2항).

(3) 기타

준재심은 청구의 포기·인낙조서, 화해조서, 조정조서, 조정에 갈음한 결정, 화해권고결정이 그 대상이고 지급명령·이행권고결정·중재판정은 그 대상이 아니다.

다. 재심기간

(1) 재심사유를 안 날로부터 30일 이내

원칙적으로 당사자가 판결이 확정된 뒤에는 재심사유를 안 날로부터 30일 이내에 제기하여야 한다. 그러나 예외적으로 재심사유가 있음을 알게 된 이후 판결이 확정된 경우 판결확정일로부터 기산한다.[11] 그리고 판결법원 구성의 위반, 판단 누락(판단 유탈)이 있는 때에는 본인 또는 대리인이 판결을 송달받은 때부터, 대리인이 알면 당사자도 안 것으로 간주된다.[12] 법인 대표자의 배신적 권한남용이 있는 경우 다른 임원이 안 때부터 기산하고[13] 재심사유 중 가벌적 행위에 기초한 것은 유죄판결이 확정되었음을 또는 유죄판결이 불가능함을 안 때부터 기산한다(451조 2항). 그리고 재심기간은 불변기간으로 소송행위의 추완을 할 수 있다.

(2) 판결확정 후 5년 이내

판결이 확정된 이후 5년이 도과한 경우에는 재심의 소를 제기할 수 없다(456조 1항). 다만, 재심사유가 판결확정 이후 발생한 경우에는 그때부터 5년을 기산한다(동조 2항).

(3) 재심기간 적용의 배제

대리권의 흠 또는 전의 확정판결과 저촉되는 것을 재심사유로 할 때는 재심기간은 적용되지 않는다(457조). 이때 대리권의 흠은 대리권이 전혀 없는 경우, 즉 좁은 의미의 무권대리의 경우이고 특별수권의 흠 등 월권대리의 경우는 포함되지 않는다.[14] 따라서 비법인사단의 대표자가 사원총회의 결의 없이 총유물의 처분에 관한 소송행위를 한 경우,[15] 소송행위를 할 때 필요한 특별수권의 흠결이

---

11) 대판 1991.11.12. 91다29057.
12) 대판 1982.8.24. 81사11.
13) 대판 2016.10.13. 2014다12348.
14) 대판 1980.12.9. 80다584.
15) 대판 1999.10.22. 98다46600.

있는 경우,[16] 권한의 범위를 넘어 당해 소송물 이외의 권리관계를 포함시켜 화해를 한 경우,[17] 부재자재산관리인이 법원의 허가를 얻지 않고 한 인낙행위[18] 등에는 재심기간이 적용된다.

라. 재심의 보충성

재심사유로 상소를 제기하였거나 이를 알고도 주장하지 아니한 경우에는 재심을 제기할 수 없다(451조 1항 단서, 재심의 보충성). 여기에서 '이를 알고도 주장하지 아니한 경우'란 재심사유가 있음을 알았음에도 상소를 제기하고도 상소심에서 그 사유를 주장하지 아니한 경우 또는 상소를 제기하지 아니하여 판결이 그대로 확정된 경우를 의미한다.[19] 가벌행위에 기한 재심에서는 유죄확정판결이 있는 사실까지 주장하였거나 주장할 수 있었던 경우에만 보충성의 원칙이 적용된다. 이러한 보충성이 흠결된 경우에는 재심의 소를 각하하여야 한다.

당사자가 상소에 의하여 재심사유를 주장하였다고 하기 위해서는 단지 증거인 문서가 위조되었다는 등의 사실만 주장하는 것으로는 부족하고 재심의 대상이 되는 상태, 즉 유죄판결이 확정되었다거나 증거부족 외의 이유로 유죄판결을 할 수 없다는 등의 사실도 함께 주장하였어야 한다.[20]

451조 1항 단서의 상소에는 "상소의 추완"이 포함되지 않고 추완항소가 아닌 재심의 방법을 택한 경우 추완상소기간이 도과하였다고 하더라도 재심기간 내에 재심의 소를 제기할 수 있다.[21]

마. 재심사유의 주장

재심은 451조 1항 각호의 사유가 있는 경우에만 제기할 수 있고 그러한 사유가 없으면 재심의 소는 각하된다.[22] 예컨대, 서증의 위조·변조에 관한 것(422조 1항 6호), 허위진술에 관한 것(동항 7호) 등 사실인정 자체에 관한 것은 사실심의 판결에 대한 재심사유가 될 뿐 상고심 판결에 대해서는 재심사유로 삼을 수 없다.[23] 법정재심사유의 주장이 있으나 증명이 되지 않는 경우 재심청구를 기각하

---

16) 대판 1994.6.24. 94다4967.
17) 대판 1993.10.12. 93다32354.
18) 대판 1968.12.3. 68다1981.
19) 대판 1991.11.12. 91다29057.
20) 대판 1988.2.9. 87다카1261; 대판 2006.10.12. 2005다72508.
21) 대판 2011.12.22. 2011다73540.
22) 대판 1987.12.8. 87재다24; 대판 1996.10.25. 96다31304.

고 적법한 재심사유의 주장이 없는 경우에는 재심의 소가 각하될 수 있다.

5. 재심사유

가. 민사소송법상 재심사유

(1) 개설

재심의 소는 재심사유가 있는 경우에 한하여 제기할 수 있다(451조 1항 본문). 다만, 판결확정 전에 상소에 의해 그 사유를 주장하였거나, 이를 알고도 상소에 의해 주장하지 않은 경우에는 재심의 소를 제기할 수 없다(동항 단서). 이것을 "재심의 보충성"이라고 한다.

그 이외에 재심사유로는 법원 구성의 위법, 관여할 수 없는 법관의 관여, 대리권 흠결(동항 1 내지 3호)(이는 절대적 상고이유와 동일하다), 범죄 기타 위법행위로 유죄판결 확정이 된 경우(동항 4, 5호), 서증 등이 위조 내지 변조되거나 인증의 허위진술이 판결의 증거로 된 경우(동항 6, 7호), 판결의 기초가 된 민사 또는 형사의 판결, 그 밖의 재판 또는 행정처분이 다른 재판이나 행정처분에 따라 변경된 경우(동항 8호), 판단유탈이 있는 경우(동항 9호), 재심을 제기할 판결이 전에 선고한 확정판결과 다른 경우(동항 10호) 또는 상대방 주소 또는 거소를 거짓으로 하여 허위의 소를 제기한 경우(동항 11호) 등이 있다. 이것은 열거적으로 위 사유만이 적법한 재심사유가 될 수 있다.

(2) 개별적 검토

㈎ 1호 ─ 법률에 따라 판결법원을 구성하지 아니한 때

1호의 경우에는 판결에 영향을 미쳤는지 여부는 불문이고 이 사유는 절대적 상고이유 중 424조 1호와 동일하다. 한편, 재심대상판결을 판시한 대법원이 재심대상 판결을 변경하면서 전원합의체가 아닌 소부에서 하는 경우에도 재심사유에 해당하지만[24] 심리불속행 판결을 한 경우에는 판례변경에 해당될 수 없다.[25]

---

23) 대판 2000.4.11. 99재다746; 대판 2006.4.14. 2005재다242.

24) 대판(전합) 2000.5.18. 95재다199.

25) 대판 1997.6.13. 97재다94에 의하면, 심리불속행사유에 해당한다고 판단에는 법률·명령·규칙 또는 처분의 해석에 관하여 원심판결이 대법원 판례와 상반되게 해석하여 판결에 영향을 미친 바가 없고 또한 대법원 판례를 변경할 필요가 있지 않다고 판단한 취지가 포함된 것으로서, 대법원의 종전의 의견을 변경한 경우에 해당하지 아니함이 명백하므로 재심대상 판결을 대법관 전원의 3분의 2 이상의 합의체에서 행하지 않았다고 하여 법 422조(현행 451조) 1항 1호의 재심사

㈏ 2호 — 법률상 그 재판에 관여할 수 없는 법관이 관여한 때

2호의 경우에는 판결에 영향을 미쳤는지 여부는 불문이고 절대적 상고이유인 424조 2호과 동일하다. 판결선고만 관여한 경우에는 포함되지 않는다. 재심대상의 재판에 관여한 법관이 해당재심사건의 재판에 관여한 경우에는 422조 1항 2호가 정한 "법률상 그 재판에 관여하지 못할 법관이 관여한 때"에 해당하지 않는다.[26] 또한, 재심사건에서 그 재심의 대상으로 삼고 있는 원재판은 37조 5호의 전심재판에 해당한다고 할 수 없어 재심대상이 아니다.

㈐ 3호 — 법정대리권·소송대리권 또는 대리인이 소송행위를 하는 데에 필요한 권한의 수여에 흠이 있는 때

3호의 경우에는 판결에 영향을 미쳤는지 여부는 불문하고 절대적 상고이유 중 4호와 동일하다. 가장 중요한 재심사유에 해당하는 것으로 단순히 대리인에게 대리권이 없는 경우, 소송무능력자가 단독으로 소송을 수행한 경우, 판결의 편취 중 성명모용소송인 경우,[27] 소송중단을 간과한 판결인 경우 또는 법인 대표자의 자격이 흠결된 경우 등과 같이 절차적 권리가 보장되지 않은 경우 등이 여기에 해당한다.

추인하면 그 사유를 주장할 수 없고 판결편취 중 자백간주에 의한 것은 상소에 의해, 공시송달에 의한 것은 11호의 재심에 의해 구제를 받아야 한다. 대리권의 흠이 있다는 점에 대한 증명책임은 재심원고에게 있다.[28] 3호의 목적은 본인의 보호에 있으므로 상대방은 원칙적으로 3호만으로 재심의 소를 제기할 수 없다.[29] 전면적인 대리권의 흠이 있는 경우 재심기간의 제한이 없다.

㈑ 4호 — 재판에 관여한 법관이 그 사건에 관하여 직무에 관한 죄를 범한 때

가벌적 행위에 기초한 재심사유이다. 법관이 그 담당사건에 대하여 수뢰죄 또는 공문서위조죄 등을 범한 경우이다. 법원이 재심대상 본안사건의 기록에 대

유가 있다고 할 수 없다고 한다.

26) 대판 2000.8.18. 2000재다87.

27) 박재완, 앞의 책, 503면.

28) 대판 1996.12.23. 95다22436; 대판 1999.2.9. 98다38739.

29) 대판 2000.12.22. 2000재다513에 의하면, 법정대리권 등의 흠결을 재심사유로 규정한 취지는 원래 그러한 대표권의 흠결이 있는 당사자 측을 보호하려는 데에 있으므로 상대방이 이를 재심사유로 삼기 위해서는 그러한 사유를 주장함으로써 이익을 받을 수 있는 경우에 한하고 여기서 이익을 받을 수 있는 경우란 위와 같은 대표권 흠결 이외의 사유로도 종전의 판결이 종국적으로 상대방의 이익으로 변경될 수 있는 경우를 가리킨다고 한다.

한 검토 없이 재심소장의 기재만으로 재심청구를 기각한 경우에는 4호에 해당하지 않는다.[30]

　㈐ 5호 — 형사상 처벌을 받을 다른 사람의 행위로 말미암아 자백을 하였거나 판결에 영향을 미칠 공격 또는 방어방법의 제출에 방해를 받은 때

　가벌적 행위에 기초한 재심사유이다. 그러나 경범죄처벌법 위반 또는 질서벌의 대상에 그치는 경우에는 이 사유의 적용이 없다. "다른 사람"에는 상대방 당사자와 제3자(상대방의 소송대리인, 법정대리인, 재심원고 자신의 대리인 등 제3자)가 포함된다. 이 사유는 다른 사람의 범죄행위를 직접적인 원인으로 하여 이루어진 소송행위와 그에 기초한 확정판결은 법질서의 이념인 정의에 비추어 용인할 수 없다는 취지에서 취소를 허용하고자 한 것이다. 형사상 처벌을 받을 다른 사람의 행위로 말미암아 상소를 취하하여 원심판결이 확정된 경우에도 재심사유에 해당한다. 단순히 대리인이 문제된 소송행위와 관련하여 배임죄로 유죄판결을 받았다는 것만으로는 충분하지 않고 대리인이 한 소송행위의 효과를 본인에게 귀속시키는 것이 절차적 정의에 반할 정도로 대리권에 실질적인 흠이 발생한 경우이어야 한다.

　어떠한 소송행위가 5호의 재심사유에 해당한다고 인정되는 경우 그러한 소송행위에 기초한 확정판결의 효력을 배제하기 위한 재심제도의 취지상 재심절차에서 해당 소송행위의 효력은 당연히 부정될 수밖에 없고 그에 따라 법원은 위 소송행위가 존재하지 않은 것과 같은 상태를 전제로 재심대상사건의 본안을 심리·판단하여야 하고 소송행위의 효력을 인정할 여지가 없다.[31]

　㈑ 6호 — 판결의 증거가 된 문서, 그 밖의 물건이 위조되거나 변조된 것인 때

　이 재심사유는 가벌적 행위에 기초한 재심사유이다. 그러나 상고심 판결에 대한 재심사유는 아니다. 판결의 증거가 되었다고 하기 위해서는 확정판결의 사실인정의 근거가 되어야, 즉 이유에 해당문서 등이 증거로 기재되어야 한다.[32]

---

30) 대판 2000.8.18. 2000재다87.
31) 대판 2012.6.14. 2010다86112.
32) 대판 1981.11.24. 81다카327에 의하면, '판결의 증거된 때'란, 증인 등의 허위진술이 판결주문에 영향을 미치는 사실인정의 자료로서 판결서에 기재되어 있는 경우를 말하는 것이므로 증인 등의 허위진술이 없었더라면 판결주문이 달라질 수 있는 경우라고 할지라도 동 허위진술이 증거로서 채용되어 판결서에 기재되지 아니하였다면 재심사유가 되지 않는다고 한다.

문서 등의 일부만 증거로 채택된 경우 채택되지 않은 나머지 부분과 관련하여 유
죄확정판결이 있는 경우에는 6호의 재심사유가 성립하지 않는다.[33] 법원이 위조
문서 등을 참작하지 않았더라면 당해 판결과는 다른 판결을 하였을 개연성이 있
어야 한다.[34] 문서는 공·사문서 모두 포함되고 위조·변조에는 허위공문서작성·
공정증서원본부실기재 등은 포함되나 사문서의 무형위조는 포함되지 않는다.[35]

(사) 7호 — 증인·감정인·통역인의 거짓 진술 또는 당사자신문에 따른 당사
자나 법정대리인의 거짓 진술이 판결의 증거가 된 때

7호는 가벌적인 행위에 기초한 재심사유이고 사실심 판결에 대해서만 재심
사유에 해당한다. 거짓진술이 확정판결의 증거로 채택되어야 하고 판결결과에
영향을 미칠 것이 요구된다. 거짓진술은 대상판결의 소송절차에서 한 것이어야
한다.[36]

(아) 8호 — 판결의 기초가 된 민사나 형사의 판결, 그 밖의 재판 또는 행정처
분이 다른 재판이나 행정처분에 따라 바뀐 때

판결의 기초가 되었다는 것은 확정판결에 법률적 구속력을 미치거나 확정판
결의 사실인정의 자료가 된 재판 등이 그 후 다른 재판이나 행정처분에 의하여
확정적·소급적으로 변경된 경우를 의미한다.[37] 여기에서 '사실인정의 자료가 되
었다'는 것은 재판 또는 행정처분이 확정판결의 사실인정에 있어서 증거자료로

---

33) 박재완, 앞의 책, 505면.
34) 대판 1997.7.25. 97나15470에 의하면, '판결의 증거로 된 문서 기타 물건이 위조나 변조된 것인
때'란, 그 위조된 문서 등이 판결주문의 이유가 된 사실인정의 직접적 또는 간접적인 자료로 제
공되어 법원이 그 위조문서 등을 참작하지 않았더라면 당해 판결과는 다른 판결을 하였을 개연
성이 있는 경우를 말하고 그 위조문서 등을 제외한 나머지 증거들만 가지고도 그 판결의 인정
사실을 인정할 수 있거나 그 위조문서 등이 없었더라면 판결주문이 달라질 수도 있을 것이라는
일응의 개연성이 있지 않은 경우 또는 위조문서 등이 재심대상 판결이유에서 가정적 또는 부가
적으로 설시한 사실을 인정하기 위하여 인용된 것이고 주요사실의 인정에 영향을 미치지 않는
사정에 관한 것이었을 때에는 재심사유가 되지 않으며, 여기에서 말하는 '위조'에는 형사상 처벌
될 수 있는 허위공문서작성이나 공정증서원본불실기재가 포함된다고 한다.
35) 대판 1974.6.25. 73다2008; 대판 2006.5.26. 2004다54862.
36) 대판 1997.3.28. 97다3729에 의하면, '증인의 허위진술이 판결의 증거로 된 때'란, 증인이 직접 재
심의 대상이 된 소송사건을 심리하는 법정에서 허위로 진술하고 그 허위진술이 판결주문의 이
유가 된 사실인정의 자료가 된 경우를 가리키는 것이지, 증인이 재심대상이 된 소송사건 이외의
다른 민·형사 관련사건에서 증인으로서 허위진술을 하고 그 진술을 기재한 조서가 재심대상판
결에서 서증으로 제출되어 이것이 채용된 경우는 위의 재심사유에 포함될 수 없다고 한다.
37) 대판 2001.12.14. 2000다12679.

채택되었고 그 행정처분의 변경이 확정판결의 사실인정에 영향을 미칠 가능성이
있는 경우를 말한다.[38) 재심사유 6호·7호와 달리 반드시 확정판결의 이유에 증
거로 기재된 사실은 해당하지 않는다.[39) 8호의 재심사유는 사실인정의 자료를 문
제삼는 것이기 때문에 원칙적으로 사실심 판결에 대한 재심사유가 될 뿐이다.[40)
여기의 재판에는 민·형사판결, 가사판결, 가압류·가처분결정, 비송결정 등도 포
함하고 재판의 변경은 상소·재심은 물론 행정처분에 의한 변경도 포함한다. 그
러나 불기소처분 이후에 유죄판결이 확정된 것,[41) 법령의 변경,[42) 판례의 변경[43)
또는 법률에 대한 위헌결정[44) 등은 포함되지 않는다.[45)

(자) 9호 ― 판결에 영향을 미칠 중요한 사항에 관하여 판단을 누락한 때

이를 통상적으로 "판단유탈" 또는 "판단누락"이라고 한다. 판단이 실제 누락
되어도 판결결과에 영향이 없는 경우에는 판단유탈에 해당하지 않는다.[46) 당사

---

38) 대판 1994.11.25. 94다33897; 대판 2001.12.14. 2000다12679. 한편, 대판(전합) 2020.1.22. 2016후
2522는, 특허결정은 심결취소소송에서 심리·판단해야 할 대상일 뿐 판결의 기초가 되는 행정처
분이 아니라는 것을 이유로 8호의 재심사유에 해당하지 않는다고 한다.
39) 대판 1991.7.26. 91다13694.
40) 대결 2007.11.15. 2007재마26.
41) 대판 1998.3.27. 97다50855에 의하면, 검사의 불기소처분에는 확정재판에 있어서의 확정력과 같
은 효력이 없어 일단 불기소처분을 한 후에도 공소시효가 완성되기까지 언제라도 공소를 제기
할 수 있는 것이므로 일단 불기소처분이 되었다가 후에 공소가 제기되었다고 하여 종전의 불기
소처분이 '소급적'으로 변경된 것으로 보기 어렵고, 나아가 그 기소된 형사사건이 유죄로 확정되
었다 하여도 마찬가지라고 한다.
42) 대판 1983.6.14. 83사6에 의하면, 은행의 상계항변을 받아들여 전부금청구를 기각한 판결이 있은
후 은행감독원에 의한 은행의 모순된 관행 및 제도개선의 지시에 따라 어음의 소지인이 전부명
령을 받은 경우에는 은행의 대부금채권과 상계하지 아니하고 최우선적으로 예치금을 지급하도
록 제도가 바뀌어졌다고 하더라도 이러한 사유는 422조(현행 451조) 1항 10호 소정의 재심사유
가 되지 않는다고 한다.
43) 대판 1987.12.8. 87다카2088에 의하면, '판결의 기초된 민사나 형사의 판결 기타의 재판 또는 행
정처분이 다른 재판이나 행정처분에 의하여 변경된 때'란, 판결의 기초가 된 재판이나 행정처분
이 그 후의 다른 재판이나 행정처분에 의하여 확정적이고 또한 소급적으로 변경된 경우를 말하
는 것이므로 판결의 전제로 된 행정처분의 적법 여부에 관한 법원의 해석이나 판단이 그 후 다
른 사건에서의 판례변경으로 그와 상반된 해석을 내렸다는 것만으로는 이에 해당하지 않는다고
한다.
44) 대판 2013.3.28. 2012재두299에 의하면, 법률조항에 관한 특정한 내용의 해석·적용만을 위헌으
로 선언하는 한정위헌결정은 재심사유가 될 수 없다고 한다.
45) 이시윤, 앞의 책, 943면; 한충수, 앞의 책, 903면.
46) 대판 2008.7.10. 2006재다218에 의하면, 판결서의 이유에는 주문이 정당하다는 것을 인정할 수
있을 정도로 당사자의 주장, 그 밖의 공격방어방법에 관한 판단을 표시하면 되고 당사자의 모든
주장이나 공격방어방법에 관하여 판단할 필요가 없으므로(208조), 상고법원의 판결에 당사자가
상고이유로 주장한 사항에 대한 구체적·직접적인 판단이 표시되어 있지 않았더라도 판결이유

자가 주장하거나 직권조사사항인 경우에는 조사를 촉구한 바가 있어야 한다.[47] 판단유탈의 유무에 관하여 9호의 적용범위를 엄격히 제한한다.[48] 심리불속행으로 상고가 기각된 경우 9호의 적용이 없지만[49] 상고이유서가 기간 내 제출되었음을 간과하고 상고이유서 부제출을 이유로 상고가 기각된 경우,[50] 무효인 상고기록접수통지서의 송달에 기하여 상고이유서 부제출을 이유로 상고가 기각된 경우[51]에는 9호에 따른 구제를 인정한다.

㉑ 10호 ― 재심을 제기할 판결이 전에 선고한 확정판결에 어긋나는 때

10호에서 "전에 선고한"이라는 법문을 "전에 확정한"으로 해석하여야 한다. 즉, 특정한 확정판결이 재심대상판결보다 뒤에 선고되었어도 먼저 확정된 경우에는 10호를 적용한다. 기판력의 저촉을 해소하는 규정이므로 기판력이 미치는 경우에만 적용한다. 10호에 따른 재심에는 재심기간의 제한 없다(457조).[52]

의 전반적인 취지에 비추어 그 주장을 인용하거나 배척하였음을 알 수 있는 정도라면 판단누락이라고 할 수 없고, 설령 실제로 판단을 하지 않았더라도 그 주장이 배척될 경우임이 분명한 때에는 판결결과에 영향이 없어 판단누락의 위법이 있다고 할 수 없다고 한다.

47) 대결 2004.9.13. 2004마660에 의하면, '판결에 영향을 미칠 중요한 사항에 관하여 판단을 누락한 때'란, 직권조사사항에 해당하는지 여부를 불문하고 그 판단 여하에 따라 판결의 결론에 영향을 미치는 사항으로서 당사자가 구술변론에서 주장하거나 또는 법원의 직권조사를 촉구하였음에도 불구하고 판단을 하지 아니한 경우를 말하는 것이므로 당사자가 주장하지 아니하거나 그 조사를 촉구하지 아니한 사항은 이에 해당하지 않는다고 한다.

48) 대판 1998.2.24. 97재다278에 의하면, '판결에 영향을 미친 중요한 사항에 관하여 판단을 유탈한 때'란 당사자가 소송상 제출한 공격방어방법으로서 판결에 영향이 있는 것에 대하여 판결이유 중에 판단을 명시하지 아니한 경우를 말하고, 판단이 있는 이상 그 판단에 이르는 이유가 소상하게 설시되어 있지 아니하거나 당사자의 주장을 배척하는 근거를 일일이 개별적으로 설명하지 아니하더라도 이를 위 법조에서 말하는 판단유탈이라고 할 수 없다고 한다.

49) 대판 1993.12.14. 93다43798; 대판 1996.2.13. 95재누176; 대판 1997.5.7. 96재다479; 대판 1999.11.9. 99재다357; 대판 2007.3.30. 2006재후29에 의하면, ① 상고이유가 상고심절차에 관한 특례법 소정의 심리불속행사유에 해당한다고 보아 더 나아가 심리를 하지 아니하고 상고를 기각한 재심대상판결에는 상고이유에 대한 판단유탈이 있을 수 없으므로 이를 법 451조 1항 9호의 재심사유로 삼을 수 없는 점, ② 판단유탈이라는 재심사유의 존재는 특단의 사유가 없는 한 재심대상판결의 정본을 읽어 봄으로써 알 수 있는 것이므로 이를 알지 못하였다는 특단의 사유에 대한 주장·입증이 없는 한 당사자는 재심대상판결의 정본을 송달받은 때에 재심사유의 존재를 알았다고 봄이 상당한데 원고는 재심대상판결의 정본을 송달받은 2004.1.19. 재심사유의 존재를 알았다고 봄이 상당하므로 이 사건 재심의 소는 그로부터 30일이 경과한 2006.2. 21. 제기된 점, ③ 심리미진은 상고심판결인 재심대상판결에 대한 재심사유가 될 수 없다는 점 등을 이유로 이 사건 재심의 소는 부적법하다고 하였다.

50) 대판 1998.3.13. 98재다53; 대판 2001.1.7. 96재마4; 대판 2006.3.9. 2004재다672; 대판 2003.11.28. 2003재다675.

51) 대판 2013.1.16. 2012재다370.

52) 박재완, 앞의 책, 508면.

㈎ 11호 — 당사자가 상대방의 주소 또는 거소를 알고 있었음에도 있는 곳
을 잘 모른다고 하거나 주소나 거소를 거짓으로 하여 소를 제기한 때

이 사유는 판결에 영향을 미쳤는지 여부를 불문하고 공시송달에 의한 판결편
취에 적용되는 재심사유에 해당한다. 11호와 5호의 관계는 병존할 수 있고[53] 11호
와 3호는 서로 무관하며 11호에 따른 재심청구에는 재심기간의 제한이 있다.[54]

㈏ 2항 — 1항 4호 내지 7호의 경우에는 처벌받을 행위에 대하여 유죄의 판
결이나 과태료 부과의 재판이 확정된 때 또는 증거부족 외의 이유로 유
죄의 확정판결이나 과태료 부과의 확정재판을 할 수 없을 때

"증거부족 이외의 이유로 유죄의 확정판결이나 과태료 부과의 확정재판을
할 수 없는 때"란 사망·심신장애·사면 또는 공소시효의 완성으로 유죄판결이 불
가능한 경우를 의미하므로 기소유예처분은 포함되지만 피의자 소재불명으로 인
한 기소중지처분[55]·무혐의처분이 내려진 경우에는 포함되지 않는다. 1항 4호
내지 7호의 각 사유와 2항의 요건의 관계에 관하여는 후자는 전자에 기한 재심의
적법요건에 해당하므로 2항의 요건을 구비하지 못한 때에는 각하하여야 한다(적
법요건설).[56]

---

53) 대판 1997.5.28. 96다41649.
54) 대판 1992.5.26. 92다4079에 의하면, 당사자가 상대방의 주소 또는 거소를 알고 있었음에도 불구
하고 소재불명이라고 하여 공시송달로 소송을 진행하여 그 판결이 확정되고 그 상대방 당사자
가 책임질 수 없는 사유로 상소를 제기하지 못한 경우에는 선택에 따라 추완상소를 하거나 422
조(현행 451조) 1항 11호의 재심사유가 있음을 이유로 재심의 소를 제기할 수 있다고 하더라도
재심의 소를 선택하여 제기하는 이상, 426조(현행 456조) 3·4항 소정의 제척기간 내에 제기하여
야 하고 위 제척기간은 불변기간이 아니어서 그 기간을 지난 후에는 당사자가 책임질 수 없는
사유로 그 기간을 준수하지 못하였더라도 그 재심의 소제기가 적법히 추완될 수 없다고 한다.
55) 대판 1959.7.23. 4291민상444; 대판 1989.10.24. 88다카29658에 의하면, 422조(현행 451조) 2항 소
정의 적법요건 해당사실은 재심의 소를 제기한 당사자가 유죄의 확정판결을 받아 그 판결이 확
정되었다는 것을 증명하거나 또는 유죄의 확정판결을 받을 가능성이 있었는데 피의자가 사망하
거나 공소시효가 완성되었거나 기소유예처분을 받았거나 해서 유죄의 확정판결을 받을 수 없었
다는 것을 증명해야 하며, 다만 피의자의 소재불명을 이유로 검사가 기소중지결정을 한 경우는
기소유예처분의 경우와는 달리 위 2항의 요건에 해당하지 않는다고 한다.
56) 대판 1989.10.24. 88다카29658; 대판 1981.1.27. 80다2510; 대판 1990.8.14. 89다카6812에 의하면,
허위공문서 작성의 피의사건을 들어 422조(현행 451조) 1항 6호에 의하여 판결에 증거된 문서
기타 물건이 위조나 변조된 것임을 재심사유로 주장하는 재심원고로서는 같은 조 2항에 따라
위 피의사건에 대한 검사의 불기소처분이 있었던 사실뿐만 아니라 공소시효가 완성되지 아니하
였다면 그 피의자가 유죄의 확정판결을 받았을 가능성도 증명해야 한다고 한다.

나. 특별법상의 재심사유

특별법상의 재심사유에는 헌법소원이 인용된 경우(헌법재판소법 75조 7항), 사해대표소송의 경우(상법 406조), 항고소송의 판결에 의한 처분의 취소 등으로 피해를 입은 제3자가 귀책사유 없이 참가하지 못한 경우(행정소송법 31조, 38조) 등이 있다.

Ⅱ. 재심의 소의 제기·심판

1. 재심의 소의 제기

재심의 소에도 서면주의가 적용된다(455조, 248조). 그리고 이러한 재심소장에는 당사자와 법정대리인, 재심을 할 판결의 표시와 그 판결에 대하여 재심을 청구하는 취지, 재심의 이유를 필수적으로 기재한다(458조). 재심의 소 제기에 의해 기간 준수의 효력은 있지만(147조) 반드시 확정판결의 집행력을 저지하는 것은 아니다.

2. 재심의 소의 관할

재심의 소는 재심대상인 확정판결을 한 법원에 제기하여야 한다. 재심사건의 관할은 전속관할이다(453조). 항소심이 본안판결을 한 경우에는 항소심판결만 재심대상적격이 있음에도 1심 판결을 재심소장에 기재하여 1심 법원에 제출한 경우에는 재심대상판결을 잘못 선택한 것이므로 재심의 소는 각하되어야 할 것이지만 판례는 이를 관할 위반의 재심의 소로 보아 사건을 항소심 법원으로 이송하여야 한다고 한다. 그리고 재심의 소가 재심제기기간 내에 제1심법원에 제기되었으나 재심사유 등에 비추어 항소심판결을 대상으로 한 것이라고 인정되어 위 소를 항소심법원에 이송한 경우 재심제기기간의 준수 여부는 제1심법원에 제기된 때를 기준으로 할 것이지 항소법원에 이송된 때를 기준으로 할 것은 아니다.[57] 예컨대, 위조나 변조된 문서 기타 물건이 항소심판결의 사실인정에 자료가

---

[57] 대판(전합) 1984.2.28. 83다카1981에 의하면, 항소심판결이 아닌 제1심판결에 대해 제1심법원에 제기된 재심의 소는 재심대상이 아닌 판결을 대상으로 한 것으로서 부적법한 것이지만, 이 경우 재심의 소를 각하하지 않고 재심관할법원인 항소심법원에 이송하는 것이 재심제기기간 도과로 당사자가 입게 될 회복할 수 없는 손해를 방지할 뿐 아니라 소송경제적으로도 타당한 조치이고,

되고 상고심이 항소심의 증거취사선택에 위법이 없다는 이유로 상고를 기각한 경우에 그 문서 기타 물건의 위조나 변조에 대하여 유죄판결이나 과태료재판이 확정되었거나 또는 증거흠결 이외의 이유로 유죄의 확정판결이나 과태료재판을 받을 수 없다는 것을 이유로 하는 재심은 본안판결을 한 항소심의 전속관할에 속한다. 따라서 이러한 경우 원고가 항소심판결에서 증거로 원용된 소유권 증명이 위조된 것이라고 주장하면서 상고기각판결을 재심대상판결로 기재하여 재심의 소를 제기한 경우에는 그 재심사유가 항소심판결에 관한 것임이 그 주장 자체나 소송자료에 의하여 분명하다. 따라서 재심원고의 의사는 항소심판결을 대상으로 한 것이지만 재심소장에 재심을 할 판결의 표시를 잘못 기재하여 제출하였다고 하여도 재심관할 법원인 항소심법원에 이송하여야 할 것이다.[58]

또한, 1심법원과 항소심법원에 각각 수개의 재심대상판결이 있는 경우와 같이 심급을 달리하는 법원이 같은 사건에 대하여 내린 판결에 대한 재심의 소는 상급법원이 관할한다. 따라서 하급심법원에 제기된 재심의 소는 상급심법원으로 사건을 이송하여야 한다. 다만, 항소심판결과 상고심판결에 각각 독립된 재심사유가 있는 때에는 위와 같이 상급법원이 관할하는 것이 아니라 453조 2항의 단서가 적용되어 그러하지 않다.

3. 재심의 심판

(1) 적법요건 및 재심사유에 대한 심리

재심의 심판은 그 성질에 반하지 않는 한, 재심사유가 계속하는 심급에 관한 규정이 준용된다(455조). 재심의 소가 적법하기 위해서는 재심사유 이외에도 일반적인 소로서의 적법요건을 구비하여야 함에도 이를 구비하지 못한 경우에는 소가 각하된다. 소가 적법하면 재심사유의 존부에 관한 조사를 하고 이것을 흠결하면 기각된다. 재심사유가 있으면 재심개시결정을 한다. 그리고 재심사유의 존부를 조사할 때에 관해서는 직권탐지주의가 적용된다(통설·판례).[59] 따라서 재심사

이때 재심제기기간은 제1심법원에 재심의 소를 제기한 때를 기준으로 할 것이라고 한다.

58) 대판 1984.4.16. 84사4.

59) 김홍규·강태원, 앞의 책, 962면; 이시윤, 앞의 책, 949면. 대판 1992.7.24. 91다45691에 의하면, 재심의 소는 확정판결의 취소를 허용하는 비상수단으로 소송제도의 기본목적인 분쟁해결의 실효성과 정의실현과의 조화를 도모하여야 하는 것이므로 재심사유의 존부에 관하여는 당사자의 처

유에 관한 당사자의 자백은 인정되지 않으며, 재심청구의 포기·인낙, 화해 등이 인정되지 않는다. 다만, 재심의 소를 취하하는 것은 가능하다.[60]

(2) 본안의 심리

재심사유가 있는 경우 재심재판부는 본안에 대하여 다시 심판한다. 본안에 대하여 처음부터 다시 심리하는 것은 아니고 기존의 심리(변론)를 속행하는 방식을 취한다. 따라서 이러한 경우 변론 갱신이 요구될 뿐만 아니라 기존심급이 사실심이면 새로운 자료의 제출도 가능하다. 다만, 본안소송의 재심판 역시 불복의 범위 내에서만 할 수 있다(459조). 재심재판부는 심리를 한 결과, 재심대상판결이 부당한 경우에는 불복의 범위 내에서 이를 취소하고 갈음하는 판결을 한다.

재심은 상소와 유사한 성질을 갖는 것으로서 부대재심이 제기되지 않는 한, 재심원고에 대하여 원래의 확정판결보다 불이익한 판결을 할 수 없으므로 불이익변경의 원칙이 적용된다.[61] 그러나 재심사유가 있는 경우라도 판결이 정당하다고 인정한 때에는 법원은 재심의 청구를 기각하여야 하고(460조) 재심대상판결이 원래의 변론종결시를 기준으로 할 때에는 부당하지만 이후의 사유로 인하여 결론적으로 정당한 경우 위 조문에 따라 재심청구를 기각하여야 한다. 다만, 이러한 경우 기판력의 표준시가 재심판결의 변론종결시로 변경된다.[62]

한편, 재심의 소에 병합하여 새로운 청구를 제기하는 것은 허용되지 않는다.[63] 재심사건에 독립당사자참가는 할 수 있지만 재심의 소가 각하되거나 기각되는 경우에는 부적법하다고 한다.[64]

분권을 인정할 수 없고, 재심법원은 직권으로 당사자가 주장하는 재심사유 해당사실의 존부에 관한 자료를 탐지하여 판단할 필요가 있으므로 재심사유에 대하여는 당사자의 자백 및 자백간주에 관한 139조 1항은 적용되지 않는다고 한다.

60) 대판 2015.10.29. 2014다13044는 재심의 소를 취하하면 더 이상 확정판결의 효력을 배제할 수 없게 되는 것을 이유로, 피참가인이 재심의 소를 취하하려면 공동소송적 보조참가인 또는 통상의 보조참가인의 동의를 얻어야 한다고 한다.

61) 대판 2003.7.22. 2001다76298.

62) 대판 1993.2.12. 92다25151.

63) 대판 1997.5.28. 96다41649; 대판 2009.9.10. 2009다41977.

64) 대판 1981.7.28. 81다카65·66; 대판 1994.12.27. 92다22473·22480에 의하면, 제3자가 타인 간의 재심소송에 독립당사자참가를 한 경우 제3자는 아직 재심대상판결에 재심사유 있음이 인정되어 본안사건이 부활되기 전에는 원·피고를 상대방으로 하여 소송의 목적의 전부나 일부가 자기의 권리임을 주장하거나 소송의 결과에 의하여 권리의 침해를 받을 것을 주장할 여지가 없는 것이고 재심사유 있음이 인정되어 본안사건이 부활된 다음에 이르러서 비로소 위와 같은 주장을 할 수 있는 것이므로, 결국 제3자는 재심대상판결에 재심사유가 있음이 인정되어 본안소송이 부활

　　법원은 재심의 소가 적법한지와 재심사유가 있는지 여부에 관한 심리 및 재판을 본안에 관한 심리 및 재판과 분리하여 먼저 시행할 수 있다. 또한, 전술한 바와 같은 실시에 따라 법원이 재심사유가 있다고 인정한 때에는 그 취지의 중간판결을 한 뒤 본안에 관하여 심리·재판을 한다(454조).

　　재심판결에 대하여 상소 및 재심으로 불복할 수 있다. 예컨대, 항소심판결이 재심대상판결인 경우 재심판결의 결론 여하를 불문하고 상고로 다툴 수 있다.[65]

Ⅲ. 준재심

1. 의의

　　준재심이란 확정판결과 같은 효력을 가지는 조서의 즉시항고로 불복을 신청할 수 있는 것으로서 확정된 결정·명령에 재심사유가 있는 때에 재심의 소에 준하여 재심을 신청하는 것을 말한다(461조).

2. 준재심의 소

가. 대상

　　화해조서, 청구의 포기·인낙조서(220조) 또는 즉시항고로 불복할 수 있는 결정이나 명령이 확정된 경우에 451조 1항에 규정된 재심사유가 있는 때에는 확정판결에 대한 451조 내지 460조의 규정에 준하여 재심을 제기할 수 있다(461조).

나. 준재심 사유

　　준재심의 소의 소송절차에는 확정판결에 대한 재심의 소송절차에 관한 규정이 준용되지만 조서는 확정판결과 성립절차가 다르기 때문에 재심사유 중 일부, 즉 451조 1항 2·3·5·10호 등만 준용된다고 본다. 반면, 460조는 준용되지 않는다.

다. 신청 및 절차

(1) 조서에 대한 준재심의 소

　　화해, 청구의 포기 및 인낙의 조서는 물론 재판상 화해와 동일한 효력이 있

되는 단계를 위하여 당사자참가를 하는 것이라고 할 것이라고 한다.
65) 박재완, 앞의 책, 515면.

는 조정조서[66] 및 제소전 화해조서[67]도 포함된다. 그밖에 확정판결과 동일한 효력이 있는 화해권고결정,[68] 조정을 갈음하는 결정도 준재심의 대상이 된다. 그러나 이행권고결정은 기판력이 인정되지 않으므로 준재심이 허용되지 않는다.[69]

조서에 대한 준재심은 소로써 제기해야 하며 판결절차로 심판된다. 조서를 취소하는 재판이 선고되면 소송이 부활하지만, 제소전 화해의 경우에는 부활할 소송이 없으므로 화해불성립으로 처리된다.[70]

(2) 결정이나 명령에 대한 준재심 신청

실질적으로 종국적인 재판의 성질을 가지는 결정·명령이 준재심신청의 대상이 될 수 있다. 준재심의 대상을 '즉시항고로 불복할 수 있는 결정이나 명령'으로 한정하고 있지만 이는 대표적인 사례를 든 것에 불과하므로, 종국적 재판의 성질을 가진 결정·명령 또는 종국적 재판과 관계없이 독립하여 확정되는 결정·명령에 해당하는 경우라면 준재심을 신청할 수 있다. 그러나 담보권실행을 위한 경매개시결정에 대하여는 즉시항고를 할 수 있다는 취지의 규정도 없고 경매개시결정에 대하여는 즉시항고에 의하여 상급심의 판단을 받지 아니하더라도 매각허가결정에 대한 즉시항고로 다툴 수 있으므로 이와 같은 경매개시결정은 종국적 재판의 성질을 가진 결정이나 명령 또는 종국적 재판과 관계없이 독립하여 확정되는 결정이나 명령에 해당하지 아니하므로 준재심의 대상에 해당하지 아니할 것이다.[71]

이 이외에도 준재심의 대상으로 되는 것에는 소장이나 상소장 각하명령, 소송비용에 관한 결정, 과태료의 결정, 매각허가결정, 추심명령·전부명령 등이 있다. 한편, 재항고이유서의 제출기간 내에 제출된 재항고이유서에 사건번호가 잘못 기재되어 있었던 관계로 재항고이유서가 사건의 기록에 편철되지 아니하여 준재심대상결정이 재항고장에 재항고이유의 기재가 없고 재항고이유서 제출기간 내에 재항고이유서를 제출하지 아니하였다는 이유로 재항고이유에 관하여 판단

---

66) 대판 2014.3.27. 2009다104960·104977.
67) 대판 2000.7.6. 2000다11584.
68) 대판 2006.2.23. 2004다27167.
69) 대판 2009.5.14. 2006다34190.
70) 한충수, 앞의 책, 910면. 대판 1998.10.9. 96다44051.
71) 대결 2004.9.13. 2004마660.

하지 않고 재항고를 기각한 경우 준재심대상결정은 결정에 영향을 미칠 중요한 사항에 관하여 판단유탈이 있다고 하여 준재심사유가 된다고 한다(431조, 422조 1항 9호).[72]

　　결정이나 명령에 대한 준재심은 신청의 방식에 따라 제기하고 결정이나 명령의 절차에 따라야 하며, 재판도 결정의 형식을 취하게 된다.[73]

---

72) 대결 2000.1.7. 99재마4.
73) 한충수, 앞의 책, 911면.

제8편 간이소송절차

제8편 간이소송절차

금전 그 밖의 대체물의 지급을 목적으로 하는 채권을 대상으로 통상의 소송 절차보다 간이하고 신속하게 진행할 수 있도록 민사소송의 특별절차로서 독촉절차(462조~474조)와 소액사건심판절차(소액사건심판법 1조 이하)가 마련되어 있다.

제1장 독촉절차

I. 의의

독촉절차란 금전 그 밖에 대체물이나 유가증권의 일정한 수량의 지급을 목적으로 하는 청구에 관한 채권자의 주장을 채무자가 다투지 않는 것을 근거로 실질적 심리를 거치지 않고서 간이·신속하게 채권자에게 지급명령이라는 집행권원을 취득하게 하는 약식절차이다. 사전에 채무자를 심문하지 않고 집행권원을 형성해 준다는 점에서는 소송절차라고 할 수 없지만 채무자의 이의신청이 있으면 통상적인 소송절차로 이행되기 때문에 민사소송법에서 이를 규정하고 있다. 독촉절차를 개시하기 위해서는 지급명령을 신청해야 하는데, 이때 신청인을 채권자, 상대방을 채무자라고 한다.

II. 지급명령의 신청

1. 관할법원

독촉절차는 소가에 관계없이 지방법원 단독판사가 재판권을 행사한다(법원조직법 7조 4항). 토지관할은 ⅰ) 채무자의 보통재판적이 있는 곳이나 ⅱ) 근무지, 거소지 또는 의무이행지, 어음·수표 지급지, 사무소·영업소가 있는 곳, 불법행위지를 관할하는 지방법원에 전속한다(463조). 한편, 지방법원 관할구역 안에 시·군법원이 있는 경우에는 시·군법원이 이를 관할한다(법원조직법 34조 1항 2호). 종전에는 단독판사가 독촉절차를 담당하였으나, 2016. 3. 29. 개정 법원조직법에 의해 사법보좌관이 그 업무를 담당할 수 있게 되었다(동법 54조 2항 1호, 사법보좌관규칙 2조 1항 3의2).

2. 요건

가. 금전 그 밖에 대체물(代替物)이나 유가증권의 일정한 수량의 지급을 목적으로 하는 청구일 것(462조 본문)

지급명령신청의 대상이 되는 청구를 위와 같은 종류로 한정한 이유는 집행이 쉬울 뿐만 아니라 만약 잘못 집행하여도 원상회복이 쉽기 때문이다. 집행이 용이해야 하기 때문에 현재 이행기에 이르러 즉시 그 지급을 구할 수 있는 청구이어야 한다. 따라서 청구가 반대급부의 이행과 동시이행관계에 있는 경우에도 지급명령을 신청할 수 있다. 반대급부와 상환으로 지급을 명하면 되기 때문이다.[1] 이때 반대급부는 지급명령신청의 대상이 아니어서 법 462조에서 정한 '금전 그 밖에 대체물(代替物)이나 유가증권의 일정한 수량의 지급을 목적으로 하는 청구'라는 제한을 받지 아니하며, 반대급부를 이행하여야 하는 자도 지급명령의 신청인에 한정되지 않는다.[2] 이와 달리 정지조건부 청구, 불확정기한부 청구, 장래의 청구는 허용되지 않는데, 이들은 즉시 지급을 구할 수 있는 청구가 아니어서 간이·신속하게 집행권원을 얻으려는 지급명령의 목적을 달성할 수 없기 때문이다(통설).[3]

나. 채무자에게 국내에서 공시송달 외의 방법으로 송달할 수 있는 경우일 것(462조 단서)

지급명령은 실체적 심리를 하지 않으면서도 채무자의 이의가 없는 것을 집행력 부여의 정당화 근거로 삼은 것인데, 채무자가 외국에서 송달을 받거나 국내에서 공시송달을 받은 경우에는 기간 내에 이의신청이 사실상 곤란하므로 이의신청의 기회를 실질적으로 보장하기 위해서 송달장소와 송달방법에 제한을 둔 것이다.[4] 한편, 지급명령이 교부송달 등 통상의 송달방법으로 송달할 수 없는 경우라도 공시송달할 수 없으므로 채권자가 지급명령신청을 취하하지 않는 한 독촉절차는 종료되지 못한다. 외국으로 송달해야 하는 경우에도 마찬가지이다. 그렇게 되면 간이·신속하게 집행권원을 취득시키려는 독촉절차의 목적을 달성할

---

1) 김홍규·강태원, 앞의 책, 967면.
2) 대결 2022.6.21. 2021그753.
3) 김홍규·강태원, 앞의 책, 967면; 이시윤, 앞의 책, 966면.
4) 김홍규·강태원, 앞의 책, 967면.

수 없게 된다. 이에 법은 지급명령을 공시송달에 의하지 아니하고는 송달할 수 없거나 외국으로 송달하여야 할 때에는 법원은 직권에 의한 결정으로 사건을 소송절차에 부칠 수 있도록 하였다(466조 2항). 다만, 금융기관이 그 업무 또는 사업으로 취득하여 행사하는 대여금, 구상금, 보증금 및 그 양수금 채권에 대하여 지급명령을 신청하는 경우에는 예외적으로 공시송달에 의해 지급명령을 송달할 수 있다(소송촉진 등에 관한 특례법 20조의2 1항). 금융기관이 채권자일 때에는 대출계약서 등으로 소명이 확실한데 공시송달 사건에 대해서 일일이 일반 소송절차를 거치도록 하는 것은 불합리하고 비효율적이기 때문이다.[5] 그리고 이 경우 지급명령이 공시송달의 방법으로 송달되어 채무자가 이의신청 기간을 준수할 수 없었던 경우에는 법 173조 1항에서 정한 소송행위의 추후보완 사유가 있는 것으로 본다(동법 20조의2 5항).

3. 지급명령 신청의 절차 및 효과

가. 절차

지급명령의 신청에는 그 성질에 반하지 않는 한 소에 관한 규정이 준용된다(464조). 따라서 신청은 원칙적으로 서면으로 하며, 신청의 취지 및 원인을 기재하여 청구를 특정하여야 한다(248조 1항, 249조 1항 참조). 채무자를 신문하지 않고 간이·신속하게 집행권원을 성립시키는 독촉절차의 성질상 청구가 특정되어 있지 않은 상태에서는 지급명령이 발부될 수 없기 때문이다. 한편, 독촉절차에서는 실체적 심사를 하지 않으므로 채무자에게 지급명령신청서의 등본을 송달할 필요는 없다. 그리고 소의 객관적 병합 또는 주관적 병합의 요건에 준하여 여러 개의 청구 또는 여러 명의 채무자에 대한 청구를 병합하여 지급명령을 신청할 수 있다. 인지액은 소장에 붙일 인지액의 10분의 1이다(민사소송 등 인지법 7조 2항).

나. 효과

소에 관한 규정이 준용되므로 관할의 항정(33조), 중복신청의 금지(259조) 등의 효과가 발생한다. 또한 지급명령의 신청은 권리자가 권리의 존재를 주장하면서 재판상 그 실현을 요구하는 것이므로 재판상의 청구로서 그 신청시에 청구에 대해 시효중단의 효력이 생긴다(265조, 민법 172조).[6]

---

5) 2014.10.15. 개정 소송촉진 등에 관한 특례법의 제정·개정이유 참조.

Ⅲ. 신청에 대한 재판

1. 신청의 각하

법원은 ⅰ) 신청이 청구의 요건(462조 본문)을 흠결한 경우, ⅱ) 관할 규정(463조)에 어긋난 경우, ⅲ) 신청의 취지로 보아 청구에 정당한 이유가 없는 것이 명백한 경우에는 그 신청을 각하하며, ⅳ) 청구의 일부에 대하여 지급명령을 할 수 없는 경우에는 그 일부에 대하여 신청을 각하한다(465조 1항). 이 각하결정에는 기판력이 발생하지 않으므로 다시 지급명령을 신청하거나 소를 제기할 수 있기 때문에, 신청각하결정에 대하여는 불복을 허용하지 않는다(동조 2항). 지급명령신청이 각하된 경우 6개월 이내에 소를 제기한 때에는 지급명령신청이 있었던 때에 소멸시효는 중단된다(민법 170조 2항).[7]

2. 지급명령의 결정

법원은 신청의 각하사유가 없으면 채무자를 심문하지 아니하고 지급명령을 발하며(467조), 지급명령을 당사자 양쪽에게 송달하여야 한다(469조 1항). 지급명령에는 당사자, 법정대리인, 청구의 취지와 원인을 적고 채무자가 지급명령이 송달된 날부터 2주 이내에 이의신청을 할 수 있다는 것을 덧붙여 적어야 한다(468조).

3. 지급명령의 확정과 그 효력

지급명령은 채무자에 대한 송달시에 그 효력이 발생한다. 지급명령에 대하여 이의신청기간 내에 채무자의 이의신청이 없는 경우 또는 이의신청을 취하하거나 이의신청에 대한 각하결정이 확정된 때에는 지급명령은 확정판결과 같은 효력이 있다. 따라서 확정된 지급명령은 집행력을 가지면 집행권원이 된다(민사집행법 56조 3호). 확정판결과 같은 효력이 있기 때문에 기판력도 인정되는지 문제된다. 채무자를 심문하지 않고 지급명령이 내려지는데 여기에 기판력을 인정하면 채무자가 더 이상 다툴 수 없게 되어 채무자의 재판받을 권리를 침해할 우려가 있기 때문에 기판력은 인정되지 않는다.[8] 따라서 확정된 지급명령에 대한 청구

6) 대판 2011.11.10. 2011다54686.
7) 대판 2011.11.10. 2011다54686.

이의의 소는 그 이의사유가 지급명령이 확정되기 전에 생긴 때에도 제기할 수 있다.[9] 지급명령이 확정되면 독촉절차는 종료된다.

4. 지급명령의 경정

지급명령에 잘못된 계산이나 기재, 그 밖에 이와 비슷한 잘못이 있음이 분명한 때에 법원은 직권으로 또는 당사자의 신청에 따라 경정결정을 할 수 있다(464조, 211조 1항). 채무자는 경정결정의 고지를 받은 날부터 1주간의 불변기간 내에 즉시항고를 할 수 있다(464조, 211조 2항).

Ⅳ. 지급명령에 대한 채무자의 이의신청

1. 의의

일정한 청구에 대해 간이·신속하게 집행권원을 취득할 수 있도록 채무자를 심문하지 않고 지급명령이 이루어지기 때문에, 채무자에게 통상의 소송절차에서 적정한 재판을 받을 수 있는 기회를 부여하기 위해 지급명령에 대한 이의신청을 인정한 것이다.

2. 이의신청의 기간 및 추후보완 이의신청

채무자는 지급명령을 송달받은 날부터 2주 이내의 불변기간 안에 이의를 신청하여야 한다(470조 1항). 이의신청은 지급명령을 발한 지방법원의 단독판사 또는 사법보좌관에 대하여 지급명령에 표시된 청구의 일부 또는 전부에 대하여 서면 또는 말로 불복해야 한다(161조, 사법보좌관규칙 3조 1호). 이 경우 이의신청의 이유까지 명시할 필요는 없으며, 신청에는 소정의 인지를 붙여야 한다(민사소송 등 인지법 10조).

한편, 채무자는 2주의 불변기간이 도과한 경우에 자신에게 귀책사유가 없음을 주장하며 독촉법원에 추후보완 이의신청을 할 수 있다(173조).

---

8) 김홍규·강태원, 앞의 책, 973면은 분쟁의 신속한 해결을 도모하기 위해서 확정된 지급명령에 기판력을 인정한다.
9) 대판 2004.5.14. 2004다11346.

3. 이의신청에 대한 심리

가. 이의신청의 각하

법원은 이의신청이 부적법하다고 인정한 때(예컨대, 신청인의 소송능력·대리권 흠결, 신청기간도과 등)에는 결정으로 이를 각하하여야 하며(471조 1항), 적법한 경우 소송기록을 관할법원에 송부하여야 한다(473조 3항). 이 각하결정에 대해서 채무자는 즉시항고할 수 있지만(471조 2항), 이의신청이 적법하다는 판단에 대해서 채권자는 불복할 수 없다. 채권자에게 불복신청을 허용하는 것은 채권자를 너무 우대하는 것이 되며 또한 이의신청이 적법하다는 판단에 따라 이행된 소송절차를 번복하게 되면 절차가 불안정해질 수 있기 때문이다.[10] 마찬가지로 이행된 민사소송절차에서 이의신청이 부적법하다는 점이 사후에 판명되었더라도 절차의 안정을 위해 이의신청이 적법하다는 판단에 관할법원은 구속된다고 보아야 할 것이다.[11]

한편, 추후보완 이의신청이 있는 경우에도 법원은 이를 직권으로 심사하여 신청서 자체로 채무자가 책임질 수 없는 사유로 인하여 이의신청기간을 지킬 수 없었던 경우에 해당하지 않거나 그 사유가 없어진 날부터 2주가 지나 신청한 것이 명백한 경우 등 추후보완 이의신청이 부적법하다고 인정한 때에는 결정으로 이를 각하하고, 이러한 사유가 없는 경우에는 관할법원으로 소송기록을 송부한다.[12]

나. 이의신청의 취하

채무자는 지급명령에 대한 이의신청을 그 각하결정 전 또는 그에 따른 소송으로 이행하기 전에 취하할 수 있다. 그러나 그 뒤에는 지급명령의 실효가 확정적이고 독촉절차는 소멸하여 이의신청의 목적이 달성되었기 때문에 이를 취하할 여지는 없게 된다.[13]

4. 이의신청의 효과

가. 지급명령의 실효와 소제기 간주

적법한 이의신청이 있는 때에는 지급명령은 그 범위 안에서 효력을 잃으며

---

10) 김홍규·강태원, 앞의 책, 971면.
11) 이시윤, 앞의 책, 969면.
12) 대결 2022.6.16. 2020마1490.
13) 김홍규·강태원, 앞의 책, 971면.

(470조 1항), 지급명령의 신청시에 이의신청된 청구목적의 값에 관하여 소가 제기된 것으로 본다(472조 2항).

나. 추후보완 이의신청이 있는 경우

채무자가 이의신청기간을 도과한 후 추후보완 이의신청을 한 경우에 지급명령은 그 이의신청한 때 실효되는지 문제된다. 지급명령은 2주 이내에 적법한 이의신청이 있은 때에 실효되는 것이므로, 추후보완 이의신청이 있을 경우 그 적법여부가 확인되지도 않은 상태에서 곧바로 실효된다고 보아서는 안 된다. 법원은 추후보완 이의신청이 주장 자체로 이유 없음이 명백하지 않는 한 일단 그 신청이 적법함을 전제로 소송절차로 이행시킬 뿐이고, 관할법원이 실질 심리를 통하여 추후보완 사유의 존부를 판정함으로써 지급명령의 실효 여부를 최종 확정하는 것이다. 따라서 그때까지 해당 지급명령은 실효되지 않고 여전히 확정판결과 같은 효력을 갖는다고 보아야 한다.[14]

V. 소송으로의 이행

1. 의의

지급명령신청에 따라 개시된 독촉절차가 종료되고 사건이 소송절차로 이행되는 경우로는, ⅰ) 지급명령을 채무자에게 송달하기 위해 법원으로부터 그의 주소를 보정하라는 명령을 받은 때에 채권자가 소제기신청을 하거나(466조 1항, 472조 1항 전단), ⅱ) 지급명령을 외국으로 송달하거나 공시송달의 방법으로 송달해야 할 때 법원이 직권에 의한 결정으로 사건을 소송절차에 부치거나(466조 2항, 472조 1항 후단), ⅲ) 지급명령에 대한 채무자의 적법한 이의신청이 있는 때(472조 2항)이다. 이들 각 경우에 지급명령신청시에 대상이 된 청구에 대한 소멸시효 중단의 효력이 발생한다.

2. 소송절차의 진행

가. 인지의 보정과 소송비용

소송절차로 이행되는 경우 지급명령의 신청은 소장으로 취급되기 때문에 채

---

14) 대결 2022.6.16. 2020마1490.

권자는 별도로 소장을 제출할 필요는 없다. 다만 소를 제기하는 경우 소장에 붙여야 할 인지액에서 소제기신청 또는 지급명령신청시에 붙인 인지액을 뺀 액수의 인지를 더 납부해야 하기 때문에, 법원은 이에 관한 보정을 명하여야 한다(473조 1항). 채권자가 보정기간 이내에 인지를 보정하지 않으면 법원은 결정으로 지급명령신청서를 각하해야 하며, 이 결정에 대해 채권자는 즉시항고할 수 있다(동조 2항). 한편, 독촉절차의 비용은 소송비용의 일부로 한다(473조 4항).

나. 관할법원

전술한 것처럼 독촉절차는 시·군법원판사 또는 지방법원 단독판사가 이를 관할한다. 인지가 보정되면 법원사무관 등은 바로 소송기록을 관할법원에 보내야 하는데, 사건이 합의부의 관할에 해당하면 법원사무관 등은 바로 관할법원 합의부에 이를 보내야 한다(473조 3항).

다. 심리

지급명령신청의 대상이 된 청구의 당부에 관하여 제1심의 통상소송절차로 심리가 진행된다. 소송절차에서 심판대상은 청구의 당부이며, 전술한 것처럼 지급명령신청에 대한 이의신청의 적법성은 심판의 대상이 되지 않는다. 또한 채권자가 제출한 지급명령신청서의 기재사항이나 채무자가 제출한 이의신청서의 이의사유라고 해서 당연히 소송자료가 되는 것은 아니며, 변론기일에 이를 주장하지 않으면 그 효력이 없다.[15] 예컨대, 피고가 이의신청서에 일부 변제사실을 이의사유로 기재하였더라도 이를 변론기일에 주장하지 않으면 이를 재판의 기초로 할 수 없게 된다.[16]

---

15) 이시윤, 앞의 책, 970면.
16) 대판 1970.12.22. 70다2297.

제2장   소액사건심판절차

Ⅰ. 서

　비교적 소규모 분쟁에 관하여 계쟁 금액에 알맞은 시간, 비용 및 노력으로 효과적인 해결을 도모할 필요가 있다. 이에 민사소송법의 특례로 소액사건심판법(이하 '법')이 제정되어 1973. 9. 1.부터 시행되고 있다. 소액사건에 대해서는 지방법원의 단독판사가 재판권을 행사하지만(법원조직법 7조 4항), 지방법원의 관할구역 안에 시·군법원이 있는 경우에는 시·군법원이 이를 관할한다(동법 34조 1항 1호).

Ⅱ. 적용 대상 및 소제기의 제한

　소액사건이란, 소가 3,000만 원을 초과하지 아니하는 금전 기타 대체물이나 유가증권의 일정한 수량의 지급을 목적으로 하는 제1심의 민사사건이다[법 2조 1항, 소액사건심판규칙(이하 '규칙') 1조의2 본문]. 따라서 상소심 사건은 소액사건의 범위에서 제외되기 때문에 민사소송법이 적용되어 통상의 소송절차로 진행된다. 또한 소의 변경으로 소액사건의 범위를 초과하게 되거나, 당사자참가·중간확인의 소·반소의 제기 및 변론의 병합으로 인하여 소액사건의 범위를 초과하는 사건과 병합심리하게 된 사건도 제외된다(규칙 1조의2 단서).
　한편 소액사건심판법을 적용받기 위해 청구를 분할하여 일부를 청구하는 소는 판결로 각하된다(법 5조의2). 간이소송절차를 이용하기 위해 동일한 채권을 분할하여 여러 번 소를 제기하는 것을 허용하면, 피고로서는 여러 번 응소해야 하고 법원으로서도 여러 번 재판해야 하는 점에서 이는 소권의 남용이며 신의칙에 위반되기 때문이다.

Ⅲ. 절차상의 특례

1. 소 제기의 간이화

통상의 소송절차에서는 소장이라는 서면을 제출하여 소를 제기하여야 하지만(248조) 소액사건에서는 간이하게 소를 제기할 수 있도록 소장제출 이외에도 ⅰ) 구술에 의한 소제기와 ⅱ) 임의 출석에 의한 소제기를 허용하고 있다. ⅰ)는 법원사무관 등 앞에서 진술함으로써 소를 제기하는 것으로 이 경우 법원사무관 등은 제소조서를 작성하고 기명날인해야 한다(법 4조). ⅱ)는 당사자 양쪽이 임의로 법원에 출석하여 소송에 관하여 변론을 할 수 있는데 이때 소의 제기를 구술에 의한 진술로 하는 것이다.

2. 이행권고결정

가. 의의

소액사건의 경우 당사자 사이에 다툼이 없어 1회 변론기일에서 원고 전부승소판결로 종료되는 경우도 있는데 별도로 변론기일을 열어 원고가 출석해야 하는 불편함을 해소하고 소송경제를 달성할 수 있도록 도입되었다.[1] 이는 지급명령제도와 화해권고결정제도의 개념을 함께 반영한 것으로,[2] 법원은 변론 및 증거조사를 생략하여 간이·신속하게 원고에게 집행권원을 부여할 수 있게 되었다. 다만 피고의 재판받을 권리를 보호하기 위해서 피고에게 이의신청권을 인정하고 있다.

나. 이행권고결정의 절차
(1) 제외 대상

법원은 ⅰ) 사건이 독촉절차 또는 조정절차에서 소송절차로 이행된 경우, ⅱ) 청구취지나 청구원인이 분명하지 않은 경우, ⅲ) 그 밖에 이행권고를 하는 것이 적절하지 아니하다고 인정하는 경우에는 이행권고결정을 할 수 없다(법 5조의3 1항). ⅰ)의 경우에 독촉절차에서는 법원의 지급명령에 대해서 채무자가 이의를 제기함으로써 그리고 조정절차에서는 법원의 강제조정에 대해서 당사자가 이의

---

1) 2001. 1. 29. 개정된 소액사건심판법의 제정·개정이유 참조.
2) 김홍규·강태원, 앞의 책, 975면.

를 제기함으로써 소송절차로 이행된 것이므로, 채무자가 다투고 있는 것이 분명하기 때문에 이행권고결정을 내리는 것이 오히려 신속한 분쟁해결에 장애가 되기 때문이다. ⅱ)의 경우에는 변론을 열어서 석명권을 행사하여 청구를 특정할 필요가 있기 때문이다.

(2) 이행권고결정

종전에는 판사가 이행권고결정을 하였으나, 2016. 3. 29. 개정 법원조직법에 의해 사법보좌관이 그 결정을 할 수 있게 되었다(동법 54조 2항 1호, 사법보좌관규칙 2조 1항 3의2). 이행권고결정에는 당사자, 법정대리인, 청구의 취지와 원인 및 이행조항을 적고, 피고가 이의신청을 할 수 있음과 이행권고결정의 효력의 취지를 적어야 한다(법 5조의3 2항).

(3) 피고에 대한 송달

이행권고결정이 내려지면 법원사무관 등은 이행권고결정서의 등본에 소장부본이나 제소조서 등본을 첨부하여 이를 피고에게 송달하여야 한다. 다만 이 경우의 송달은 민사소송법상의 우편송달(186조) 및 공시송달(194조~196조)로는 할 수 없다(법 5조의2 3항). 피고가 이행결정서를 실제 수령하지 않았는데도 송달의 효력을 인정하면 피고의 이의신청권을 박탈할 우려가 있기 때문이다. 한편 우편송달·공시송달의 방법 외에는 송달할 수 없는 경우에는 송달실시 후 지체 없이 변론기일을 지정하여야 한다(동조 4항).

다. 피고의 이의신청

(1) 서면에 의한 이의신청

㈎ 불변기간

피고는 이행권고결정서의 등본을 송달받은 날부터 2주의 불변기간 이내에 서면으로 이의신청을 할 수 있다. 다만, 그 등본이 송달되기 전에도 이의신청을 할 수 있다(법 5조의4 1항·2항).

㈏ 추후보완

피고가 부득이한 사유로 2주의 불변기간 내에 이의신청을 할 수 없었던 경우에는 그 사유가 없어진 후 2주일 이내에 이의신청을 추후보완할 수 있으며, 그 사유가 없어질 당시 외국에 있는 경우에는 30일 이내에 이의신청을 추후보완할 수 있다(법 5조의6 1항). 피고는 이의신청과 동시에 서면으로 그 추후보완의 사유를 소명하여야 한다(동조 2항).

법원은 추후보완사유가 없다고 인정하는 경우에는 결정으로 이의신청을 각
하하여야 하며, 이에 대해 피고는 즉시항고할 수 있다(동조 3항·4항). 반면에 추후
보완사유가 법률상 정당한 이유가 있다고 인정되고 사실에 대한 소명이 있는 경
우, 법원은 당사자의 신청에 따라 소액사건에 관한 판결이 선고될 때까지 일시적
으로 이행권고결정에 기초한 집행을 정지시키거나 실시하게 하거나 또는 이를
취소할 수 있다. 즉, 법원은 i) 피고에게 담보를 제공하게 하거나 담보를 제공하
지 아니하게 하고 강제집행의 개시·속행을 정지하거나, ii) 반대로 원고에게 담
보를 제공하게 하고 강제집행을 실시하거나, iii) 피고에게 담보를 제공하게 하고
실시한 강제처분을 취소하도록 명할 수 있다. 그리고 법원의 이러한 집행정지 등
의 명령에 대해서는 불복할 수 없다(동조 5항, 민사소송법 500조).

(2) 이의신청에 대한 재판

㈎ 변론의 진행 및 취하

피고가 이의신청을 한 때 원고가 주장한 사실을 다툰 것으로 보며, 법원은
지체 없이 변론기일을 지정하여 심리하여야 한다(법 5조의4 3항·5항). 피고는 제1
심판결이 선고되기 전까지 이의신청을 취하할 수 있다(동조 4항).

㈏ 이의신청의 각하

법원은 이의신청이 적법하지 아니하다고 인정되는 경우에는 그 흠을 보정할
수 없으면 결정으로 이를 각하하여야 하며, 피고는 각하결정에 대해 즉시항고할
수 있다(법 5조의5).

라. 이행권고결정의 효력

(1) 효력

이행권고결정은 i) 피고가 이의신청을 하지 않거나, ii) 이의신청에 대한
각하결정이 확정되거나, iii) 이의신청이 취하된 경우에는 확정판결과 같은 효력
을 가진다(법 5조의7 1항). 이 경우 법원사무관 등은 이행권고결정서의 정본을 원
고에게 송달하여야 한다(동조 2항).

한편, 이행권고결정이 위 i)~iii) 중 어느 하나의 사유에 해당하지 않으면
소액사건에 대한 판결이 선고될 때 그 효력을 잃는다(동조 3항).

(2) 이행권고결정에 따른 강제집행의 특례

(가) 집행문 부여

채무자의 재산에 대해 강제집행을 하기 위해서는 집행권원인 판결서에 집행문을 부여받아야 한다. 집행문은 집행권원에 집행력이 있음과 집행당사자를 공증하기 위해 법원사무관 등이 집행권원의 끝에 덧붙여 적는 공증문언을 말한다(민사집행법 29조 참조). 그러나 이행권고결정에 기초한 강제집행에서는 원고의 신속한 권리구제를 위해 집행문 없이 이행권고결정 정본에 의해 강제집행을 실시할 수 있다. 다만, 이행권고결정의 집행에 조건을 붙인 경우(예: 피고가 원고로부터 목적물을 인도받는 것을 조건으로 원고에게 금전지급을 명한 경우) 또는 당사자의 승계인을 위하여 강제집행을 하거나 승계인에 대하여 강제집행을 하는 경우(예: 이행권고결정을 명한 금전채권에 대해 채권양도·채무인수가 이루어진 때), 해당 조건이 성취되었는지 또는 승계사실이 있는지를 확인할 필요가 있기 때문에 조건성취집행문 또는 승계집행문을 부여받아야 한다(법 5조의8 1항 단서, 민사집행법 30조 2항·31조·32조).

또한 원고가 여러 통의 이행권고결정서의 정본을 신청하거나 또는 원고가 전에 내어준 이행권고결정서의 정본을 돌려주지 아니하고 다시 이행권고결정서의 정본을 신청한 경우, 통상의 집행절차와는 달리 재판장의 허가를 받지 아니하고 법원사무관 등은 그 정본을 부여하고 원본과 정본에 그 사유를 각각 적으면 된다(동조 2항). 이 역시 원고의 신속한 권리구제를 위한 것이다.

(나) 청구이의의 소

청구이의의 소는 확정판결과 같은 집행권원의 집행력 자체를 배제하기 위해 제기하는 소로, 집행력을 배제시키는 이의사유(예: 확정판결에서 이행을 명한 채권의 소멸 등)를 주장해야 한다. 한편, 변론이 종결되기 전에 발생한 이의사유를 주장하여 판결의 집행력 배제를 구하는 것은 확정판결이 갖는 기판력에 반하는 것이기 때문에, 이의사유는 변론종결 뒤에 발생한 것으로 제한된다(민사집행법 44조 2항). 그러나 이행권고결정은 변론 없이 피고에게 이행을 명한 것인데 여기에 기판력을 인정하면 피고에게 예상치 못한 손해가 발생할 수 있고 피고의 재판청구권을 침해할 수 있기 때문에 기판력이 인정되지 않는다. 따라서 이행권고결정에 대한 청구이의의 소에서 이의사유는 변론종결 전에 발생한 것도 이를 주장할 수 있다(법

5조의8 3항).

3. 소송심리의 간이화

소액심판절차를 별도로 둔 제도의 취지를 실현하기 위해서는 한편으로는 심리를 간소화하면서도 동시에 알기 쉽고 경제적인 절차로 진행할 필요가 있으며 다른 한편으로는 당사자의 재판받을 권리를 침해해서는 안 된다. 이 두 가지 측면을 고려하여 현행법은 다음과 같은 규정을 두고 있다.

가. 소송대리에 대한 특칙

소액사건은 사건은 일반적으로 쟁점이 복잡하지 않기 때문에 변호사대리의 원칙을 관철할 필요는 없다. 따라서 변호사가 아니라도 당사자의 배우자·직계혈족 또는 형제자매는 법원의 허가 없이 소송대리인이 될 수 있다(법 8조 1항). 이 경우 소송대리인은 당사자와의 신분관계 및 수권관계를 서면으로 증명해야 한다. 다만 당사자가 판사 앞에서 구술로 소송대리인을 선임하고 법원사무관 등이 조서에 그 사실을 적은 경우에는 수권관계의 증명이 요구되지 않는다(동조 2항).

나. 심리절차의 간이화

(1) 1회 심리의 원칙

㈎ **소장부본의 지체 없는 송달**: 소가 제기되면 소장부본이나 제소조서 등본을 지체 없이 피고에게 송달하여야 한다. 전술한 이행권고결정서가 피고에게 송달된 경우에는 소장부본 등이 송달된 것으로 본다(법 6조).

㈏ **기일의 지정 및 기일 전 증명촉구**: 소가 제기된 경우 판사는 피고의 답변서제출기간에 관계 없이 바로 변론기일을 정할 수 있다(법 7조 1항). 판사는 되도록 한 차례의 변론기일로 심리를 마치도록 하여야 하며, 이를 위해 변론기일 전이라도 당사자로 하여금 증거신청을 하게 하는 등 필요한 조치를 할 수 있다(동조 2항·3항).

㈐ **공휴일·야간의 개정**: 판사는 필요한 경우 근무시간 외의 시간이나 공휴일에도 개정할 수 있다(법 7조의2). 직장근무자의 편의를 위해서이다.

㈑ **변론갱신의 생략**: 소송계속 중 판사가 바뀐 경우에 변론의 갱신 없이 판결을 할 수 있다(법 9조 2항).

㈒ **조서기재의 생략**: 당사자의 이의가 없고 판사가 허가한 경우에는 조서에

적을 사항을 생략할 수 있다. 그러나 절차의 안정·명확성을 확보하는 데 불가결한 변론의 방식에 관한 규정의 준수, 당사자에게 중대한 결과를 발생시키는 화해·인낙·포기·취하 및 자백에 대해서는 조서기재를 생략할 수 없다(법 11조).

(2) 증거조사절차에 관한 특칙

㈎ 직권증거조사: 통상의 소송절차에서 직권증거조사가 보충적인 것(292조)과 달리, 소액사건에서 판사는 필요하다고 인정하는 경우에 직권으로 증거조사를 할 수 있도록 하였다. 이때 그 증거조사의 결과에 관하여는 당사자의 의견을 들어야 한다(법 10조 1항).

㈏ 판사의 직접신문: 통상의 소송절차에서는 증인을 신청한 당사자가 주신문을 하고 상대방 당사자가 반대신문을 한 다음 재판장이 보충신문을 하는 교호신문제도를 취한다(327조 1항·2항). 소액사건은 본인소송이 많고 또한 변호사대리의 원칙이 적용되지 않으므로 교호신문제에 따르는 것이 곤란할 수 있기 때문에 판사가 증인에 대해 주신문을 하고 당사자는 판사에게 알리고 보충신문을 할 수 있도록 하여(법 10조 2항), 판사에게 증인신문에 대한 주도권을 부여하고 있다.

㈐ 서면신문제: 통상의 소송절차에서는 증인·감정인에 대한 구술신문제를 취하고(331조·339조) 상대방의 이의가 없는 때 증언에 갈음하는 서면제출(310조)이 가능하다. 이와 달리 소액사건에서 판사는 상당하다고 인정하는 경우 증인 또는 감정인에게 신문을 갈음하여 서면을 제출하게 할 수 있도록 하였다(법 10조 3항). 증인·감정인의 출석에 따른 비용 등을 절감하고 신속하게 절차를 진행하기 위한 것이다. 신문에 갈음하여 서면을 제출하기로 결정된 증인 또는 감정인은 법원에 그 신문서를 제출할 때에 주민등록표 초본이나, 동장·이장이 그 동일성을 증명하는 서면을 첨부하여야 한다(규칙 6조 1항).

4. 소송종료 및 상소의 간이화

가. 무변론 청구기각판결

법원은 소장·준비서면, 그 밖의 소송기록에 의하여 청구가 이유 없음이 명백한 경우에는 변론 없이 청구를 기각할 수 있다(법 9조 1항). 절차의 신속한 종료를 위한 것이다.

나. 판결에 관한 특례

(1) 변론종결 뒤 즉시 판결의 선고

통상의 소송절차에서 판결의 선고는 변론이 종결된 날부터 2주 이내에 하도록 되어 있는 것(207조)과 달리 소액사건에서는 신속하게 절차를 종료하도록 변론종결 후 즉시 판결을 선고할 수 있도록 하였다(법 11조의2 1항).

(2) 판결이유 기재의 생략

변론종결 후 즉시 판결을 선고할 수 있도록 통상의 소송절차와 달리 판결서에는 이유를 기재하지 않아도 되는 것으로 하였다(법 11조의2 3항 본문). 따라서 판결을 선고할 때는 주문을 읽어 주고 그 주문의 정당성이 인정될 수 있는 범위에서 그 이유의 요지를 구술로 설명하면 된다(동조 2항). 다만 법원은 ⅰ) 판결이유에 의하여 기판력의 객관적 범위가 달라지는 경우, ⅱ) 청구의 일부를 기각하는 사건에서 계산의 근거를 명확하게 제시할 필요가 있는 경우, ⅲ) 소송의 쟁점이 복잡하고 상대방의 주장, 그 밖의 공격방어방법에 대한 다툼이 상당한 사건 등 당사자에 대한 설명이 필요한 경우에는 청구를 특정함에 필요한 사항 및 주문의 정당함을 뒷받침하는 공격방어방법에 관한 판단 요지를 판결서의 이유에 기재하도록 노력하여야 한다(동조 3항 단서).

다. 상고 및 재항고의 제한

소액사건에서는 통상의 민사사건과 달리 상고 및 재항고가 제한된다. 즉, 소액사건에 대한 제2심의 판결이나 결정·명령에 대해서는 ⅰ) 법률·명령·규칙 또는 처분의 헌법 위반 여부와 명령·규칙 또는 처분의 법률 위반 여부에 관한 판단이 부당한 경우 또는 ⅱ) 대법원의 판례에 상반되는 판단을 하는 경우에 한해서 대법원에 상고나 재항고를 할 수 있다(법 3조).[3] 소액사건에 관해서 통상의 소송사건과 동일하게 상고를 허용하면 분쟁의 종국적 해결까지 상당한 시간과 비용이 소요되며 반면에 일체 상고를 허용하지 않으면 법원이 지나치게 신중하게 심리를 하게 됨으로써, 결과적으로 양쪽 모두 간이·신속하게 분쟁해결을 도모하기 위한 제도의 취지를 달성할 수 없다는 점에서 절충적으로 상고이유를 제한한 것이다.

---

3) 앞의 제7편 제1장 제3절 Ⅰ. 2. (4) 소액사건심판법상의 상고이유 참조.

판례색인

[헌법재판소]

사항색인

저자 약력

박태신

연세대학교 법과대학 및 대학원 졸업(법학박사)
사법시험 제28회 합격
사법연수원 제18기
변호사
전 연세대학교 경법대학 법학과 전임강사, 연세대학교 의과대학 의학과 시간강사,
    서울시, 종로구, 삼성건설, 중앙건설 고문변호사 역임
현 대한변호사협회 법제위원
    홍익대학교 법과대학 법학과 교수

김상균

연세대학교 법과대학 및 대학원 졸업(법학박사)
한국민사소송법학회 이사, 한국중재원 중재위원, 청주지방법원 시민사법참여위원
사법시험, 행정고시, 입법고시, 변리사시험, 행정사시험, 공직적격성시험(PSAT) 출제위원
미국 Indiana University Law School 방문학자
현 청주대학교 법학과 교수

연구논문

제3자의 소송인입에 관한 연구(박사학위논문)
주주대표소송에서의 소송참가
예비적·선택적 공동소송
공동소송적 보조참가에 관한 고찰
국제투자분쟁해결센터(ICSID)중재절차에서의 청구병합에 관한 검토
특정승계에 관한 검토
일부청구의 공동소송참가
채권자취소권의 행사와 독립당사자참가
특허심판에서 제3자의 참가에 관한 검토 등

민사소송법

초판발행	2024년 2월 25일
지은이	박태신·김상균
펴낸이	안종만·안상준
편 집	이승현
기획/마케팅	최동인
표지디자인	이은지
제 작	고철민·조영환
펴낸곳	(주) **박영사**
	서울특별시 금천구 가산디지털2로 53, 210호(가산동, 한라시그마밸리)
	등록 1959. 3. 11. 제300-1959-1호(倫)
전 화	02)733-6771
f a x	02)736-4818
e-mail	pys@pybook.co.kr
homepage	www.pybook.co.kr
ISBN	979-11-303-4640-3 93360

copyright©박태신·김상균, 2024, Printed in Korea

정 가   45,000원